杜威晚期著作

1925—1953

国家出版基金项目
NATIONAL PUBLICATION FOUNDATION

复旦大学杜威与美国哲学研究中心　组译

杜威全集

未被收入此前各卷的杜威作品

第十七卷

1885—1953

[美] 约翰·杜威　著
李宏昀　徐志宏　陈　佳　高　健　等译

华东师范大学出版社

The Later Works of John Dewey, 1925 – 1953
Volume Seventeen: 1885 – 1953, Miscellaneous Writings
By John Dewey
Edited by Jo Ann Boydston

上海市版权局著作权合同登记　图字:09 – 2004 – 377 号

《杜威全集·晚期著作》(1925—1953)

第十七卷(1885—1953)

主　　　编　乔·安·博伊兹顿(Jo Ann Boydston)

文 本 编 辑　芭芭拉·莱文(Barbara Levine)

文本助理编辑　理查德·菲尔德(Richard W. Field)

目　录

中文版序

《杜威全集》中文版终于由华东师范大学出版社出版了。作为这一项目的发起人，我当然为此高兴，但更关心它能否得到我国学界和广大读者的认可，并在相关的学术研究中起到预期作用。后者直接关涉到对杜威思想及其重要性的合理认识，这有赖专家们的研究。我愿借此机会，对杜威其人、其思想的基本倾向和影响，以及研究杜威哲学的意义等问题谈些看法，以期抛砖引玉。考虑到中国学界以往对杜威思想的消极方面谈论得很多，大家已非常熟悉，我在此就主要谈其积极方面，但这并非认为可以忽视其消极方面。

一、杜威其人

约翰·杜威(John Dewey, 1859—1952)是美国哲学发展中最有代表性的人物。他不仅进一步阐释并发展了由皮尔士创立、由詹姆斯系统化的实用主义哲学的基本理论，而且将其运用于社会、政治、文化、教育、伦理、心理、逻辑、科学技术、艺术、宗教等众多人文和社会科学领域的研究，并在这些领域提出了重要创见。他在这些领域的不少论著，被西方各该领域的专家视为经典之作。这些论著不仅对促进这些领域的理论研究起到过重要的作用，在这些领域的实践中也产生过深刻的影响。杜威由此被认为是美国思想史上最具影响的学者，甚至被认为是美国的精神象征；在整个西方世界，他也被公认是 20 世纪少数几个最伟大的思想家之一。

杜威出生于佛蒙特州伯灵顿市一个杂货店商人家庭。他于 1875 年进佛蒙特大学，开始受到进化论的影响。1879 年，他毕业后先后在一所中学和一所乡村学校教书。在这期间，他阅读了大量的哲学著作，深受当时美国圣路易黑格尔学派刊物《思辨哲学杂志》的影响。1882 年，他在该刊发表了《唯物主义的形而上学假定》和《斯宾诺莎的泛神论》两文，很受鼓舞，从此决定以哲学为业。同年，他成了约翰·霍普金斯大学的哲学研究生，在此听了皮尔士的逻辑讲座，不过当时对他影响最大的是黑格尔派哲学家莫里斯(George Sylvester Morris)和实验心理学家霍尔(G. Stanley Hall)。两年后，他以《康德的心理学》论文取得哲学博士学位。

1884 年，杜威到密歇根大学教哲学，在该校任职 10 年(其间，1888 年在明尼苏达大学)。初期，他的哲学观点大体上接近黑格尔主义。他对心理学研究很感兴趣，并使之融化于其哲学研究中。这种研究，促使他由黑格尔主义转向实用主义。在这方面，当时已出版并享有盛誉的詹姆斯的《心理学原理》对他产生了强烈的影响。杜威对心理学的研究，又促使他进一步去研究教育学。他主张用心理学观点去进行教学，并认为应当把教育实验当作哲学在实际生活中的运用的重要内容。

1894 年，杜威应聘到芝加哥大学，后曾任该校哲学系主任。他在此任教也是 10 年。1896 年，他在此创办了有名的实验学校。这个学校抛弃传统的教学法，不片面注重书本，而更为强调接触实际生活；不片面注重理论知识的传授，而更为强调实际技能的训练。杜威后来所一再倡导的"教育就是生活，而不是生活的准备"、"从做中学"等口号，就是对这种教学法的概括。杜威在芝加哥时期，已是美国思想界一位引人注目的人物。他团聚了一批志同道合者(包括在密歇根大学就与他共事的塔夫茨、米德)，形成了美国实用主义运动中著名的芝加哥学派。杜威称他们共同撰写的《逻辑理论研究》(1903 年)一书是工具主义学派的"第一个宣言"。此书标志着杜威已从整体上由黑格尔主义转向了实用主义。

从 1905 年起，杜威转到纽约哥伦比亚大学任教，直到 1930 年以荣誉教授退休。他以后的活动也仍以该校为中心。这一时期不仅是他的学术活动的鼎盛期(他的大部分有代表性的论著都是在这一时期问世的)，也是他参与各种社会和政治活动最频繁且声望最卓著的时期。他把两者有机地结合在一起。他对各种社会现实问题的评论和讲演，往往成为他的学术活动的重要组成部分。从 1919 年起，杜威开始了一系列国外讲学旅行，到过日本、墨西哥、俄罗斯、土耳其等国。"五四"前夕，他到了中国，在北京、南京、上海、广州等十多个城市作过系列讲演，于 1921 年 7 月返美。

杜威一生出版了40种著作，发表了700多篇论文，内容涉及哲学、社会、政治、教育、伦理、心理、逻辑、文化、艺术、宗教等多个方面。其主要论著有：《学校与社会》(1899年)、《伦理学》(1908年与塔夫茨合著，1932年修订)、《达尔文主义对哲学的影响》(1910年)、《我们如何思维》(1910年)、《实验逻辑论文集》(1910年)、《哲学的改造》(1920年)、《人性与行为》(1922年)、《经验与自然》(1925年)、《公众及其问题》(1927年)、《确定性的寻求》(1929年)、《新旧个人主义》(1930年)、《作为经验的艺术》(1934年)、《共同的信仰》(1934年)、《逻辑：探究的理论》(1938年)、《经验与教育》(1938年)、《自由与文化》(1939年)、《评价理论》(1939年)、《人的问题》(1946年)、《认知与所知》(1949年与本特雷合著)等等。

二、杜威哲学的基本倾向

杜威在各个领域的思想都与他的哲学密切相关，这不只是他的哲学的具体运用，有时甚至就是他的哲学的直接体现。我们在此不拟具体介绍他的思想的各个方面和他的哲学的各个部分，仅概略地揭示他的哲学的基本倾向。杜威哲学的各个部分，以及他的思想的各个方面，大体上都可从他的哲学的基本倾向中得到解释。这种基本倾向从其积极意义上说，主要表现为如下三点。

第一，杜威把对现实生活和实践的关注当作哲学的根本意义所在。

在现代西方各派哲学中，杜威哲学最为反对以抽象、独断、脱离实际等为特征的传统形而上学，最为肯定哲学应当面向人的现实生活和实践。如何通过人本身的行为、行动、实践(即他所谓的以生活和历史为双重内容的经验)来妥善处理人与其所面对的现实世界(自然和社会环境)，以及人与人之间的关系，是杜威哲学最为关注的根本问题。杜威哲学从不同的角度来说有着不同的名称，例如，当他强调实验和探究的方法在其哲学中的重要意义时，称其哲学为实验主义(experimentalism)；当他谈到思想、观念的真理性在于它们能充当引起人们的行动的工具时，称其哲学为工具主义(Instrumentalism)；当他谈到经验的存在论意义，而经验就是作为有机体的人与其自然环境的相互作用时，称其哲学为经验自然主义(empirical naturalism)。贯彻于所有这些称呼的概念是行动、行为、实践。杜威哲学的各个方面，都在于从实践出发并引向实践。这并不意味着实践就是一切。实践的目的是改善经验，即改善人与其自然和社会环境的关系，一句话，改善人的生活和生存条件。

杜威对实践的解释当然有片面性。例如，他没有看到人类的物质生产活动在人的实践中的基础作用，更没有科学地说明实践的社会性；但他把实践看作是全部哲学研究的核心，认为存在论、认识论、方法论等问题的研究都不能脱离实践，都具有实践的意义，且在一定意义上是合理的。

值得一提的是：与胡塞尔、海德格尔等人通过曲折的道路返回生活世界不同，与只关注逻辑和语言意义分析的分析哲学家也不同，杜威的哲学直接面向现实生活和实践。杜威一生在哲学上所关注的，不是去建构庞大的体系，而是满腔热情地从哲学上探究人在现实生活和实践各个领域所面临的各种问题及其解决办法。在杜威的全部论著中，关于政治、社会、文化、教育、心理、道德、价值、科学技术、审美和宗教等多个领域的具体问题的论述占了绝大部分。他的哲学的精粹和生命力，大多是在这些论述中表现出来的。

第二，杜威的哲学改造适应和引领了西方哲学由近代到现代转向的潮流。

19世纪中期以来，西方哲学发展出现了根本性的变更，以建构无所不包的体系为特征的近代哲学受到了广泛的批判，以超越传统的实体性形而上学和二元论为特征的现代哲学开始出现，并越来越占主导地位。多数哲学流派各以特有的方式，力图使哲学研究在不同程度上从抽象化的自在的自然界或绝对化的观念世界返回到人的现实生活世界，企图以此摆脱近代哲学所陷入的种种困境，为哲学的发展开辟新道路。西方哲学由近代到现代的这种转折，不能简单归结为由唯物主义转向唯心主义、由进步转向反动，而是包含了哲学思维方式上一次具有划时代意义的转型。它标志着西方哲学发展到了一个新的、更高的阶段。杜威在哲学上的改造，不仅适应了而且在一定意义上引领了这一转型的潮流。

杜威曾像康德那样，把他在哲学上的改造称为“哥白尼革命”(Copernican revolution)。但他认为康德对人的理智的能动性过分强调，以致使它脱离了作为其存在背景的自然。而在他看来，人只有在其与自然的相互作用中才有能动作用，甚至才能存在。哲学上的真正的哥白尼革命，正在于肯定这种交互作用。如果说康德的中心是心灵，那么杜威的新的中心是自然进程中所发生的人与自然的交互作用。正如地球或太阳并不是绝对的中心一样，自我或世界、心灵或自然都不是这样的中心。一切中心都存在于交互作用之中，都只具有相对的意义。可见，杜威所谓哲学中的哥白尼革命，就是以他所主张的心物、主客、经验自然等的交互作用，或者说人的现实生活和实践来既取代客体中心论，也取代主体中心论。他也是在这种意义上，既反对忽视主体的能动性的旧的唯物主义，又反对忽视自然作为存在的根据和作用的旧的唯心主义。

不是把先验的主体或自在的客体，而是把主客的相互作用当作哲学的出发点；不是局限于建构实体性的、无所不包的体系，而是通过行动、实践来超越这样的体系；不是转向纯粹的意识世界或脱离了人的纯粹的自然界，而是转向与人和自然界、精神和物质、理性和非理性等等都有着无限牵涉的生活世界，这大体上就是杜威哲学改造的主要意义；而这在一定程度上，也正是多数西方哲学由近代到现代转向的主要意义。杜威由此体现和引领了这种转向。

第三，杜威的哲学改造与马克思在哲学上的革命变更存在某些相通之处。

西方哲学从近代到现代的转向与马克思在哲学上的革命变更的政治背景大不相同，二者必然存在原则性区别；但二者发生于大致相同的历史时代，具有共同的历史和文化背景，因而又必然存在相通之处。如果我们能够肯定杜威的哲学改造适应并引领了西方哲学从近代到现代转向的潮流，那就必须肯定杜威的哲学改造与马克思在哲学上的革命变更必然同样既有原则区别，又有相通之处。后者突出地表现在，二者都把实践当作哲学的根本意义而加以强调。马克思正是通过这种强调而得以超越旧唯物主义和唯心主义辩证法的界限，把唯物主义和辩证法有机地统一起来，建立了唯物辩证法。杜威在这些方面与马克思相距甚远。但是，他毕竟用实践来解释经验而使他的经验自然主义超越了纯粹自然主义和思辨唯心主义的界限，并由此提出了一系列超越近代哲学范围的思想。

杜威的经验自然主义并不否定自然界在人类经验以外自在地存在，不否定在人类出现以前地球和宇宙早已存在，而只是认为人的对象世界只能是人所遭遇到（经验到）的世界，这在一定程度上类似于马克思所指的与纯粹自然主义的自在世界不同的人化世界，即现实生活世界。杜威否定唯物主义，但他只是在把唯物主义归结为纯粹自然主义的唯物主义的意义上去否定唯物主义。杜威强调经验的能动性，但他不把经验看作可以离开自然（环境）而独立存在的精神实体或精神力量，而强调经验总是处于与自然、环境的统一之中，并与自然、环境发生相互作用。这与传统的唯心主义经验论也是不同的，倒是与马克思关于主客观的统一和相互作用的观点虽有原则区别，却又有相通之处。

杜威是在黑格尔影响下开始哲学活动的。他在转向实用主义以后，虽然抛弃了黑格尔的绝对唯心主义，甚至也拒绝了黑格尔的辩证法，但是在他的理论中又保留着某些辩证法的要素。例如，他把经验、自然和社会等都看作是统一整体，其间都存在着多种多样的联系；他在达尔文进化论的影响下，明确肯定世界（人类社会和自然界）处于不断进化和发展的过程之中。他所强调的连续性（如经验与自然的连续、人与世界的连续、身心的连续、个人与社会的连续等等）概念，在一定程度上就是统一整体的概念、进化和发展的概念。这种概念虽与马克思的辩证法不能相提并论，但毕竟也有相通之处。

三、杜威哲学的积极影响

杜威实用主义哲学对现实生活和实践的强调，对西方哲学从近代到现代转向的潮流的适应和引领，特别是它在一些重要方面与马克思哲学的相通，说明它在一定程度上体现了时代精神发展的要求。正因为如此，它必然是一种在一定范围内能发生积极影响的哲学。

实用主义在美国的积极影响，可以用美国人民在不长的历史时期里几乎从空地上把美国建设成为世界的超级大国来说明。实用主义当然不是美国唯一的哲学，但它却是美国最有代表性的哲学。实用主义产生以前的许多美国思想家（特别是富兰克林、杰斐逊等启蒙思想家），大多已具有实用主义的某些特征，这在一定意义上为实用主义的正式形成作了思想准备。实用主义产生以后，传入美国的欧洲各国哲学虽然能在美国哲学中占有一席之地，其中分析哲学在较长时期甚至能在哲学讲坛上占有支配地位；但是，它们几乎都毫无例外地迟早被实用主义同化，成为整个实用主义运动的组成部分。当代美国实用主义者莫利斯说：逻辑经验主义、英国语言分析哲学、现象学、存在主义同实用主义“在性质上是协同一致的”，它们“每一种所强调的，实际上是实用主义运动作为一个整体范围之内的中心问题之一”。[①] 就实际影响来说，实用主义在美国哲学中始终占有优势地位。桑塔亚那等一些美国思想家也承认，美国人不管其口头上拥护的是什么样的哲学，但是从他们的内心和生活来说都是实用主义者。只有实用主义，才是美国建国以来长期形成的一种民族精神的象征。而实用主义的最大特色，就是把哲学从玄虚的抽象王国转向人所面对的现实生活世界。实用主义的主旨

---

① Morris, Charles W. *The Pragmatic Movement in American Philosophy*. New York: George Braziller, 1970, p. 148.

就在指引人们如何去面对现实生活世界，解决他们所面临的各种疑虑和困扰。实用主义当然具有各种局限性，人们也可以而且应当从各种角度去批判它，马克思主义者更应当划清与实用主义的界限；但从思想理论根源上说，正是实用主义促使美国能够在许多方面取得成功，这大概是一个不争的事实。

在美国以外，实用主义同样能发生重要的影响。与杜威等人的哲学同时代的欧洲哲学尽管不称为实用主义，但正如莫利斯说的那样，它们同实用主义“在性质上是协同一致的”。如果说它们各自在某些特定方面、在一定程度上体现了现代西方社会的时代特征，实用主义则较为综合地体现了这些特征。换言之，就体现时代特征来说，被欧洲各个哲学流派特殊地体现的，为实用主义所一般地体现了。正因为如此，实用主义能较其他现代西方哲学流派发生更为广泛的影响。

杜威的实用主义在中国也发生过重要的影响。早在“五四”时期，杜威就成了在中国最具影响的西方思想家。从外在原因上说，这是由于胡适、蒋梦麟、陶行知等他在中国的著名弟子对他作了广泛的宣扬；杜威本人在“五四”时期也来华讲学，遍访了中国东西南北十多个城市。这使他的思想为中国广大知识界所熟知。然而，更重要的原因是：他在理论中所包含的科学和民主精神，正好与“五四”时期中国先进知识分子倡导科学和民主的潮流相一致。另外，他的讲演不局限于纯哲学的思辨而尤其关注现实问题，这也与中国先进分子的社会改革的现实要求相一致。正是这种一致，使杜威的理论受到了投入“五四”新文化运动和社会改革的各阶层人士的普遍欢迎，从而使他在中国各地的讲演往往引起某种程度的轰动效应。杜威本人也由此受到很大鼓舞，原本只是一次短期的顺道访华也因此被延长到两年多。胡适在杜威起程回国时写的《杜威先生与中国》一文中曾谈到：“我们可以说，自从中国与西方文化接触以来，没有一个外国学者在中国思想界的影响有杜威先生这样大的。我们还可以说，在最近的将来几十年中，也未必有别个西洋学者在中国的影响可以比杜威先生还大的。”①作为杜威的信徒，胡适所作的评价可能偏高。但就其对中国社会的现实层面的影响来说，除了马克思主义者以外，也许的确没有其他现代西方思想家可以与杜威相比。

尽管杜威的实用主义与马克思主义有原则区别，但“五四”时期中国马克思主义者对杜威及其实用主义并未简单否定。陈独秀那时就肯定了实用主义的某

---

① 引自《胡适哲学思想资料选》(上)，上海：华东师范大学出版社，1981 年，第 181 页。

些观点，甚至还成为杜威在广州讲学活动的主持人。1919年，李大钊和胡适关于"问题与主义"的著名论战，固然表现了马克思主义与实用主义的原则分歧，但李大钊既批评了胡适的片面性，又指出自己的观点有的和胡适"完全相同"，有的"稍有差异"。他们当时的争论并未越出新文化运动统一战线这个总的范围，在倡导科学和民主精神上毋宁说大体一致。毛泽东在其青年时代也推崇胡适和杜威。

"五四"以后，随着国内形势的重大变化，上述统一战线趋向分裂。20世纪30年代后期，由于受到苏联对杜威态度骤变的影响，中国马克思主义者对杜威也近乎于全盘否定了。20世纪50年代中期，为了确立马克思主义在思想文化领域的主导地位，从上而下发动了一场对实用主义全盘否定的大规模批判运动。它在一定程度上达到了预期的政治目的，但在理论上却存在着很大的片面性。当时多数批判论著脱离了杜威等人的理论实际，形成了一种对西方思潮"左"的批判模式，并在中国学术界起着支配作用。从此以后，人们在对杜威等现代西方思想家、对实用主义等现代西方思潮的评判中，往往是政治标准取代了学术标准，简单否定取代了具体分析。杜威等西方学者及其理论的真实面貌就因此而被扭曲了。

对杜威等西方思想家及其理论的简单否定，势必造成多方面的消极后果。其中最突出的有两点：一是使马克思主义及其指导下的思想理论领域在一定程度上与当代世界及其思想文化的发展脱节，使前者处于封闭状态，从而妨碍其得到更大的丰富和发展；二是由于扭曲了马克思主义哲学和现代西方哲学的关系，忽视了二者在某些方面存在的共通之处，在批判杜威哲学等现代西方哲学的名义下扭曲了马克思主义哲学一些最重要的学说，例如关于真理的实践检验、关于主客观统一、关于个人与社会的关系等学说都存在这种情况。这种理论上的混乱导致实践方向上的混乱，甚至在一定程度上导致实践上的挫折。

需要说明的是：肯定杜威实用主义的积极作用并不意味着否定其消极作用，也不意味着简单否定中国学界以往对实用主义的批判。以往被作为市侩哲学、庸人哲学、极端个人主义哲学的实用主义不仅是存在的，而且在一些人群中一直发生着重要的影响。资产阶级庸人、投机商、政客以及各种形式的机会主义者所奉行的哲学，正是这样的实用主义。对这样的实用主义进行坚定的批判，是完全正当的。但是，如果对杜威的哲学作具体研究，就会发觉他的理论与这样的实用主义毕竟有着重大的区别。杜威自己就一再批判了这类庸俗习气和极端个人主义。如果简单地把杜威哲学归结为这样的实用主义,那在很大程度上就是把杜威所批判的哲学当作是他自己的哲学。

四、杜威哲学研究在当代中国的积极意义

改革开放以来,中国政治和思想文化上的“左”的路线得到纠正,哲学研究出现了求真务实的新气象,包括杜威实用主义在内的现代西方哲学研究得到了恢复和发展。以 1988 年全国实用主义学术讨论会为转折点,对杜威等人的实用主义的全盘否定倾向得到了克服,如何重新评价其在中国思想文化建设中的作用的问题也越来越受到学界的关注,对杜威等人的实用主义的研究由此进入了一个新阶段。“五四”时期,由于杜威的学说正好与当时中国的新文化运动相契合,起过重要的积极作用;今天的中国学界,由于对马克思主义哲学和现代西方哲学都已有了更为全面和深刻的理解,对杜威的思想的研究也会更加深入和具体,更能区别其中的精华和糟粕,这对促进中国的思想文化建设会产生更为积极的作用。

对杜威哲学的重新研究在当代中国的积极意义,至少包括如下三个方面:

第一,有利于对马克思主义哲学有更为全面和深刻的理解。

这是因为,杜威哲学和马克思的哲学虽有原则性区别,但二者在一些重要方面有相通之处。这主要表现在二者都批判和超越了以抽象、思辨、脱离实际等为特征的传统形而上学;都强调对现实生活和实践的关注在哲学中的决定性作用;都肯定任何观念和理论的真理性的标准是它们是否经得起实践的检验;都认为科学真理的获得是一个不断提出假设、又不断进行实验的发展过程;都认为社会历史同样是一个不断发展的过程,社会应当不断地进行改造,使之越来越能符合满足人的需要和人的全面发展的目标;都认为每一个人的自由是一切人取得自由的条件,同时个人又应当对社会负责,私利应当服从公益;都提出了使所有人共同幸福的社会理想,等等。在这些方面将马克思主义与杜威的实用主义作比较研究,既能更好地揭示它们作为不同阶级的哲学的差异,又能更好地发现二者作为同时代的哲学的共性,从而使人们既能更好地划清马克思主义和实用主义的界限,又能通过批判地借鉴后者可能包含的积极成果来丰富和发展马克思主义。

第二，有利于对中国传统文化的批判继承。

杜威哲学和中国传统文化有着两种不同的联系。以儒家为代表的中国传统文化是一种前资本主义文化，没有西方资本主义文化的理性主义特质，不会具有因把理性绝对化而导致的绝对理性主义和思辨形而上学等弊端；但未充分经理性思维的熏陶又是中国传统文化的缺陷，不利于自然科学的发展，更不利于人的个性的发展和自由民主等意识的形成。正因为如此，以儒家为代表的中国传统文化往往被历代封建统治阶级神圣化和神秘化，成为他们的意识形态，后者阻碍了中国科学技术的发展、人民的觉醒和社会历史的进步。“五四”新文化运动的主要矛头就是针对儒家文化作为封建意识形态的方面，以此来为以民主和科学精神为特征的新文化开辟道路。杜威哲学正是以倡导民主和科学为重要特征的。杜威来到中国时，正好碰上“五四”新文化运动，他成了这一运动的支持者。他的学说对于批判作为封建意识形态的儒学，自然也起了促进作用。

但是，儒家文化并不等于封建文化；孔子提出的以“仁”为核心的儒学本身并不是统治阶级的意识形态。直到汉武帝实行“罢黜百家，独尊儒术”的政策以后，儒学才取得了独特的官方地位，由此被历代封建帝王当作维护其统治的精神工具。即使如此，也不能否定儒学在学理上的意义。它既可以被封建统治阶级所利用，又能为广大民众所接受，成为他们的生活信念和道德准则。历代学者对儒学的发挥，也都具有这种二重性。正因为如此，儒学除了被封建统治阶级利用外，还能不断发扬光大，成为中华民族宝贵的思想文化遗产。儒学所强调的“以人为本”、“经世致用”、“公而忘私”、“以和为贵”、“己所不欲，勿施于人”等观念，具有超越时代和阶级的普世意义。新文化运动的代表人物并不反对这些观念，而这些观念与杜威哲学的某些观念在一定程度上是相通的。杜威哲学在“五四”时期之所以能为中国广大知识分子接受，在一定程度上正是因为中国文化传统中已有与杜威哲学相通的成分。正因为如此，研究杜威的实用主义思想，对于更清晰地理解儒家思想，特别是分清其中具有普世价值的成分与被神圣化和神秘化的成分，发扬前者，拒斥后者，能起到促进作用。

第三，有利于促进对各门社会人文学科的研究。

杜威的哲学活动的一个突出特点，是他非常自觉地超越纯粹哲学思辨的范围而扩及各门社会人文学科。我们上面曾谈到，在杜威的全部论著中，关于政治、社会、文化、教育、道德、心理、逻辑、科学技术、审美和宗教等各个领域的具体问题的论述占了绝大部分。他不只是把他的哲学观点运用于这些学科的研究，而且是通过对这些学科的研究更明确和更透彻地把他的哲学观点阐释出来。反过来说，他对这些学科的研究都不是孤立地进行的，而是通过其基本哲学观点的具体运用而与其他相关学科联系起来，从而把对这些学科的研究形成为一个有机整体，并由此使他对这些学科的研究可能具有某些独创意义。

例如，杜威极其关注教育问题并在这方面作了大量论述，除了贯彻他对现实生活和实践的重视这个基本哲学倾向、由此强调在实践中学习在整个教学过程中的决定作用以外，他还把教育与心理、道德、社会、政治等因素紧密地结合在一起，从而使教育的内容更加丰富、全面。他的教育思想也由此得到了更为广泛的认同，被公认为是当代西方最具影响的教育学家。值得一提的是：无论在中国还是在苏联，杜威在教育上的影响几乎经久不衰。即使是在政治和意识形态影响极为深刻的年代，杜威提出的许多教育思想依然能不同程度地被人肯定。陶行知的教育思想在中国就一直得到肯定，而陶行知的教育思想被公认为主要来源于杜威。

我们这样说，并不是全盘肯定杜威。无论是在哲学和教育或其他方面，杜威都有很大的局限性，需要我们通过具体研究加以识别。但与其他现代西方哲学家相比，杜威是最善于把哲学的一般理论与其他人文社会学科密切结合起来、使之相互渗透和相互促进的哲学家，这大概是不可否认的事实。在这方面，很是值得我们借鉴。

五、关于《杜威全集》中文版的翻译和出版

要在中国开展对杜威思想的研究，一个重要的条件是有完备的和翻译准确的杜威论著。中国学者早在“五四”时期就开始从事这方面的工作。当时杜威在华的讲演，为许多报刊广泛译载并汇集成册出版。“五四”以后，杜威的新著的翻译出版仍在继续。即使是杜威在中国受到严厉批判的年代，他的一些主要论著也作为供批判的材料公开或内部出版。杜威部分重要著作的英文原版，在中国一些大的图书馆里也可以找到。从对杜威哲学的一般性研究来说，材料问题不是主要障碍。但是，如果想要对杜威作全面研究或某些专题研究，特别是对他所涉及的人文和社会广泛领域的研究，这些材料就显得不足了。加上杜威论著的原有中译本出现于不同的历史年代，标准不一，有的译本存在不准确或疏漏之

处，难以为据。更为重要的是，在杜威的论著中，论文（包括书评、杂录、教学大纲等）占大部分，它们极少译成中文，原文也很难找到。为了进一步开展对杜威的研究，就需要进一步解决材料问题。

2003年，在复旦大学举行的一次大型实用主义国际学术讨论会上，我建议在复旦大学建立杜威研究中心并由该中心来主持翻译《杜威全集》，得到与会专家的赞许，复旦大学的有关领导也明确表示支持。2004年初，复旦大学正式批准以哲学学院外国哲学学科为基础，建立杜威与美国哲学研究中心，挂靠哲学学院。研究中心立即策划《杜威全集》的翻译。华东师范大学出版社朱杰人社长对出版《杜威全集》中文版表示了极大的兴趣，希望由该社出版。经过多次协商，我们与华东师范大学出版社达成了翻译出版协议，由此开始了我们后来的合作。

《杜威全集》（*Collected works of John Dewey*）由美国杜威研究中心（设在南伊利诺伊大学）组织全美研究杜威最著名的专家，经30年（1961—1991）的努力，集体编辑而成，乔·安·博伊兹顿（Jo Ann Boydston）任主编。全集分早、中、晚三期，共37卷。早期5卷，为1882—1898年的论著；中期15卷，为1899—1924年的论著；晚期17卷，为1925—1953年的论著。各卷前面都有一篇导言，分别由在这方面最有声望的美国学者撰写。另外，还出了一卷索引。这样共为38卷。尽管杜威的思想清晰明确，但文字表达相当晦涩古奥，又涉及人文、社会等众多学科；要将其准确流畅地翻译出来，是一项极其庞大和困难的任务，必须争取国内同行专家来共同完成。我们旋即与中国社会科学院哲学研究所、北京大学、清华大学、中国人民大学、北京师范大学、南京大学、浙江大学、武汉大学、北京外国语大学，以及华东师范大学和上海社会科学院哲学研究所等兄弟单位的专家联系，得到了他们参与翻译的承诺，这给了我们很大的鼓舞。

《杜威全集》英文版分精装和平装两种版本，两者的正文（包括页码）完全相同。平装本略去了精装本中的"文本的校勘原则和程序"等部分编辑技术性内容。为了力求全面，我们按照精装本翻译。由于《杜威全集》篇幅浩繁，有一千多万字，参加翻译的专家有几十人。尽管我们向大家提出在译名等各方面尽可能统一，但各人见解不一，很难做到完全统一。为了便于读者查阅，我们在索引卷中把同一词不同的译名都列出，读者通过查阅边码即原文页码不难找到原词。为了确保译文质量，特别是不出明显的差错，我们一般要求每一卷都由两人以上参与，互校译文。译者译完以后，由复旦大学杜威与美国哲学研究中心初审。如无明显的差错，交由出版社聘请译校人员逐字逐句校对，并请较有经验的专家抽查，提出意见，退回译者复核。经出版社按照编辑流程加工处理后，再由研究中心终审定稿。尽管采取了一系列较为严密的措施，但很难完全避免缺点和错误，我们衷心地希望专家和读者提出意见。

复旦大学杜威与美国哲学研究中心的工作是在哲学学院和国外马克思主义与国外思潮创新基地的支持下进行的，学院和基地的不少成员参与了《杜威全集》的翻译。为了使研究中心更好地开展工作，校领导还确定研究中心与美国研究创新基地挂钩，由该基地给予必要的支持。《杜威全集》中文版编委会由参与翻译的复旦大学和各个兄弟单位的专家共同组成，他们都一直关心着研究中心的工作。俞吾金教授和童世骏教授作为编委会副主编，对《杜威全集》的翻译工作作出了重要的贡献。汪堂家教授作为常务副主编，更是为《杜威全集》的翻译工作尽心尽力，承担了大量具体的组织和审校工作。华东师范大学出版社与我们有着良好的合作，编辑们怀着高度的责任心兢兢业业地在组织与审校等方面做了大量的工作，在此一并表示衷心的感谢。

刘放桐

2010 年 6 月 11 日

序　言

这是《杜威全集》(1882—1953)的最后一卷，包含了未曾在之前各卷发表过的杜威的著述。和"晚期著作"这个标签相比，它的内容固然远为丰富和庞杂；但是我们依然将其命名为《杜威晚期著作》第十七卷，这样无论对图书管理还是阅读者来说，都是个方便。 *xi*

有了这一卷之后，我们终于把总共37卷的约翰·杜威的著作归总为三个系列——《杜威早期著作》(1882—1898)，共5卷；《杜威中期著作》(1899—1924)，共15卷；《杜威晚期著作》(1925—1953)，共17卷。一年以内，我们还将为所有的作品开列出一份详尽的主题词和小标题索引。

全集的第一卷面世于1967年。这本《杜威晚期著作》第17卷——即全集的第37卷——堪称一场先锋行动的顶点：它使用的是现代校勘学的编辑原则和程序；无论在美国经典哲学家的作品集中，还是在更广泛意义上的哲学著作中，本书都是这方面的首次尝试。全集的每一卷上都印有"美国现代语言协会和学术版本中心认可文本"的标记。可见，这部著作已经达到并满足了当今编辑出版界的最高水准。

这一先锋行动开始于1961年的南伊利诺伊大学。当时，它只是一个小小的研究计划，名为"对杜威出版物的联合研究"，其目标之一是要给约翰·杜威作品中的术语作个统一的索引。在1961年的时候，杜威的许多作品都散失了，很难搜寻，很难获得；唯一的一份作品目录——即弥尔顿·哈尔西·托马斯(Milton Halsey Thomas)的1939年书目——并不完整[托马斯的《百年书目》(*Centannial Bibliography*)涵盖到1959年，于1962年面世]。杜威的创作生涯长达70年之

xii 久，相当高产；我们这个计划的第一步就是要把杜威那些年的全部作品予以搜集并定位。对于那些文稿，初步的调查就足以让我们见识到它们的浩瀚难尽；而且，在缺乏一部像模像样的杜威作品全集的情况下，编订统一的索引显然是不可能完成的任务。再说，此前人们就意识到了这一点：为杜威的作品编订全集是一项刻不容缓的任务，唯有如此，才能让那些散见在小册子、报纸以及19世纪杂志的，行将消失的文稿得到保护。

为了编纂这样一部文集，曾经有各种不同的方案可供选择；其中一个方案认为，应当根据主题范畴，把杜威的作品编入不同的系列——这一方案最终被否定了。最终，全集是按照年代顺序来编排的；不过在1970年，我们感到有必要搞一个详尽的主题概览，这部分单独作为一卷，即《约翰·杜威作品指南》。确定了编年方案之后，接下来的问题就是如何把大部头的文稿整体切分为各卷。在作哲学上的思量之前，这些问题必须先行解决：许可、版权、出版补助以及编辑领导权的连贯性；无论大学还是南伊利诺伊大学出版社，都认可这一点。5卷本的《杜威早期著作》标志着出版社和大学方面的最初委托。因此，尽管从一开始我们对每一卷的策划都巨细无遗，对整套作品作“早期”、“中期”、“晚期”的划分，但与其说是出自杜威作品本身的哲学内涵，倒不如说仅仅是权宜之计。

编纂这样一部全集，是一项史无前例的工程；和编纂过程中遇到的各种具体问题相比，把杜威的作品按卷册和系列划分倒还不算有多么困难。我们遵循的是新成立的美国现代语言协会所制订的标准；在打上“认可文本”这一印章之前，它会给我们设定原则，建议操作程序，并对待印的各卷文稿进行审核。国际知名的校勘学专家弗雷德森·鲍尔斯(Fredson Bowers)答应在整个编纂过程中担任我们的校勘学顾问。整部作品在编辑上做得如此出色，这与鲍尔斯先生的英明指导和不懈支持是分不开的。

xiii 开始编纂杜威作品的时候，只有一部分文字作品得到了美国现代语言协会的照应。就哲学作品而言，受到这样的庇护还是第一次。当时，全美编辑界的标准还不被人们所熟知和理解；而南伊利诺伊大学出版社的主管凡农·斯滕伯格(Vernon Sternberg)则担当了这一组织的早期倡导者，并且为本作品对那套标准的应用提供了强有力的支持。有了他的坚定信念，我们才得以把整部全集纳入计划；在他的支持下，我们完成了《杜威早期著作》，出版了《杜威中期著作》中的大部分，并出版了《杜威晚期著作》的第一卷。他的继任者肯尼·威瑟斯

(Kenney Withers)继续给予我们慷慨的帮助，于是我们终于让《杜威中期著作》和《杜威晚期著作》余下的部分大功告成了。南伊利诺伊大学出版社的英明领导和精诚协作，令这部著作堪称全美哲学出版界的典范。

美国现代语言协会（以及之后的学术版本中心）制订的标准，已经在一大批出版物中得到了应用与发展；它以合乎学术规范的原则和程序，为作品奠定了基础。这些团体的协作与支持，确保了我们在工作的每一个阶段获得编辑出版界的认可。

为了正确地编纂各卷文稿，我们得搜集各方面的研究资料——包括作品的各个版本、副本、复印件，新闻报道和广告，口头会谈记录，出版者的相关通信，发行人及杂志的版式风格指南，杜威本人的通信、手稿、打字稿，还有和杜威相关的出版物——以上这些构成了杜威研究中心的核心所在。1972 年，约翰·杜威基金会赠送的一份礼物，使得本中心的潜力呈几何级数地增长：那是整整 87 箱的资料，包括杜威的私人及学术通信、杜威的藏书库，还有大事记。肯尼斯·杜克特(Kenneth Duckett)和大卫·科赫(David Koch)提供的、来自莫里斯图书馆的藏品，也不无裨益；在这几方面的帮助下，上述礼物在美国哲学界、教育界中引来了一大批与杜威相关的论文。于是，“杜威出版物联合研究会”就实至名归地成了“杜威研究中心”。尽管本中心最初只是随工作而产生的一个附件，但由于有 xiv
了丰富的资料和藏品，即使在编纂任务完成之后，它将继续在与杜威相关的学术领域里发挥作用。

对这部全集的初期方案作出贡献的人们，我们已经在多处表达过谢意，尤其在《杜威早期著作》每一卷的序言中。然而，既然这个基本方案和编辑思路从最初一以贯之地到了第 37 卷，那么在全书完成之际，早先的致意必须再一次重复。首先要感谢的是校长德利特·莫里斯(Delyte Morris)、副校长约翰·E·格林内尔(John E. Grinnell)、查尔斯·坦尼(Charles Tenney)，还有罗伯特·麦克韦加(Robert MacVicar)；南伊利诺伊大学在卡本代尔市的管理运作，为我们的工作提供了巨大的支持。世界各地的图书馆管理者们都非常热情周到，警觉机敏，善解人意；来自莫里斯图书馆的材料最具重要性——当然，这个要感谢两位馆长拉尔夫·E·迈卡伊(Ralph E. McCoy)和肯尼斯·G·彼得森(Kenneth G. Peterson)自始至终的殷勤管理。

最初的编辑顾问委员会对于我们这个项目的贡献不小，我们在此谨向委员会及其常任主席路易斯·哈恩(Lewis Hahn)致以诚挚的谢意。此外，还有许多学者为我们撰写了导言，发现并贡献了某个条目、书信及相关资料，或者为一系列哲学和文本上的问题提供建议和参考，在此一并致谢。还要感谢所有鼓励我们、给予我们欢笑的人们。这里尤其值得一提的，是杜威的首席发言人和追随者——悉尼·胡克(Sidney Hook)先生。

悉尼·胡克参与了杜威全集整个的编纂过程，他提供建议并撰写导言。而且，他所扮演的角色远远不止于此。作为约翰·杜威基金会的会长，他催促我们加快编辑和出版的进程；与此同时，通过基金会对编辑和出版事务给予财政方面的支持，以确保进程切实地得到提速。他给予我们的支持是多方面、多形式的，程度相当可观，实在是不可或缺的。

《杜威中期著作》和《杜威晚期著作》中的大部分卷册由六位编辑负责。作为文本编辑和助理文本编辑，他们的名字已经出现在各卷册的前面了；然而，他们对于整部作品的成功出版所作的贡献远远超出了文字列表所能表达的；他们的担当精神及出色的技艺无可替代。他们分别是：帕特丽夏·R·贝辛格(Patricia R. Baysinger)、芭芭拉·莱文(Barbara Levine)、凯瑟琳·普洛斯(Kathleen xv Poulos)、安妮·夏普(Anne Sharpe)，哈丽雅特·F·西蒙(Harriet F. Simon)，还有布里奇特·沃尔什(Bridget Walsh)。在这部作品面世的过程中，还有这么几位编辑及助理编辑发挥了重要的作用，他们分别是：波利·V·邓恩(Polly V. Dunn)、伊丽莎白·M·埃文森(Elizabeth M. Evanson)、理查德·W·菲尔德(Richard W. Field)、保罗·科洛杰斯基(Paul Kolojeski)，以及黛安·梅尔科特(Diane Meierkort)。

全书的编辑出版工作还得到以下机构、理事会及个人赞助者的慷慨支持：南伊利诺伊大学、南伊利诺伊大学出版社、国家人道主义基金会、约翰·杜威基金会[通过其会长悉尼·胡克及史蒂文·卡恩(Steven Cahn)的工作]、全美知识界理事会，还有两名私人捐助者。这部全集——总共37卷——将成为一座丰碑，上面铭刻着诸多组织、编辑、学者、图书馆馆员、研究者及管理者们的殷切期望和热情参与；他们都相信，这部全集必将被完成得很好，而且必将在本世纪结束之前面世。

乔·安·博伊斯顿
(Jo Ann Boydston)

导言：约翰·杜威思想的时代关切

悉尼·胡克(Sidney Hook)

激进的极端主义者对“关切”(*relevance*)一词的滥用由来已久，因此，这个词 *xvii*
容易令犀利的读者诸君感觉不良，也属情有可原。但不容否认的是，“关切”终究是一个关联术语；“关切的是什么”这个问题，毕竟没有理由被弃置不顾。

当我说起约翰·杜威思想的时代关切的时候，我侧重的不是历史关头的危机状况，而是人的处境；人在选择合意的生活道路的时候，只要对自己的行动有所反思、有所审视，他就会遭遇种种问题和困惑——关于战争与和平，关于好的时代与坏的时代。杜威的成年生涯跨越了四分之三个世纪；对于那个时期涌现出来的种种话题，他写下了数以百万计的文字。不过，他的思想之所以至今仍有意义，却不是由于上述原因；而是因为它所关涉的思想和实践领域，依然与我们今天最基本的智识、行动兴趣息息相关——例如教育和伦理、文化和政治，以及最广泛意义上的社会哲学。在某些领域中，他的思想曾一再地呈现其意义；而在另一些领域，事件及制度上的变迁给他在那个时代阐述的思想染上了一层乌托邦的色彩——倘若不算“脱离现实”的话。

熟知杜威全部作品的人会认可这一点：倘若重新解读和发掘他的思想，那么贯穿整体的基本教育观及教育理念将是重中之重。在 1909 年对美国科学进步协会的致辞中，杜威就曾断言过大学课程中科学教育的重要性；这比他的后斯普特尼克(post-Sputnik)批判要早得多。在后者中，他致力于重新建构美国的学校教育体系，以求在技术成果和技术进步上超越苏联。不过，杜威所说的科学研究指的并不是追寻一大堆纷然杂陈的信息，比如事实、法则、理论，以及学校科学

xviii 课程中最常见的那种富于趣味的关联系统。他强调的是：我们必须懂得，把科学上的正确有效性赋予一个特定的"结论"究竟意味着什么；换句话说，即"关于事物如何及何以被冠名为'知识'而非意见、臆测及教条，我们必须有所知晓"。对于杜威来说，这个层次的知识才是最有价值的。早在对"科学主义"的批判浮出水面之前，杜威就发出警告，他认为，任何特定科学——无论是物理学、生物学，抑或心理学——中的特殊方法都不足以用来定义理性主义的范式。当杜威对当时传统的人文教育进行清算的时候，他的分析直指那种拘泥刻板地学习语言、文学的方式；他认为，这是针对特定技能的狭隘训练，是对想象力和情感的束缚而非解放、陶冶和教化。在杜威看来，所谓的人文，并非仅是用来教授的科目；而应该是陶冶情操的手段，能够启发人的自觉感和仁慈心——用他自己的话说，这就是"社会及社会化感知的源泉"。那样一个无比重要的领域也在于此：价值在此地得到揭示，价值间的交互关系也在此地接受探询。在斯诺(C. P. Snow)那部肤浅的著作——《两种文化》(*The Two Cultures*)面世的半个多世纪之前，杜威就已经对好学深思的公民们所面对的、关乎教育的问题进行了界定："在这个国家中，我们应该将科学教育与人文教育整合为一体。"

对于这一整合，杜威的理解是深刻而非肤浅的，因为他注意到了第三种文化——不妨称之为"社会性"或"文化性"。这种"社会性"或"文化性"让上述的"两种文化"得以沟通、整合；有了它以后，人文方面的训练不至于太过精致——超过某个限度，就堪称"势利"了；而科学方面的训练，也不至于被引向野蛮功利的目标。人文学科和科学学科之间的区分，本身就预设着某种将二者包罗于其中的文化的或社会的维度；它表现为具体的制度、基本的嗜好，还有价值取向的谱系，等等——任何特定时代的生活质量及文明特征都是由上述这些内容构成的。倘若要通过教育，令学生富于想象力地感受到社会中的这些动态力量，感受到此种力量对于科学及人文实践的终极导向作用，那么，这种教育就应当着重强调最基本的社会和经济结构，强调整体文化环境中所充斥的问题与冲突，并展示
xix 这一文化一贯面临的进步与衰退的可能性。从这里也可以看出，对于道德价值——诸如尊严、正直、快乐、安宁等等——的纯抽象称颂远远不足以告诉我们：如何改变社会体制，才能让大部分人类在真实生活中感知到上述道德价值的具体内容。就科学而言，科学和技术可能对社会生活以及对人的经历遭遇造成种种影响，倘若对这类效果缺乏预先的评估，那么，我们原先的理想就可能不得不

屈就科学所造成的意外后果，这就和组织资源、造福人类的初衷大相径庭了。传统的人文教育和科学教育都未能很好地把上面所说的“第三种文化”——即社会性，包括经济、政治、历史研究等等——纳入视野，因此人们往往认为，它们无法告诉我们该何时生产、生产什么以及为什么生产。

从以上的内容其实可以引申出一个更具根本性的思想领域；在此，杜威已经对当今知识界的最新动向——即“哲学”这一概念本身的发展、变化有所预见，尽管这一洞见遭到了颇多的误解。有那么一些哲学概念在多种不同的社会中曾盛行一时，而我们的社会就具备这样的多样性。在这方面，杜威秉承古希腊传统，认为哲学就是对于智慧的求索；但是，他和古典时期、中世纪以及大部分现代思想家的分歧在于：在他眼中，智慧并不非得和形而上的或超验的（这归根结底属于宗教）洞见息息相关，也并不非得像自然科学那样是对知识的纯粹描述。杜威所说的智慧包含着道德意蕴，它“像任何道德术语一样，与已然实存的事物的制式无关，纵使这个制式已被放大为永恒和绝对。作为一个道德术语，它相关于所做之事的选择，是宁愿采纳一种生活方式而非他种生活方式的偏好。它与已确立的现实无关，却与欲求的将来有关。当我们把这种欲求化作清晰的断定，便有助于使它成为实存的东西”。①

这样一来，哲学就成了对文化——它自身也是文化的一部分——中的基本价值冲突所作的规范性分析。如此这般的哲学概念既是关乎“哲学所曾是”的历史性解读，也是关乎“哲学所当是”的建设性意见。于是，哲学家也就成了道德学者，但并不是道德说教者或社会活动家。这里颇有些难点，我将在别处再作展开。② 此处必须提及的是，这一概念（多年来，大部分美国哲学家对之不屑一顾或付之一笑；在他们看来，哲学本该去探索科学技术力所不能及的世界真相，要不就该对科学方法作条分缕析的精确阐明——再不然，就是对基本概念进行语言分析，因为这些概念的日常用法、特别用法迷惑了人们，造成了理智上的混淆） xx

---

① 杜威：《哲学和民主》（*Philosophy and Democracy*），《加利福尼亚大学编年史》（*University* [*of California*] *Chronicle*），第21期（1919年），第43页（《杜威中期著作》，乔·安·博伊兹顿编，卡本代尔和爱德华兹维尔：南伊利诺伊大学出版社，1982年，第11卷，第44页）。

② 悉尼·胡克：《哲学与公共政策》（*Philosophy and Public Policy*），《哲学杂志》（*Journal of Philosophy*），第67卷（1970年7月23日），第461—470页；修订版发表于《哲学与公共政策》，卡本代尔和爱德华兹维尔：南伊利诺伊大学出版社，1980年，第3—15页。

如今以越来越强有力的姿态进入了我们的哲学视野;在眼下的哲学界,它正日益接近核心地位。不幸的是,对位于社会关系中的价值作规范性分析固然引人入胜,但并非所有从事这一课题的人都正确地理解了杜威的观点:职业哲学家的天职和普通公民的实践是截然不同的。有那么一些人,试图把哲学政治化;他们让哲学投身于特定的政治争论,而不去作冷静的分析,以求让社会行为的可选择性及其后果得到澄清。

还有些读者会把杜威的思想和后来存在主义思潮中的某些主题等量齐观。这个当中,也是误解多于同情。诚然,存在主义者和杜威一样,也关注道德抉择,关注道德抉择中的现象学、心理学。可他们是非理性主义者,他们认为,我们的基本选择不可能有任何根据,所有的选择全部位于同一层次;而从杜威的角度看他们的观点,就颇值得怀疑了:对于道德判断,他们真的有权构筑“理论”吗?在存在主义者的眼中,道德选择不外乎就是激情。可是杜威认为,那不仅仅是激情;而是一种确信,它是具备理性根据的——正所谓“把自己显现为一个合理忠告的激情”。忠告可以是合乎理性的,即便我们无法从问题情境——判断产生于这一情境——的事实存在中纯逻辑地推出它。总之,杜威认为,价值、目的这种东西是可以被理性决定的。对于这一观点,通常的反对意见这么说:理性仅仅关乎手段,手段被用来达成特定的目的;至于目的本身,那是毫无理由的武断选
xxi 择——而在杜威眼中,这样的反对是站不住脚的。这是因为,终极的目的并不存在;各种关乎道德选择的问题情境,实际上都是由复数的“手段-目的”构成的连续统一体。光秃秃的“事实”和纯粹无瑕的“理念”狭路相逢这种事情,其实从来都不曾发生过。“事实情境”本身已经包含了价值承诺,尽管在这样的特殊语境中,价值承诺并未被追问过;而所谓的纯粹理念,其中也预设了它所从出的某些事实原因,并多少预想了它将引出的事实后果。所以,杜威主张,“如果我们将由智能来统治而不是被事物、言辞来统治的话,对于我们所做的事情,科学必定有东西要说,而不仅仅是对我们如何十分容易、经济地做这件事情有所言说。”[①]在杜威眼中,道德上的优点关乎智能;对此,哲学上的直觉主义者作出的典型回应是:这样一来,对于任何既定目标,只要手段运用得简洁高效,那就成其为“道德”

---

① 杜威:《作为题材与作为方法的科学》(*Science as Subject-Matter and as Method*),载于《科学》(*Science*),新序号,第31卷(1910年1月28日),第127页(《杜威中期著作》,第6卷,第78—79页)。

了(举个例子,他们如是说道:"发现了氰化物可以被用作最简便、最便宜的屠杀工具的那个人,岂不成了最有道德的?!")。然而,杜威论点的关键在于,他力图显示出:在既定的历史处境中,选择上述那种目标本身就是不合乎理性的、不理智的。情绪主义者和存在主义者会对此持反对的意见,他们认为,结果、目标之类的东西都超出了理性力所能及的范围;因此,无论用"合理"、"不合理"还是"愚蠢"、"聪明"来称呼那种东西,都没什么实际意义——可是,日常经验和日常语言的应用却告诉我们,这一立场是虚妄的。对于特定的效果、目标、结局或理念,我们总是摆事实讲道理,用"合理"、"不合理"这样的言辞来判定它们。

对于当今时代而言,仅仅为价值判断的认知有效性作辩护,还远远不够。对于美好事物的信念固然重要,但比这更重要的是接受信念的方式。伦理上的怀疑论或主观相对主义明显地和我们的见解不同,但最令我辈困扰的倒还不是它们。在最坏的情形下,它们将导致对道德的无动于衷而冷漠置之,于是选择的急迫性就表现为一个权宜的姿态。在最好的情形下,它们起码给异己的见解腾出了表达的空间,这样一来,我们选择的眼界就扩大了。对于民主政治及社会生活 xxii 来说,最主要的威胁并非来自相对主义或怀疑论,而是来自盲信。这年头,在拥有信念的人们中间充斥着自以为是、刚愎武断的倾向;他们丝毫不能容忍反对意见,并且迫不及待地要让那"应许的土地"付诸实现。在他们眼中,持异见者不是愚不可及,就是利令智昏。有那么一些盲信者,他们把自己摆在了天使的位置;他们以绝对的和平主义者自居,可他们的结论却往往令希特勒之类的暴徒备受鼓舞,感到自己真理在握,可以问心无愧地发动战争。盲信的社会革命家也好,盲信的反动派、保守派也罢,在这一点上都是一致的:他们如此地执著于自己的信念,以至于任何实际发生的事情都不足以把他们驳倒。这些信念越是行之无效、毫无成果,越是令他们焦躁不安,他们就越是对之深信不疑。在穷途末路的时候,他们不得不一次又一次地放出这样的宣言:如此清晰、明确,如此卓越而合理的诉求,被那横行跋扈的罪恶体制给践踏了;这一体制必须被摧毁,"如若可能,那就和平解决;如若有必要,也可以不择手段"。于是,这些乌托邦的理想主义者们只需跨出几步,就成了投掷炸弹的游击战士,甚至是纵火犯、暗杀者——他们依然自以为是,内心被道德上的义愤填满,同时对于这一事实毫无知觉:那所谓的崇高理想以及人之为人的性情,早已被肮脏的手段玷污得浑浊不堪。

从实践的角度看，对失败的恐惧足以令一般的盲信者沮丧，除非他们打心底里以救世主自居——这就近乎精神病范畴了。而杜威感兴趣的并非挫败、压抑这样的技术性手段，他关注的是理智路向：如何从理智上阻止——起码是有所抑制——盲信现象的发生。在杜威看来，培养“历史感”是关键所在。无论我们的社会、政治规划的宗旨和归宿是什么，无论和平、正义、自由、幸福还是别的什么，“理性主义的要旨”在于：对上述这类目标的追求，必须保持一个“暂时性的视角”；这是因为，人类具体的实践事务与纯逻辑、纯数学不同，后者奠基于“非此即彼”的判断，而前者则必须作“斟酌损益”的考量。

上述关于人类事务的历史性视角，要求我们对具体实践中展现出来的价值多样性保持敏锐的警觉。必须指出的是：杜威并没有全然否定道德姿态的有效性；从某种意义上说，这是人的安身立命之本，我们的人生、荣耀及财富都以此为
xxiii 基础——正如这样的一句宣言所说：“我站立于此地，我别无选择。”（Hier stehe Ich. Ich Kann nicht anders）问题在于，我站立于其上的这东西究竟为何物？是良知，还是理性？在杜威看来，所谓“良知”，倘若不是出自“理性的责任心”，那就没有任何道德效力。而且，它若要具备道德效力，必须注意到实际处境中价值的多元性以及诸种价值的相互关联性，必须对这些价值可能导致的后果作出理性的评估。在当今时代，这一点尤其不容忽略——如今，人们往往会由衷地把“良知”当作某种终极的官能，以为它能直接洞见到人的道德责任；而实际上，“良知”不过是人们逃避职责、背弃理想、背叛国家时所遁入其中的托辞罢了。所以，我们必须在此指出：那些心怀道德傲慢、准备采取某种行动并“全然无视后果”的人，其实只是一些不道德的盲信者——因为道德的事情向来就与结果脱不了关系。比如这么一句话：“即便天塌下来，也要让正义获胜。”——我们能否对它表示首肯呢？要知道，“天塌下来”意味着爱情的死亡、自由的丧失、快乐的终结，以及其他一切人类价值的无疾而终。倘若这就是遵循并实现“绝对正义”所将导致的结果，并且我们从理智上接受了这样的事实，那么，这样的正义究竟有什么好、有什么效用呢？对于正义以外的任何其他价值术语，上面的问题同样都成立。要点在于：价值本身，与以之为目的的手段所引发的后果，其间的相互关联性——或者我们也可称之为：由“价值”作为其组成部分所构成的“复杂星群”。确认了这一点后，在“单纯的”工具性价值和“纯粹的”本真价值之间作出泾渭分明的区分就变得不可能了。

有时候人们会说，“生存”是真正的终极价值；在道德冲突中，它往往能占据

最高的有效地位。可是，深思者的行为又常常与这一论断背道而驰。有些时候，为了生存而屈从某些强加的条件，是我们心目中最可恶的事情——比如折磨、伤害无辜者，背叛朋友、家庭、事业、国家，等等。

在杜威看来，每一个情境都包含着它自身独特的善；通过理智的分析，就能够从事实处境和价值冲突中把那"善"给发掘出来。这样的操作，没有现成的公式、教条可以遵循。有些时候，我们应当听从"正义"的最高指令；而有些时候，我们得把人类的幸福摆在"正义"之上；还有些时候，或许正义、幸福都得暂时牺牲一下，因为人身安全的需求刻不容缓。"这不是投机主义嘛"，绝对论者会嗤之以鼻。对此，合乎道理的反驳是这样的：倘若投机主义意味着"为了眼前的利益忽视原则，忽略长远后果"，那么，上述态度绝不是投机主义——恰恰相反，对后果的重视正是这一思路的精髓所在。另一方面，无视成效和后果的绝对论者，倒是具备了相当典型的盲信特征；当他们陷入争论、冲突的时候，解决的途径往往只有战争——以最严峻、激烈的方式来决定何者应当在人类事务中占据上风。 *xxiv*

其实，"机会主义"这一范畴还包含这么一层意味，它强调智慧地把原则运用于新的处境。从这一意义上说，杜威的社会哲学和药理科学一样，都具有"机会主义"因素。倘若只知道用同样的方子对付一切病症，那显然是庸医。而持绝对论的社会学者在处理人类事务方面，也是庸医、乡愿式的——尽管他们当中不乏品行高洁、态度诚挚的人。在政治中，诚挚固然是个可贵的品质；但更重要的是，诚挚必须与理智的谦卑相伴，必须意识到人是可能犯错误的——在这样的领域中，人们固然追求确定性，但理智的局限不可避免；否则的话，诚挚就可能造就恶魔。比如希特勒，他就毫不缺乏诚挚这个品质。

早在"新左派"提出"参与式民主"这个容易引人误解的口号之前，杜威就已经阐述过这一观念；它在杰斐逊的晚期作品中已颇具雏形：民主不仅仅是从属于政府的政治形式，它意味着一种生活方式；它"必须源于家庭，由邻里关系构成的共同体是它的源初形态"。[1] 所谓"共同体"，它所意味的不仅仅是物理上的彼此

① 杜威：《公众及其问题》(*The Public and Its Problems*)，纽约：亨利·霍尔特出版公司，1927年，第212—213页(《杜威晚期著作》，乔·安·博伊兹顿编，卡本代尔和爱德华兹维尔：南伊利诺伊大学出版社，1984年，第2卷，第367—368页)。

邻近，还包含面对面的人际交往。这是公民之间直接的交流，事业上的合作就在此发生。社会性力量在每一个个体的背后悄然地发生着作用。政治程序的非人性层面、匿名的人群，还有无法置身其外的官僚体制，所有这一切都会令个体感到自身的渺小无力；而人与人之间分享观点、分担情绪的亲密行为，能够给人提
xxv 供对抗、消解上述感觉的力量。这就是为什么杜威赞赏"草根"运动而对政治规则的纯形式化运作有颇多的批判。

在此，我们会发现，杜威的政治哲学中有一个深刻的难点；在解决它的过程中，杜威所诉诸的信念在某些人看来超越了他之前关于"科学态度"的承诺。困难源于一系列立场之间的彼此联接；而这些立场各自单独地拿出来看，都站得住脚。杜威认为，基于反思的行为也好，分析得出的结论也罢，都把我们引向这样一个关于伦理学的认知理论：像好和坏、对和错这样的判断，我们可以有所依据地用有效、无效或正确、错误这类词语来评判它们。杜威还认识到，政府部门正日益变得庞大、复杂，其中大部分的行政事务都需要特定的专业知识——在实业技艺及科学技术等纷繁的领域中各司其职。于是，有人会问：既然如此，那么，杜威为何没有得出这样的结论，即认为好的政府就意味着把政治规则托付给具备专业知识的人呢？显然，科学判断、科学真理从来都不是以大多数人的投票为依据的，甚至也不依赖于公民个体对科学进程的参与。既然杜威相信，无论在自然界还是在人类事务领域，科学知识都是用以得出结论的唯一有效的手段，那么，为什么不把整个共同体的政治命运交付给拥有相关科学知识的人呢？可是，倘若我们这么做的话，"民主"的精神又将颜面何存？

其实，柏拉图早就以另一种方式提出过这个问题：乘船航海的时候，我们把身家性命都托付给了舰船驾驶员；既然我们并不是用投票方式选出驾驶员的，那么，有什么理由要用投票方式来选举国家管理者——整个集体的身家性命都操在他的手上——呢？对此，情绪主义者的回答看上去简洁明了，但我们却无法采纳。选择驾驶员，依据的是他的专业知识和技术，靠这个可以把我们带到目的地；至于目的地究竟在何处，这是驾驶员无权决定的；目的本身是人的主观态度、期望或喜好的表达，它与任何知识、科学无关。我们知道，杜威不可能认同这样的回应，因为在他看来，相关的科学知识可以有助于"造就社会、道德观念，当它
xxvi 被应用于相关事业的时候"，而且"科学必定有东西要说（以及走向何处）——而不仅仅是对我们如何十分容易、经济地做成这件事情有所言说（以及如何到达

目标)”。

桑塔亚那等诚实的集权主义者都赞同上述这种柏拉图式的观点:知识,只有知识,才是构成至高无上的统治权威的唯一要素。对此,杜威准备好了各种反驳。在杜威毕生的写作生涯中,他尖锐而有力地表达着这方面的观点,比如历史证明,智识者的独裁会因其对权力的垄断和对既得利益的维护而导致腐败。要想对专家的议题作出判断、评估,自己并不非得是专家不可。亲自穿鞋的人才知道鞋子哪里咯脚,因此,他们有权根据自己亲身经历的政治体验来更换自己的政治之鞋。

但是,杜威的上述反驳,还不足以确证在自治共同体中推行民主的正当性。基于上述观点,精英人士可以认同一个非参与式的民主,即面对行政或立法上的种种决议,选民可以被动地表达赞同或不赞同;但是,他们无法投身于各种具体的事务,无法为了共同的事业参与交际——而在杜威看来,这是民主得以保持健康活力的必要条件。在民主政治中,合乎理性的决定需要由各个阶层的公民深入地参与进来。那么,普通人是否具备作理智决定的能力和意愿呢?倘若他眼下还不具备,那么能否通过教育来获得呢?如果光凭教育还不足以教人学会政治上的人情世故和专门技艺,那么,人是否有足够的智慧与动力使他从切身经历中学习呢?对于所有这些问题,杜威全部作了肯定的回答;不过,与此同时,他也明白:强有力的大众媒体——包括报刊、广播、电视等等——实在很难满足启迪民众的教育诉求。那么,他的信念植根于何处呢?和杰斐逊相信美国会在一系列实践中取得胜利一样,他们的信念归根结底基于这样的认识,即对于大部分人来说,只要接触到相关的信息,就能够从亲身经历——包括自己犯下的错误、遭遇的挫折——中获得教益,能够从中发现自己真正想要的是什么、如何做才能达到目的,甚至能够懂得为了达到目的所必须付出的代价。那些位高权重、具备高等知识的领导者、统治者号称懂得什么是“真正”对被统治者“好”的,而实际上, xxvii
群众自己能够学得更好。这是一个双管齐下的信念——他们能够学习,他们也愿意学习。

有趣的是,我们发现,马克思也秉持类似的信念;不过,他所着眼的不是无差别的大众,而是理想化的工人阶级。当民主政治体制尚未被引入西方欧洲世界的时候,当和平改革显得不切实际、水深火热的处境已经在道义上令人无法容忍,人们不得不诉诸暴力革命的时候,马克思在尝试为工人阶级的最终胜利开辟出美好的前景——尽管他们已经遭受了一系列粉碎性打击：

> 无产阶级革命……则经常自己批判自己，往往在前进中停下脚步，返回到仿佛已经完成的事情上去，以便重新开始把这些事情再做一遍；它十分无情地嘲笑自己的初次行动的不彻底性、弱点和拙劣；它把敌人打倒在地上，好像只是为了让敌人从土地里汲取新的力量并更加强壮地在它面前挺立起来；它在自己无限宏伟的目标面前再三往后退却，一直到形成无路可退的情况为止。那时，生活本身会大声喊道：这里是罗陀斯，就在这里跳跃吧！[①]

关于工人阶级该如何从经验中学习，上文提供了一个颇为斑斓的愿景；其间弥漫着乐观的期望，仿佛他们终将凯旋——但除此之外，还有什么呢？杜威的文字要比马克思清醒理智，他针对的不是工人，而是公众或有组织的公民；后者要面对的也不是唯一的、最终必定会被征服的任务或挑战，而是一系列的传承演替；他们劳作的处境未必充斥着非法和专制，而是置身于一个已被接受的、变迁而来的历史传统。不过，尽管有以上种种不同，杜威同样表达了对人类、对人在经验中学习的能力的信任——马克思对工人阶级的信赖，正是受此鼓舞。现在看来，马克思的信念似乎是错的：西方世界的工人们从未主动地拥护过革命事
xxviii 业；而别处的工人呢，他们最多支持过来自上层的革命，那是由职业革命家的小团体发动的。西方世界的工人们确实从经验中学到了不少，不过，马克思却完全没有预料到：对于面包和自由的追求，可以通过更高效、更少付出代价的途径获得满足——即参与民主政治进程，通过赋税制度和国家福利，以更美好、更公正的方式来重新分配财富。和武装暴动及断头台相比，上述的方式不是更可行吗？

杜威相信，通过"磋商、说服、斡旋、交流及同心协力的智慧"[②]，群众能够摸索到适合自己的方式来参与民主，建设公民社会；在这样的社会中，体制的运作

---

① 卡尔·马克思(Karl Marx)：《路易·波拿巴的雾月十八日》(*The Eighteenth Brumair of Louis Bonaparte*)，出自《卡尔·马克思和弗里德里希·恩格斯：两卷本选集》(*Karl Marx and Frederick Engels: Selected Works in Two Volumes*)，莫斯科：外文出版屋；伦敦：劳伦斯和威沙特出版公司，1950年，第1卷，第228页。

② 杜威：《自由与文化》(*Freedom and Culture*)，纽约：G·P·普特南出版公司，1939年，第175页(《杜威晚期著作》，第13卷，187页)。

有助于所有个体去追求人之为人的最大限度的成长——那么，杜威是否还有更好的理由来支持这一信念呢？自从他逝世以后，美国发生了一系列事件，这一信念所经受的试验不可谓不剧烈；公共生活的诸多领域的确成长起来并获得了局部性的成功，但它们依仗的并不是杜威所强调的、作为"参与式民主"之精髓的社会手段，而是依仗权力和暴力——起码是以权力和暴力作威胁。诚然，公民权益、社会福利、教育及健康等事业所获得的实质性进展能否归功于暴力这一点颇为可疑；再说，权力和暴力即便可算是用在善的事业这一边，我们也无法避免它们产生的反作用以及招致的反抗。这与其说促进了善的事业，毋宁说构成了阻碍。[①] 倘若不在实际的政治进程中引入杜威所列举的民主措施，所谓"自治的"参与式民主或许将永远停留在镜花水月的层面。总之，不管上述讨论的结论如何，杜威总归有权秉持自己的信念。对于这一点，我们无法推翻。和所有信念一样，其中固然不乏危险和赌博的成分，即便它比别的信念显得更"合乎理性"。这确实是一场危险的赌博，因为它作了这样的假定：当根本利益彼此冲突的时候，人们会运用智慧，从分歧所由以产生的基础上寻求共同利益；不仅如此，它还假 *xxix*
定：具备创造性智慧、有能力想出办法来实现共同利益的人们，同时也具备道德上的勇气来伸张正义，并抵抗反对者的侵袭。然而，多年前，美国乃至世界上大部分国家的大学教师在面对斯文扫地的暴力破坏的时候，他们作出的举动颇为令人沮丧；可见，理智和道德勇气并非总是站在同一边的，或许它们仅仅是精神世界中两个毫不相关的变量。

杜威对于理智的信念究竟能否令人心服口服呢？这个问题至今依然悬而未决——上面提到的情境可算是理由之一。我们甚至可以用一种更像悖论的方式来表达这个问题：从现有的人类倾向及体制语境来看，现实发生的事件是否会令某些社会实践的手段显得合理而睿智，即便杜威对那种手段不屑一顾或谴责有加？尽管其间不乏战争狂热者及诸种集权主义的辩护者，民主政治社会的历史

---

① 我曾在两篇相关的文章中讨论过这个问题：《暴力的意识形态》(*The Ideology of Violence*)，载于《相遇》(*Encounter*)，第 34 期(1970 年 4 月)，第 26—38 页；《理性与暴力—— 关于约翰·杜威的一些真相和神话》(*Reason and Violence - Some Truth and Myths about John Dewey*)，载于《人道主义者》(*Humanist*)，第 29 期(1969 年 3—4 月)，第 14—16 页。再次发表于《教育与驯服暴力》(*Education and the Taming of Power*)，拉萨尔，伊利诺伊：公开法庭出版公司，1973 年，第 131—143 页。

依然向我们显示出：通过理智的手段、和平的斡旋、劝说及合乎理性的折衷妥协，我们能够赢得更多——和使用其他手段相比较而言。但是，未来的情势要比以往更加难以判断。

这里，我们还将简要地探讨一下杜威某些更具技术性的哲学观点同当代哲学界的关系。一言以蔽之，杜威的观点和当代职业哲学家关注的某些问题有着高度的关联性，但后者往往毫无愧色地对这一点无知无觉。杜威的很多观点都得到了广泛的接受，但其内容多多少少和他本人的阐释有所不同。在精神哲学方面，杜威是自然主义和功能理论的倡导者，也是心灵-身体二元论的主要反对者；而时至今日，更彻底的唯物论或物理主义观点明显地占了上风。这样的学说构成了一个家族，它们认同各种版本的"同一性理论"，比如"精神过程无非就是中枢神经系统中发生的物理过程"——这就是其中某位系统阐释者的说法。这类理论似乎是被独立地发展出来的，几乎看不出任何受过杜威影响的痕迹。他
xxx 们都相信，对心灵和神经之间真正关系的阐释，取决于科学的发现和发展程度；对于这个，杜威会表示认同。不过，他们显然把人的精神世界从社会、文化中全然孤立出来了；而这，杜威是反对的。杜威会说，像"身体"、"心灵"这样的范畴划分既不各自独立，也不周延。在他看来，尽管社会性维度中必须包含物理性、生物性关联，但是前者肯定无法被彻底地还原为后者。

更令人惊异的是，哲学上的自然主义正在逐渐淡出人们的视野；而杜威曾经在《经验与自然》(*Experience and Nature*)中对它作过最为重要的阐释。在某些人看来，自然主义这样的哲学观点，其基础不过就是把结论预设为前提：科学技术是用以获取知识的唯一正当手段；因此，除了与科学一脉相承的常识以外，唯有科学知识是可靠的。这样的结论，使自然主义不光和一切形式的"超自然主义"相冲突，而且和以下这种信念格格不入：本体论层次的或形而上的真理(它既非科学亦非逻辑)是存在的。最近还有这样一些人，基于对自身意愿、选择的内省经验，认为人的行为中确实存在着自由，而这自由不是科学探究的对象——这一观点也是上述自然主义结论的对立面。还有，康德式的二元论也在卷土重来：它认为人的生活——尤其是道德生活——是无法用科学来阐释的。可是，杜威旗帜鲜明地拒斥心灵-身体二元论；上述所有这些新鲜的学术思潮，都与他的观点不能相容。

在杜威人生历程的最后二十年中，逻辑实证主义或逻辑经验主义的学说正在开花结果；不过，杜威对这类学说并不感兴趣。这并非因为上述学说耽于吸收自然科学的语言和方法论，而是因为它那可疑的原子论，它对规范性伦理学、社会学命题的忽视，以及它对伦理命题的情绪主义阐释。当维特根斯坦发起的日常语言分析蔚然成风、逻辑实证主义思潮日渐式微的时候，杜威对后者的态度也由中立转向了反对。在杜威看来，固然有一些哲学问题源自逻辑语法上的错误，但大部分哲学问题来源于真正的问题——那是科学范畴从其自身领域向其他领域的延伸所造成的。在杜威的有些作品中，时常散发着与维特根斯坦类似的气息。早在维特根斯坦之前，杜威就曾经说过：通过对问题被提出的方式进行语言 *xxxi*
分析，我们会发现，那些号称是关于外部世界的问题实际上并非真正的问题；问题中包含了关于心灵或感官的论断，不使用这样的论断，我们就无法提出问题——由物理存在和日常事物所构成的外部世界在这类论断中已经被预先假定了。的确，我们无法用它们自身的术语来前后一致地表达那类问题；但是，杜威并不因此就认为，这种哲学问题只不过是逻辑语法上的错误或语言游戏中的无效动作。在他看来，它们源自未被陈述清楚的科学问题；而哲学的分析必须力图让问题得到明晰的表述，从而让我们可以看出：怎样的科学依据或日常经验依据能够被用来促成问题的解决。

杜威深信，哲学实践的核心就在于对价值判断作规范性分析；因此，在这一点上，他不可能认同维特根斯坦——后者认为，被哲学思考对付过的世界和之前并没有什么不同，哲学不打搅世界的本来面貌。而在杜威看来，一切真正的知识暗含了关于实践的判断；它们的真理性奠基于某些实验性行动之上——这样的行动货真价实地改变了世界的某些部分。关于道德上的正确或错误，倘若我们能够形成真正合乎科学的知识，那么，哲学就不可能不对世界产生影响——无论这影响是好是坏。由此，我们也可以理解杜威如下的观点："科学的社会责任"这一问题并不是随着当代技术的兴起才浮出水面的；一切知识都包含控制的可能性，而一旦可能性成为现实，世界就会因此而发生改变。

杜威对自己的最后一部大部头作品——《逻辑：探索的理论》（*Logic: The Theory of Inquiry*）钟爱有加。这部著作说的不是形式逻辑，而是和科学研究相关的基本方法论与哲学。当代的逻辑学家或许对它一无所知；在科学哲学家当中，熟悉这部著作的也很少。欧内斯特·内格尔（Ernest Nagel）曾经同杜威一起作过研究;在杰出的科学哲学家中,他是唯一一位把来自杜威作品的影响表现出来的哲学家。

为知识发展的前景作预测,是一件相当冒险的事情;但我们还是有理由相信,在不远的将来,杜威的纯技术性哲学作品将被人们重新发现,焕发出新的价值并且被发扬光大。倘若职业哲学家们能够认真地对待杜威的教育学、社会学
xxxii 思想,那么,他们会继续探索杜威的认识论和逻辑学,因为前者与后者是息息相关、一脉相承的。或许,他们可能不同意其中的某些观点;尽管如此,他们会发现杜威的哲学著作是个宝库,其中充满了富于成果的洞见;它们尚未构成完整、完成的体系,但其间的关联可以说是一以贯之的。

杜威哲学曾经经历了一段时间的沉寂;直到反理性主义、反理智主义在美国走过该走的路程之后,沉思中的美国人再次试图寻求一种哲学视野,以便适应这样的时代:关于人类本质,需要有更适合的科学理论来为开明的道德理想、道德目标服务。杜威哲学的最初宗旨,就是要为道德的权威性找到合乎理性的基础——正如自然科学中的主张与反驳所必须依赖的方法论基础。需要强调的是,这并不意味着"把人文科学与自然科学混为一谈"——倘若这样,那就仅仅为绝对论增添了一种笨拙的形态而已,"或许,它所起的作用不外乎是让人类为自身利益操控同类的行为又多了一个中介手段"。苏联所声称的"科学的马克思主义",其历史后果不外乎就是这样;还有其他地区的类似实践,也是如此——它们既背离了科学探索的实质精神,又背叛了关于"负责任的自由"的人文理想。杜威自始至终忠实于自己的这一原初宗旨。他留给我们这个时代的是这样一种哲学:通过理智的技艺,它力求让可以期望的人类自由领域得到拓展。在社会和政治事务方面,它所得出的关键结论是:目标和手段、过程和成果构成了连续统一体,它们彼此之间相互关联。

在人类事务方面,我们一旦将上述路径认真地予以身体力行,就能够自觉地不走捷径或寻找万灵药,也能够分辨空洞花哨的革命口号,以及那些号称来自心灵、热血与激情的"理由"——它们带来的是理智上的谬论,而且往往以暴行告终。诚然,我们也会害怕发生这样的事:代替老旧的、司空见惯的恶行的,只不过是新鲜的、更加肆无忌惮的恶行。但是,杜威的哲学不赞同固步自封,为维持社会现状而高唱赞歌。这是因为,在杜威看来,人类知识以及人类的选择、决断所产生的效果会不断地累积,使维持现状这件事情根本不可能做到。在事关人类

根本的事情上，无论我们主动选择也好，拒绝选择也罢，总归会对事情产生或好或坏的影响。面对问题，我们应当逐个地去对付；同时还应该认识到，一些问题与别的问题相关，有些问题要比另一些问题大；在“革命”前景逐渐明朗之前，可能有很长的路要走。谋求社会的健康，可能和谋求个体的健康一样，很多因素是相互关联的。正如杜威自己所说： *xxxiii*

> 人的理念是足够包罗万象的。但是，作为一个视点，用以观察现存状况、判定改变的方向，它又不能太过宽泛。要想改变世界，我们必须重视的是具体手段；只有对每个具体问题的状况都如其所是地作出确切的分析，方能确定该采取的手段为何。“健康”也是一个综合性的、“包罗一切”的理念。但是，在追求健康的过程中，求助于一劳永逸的“万灵药”是绝不可取的；我们的探索必须针对明确的困扰，由此确定用以对付它们的具体手段。①

在这里，杜威推荐的是一个永无止尽的社会改良计划，其动力就是对于美好前景的向往。在这一计划中，至关重要的就是政治、文化上的自由；对于合乎人道的民主社会而言，这是最关键的要素；其他任何可期待的社会、经济自由，都必须以它为基础。这样的自由永远都不会理所当然地存在在那里——一旦人们丧失了勇气和智慧，自由就会丧失。

在仅仅关注最终目的的、任性的浪漫主义者眼里，杜威的远见卓识或许显得过于平庸。而在那耽于维持熟知惯例的、目光短浅的现实主义者看来，杜威对用以指引、测试制度改革的“完备经验”的看法，则近乎乌托邦式的幻想——即便算不上盲目，也是对人类潜能估计得过于乐观了。但是，和威廉·詹姆斯一样，杜威也会捍卫自己的如下信仰：自由与科学的联姻足以结出丰硕的果实——人类历史的天性会为此担保的。

编后记

本卷收集了未曾在《杜威全集》(1882—1953)先前卷册中出现过的所有的杜威作品。早在几年前，悉尼·胡克先生就曾答应为本卷撰写导言。作为杜威最

---

① 杜威：《自由与文化》，第170页(《杜威晚期著作》，第13卷，第183页)。

xxxiv 杰出的弟子、支持者和阐释者，胡克先生担任这一任务是再适合不过的了。要为这样一部横跨杜威整个学术生涯的著作撰写导言，胡克先生的观点——关于杜威毕生事业的影响和重要性——肯定是不容忽视的。

然而，胡克先生的疾病，使他无法为杜威那延续至今并且在日益增长的影响力撰写新的述评。在征得胡克的儿子、文字执行人欧内斯特·B·胡克（Ernest B. Hook）先生的同意之后，我们选取了胡克先生的这篇文章，略作编辑之后呈献于此——这是他撰写于1972年的《约翰·杜威思想的时代关切》，曾经发表在《我们的荣耀：评经典美国作家》（*The Chief Glory of Every People: Essays on Classic American Writers*），马修·布鲁科利（Matthew J. Bruccoli）编（卡本代尔和爱德华兹维尔：南伊利诺伊大学出版社，1973年，第53—75页）。

《我们的荣耀》是一部文集，里面提到的十二位人物都是被按照美国现代语言协会的标准编订了作品集的首批作家，他们分别是：詹姆斯·费尼莫尔·库柏（James Fenimor Cooper）、斯蒂芬·克莱恩（Stephen Crane）、约翰·杜威、拉尔夫·沃尔多·爱默生（Ralph Waldo Emerson）、纳撒尼尔·霍桑（Nathaniel Hawthorne）、威廉·迪安·豪威尔斯（William Dean Howells）、华盛顿·欧文（Washington Irving）、赫尔曼·梅尔维尔（Herman Melville）、威廉·吉尔摩·西姆斯（William Gilmore Simms）、亨利·戴维·梭罗（Henry David Thoreau）、马克·吐温（Mark Twain），以及沃尔特·惠特曼（Walt Whitman）。在这一长串名单中，杜威是唯一一位成体系的哲学家。因此，把胡克先生发表在这部文集中的文章拿来作《杜威全集》最后一卷的导言是合适的；它象征着杜威作品在这套丛书中的独特地位。

其实，《约翰·杜威思想的时代关切》尤其适合用于本卷。因为在胡克先生关于杜威的文章中，这一篇较少为人所知；而且就他对杜威长达70年的著述生涯而作的整体述评而言，这篇文章又是最新的。在此，胡克先生以贯穿一生的全面视野和富于洞察力的视角，对杜威思想的方方面面作了评估和阐述。

乔·安·博伊斯顿

杂　　文

马廷诺博士的道德理论[①]

詹姆斯·马廷诺(James Martineau)博士最近刚从曼彻斯特新学院 3
(Manchester New College)退休。从这一机构降生之日起,马廷诺博士的名字就同它联系在一起;他的退休标志着英国自由思想史的一个纪元,我们由此再一次注目于他的伦理学体系。对于曾恭聆其教诲的晚辈而言,他因身体力行这一学说而备受爱戴。随着《伦理学派》(*Types of Ethical Theory*)这部著作的出版,他的伦理学说进一步在英美等地广为人知;本期《大学》(*University*)杂志就刊载了关于此书的长篇书评。为了考查他的理论,展示其特异之处,我们得先把那一大堆来自心理感知及伦理上的成熟老练的副产品——它们产生于漫长而广博的人生阅历,其基础是世间少有的活力与纯洁——放到一边,集中精力对付它的核心部分:良知理论。良知被定义为"对于行为原则之相关根据的基本感知力"。显然,这里包含两个要素:判断的对象,以及判断的方式。通过引人注目的分析过程,我们的作者为道德判断之对象作出了如下几个论断。(1)我们的判断对象仅限于人。行为的道德特性出自人格,而非行为效果的反映。由此引申出(2)我们的判断永远针对行为的内在根源。我们赞美的是动机的纯洁性,而非效果的显赫。(3)道德良知在根本上从事于自我评价,而非通过观察他人来判断自己的行为。作者把这条原则定为最确切的标准,用以判定道德理论的真伪。 4

一种观点认为,自我良知的本质就存在于自我评判,由此构成道德感知力;而另一派则认为,良知是观察他人的产物,要不就是社会中的他者对于自我的作

① 首次发表于《大学》(*University*),第 206 期(1885 年 9 月 5 日),第 5 页。

用——这两种观点彼此无法妥协。“是内在良知支撑着外在评判，而非外在批评令我们获得道德良知。”不过，马廷诺博士也注意到，倘若把个体自我同社会自我割裂开来的话，那么，伦理和道德教育中的一切具体问题都将陷于无解。在他看来，就我们这部分天性的成长而言，他人的存在是不可或缺的；那些看得见的、与我们相关的生活，不仅显示出他者的内在天性，也培养了我们自身的天性。倘若没有相关他者的作用，我们便无法确认良知的自我（*ego*）；而且自我和社会之间的联系是有机的，因此若想把道德成果在这两者之间划分，终将归于无谓。从时间上讲，“‘个体’是后起的产物；作为集体发展的成熟果实，它从前者脱离出来成为独立的完整体。首先是人性（*humanity*），它是复数的有机体；然后，才是单一力量中的个性（*personality*）。”“从精神上说，人并非脱离了他者的他自身；他个体性的主要部分是同他者息息相关的。对于生命而言，社会集体是具体的——同时也是精神性的——形式，它贯穿了并部分地构成着从属于它的所有个人；因此，只有作为集体的片断，人才成其为整体意义上的人。”

道德判断的对象(4)并非自发行为，而是包含选择的意志行为。道德生命并非存在于本能力量中，而是存在于自愿选择的领域。(5)自愿选择不同于自发状态，因为后者只包含一个冲动，而前者至少要包含两个。没有差异、比较、关系，就无所谓判断。没有复数形态的内在原则并存，也就不成其为道德判断。(6)这些原则必须同时呈现出来，它们对于我们而言应该都是可能的。倘若不是这样，那就没有真正的冲突、比较、深思、偏好和抉择——简而言之，即没有道德经验。
5 只有在诸种可能性一并呈现、我们在其间作出选择并把选择付诸实施的情况下，个性才参与其中，赞成或愧悔才具有意义。自由意志必须是一个事实，不然，道德判断就是幻觉。而且，道德上的自由是属于个人的力量，它关乎偏好；自我有能力在两种不确定的可能性之间作出选择，并通过选择把其中的一种可能性变成确定的现实。道德经验不在于“是”的领域，而在于“应当”。

紧接着的内容讲的是道德判断的样式（*mode*）。面对同时呈现、彼此冲突的两项行为原则，良知便是这样一种感知：其中的一项要高过另一项，比另一项更有价值。它既是直觉的，又是相对的。它是直觉的，因为它对于原则的经验是内在所固有的，其呈现与原则的同步出现密不可分。对于原则的出现，我们无法追踪；但是对于它们各自有何权利、处于何种位置，我们无可怀疑。它是相对的，因为只有在两项行为原则的彼此关系中，道德品质才能出现。道德品质只能同这么一对对偶对象相伴而生。在快乐或痛苦中，“面对我们与生俱来的原则，我们能直接感知到价值或卓越性的度量刻度；它不同于其强烈程度的次序，也与其外部效果无关”。这就是道德经验的真意所在。

读者诸君无疑会赞同我们：以这样的方式复兴直觉道德理论，确实是个创
造。它或许可以和亚里士多德的伦理学结成同盟，而且和格林（Green）的《绪论》
（*Prolegomena*）所呈现的理论十分接近，尽管作者本人貌似有点怀疑。截然不同
的方法竟能得出如此一致的结论，这必将令伦理学研究的未来硕果累累。在我
们试图将这部作品的精髓介绍给读者的时候，充满着每一页的丰富的历史例证
被略过不提，直窥我们天性中隐晦角落的心理学侧光也未曾好好领略；此外还有
作品整体的精致优雅，这令它丰厚充实，富于激励和启发——我这粗疏支离的笔
触实在难以表现其万一。如果说教育归根结底是人格对人格的鼓舞振奋，无论
媒介为何物，那么，这部作品就是一个教育者。读者诸君若能怀着同情之理解阅
读以下的开篇文字，那么当你们合上书本的时候，就会怀着深深的感激和近乎爱 6
恋的敬意。“我一直是老师，我也从未停止做学生；就前一角色而言，我得将我所
知的微末知识倾囊传授；就后一角色而言，我得追随那闪烁的微光，它们来自前
方那无边无际的光芒。”本书篇末的话，会令读者虔诚地渴望“生命的夕阳逗留得
久些再久些，以便工作的力量不要流逝”。这样，作者或许能兑现他的承诺，在七
十岁高龄重振心神，运思于人类精神和神圣之间的绳索——宗教理论。

女性健康与高等教育①

7 从克拉克(Clarke)博士关于教育性别的著作发表至今,已经有十年之久。在此期间,关于女性身体健康和她们所受的高等教育之间的关系,一直进行着热烈的争论,间或有偶尔的停歇。然而无论争论本身是热烈还是停歇,实践上的方向倒是一以贯之的——在高校中,更新、更广的事业门类陆续趋向于对女性开放。拿卫斯理学院和史密斯学院来说,它们的年纪都是从克拉克博士发表攻击的那一年算起的;针对攻击,它们做的可不光是讨论。我们的大学中那些近乎最富有以及最为保守的那些人,也不过是把上述压力视为附带品罢了;教会的影响加上贵族风,才使哥伦比亚大学没有比它那剑桥市的邻居走得更远。在西部的国立机构中,男女同校已经不再停留于实验层面了,甚至不再是一个需要讨论的话题。它是已被确立的事实,是国民整体体制化政策的一部分。女性教育的持续延伸对于理论界的讨论也不无裨益,讨论由此从先验层面降落到经验层面。各种成果正在系统地产生,这一过程是普遍化的基础,为时约需 15 年。倘若有人无视这一点,继续站在旧有的可行性、可能性及自以为是的确定性层面展开讨论的话,那么,他们准会预先受到责难,甚至连公众也不会容忍。

1885 年 8 月的马萨诸塞州劳动局报告中有一份报告,为讨论形势的转变提
8 供了最显著的例证。这份报告说的就是高校中的女性健康。资料由当地年轻的“高校女校友协会”搜集,这就赋予报告以完满的形式合法性,令它能够在未来富有影响力。这份报告覆盖了 12 所高校,其中有男女同校的,也有专门的女校,以

① 首次发表于《大学》,第 208 期(1885 年 9 月 19 日),第 5 页。

瓦萨尔、史密斯、卫斯理等为代表;还包括诸如密歇根、威斯康星等州立院校,以及康奈尔、雪城大学等具有典型性的高校。这些院校报道了约 1300 名女性毕业生,其中有一半以上对问卷作了个人的解答。就问题本身而言,即便作一个简单的概述,也会超出本文被限定的篇幅。在此只需明了这一点就够了:有五个方面的人生特征被细致而全面地展现在我们面前,即第一是孩童期的生活状况;第二是个人健康;第三是家庭健康;第四是高校的条件和环境;第五是毕业之后的生活。

劳动统计局的局长莱特(Wright)上校说,这份调查报告足以表明,“女性追求高等教育并不必然导致健康受损或生命力的严重损伤”。他说,这份调查报告没有“显示出高校女性的健康状况和同等数量从事其他职业的女性——或者说,通常不考虑下列职业的女性——的健康状况有何显著差异”。诚然,“有些毕业生的健康状况有所下降;但从另一方面来说,报告也显示出相当数量的健康状况好转的案例。由此可见,对于大部分的健康恶化,我们得从高校以外找原因。当我们追根溯源的时候,就会发现,这类恶化大多不该归咎于高校生活的特别要求,而应该归咎于毕业生自身的致病因素——高校生活或学习生涯不该为此负责”。

报告中涉及一些次要的健康受损的事例,也对我们不无启发。已经有足够的数据表明,即便追求高等教育本身并不有害,高校生活的各方面现状依然有待考
查和改进。对于很多身体失调,刻苦用功、缺乏锻炼以及对学业和生活的焦虑都 9
难辞其咎;这类失调又往往紧随神经疾病——女性特有的——之后。卫生条件方面的不足,太常见了;而报告中把颇大比例的失调归因于情绪紧张,也表明年轻女性在高校中所处的社会、道德环境远未达到应有的程度。对于教育和健康这个大问题,我们的讨论是时候转换方向了。现在的问题应该是:该如何来改善高校的生活条件——既包含智识层面,也包含物质和社会层面。毫无疑问,对于这一问题的理性讨论和对于讨论结果的用心实施,必将使高校生活及毕业后生活的健康程度在大范围内得到普遍的改善。显然,当环境中的非卫生因素被消除后,健康状况就直接与自然的人际关系相关了。在这种情况下,不健康的根本原因就是人际关系中的扭曲、紧张、不合适;向女性开放教育资源,则可以纠正女性的人际关系,令其延伸、正常化——这也是对女性健康的促进。希望协会能够继续推进这项有益的工作,研究如何让高校的生活环境更为宜人。眼下我能做的最好的事,莫过于把完整的调查报告推荐给读者诸君——以上就是针对这项成果的简要讨论。

灵魂的复兴[①]

10 几年前，有位德国人发表了一部著作，标题很抓人眼球：《发现灵魂》(*Discovery of the Soul*)。然而，那些耗尽一生寻觅灵魂、以求与它来个理性对话的另类人士倘若买了这本书，多半会感到失望的，因为书上所说的灵魂只是一种气味。这位博学的德国人以相当深奥、晦涩和真诚的方式搜集了大量心理学事实，用以表明嗅觉在精神生活中的重要性。他使自己相信，以上就是知识和感觉中的基本事实；经由心理学家可以理解的过程，这事实被转化成了巨大的实体。所以，灵魂就是气味，由来已久的奥秘被揭开了。现在，人们或许能够接受自己的祖先被解释为披着毛皮、拖着尾巴的树栖动物；但是，若要说他们自己和祖先一道，可以被分解为一系列气味，那就走得太远了。杰格(Jaeger)先生被视为科隆(Cologne)的圣徒、教父，算是当之无愧；但是，世界的其余部分只会待之以沉默和无视——这是他那轻率的理论所应得的，姑且不论它是真是假。到如今，这位雄心勃勃的灵魂界哥伦布早已湮没无闻，只有偶尔闯入的心理学猎奇者有可能听说过他。

但是，当今时代见证了一个同样引人注目的现象，据说它会更加持久。那就是灵魂的复兴。在将近一代人的时间里，灵魂遭到近乎刻意的无视。你说自己有灵魂倒也罢了；但没有什么事比假定你的邻居有灵魂更缺乏教养了。先进的科学与讲究教养的社会形成合力，一道把灵魂挤入幕后。倒不是说人们确信人
11 仅仅是肉体，绝非如此；他总得是些什么，无论如何总得是一丁点儿那什么；这

① 首次发表于《大学》，第 219 期(1885 年 12 月 5 日)，第 6—7 页。斯威夫特(H. S. Swift)对于本文的回应，见本卷附录 1；杜威对于斯威夫特的回应，见本卷第 15—18 页。

一丁点儿东西是先前灵魂信念的基础，是它让审美趣味永葆活力；这趣味涉及往昔岁月中的种种奇异现象，如艺术、诗歌和宗教。看上去，人的肉体着实不足以解释这些现象。倘若肉体竟能产生出这般趣味，那真是太不可思议了；所以，正如灵魂曾经遭遇禁令一样，肉体在此地也碰壁了。这样一种感觉逗留着：在不可知的深处，有那么一种东西；然而把它当确切知识来对待是庸俗的，用“灵魂”这么个陈词滥调来称呼它，也未免亵渎。灵魂反对者的失误，就在于允许这种感觉逗留不去。他们本该彻底地将它一笔勾销——倘若有必要，不妨采取全体自杀。看吧，灵魂又回来了，它变得无所不能——除了在道德领域；而且无所不在——除了在英语诗歌和美国小说中。

这一新鲜而盛大的复兴究竟原因何在？当代历史学家的眼界不足以阐明这个问题。不过，以现存事实为依据指出几点特征是可以的。至于确切的原因，那就有待25世纪勤学深思的西蒙兹(Symonds)或帕特(Pater)去细究了。无论如何，眼下可以指出一些粗浅的情形。有一个情形与科学有关。人们钻研身体越是深入，他们看上去就越接近灵魂。所以，为研究大脑和神经倾尽一生的生理学家冯特(Wundt)，在一两年前宣布了这么一个观点：生理学家一般认为身体是灵魂的原因，但颠倒过来才对——其实，灵魂是身体的原因；只要身体在结构、行为的复杂程度上确实高过无机的自然界。最近还有英国唯物论的摧毁者克利福德(Clifford)教授，他的生涯是从断言世间不存在无所不能的灵魂开始的。他曾仔细考查过空间，却没有发现任何头脑结构的痕迹；可是最终他宣布，整个世界都由心灵材料构成，无论这材料实际上是什么。灵魂方面兴趣的复兴还有一个理由，从其本性来看更为常见——那出自某种新感受力的需要。眼下这一代人总
想说出和听到些新鲜玩意儿。他们的探索上天——或曾经的天——入地，为新 12
情绪兴奋颤栗，为新经验踌躇满志。但是，他们厌倦了，因为一切看上去都在彼此复制，周而复始。于是，有些人想出了这么个聪明主意：“别为寻找了不得的感受瞧这瞧那啦，绝对的新鲜就在你自身之内——那就是你的灵魂。”

灵魂先知打出了近乎决定性的一击。追逐新经验已经厌倦的人们忽然发现面前多了个奇异的领域，先前他们对于灵魂的无视有多固执，如今他们探询灵魂的劲头就有多贪婪。于是，灵魂被吞并进来了。研究灵魂的社会团体遍及各个方面。信仰疗法、形而上治疗者，实质的心灵主义者和非实质的唯物主义者，断言只有灵魂存在的人，以及否认肉体存在的人——这些在公众中风起云涌，在媒

体上纷纷冒泡，试图引领整个时代。旧时代的唯物主义者们明白，他们已经被云彩笼罩。假如他们露出头来，那就是在轻轻地咕哝说，以上正是他们一向要说的东西。物质只不过是物质化了的灵魂，旧式的唯灵论者发现奥赛罗的职业已经过时。当每个人都知道自己没有灵魂的时候，让人感到他多么地接近于看到灵魂，这只是个率性的冒险，或挑逗性的虚张声势，因为归根结底，人依然确信灵魂不存在。可是在当下，以灵魂为形式的鬼怪已经成了最真切可信的现象；什么思想传递、精神作用于精神、幽灵现身，这些都再正常不过了；暗幽幽的光线，磷光闪闪的舞动的双手，上有铙钹下有班卓琴——这是跳大神搞的老一套，如今已经显得陈腐不堪。当代的口号是：每个人，自己的鬼魂。

但是说正经的，整个事情中有那么一些令人沮丧的因素。在新英格兰，有一个感觉敏锐、才智犀利、具备神奇的自省能力的女士，她先前就曾看见这门半开着，甚至曾越过这道门槛；这回她紧扣时代的脉搏，就毫不令人吃惊了——最近她在《北美评论》(*North American Review*)上发表了一篇文章。读者诸君都会记得，文章的立场是：这一次对于灵魂的重新发现是属于19世纪——倘若算不上属于整个历史的话——的伟大机遇。需要做的仅仅是组织起尽可能多的心灵
13 研究团体，竭尽全力地仔细观察，广泛搜集，彻底称量和细分，作出足够准确而包罗万象的概括，以便把整个灵魂存在的问题一劳永逸地予以彻底解决，就如同达尔文等人对于机体生命问题的解决那样。此种观点出自这个作者，是毫不奇怪的。但是，它反映出来的普遍感受和共同期望，多少令人悲哀。这个时代陷于怀疑主义的绝望和无力，在为科学或猎奇而复兴灵魂的这件事上已经表露无遗。一言以蔽之，想用科学来为宗教问题找答案，是绝对不可能成功的。宗教把世界看成整体，通过爱来发现整体的律动，靠着意志在智慧和力量中孕育。科学却根本不对付整体，也和爱、智慧、意志无关。科学仅仅是发现事实之间的联系。它为现象之间的共存或继起确立关联，并把这些关联命名为法则。超越现象关联，进入绝对实在的领域，这不是科学所能做到的。

假如科学研究能够满足菲尔普斯(Phelps)女士等人的期待，得出确切的结论，那么，要么是宗教生活的问题还根本未曾被触及，要么是宗教的丧钟已被敲响。像科学连结事实那样连结"彼岸世界"和此岸世界，会把灵魂生活庸俗化到这般程度，以至于这无常现世中的一切卑贱绝望都成了永恒生命的有机组成部分。这样一来，精神生活就更没意义、更琐碎了，甚至都不如乔治·艾略特

(George Eliot)用“彼世”(other-worldliness)这个词讽刺指称的东西。不过,真正
的宗教可不会掉进这个陷阱。它会宣告自己对所谓的灵魂——那作为事实摆在
感官面前的东西——一无所知,也和所谓的不朽生命——科学研究它并将它和
现世生命相联系,正如科学联系行星和另一颗行星——毫无关系。真正的宗教
会说,以上这些或许是事实,但它们离精神生活实在太远了;就好比新发现的小
行星的名字或新发现的甲虫的身体构造一样,和生活无关。她(指宗教——译
者)会拒绝希腊人的欺骗,尽管希腊人给她挖掘出新鲜可见的灵魂并贴上标签,
还送来勘探完毕并绘制好地图的天堂作为礼物。生命中有些部分是不可见的,
有些东西尚未被感官揭示出来;这才是宗教的神圣特权所在,也是信仰所在。华 14
丽的灵魂秀,邻家客厅般的天堂,这些都不是宗教生活的精义所在。在今天,和
以往时代一样,公正必须和信仰同在;正如19世纪伟大的诗人所吟唱的:

> 你不能拒绝信仰中的不确定,
> 倘若你拥有信仰之为信仰。

精神的生活不存在于科学研究的对象中,不存在于数学论证的领域内。它属于意志领域。它的根据并非如此:我知道灵魂及灵魂的永恒命运都存在,因为我曾是心灵研究团体的成员,我亲眼见过,亲耳听过;而是:我愿意(*will*)它们是真的,因为倘若它们不真实,我自己就不真实。整个灵魂就奠基于此,整个存在也奠基于此。尽管这关于整体献身的表达出自未知事物之中,但这就是宗教生活。

灵魂的复兴或许能给我们带来大量的心理学知识。只要别过于专注地只知道跟着鬼故事跑,或者只想通过宣布没有肉体拥有神经来治疗神经痛,那么,它确实会有成果的。它或许能深化这么一个印象:归根结底,人和皮囊一样好,心理学和物理学一样值得研究。这一印象会逐渐延伸:希腊人和雕齿兽一样有价值,前者的研究和地质学相比,不会显得更像拜物教。只要这一印象不至于被扭曲到这般地步,即灵魂不是人和历史本身的生命所在,而是“黑巫师”似的鬼怪或《仲夏夜之梦》中的小精灵,作用无非是被人拿来猎奇或玩弄光景,那么,我们满可以对上述结果怀有美好的期待。但无论如何,说到灵魂的复兴——无论作为科学现象还是作为大众感受——对宗教的增益,那是绝对没有的,永远不可能有。宗教所说的灵魂向来就在那里,用不着被重新发现,也无须神气活现地来什么复兴。

什么是人类精神本性的证明？[①]

15 致《大学》编辑：

斯威夫特先生在最近一期的《大学》上对我就灵魂的复兴写下的文字作了雄辩而敏锐的抗辩，我该为此感到愉快。但争端可不是好事，尤其是当你感到你自己和批评者之前其实是共识大于异见的时候；在此，我想借这个机会就这一两点说上几句。

我感到我自己和批评者之间是共识大于异见的；这是因为，倘若我没有理解错的话，那么他的立场是：耶稣的教诲和人生克服了精神和物质的二元对立，令二者彼此和解、完美统一；而且，这教诲完全和理性保持一致。对此，我毫无意见，而且同意一切宗教和哲学体系都必须具备完全的合理性，它们经得起理性的考查。而问题在于，我认为，试图通过心灵研究和精神治疗来证明灵魂不朽、神迹可行，这恰恰显示了怀疑主义倾向——这一论点和上述立场是否不相容呢？在我看来是相容的，关键在于人们想要的是哪一种证明。耶稣教导说，上帝之国在内心；我们不该叫人瞧这瞧那，也不该跑来跑去，期望在世界的某个角落找到上帝之国。耶稣说上帝之国是个精神性的国度，它的生命也是精神性的。基督教的唯一要求就是要人信仰那精神的至高真实，并完全彻底地献身于它。由此
16 出发，便没有精神与自然、灵与肉的二元对立，因为真实是一不是二。由此也可以推出，精神会通过大自然的工作、也会通过肉体来显现自身。那么，这是不是

---

① 首次发表于《大学》，第 226 期（1886 年 1 月 23 日）：第 43—44 页。本文所回应的斯威夫特的原文，见本卷附录 1；杜威的原文，见本卷第 10—14 页。

说明，通过科学对自然界的研究，宗教真理能够被确立起来，怀疑论能够被消灭呢？抑或这样的企图实际上误认了耶稣的第一原则：精神是真理，精神是内在的；一切经验都是对它的证明，其证据无需依赖感官经验的展览呢？

把宗教生活建立在科学对某些事实的证明之上，把这样的证明视为信仰的充分证据，这里的错误其实和斯威夫特先生归罪于教会教条的错误是一个性质的，即把知性信念视为救赎的必要条件。斯威夫特先生似乎认为，教会教导说通过知性信念获得救赎，而这里的知性信念不包含证据；而他用基于证据的知性信念取而代之，这证据偏偏还来自感官。可是在我看来，知性信念——无论它包含证据也好，不包含证据也罢——都和宗教生活以及救赎或罪责扯不上关系，起码对于感官证据而言是如此。火是燃烧的，水是氢和氧的化合物，这些都是证据确凿的真理；对于这些事实，我们有足够的感官证据。请设想一下，假如有那么一些证据证明了灵魂不朽，证明了灵魂在身体内部运作，那么就其宗教层面而言，以上两类事实有何不同呢？相信第一类事实，难道和救赎有什么相干吗？那么相信第二类事实中的证据，难道就和救赎有关了吗？我的观点是，即便以上两类事实都得到了确证，真正意义上的宗教生活依然有待开始。信仰之为信仰，在于意志（*will*）面对事实所取的态度，在于活生生的个人对灵魂的设定。宗教生活——以及任何与救赎或罪责相关的一切——就是由此构成，此外别无其他。

斯威夫特先生是否会赞同这个立场，即救赎（宗教生活）依赖于知性理解？那么，他就不至于因为教会主张罪责（即宗教生活的缺乏）也取决于知性理解而谴责教会。假如教会的立场真是如此（我可不这么认为），那斯威夫特先生归之于我的“义愤”可就不是针对那些试图为这样的知性理解寻找证据的人们了，它 *17*
恰恰会针对教会——假如我允许自己沉溺于这多半属于过剩的情感的话。但是，人们要问：为什么试图用证据来证明这些真理，就属于怀疑主义？一言以蔽之，因为这样的尝试表明心灵不相信它自身的证据；感官证据被视为必要的了；人的眼睛和耳朵想要被华丽的光景取悦。它显示出，人们相信终极实在是感官材料，而不是内在于人的精神内容。而基督教的立场是：终极实在是精神；感官材料固然是真的，但这仅仅因为它们分享了精神的实在性。换句话说，这样的尝试行为显示出实际上的不信，不信精神，不信精神自身那活生生的效力。

话说回来，“科学”证明固然无助于宗教生活，但它可能对神学——对宗教生活的知性描述——有帮助。或许如此，但帮助并没有想象得那么大。神学或哲学是通过反思来展示宗教的预设；换句话说，当我们的经验被彻底解读后，明白精神的实在性、人类精神和神圣之间的关系能够得出哪些终极的真理。关于灵魂持续存在的证据，还有用灵魂力量来治愈身体疾病的实例之类，足以为有待解读的经验库增添有趣的材料；但它们依然是有待解读的。作为被确证的事实，其存在不能保证对其的解读能加固宗教真理的哲学基础，一点也不能。眼前只是一大堆事实，唯物主义者们准会想方设法把它们放进自己的体系，他们连一个礼拜都不会耽搁。

在这一点上，我相信，我和我的批评者完全一致：对于宗教真理的哲学解读有必要的，这样能显示出宗教是完全合乎理性的；在下一点上，我也不认为我和他有很大的分歧：就这方面而言，教会没能尽到它的职责，所以教会对当今时代的知性怀疑主义负有一定的责任。但是，我不认为哲学得往取悦感官的方向上走。我得再一次强调，真正意义上的宗教兴趣得对希腊人保持警惕，尽管他们能送来确证过的灵魂作为礼物；假如这证明来自感官而非来自对人类经验的完整
18 解读，那就该小心待之。至于后面这种证明，神学以及宗教——只要其兴趣和神学是一致的——永远不会嫌多。对于灵魂的复兴或人类精神生活的复兴，我向来没有任何意见，即便其落脚点是自然和肉体。可是，倘若这复兴像个鬼魂似的在感官面前玩把戏，那就是另一回事了。

教会与社会[①]

致《大学》编辑： 19

在最近某一期《大学》杂志上，编辑提到了资本和劳动的问题；我由此想到在辛辛那提举行的跨宗派大会，它为这个问题提供了进一步的定义。对于这次讨论的细节，我想读者诸君可能熟悉也可能不熟悉。会议的话题包括现代城市对文明的威胁、社会主义与无神论、穷人的房屋与住宅，以及劳工和教会的关系。对此，我就不作过多的具体回顾了。下面，我想就几个在大会上明确提出的问题稍作展开。

首先，当代基督教正在注意到工业问题这个事实，也意识到教会对此负有职责。无疑，新教的倾向是极度的个人主义；当它对政治上的教会主义作出反抗时，也在很大程度上放弃了作为社会组织的相应职能。个人身上普世层面的发展是一切社会的基础；实现个人的普世因素，也是社会的应有功能。教会令个人相对于终极普遍性、相对于上帝的从属地位成为每个人的义务，这仅仅是把无意识地包含在一切社会中的本质内容明确地表达出来罢了。因此，倘若教会奉行个人主义的话，对它来说就等于自杀。教会的功能恰恰在于让人们领会到自己是被真正的普世关系或社会纽带联系在一起的。这就是上帝之国的建立。对于教会来说，倘若不像关注工业一样积极地关注这一问题，那就不光是社会的损失，也是宗教自身的死亡。大会上形成的这一共识，是非常有希望的征兆。 20

其次，值得指出的是，表现出的这一关注是睿智的、富于同情心的。从报告

---

① 首次发表于《大学》，第 222 期(1885 年 12 月 26 日)，第 7 页。

上看，没有用万灵药来对付社会疾病的奇思怪想，没有在劳工面前扮演恩人的故作姿态，也没有只要“做好人并信教”就能消解劳动与资本间冲突的夸夸其谈。像“当今的社会构造是为了保护一个近乎完美的财富分配模式”这样的命题，只有教条主义者才会一再重复它——他们在用数学方法建构想象中的人类。甚至连社会主义者，也被认为对教会富于教益。事情的真相是：你们的通讯记者希望你立即予以解决的资本与劳动的问题，是属于这个时代的问题。在宗教和政治领域，民主化运动取得了实际上的成功。如今它必须被拓展到工业领域。

战争的社会后果[①]

当哥伦布发现美洲大陆的时候，可曾有人被告知这发现意味着什么？对于 21
当时的聪明人而言，这意味着通向东方的新航道。人总得依靠先例来思考。印度是他们头脑中的事实，然而关于美洲的先例却没有。那么很自然地，他们没法想象在此之后的西方文明。

如今，我们正在为民主而战。民主是大部分美国人头脑中的事实。起码，他们相信自己知道民主是什么。看起来同盟国必将获胜，而且我相信他们将找到民主。但是，这民主将和他们概念中的民主不同，正如新世界不同于哥伦布寻找的东方。

我们为废除君王、皇帝的统治而战。当这项工作完成后，我们或许会发现，我们也废除了金钱和贸易的法则。我们为贸易自由而战；但这场战争很可能成为终结商业的起点。完全有可能，在五十年内，我们当今视为“商业”的整个体系都会从地球上消失。

我们以往所知的商业由货物出售及为出售而进行的制造构成。近三年来，欧洲的商品制造和分配已经在很大程度上由相反的原则指导了。这一变化在美国也已起步。我们开始为使用而生产，而不是为了出售；资本家也不再是战争前那个意义上的资本家了。根据供求法则在开放市场中销售的权利，受到了挑战。
在法国、德国和英格兰，资本家用资本进行投资的权利被剥夺了大半。他必须制 22

---

① 来自和查尔斯·W·伍德(Charles W. Wood)的访谈，首次发表于《纽约世界报》(*New York World*)，1917年7月29日，第1版。

造政府要求他制造的；他必须按政府设定的价格销售产品；他必须按政府的规定提供服务，倘若还有利益剩下，或许仍会被政府拿来为战争买单。

当然，一般的商人都愿意作出这样的牺牲；而且，他们大多怀着爱国心，指望战争结束后能在旧原则下重振商业。但是，相信旧的原则能够恢复，这是毫无理由的。世界已脱离轨道那么远，要回来可不容易。存在着其他吸引力、其他核心、其他轨道。毫无疑问，我们正在走进一种别样的文明，和地球上曾经出现过的任何文明都不同。

倘若纽约能够为自由贷款签下 10 亿美元，那么就能为人道贷款征 10 亿美元的税；于是，10 亿美元就能被用来为普通百姓谋取巨大的快乐了。我并不是说，他们想要一次性花掉 10 亿美元；而是说，假如他们想要价值 10 亿美元的东西，他们能买得起。此前，我们从来不知道自己这么富有。当公共福利需要花钱时，我们想的是必须节约。管理财政事务的人一向告诉我们只能这么办，但我们忽然发现完全没有这个必要。我不敢说这是世界各国的人民都想要的状态；但无论如何，我难以想象他们不会毅然决然地直奔这个方向而去。作为名义上的制度，私有财产依然会存在；但它那所谓的不可侵犯的神圣性，却早就丧失了。

看看俄罗斯的情况吧。对于大部分美国人而言，如此激烈的革命看上去简直就是疯狂的暴乱。然而，俄国革命是作为战争中的伟大的社会现象出现的。这是被埋没的底层民众的忽然崛起，他们不仅推翻了沙皇并取得了政治地位，而且把政府和工业都掌握在了自己的手里。

在颠覆独裁专制统治这件事上，德国也不会善罢甘休。当世界为政治民主作好准备的时候，英格兰、法兰西和美国都不会止步不前。我并不指望变革会突
23 如其来，但工业上的民主化已经起步。关于工人和士兵的法则不会局限于俄罗斯，它会延伸到整个欧洲；这意味着，一切上流社会甚至所谓“体面社会”的统治地位将告终结。

或许这场革命会如疾风骤雨般地爆发，伴随着恐怖与新兴力量的放纵狂欢；或许，它会通过数十年的渐变缓缓来临。它显然会来的，但那迄今一直被埋没着的阶级将以何种方式来统治，则尚未明晰。

你可曾想过，最神圣的社会传统将经历极度激烈的变革？你可曾想过，我们心目中的家庭将不复存在；恋爱、婚姻及所谓罗曼蒂克将以和今天全然不同的面目出现？

诸位需要明了两件事。首先，我并不知道变革将何去何从。其次，无论它将是什么，我并没有倡导它。我并不倡导任何婚姻变革。我并不倡导性道德的革命。我仅仅作为因和果的观察者发言，从这一视点看，大变革显而易见。

必须承认，家庭和它几百年前的样子已经大不相同了。在那个年代，父亲曾经是至高的。而在今天的家庭中，父亲的角色或许不怎么显眼。服从父母这一家庭传统依然存在，但不服从、不尊重也很常见。在过往的年代，父亲曾经是孩子人生的主宰；他按照自己的意思教育孩子或不教育孩子，按照自己的意思给予惩罚或抚养；他甚至为孩子挑选结婚对象。而在今天，父亲得按政府的意思送孩子们去学校；他得按政府设定的标准抚养孩子。倘若他过于严厉地惩罚孩子，那么，他将受到政府的制裁；对于孩子的婚姻，他无权干涉。

变革从何而起？从根本上说，是经济体制的转变，由封建向资本主义的转变。在封建制度下，家庭是经济单位，个人在他同家庭的关系中获取经济保障。
而在资本主义制度下，个人成为经济单位，个人通过自己的工作获得经济保障。 24
在很自然的因果作用下，孩子们甩脱了家长制规则的重负。婚姻中的自由选择或许是新秩序中最为引人注目的现象了，于是浪漫主义时代在世间迎来了黎明。作为体制的家庭没有得到加强，而是走向了反面。离婚变得常见，分家更是司空见惯。在所有发展了现代工业的国家中，这样的变革都显而易见。家庭再也不是它过去曾经是的那个样子了。

如今，我们正在走进一个新的经济纪元。它已经逐步发展了五十年之久，而战争对它的加速作用大到无法估量。就女性的社会地位而言，和战争相伴随的是三项最为惊人的变化。

首先，性别平衡遭到了决定性的颠覆。数以百万计符合条件的青年男子遭到杀戮。还有数百万人不再适合承担婚姻责任。没有足够多的丈夫在世间转悠，这可不是小事，但这还不是最重要的。在我看来，更重要的是，女性从来没有像今天的法国和德国女子那样，几乎用不着丈夫。

世界大战给妇女带来的经济独立，其程度很少有人梦见过。数以百万计的男性职业被女性取代。实践表明，在很多职业上，她们干得比男性更好。她们已经拥有经济力量，她们在快速地获取政治力量。倘若能够换回丈夫，那么，她们或许会把这一地位还给男性，但这可不现实。她们会不为任何东西放弃地位吗？

值得考虑的还有另一个事实，即所有参战国家对儿童养育的强调。如今，孩子不光有权被生下来；他的被抚养权也得到了认可，正如他的受教育权。国家正在承担这些责任——把责任从单个的父亲身上取走。从经济上说，丈夫从没有像如今这样不必要。

不过，在人类本能方面，则尚无变化。情爱以及对孩子的爱依然和以往一样，深深地植根于人类的心灵中。它们会延续下去的，无论采取何种表达方式；而且也无所谓理想的覆灭。理想本是环境的产物，只有对过去念念不忘的人才会为不适用的旧理想让位于新理想而大惊小怪。我确信，我们当今的道德法则将不再适应新的状况。无论诧异与否，改变是必然的。

至于它将变成什么样，我并不清楚。在女性获得自由的地方，一夫多妻或一妻多夫挺不可思议的，但可以肯定，我们当今的婚姻垄断会有所改变。只有当和平已成定局、数以百万计的人们离开战壕回归公民生活的时候，我们才能比较靠谱地预测将来会发生什么。战争对他们有着难以言传的影响，他们不再是奔赴前线的人了。或许他们会变得强大而勇敢，愿意为公众福利牺牲；或许他们会用新的贡献为社会注入活力；或许他们已经习惯了被照料指使，他们的个人主动性遭到了损耗。当他们回来的时候，也许需要像从未干过建筑的人那样去建筑；也许他们会颓丧地坐在那里，任凭妻子们去操持那些工作——谁让他们之前不在呢！他们曾经经历过什么，将在很大程度上决定未来的社会会发生什么。无论如何，有这么一件事是显而易见的：他们不会再像以往一样遭到漠视。无论变成什么样子，他们已经拥有武装、拥有力量，他们支持的东西将与以往不同。

战后的中等教育问题[①]

战争把中等教育问题带到了最前沿。除了战争，恐怕没有别的东西能令我 26
们意识到我们那“普通教育”的现状有多么恐怖。我们在很大程度上忽视了这个问题：对于儿童个人而言，在14岁或14岁之前被迫中止学习意味着什么。我们也几乎从未考虑过，学校对大量这个年龄段的年轻人关上大门，这对于我们的社会生活共同体意味着什么。思考一下吧！想想12岁到14岁之间的男孩、女孩，他们的常规教育被中止了。即便从学习角度看，他们也依然是孩子。各种技能的习得都需通过勤学和投入，而这些倾向不仅包含社会层面，也包含道德层面。他们能够阅读，但是除非环境有利或天赋异禀，不然他们没法就读什么获得训练与指导。他们的阅读能力远远高于他们的智力及道德成熟度的成长，也远远高于他们在历史、科学及人生方面获得的启蒙。

在学校中得到培养的阅读能力不在于识文断字，而在于决定人该读什么。识文断字是个敲门砖，它无法决定人进入的是哪扇门，门后有怎样的知识和经验。它可以被用来阅读琐屑、肤浅、感官性的文字，也可以被用来阅读真正有价值的东西——也就是说，能够促进你进一步成长的。然而，考虑到在这个阶段，
作为技术的阅读能力走在了获取重要知识、形成严肃知性品味之前，那么，这项 27
能力往往更倾向于走向琐屑——如果不是邪恶——而不是走向助人成长的事物。

简而言之，最关键的事并非大批学生离开学校时缺乏何种知识和技能。那

① 首次发表于《塞拉教育新闻》(*Sierra Educational News*)，第14期(1918年12月)，第571—572页。

只是某种深层缺乏的表面症状，即经验和品味方面的不成熟——大部分 12 到 14 岁的男孩、女孩都具有这样的特征。迄今为止，作为教育家的我们，在尝试通过加强初等教育来弥补这一状况。许多工作已经完成，许多工作有待完成。但是，战争向我们揭示了我们本该早点认清的事情——仅靠初等教育，不可能完全弥补上述状况。我们的教育体系本该统摄 14 岁到 18 岁——起码到 18 岁——这个年龄段，不该零零散散；但是眼下，这个年龄的大批学生脱离了教育体系。

初看起来，战争揭示出的教育缺陷从其社会层面讲，似乎同贸易有关。确实，为了弥补英格兰及本国在机械目标方面的缺陷，我们需要作出惨烈的努力。但是，经验丰富的大不列颠在提出重建教育的计划时，并没有把中等教育的重点摆在贸易或狭义的工业训练上，这就令人惊讶了。毕竟我们没有发现，社会的最大需要在于这一点。对于社会共同体而言，最大的危险来自知性主动性和适应性的缺乏；换句话说，我们缺的是*知性*效能而非技术性效能。所以，新的教育账单首先提供的就是针对这方面的教育机制。

伴随着普鲁士在军事方面的全面失败，有这么一个危险值得警惕，即普鲁士的教育理念有可能潜移默化地取得胜利。有大量的人提醒我们要重视技术上、工业上的缺陷，战争已经让这些缺陷一览无余；他们会提出这样的中等教育计划，制造出大量的技术工人和流水线，以求在商业竞赛中取得优势。他们会尝试
28 着扮演上帝，高屋建瓴地指出我们的工业状况有哪些不足需要填补，以及如何让年轻人作好准备，以便走上他们命中注定的工作岗位——这男孩干这个，那女孩干那个。但是在中等教育这个问题上，我们亟需的是路径的转变。

如果我们秉持这个理念——即对于一部分人而言，当今的普通教育体制可以保持原样；而对于大量辍学者以及对现有教育体制不抱希望者而言，我们需要创造特殊类型的手段来作增补——否则，我们将继续错失重点。对于任何有意识或无意识地秉持上述理念的计划，我们都必须保持警惕。问题应该换个提法：对于那些完成学业或未完成学业的离校生，我们必须确保他们之中起码有百分之九十的成员在离校后依然在学校影响的控制范围内，学校的影响力至少要保持到他们 18 岁之前。为了适应这样的对象群体，当今的中等教育体制需要在课程、方法、教学设备等方面进行怎样的*重新组织*？问题不在于给现有的中学作加法，而在于彻底的重构。目前恐怕没人能给出现成的解决方案，起码本文的作者不能。但是首要和关键的问题，在于采取正确的路径。

广州印象[①]

因为去南方作讲座的关系，我们在 5 月的第一个星期来到广州。那一个星 29
期被各种周年纪念和庆典活动排满了。首先是周日的“五一”劳工游行；紧接着是“五四”运动（两年前发生在北京的学生运动）两周年纪念、孙逸仙就任大总统典礼、向黄花岗七十二烈士——十年前的革命先驱——纪念碑的献辞，还有国耻日——即接受“二十一条”的日子——的常规活动。从旅游观光者的角度看，这是一个奇妙的星期；即使下着雨，依然色彩缤纷。这是个不寻常的机会，让我们亲眼见证这里的民气。此外，我们还有机会同大部分新运动的领导人交谈，包括政治领导、行政领导以及知识领袖。这些交谈都不是正式访问，谈的内容都无意发表。但或许正因为这样，他们倒更能给出中肯的见解。总而言之，和我来广州时的先入之见相比，所有这些事件和谈话都给了我截然不同的印象；因此，我很乐意满足《远东每周评论》（*Weekly Review of the Far East*）编辑的要求来谈谈我的印象。

第一个值得注意的印象来自当地的外国人，他们的角度比较客观，也有机会获得真切的经验。据我了解，他们几乎不约而同地对北方占主导地位的态度心怀怨恨。他们说，我们被各种利益集团灌的迷魂汤误导了；据他们所知，自治政
府和省政府几乎是当今中国最有前途的政府。很多人甚至说，他们认为，在中 30
国，只有这里的政府考虑的是大家的福利而非攫取权力、利益；而且，政府的主导

① 首次发表于《远东每周评论》（*Weekly Review of the Far East*），第 17 期（1921 年 6 月 11 日），第 64—66 页。

者们不光有好的意图，而且具备现代眼界，在管理公共事务方面训练有素。这一证词确实令人印象深刻。它令我们愿意对原有的偏见作出修正，而不是仅仅怀着这样的感觉看待现状，即仿佛广州是在中国最需要统一的时候加剧了中国的分裂。

于是我们就可以想象，先前的信念和偏见是由怎样的信息造成的。由此就能得出个印象——这已经不仅仅是印象，而是对事实的感知了。当前南北关系中的困难，很大一部分是由于信息匮乏或信息歪曲造成的。香港的英文报纸致力于当地新闻和宗主国的新闻。对于中国整体，他们近乎一无所知，除了从近邻广州获取一点点消息——尽管每天有两趟火车，很多船舶彼此沟通。广州的英文报纸则更关注北京，而且拥有涌尾通道；但它们毕竟是中文报纸，没有直接的电报沟通渠道。新闻起码是两周前的。举例来说，关于北京教师罢工的状况，广州就无法获得任何确切的消息。当我通过阅读北方的报纸来思考南方的新闻时，这情形也好不了多少：信息的量固然不足，而质则更差；偶尔也有电报信息，但是由于宣传的需要，它们往往被歪曲了。

大体上讲，我想说的是：北方的每一位读者在阅读来自广州的"新闻"报道时，都必须保持警惕。它们中的绝大部分是纯宣传，这宣传的源头有两个：第一个，当然是出于北京政府的利益；第二个则出自英国。孙逸仙及他最亲密的追随者们反英已经很久了。倘若英国当局能够对广州的政治发展采取公正无私的态度，那么，他们也只不过是做到起码的人道。不过，他们确实存在动机，要让《卡
31 塞尔煤矿合约》中的广州省政府丧失名誉；这一合约是与先前的广西军阀签下的，而当今政府之所以认可它，是出于极度的诚恳、公益心和智慧。对于香港那强大的财政和政治利益而言，搞垮现政府，恢复腐败、低效、无能的旧体制，是直接有利可图的事情。当我们阅读所有来自香港的关于广州的"新闻"，都必须记得上述事实。

举个例子。我回去后不久，在一份较为公正的北京英文报纸上读到一篇文章，直指广州政府。它的主要反对观点之一，是恢复赌博税。毫无疑问，作者相信他写的是真的。但说实在的，很难从中找到基于事实展开的论点。不光没有赌博税，而且在中国，恐怕没有哪个城市的麻将声会比广州少。先前的政府不仅把所有征得到的税收全部装进了腰包，而且怀揣着 18 个月的税收卷款而逃。财政是现状的症结所在，大部分中国政府肯定都会考虑到这一点；这是事关生死存

亡的问题，其目的证明了手段的合法性。可是，当今的省政府却非常英勇地放弃了800万年税，为了把民众从赌博及行政上的腐化堕落中拯救出来。认识省长陈炯明的人，都不会相信他会允许恢复这一税收。外国人会宽容地对待向罂粟种植业征税的行为，因为这样，督军就有钱供养士兵、维持秩序了——那么，即便把赌博作为公共资金来源，也是可以原谅的。

刚好在今天，我又看到了另一个曲解的例子。

有一份报纸报道了广州劳工的动荡，说广州技工在为确立八小时工作日努力。对于大部分国家来说，劳工要求保障八小时工作日是合法的，甚至是值得赞扬的。但是，在夸大了广州的劳工动荡程度之后，这篇新闻报道把这次运动和广州政府的"布尔什维克"倾向联系在了一起。此等手段，显然意在让粗心大意的读者产生反对政府的偏激情绪。从某种意义上说，陈炯明省长和孙逸仙博士的 32
执政确有社会主义因素，因为他们希望自然资源、基础工业为政府所有，否则，它们在私人掌握中会倾向于垄断。这里包括了两重目标：为人民守护这些事物，为政府创造税收。如果说这样的尝试是布尔什维克式的，那么，罗斯福在美国进行的保护运动也是一样。与此同时，当局也认识到，为了全省的发展，外国资本是需要的；他们欢迎没有政治企图的资本家来，只要他们愿意在合理利益的基础上真诚合作。

我在此强调信息的扭曲和流传，因为在我看来，这就是理解事态的关键。倘若新闻报道的这一特征没有改变，那么，远方的人们就无法对新政府作出明智的判断，无论是赞同还是反对。不过，我还想简要地列举一下新的省政府及自治政府正在进行的改革。消灭赌博，废除赌博税，这个上文已经说过；还有继续进行城市现代化，加强城市的物流便捷度；任用训练有素的执政者在现代形式——大体上说，即美国式的委任制——上创建自治政府，这在中国独一无二；建立明确而可操作的计划，让公众能够参与地方政府，部分通过个人投票，部分通过行会选举——后者被反对者宣扬为"苏维埃式"；在全省进行行政职位和文职官员的全面改革，其中包括一套用于培训文职官员的学校计划；建立公共健康卫生部，负责者为中国在公共健康方面最有素养的人之一；成立由受过教育培训的人组成的教育委员会，他们夜以继日地为改进城市和全省范围内的学校操劳——在以往五年的军国主义统治下，公共教育显著地倒退。对于广州的普通基础教育，已经有了明确的计划，女孩和男孩一样都得完成三个阶段；计划已开始在选定区

33 域进行试验；此外，还有大学计划，以及在全省建立工业学校的计划。以上及其他可能被提及的改革都是省内的、地方性的。它们唤起的是人们对陈炯明省长及其追随者的同情与支持，而与孙博士领导下的所谓新国民政府相距较远。关于孙和陈之间实际摩擦的报道固然有所夸大，但这一点不是秘密：许多孙的支持者——甚至效忠孙博士的人——都并不信服那建国方略中构思的步骤；很多人认为，这样操作的时机尚未降临。作为一名访问者，无须比当地人更有自信、更投入感情；因此关于新政府，我只想说一点。

即便是那些并非热忱支持这次运动的人，也提出了一个颇难回应的论点。他们说，这里有个惊人的矛盾：一方面是北方外国人的观点，另一方面是反对南方国民政府的中国自由主义者——其立场是北方政府代表了中国的统一体，而南方政府在倡导分裂。他们指出，北方及整个国家都缺乏统一领导，而在很大程度上说，他们并没有制造分裂而仅仅是针对已有的分裂来采取行动。他们指出，北方的外文报刊对北京持续不断的谴责，针对其军国主义体制，针对其放任军阀上下其手；这些军阀们一直在彼此争吵，因此即便是北京政府的支持者也很容易预言战争不可避免。他们指出这样一个事实：北京政府要想维持自身——统一中国什么的姑且不论——唯一的希望就在于借助军国主义力量，而这是被全世界谴责的。于是，他们这样发问：从外交关系的视角去纵容、支持这么个政府，并将它理想化；而从国内视角来看这个政府堪称腐化、低效且崇尚武力——此等做法究竟如何自洽？我承认，我个人没法回答这个问题。实际情形确实令人苦笑：报纸上的文章一面在严厉地抨击北京政府，说它毫无希望；一面又谴责南方政府不以“统一”为念，服从北方政府的领导。

34 简而言之，对于每一个对中国抱有好意的人而言，广州的地方政府、省政府有资格被寄予厚望。最起码，对此持仁慈的中立态度不无裨益。因此，我不认可北方政府用武力压制南方政府的企图。即便它能成功，也并不意味着统一。广东只会再一次被广西那野蛮的军事力量——和他们相比，安福派都算得上秀才了——吞并。如果孙氏政府不能对当今中国的经济有所作为，那么，它会被自己的重量压垮。等着看吧！倘若在广东的引领下，南方能涌现出大量好的地方自治政府，那么假以时日，他们自然会结成同盟，这是中国真正统一的开始——不是纸面上的统一，也不是屈服于武力的统一。

论哲学的综合[①]

我认为，在达成“东方和西方之实质综合”这一终极目标的过程中，你们杂志 35
最重要的功能就是去打破这个观念：存在所谓“西方”、“东方”这样的有待被综合的东西。在东方之内就存在着巨大而根本性的差异，在西方也一样。由中国、印度尼西亚、日本、印度及亚细亚俄罗斯构成的文化矩阵可不是铁板一块的。西方的文化矩阵同样如此。在欧洲大陆存在着拉丁文化、法兰西文化和日耳曼文化的差异，还有以上文化与英格兰文化的差异，以及与美利坚文化的差异（与加拿大及拉丁美洲的差异姑且不论），这些对于理解西方来说都至关重要。某些西方和东方文化的元素是如此息息相关，以至于当它们被彼此隔绝时，根本不存在把它们“综合”起来的问题。但关键在于，东方及西方的任何元素都不是彼此孤立的。在历史-文化进程中，它们以各种方式彼此交织。对于任何跨文化关系来说，若要产生富于成果的发展——哲学只是其组成部分之一——则必不可少的条件在于：理解并懂得欣赏各种复杂性、差异及分岔错综的相互联系，无论它们存在于国家之内还是国家之间、东西方之间还是东西方之内。

以上这些在其他时候、其他场合或许会显得太过简单明了，简直可以说是陈
腐。但是在眼下这个形势下，我斗胆认为，它还远远算不上陈腐。东西方正在形 36
成政治阵营，在此压力下，人们太容易认为存在着相应的文化“阵营”了。用威廉·詹姆斯（William James）的话说，“文化阵营”本不存在，而任何地方的自由人都希望避免这样的“文化阵营”生成，避免它控制人类，哪怕仅仅是控制人类的一

① 首次发表于《东西方哲学》(*Philosophy East and West*)，第1期(1951年4月)，第3页。

部分。你们的杂志能够保持观点的开放性，认为在西方、东方及东西方之间存在着有待探索的“特殊哲学关系”；因此在我看来，你们能够为启蒙和人类状况的改善作出丰富而有力的贡献。

介绍、前言和序言

《达尔文对哲学的影响》前言[①]

为一部哲学著作写一个具体的前言，通常给人一种印象，似乎这是作者就他在作品中未能完全表达的思想所作的最后努力。尽管如此，这几年就一些不同主题陆续完成的文章，应该容许一个体例上独立的前言来说明对于作者而言其内在的统一性。可能每一个非常熟悉当代哲学思潮——除了一些非常明显的特例以外，这些思想大多出现在期刊上而不是以专著形式出现——的人都会将这一时期定位为哲学变化与重建的时代。不同的代表性思想尽管主张不一，但是在反对共同的哲学传统——两百年来的英国经验主义与上一代社会中非常流行的新康德理想主义——这一问题上达成了一致。 39

我以为，这一期刊中的文章（自从一些较早的文章完成以来）大体属于实用主义思潮的新阶段。最近，一位德国批评家将实用主义描述为"认识论意义上的唯名论、心理学意义上的唯意志论、宇宙论意义上的唯能量论、形而上学意义上的不可知论，以及伦理学意义上基于边沁与密尔（Bentham-Mill）功利主义学说的社会向善论"[②]也许，实用主义最终真的会成为这一系列令人敬畏的哲学思潮的当代呈现形式；但是，即便这一说法最终成为现实，那些如此定义它的人还

---

① 首次发表于《达尔文对哲学的影响及其他关于当代思想的文章》（*The Influence of Darwin on Philosophy and Other Essays in Contemporary Thought*），纽约：亨利·霍尔特出版公司，1910年，第iii—iv页。

② 在德文表达中，以下每个哲学术语的首字母都要大写，而且词尾都以*muses*结束，看起来更加令人恐惧："Gewiss ist der Pragmatismus erkenntnistheoretisch Nominalismus, psychologisch Voluntarismus, naturphilosophisch Energismus, metaphysisch Agnostizismus, ethisch Meliorismus auf Grundlage des Benthan-Millschen Utilitarismus."

远未真正深入考察过它的精髓。因为无论我们怎么定义实用主义，它的精髓就
40 其最重要的一面而言，是对传统思维方式的反叛；传统思维方式对于一切事物采取一种视而不见、束之高阁的态度，即便哲学中新的思维方式也难逃这样的命运。在当代哲学发展的进程中，也有其他一些重要的演变与改造的阶段，比如新现实主义与自然主义下的理想主义。当我回顾哲学发展的历程时，我发现自己对这些阶段性思想（尽管它们的代表性人物都不再那么重要了）的兴趣，远胜于对德国批判家热衷的体系哲学思想的兴趣。我确信，一种可行的方式是将实用主义哲学视为当代思想重构运动的一个部分。否则，除了像我们的德国同行那样，用实用主义哲学所反对的旧体系的标准定义它自身，我们别无其他可以依靠的方式；或者，为了逃避这一方式，我们将实用主义视为一种与旧传统对立的思想，构建它的完整体系与终极归宿。如果实用主义哲学最终是以这样的存在方式作为其重要特征的话，那么，我们还从何谈起更为深入地理解实用主义呢？

古典传统哲学必须被加以改造，因为哲学必须涵盖自传统哲学大行其道以来此起彼伏的社会发展与思想流变的趋势。科学通过实验的方式征服世界，进化的思想被注入了社会发展与生命进程的研究之中；历史方法被应用于宗教与道德，正如它被应用于习俗体制；人类起源学说与文化发展学说获得了科学解释。面对如此深刻变化着的世界，哲学怎么可能依然保持其旧有的立场呢？在艺术与文学领域，新颖的个人主义日益凸显，对于原始的、混沌的、多变的、原初的事物采取一种自然主义的宗教神秘态度，这一趋势在社会文化性格中日益明显。对于这些变化，哲学也不能做一个无动于衷的旁观者。这个涌现了达尔文、赫姆霍兹（Helmholtz）、巴斯德（Pasteur）、易卜生（Ibsen）、梅特林克（Maeterlinck）、罗丹（Rodin）和亨利·詹姆士（Henry James）的时代，一定感觉到了一种不同寻常的不安；它必须清算其在哲学上的遗产，以便应对这个全新的时代。如果责难那些投身于变革事业中的人们对传统哲学文化一无所知，那么，我们恰恰忽略了一个基本事实，即当代哲学运动的灵感与动力正是基于对哲学历史的深入考察而产生的。

41 任何对于传统观点的改造——而不是解决——以及对于传统性问题的消解都不能希冀一种统一性，只是在一种运动趋势上存在一种内在的一致。构造统一的思想体系，形成统一的思想观念，在当代文化看来就好比在一个全新的舞台上依然坚持用借来的玩偶形象表演节目。改造思想资源必须以一种零敲碎打的

方式逐步展开。作为对这一工作的贡献，我将这些文章呈现给读者。除了一两篇例外，其他文章在时间上按照倒序的方式排列，最早完成的置于本文集的最前面。每篇文章都说明了它们第一次发表的情况。我要感谢《哲学评论》(*Philosophical Review*)、《心灵》(*Mind*)、《希伯特杂志》(*Hibbert Journal*)、《哲学杂志》(*Journal of Philosophy*)、《心理学和科学方法》(*Psychology and Scientific Methods*)、《通俗科学月刊》(*Popular Science Monthly*)等一系列杂志对本文集的大力支持。我还要感谢芝加哥与哥伦比亚大学出版社的负责人允许发表这些最先发表在他们负责的期刊上的文章。

《心理学的核心、功能与结构》简介[①]

42 当代心理学已经分裂为许多彼此独立的研究兴趣与发展方向，这已经是人所共知的事情了。更为严峻的事实是：这一领域成了学派间彼此争斗的竞技场，每一派别都希望为心理学确定一种与众不同的研究范围与方法。从某种角度而言，这一局面有利于心理学本身的发展，这标志着心理学可以从孕育这一学科的种种规定中解放出来。但是，如果这一现象一直存在下去，在学科发展的意义上就不可接受了。因为这一散乱的局面充分体现了这一学科缺乏核心知识理念，最终在诠释学科定位与开展具体研究时导致混乱不堪的状况。

直到现在，大多数试图将一些基本规定引入心理学并且力求促进这一学科内在统一的努力，都是在自说自话。一些有代表性的研究方向试图吸收心理学其他分支的研究成果，但是由于拒绝真正的内在统一性，它们的努力注定是没有合法性的。其他一些试图统一心理学的努力就其自身而言，只不过是一种形式机械的关于局部的解释。在本书的系列论文中，休斯(Hughes)博士为心理学的学科发展提供了核心概念，并且清楚地指出了当前各个彼此对立的心理学分支间相互融合与促进的作用。这一事实为他的学说注入了极为重大的根本性的价值，这是所有心理学领域的学者都不能忽视的。从生物学的角度，将心理学植入
43 生物学的视域内加以研究，就像许多革命的科学观点一样，是极为简单的。当这

---

① 首次发表于佩尔西·休斯(Percy Hughes)：《心理学的核心、功能与结构》(*The Center, Function and Structure of Psychology*)，利哈伊大学出版社，第1卷，第6号(伯利恒，宾夕法尼亚：利哈伊大学，1927年7月，第1—2页)。

一观点被提出来时，我们简直无法想象在休斯博士之前这一研究视角还无人问津。就像所有极为简单的思想一样，它极具开创意识，并且视野宏大高远。在此，我无意一一列举这一思想暗含的深广意义。就个人而言，我以为，这是迄今为止所有试图将心理学真正统一起来的观点中最有希望的学说。我真正关心的是：如何推动严谨的学术合作对这一观点加以检验，以促进其全面的发展，而不是仅仅被学界接受？

除了学术上的价值，这一观点在教学上的意义也是显而易见的。很多时候，心理学无非就是基于一定机械定律的大量具体的心理细节，这很容易让学生心生厌恶。传记类作品，或者一些关于个人生活的其他表现形式，却具有很强的吸引力。在这里，一些科学解释的视角就可以大有用处，无论是对于人物生活表现形式的直接解释，还是为这些表现形式提供环境与支持，诸如心理学的科学解释方式获得了重要的存在意义。因为我个人的知识有限，我一般从哲学角度而不是心理学角度进行写作。就教育本身而言，我相信休斯博士的观点对于心理学与哲学的真正自由的联合具有相当的意义。将心理学从哲学的桎梏中解放出来，具有科学意义上的必要性。但是，我相信，哲学对于这一完全意义上的分离深感痛苦，心理学同样如此。因此，将生物学的视角引入当代学术思想，在消解“自我”这一哲学上的丑闻的道路上跨出了大大的一步。在文章中，休斯博士也暗示了这一观点在逻辑学与伦理学意义上的意义。更多的成果会不断地出现。伴随着物理生物科学的发展，那些反映了特定时期的变化与一系列发展阶段的叙述性判断必定会呈现出它们的重要意义。生物学视域内的理论向度，为这一叙述性判断提供了直接的经验主义意义上的基础。简而言之，休斯博士提出的理论不同寻常，是一种极为具有启发性、综合性和先导性的重要思想。

《展望：讨论大纲》导言[①]

44 在《展望:讨论大纲》建议研究的话题中,有一个是"美国,对比之地"。其中一处的对比在于:理论上,我们有普选权,可实际上只有50%的人行使该权利;我们假设个人对政治具有普遍活跃的兴趣,可大量公民对这个国家所面临问题的复杂程度感到困惑不解,甚至无能为力。我们经常绝望地放弃解决问题,让那些靠推动政治机器运转而谋生的政客和团体接手处理。对于这些重大的问题,正式的教育机构尚未充分满足民众获取相关信息和进行思考的需要。工业民主联盟(L. I. D)在其所准备的《展望:讨论大纲》和所提供的相关讲座中,所做的正是这一工作。大纲使用的材料水平很高,足以媲美任何大学的推广课程。它关注这个国家必须应对的问题,而每一个想采取明智立场的公民,都必须针对这些问题作出判断。如果这些大纲能够激发讨论并受到应有的关注,那么,美国的政治生活将会上升到新的层次。

---

① 首次发表于工业研究团(Industrial Research Group),《展望:讨论大纲》(*Looking Forward: Discussion Outlines*),纽约:工业民主联盟,1932年,第3页。

《展望，1933》导言[①]

大约一百年前，美国公立学校系统发生扩张，主要原因之一就是这样一种信念，即读写能力对于维持共和形式的政府是必不可少的。在目前的情况下，读写能力却只会令公民暴露在越来越多的恶意宣传面前，这些宣传则出自不可告人或私人所得的利益。我们正在开始意识到，大部分投票者还没来得及了解时下最重要的社会需求和社会问题，他们在小小年纪就过早地离开了学校。如今，成人教育的重要性丝毫不逊于一个世纪前的基础教育。由工业民主联盟准备和赞助的讨论讲座，以非常好的方式满足了在经济和国际问题中对继续教育的需求。该课程在1932年获得的成功表明，大众确实需要这些课程为他们带来有力的知识。我只能重复自己对之前课程的评论：这些材料的水平很高，足以媲美精心设计的大学推广课程。威尔斯(H. G. Wells)曾说，整个世界都在参与发生在教育和灾难之间的竞争。工业民主联盟的课程所提供的教育，正是一股阻止灾难的强大力量。 45

① 首次发表于让·本森(Jean Benson)和工业研究团，《展望：讨论大纲，1933》(*Looking Forward: Discussion Outlines, 1933*)，纽约：工业民主联盟，1933年，第4页。

《展望，1934》导言[①]

46 每天每一份报纸都在报道，我们正处在社会和经济发生重大变化的时期。更睿智的报纸还告诉我们：目前尚不得知，那些应该控制变化方向的人，是否对他们想去的方向有明确的观念，抑或他们只是日复一日地临时应付。只有一件事情是确定的，那就是，如果对经济的理解没有在民众当中传播开来，那么即使是最完美的计划，也无法成功实施。除非在财政、金钱、工业和贸易等方面发展开化的民意，否则就有无计划状态或者坏计划大行其道的危险。对这些事情而言，成人教育不是奢侈品，更不是流行时尚。如果民主想要赢得它被卷入的这场战争，成人教育就是必不可少的。希特勒主义在德国的扩张表明：通过使用现代宣传方法，可以使政治上未开化的社会团体无休止地堕落下去。

工业民主联盟发起这场旨在为美国公民提供更加多样化教育的运动，如今已经是第三年。运动的水准很高，而这些讲座维持住了这样的高水准。为讨论提供的材料，使人完全理解了当前不确定的转型期内每一个美国公民的生活。参与这样的讨论，努力解答提出的问题，对公民身份来说是必要的。

---

① 首次发表于玛丽·W·希利尔(Mary W. Hillyer)，《展望：讨论大纲，1934》(*Looking Forward: Discussion Outlines, 1934*)，纽约：工业民主联盟，1934年，第4页。

《展望，1935》导言[①]

民主是否处于危险当中？在某些国家，民主不止处在危险当中，它已经受到严重的损害。在我们的国家，对民主的攻击是否有可能越来越多？没有人能否认，这样的攻击已经在增加。越来越多的人怀疑政治民主应对目前局面的能力，其中一个原因就是：当前的经济和社会问题非常复杂。聪明地行使选举权和使用立法功能取决于信息和理解，而对普通的投票者和立法者来说，这些信息和理解，要么无法获得，要么被认为对他来说是没有必要的。 47

这是一个迅速变化的时期，充斥着不确定性、各种各样的政治宣传、指控和反指控，以及乌烟瘴气的论战。因此，对于开明有效的公共舆论来说，权威知识是必不可少的。无论对于拯救民主，还是防止越来越多的人对所有重要社会和政治问题感到困惑，成人教育都是必需的。

要满足对教育的迫切需求，最好的手段之一，就是由工业民主联盟今年连续第四年提供的讲座讨论。这些讲座的水准很高，一个很有能力的专家演讲者特别小组维持着这样的高水准。《展望》所包含的主题涉及影响每一个美国家庭和每一个美国公民的国内和国际事务。有兴趣维持美国公共生活所必需的聪明的公民资格的人，会通过所有可能的方式来支持这项事业。

① 首次发表于玛丽·W·希利尔，《展望：讨论大纲，1935》(*Looking Forward: Discussion Outlines, 1935*)，纽约：工业民主联盟，1934年，第6页。

《展望，1936》导言①

48 对建立在充足知识基础上的建设性思考的需要，从未像现在这样迫切。无论对于国内问题，还是对于国际问题，建设性思考都是至关重要的。每一天，“我们所置身于其中的世界正在参与一场发生在教育和灾难之间的竞赛”这句话变得更加准确。人们曾认为，美国由于和其他国家在地理上是隔离的，所以能不顾及发生在世界上其他地方的事情而自行其是。但在国际事务中，世界大战打破了这样的迷梦。就在我书写的时候，世界大战的危机已经迫在眉睫。令我们卷入上一场战争的势力仍然活跃。我们与其他国家最好的合作方式，就是通过战争和直接的政治纠缠——这种危险的观念可能会传播开来。为了世界的秩序与和平事业，我们要找到最好的合作方法，就迫切需要进行明晰的思考。

没有必要详述国内问题的严重性。为了某些党派利益，政客们已经做好准备，用扼杀明晰和建设性思考及政策的方法来激怒公共舆论。问题是如此复杂，以至于相对而言，放弃明智的洞察和行动方案，转而激发情绪反应，反而更加容易。此外，只有正确的知识还不够，还必须通过组织行动，把想法付诸实践。

通过提供讲座、讨论和其他办法，工业民主联盟正在以很高的水准，为促进
49 知识、建设性思想和组织做必要而又艰巨的准备工作。对形成真正有所准备的公民身份来说，它是最重要的力量之一。就我个人而言，我很高兴，也很荣幸能

① 首次发表于玛丽·W·希利尔，《展望：讨论大纲，1936》(*Looking Forward: Discussion Outlines, 1936*)，纽约：工业民主联盟，1935年，第6页。

向公众介绍该联盟连续第五年提供的讲座课程讨论。做讲座的专家们在处理各自的主题时表现出坦率的品格,以及建立在长期研究和权威知识基础上的洞察力。

《进化和实用主义奠基人》序言[①]

50 英语中有一个古老的说法："酒香客自来。"维纳(Wiener)博士为所有对北美知识生活发展感兴趣的人慷慨地提供了文化美酒，酒体饱满而酒香醇厚。当别人请我写一份简短的序言时，我欣然应允。不是因为构成这些文本的章节需要任何赞美或者推荐，而是因为：哪怕只是和这样一份权威研究能有微弱的联系，也是一种荣幸。这份研究的对象是19世纪中期新的科学进步在这个国家所造成的知识和道德骚动的起源和早期发展。这份工作远不仅仅是对某种特定哲学主义的发起阶段的研究，也不仅仅是以证据充分和内容详实的方式，展示了把对这场繁荣发展的实用主义运动的奠基人的目的和要旨所作的错误陈述完全清除的材料。这里并不包括用来反驳一代人之前还广为流传的(并且仍然还有一些领域提出的)失实陈述的论证。维纳博士对事实的透彻了解，以及证据充分和充满洞察力的重述，使这些失实陈述摆脱了无知——更不用说故意表现出的愚蠢——的影响，而它们正起源于这样的无知和愚蠢。

一位针对这场运动后期的英国评论家说，实用主义是对美国商业主义的表达和有组织的反映。数年前，尽管他还没有沉迷于反美偏见当中，就已经开始对这场运动进行评论，声称它建立在现代科学的归纳阶段的基础上。但是，任何读
51 过菲利普·维纳的书的第一章的人，都能看出即使这种理解进路也是非常肤浅的。在过去数年中，皮尔士(Peirce)的著作一直受到早应享有的重视。但是，如

① 首次发表于菲利普·保罗·维纳(Philip Paul Wiener)，《进化和实用主义奠基人》(*Evolution and the Founders of Pragmatism*)，剑桥：哈佛大学出版社，1949年，第xiii—xiv页。

果任何对于皮尔士关键贡献之背景——这背景提供了土壤、阳光和环境——的解释能够和维纳博士的解释相媲美，那么，我肯定没注意到。当我们把对哲学作品进行生硬分类的方法，与把它们置于文化中新的、影响远远延伸到技术哲学范围之外的关键性运动的背景中的方法相比较时，就会发现，前者有多么不合适。维纳博士作出了后一种贡献：他不仅对理解一场意义重大、有美国特色的哲学运动作出了贡献，而且提供了构造一种启蒙和自由主义方法的范例，这种方法可以用于处理任何历史时期的哲学活动。

他把“实用主义的基础”视作一场深刻、感人的文化思潮，把我们带回美国仍然象征着更美好明天的黎明和充满与勇气并存的希望的时期。如果经过一段没有胆识的时期之后，对这场运动（而不是“主义”）之初始阶段的振奋人心的解释，能够使美国哲学教师漫游不定的思想回到这场有创造性的运动——作为美国人，无论在专业上属于哪个学派，他们都属于这场运动——那么对美国哲学来说，那将是快乐的一天。

《威廉·赫德·基尔帕特里克：教育中的开拓者》介绍①

52 在最准确的意义上，“进步教育”和“基尔帕特里克博士的工作”几乎是同义语。我说“最准确的意义”，是因为“进步教育”这个短语已经被、而且经常被用来指几乎任何一种和以前的经院式做法不同的学派理论和实践。当我们检查它们时，会发现其中有很多是新颖的，但似乎还没有足够的理由把它们视作是进步的。因为尽管改变可能因为偶然因素在某些方面改善原有的东西，但进步并不简单地等于改变，更不等于无忧无虑的过程或者灵光一现、一时冲动想出来的临时做法。“进步教育”这个短语在适用于基尔帕特里克博士的工作的意义上，意味着发展方向，发展方向意味着远见和计划，而计划——毫无疑问——意味着思考，思索的质量和深度则取决于实践发展方向、远见和计划的领域有多大规模和多么重要。

我相信这些评析是中肯的，因为那些通常被认为组成进步教育的东西，实际上是教师所使用的教学方法，其主要特征是密切地关注学生在课堂上即时、自发的活动。

进步教育需要远见和计划，而这反过来又需要某些组织原则。这并不是说，必须设立某个固定的目标；而是说，我们必须有一种观点，从这种观点出发来选
53 择材料，并且根据某种秩序来安排这些材料。基尔帕特里克博士充分满足前面

① 首次发表于萨缪尔·特南鲍姆(Samuel Tenenbaum)：《威廉·赫德·基尔帕特里克：教育中的开拓者》(*William Heard Kilpatrick: Trail Blazer in Education*)，纽约：哈珀兄弟出版公司，1951年，第vii—x页。

所说的条件，也就是说，他把大量内容多样的精深题材集中在一起。他把这些材料的不同部分按照有序的相互关系连接起来，即使对那些只对他的工作略知皮毛的人来说，这一点也很明显。对于这种联系，当人们对这个国家甚至远离纽约市的地区的教育发展进行讨论或者辩论的时候，我总是惊讶地发现：对于实际发生的事情以及它们对教育进步的正面和反面意义，基尔帕特里克博士的认识是多么的完整和精确。充足的信息，而不是匆忙的临时准备，一直都是基尔帕特里克博士对进步教育作出贡献的基础。

"教育哲学"这个短语，作为纯粹临时准备的对立面，经常被当作一个包含现成固定原则的完整系统，由某个已经了解它们的人来制订，而学生们则接受这些现成的原则。实际上，这种看法和其他已经提到的无组织方法具有同样致命的后果。

在基尔帕特里克博士的教育活动中，哲学表现为动态发展的形式。随着实际事件不断提出新的问题，体制并非铁板一块那样，拒绝任何修正或改进。教师并不实践自己推荐给学生的学习方法，这种说法越来越普遍。好的教学需要教师不断学习，而基尔帕特里克博士的工作正体现了这一事实。通过这种方法，他成功地避免了主张教条主义的权威。他在教学中认识到，好的教学需要教师和学生双方的参与，教学是相互而非单向的过程。

如果我们注意到，基尔帕特里克博士从未片面地把进步教育当作儿童教育，那么前面的概述就有更具体的形式。这并不是说，他不关注学生的能力、兴趣、
成就和失败；而是说，他总能平衡对这两者的考虑：学习者的心理状况和过程，以 54
及小学生作为人生活于其中的社会和文化环境。

这里有一个例证。区分被称作社会心理学和正统心理学的两种题材，并且把心理学严格限制在个人活动的范围内，是普遍的习惯做法；但这忽略了人在本质上一直是社会生物，因而不利于合理的教育实践。基尔帕特里克博士则考虑到，儿童作为学习者，必然以不同的能力和兴趣为特征，一贯避免这种纯粹个人主义的心理学方法。儿童和年轻人作为人生活于其中的这个世界的状态，以及考虑他们将来生活于其间的社会关系——他们将来需要应对的问题——的需要，一直指导着基尔帕特里克博士的教育哲学思考。

在国际上，"计划方法"被视为基尔帕特里克博士的教育贡献。正如我在访问苏联期间了解到的，在教育改革初期有相当程度的自由，苏联教育哲学的指导

原则正是计划方法。访问期间，在我所遇到的更有才干的教育者当中，基尔帕特里克博士的名字几乎家喻户晓。随着自由受到压制，这些人遭到清洗，或者被处死，或者被永久流放。在这场影响苏联每个生活阶段的悲剧里，这是典型情况。后来，学校——即使是科学和艺术——也沦为极权政体的工具。基尔帕特里克博士在他的教育哲学和理论中主张平衡，也就是说，一方面要发展个性，另一方面要促进旨在改善和人类进步的社会变迁；而早期使用计划方法，正是该平衡的关键证据。

基尔帕特里克博士所发展的计划方法的特别之处在于，它需要教师和学生在相当长的一段时期内分享共同目的，以此实现连续发展，而这正是取得真正进步的前提。计划方法的第二个特征，我想，就是它根据学生的成就和能力，体现
55 了在教室外面的世界里的某种典型生活状况。

真正的进步教育运动最合理和最宝贵的特点之一，就是它力图打破把教室和校园之外的几乎所有东西隔离开来的围墙。在那种情况下，对大多数人来说，学习和校园外的生活几乎没有直接联系。从实践操作的角度看，学习主要在于被动地接受材料，而这些材料已经按照成人的立场在教科书和教师的思想中被组织好了。

成人接受教育的立场自然和某些教育方法很不相同，在那样的方法中，学习变成被动的过程，而检验学习成果的标准则倾向于关注从形式上再现知识的准确度。计划方法——当被明智地采纳时——则否定这种教与学的过程，并支持学生活泼地参与到真实的人类状况中；即使规模很小，对学生现在和今后将积极地生活于其中的状况，仍然具有重要的意义。简而言之，它和进步教育理论的某个阶段相一致。在这个阶段，进步教育理论关注打破竖立在学校和生活状况之间的围墙，学生虽然是处在生活状况里的人，却因为学校学习是孤立的而无法借助学校里的训练，做好应对生活状况的准备。

进步教育所反对的传统学校没能在实践中发现，学习在儿童入学前的数年间就已经在进行；而且当儿童回到家，身处家庭和社区生活的活动中时，也仍然在继续。因此，传统学校不会寻找最简单有效的学习方法，它也没有兴趣了解学习是如何作为每个人正常生活的必要特征而发生的。

我认为，以计划方法为代表的进步教育发源于美国并非偶然。民主社会从
56 根本上意味着，每个人都有机会全面地参与到社会关系中，并且有机会在社会关

系中发展自己的个人活动，这是所有人的权利——尽管这一说法尚未得到普遍和充分的承认；然而不可否认的是，民主只能在社会习俗和制度向民主变迁这一程度上才能成为人类事实。因此，只有当民主学校社会在自身内部展现出整个社会真正的民主生活必须试图实现的目的和方法时，才能作为维持和发展民主的媒介起作用。基尔帕特里克博士全面具体地阐述的学习目标和过程，为发展作为活跃和成长的民主制度的有机组成部分的学校型社会，作出了令人瞩目和独一无二的贡献。

总之，我非常高兴能和基尔帕特里克博士一起努力发展教育哲学，为在学校型社会中推动教育实践指明方向，使从幼儿园到大学的教育转变为进步教育，促进我们共同的人类生活取得进步，以及一个更加可贵、自由和公正的社会不断成长。

《民主与教育》日文版序言[①]

57 我很高兴能向译者表示感谢，因为他花费了巨大的精力，使我的书得以和日本教育界的读者见面。遗憾的是，我不懂日语，因此无法评判译文本身的好坏；但我非常信任朋友们的说法，即译文异乎寻常地清晰、精确、流畅。译者通过之前的研究工作，对于理解书中的语言和思想作了充分准备，并且在翻译过程中不遗余力。对此，我很清楚。我非常感谢他把我的教育学著作介绍给新的读者圈子。他还尽力准备了一份概要来介绍我的基本哲学观点。对此，我也十分感激。

① 首次发表于《民主与教育》[*Minshu-shugi to Kyōiku* (*Democracy and Education*)]，帆足理一郎(Riichirô Hoashi)译，东京：Shunjû-sha，1952 年，n. p.。

《克劳德·麦凯诗选》介绍[1]

克劳德·麦凯(Claude Mckay)请我为他的诗集写一点介绍性的文字,我深感荣幸,并欣然应允。当我阅读这些诗作时,觉得有些时候,在这些诗歌面前沉默才是合适的反应。我感到现在就是这样;评论性的文字是无聊的,即使是赞美之辞也会显得有些无礼。无论如何,我会克制自己,不告诉他人应该在这本诗集中寻找和发现什么。也许,我希望克制自己不做其他任何可能显得采取了评论家和法官姿态的事情。如果能够指明这位诗人的哪些诗句如何深深地影响了我,那就很满意了。 58

如果要从这些诗里选出一行来尽可能地传达这些诗歌对我意味着什么,我想,那将是《北方和南方》中的一行诗:

而奇迹就靠近生活中司空见惯的地方。

我知道,对诗歌不敏感的读者的眼光可能会逗留在"司空见惯的地方",而较少逗留在靠近它们的奇迹上。但是,对在克劳德·麦凯眼中从来不会消失或衰退的奇迹来说,司空见惯的地方和所有人生活中司空见惯的东西是等价的,因为人们无法逃离这些普通的东西,然而它却只能被像麦凯那样拥有诗人的眼光和歌手的声音的人所表达。

---

① 首次发表于克劳德·麦凯:《克劳德·麦凯诗选》(*Selected Poems of Claude McKay*),马克斯·伊斯特曼(Max Eastman)编,纽约:书人联盟,1953年,第7—9页。

诗集共分为五个部分，上面的诗句所属的诗篇属于第一部分。这一部分的
59 标题是“牙买加之歌”，显然，这正是诗人度过童年的地方。这首诗直接指向属于童年生活的感觉和情感。这一节的所有诗歌都充满了我所读过的对敏感的成年人恢复和重塑儿时生活的最自然的表达。它是自然的，因为它和组成这首诗的材料融为一体；它从不作为单独的元素凸显自己。

我提到这一点有两个原因。其中一个，我已经提到，那就是这本诗集的几乎每一首诗都以非凡的方式表明：自我和永远新鲜、不断更新的生命奇迹是同一的，后者正是来自最快乐时的童年的礼物。另一个原因是，尽管第一节在童年自身的意义上传达了这种同一关系，每一个后继章节却将其直接、坦率的品质——不受人工斧凿的影响，且努力实现作为童年自身之精神的效果（不受外界约束的限制）——和不断增长的深度及强度联系起来。随着人们变得成熟，不断增长的深度和强度本应是所有人的命运，但却常常变得枯燥，以至于人们觉得日常生活中的深刻之物司空见惯。

我不会尝试在后续章节中追随这一始终如一的增长，包括“亚美利加纳”、“不同的地方”、“阿莫罗索”和“洗礼”。它就在诗篇里，按照自己的主张，代表着自身。至于介于第一节和最后几节之间的主题，我只想说，描写在克劳德·麦凯眼中以“不同的地方”的形象不断重现的国外城市和国家的五首诗，尽管它们肯定不算诗集中最重要的诗篇，却以令人惊异的生动手法表现出他对世界上的景色未受损害的和极其敏感的反应。在这些情景中，物理世界和人类融合成不可分割却与众不同的整体。

在深度和强度方面不断增加的成长，在最后一节“洗礼”中达到高潮。这个标题的宗教暗示，正是构成诗歌的色调和氛围所在：

> 所以我走向上帝寻求平静，
> 那里没有黑人或白人来扰乱我。
> 我会向他敞开被幽禁的心扉，
> 而他将向我展示完美的道路。

正是在这一节，在白人世界中身为黑人的感觉得到了最充分的表达，这是在
60 诗集前面部分的许多诗篇中不断出现的隐含意义。我对把他称为黑人民族的代

言人深感不安；他是代言人，但又远远不止于此。“洗礼”带有浓重的仇恨色彩，但却是纯净的仇恨，既不卑劣，也无恶意。白人能做的，只有表达自己卑微的同情。因为在诗人的诗句里：

> 没有白人能写下我的书，
> 尽管很多人以为这个故事能被讲述，
> 而黑人应该忍受这样的故事。
> 我们的政治家走遍世界拨乱反正，
> 这个黑人笑一笑向上帝祈祷光明。

演　讲

在圣何塞州立师范大学毕业典礼上的致辞①

无论生活在何处，我们总是需要面对一些事实。没有什么是绝对的，所不同的是程度与规模。在这个世上，有人感到自己财力匮乏，因为他无法掌控整个铁路系统；处境稍差一些，他会以能否购买一艘游艇衡量自己的财力；再次一些，他要考虑的是自己能否雇得起五至六名仆从；再差一些，他要盘算自己究竟买后腿牛排还是上等腰肉牛排，到最后，他要费心计算的就是自己一年里究竟吃得起几次肉。对于我们每个人而言，这种由于收入与支出的变化直接导致的边际差异，是我们必须面对的共同问题。在应对这种差异与变化的过程中，我们同样获得了精神与道德的规范与考验——很可能，也正体现了生活的丰富性。一个人一生旅行的规划，也是如此。对于一些人而言，他可以规划用几年时间环游世界；对于另一些人，是如何花上一两周假期到附近城市或山区去旅游；而对于第三种人，却是带家人开车去欣赏一下街边公园的风景。 63

真正有意义的不是我们绝对拥有的财富，也不是我们早已获得的成就。有些时候，所欲超出了所得，目标与计划在一定程度上超出了我们的能力与可以掌控的资源。我们就必须思之再三，寻求最佳的解决途径；这时，我们就意识到那些边际差异了。如果失望与痛苦源于此，那么，快乐与幸福也始于其中。哪里有 64
失望，哪里就可以收获希望，给予我们自我发展的力量。所有有意义的努力，都集中于处理我们人生中的边际差异这一重大问题。一些人沾沾自喜于已经获得

---

① 首次发表于《圣何塞每日使者》(*San Jose Daily Mercury*)，1901 年 6 月 27 日，第 6 页。杜威于 1901 年 6 月 26 日的发言。

的成就，不思在智识与道德上进一步提升自己。就像吝于财富一样，他们从不考虑如何超越自己取得进步，俨然就是一个庸碌无为的人，过着自我放纵的生活。与之相对，一些人为自己的人生确立了遥不可及、不切实际的人生目标，生活在自己编织的一成不变的梦幻世界之中。他们试图实现自己乌托邦式的人生目标，却毫不顾忌现实生活的客观条件，无视只有基于现实与可能之间的努力才是有意义的这一基本事实。这样的人，唯一做到的就是给自己贴上了“怪胎奇士”的标签。一个有理性的人，不会寄生于他所取得的成就之上，也不会给自己设定遥不可及的模糊目标，而是将他的思想与精力专注于自己当下的生活。在这里，我们发现了“重在当下”这一生命中积极的平衡意识，其重要程度与“死亡”这一消极的平衡意识可以等量齐观。一个人无论遇到怎样的问题，都可以归结为一个问题，衡量其成败的尺度也只有一个——他是否能克服生活中差异与变化的边际，切实有效地超越现实中的自我？绝对的成果是空虚无意义的，切实运用这一成果从而实现真正的超越才是实在的拥有。一个人无论怎样碌碌无为，都不应否定他拥有超越自我的可能性；一个人无论怎样功成名就，都不应该志得意满，不思进取。当我们所获益多、视野渐开之时，也许会登临高山之巅，远在地平线之上。但是，这里唯一的差别仅仅在于，与我们身处平原之时相比，地平线距离我们更为遥远一些罢了。

心理学向我们展示了这一深深根植于我们认知结构中的基本原则，你根本无法逃避。无论白天还是黑夜，星星都高挂于天空之中；然而，在太阳的强光之下，微茫的星光并无特异之处，无法引起我们足够的关注。可是，当一个人困于
65 危井之中，他至少可以安慰自己：尽管身处更为黑暗的险境，他还可以与那些幸运的拥有人身自由的朋友一样，看到头顶上的星星。

当我们完全拥有了一件事物或者成就了一项事业时，它就会成为我们生活中的习惯；当这一存在对于其自身而言仅仅是习惯之时，它对于我们就只是一种机械的存在，毫无生命感受可言。一个人试图为自己设立生命的终极目标，希冀这一目标能够填补所有的残缺，穷尽所有的可能，这一做法无异于扼杀了一个本应拥有丰富感受的生命。

正是由于生命是不完整的，我们才会奋斗。这让我们感受到自我生命的存在与现实世界的意义。正是通过努力克服现实生活中的困难，我们衡量了生命的力量，在这一娑婆世界之中给予自身一个可以停驻的驿站。

真理作为我们生活世界的基本法则，赋予了现代社会深入研究人类童年阶段的意义，尽管这一阶段的人并不成熟，心智还未真正得到发展。多少个世纪以来，人类对自我成长的过程并不加以真正关注，认为童年只不过是一个完全可以快速忽略的时期，虽然无法回避，但延搁了我们完全实现生命的意义。现在，我们逐步认识到，成长过程本身恰恰是最富有意义的。一个人的婴幼儿时期不再仅仅被看作自我成长完全展开的准备阶段。人生中每一步进程都将面对特定的问题，每一次进步都有其自我激励的动力与丰富多彩的意义，昭示着全新的可能性。如果我们对成长的过程缺乏耐心，为了所谓的终极目标忽视了过程的意义，这恰恰是对目标的背弃。真正的成长，来自成长的过程。

在当今政治、经济与教育领域，某些人毫不作为，总把理想当作不切实际的空想，这样的人随处可见；另一些人对现实视而不见，在不着边际的理想误导下，自命不凡地认为自己即将开启一个全人类未来的幸福时代。

以教育领域为例，我们看到总有一种永不停滞的为了变革而变革的热情，不断创立全新的规则，追逐全新的理念，使用全新的方法与工具。学校教育失去了真正的重心，失去了稳定的自我平衡的发展机制，其结果是反对之声不绝于耳，学校教育在此起彼伏毫无意义的动荡与躁动中丧失了其自身本应拥有的价值。 66
与之相对立的，是来自一些教师的不同观点："改革是必要的，但是改革往往太过理想化，并不切合实际。我所处的社区、学校以及我在学校中的地位等等，这些客观条件制约了我的工作。环境不同，我们应该有所改变，这是对的。但是，一切必须切合实际，我必须充分考虑到环境与条件的制约。"

这两种教育倾向犯了同样的错误。两者都无视事务发展的延续性，否定了现实生活中事物的边际及其变化的基本原则。一方希望一蹴而就，臻于完美；另一方则毫无建树，因为他看到无法达到完美之境。两者都忘记了，改革的前提不是完全脱离现实异想天开，或者完全囿于现实固步自封，而是真正激励与帮助我们寻求一种自由并有效地面对现实的途径。真正有意义的理念不是彻底的诋毁现实，也不是完全屈从与现实，而是基于一种特定的可能性。这一可能性恰恰给予我们展示能力的空间与舞台，帮助我们摆脱混沌动荡的生活状态，充分利用现存的条件并使之不断优化。

理想如果只是被设定为一种遥不可及的终极目标，那就毫无意义可言；理想只有能够帮助我们诠释与面对现实语境，才会拥有真正的价值。如果我们不能将理想从一个固态的空洞目标转变为动态的行动方式，从一个遥不可及的终点转变为现实当下的资源，那么，我们就没有真正的理想可言。真正有意义的是过程，是现实的行为，是当下的行动。理想应该有益于现实生活的展开，它是现实生活的仆从，而不是主人。只有依此标准，我们才能判定成功与失败。

最后，我衷心希望在座的每一位朋友都能成功地面对人生的丰富性，创造属于自己的精彩人生，并为他人的生命增光添彩。

教育的原则[①]

执行秘书菲茨帕特里克(Fitzpatrick)先生让我就第一个主题谈谈自己的看 67
法。我私下里和他做了一个沟通:我不打算就学分制的问题谈任何看法,因为这是一个涉及具体管理的问题,我对此一无所知;我也不想就教育领域发表学术研究性质的观点,因为我本人不是这方面的专家,正如我不是公共管理领域的专家。根据本次研讨会的要求,我应该就一些基本教育原则谈谈自己的看法。

我感觉前一位发言者麦卡锡(McCarthy)先生提出了一个教育的原则,同样也是一个实践的原则。我们必须处理好理论学习与实践运用的基本问题。毫无疑问,这里存在一个教育的基本难题,它不同于诸如培养一个管理者之类的具体问题。在许多领域,基础性的理论与原则问题若要真正得到解答,就必须在实际运用中加以检验。因此,我们建立了实训室。在我们看来,实训室的意义不仅在于培养学生进行实际研究的能力,更在于帮助他们深入理解自己所从事的研究工作。这不是一个可以孤立存在的问题,它在各种形式的教育实践中随处可见。
在我国,职业教育就是以此原则开展的。在一些工科、药科和法律类学校,整个 68
教育模式非常实际且注重应用的,都是依照模仿现实环境中的程序与操作展开的。在教师培养这一领域,我们也是依此原则进行的,结果令人失望。考虑到经济因素,学院职业教育课程变得愈发理论化了,因为学生在真正的职场环境中可

---

① 首次发表于《大学与公共服务:国家级会议纪要》(*University and Public Service: Proceedings of the National Conference on University and Public Service*),麦迪逊,威斯康星:美国政治科学协会,1914 年,第 249—254 页。杜威在纽约城市大学 1914 年 5 月 13 日研讨会上的发言。

以获得比大学虚拟实践环境更有价值的经验。而且，实践课程蚕食了基础理论课程的学习时间。因此，教授具体法律实践知识的环节交给了律师事务所，工科的实践能力也留待日后的具体工作去培养了。学院可以充分利用在校时间，引导学生深入地学习基础理论。换句话说，尽管实训室的模拟功能非常显著，但是始终不能替代具体工作的环境本身。

举例而言，现今，我们对护士职业的培训教育极为不满。在一些医生看来，这一职业培训的内容太过实际了，可能完全是从经济效益的角度来考虑的。护士们总是被要求做诸如房屋清扫、擦拭地板等工作，而没有给予他们关于护理工作的切实训练。正如麦卡锡先生以及其他几位发言者刚才所言，设计一种非常程序化的实际操作课程，然后给学生相应学分，这不是解决问题的方法。一些理论工作从科学研究的角度，批评了实训室的错误用法。他们认为，学生只是被告知如何使用仪器与设备，但对于实习课程与研究主题的内在联系毫无知晓。因此，我们让一个从事某一理论课程学习的学生参与一些专门围绕理论设计的实践训练，便以为学生真正理解了理论本身，这是缺乏说服力的。实践环节必须对理论学习具有真正的启发与指导意义。

在本次讨论会小册子的最后一页，引用了一句来自一位市长的话，他说："无论是从事财务委员会委员的工作，还是从事市长工作，我自己的经验使我坚信，
69 那些只是在学校里接受过模拟实训的人连一些非重要的初级工作都无法胜任，真正来自学校的人才少之又少。"他还说："大学培养的人才无法满足社会实际工作的需要。"因此，他再次强调："实际工作经验是必须的。"我可以用这样的方式表述我的观点：一个人也许在市级、州级或联邦政府里从事过某种具有管理性质的一般性工作，即便这一工作就积累实践经验而言非常具有价值，但对于他提升智识是没有多少裨益的。换句话说，一个人无论是学习理论并同时参与实践，还是相继为之，都不足以将自己塑造成真正的人才。我们需要的，是积极、有效地将理论学习与实践经验结合起来。毫无疑问，我们的管理工作需要的是理念，如果你愿意的话，也可以说是理论、一些高于程序化工作的工作预设。在科学研究领域，实验教育并不只是清洗瓶子和发动机器。实验工作之所以有意义，是因为它有助于我们领会具体实验背后的伟大思想，实验的作用在于使理论变成现实并且切实地检验它的价值。

对于我而言，真正的困难在于如何将理论指导与具体工作有效地组合与衔

接起来，因为两者共存并不能保证双方有效的互动与影响。

麦卡锡先生就委员会所作的《形势报告》，针对当前教育的状况提出了具有根本意义的建议。我知道，这一状况现在依然存在并愈演愈烈。如果我们的实践教育能够得到来自学校教育的积极配合，那么不仅可以为实际工作提供行之有效的方法，而且在理论上可以有所建树。因此，努力发现能够提供这一理论与实践相结合的教育模式的学校，努力发现致力于将理论与实践结合起来从而有所创造的教育工作者是极为必要的。我们应该努力在市政层面以及其他层面的
职业场所与管理部门中，寻找一些愿意贯彻这一育人原则的管理者；在他们的庇 70
佑之下，学生可以获得智识上的进步，而不是仅仅完成程式化的工作。毫无疑问，在一些社区的管理部门，的确有一些对理论追求有兴趣的人，但我们不能奢求这样的人到处可见；他们可以保证我们的学生深深地潜入问题之中，寻求解决问题的独特途径。

施耐德(Schneider)院长在今天早上的发言中指出，如果理论与实践相结合的方式在一些特定的条件下得以保证，那么，学校就有可能给学生提供旧体制下无法给予的更多的理论学习空间。与一些职业与技术学校相比，它就可以更为自由地从一些不伦不类的实践性课程中解放出来，这些课程既不能真正呈现商业实践的真实情景，也不符合纯粹理论课程的要求。因此，与现在的情况相比，那时学校就可以更为明确地投入理论与科学层面的教学环节之中。

我个人以为，如果有人对这一理论与实践相结合的育人模式抱有积极的态度，并且乐于其成的话，这一教育原则完全适用于社会科学与社会实践相结合的广泛领域。

库克(Cooke)先生在早上的发言中，谈到了费城的情况。他指出，一定的理论研究不仅在一些不同层次的实际管理工作中很有必要，而且在一些基础性工作领域也是极为需要的。我们对切实解决问题的方法还是所知甚少。我们对事实与观念的认识还是极为不足，在这方面，政府官员们还有很长的路要走。如果城市管理者们意识到有必要进行明确的研究，那么为他们提供方向性的建议，大学理当责无旁贷，充分地利用机会以研讨的方式开展科学理论研究。依此方法，学生可以在社会科学研究领域得到更好的训练，远胜于他们孤立地从事一些抽象问题的实验。这种调查研究，对于解决管理者面对的具体问题大有裨益。

公共管理中有一方面不时被我们提起，我称之为公共管理自身。我们往往 71

只是将公共管理理解为预算中的数字，其实，这只是其重要功能之一。在结束本次发言前，我想就公共管理本身谈谈我的观点。将公共教育问题视为一个政治与社会问题，而不仅仅是一个教育本身的智识问题，大体是近期形成的观点。只是到了上一代人，特别是近十年来，学校教育的领导者们才被认为应该具有政治家的意识；他们必须考虑的，不应该仅仅是校园围墙内的事务，而应该积极参与调整和完善教育体系，服务于社区文化的总体发展。

服务于公共事务的大学教育，必须将培养真正具有领导力的大学管理人才作为其重要的职责与任务。这样的管理型人才，应该熟知社会政治经济问题，不拘泥于固步自封的成见，勇于尝试全新的教育方法。一些城市已主动与大学里不同的院系合作，寻求大学的智力支持。将学校教育更为广泛地与社会相结合的运动，不仅获得了来自学校内部的激励，而且得到了社会部门的广泛支持。

在结束今天的发言之前，我想引用一下豪尔（Howe）教授所说的话，尽管与我今天发言的主旨没有必然联系。我对在大学环境里守卫民主的原则，并不抱有特别的信心。但是，就对社会需求的反馈意识、课程设置的灵活性、教师享有的自由度与原创性等方面而言，我本人与之紧密联系的大学学术氛围与这个国家的公立学校体制相比，要民主得多。

学校教育的社会意义①

主席先生，女士们，先生们，老师们，我相信很多人大致读过我国前总统罗斯 72
福(Roosevelt)先生的自传。在这一关于其生平的记述中，罗斯福先生回忆了童年与青年时自己所接受的教育与当时的学校体制。我无意重复他所说的话，但是，很显然，在他读书的年代，教育的动机完全含有个体自我实现的特征。学生们被要求勤奋努力，认真刻苦，按部就班地学习，因为教育直接关乎他们开创属于自己的未来。接受教育是一个人未来自我奋斗与自我实现的必不可少的准备环节。接受教育的根本意义，就在于它可以帮助个人开创自我，超越别人。正如罗斯福先生指出的，社会意义不是他身处的时代教育的目的与价值所在。据他自己回忆，读书时，他从未听说教育是为了他日为社会服务，为他人服务。为社会服务做好准备、为在社会中担负的角色做好准备的观念，在那个时代是没有市场的。

这并不是说过去的教育理念落后于今天的理念，也不是说今天的理念比过去更为先进，而是说教育发生了变化，这也意味着很多社会因素发生了变化。以个人自我实现为主导价值理念的教育，在早期生活条件下是非常自然而又不可
避免的。你只要回顾一下几代人之前的生活条件，想象一下内战前在很多地区 73
人们的生活状况，就可以理解当时与自然相抗争、建立一个全新的国家是一件多么艰难的事情。你也可以想象如此广袤的土地、众多的机会与丰富的资源，对当

① 首次发表于《印第安纳州教师协会纪要》(*Proceedings of the Indiana State Teachers' Association*)，印第安纳波利斯，1916年10月25—28日，第105—109页。取自杜威于1916年10月27日的发言。

时的人们究竟意味着什么。人们彼此之间多少是隔绝的，因为每个人都拥有丰富的土地资源与自我发展的机会。教育的意义在于将每个人都培养成具有强大生命力的征服者与野心家，迫不及待地开创属于自己的生活道路，并且不断前进。在当时的社会条件下，这就是他回馈社会、服务他人的最好方式。

无需多说，那个时代已经过去了，当前教育体制要适应的社会环境完全不一样了。对于那个时代富有事业心的、勇于担当的人而言，人口相对稀少，竞争并不激烈，成功的机会很多；相比之下，现今社会人口日益稠密，自然资源愈发稀缺。出现这样的情况，部分由于在早期社会生活中，我们过于浪费而不知保护，总以为祖先的遗产取之不尽、用之不竭；部分由于人口增长，那些便利的自然条件早为他人所占有了。在大城市里，这种拥挤不堪的生活环境所带来的变化绝不仅仅停留在人口的层面上，尽管从乡村到城市人口的迁徙是促成现今教育模式转变的最为基本的要素之一。这是一种工业现代化意义上的异化状态，人不再需要与自然抗争，但却将别人视为对手。需要应对的不是来自自然的逼迫，而是来自他人的威胁；一个人若要处于优势地位，就必须将他人击败。这一社会文化的变化，是学校必须认真思考和面对的。

74 首先，我必须说，我们关于公立学校的理念正在经历一种变化。过去一想到学校，我们就想象出一种校园建筑，在特定的几年时间里，孩子们一个个进进出出，为了习得阅读、写作、绘图、拼写的能力，学习地理、历史等学科的相关信息，这对他们以后的人生是极为重要的。学校建筑设计、学校设施、学校管理都围绕这一理念而设计。摆放着固定桌椅的校舍、严谨的纪律与整齐划一的摆设、黑板和粉笔，可能还有一些书和字典、一个讲台和一本百科全书，以及一些小地图，这就是传统学校的基本样子，学生们为了个人的人生理想求学于此。将学校设施用于社区孩童与大人的社会活动，或者让学校管理参与到这一活动中去，在那个时代是不可想象的事情。今天，我们渐渐意识到公共学校应该起到更为广泛的作用，特别是作为解决社会问题的集中地与开展社区活动的中心，它应该与那些早已离开校园的人、那些青年人与成年人的生活联系起来。

我注意到在这一项目的一些研讨会上，你们有一些关于如何将学校用作社区中心的发言。这是一种关于我今天谈到的教育变化的表述。学校及其管理者应该对社会生活担负起一定的责任。这并不是说所有图书馆、博物馆、艺术展览馆都要直接与学校建立联系，或者建在一起；也不是说，所有那些用于公共演讲与教育的公共设施都要紧挨着学校。但是，公共学校体系应该成为和谐的洽谈、解决社会问题的中心，汇集并组织社区活动，促进激发参与者的积极性，使之有效地服务于社会。在夜晚时段使用学校设施，用于社会性社交与会议场所，就是 75
学校社会性功能的体现。如果我没有说错的话，在全国和本州范围内，到学校参加为期一周或一月学习的成人学生数与在校学生数基本持平，当然，这一社会化教育运动还称不上已经真正开展起来了。我们还未曾真正设想如何通过公共教育系统培育社区文化精神，给所有个体提供社区生活所能给予他们的最佳资源。在本地学校系统，在州一级层面甚至在全国范围内，我们开始逐步贯彻这一原则。我们应该认识到整个学校体制应该发展成为一个高效的社会组织，将一些思想先进并受过良好教育的人创造出的知识与技能传播给那些求知若渴的个人与阶层。在这一组织内，所有人都有所收益。

怎样的人才是接受过良好教育的人才？对于这一问题，我们继承了一些固定的观念。我有必要重申：这些观念总体而言，具有强烈的贵族与封建文化的意识，在那个时代，接受教育是贵族阶层的徽章与象征。我完全相信，拥有学识渊博的专家对社会发展极为重要。我也相信，在我们公共教育体制中，应该建立择优取材的选拔机制，让那些在各个领域里具有特别天赋的人才脱颖而出。我们也早已建立了从学校到州立大学的育人机制，为这样的人才迈向更高的理想创造条件。对此，我没有任何反对意见。但是，我想说的是：我们所说的受过教育的人才，不能专指人数很少的知识精英阶层，而应该包括洞悉普通社会生活的知 76
识大众。那些能够理解复杂的现代生活赖以运行的物质基础、理论基础与根本原则的人，才可以称为受过教育的人。我不关心他究竟学习了多少科学技术，还是懂得拉丁语、希腊语、数学、物理、化学或生物学，一个人如果不能看到他自己的知识与人类普通生活的内在联系，不能看到他的知识源于他所属的社会文化，那么，他就不是一个真正受过教育的人，而只是一个获得了知识的专家而已。

在当今社会，在全新的关于“教育”的理念指导下，教育的职责在于让受教育者意识到，充分利用课堂资源不是为了学习而学习，不是只为自身利益而学习，而是让受众知书明理，不随波逐流，让他们更深入地理解生活本身的意义，为更有效地做好自己的工作做准备；教育让他们充分认识自己，在高效工作的同时充分理解、尊重他人的生活与工作，在日常生活中与他人积极合作，共图发展。

我再次重复一下，我们旧有的教育理念、教育方法，来自我们的传统，贯彻到我们的课堂教学，这些理念与方法适用于一个相对局限的、只有少数人可以获得教育权利的社会。今天，教育受众在数量上大大增加了，但是我们的理念却依然是陈旧的。公共教育体系塑造了认识社会活动与运作的社会观念，它主宰了民众的生活理念，给了他们生活的目的与动机。公共教育体系的社会意义何其重要啊！

教育平衡、效率与思想[1]

有两种因素必须相辅相成，彼此平衡。只有这样，我们的心性才能得到充分发展。因此，我们在教学之中必须将两者常记于心，不能先此后彼，而应该平衡发展，共同进步。 77

我将这两者称为效率与思想。

效率，或者说执行的技巧和良好、有序而又高效的方法，在掌控范围内做事情的技巧。

思想，或者说对自己所做事情意义的认识，有一个明确的、深思熟虑的周密计划与行动目的。

不管在教育领域，还是在商业、政治、科学、艺术等领域，我发现，这两种要素对于真正圆满地完成工作是必需的。一个成功的商人必须熟悉商业运作的规定流程，他必须熟练掌握属于商业领域的基本操作。就像医生或者律师，以一种常规稳健的方式，没有任何多余的动作，毫不迟疑地迅速解决问题。同样的，从事实验室里科学研究的工作人员必须熟练地掌握从事具体研究的方法。如果他是一个化学家，就必须能够如自己所期望的那样，随意操作与掌控他手头的材料与工具。如果他是一个数学家，他会拥有另一套工具与工作的技巧与方式，但是他 78
也必须具有掌握材料的明确知识。在家务劳动中，家庭主妇也应该如此，所有其他行业都应依理而行。与此同时，一个艺术家把握表演工具的技巧非常高超，但

---

① 首次发表于《印第安纳州教师协会纪要》，印第安纳波利斯，1916 年 10 月 25—28 日，第 188—193 页。取自杜威于 1916 年 10 月 27 日的发言。

是他的表演或许并不能打动人心，不能触及我们的心灵深处，因为他的表演并不带有情感，并不传递思想；这就好比一个商人，他能够熟练地掌握商业运作的手段，但始终无法突破记账员的工作层次，不能把握整个行业的发展动向，以求取得主动的地位——因为他缺乏分析局势的思考能力，缺乏审时度势、把握大局、总结综合的能力。所以，尽管我本人没有太多的实际经验，一个管家可以通晓如何处理扫帚、洗碟盆、洗碟布和其他一些具体什物，在技术层面上无可挑剔；但他只是一个差强人意的管家，因为他缺乏在理论层面上管理家务、制定计划的能力。科学管理家务工作，可以让一天的劳动成果大为改观，可以让各项工作更为和谐高效地整合起来。

现在，在我们进一步讨论之前，让我总结一下。究竟出于什么原因，我们要如此强调以上两大要素？为什么我们一方面需要按部就班地快速处理问题的能力，另一方面又强调理论思考的意义？因为我们现实生活中有两大问题需要面对。一方面，生活中总有一些因素是稳定不变的，只是在不同场合、不同时间、不同环境中重复自身。如果生活中所有的事物都是一成不变的话，那么惯性方式就会放之四海而皆准，教师在课堂上需要做到的就是训练学生的做事效率。他们根本就不需要加强思辨能力的培养，我们要培养的无非就是高效运转的机器
79 而已。一部构建完美的机器，只要结构稳固，它就可以高速运转。如果我们社会文化生活的环境果真周而复始，一成不变，那么，一个人只要依循他习惯的方式生活下去就可以了。但是，现实生活中，在这些固定不变的因素之外，恰恰有许多意想不到的变化因素。我们不能简单地依照习惯的方式去面对，必须接受训练，丰富思维，用变通的方式来处理生活中意想不到的境遇。我再重复一下，如果情况没有任何变化，那么我们不需要思考。一匹马拉磨的时候，什么都不用想，它只要努力迈步就可以了。从事机械重复性工作的人，只需要一种特定的技巧与习惯。但是，当机器一旦出了故障，他赖以工作的单一技巧就无法真正帮他了。他无能为力，毫无办法，除非他懂得这部机器运转的科学原理。如果他对这些毫无知晓，那么唯一能做的就是请那些真正掌握此中原理的人前来帮助。在现实生活中，我们需要这些固定的习惯方式与做法，只要生活环境中总是存在有规律的、稳定不变的因素，我们可以无数次使用同样的方式去处理与之相关的问题。因此，一旦形成合理的习惯，我们就不需要什么深入思考，只要照章行事就可以了。但是，我们身处的世界充满了变化无常的因素。如果我们稍微思考一

下，就会发现人们总是要面对复杂多变的生活环境。早几代的时候，社会是以阶级严格划分的。一个孩子的出生就决定了他以后终生要从事的工作，他要子承父业，处于同样的社会地位。在这样的情况下，他们所要关注的就是训练特别的技术与具体的操作方法，使自己能够胜任具体的工作，以供将来谋生之用。但是，我们今天的生活，特别是我们美国人的生活，是极富变化与流动的。今天的 80
情况是这样，明天就是那样。如果他身处同一个行业，他就必须适应变化，否则就会被时代抛弃；或者他必须理解变化，并且努力地适应这一变化。

有一个人从事招聘工作。对他而言，选择非工厂背景的工作人员显得尤为重要。他告诉我：在这个现代商业竞争的环境下，为了自己的事业发展，他会选择一些懂得理性思考、具有反思能力的人，他们可以独当一面，以一种多方得益的方式完成自己的工作。他告诉我：作为一种选择人才的方法，他会让一个男青年在规定时间里查询一下规定的档案，寻找一个指令，并查询一下指令归档的时间和发布的时间。当他回来时，他会问更多的问题，诸如指令从哪里来的，具体内容是什么，等等。总是有一些人，他们只能回答事先提出的问题；这些人不在他的选择范围之内，而且他发现，越早打发他们越好。因为如果再派给他们类似的任务，他们还是会以一种机械的方式完成。候选人在工作中的主动性程度各不相同，总有一些人既有理性思考的能力又具有强烈的好奇心。当他们被要求去查询一些规定内容时，会很自然地关注别的相关方面。即便开始没有关注，在接下来的测试中也会自然地去了解前面问题的所有相关方面，准备应对接下来的各种各样问题。这就是可以给公司带来巨大利益的人，他们在以后的工作中一定会表现出理性反思的能力，为自己的未来努力工作。这就是我所说的理性思考的具体例子，它是提升行动效率的一个核心因素。正如我在前面所言，如果我们的生活是一成不变的，那么只需要按照规定程序机械地操作就可以提升效率；但是，事实上，我们生存的环境不断变化，我们需要不断地调整已经形成的习 81
惯，我们必须不断地拓展思想的宽度，培养我们的前瞻意识。

我想强调的第三点是：如果我们的机械性习惯方式与我们的思维能力不能相辅相成，那么，我们的精神生活就会出现问题。我们不仅在外在行为上会日益机械化、程序化，缺乏创造意识，而且内在的精神生活也会出现紊乱。

如果一个人清醒的时候，在他的头脑中进行思考与想象，你不可能停止他的意识，你也不可能阻断他的思想。唯一让他停止思考的办法就是让他睡觉，进入深度睡眠状态。然而，我们可以按照一种分裂的方式，通过将一个人的外在机械行为与内在精神生命割裂开来，我们可以让一个人停止思考。一个神不守舍的人就是这样的极端例子，他的行为朝向一个方向，而他的意识却朝向另一个方向。所以，我们在生活中有这样的例子，说一个人掏出手表看看自己是否有足够的时间回家取手表。他不自觉的行为，与他在那一刻的思想毫无任何关系。

如今，在教育的各个环节，从课堂组织、维持纪律、提问方式，甚至到布置作业，都要讲究技巧。布置各种不同的作业，是教育艺术的组成部分，正如艺术家的技艺是一个人成为艺术家不可或缺的部分。但是，最为重要的是，对于教育的目的与意义的反思，让我们深刻体察到儿童人生发展的重要性；倒不只是考察他们外在的行为，而是感知他们的感受、他们的想象。真正长久影响课堂教育的，是对学生情感发展与想象力培养的呵护。缺少了内在性向度的课堂教育，教师不可能成为一名艺术家，无论他对技术性层面的问题把握得多么纯熟，尽管这些
82 方面的技术对于一个成功的教师同样是必不可少的。作为艺术家的教师，应该尽可能培养学生在处理生活世界问题时的艺术态度。也就是说，在解决所有问题之后，还需要解决生活道德与意义的问题，以便切实养成行之有效的行动准则。如此，我们的学生就不是一个整日做白日梦的空想理论家，或者是一个虚度光阴的无用之人，而是一个有激情、有愿望、有悲悯之心的人，一个有力量实现人生远大抱负的人。要达此目的，从学生入学第一天起，我们就应该对培养学生的理性思辨能力予以高度重视，正如我们高度重视训练学生的外在习惯一样。因此，就教育工作而言，教师所面对的重要问题在于平衡行动效率与思维能力，在于培养有意识、有计划行动的能力。

致美国教师联合会的信[①]

我不相信有哪个教育机构比美国教师联合会更加积极地勇于面对现在的教育环境。这一组织从不敷衍了事地面对我们时代的社会教育问题,也从不异想天开地解决严肃的教育问题。美国教师联合会与它所从属的机构——美国劳工联盟,一直以来都矢志不渝地以敏锐的观察与切实的行动来解决社会问题。它们也充分意识到,它们的选择得到了回报。信心与勇气伴随着经验共同增长。美国劳工组织涉足许多不同领域的劳动关系。然而,在社会需求、就业机会与工作回报等诸多方面,没有一个下属组织比教师联合会在业内具有更为显著的影响力。

我很满意自己在从教生涯的初始阶段就加入了当地教师联合会组织。今天,我非常珍惜能有机会与大家一起回顾美国教师联合会辉煌的历史,并且满怀信心地展望它的未来。

衷心希望美国教师联合会作为美国教育的代表性组织,能够继续发挥它的伟大作用,在全美国范围内继续发挥作用。如果我们这个国家不甘自我堕落的话,它就必须对教育事业形成广泛的共识。

① 首次发表于《美国教师》(*American Teacher*),第 34 期(1949 年 10 月),第 16 页。1949 年 8 月 24 日,美国教师联合会在威斯康星州密尔沃基市施罗德酒店举行向杜威表示敬意的晚宴。杜威没有出席,但向晚宴发了此信。

约翰·杜威的回应[①]

84 我没有必要说明今天大家的发言对于我而言,意义有多么重大。对于委员会与各位同仁今天出席这一活动,我无法用语言来表达我的感激之情。

就一件事情而言,我自认为自己是很幸运的。不是我能活到 90 岁,而是我在 1949 年就到达了这一年龄,而不是在 1969 年,或者更糟糕一些,在 1979 年或 1989 年。今天,伴随着人的寿命不断延长,关于这一问题的哲学与社会学意义上的讨论在杂志上随处可见。如果这一趋势继续发展下去,我可以想象 20 年或 30 年后将不再有因为活到 90 岁而举行的庆祝仪式,我们很有可能将举办关于长寿带来的社会问题的讨论会。

很多时候,老年人喜欢回忆过去,这被当作习惯——如果不是特权的话。今天,很多人的发言唤起了我对最近这些年清晰的回忆。因此,我不由自主地回首过去,反思我所经历的一切。

思忖再三,总体而言,我觉得不管是好是坏,我的一生自始至终都与哲学研究密不可分。在哲学研究领域,我是一名资历深厚的老者。对于这一说法,我可以很坦然地接受,而且很引以为傲——尽管这一领域的很多同行会认为我在自我吹嘘。

85 但是,当我回顾过往岁月,我发现自己尽管涉足教育、政治、社会问题、高雅艺术以及宗教等诸多领域,但它们只是哲学追求的衍生与外化而已。

---

① 首次发表于《约翰·杜威在 90 岁》(*John Dewey At Ninety*),哈里·惠灵顿·莱德勒编,纽约:工业民主联盟,1950 年,第 32—35 页。取自杜威于 1949 年 10 月 20 在纽约市海军准将酒店的发言。

这种兴趣的衍生体现在两个方面——肯定的方面与否定的方面。就其否定的方面而言，哲学所需要的不同形式的技术——或者可以说专业学术技能——是极为繁重与复杂的。所以，涉猎其他领域是很有吸引力的，因为我们都认为篱笆另一面的浆果不仅数目众多，而且又好又大。就肯定的方面而言，哲学若要不受局限地健康发展，就不能只依靠自身。哲学家需要崭新的第一手素材，否则的话，旧哲学的结局只能是自我终结，而不能成为应对现时代紧迫问题的智慧之源。

那些一直致力于所谓哲学研究的人，恐怕夸大了哲学在解决实际问题上的功效。但是，在解决问题之前，还有另一种需要，这就是要清楚地认识到我们必须面对的究竟是怎样的问题，它们缘何而起？存在于哪里？在这些问题上，哲学家可以自豪地说：他们深入到了问题的深处，超越了事物自我呈现的方式。哲学家往往会矫揉造作，故弄玄虚。但是，我们需要对生活中所经历的事实，也就是实际生活中复杂的局面与罪孽，有一个中肯而又清晰的认识；从这一方面来谈哲学的重要性，是一点也不夸张的。同样，用一种系统的思维将现实生活的病态与困境用理性学术的术语表达出来，以制订有针对性的研究计划，为改造现实生活作好准备，人们常说这一过程既需要敏锐的智识，也伴之以思想的激情。这种说法一点也不过分。在工业与医药领域，我们知道在未弄清楚问题之前就贸然行动，只会使问题变得更糟糕。面对社会道德文化领域的问题，我们如果不能深入
系统地思考社会道德困境的根源，那么就只能要么按部就班盲目机械地应对，要 86
么出于恐惧鲁莽行事。

在我们这个时代，作为曾经可以依靠的、指导我们生活的传统风俗习惯日渐式微。身处这样一个混乱无序、危机四伏的时代，恐惧与不安有可能成为主宰我们行为的主要动机，这种危险是存在的。

在我 90 岁寿辰之际，对于我的学术生涯，大家给予了许多善意的、慷慨的、甚至过于慷慨的溢美之词。有一位同仁的评价，我特别认同。在阿尔文·约翰逊(Alvin Johnson)先生看来，我成功地将同时代的人从恐惧中解救了出来。毫无缘由的、未经反思的恐惧，将个人与群体引入毫无目的、混杂无序的生活之中，其危害远甚其他。如果我们一旦深陷恐惧之中，让恐惧主宰我们的生活，那是因为我们失去了对他人的信任。这是一种违反民主精神的罪孽，不可饶恕。

许多年前，我读过一位精明的政治学家的一些观点。他认为，民主的本质不

是多数人统治，而是一个特定的持有某种观点的群体成为多数人的一系列过程。这一观点一直停驻在我心中。事实上，它暗含了民主是一系列具有教育性质的步骤的思想。民主投票是一系列持续不断的公开交流过程的最高阶段，在这一过程中，各种主观意见各执一词，捍卫自身立场。持续不断地交流事实与观点，可以暴露各自意见的缺陷，寻求臻于完美的途径。

这一具有教育意义的过程，基于我们对人类善良意志的信任。在这一漫长的过程中，善意不断地彰显自身，将人与人之间的沟通从各种桎梏、偏见与无知中解放出来。它坚持不懈地提醒我们：当人们摆脱了压迫与压抑的生活状态时，互敬共存就成为人性中日益强烈的生活信念。正是这一信念，帮助我们驱散了恐惧、怀疑与彼此间的不信任。

从这一相互依存的生活状态中散发出来的互敬友爱之情是可以被感知的，
87 而不是流于空谈。这对于我有幸参与的事业是一个吉兆。我注意到，在传统意义上，我们的文化高度地肯定群体利益，但并不重视个人的诉求；但是，在当今现代社会，我所见证的这一相互尊重的文化风尚是对自由公正的社会原则的认同，是对互助合作的友爱精神的认同。只有当无名的大众与我们共同拥有并且享有这一自由原则，我们的社会才会真正地确立自由、公正、友爱的社会道德原则。

在最后总结的时候，请允许我引用一位德州老朋友的来信，他今天本该出席这一晚宴。虽然迫不得已缺席这一活动，但他本人倒并不非常在意。我们相交多年，这根本不算什么，因为人生总是“满怀决心与勇气奔向未来”。

今天我非常高兴，因为我相信，这次聚会的意义并不仅仅在于回顾我的过去，尽管我已经 90 岁了；而在于再次昭示我们未尽之事业，正如今天活动的标题所言“阔步前进”。

今天，大家给予了我过于慷慨的评价。这充分说明这样一个事实：在这样一个时代，一些人失望之余怀疑人性，诉诸强力。即便如此，作为一种道德与人性的理想，建立在持续不断的民主进程之上的美国梦的信仰始终是坚定如一的。这正是善意与共念的真正成果——除此之外，再无其他。

致乌尔班纳研讨会的信[①]

伊利诺伊大学教育学院、社会哲学与历史研究基地的朋友们，美国教育协会 88
的朋友们：

我通过肯尼斯·迪恩·本尼(Benne Kenneth Dean)博士向你们相聚在一起庆祝我本人 90 岁生日表示衷心的感谢。思绪将我带回过去 50 年那些与大家沟通交流的美好愉快的记忆中，最近的一次就是在纽约市教师学院与本尼博士的思想交流。在过去 50 年里，在芝加哥大学教授哲学与教育学期间，我与州立大学与州立师范大学的同仁们进行了深入频繁的交流，我无法表达他们对我思想上的启发与帮助。我估计那些还健在的、依然记得那个时期赫尔巴特协会活动的学者，记得麦克莫力(McMurrys)与德·伽默(De Garmo)和 W·T·哈里斯(W. T. Harris)博士之间坦诚而又友好论战的学者，已经为数不多了。我很感激人生重要阶段的这些活动，对我一生从事教育工作意义重大。在这些美好夜
晚的记忆中，我对伊利诺伊大学哲学系主任兼教授、后来去哥伦比亚大学从事哲 89
学研究工作的麦克卢尔(McClure)先生印象尤为深刻。

我与上午会议中一位威斯康星大学的发言者曾经有过深入的交流，因为我们都对马克斯·奥托(Max Otto)的思想情有独钟。我们一致认为，学术交流与联合对于个人而言固然重要，但在这一压力重重的时代环境里，更为弥足珍贵的

① 首次作为介绍性前言发表于《约翰·杜威 90 岁诞辰文集》(*Essays for John Dewey's Ninetieth Birthday*)，肯尼斯·迪恩·本尼、威廉·奥利弗·斯坦利(William Oliver Stanley)编，乌尔班纳，伊利诺伊：研究与服务办公署，教育学院，伊利诺伊大学，1950 年，第 3—4 页。1949 年 10 月 21 日在伊利诺伊大学教育与哲学研讨会上宣读。

是：我们都由于一种永不停止的、不断超越的智思的事业而紧密地联系在一起。在这一事业中，我们每一个人都可以给后学留下些什么，因为我们都继承了先人的智慧。即便在这样一个极为躁动的时代，希望依然是可以期许的；不仅仅是希望，我们还有信心。罗伊斯(Royce)几年前将我们的时代环境描述为一个“伟大的社会”，我们也可以令人满意地说，这是一个“不断前行的社会”。

再次感谢大家。

约翰·杜威

书　评

科学与上帝观念[①]

《现代知识影响下的上帝观念》(*The Idea of God as Affected by Modern Knowledge*)

约翰·费斯克(John Fiske)著

波士顿和纽约:霍顿-米夫林出版公司,1885 年

约翰·费斯克先生这回呈献给我们的,可算是《人的命运》这部小册子的完 93
结篇;它着实妙趣横生,而且引人遐想。与自然及人的命运相关的进化理论被用来探讨灵魂不朽的问题,这部小册子便由此而生;而在本书中,同样的理论被用在了上帝和宇宙的关系问题上。我们通常把费斯克先生看成是赫伯特·斯宾塞(Herbert Spencer)思想的美国传播者;在当今的作者们眼里,他的表现基本符合上述观点——尽管有时会有些许分歧。然而在本书中,分歧相当明显,其显著性貌似超过了费斯克先生自己所乐意承认的。只需一个简要的概述——其中多半是费斯克先生自己那流畅、精到的表达——就足以让读者看到:在长篇累牍的、对于那位英国哲学家的回应中,这一分歧的本质究竟是什么。

费斯克先生认为,我们若要理解现象世界,那就必须把它看成是某种无所不在的能量的包罗万象的显现形态;从某种意义上说,此种能量高于我们有限的理解能力;它是半人性的,也是半精神性的。因此,我们得用某种“神人同形同性”的方式来设想它——当然,这是一种被纯净化了的神人同形同性论。宇宙中,存在着客观的合理性;其间的事件都有秩序地行进着,它们或许表现出某种戏剧性

① 首次发表于《大学》,第 223 期(1886 年 1 月 2 日),第 5—6 页。

倾向，趋向某个目标；可是对于这个目标究竟为何，我们的认识或描述永远都是不完全的。在这一理论看来，现象构成的宇宙中确实存在并遍布无所不在的能量——它不是别的，而正是那活生生的上帝。此种进化论的最终结论是：我们应
94 当把世界看成一个完整的有机统一体，一切都是同一能量的表现形式；这一能量合乎目的论，包含着意图和意义。因此，我们可以更准确地——当然，这一表示依然不够充分——称之为“灵魂”，而不是别的。总而言之，费斯克先生的主张是：当今的科学发展非但没有让这样的有神论失效，而且还增强了这一论点的力量；因为科学越来越清楚地揭示了宇宙的统一性、连贯性及合理性。而另一方面，他又主张，对于被科学揭示出来的这个上帝，我们不该在“神人同形同性”这样的自然神论框架内予以理解；在他看来，当今基督教世界的神学理论正是如此。对此，费斯克先生推荐的学说是“宇宙一神论”，即宇宙所固有的、无所不包的生命。

我们必须注意到，费斯克先生的这本书把斯宾塞的形而上学理论往前推进了一大步。在后者的哲学中，精神性——即便是半精神性——因素是毫无地位的，更不用说“戏剧性倾向”这种东西了。斯宾塞的第一原理就是“不可知”，也就是说，与理智全然无关；关于事件的本性和意图之类，我们什么都不可能知道。而费斯克先生则清楚地认识到这一点：只有把“神人同形同性”这样的因素赋予“绝对”，才能让“绝对”对于我们的理智而言具备某些意味；而且在他看来，现代科学成果足以证明，把这样的因素赋予“绝对”是有效的。

然而，费斯克先生又明确地表态说，他接受斯宾塞先生的不可知理论。在此，费斯克先生显示了他的美好想法，以及其哲学基础的匮乏。“绝对”不可知，这意味着终极原理和人的理智之间不可能有任何关系；也就是说，“绝对”之中根本没有合理性、意义和意图这类东西。当然，当斯宾塞先生建构自己的哲学的时候，他可以毫无愧色地先把这一堆性质赋予“绝对”；直到最后，再一古脑儿地将其定义为“佩利的女神”。在斯宾塞的哲学中，一部分和其余部分相互矛盾；而且，斯宾塞通过他那最终声明，把这个矛盾变得理直气壮了。他说，在他那百科全书式的、已完成的以及未完成的作品中，已经对“力”的诸种形式、样态作过全面的阐释；但是，“力”本身如同他由之开始的那个“绝对”一样，都是不可知的。然而，并不令人意外的是：把斯宾塞的这个论断一扫而过的普通读者，一般都会认为，一旦把这话当真，那么，斯宾塞的所有作品就都成了毫无意义的废话。普

通人的头脑是这样思考问题的：与其认为斯宾塞的所有作品全都是关于“不可
知”的无意义言辞，倒不如相信斯宾塞依然陷在形而上的混沌迷宫里，以至于他 95
的第一原理中包含着矛盾。

费斯克先生用来向自己隐瞒上述状况的言辞是至关重要的，因为它们仍不
自觉地揭示着这样一个事实：他自己所遵循的基本原理依然属于二元的自然神
论。即便是当他在表述那些最有见地的论点的时候，他也从未在真正的意义上
摆脱过与上述论点背道而驰的基本原理。他说，“不可知”这个术语描述了“神的
一个方面”；在他看来，“神本身”是“不可知”的。“作为绝对和无限者”，它是“不
可知的，而它所展现出来的现象秩序则是可知的”。一边是如此这般的形而上概
念，另一边则是作为宇宙生命的上帝概念；科学向我们揭示了后者，从而不断地
从“不可知”的空旷中为我们赢得“可知”的地盘。以上这两个概念，彼此之间截
然对立。根据后面这个概念，绝对的、不可知的上帝根本不可能有任何位置。从
这一视点来看，上帝并不存在如此这般的两个方面，一方面不可知，另一方面则
通过其包罗万象的表现为我们所知——当然，那只不过是基于有限知觉的表现，
终极的实在与其说被它揭示了，倒不如说被它掩盖了。从后面这个概念看，上帝
从本质上讲就是可知的；他就是真理，或者说，是由一切可知真理构成的有机整
体。或许，他的某部分暂时属于未知；但这是因为，我们的知识尚不完全。若是
把“未知”和“不可知”这两个概念搞混淆了，那就等于把光明等同于黑暗。倘若
说上帝有一部分属于未知，那就等于承认，上帝（在哲学的范围内）是完成了的知
识或真理，而人类的心灵则必须不懈地努力以求把握更多的知识。倘若说上帝
不可知，那就意味着他和理智、知识毫无任何关系——也就是说，和已知的宇宙
毫无任何关系。这样一来，上帝就完全、彻底地被已知的科学世界拒之门外了，
他被放逐到一个全然超越世俗的领域当中；拉丁神学理论正是这样看待上帝的，
而费斯克先生自认为在努力驳斥的，也就是这样的理论。其实，以上所说的矛盾
终究可以归结为这样一个根本的形而上学假设：实体、本质是和现象分离的，或
者说，无限是和有限分离的。费斯克先生把这样一个假设应用于自己的论述，仿
佛它是颠扑不破而又司空见惯的常识似的；而实际上，它是抽象形而上学思维方
式的最后一具、也是最沉闷阴郁的骷髅头骨。关键在于，它与这本书中任何一个 96
富于建设性的部分都相互抵触——从科学或真正知识的积极基础开始，到把上
帝论述为“宇宙中无所不在的固有生命”。既然如此，那为何不以常识的名义，如

同各种史上著名的哲学流派一样，把上帝如其所是地看成一切知识的源泉、过程和目标呢？为何偏要陷入那样一种过时的形而上学理论呢？那种形而上学把现实生生地一分为二，已知的那一边仅仅是现象，而另一边所谓绝对的真实，则是未知的、永远不可知的。

从费斯克先生处理宇宙过程之最终目的的路数来看，他那形而上预设依然在机械二元论的圈子里打转转。为何非得主张事件所趋向的最终目标是未知的呢？唯一的理由就是：他认为这个目标是终结性的——换句话说，整个过程没完成之前，我们是达不到它的；也就是说，这个目标与已知过程之间不存在有机的联系。这样一种关于目的的理论，其哲学基础和18世纪的护教论是一致的；在这一理论看来，目的外在于一切手段。有这么一种形而上学的目的论，认为软木这种植物之所以被创造出来，就是为了香槟酒瓶上软木塞子的存在；而费斯克先生的目的论则认为，“从人的道路出发来谈论上帝的道路，是不可思议的”，无限的人格超越了我们的思想能力。在这两者之间，真实情况其实是这样的：只要我们能够探寻出真正的“人的道路”为何，就足以了解上帝的道路；而且，所有的人格都是无限的，因为它们同时既是手段又是目的，既是过程又是结果，既是宇宙的发展演化又是宇宙的目标。只要费斯克先生能够从那种教条式的形而上理论中脱身而出，那么，他的现实感受力就足以引领他实实在在地得出上述的结论。他说，有机演化旨在生成最上等、最完美的精神生命。他说，人类是整个宇宙的皇冠和荣耀；一切事物的运作，都是为了让人类最高精神属性得到进化。既然他能领会这样的真理，那就不该让任何积重难返的形而上教条成为阻碍来阻拦他承认这一点：我们必须把宇宙设想为精神生命的外化运作；必须用人类——既然人类是宇宙的皇冠和荣耀——的术语来阐释它，将其阐释为精神通过其精神属
97 性的自我实现。倘若“在上帝观念中完全去除神人同形同性论，也就意味着取消了这个观念本身”，那么，何不反其道而行之，承认只要彻底贯彻神人同形同性论，上帝观念也就能得到完满的实现呢？罪恶原本就只存在于部分的、不完整的“人”的观念中；那种观念要么把人看成事件，要么把人看成力量，要么看成抽象的逻辑理解力；它没有把人看成活生生的精神——宇宙的完满成就。费斯克先生的积极贡献，完全在这个方向上；他没能完全彻底地摆脱那衰朽过时的形而上学理论——不列颠经院哲学的最后一份嫁妆，这实在是莫大的遗憾。

评《法律论文集》[①]

《法律论文集》(*Essays in the Law*)

弗里德里克·波洛克(Frederick Pollock)著

伦敦:麦克米兰出版公司,1922年

对于弗里德里克·波洛克爵士的作品,无须过多的溢美之辞——尤其对门 98
外汉而言。眼前这部作品具备了诸种优点:非凡的学识,流畅的概括,推而广之的力量,彼此之间相得益彰——正如老到的读者对他所期待的那样。它的内容包罗万象。在这总共23篇文章中,有些是法律从业者感兴趣的技术性内容,有些则主要面向历史学者。比如《非正式移交的动产赠予》,就属于前者;而《阿拉比尼安纳》(*Arabiniana*)则属于后者。有好几篇文章,如《委员会政体在英格兰》、《关于离婚的现代学说与改革》,学习和研究当代社会学、政治学的人都会感兴趣。比这更重要的是,他的文章尤其适合法理哲学的探究者;这是与人类社会相关的哲学整体的一个组成部分。这类文章包括《比较法学的历史》、《自然法的历史》、《洛克的国家理论》,以及《法律中的外行谬论》——这篇文章清晰地展示了法律的实际运作情况,它与外行人所以为的截然不同。

我们选取《自然法的历史》这篇文章作为典型,来展示这部著作的卓越之处。首先,它追溯了亚里士多德学说所留下的财富;然后是斯多葛派与罗马法学家、中世纪及文艺复兴时期的学说,一直到新教及宗教改革的影响。然后,文章论述了那同样的观念如何以"理性"的名义融入英国习惯法——因为"自然法"这个词

① 首次发表于《哥伦比亚法律评论》(*Columbia Law Review*),第23期(1923年3月),第316—318页。

里面，罗马味太浓了；而且富于教会色彩，不太合英国法学家的口味。从文章中，
99 我们可以看出，在所有这些历史沿革中，自然法的这个功能始终不变：为法律观念与实践提供一个伦理标准；而且为了避免伦理标准的应用流于私人和武断，人们往往从习俗、惯例中分辨出自然法或理性法，其根据是习俗、惯例的流行程度及被接受的范围。和这个主题相关的，还有另一篇文章追溯了这一观念对英国法律所起的良好作用。该文指出，国家对国际性实践的承认，应当归功于这一观念；正是这个观念，使英国法律成其为真正的法律。该文阐述了商法与普通习惯法的融合、准契约学说的发展、过失学说的发展；阐述了法律权限的发展，最初在这方面貌似根本不存在合法的矫正手段；还阐述了对于行政实体准司法决定的法庭评议，以及私人性的国际法。在文章的最后，作者就这一学说，对英国在印度的司法管理实践所起到的作用作了一个述评。

波洛克时时处处都展示着他那深厚的历史学功底，但他又是举重若轻的，读者尽可以安心地分享他的史学知识。弗里德里克爵士能够把经由漫长而严格的探究所得出的结论干净利落地传达给读者，并且明确地展示出结论奠基其上的证据的性质——在我看来，现有各门学科的领域里，他在这方面的能力无人能出其右。其中也有那么一两点，其依据在法律之外；法律方面的门外汉多半会认为，这是个例外。弗里德里克·波洛克爵士虽然没有明确地表过态，但显然也认同这样一种观点：历史学方法或在法学研究中应用比较方法的可能性，都预设了这样的前提，即社会的沿革发展能够被分为各个阶段，其中有些阶段肯定要优越于其他阶段，是为“进步”。我认为，当今杰出的专家们正在力图把握这一点：平行阶段的学说，只不过是某种更古老的思潮的修饰一新的残骸罢了；那种古旧的研究路数是：不追问参照事物本身的历史，直接就把事物拿来作比较——当然，波洛克本人肯定是拒斥这种路数的。不光先前的历史必须被纳入研究，而且作为研究主题的那种具体实践同整个传统综合体之间的关系，以及它同那颇具地方特色的特殊信念之间的关系，等等，都必须纳入研究领域——这样一种研究方法，把发展的“平行一致阶段观”完全扫地出门了。

弗里德里克爵士是有所保留的，或者说，揭示得还不够充分。不过，他看上去对功利主义颇有微词。我们有理由认为，这正是因为功利主义缺乏历史感。
100 确实，波洛克在功利主义理论中所发现的教条式倾向，或许每一个功利主义法学家身上都沾染了一些；但是，当他作出“功利主义和其他教条式的伦理学、政治学

体系一样，也是自然法体系的一种”这一论断的时候，却与要点失之交臂。当然，功利主义也强调要把伦理规范应用到法律中去；从这个意义上说，波洛克的论断是对的。但是，他没有注意到这一层差别：功利主义的伦理规范是前瞻性的，着眼于未来，其根据是可以预期的后果；而其他自然法体系则源自事情的先前状态，其根据是传统、习俗的效用。因此，这类自然法倾向于颂扬现状——而这正是功利主义者们惯于质疑的。在此提出这个要点，或许能够给对“纯历史法学”的批判（它当然会认同我说的要点）提供些许启示；在这方面，罗斯科·庞德(Roscoe Pound)教授和他的学生们已经在作翔实的研究了。

评《近代国家观念》①

《近代国家观念》(*The Modern Idea of the State*)

H·克拉勃(H. Krabbe)著

G·H·萨拜因(G. H. Sabine)、瓦尔特·J·许派德(Walter J. Shepard)译

纽约:D·阿普尔顿-世纪公司,1922年

101 无论在法学方面还是政治学方面,近年来,人们对"作为主权者的国家"这一理论的反对正日益激烈;自从17世纪以来,上述理论就在法学和政治学界占据着统治地位。克拉勃的著作旨在把主权概念从国家理论、法学理论中驱除出去,同时依然要确保国家中存在的特殊的、不可替代和不可缺少的领域。换句话说,它在某种程度上采纳了多元社会理论(尽管它没有用这个术语),这一理论认为,国家只不过是多种社会组织形态中的一种;与此同时,作者仍然力图为国家保留、界定出一个明确而重要的统治领域。这一领域就是通过法律,对社会共同体中各种经常发生的利益冲突进行确认和调节。所谓国家,就是共同体的合法秩序所在;而合法秩序,则是为了保障共同体的各种非法定权益才产生出来的。正如一段经常被引用的拉邦德(Laband)的文字所说:"国家无权在任何方面命令或禁止臣民,除非是在法定的限度内。"国家制订法律,执行法律,同时依然受法律管束;这就和古老的主权概念意义有所不同了。不过,拉邦德等人的这一论断给我们提出了这样一个问题:当国家在统御、行使法律的时候,它所依据的、使它本身受管束的又是何种法律呢?克拉勃的回答是:那根本性的法律,就是共同体的

① 首次发表于《哥伦比亚法律评论》,第23期(1923年4月),第406—408页。

福利；它通过人们的道德判断、信念与选择来表达自身。归根结底，法律和政治都是道德的分支。

在我看来，这部著作的长处就在于将上述观念应用于各种紧迫的问题；而它的短处，则在于对这一观念本身的表述和论证。关于克拉勒的立场，我的论断是从他那诸种实际应用中总结出来的；对于这个观点，他自己并未作过明确清晰的 *102*
阐述。他所强调的并不是共同体及其利益，而是人之为人的精神本性，这表现为人对于权利和责任的意识——即正义（*Recht*）。也就是说，他遵循的是德国式传统：主体性、形式化的伦理学。这样一来，这部著作中最长的一章，即《法律约束力的基础》，在我眼里就显得最为乏味和缺乏教益。它几乎一直在观念中兜圈子，正如康德伦理学的那种辩证式演进——除了沉溺于此种路数的人以外，恐怕谁也不至于对此兴味盎然。

不过，当他对付具体问题的时候，事情就变了个样；此时，形式化的概念退居幕后，对共同体中的利益冲突进行调节则成了我们直面的话题。他向我们展示出：把主权作为法律源泉的政治理论将如何引向一个概念式的法学体系——即庞德教授所说的“机械式法学”。当然，主权并没有面面俱到、条分缕析地对每项事务立法；但是作为法律的唯一源头，主权在其自身的明确表述中，理当在逻辑上将一切法律包含在内。于是，理智便开始无所不用其极，用一定数量的现成法律规范来还原一切可能的法律与决定。这样一个方案是纯唯智主义的，其结果就是把一切活生生的、物质性的社会考量都牺牲掉了，以便让位于形式化的、逻辑上的锱铢必较。自由主义学派（此处指大陆意义上的自由主义）的理论中也有这样的倾向，对法律的处理过于唯理智化；它认为，应当由共同体中的思想者阶层来负责制订法律。可是，非思想者、非知识分子的阶层也有自己的诉求和利益；通过互相之间的亲密接触与感同身受，他们也懂得自身利益的意义和价值；和那由冷漠的理智得出的抽象公平相比，这个同样重要。在克拉勒看来，最近针对社会立法的思想倾向就堪称证据，表明法律制订中的道德考量正在进行反攻，针对的就是实证学派、历史学派那过于唯理智化的处理方式。

为共同体的利益制订法律，其正义性究竟该如何评估？我们面对的就是这样一个问题。解决的方案是：对制订法律的实体进行去中心化，同时发展出新的立法机制。作为代理者的政府之所以会站不住脚，并非因为原则有误，而是因为它缺乏适当的技术。立法实体距离它们所应对的社会利益太遥远了，所谓“代 *103*

表”其实是经过了相当迂回曲折的路线。必须寻求这样的技术，让各种有组织的社会利益能够成为立法实体——比如劳工联盟、雇主协会，等等。只有让立法变得多元，让各种新的机制都加入进来，投票权和立法权的分享才能真正富于意义，给人以实际机会。

从原则上讲，近代国家意味着共同体的法律秩序、合法秩序；而实际上，这一原则的实现是受到限制的，因为国与国之间缺乏妥善完好的合法关系。各个国家的利益彼此交错混杂，但我们缺乏合法的手段来对这些利益进行评估、调整。由于内部关系与外部关系息息相关，因此要准确地定义并维持内部关系，也就变得难上加难。所以克拉勃认为，必须存在一个国际主权者，它掌握着武装力量，能够确保其意志得到实施。同时他也意识到，这样的观念和他那关于法律源泉、权威来源的概念是相互矛盾的；起码，这里可以看到一种倒退——退回到他早已严厉批判过的那种国家形式中去了。但是，克拉勃满足于这样的解说：主权这一样式是国际共同体必须经历的，正如国家共同体必须经历它一样。

我对这里的逻辑敬谢不敏——或许，它只是一种进化宿命论吧！克拉勃的国家学说要承担的重负就在于，我们的时代进展到如此这般的程度，共同体的道德信条必须足以接受和支撑起用法律手段来调整社会关系。他也认为，像“合法关系中的共同体”这样的国家观念无法得到完满的实现，因为国际关系凶险无常；外部关系的无法可依，会不可避免地对共同体的内部关系产生影响。那么，为何不直接诉诸道德意识呢？根据他的观点，这是一切法律的根基，也是法律约束力的源泉所在。为什么非得绕个弯子回到这么个阶段，以政治力量为依据？说实在的，这不仅仅是一个纯理论问题。当我写这篇评论的时候，美国参议院正面临这样两个命题，它们都关乎国际法及其管理运作。其一是博拉(Borah)参议员提出的，他采取的是这样的原则：最终的根据必须是整个共同体的、有组织的
104 道德良知；战争永远不该被承认为合法；法庭的决议必须经过整个世界公众意见的认可，方可强制执行。而休斯(Hughes)部长则没有在改变国际法这方面走得这么远；在他看来，国际法就如它实际所是的那样，与特定的政治组织密切相关；这样的组织执行着强迫性的制裁力量。

我希望，读者已经从这篇浅陋的述评中感受到这部著作的兴味所在了。尽管它有时会采用辩证式的术语和研究路数——对于大陆法学家而言，这着实是一个难以摆脱的羁绊——但它所提出的问题和观点还是相当现代的。它代表了

现今欧洲法学思潮中最为开明的一面。而且在我看来,要把法律与法律的制订与共同体的道德利益联系起来(并如此来给出法律应有的权力,使之彻底摆脱政治国家,那显然将导致灾难的夸夸其谈),并不非得认可那主体性的道德观。无论如何,本书在这方面贡献卓著:它把国家定义为共同体利益的合法组织而非法律之外的政治力量;而且,它从这一观点出发,阐释了具体的法律问题。

评《法律与道德：麦克奈尔讲座》①

《法律与道德：麦克奈尔讲座》(*Law and Morals: The McNair Lectures*)

罗斯科·庞德(Roscoe Pound)著

查普尔希尔：北卡罗来纳大学出版社，1924 年

105 庞德教授在各个机构的讲座任务甚多，对于普通公众来说，这堪称幸事；因为这样一来，他的学识和观点就有机会为我们所熟知了。否则的话，大概只有阅读法学杂志的专业人士才有机会领教。眼前这部著作包含三个讲座；唯一令人不满的地方就在于，它没有包含更多。不过，我们有理由期待本书的后续，因为在前言中，庞德教授提到，关于上个世纪三大学派的论述，还有些内容需要补充；在有待补充的内容中，还包括对当今社会哲学和社会学学派的进一步讨论。

这三次讲座分别论述了 19 世纪三大学派的观点，它们是历史学派、分析学派和哲学学派。在第一章，庞德教授向我们展示了关于道德与法律之关系的讨论是如何在古希腊兴起的；当时社会面临分崩离析的威胁，于是人们迫切地想要为道德、为城邦政治寻求客观、"自然"的基础。在终结章中，他作了一个饶有趣味的概述，其中指出：19 世纪的种种讨论又把我们带回到同样的观念秩序当中去了。"如果说，对于分析学派的法学家而言，法律就是制订成文的规定；那么，历史学派则认为，法律就是惯例、公约、习俗；而在哲学学派看来，法律在于人的本性。当我们把上个世纪法学家们的基本信条用古希腊哲学家完全能够理解的方式加以表述的时候，前者可以全然不受任何损害。对此，古希腊哲

① 首次发表于《哥伦比亚法律评论》，第 25 期(1925 年 2 月)，第 245—246 页。

学家会认为，我们依然在对付他们探讨过的老问题，而且从根本上说，我们的进展相当有限。”

讲座的内容相当充实、丰富，因此要在本文中作更深层次的概述是不可能的。不过，我们可以举例说明。在关于分析学派法学的那一章中，他指出，这一 106
学派认为法律与道德之间没有联系，此种理论即便从其自身的立场来看都站不住脚。展开来说，有这么四点：判例法的材料、对合法规则的解读、法律的应用——尤其当涉及合法性标准的时候（例如“应有关注”之类），以及司法决议的实行。在上述的每一种情形中，我们都不得不诉诸伦理方面的考量，无论此类考量是直白的还是隐晦的。在他看来，以下成果可以归功于分析学派：它让我们明白，法律规定不仅仅是伦理学原则的明确表述，而且包含更多的内容；关于如何让道德原则在实践中起作用，我们必须思考、设计合适的手段，还必须考虑它与已有法律资源、现存法律技术之间的关联。从这个意义上说，我们不妨认为分析学派代表了法律中值得称道的“现实主义”元素。

庞德教授批评了历史学派，因为它试图用历史事实取代对道德原则的追溯；在他判定这个问题的时候，我们或许可以说，他自己也运用了历史学方法。具体来说，即他向我们展示了法律史上各个不同时代间那些新旧交替阶段的重要性。在某一阶段，我们需要的是对已有法律条文进行修订和增补；于是相对而言，道德因素就会享有比较完全的自由。这就是自然法思想的“创造性”阶段。继之而起的则是那样一些阶段，即伦理源泉已经被法律条文明晰地表述出来并投入了应用；渐渐地，它们的伦理学基础及内涵就会淡出人们的视野；它们在运用上如此严格，以至于道德意义上的“正义”全然被边缘化了。在这些阶段中，人们仍然常常提及自然法，但仅仅是作为对现实法律的辩护性说辞。

在这部著作的最后部分，他为当今盎格鲁—美国法律中实际吸纳的种种异质因素作了一个高度浓缩的概述；以此种异质性为基础，他呼吁我们在诸多社会科学之间进行更加兼容并收、融汇贯通的交流和互动，这些学科包括法学、经济学、社会学、政治学、伦理学，等等。倘若有人从道德理论这方面来涉足讲座所涉及的话题——正如庞德教授以法律为进路涉足其间一样——那么，他或许会感到庞德教授在道德问题上的造诣稍有不足，因此没能对“道德”话题作出与对“法律”话题程度相当的分析。假如能够做到这样的分析的话，那么，当今的伦理学
就不再会被误认为同质、单一的了；人们会确信，它的成分构造与法律一样错综 107

复杂。此种结论必将再次加强这一觉悟：涉及社会关系的诸学科之间应当加强互动、博采众长，而不该以邻为壑、划疆而治。

最后还需一提的是：脚注里的大量引文，以及附于每篇文章末尾的极富价值的参考书目，大大地丰富了本部著作的实质内容。

评《人类行为和法律》[①]

《人类行为和法律》(*Human Conduct and the Law*)

玛丽·C·洛夫·梅纳莎(Mary C. Love. Menasha)著

威斯康星：乔治·班塔出版公司，1925年

洛夫女士的观点是蛮欢乐的：法律决议可以为研究人类本性的实际运作提供丰富的素材；但不幸的是，她的成果与上述观点并不相称。这倒不是因为她缺乏审慎和勤勉；恰恰相反，她从法律决议、法庭审判中总结、提炼出的材料堪称相当可观。问题出在她所信奉的心理学上。她完全不加批判地采纳了如下观点：本能是人类行为的基础；在对各种本能作了简要说明之后，她就把法律材料摆放——只是摆放，还算不上"组织"——到各个本能的名号下面了。其实，关于本能的整个传统理论眼下已经面临部分心理学家的批评和驳斥，但这个可以姑且不提；光看她书里那武断的对号入座就足以明白，即便作为终极驱动力的、分门别类的诸种本能已经得到更为充分的研究，其存在性较之现在更确切无疑，我们也没有理由把权利、义务方面的论辩归入本能名下。比如肆意限制个人行动，这个在法律上可以用"非法监禁"来处理，而书中则把它归入"位移本能"；言论自由及其在战争时期所遭受的限制被归入"发声"名下——尽管在我看来，后者和"牧群本能"这种神话式实体还更接近些；出现在"非法获利性"名下的，不仅有欺诈和伪造，还有谋杀，甚至包括容留卖淫。后面这一项在"保护性本能"名下也出现了。奇怪的是，一块儿出现的还包括"警察权力"和"受公共利益影响"。然而像 108

① 首次发表于《哥伦比亚法律评论》，第26期(1926年4月)，第498—499页。

非法竞争、仿冒商业设计之类的，却出现在“自我肯定本能”名下。书中全是诸如
109 此类的对号入座。倘若真要坚持这样的教条，认为诸种互不相关的本能乃是一切行为的唯一驱动力，那么或许终究会对此种观点的价值有所反思——因为他们早晚会认识到，对于法庭上采集来的具体人类行为样本，得先作智慧、精到的分析，这一点是何等重要。很遗憾，这么一堆意义重大的心理分析材料在很大程度上，没有被运用到正确的方向。在当今时代，知识发展到了眼下这个阶段，法律规范的研究者居然还会无视文化背景、体制习俗的作用，这着实令人奇怪。这部著作如果能有什么实际影响的话，或许就是这样一种怪异而天真的观点的复苏："自然权利"，即本能的表达。

评《现代大学论：英美德大学研究》[①]

《现代大学论：英美德大学研究》(*Universities*: *American*, *English*, *German*)

亚伯拉罕·弗莱克斯纳(Abraham Flexner)著

纽约：牛津大学出版社，1930 年

“当今美国大学里，根本找不到坚实而一贯的哲学主题或原则。”这句话并不 *110*
足以概括弗莱克斯纳先生的著作，因为这部著作涵盖的内容十分广泛。但是把它当作本书的结论倒未尝不可。从它是正确的一层意义上看，它确实说得没错；在我看来，这话对于任何国家、任何时代的一切大学都有效。可是从另一层意义上看，大学永远都表现着——或倾向于表现——某种一贯(即使还算不上坚实牢靠)的原则，美国大学自然也不例外。我的意思是说，大学从整体而言，向来就是它身处其中的当下社会的某些侧面的反映；从这一事实出发，它必然会具备某种一贯性；换句话说，它总得在某种程度上与当下的社会保持一致。欧洲时代那些伟大的职业学校正是如此，它们是当今大学的原型；18 世纪比较多见的那种昏庸颟顸的英语大学也是如此；拿破仑战争后那些承继着德国萧条现状的德国大学，同样合乎上述论断。还有，当今的美国大学也不例外。弗莱克斯纳先生关于美国大学的论点，其力量在于他所提供的、把上述关系明确揭示出来的大量信息；而它的弱点在于没有把这层关系本身阐述清楚，没有对美国人生活中的国民

① 首次发表于《国际伦理学杂志》(*International Journal of Ethics*)，第 42 期(1932 年 4 月)，第 331—332 页。

性进行探讨——而这恰恰是造就了他所描述的美国体制的决定性因素。

诚然,本书中批评意见的分量要大于赞赏;但我以为,任何一位真心希望我们的大学走上进步道路的人士都不至于对此心怀抱怨。美国人向来不缺乏自我欣赏的快乐;他们缺乏的是公正而触及实质的批评,而这正是弗莱克斯纳先生所
111 给予的。我希望他的主要批评意见能够得到衷心的接受;对于我们国家高等教育事业的未来,最好的征兆莫过于此。比如他说到学科间裂痕的加深,这将导致学科本身的衰退和丧失活力;比如他说到体育运动方面的过分夸大;再如学校方面对当下利益、短期诉求的投降与妥协;个体、分数、量化指标的支配地位;还有对教育指令的过分强调,它的直接表现就是这个实践上的预设:除了设置在课程中的内容以外,学生什么都不会去学——由此将导致原子式的训练和课程的成倍增加,学生对于老师而言就成了缺乏自主性的、死气沉沉的重负。此外还说到特别课程;说到这样一种大学观,即大学是学生获取社会地位、培植良好"人脉"的场所;如此等等——他说的都是我们有必要了解的。我想,我们若有心阻止他那生动的笔触所描绘的种种不良倾向,那么,本书必将有所裨益。

在这部著作中,作者真诚地报道了种种悖谬、肤浅和铺张过度的现象;但遗憾的是,我似乎没有看到作者指出这么一点:倘若没有上述现象的阻碍,事物发展的潜在方向能指向何方呢?从他的一切表现上看,弗莱克斯纳先生似乎假定文化与职业化之间的二元对立是固有的、永恒存在的;他如此这般地对待他所说的种种弊端,仿佛任何试图打破二元对立的举措最终都会引发此种流弊。因此在我看来,他的大部分批评意见都令我信服,但他的结论却令我不满;因为书里看不到美国大学未来的方向——无论是这方面的可能性还是愿景,都盖付阙如——我感到这是作者的失败所在。我们——美国人民——正在摸索着,要为教育事业谱写新的历史。我们在尝试着发展通才式的教育;在此过程中,种种现实遭遇会迫使我们把以职业素养为宗旨的教育与真正的通才教育融为一体。倘若弗莱克斯纳先生的批判并非着眼于——即便是无意识地——过往及其他社会中的二元对立,而是着眼于对我们当下社会、当下教育之优点和缺陷的深层根基的确认,那么,他的论断就不仅是激烈犀利的,而且是更真实有效的,更具有实践的意义。

评《造就公民：公民训练法的比较研究》[①]

《造就公民：公民训练法的比较研究》(*The Making of Citizens: A Comparative Study of Methods of Civic Training*)

查尔斯·爱德华·梅里亚姆(Charles Edward Merriam)著

芝加哥：芝加哥大学出版社，1931 年

这部重要著作是对九项专门研究的一个综述，研究对象是各类人群发展社会凝聚力的诸种程序，此种凝聚力是政治上的组织和忠诚所必不可少的要素。对于研究政治学的人——尤其是那些以社会学为切入点探究国家问题、政府问题的人——而言，梅里亚姆博士的工作不容忽略，因为他把事实材料整合出来了。读罢本书，我的感觉是：除了如本书作者那样从产生和破坏政治忠诚的种种力量入手进行讨论以外，是否还可能有别的路径能够给我们展示出政治组织的复杂性(以及由此引出的政治问题的复杂性)，并且对其多元性的事实因素作出如此客观公正的评述呢？ 112

要达成这样的目标，首先就得从政治的角度对决定社会凝聚力的各种主要因素作一个概览。现实中存在着这样的群体，其中的凝聚力并无政治上的根基；而所谓政治上的凝聚力，则需要把前者整合成新的忠诚。这类群体主要包含经济的(耕作、贸易、劳动力等都在其中)、伦理的、地域的、宗教的以及智识的——每个群体自身内部都具有多样性，不同的结合与序列形成了作为研究对象的变化多端的人群。正如前文所说，若要对政治问题作合乎现实的研究，我不知道是

① 首次发表于《国际伦理学杂志》，第 42 期(1932 年 4 月)，第 341—342 页。

否还有比本书作者所采取的更好的路数，即便主要目标已经明了。

接着，书里开始论述各种技艺，即如何把作为组成部分的各群体的利益融为
113 一体，使之形成共同的忠诚。书中总共报道了如下八种技艺：学校系统，政府服务（陆军和海军、贵族、议会等等，作为集结的中心），政党，特定的爱国组织，对传统、符号系统和仪式的运用，语言与文献，公共宣传机关（报刊，影像及广播），还有地域情感。每一项技艺在各个国家的应用都各异其趣，书中对此作了具体的研究。分门别类的讨论过后，作者描绘了一个整体图景，对大不列颠、美国、法国、德国、俄罗斯、意大利及瑞士的情况作了一个比较。最后，作者就每项主要事实和技艺的大体倾向作了概要式的探讨，并提出了一些有趣的问题——例如，科技的进步使得信息交流日益广泛和深化，这将产生何种超越地域、领土羁绊的实际效果？

作者的研究堪称高度客观；不过，依然有一系列价值问题被推到了台前，这是社会伦理学的课题。比如，教育系统在公民培育事业中正在变得越来越重要，这就让如此这般的一个问题浮出水面：一面是有组织的社会统筹和控制，另一面是保留个人自由，这两者之间的谐调是否可能？以往的社会哲学向来重视这类问题。

在当今这样的世界组织中，上述问题必然会与这样的话题不期而遇：国家主义的价值及其恰当定位。另外还有一个相当重要的问题：所有教育机构都得作出选择，是进行变革，还是保持过往的惯例？有这么一点是明确无疑的，梅里亚姆博士爽快地称之为“权力的贫困”。歧见纷然的、多元而复杂的政治形势，使平衡状态相当地不稳定。即便外表上显得无所不能、坚不可摧，但那只是“骗人的假象”。保持过往还是适应未来，这二者之间的关系问题直接贯穿了所有的实践活动。就教育——无论是校内还是校外——角度而言，我认为现今的教育机构还根本没有把这个问题提上议事日程。当今世间的混乱，很多都可以追溯到——倘若我没有搞错的话——以下这两重力量之间的分裂与冲突：一方面，某种力量使教
114 育和布道仅仅成了对现状的理想化表述；另一方面，无所不在的新发明与技术革新在促使整个实践领域作出新的调整。我们必须正视这些问题，它们关乎社会统筹、控制与个人思想自由之间的关系，或者关乎保存传统还是开拓未来的方向选择。在我看来，只有这样，我们才有可能解答当今社会所面临道德困境。

评《美国政治的承诺》①

《美国政治的承诺》(*The Promise of American Politics*)

T·V·史密斯(T. V. Smith)著

芝加哥:芝加哥大学出版社,1936年

首先我要说的是:史密斯博士的这部著作乃是站在道德视角对美国政治的 115
现状与可能性所作的解读,其基础是相当牢靠的心理学。我说的道德并非道德说教——绝对不是。作者关注的是人与人之间的关系以及人类群体;为了让个体的人生变得丰富完整,充满意义——无论是为自己也好,为他人也罢——群体中的人们正在做什么,将要做什么?这些事情吸引着作者的视线。我口中的所谓“道德”,其意义仅限于此。书中展示了各种想象,不过,这些想象是基于当今普通美国人的生活现实的,所以它们不至于沦为狂想。本书的风格与其实质内涵相互契合;它流畅明晰,并且充满活力。其间的勃勃生机并非无源之水,它源于对人类现状的敏锐感受:有那么一些力量,在美国人的生活场景中扮演着或好或坏的角色。在本书的标题页上,史密斯博士宁愿以伊利诺伊州参议院议员自居而不愿以芝加哥大学教授的身份出现——在我看来,这并非毫无用意。

第一章是针对个人主义的一篇短论。作者深知,这个术语的含义向来暧昧不清,歧义纷陈。他力图指出这一认识的必要性:必须明确,这是“何种个人主义,被应用于何人,在何等条件下”。回答是:值得美国人为之奋斗的那种个人主义,应当是诸种个性的全面发展,摒弃一切门户之见;它“对文化类的事物心怀骄

① 首次发表于《伊利诺伊法律评论》(*Illinois Law Review*),第31期(1937年1月),第694—696页。

傲和喜悦；这类事物越是不为个人所垄断，就越能给人快乐”。不过，美国生活所提出的这样一种承诺如今遭遇了阻碍，它或多或少地在如下事实面前折戟而归：
116 权力分配的不公，其具体内容包括贫富不均，以及少数人对多数人命运的掌控。然而，史密斯博士的讨论中还有这么一个基本论调，在我看来颇为亲切可喜：经济状况和权力并非是最终的目的。他把上述内容视为达到诸个体之完满、平等的文化发展的手段，这才是个人主义最深刻的内涵。

我希望每一位对社会和政治事务感兴趣的人士都能研读一下本书的第二章，关于自由主义的一章；无论他们是以自由主义的拥护者自许，还是对这一词语心存轻蔑——因为某一群体早已把这个词据为己有，并且仅仅从资本运作的视角把所谓的自由限制在了经济的范围内。从政治层面而言，本书作者指出，社会主义未尝不能是自由主义的一种样态；因为个人若要活得快乐幸福，他所需的外部条件或许得取决于政府对财富的调控——甚至占有。“捍卫少数人的自由，这其实是自由主义的反面。”政府拥有财富，这一点可以和自由主义保持一致；而政府占有个人的思想与行动，这就与自由主义的固有内涵背道而驰了。因此，对自由主义的强调落实在了言论和思想自由，以及认可自由上面——这并非仅仅是字面上的修辞，而是必须不惜代价、在体制上予以保障的事实。“倘若没有自由的人民，那么，政府就不可能是自由的；所以关键在于，关注的焦点应当是社会而不是国家。”就理想而言，最好的政府就是管得最少的政府，这原则是不错的；高压统治这种东西，是和自主决定信念、行为的理想截然对立的，而后者才是以共同认同为基础的政府的精髓所在。但是，除非社会关系中的诸个体能够真正地通过相互之间的自由认同来指导自己的思想和行为，不然的话，这一理想就永难实现。只要经济和法律机制继续把强制的专制力量赋予某一群体，将他们置于其他人群之上，普通个人就无法获得上述的能力。要想实现行为最小化政府的理想，政府必须着手进行干预，以便让个体和群体之间自由自愿的认同实践得到保障。只有自由的社会，才能培养出自由的个人。

接下来的两章讨论的是法西斯主义和共产主义。在前面关于个人主义和自
117 由主义的章节里已经阐述了某些原则，作者以此为基础对法西斯主义和共产主义作了批评；而本书的卓越之处在于开明博大的心智，它试图对这类实际存在的价值观作出同情的理解。探讨是在论争的氛围中进行的，在抨击和辩护的过程中，原则的光芒清晰可见。法西斯主义（这里指意大利的法西斯主义，并非纳粹

主义)的精髓在于对共同体的强调。但是从道德层面来讲,它依赖的是权力和高压统治的理念;它把权力维持到如此这般的程度,使它在道德上成了"最低档次的伦理冒牌货"。

至于苏俄共产主义,它的亮点在于认识到所有人的个性发展是最终的宗旨和目标;而其弱点在于,把强权视为达到此种目的的手段。布尔什维克共产主义者的论调是:当正义获得完满实现的时候,作为手段的暴力的正当性也就得到了证明——无论在现实中,还是在理想中。暴力固然是罪恶的,但那是必要的罪恶。无论如何,苏俄共产主义是包含着矛盾的;无论在实践上,还是在逻辑上,它的基础都无法保持一贯。它假定——倘若我可以这么来表述的话——只有当最终目标合乎我们内心渴望的时候,它才是好的,并且必然是好的;于是,实际发生的后果与其说是使用手段的产物,倒不如说是我们愿望的结晶。共产主义者们"相信他们所乐于相信的,而且他们把这样的结论称为'科学',以此掩饰自己的鲁莽厚颜"。尤其是列宁,他手握一种社会学知识理论;在这种理论中,我们看不到面向未来的创造性。苏俄共产主义包含了这两者的结合:一方面是严厉苛刻的高压统治;另一方面是目标上的完美主义,因其过于浪漫而根本不可能实现。

接下来一章的主题是议会政治,旨在探讨这样一种政治技艺:它能够令政府成为发展自由社会的工具,而自由社会又是养育自由个性的土壤。有那么一些状况,使议会政治越来越成为聚讼纷纭的焦点。对此,这一章并没有粉饰太平。它倾颓的缘由是在国家中日积月累起来的:政治世界"每每在智慧达到其科学发展的顶峰时,便将智慧弃如敝屣"。如何让这一政治实践方式在未来获得合法性?这个问题的关键就在于引入可资利用的智慧,更直接、更切中要害地为代议制政府提供支撑。有这么一些事情与这个问题有关:比如代表的选举应当以职权为准还是以地域为准,以及比例代表制,还有——或许这是最重要的——所谓 118
"代表中的创造性考量"。"要让立法者那高高在上的普遍性智慧普照社会整体,我们需要恰当的技艺。"就如今看来,所谓的委员会听取意见,已经成了这样的会议,即会议中的委员会成员根本充耳不闻。这样一来,执政者——或许还可以加上总统——就无法以熟练的管理技艺来约束自身,于是便侵占了决定政策的职能。"在国家中,行政事务每每成了具体政见的掩油瓶;在其最坏的形态中,一张熟练职员的标签掩盖了职权体系的实质。"这一事实,使行政者无法成为他们所理应成为的;而另一方面,立法机关则"在未经协调的言谈当中浪费着他们的精力"。

最后一章讲的是美国精神。我想，最好应该把它留给读者诸君自己来鉴赏，因为我这篇评论已经够长了。不过，我忍不住要提醒大家留意一下这么一个部分，它讲的是我们的政策在最高司法权方面的发展，包括学理上的和实践上的——尤其应当考虑到，我的这篇评论是发表在面向律师的杂志上的。此外，还有关于中产阶级地位的部分、关于妇女在政治中的作用的部分都不容忽视。最后我想说，希望这部著作能够得到广大公民，尤其是政治工作者的广泛阅读；就美国政治承诺的实现而言，我想象不出有什么征兆能比这个更令人欣慰了。

观　　点

对于“是否需要在公立学校中进行步枪训练”的回答[①]

倘若在我们的公立学校中进行步枪训练，那将是美国民众和美国教育传统的极大倒退。从文明、人性和道德进步的观点看，反对这一举措的理由已经足够有力、足够根本；这且不提，仅从学校管理和校纪校规着眼，这件事也全然行不通。在我们周围，尤其是城市中，青春期男生面临的诱惑和刺激可谓纷然杂陈，其中蕴含的邪恶力量早已过量，此等举措只会火上浇油。这种做法违背民主，亲近野蛮；从学校的角度来说，也丝毫不明智。 121

① 首次发表于《是否需要在公立学校中进行步枪训练?》(*Do We Want Rifle Practic in the Public Schools?*)，费城：友谊和平协会(未注明出版日期)，第5页。

关于“让美国学生接受军事训练”的观点[1]

122 我反对在我们的公立学校中开展军事训练，其中的一部分理由如下：

1. 体育专家都认为，对于这个年纪的年轻人来说，这样的训练远远不是最佳的体锻方式。

2. 来自军事院校（也是针对这个年纪的学生）的一般经验表明，这一方面对于纪律的严格要求往往伴随着其他方面的纪律懈怠；在缺乏他人直接指令的情况下，学生们难以具备自发的责任感。

3. 从军事角度看，这样的训练无论如何也不具备充分的必要性。德国也从未采用过这样的手段。

4. 它给教育增添了额外的负担，却对不上学构成了无形的奖励。如果 14 岁到 18 岁的年轻人非得接受某种特殊训练的话，那也得针对校外的人；他们才是需要特殊照顾的对象。对于学校里的年轻人，我们没有理由把这样的惩罚强加给他们——这是一种非教育的行为，和学业的其他部分全然无关。

① 首次发表于《教育专家论军事之于美国学生》（*Educational Experts on Military for American School Boys*），费城：未注明出版社和出版日期，第 10 页。

关于“战争对美国意味着什么”①

在眼下这个时节，战争对于美国而言，显然意味着彻底的牺牲和投入——其 123
程度或许超出了迄今为止大部分美国人所曾经预期的。领会以下这层意义，将对这一精神的存续有所裨益：对美国来说，战争意味着在世界范围内确立某种社会和政治理想，整个国家的发展就建立在此等理想之上；倘若不能对德国独裁政府施以致命打击，所有这些理想——不仅在欧洲，而且在美国——都将陷于动荡不安、危机四伏之中。

① 首次发表于《哥伦比亚校友新闻》(*Columbia Alumni News*)，第9期(1918年5月17日)，第1002页。作为《教员观点》的一部分。

关于在校内进行军事训练[①]

124 对于在校内进行军事训练这件事，拿体育锻炼作辩护理由是站不住脚的。所有的专家、权威都认同这一点：就身体本身的健康成长而言，更适宜的锻炼方法数不胜数；然而从军事角度来看，这方面的用心几乎可以忽略不计。军事训练的真正目的，在于塑造一种有利于军国主义、有利于战争行为的心灵状态。它在树立错误的世界观、养成扭曲的行为模式方面，着实可谓强大有力。如今，国际上已经一致同意战争为非法；既然如此，我们就应该明白，在年轻人的心灵中制造有利于战争的情感模式是罪恶的。

---

① 首次发表于《军事训练真有教育价值吗？》（*Has Military Training Real Educational Value?*），纽约：国际善良意志教育委员会，未注明出版日期，第5页。

关于《社会科学百科全书》的通信[①]

1926年4月6日

亲爱的塞利格曼(Seligman)教授：

各学科的专业化发展已经到了相当的程度；时至今日，有很多迹象表明，我们将迎来一个更需要综合的时期。为了让这一需求在当今美国深入人心，有什么事情能够比这一方案——即社会科学百科全书计划——的执行作用更大呢？感谢你寄给我这些文献，它们令我感到这一方案的提出已经经过了审慎的考量；现有的条件足以担保整部作品最终能够完成得准确、全面而有富有力量。我相信，接下来的事情就是由国内学界同心协力地将这一计划付诸实施；它一旦完成，必将成为现阶段国内学术界的一块里程碑——同时，对于无数爱好社会科学的人们而言，它是一部必不可少的参考文献。 125

您的诚挚的，

约翰·杜威

① 首次发表于《社会科学百科全书项目备忘录》(*Memorandum on the Projected Encyclopaedia of the Social Science*)，纽约：哥伦比亚大学出版社，1929年，第14页。

关于不朽[①]

126 说到个人的永存不朽这个话题，我没有什么堪称信念的观点。作为一个由来已久的题目，它与其说是哲学的，倒不如说更像是科学领域的——也就是说，这里的重点在于实质性证据的有无。倘若它能够被证明，那么，精神层面的研究里肯定会有它的一席之地；而迄今为止，这方面还没有什么引起我注意的成果。

① 首次发表于《纽约时报》(*New York Times*)，1928 年 4 月 8 日，第 9 版，第 1 页。

为玛丽·韦尔·丹内特的《生命中的性存在》辩护[①]

亲爱的恩斯特(Ernst)先生：

玛丽·韦尔·丹内特(Mary Ware Dennett)女士的那本小册子——《生命中的性存在》(*The Sex Side of Life*)，我已经阅读过了。我认为，它所招致的反对意见是站不住脚的。 127

从教育学的观点来看——在此，我的身份既是一个教师，也是一个拖家带口(孩子有七个之多)的父亲——这份书稿显得相当令人激赏。应当在为人父母者及青年人中加大对这本小册子的推广力度，而不该予以压制。人们获取性知识的场所往往显得隐秘阴暗，不那么光明磊落——或许，这已经是过去的情形了；正是这类情形，使得有些人认为，这部小册子中的内容淫秽下流，不那么地道。而在我看来，我们应当为孩子们能够获取这类知识感到欣慰；这非但不下流，反倒恰恰是在保护他们远离下流的伤害。倘若法律的妄加干涉，使这样一本富于科学性的小册子得不到广泛传播，那么，这就等于是在助长社会中实际发生着的下流和猥亵——无论在思想上，还是行动上。

由于一个小小的意外，我没能参与第一次的会见，在此深表遗憾。能够为力挺这本小册子略尽绵薄之力，我感到十分愉快。

您的诚挚的，

约翰·杜威

① 首次发表于玛丽·韦尔·丹内特，《谁是淫秽的?》(*Who's Obscene?*)，纽约：先锋出版社，1930 年，第 97 页。

在宾夕法尼亚艺术博物馆就“艺术表现之诸形式”作的报告[①]

128 和相关通信所给予我的预期相比，我感到“艺术表现之诸形式”显得越发令人糊涂了——无论从理智上说，还是从美感上说。

在本团队中，所谓“全新的路向”这一说法实在是够糟糕的；因为团队的核心观点很明显来自《绘画中的技艺》(*The Art in Painting*)这本书，但此书却丝毫未被提及。再说，展出本身也并没有把这个拉大旗作虎皮的观点表现得明白——可以说，实际的表现和那个借来的观点恰恰相反；由此可见，班森(E. M. Banson)先生从未对这一观点有任何实质性的把握，他只是摸到一些字面上的皮毛罢了。

(1) 无论基于观点，还是基于陈述(号称是他自己的)，那一分为三的处理方式彻头彻尾就是个自相矛盾。且看他的陈述：艺术家们“本质上讲的是同一种语言”；还有他的引证——所谓“基本艺术形式的永恒绵延”。仅凭这些就足以表明，班森先生的头脑是何等的混乱。

(2) 从美术角度看，他对于参展作品的分类是基于一般意义上的题材划分，与艺术形式全然无关。据我所见，起码有三四个实例可以证明他实际上据以分类的原则和他所声称的主张背道而驰。倘若他事先曾作这样的说明：此种分类旨在显示，同类题材如何随着作品创作者的个人旨趣及环境的不同而遭受截然

---

① 首次发表于哈利·费曼(Harry Fuiman)，《宾夕法尼亚艺术博物馆的逐步衰落》(*The Progressive Decay of the Pennsylvania Museum of Art*)，费城：艺术与教育朋友会，1938年，第10页。这是为E·M·班森的圈子作的报告，见本卷附录2。

不同的艺术处理方式，那倒也不失为一种内涵。然而，整个团队不仅无视这一层内涵——对于任何一个有审美品位的人来说，这一点是再明白不过的——而且还宣称，此种分类的依据在于相似的“程序和态度”，以及“在形式和感知上”的彼此“接近”。顺带说一句，熟知美术作品的人很容易得出这样的评判：某些参展的 129
当代作品从外表上看，很“接近”埃尔·格列柯（El Greco）和毕加索的画作——但仅仅停留在模仿层面。此外，还有很多被班森先生归入“创造性”一类的画作，很明显是对前辈作品形式的学院式复制；它们再一次表明，他根本不懂得模仿和创造之间的差别。

班森先生个人头脑糊涂倒还没什么大不了。与此相比，一个大型的公共机构竟能容忍这类混淆视听，就是一件颇为严重的事了。这样的展览理当给学生们——无论是入门级的，还是进阶水平的——提供教导；而眼下的这个展览则从根本上把教化作用拒之门外：无意义的话语被体制认可，于是制度性的威望声名扫地。

杜威向“统一命令”的社论致意①

致编辑：

130 您就“统一命令”问题撰写的社论，我已拜读；对于您的观点，我十分认同。老是谈论所谓的“第二阵线”，长此以往，会大有祸害。我们早就有了三四条“阵线”了。目前，要紧的是“阵线”的统一；倘若只管增加阵线、而所有的阵线在行动上缺乏统一调度的话，那只会令我们的弱点更加严重。至于我们在指令和行动效果上是否将达成真正的一致，这一问题更多地取决于苏联当局而非其他国家的当局。

---

① 首次发表于《新领袖》(*New Leader*)，第 25 期(1942 年 7 月 25 日)，第 8 页。相关的那篇社论，见本卷附录 3。

我们为建立怎样的世界而战？①

“别无永恒，唯变永恒。”两千多年前，伟大的希腊哲学家赫拉克利特如此写道。 131

回顾自己 80 年来的工作和学习，如今我感到，眼下还把这一伟大真理放在心上的人真是少之又少。

每天，我都会听到人们用“上一次战争结束后”这样的字眼谈论未来。可是，当下正在进行的是另一场战争。这场战争之后将发生什么，必定与紧随上一场战争的事件有所不同。人变了，生活环境变了，观念也不同于从前了。

这是一场新型的战争，因此之后的和平也将是——必将是——新型的。军事上的征服以合约来停止战争，这些还不够。仅仅依靠和平本身，还不足以把事情一劳永逸地全部搞定。和平提供给我们机会，让我们去建立更好的世界。

我们曾经被这样许诺：战争之后的世界属于人类，它将是安全的、给人希望的。但前提是，和平本身是人类的和平；不然，这许诺无法兑现。

和世界历史上任何先前的时代相比，如今我们的未来更多地取决于人类自己。必须确保胜利是真实的，是属于民主国家的。

当然，通向目标的道路没有捷径。资源的普遍丰富，人类总体生活水准的提高——这些任务是艰巨而沉重的，正如它们向来所是的那样。但是，只要我们保持清晰的视野，并尽量把精力投向建设性的领域，那么上述的目标就必将实现。

摆在我们——美国人民——面前的机遇和挑战非同小可：必须谋求这样一

① 首次发表于《美国航空》(*American Aviation*)，第 6 期(1942 年 8 月 15 日)：第 28—29 页。

132 种手段，以便在世界范围内的各个国家间广泛地分配资源……必须确保健康、教育和更高的生活水准能够被输送到地球最遥远的角落。

科学技术和发明早已为我们提供了机械化手段。从机体上说，如今的世界就是一体的、相互依赖的。那么，如何能够让世界在道德上也成为一体的呢？只有人类本身——致力于让世界各个角落都拥有和平、安全、富于机遇、团结进步的社会的人类——才能造就并保障这一点。

只有当为地球上全人类谋福利的民主政府取得胜利的时候，全民的胜利才能真正实现。

赞同丁·阿尔范吉[①]

我把赞成票投给丁·阿尔范吉(Dean Alfange)及美国工党，主旨在于表明 133
投票者的立场：不赞成战后的反动措施。由于某些强有力的团体已经在着手预备那样的措施，因此，我们的表态是刻不容缓的。

① 首次发表于《新领袖》，第25期(1942年10月31日)，第3页。

约翰·杜威向自由党致意[1]

134 我为自由党那堂皇的宣言和竞选行动表示由衷的祝贺。我相信，和自由党相关的事件必定会在美国政治生活中占据举足轻重的位置。此外，我还想说的是：你们的政党正在从事的事业是杰出而英勇的，能够结识你们这样一群踏实肯干的人，是我莫大的荣幸。

---

① 首次发表于《新领袖》，第 27 期（1944 年 11 月 4 日），第 7 页。

对“哈佛宗教”的评论①

哈罗德·R·拉夫顿(Harold R. Rafton)先生的信,我已拜读,深表钦佩。 135
他认为,哈佛大学应当通过其神学院来领导课程建设,以便和已有的课程一道,培养人们为人道主义的宗教社会服务。关于这个,我还想作些补充。他所给出的见解已足够有力,因此容我置喙的余地很有限。再说,由哈佛来引领这项事业,其恰当性显而易见,他给出的理由也明白充分。在高等教育领域,哈佛向来是宽松自如地占据着领导地位,上述建议是与这一传统一以贯之的;在我看来,那位杰出校友爱默生(Emerson)的名字应当镌刻在主席的位置上。因为,从精神——并非仅仅从文字——上说,他是人道主义宗教的奠基人。

① 首次发表于《哈佛校友报告》(*Harvard Alumni Bulletin*),第49期(1947年3月8日),第450页。杜威所评论的哈罗德·R·拉夫顿的书信,见本卷附录4。

作为教师的共产主义者[①]

致《纽约时报》编辑：

136 对于共产党员不能被允许进入高等院校教学这一观点，我一直深感疑虑，而且直到最近还在犹豫是否要把这一疑虑公之于众。这的确是一个严重的问题，这一点毋庸置疑；我之所以踌躇至今，并非因为害怕一旦畅所欲言会被当成亲共党分子。其实，我对于那些与我意见相左的大学人士一向心怀敬意，而这正是我踌躇的原因；再说，他们依然在积极地从事着教学事务，而我已经不在一线了。

何况，以下事实是我和他们都不得不承认的：一个人倘若身为共产党成员，那么从官方形式上说，他必须明确地效忠党组织，效忠某个异国；即便他身为美国公民，他对美国的效忠程度也肯定要往后排。抽象地讲，让这样的人来教导易受影响的学生，显然是不合适的。

但是，我向来反对仅仅从抽象层面应对重要的事务；具体的条件可能引发的后果，这些都需要纳入考虑。因此，我并不认同这样的观点：上述这种效忠本身——无须考虑实际工作中有没有表露出偏颇的迹象——就足以成为将他们拒之门外的充分理由。说实在，那样的简单处理恰恰会引发更为危险的颠覆性行为，尤其在那些与之持相同政见的人以及虚伪地否认自己是共产党员的人中间。

考虑到那些盲从共产主义的狂信徒，上述举措甚至会加剧阴险狡诈、两面三刀的现象。它没有考虑到这样一个事实：从概率上讲，教师队伍中总会有那么一

137 些共产党员，他们并不狂热激进，本不至于去秘密地从事颠覆活动。倘若上述措

① 首次发表于《纽约时报》，1949 年 6 月 21 日，第 24 页。

施一旦实行，那么，这些教师很可能会反抗；他们会把这样的措施视为挑衅，于是会比以往更为认真严肃地对待自己的共产主义者身份——这样的反应并不奇怪。

和下面接着要说的情形相比，上述理由属于技术性层面。关键在于，那种举措必定会引发间接的后果，其祸害终究会比原本想要避免的危险大上许多。小动作会牵扯进大动作，其程度会远远超出学者型领导们的预计——他们所凭借的，仅仅是抽象逻辑框架内的正当罢了。如此行动会刺激、挑动那样一群人，他们与其说是学者气质的，不如说是感情用事的；他们更爱的是扎堆起哄，而不是凭审慎的判断行事；他们会被刺激起来去打响一场战役，签署限制政策的大学领导和教授们正首当其冲。

以上，就是我心存疑虑和保留的缘由所在。不过，我原本并不确信那样的举措真的会对盲目的激愤行为火上浇油；而最近发生的事情，证明了我的疑虑并非空穴来风。在眼下这个当口，"反对非美国行为"委员会——起码是它的主席——所作的几件事情就足以说明问题：他们在大学教科书中搜寻"危险"段落，搜寻的方式并非私下里从发行者那里收集书本、然后交给专家审查，而是把院校的领导们公开地摆在风口浪尖的位置上，使得他们免不了要遭人猜疑，成为公众怨恨的靶子——而这本是毫无必要、有害无益的。

希望公众对委员会这一重大失误的反应能够尽早让风波平息下来。然而，我看不出来自大学领导们的最初提议如何能够尽量地消弭纷争，把正在上演的那类事件化解掉。或许，这些教师中有那么些人，的确怀着保卫教学机构的动机在行事，要保护学校免受不公正的、毫无必要的猜疑和攻击——可是，结果教给他们的，却和最初的预想大相径庭。

约翰·杜威

纽约，1949 年 6 月 18 日

向联盟进一言[①]

138 全国高校教育教师联盟已经成功地运作了半个世纪。值此欢庆之际，我们难免会思考这样的问题：在接下来的半个世纪里，我们将面临怎样的新状况？未来会给我们的教育机构，尤其是高等院校，提出怎样的要求？诚然，不能指望我们中间有人能够深谋远虑到足以预知未来，并且为这个全国联盟将来的运作模式谋划出具体的方案。但这一点大家都心知肚明：当今时代正值严峻的危急关头，其严重性在人类的记忆中堪称无与伦比，而且有愈演愈烈之势。这一事实本身，就足以要求我们对于学校的地位和功能作出最严肃的思考；尤其是高等教育机构和时代的关联，在这满是无常、混乱、灾祸频繁、冲突不断的时代。在相对平静的年代里，全国教师联盟可以专心致力于专业领域；而在如今这样的形势下，高等教学机构必须找到更为积极、更富建设性的方针来引领它们各自的专业。这一职责所托付的，与其说是各具专业的教师，倒不如说是“教师”本身；这一事实并非或然，而是千真万确的——倘若我们一向强调的“好教育的重要性”真正得到重视的话。

自从托马斯·杰斐逊(Thomas Jefferson)和霍拉斯·曼(Horace Mann)提出教育是民主政治的主要保障之后，这一观点在美国民众生活中向来是一个老生
139 常谈。就美国院校的宗旨、目标而言，它至今依然是正确而意味深长的。眼下，对于真正意义上的民主，各方面的威胁都相当普遍，无论来自内部还是外部；因

① 首次发表于《全国高校教育教师联盟的历史(1902—1950)》(*A History of the National Society of College Teachers of Education (1902—1950)*)，未注明出版社和出版日期，第2—3页。

此，人们或许会越发地趋向于这样的共识：公共教育的核心任务即在于维护、滋养和发展民主的生活方式。然而，这样的目标究竟该如何达成？这一问题比以往更趋紧迫了。若想让教育事业焕发活力，旧的实践模式需要被重构，对此亟需作系统性的、审慎的考虑。现有机构及社会癖好的每一个方面都需接受批判和权衡，以便判断它们和民主的标准之间究竟有着怎样的距离。只有对“什么是民主”有所领会，并在这一理念的照耀下重新反思日常实践，我们高校系统中的教学理论和操作才能得到恰如其分的评估；也只有在这样的基础上，我们才能保护高校系统免受特定利益和单一目标的支配，以便为民主的生活方式作出建设性的贡献，而非仅仅作被动的回顾。

全国高校教育教师联盟旨在努力为这样的目标负责：在全国范围内，教师的教学工作足以令我们的高等院校真正地成为民主理想和民主方法的保障；而从现有的条件看来，联盟要为这类举措找到核心要点，绝非轻而易举。不过，其困难程度，倒也是对研究的激励、对实践的鼓舞。希望在即将到来的半个世纪中，联盟能够为美国的教育事业作出更深、更广的贡献。

艾奇逊先生的批评者们[①]

140 致《纽约时报》编辑：

对于国务卿艾奇逊(Acheson)先生的批评、攻击，恐怕已经令不少人士感到困扰；如今竞选已经结束，继续这样的纷争已经无关乎直接的党派利益，因此该对它们作个断了。

经过冷静的观察和反思，我们感到，要在各个国家多年来的档案中找到一桩其重要性足以和经略朝鲜——通过争取联合国的支持——相匹敌的外交成果，那是相当困难的。它让联合国从疲软中恢复了元气；这个国际联盟在满洲事务上的无所作为，曾经令它自身蒙羞。经过这件事情以后，几乎全世界都对我们这个国家肃然起敬。此外，它也在很大程度上解消了我们曾经被指控的罪名：非正当侵略，以及帝国主义式的野心。

对国务卿艾奇逊先生的攻击，有很大部分集中在这一点：国务院在“纵容共产主义者”这件事上难逃罪责。或许，这一指控多半是作为竞选口号起作用的；但是，诚然，这方面确实有理由引起公众注意和批评的地方。

但是，这一纷扰所达到的调门——连同那个被很多观察者视为整个竞选的转折点的事件——实质上却导致了共产主义者的得利；说实在的，光靠他们自身的行动，苏联的领袖们根本得不到如此有利的结果。共产主义行动被大大地抬举了，它得到了如此高度的重视，仿佛它在我国国内政治中占有至高无上的重要地位似的——实际上，只需让公民对之有所警觉、让美国联邦调查局对之保持警

---

① 首次发表于《纽约时报》，1950 年 11 月 19 日，第 14 版。

惕就可以了。

在竞选中反对艾奇逊先生的那一方，现在固然已经在努力否认他们是孤立 141
主义者；但是，西欧民主国家对于我们的信任已然遭到破坏，它们未必会继续对来自我们的持续而强有力的支持充满信心——而这一点是难以弥合的。必须想方设法弥补已经造成的损失，这件事情是可以跳出党派纷争来考虑的。

倘若共和党的执政者们满意于竞选结果，而又并不拘泥于坚持推行他们在竞选过程中抛出的路线的话，那么，我们赠送给共产主义者的免费礼物或许还不至于为害太甚——这一点，目前还是控制得了的。

约翰·杜威

纽约，1950 年 11 月 14 日

颂　辞

克拉伦斯·J·赛尔比[①]

J·A·威廉姆斯(J. A. Williams)先生: 145

我亲爱的先生——我已经和赛尔比(Clarence J. Selby)先生见过面并交谈过了,这是一次非常愉快的经历;对于他那饶有趣味的工作,我已经有所了解。劳拉·布瑞吉曼(Laura Bridgman)、海伦·凯勒(Helen Keller)都是盲聋人获得成功的著名案例,早已为公众所熟知;并且就与之相关的科学问题、教育问题而言,这些例子也极其重要。不过,还有这样一些例子,尽管不那么著名,但是从例子中所获得的进步程度来看,它们同上述案例一样值得关注——尤其当我们把机遇因素也考虑进去的时候;而且,周遭处境是如此令人气馁,因此与之际会的力量、勇气和智慧就更值得鼓励。赛尔比先生就是一个活生生的例子。

充满敬意的,

约翰·杜威

① 首次发表于《彩虹城的回声》(*Echoes from the Rainbow City*),芝加哥:旅行者办公署,1902 年,第 13 页。

克利福德·比尔斯[①]

1933年2月16日

146 亲爱的威尔许(Welch)博士：

得知克利福德·比尔斯(Clifford Beers)在心理卫生方面所做的工作将被人铭记，我感到十分欣慰。对于有些个人而言，它为新颖而重要的人生实践开辟了道路；同时，它还引发了那样一种运动，把社会利益、大众诉求和科学洞见融为一体。在当今这样一个总体上令人沮丧的时代里，竟有如此这般的人物，能够从深重的苦难折磨中满怀热情地站立起来，使他自己的体验能够有益于其他受难者——在我看来，这一事实尤其令人鼓舞。心理卫生运动的发展本身即是对比尔斯先生的英雄行为的最佳纪念。

充满敬意的，

约翰·杜威

---

① 首次发表于《二十五年后：心理卫生运动及其创始人拾零》(*Twenty-Five Years After: Sidelights on the Mental Hygiene Movement and Its Founder*)，威布尔·L. 克劳斯(Wilbur L. Cross)编，花园城和纽约：道布尔迪-多兰出版公司，1934年，第115页。

阿尔文·约翰逊[①]

我们的朋友阿尔文·约翰逊(Alvin Johnson)先生是一位学者,这一点众所 147
周知,在我看来无需多提;我想讲的,是更为根本的内容。诚然,就学识而言,也很少有学者能具备他这样广博而精准的造诣;但是,倘若我们只管徜徉于他的学问,忽略其源头,忽略他将学问诉诸实践的方方面面,那么,我们的见解就会沦为片面、残缺甚至误导后学。

在这样一个夜晚,我们正在为这位朋友诞生七十五周年欢庆的时候,我宁愿将他称呼为诗人;因为如此这般的庆典,并非仅仅是例行公事的走过场——尽管将它作为公事也未尝不正当。把我们的客人命名为诗人,我是在还原这一词语的源始内涵:制作者、创造者——在我看来,它传达了有别于"实干"和"行为者"的另一个维度。创造力源于想象,而真正的想象力是人间罕有的奇迹。他能够以自己的热忱来打动、感染工作伙伴,这方面能做到像他这等程度的,是人类中的极少数;这类人物惯于从创造性的预见中汲取灵感,而这种能力就是先驱者的显著特征——他们走在时代的前面,不为周遭环境所束缚。

我还愿意把我们的朋友称呼为百科全书式的人物——我当然知道,在有些人心目中,编纂百科全书就意味着把过往的历史留给这个世界的知识和信念进行组织、整理,仿佛这件事情本身就是目的似的。但是,阿尔文·约翰逊是一位人文主义者,他身上荡漾着18世纪启蒙思想家的气息。作为一位百科全书式的

---

① 首次发表于《新学院报告》(*New School Bulletin*),第7期(1949年12月26日),第2页。杜威于1949年12月18日在纽约社会研究新学院的献辞。

人物，他的名字可以和法兰西的创造性人物狄德罗(Diderot)并列在一起。此外
148 还有大异其趣的人物，如托马斯·杰斐逊和约翰·亚当斯(John Adams)，他们都自认为是启蒙思想的后裔和担当者；而狄德罗正是他那个时代启蒙运动的代表人物——当今，咱们的客人，作为诗人或创造者的阿尔文·约翰逊，他身上蕴藏的是同样的精神血脉。

还有这么一个领域，人们常常谦逊地以"实践"或"物质"命名之；在这方面，我们将把罗马诗人的名句送给我们的朋友："想要寻找他的纪念碑吗？看看周围世界就是了。"对于阿尔文·约翰逊来说，他的纪念碑远远超出了有形世界的框架。来探询一下广大民众的头脑和心灵吧，在许多人的心目中，人生的前景变得更加欢乐和自由，而这正应该归功于阿尔文·约翰逊带给这个世界的、富于想象力的建构。他那激情洋溢的灵魂，持续不断地把学校、把所有参与者引向别开生面的未来——这未来的蓝图，恐怕没有谁能够勾画得更好了。

艾米丽·格林·巴尔齐[1]

位于奥斯陆的诺贝尔奖委员会把荣誉授予给艾米丽·格林·巴尔齐(Emily 149
Greene Balch)。这一荣誉的意义并不仅仅限于它自身，它意味着对地球上那些坚韧不拔、艰苦卓绝的先驱者们必要的认可；这类人理当被赞誉，因为他们那睿智的信念、勇气和坚持是建立国家与国家之间持久和平的可靠保障，也是其动力来源。这样的非官方公民世间多有，而巴尔齐女士是他们当中的杰出代表；她为和平事业辛勤工作了三十余年，坚持不懈，全然不顾个人的私欲。

艾米丽·巴尔齐不仅拥有智慧，而且不乏把智慧付诸实施的意志与勇气。她敢于无所畏惧地在公众意见面前畅所欲言；更难能可贵的是，面对同伴们——她对他们怀着最深切的爱——的不同见解，她也不惮于据理力争。1917 年，她为了反对美国参与世界大战而丧失了她的第一份职业——教师。她的预见力和洞察力不同凡响，因此能够在大部分人还懵懵懂懂的时候就把握到问题的根本。在参与国际联盟的工作方面，她是一位先行者；这个使她在组织联合国方面也有了现实的底气，且不乏批判的眼光。和其他许多手段一样，联合国有助于让应对具体问题时的国际协作成为实践上的惯例。早在凡尔赛委托统治体系被订立起来的几年之前，她已经为国际殖民地的管理制订了一个具体而细微的方案。

1915 年，艾米丽·巴尔齐作为创始人之一，和简·亚当斯(Jane Addams)一

---

① 首次发表于《艾米丽·格林·巴尔齐，诺贝尔奖获得者，1946 年》(*Emily Greene Balch, Nobel Prize Winner, 1946*)，费城，宾夕法尼亚州：国际妇女争取和平与自由联盟 1946—1947 年(?)，第 2 页。

道创立了国际妇女争取和平与自由联盟；这是首次以和平的名义，把妇女的智慧
150 和力量投入组织协作。在这件事上，她发挥的作用颇为可观。她召集了位于海牙、苏黎世、维也纳、格勒诺布尔等地诸多的国际妇女联合会，并且组织大家为各种具体问题召开国际协商——例如鸦片控制、科技竞争、东欧问题、无国籍和少数民族问题，等等。

我想强调的是她那建设性的政治才能——她的领导智慧，使她能够领会和解决在动态和平世界的建构中所遭遇到的错综复杂的具体问题。她善于发现应对政治问题和经济问题——它们往往具有国际重要性——的崭新路径，这份能力简直堪称天赋。她能够从纷繁的情绪与宣传言论中区分出问题的根本，然后借助创造性的政治才能，制订出可付诸实践、可被接受的整体方案。

巴尔齐女士对悲惨的难民问题——尤其是犹太难民——的处置，为她那国际哲学的实践意义提供了最为明晰的例证；从1933年起，她就为这件事情奋斗着。在她看来，对付这类事情的关键不在于感情用事——当然，她是充满感情的——而在于现实的政治手腕。根据她的逻辑分析，纳粹统治术给我们提出的问题，就是少数派群体的生存处境。如此看来，这一问题成了民主方式、民主程序所面临的严峻考验。她早就意识到这一点：即便纳粹在战争中被击败了，其流毒依然会存在下去。因此她认为，无论巴勒斯坦问题会得到怎样的处置，如果要让流离失所的人们获得永久的安顿，那就只有让他们在自己选择的国家中获得完整的公民资格，并且拥有迁徙到任何国家的自由权利。

诺贝尔奖委员会把这个荣誉授予艾米丽·巴尔齐；同时，我们可以把她赞誉为这个世界首批的自由公民之一。

教学大纲

哲学导论①

第一节　预备性陈述

Ⅰ. 发明创造源起于已有行为中的冲突感、受挫感或协调性的缺乏。一方面，冲突意味着浪费，意味着效用、能力的丧失，意味着缺乏经济性；也就是说，这是受阻的或不完整的行为。未能用最小化的手段取得最大化的效果，这行为就是受挫的。另一方面，上述情形被感受为痛苦、不满足。直到行为中诸要素的相互冲突达到了如此程度，使得人的意识认为，受阻的行为不可能更进一步了；这样一来，就只剩下对已有行为的简单重复，再不指望任何改进了。 153

Ⅱ. 不和谐感多多少少地会引发这样的意识：企图让事情得到改善。这一改进在于，对融入经验的各种要素进行调整，使它们能够融合为整体，而不是固守于自身的价值。用整体协调的行为来代替分裂的或造成浪费的行为。诸行为相互关联，协调配合。也就是说，未能协调共同目标的行为得到了调整，使之能够同心协力。从物理学角度看，一切都可以被还原为运动。倘若两种运动彼此不相关，那么其间的阻碍或距离就该被克服；只有这样，它们才能走到一起。一切发明，其过程都具有这样的普遍性：把先前各自独立或彼此对立的运动整合起来。

Ⅲ. 原始人发明了矛。最初的播种、耕种土地和收割庄稼。它们都把先前分离的行为融合成了整体；通过整合诸运动，造成了手段的节约和行为净成果的 154

① 最初由密歇根大学哲学系（安娜堡）发表于1892年10月，共8页。

增大。

Ⅳ. 把彼此分离或对立的行为整合起来，让它们趋向共同目标，这意味着先前受限制的行为获得了解放。它使更多的表达得以可能。这是进步的显现。没有什么东西被无中生有，但这里发生了方向的转变、运动的分配，使得效果被提高了——这是因为关联性被加强了，于是整体性得到了加强。

Ⅴ. 当原本分离的行为彼此交融成为整体的时候，行为就获得了功能。它那全部的重要意义就随着它与他者的关联程度——即在构成一个更为综合的整体时，它与其他行为的配合程度——而得以实现。

提问：发明是不是纯粹人为的？你会如何定义一件工具？请指出彼此协调构成铁道交通的诸要素。在这里，发生的“解放”何在？自由意味着完全表达自身——你认为这样一个命题的正当性何在？对于“实现”，你是如何理解的？

N. B. 发展的一般进程。开始于这样一个行为：其中并无任何冲突或对立被感受到；然后经历这样一个阶段，由于行为间的摩擦，次要行为被孤立在外；最后形成的是新的整体，其中的要素得到了重新调整；新整体中包含先前被孤立的行为，但如今，它们已经成了不可或缺的组成部分，能够和整体协调运作。请把上述过程和斯宾塞对于“进化”的定义作个比较。由不确定、不一贯的同质性向异质、确定及一贯性的转变。进化过程和发明过程之间是否具有可类比性呢？

第二节　关于经验之本性的一般陈述

Ⅰ. 我们的经验，无非就是我们所做的一切。婴儿仅仅意识到自身机体——譬如手、眼睛、耳朵、腿，等等——的行为。这类行为最初是无意识的；在这里，我们并不是说婴儿就如同石头或植物一样，全然沉没在无意识中；而是说，婴儿意识不到构成行为的各种要素及外部条件。它仅仅把行为当成含混的整体
155 来感受，它所意识到的与其说是“事物”，倒不如说是行为的“净效果”。比如说，一只苹果，它最初并不是某个被尝到、触摸到、被看到的东西；它并非某个甜的、硬的、黄色的物件，而是尝、触摸和看本身。这里仅仅只有绵延的经验。在这一阶段的经验中，并无我与非我的区分。从根本上说，我们都是实践的存在，向来在种种事务中操劳着。这样的实践，原本就将自我和现实世界包含在其中。在此，没有区分可言。

II. 这样的源初经验是如何分裂为两部分的？一面是被经验的事物，另一面

是拥有这些经验的主体；一面是外部世界，一面是内在感知——这二者间的区分是如何发生的？我们知道，除了行为之外，别无其他存在；那么显然，分裂的缘由必须在行为自身当中。行为本身当中就存在着区分，其中有各种要素彼此冲突着。作为整体的机体的行为，可以被区分成诸种次级行为，它们彼此对立。比如，从眼睛方面讲，机体正在经验着这只苹果；而从手或嘴来讲，则没有经验到。机体行为中的这种矛盾冲突，使意识中那混沌的存在整体发生了分裂，诸要素被设定为彼此凌驾、彼此对立。对于苹果的看和尝再也不是一体的了，相应地，颜色、味道等诸性质也在意识中被区分开了。每一样次级行为都从混沌的整体中解放出来，而在此之前，前者都是后者的组成部分。与此同时，由于整体获得了满足而彼此分离的次级行为并未满足，于是作为"观念"的整体与作为"现实"的组成要素之间的差异就发生了。现在，这整体，行为的全体，被确认为"自我"；而区分出来的、彼此凌驾、彼此对立并与整体对立着的诸要素或诸条件，则被确认为"非我"。

实际上，这区分是在自我或现实世界（即经验）内部发生的；它源于诸要素间的冲突，这冲突使得诸要素无法达成完满的协作。然而，它却被人理解为自我与现实之间的二分。这样一来，作为活的经验存在于自我内部的对立，就被理解成"自我"在外部遭遇到的阻碍。

经验被区分为内在要素和外部要素。内在代表着整体，外部则意味着分裂和冲突。就拿吃苹果来说，因为眼下各个有机行为如看、摸、尝之间是分离的，因此只有这一观念代表着"自我"这一面；而"现实"（如颜色、硬度、甜味等彼此区分 156
的性质）则意味着外部，即"世界"。

在自我或现实世界（即活的经验）内部发生的、机动易变的区分，终究被固化为严格的二元分立，这意味着什么呢？这类区分，只有当它关乎行为在某一时间的特定状态时，它才有价值——这时，它意味着行为诸要素间保持的张力；然而人们对待它的方式，使它俨然成了存在于事物结构中的、永恒不变的分割线。

Ⅲ. 这两方面完全是相互关联的，我们已经明确了这一点。"观念"这一面——或"自我"（在此取的是这一术语如今所具有的有限的含义）——仅仅是各种彼此有别的要素构成的整体；吃苹果就是这么个整体，看、摸和尝等行为都融入进来，成为它的组成要素。整体并未与部分构成真正的对立，仿佛前者是另一种现实似的。另一方面，现实（即"现实"一词的狭隘含义，彼此有别的要素已经和整体行为对立起来了)自身不外乎就是整体的产物,是分裂开的整体,趋向于进一步的统一。

对于后面这个观点,我们将进一步展开。继续拿吃苹果的整体经验做例子。孩子再一次看到苹果,于是整个机体从眼睛的角度来说,开始经历和从前一样的行动。但是孩子还不能走,因此他无法碰到苹果,无法摸它,也无法把它放进嘴里——而在先前,这套行动是一气呵成的。结果,正如我们已经指出的那样,分析发生了。机体的整体行动所遭受的阻碍,使不同的要素分崩离析,它们被确认为彼此不同的性质。它们各自以自身的角色进入意识,而不是融汇在整体效果中。当这些彼此有别的要素再一次关联在一起的时候,经验总体——自我统一体——就又一次被确认。外在世界的"非我"要素彼此得到了完满的联结,意味着自我和现实都得到了拓展。我们可以看到,现实或自我获得了比先前更为丰富的意义。当诸种性质再也不在意识中彼此分离的时候,以其完满的关联性为基础的全新整体就摆脱了混沌,可以被定义了——而那最初的整体却是混沌的、无法被定义的。作为新整体之组成部分的诸要素都获得了解放,它们大大地丰富了新整体的意义。所谓自我,无非就是诸要素的综合;当这些要素彼此分离的时候,它们就是非我。

157 Ⅳ. 源初经验分裂为两个彼此对立的方面:一个为内在的、观念的,一个为外在的、现实的——这样的区分并不具有根本性。它只是一种手段,通过它,整体获得了完满的定义和解说;也就是说,行为通过此种手段,实现了完满的价值。

Ⅴ. 总结。机体整个行动中的诸要素在相互冲突中彼此对立起来,于是行动便可以被分析为各个彼此有别的组成部分。这样的分离——即从行为整体中区分出来的情形——所包含的诸种特定条件,就是:

(1) 外部世界。它是"外部",这是因为,作为行为中被区分出来的部分,它看上去和自我、整体对立。

(2) 它们是事实,陈述,已完成的事物。与之相反,自我的整体是有待获取、有待完成的;而作为各个特定成分的要素,则代表着已经完成的。后者是对先前行为的分析,是意识中的明晰理解。

(3) 它们是已知事物。而整体,从其本性而言,则是行为本身。当特定性质从这一整体行为中分离出来并与整体对立的时候,性质看上去就不再是行为了——而事实上,它们是次级的、不完整的行为。它们仅仅被呈现于意识;它们先于意识。它们具有彼此有别、并且有别于“自我”的存在——这不是别的，正是我们所说的“知识”。

(4) 这些要素数量繁多，样态纷呈，彼此有别。它们是整体的分析后所得，当然该是如此。

(5)它们是感官要素，而非理性的。就是说，作为分离出来的成分，它们与感官相关；而它们之间的联系或协调，则关乎理性(我们说到心理学命题的时候，将继续展开这一观点)。

另一方面，作为相对于其组成部分的行为整体，就是：(i)内在的；(ii)观念的；(iii)意志的而非认知的；(iv)综合的或整体的；(v)理性的或概念的。

问题：描绘出这两方面之间的相关特征，然后用这个把上述的五个对立再梳理一遍。

提问：当孩子还没有学会阅读之前，书这样的对象最初对他意味着什么？与此相异的意义是如何附加上去的？科学家把球定义为运动中的质量，儿童对于 158
球的观念和上述定义之间差别何在？所谓意义，究竟意味着什么？如果它在最初如此地富于实践意味，那么，它如何会变得如此冷漠而置身事外，几乎只包含纯粹理智上的意味呢？举例来说，一根杠杆，如何会变得不再是一个行动，而成了一个纯粹的物件——当然，它可以被使用——并拥有独立于具体用途的意义？这样的变化，是否有实践上的价值呢？

我们可以用“发明”过程来描绘知识与行为之间的关系。说到发明，最先呈现在眼前的显然是行动；行动最初是作为纯粹的效果被意识到的，此时其组成要素尚未进入视野。行动中发生的摩擦阻碍，使得这净效果暂时无法达成；于是，行动就被区分成了诸要素。只有当一个野蛮人无法让自己的饥饿感及时得到饱足的时候，他才会意识到种子、土地、空气等诸要素的差别。完整而直接的行为遭到延迟，这种情况和行为中诸要素发生摩擦、难以协调的情形是类似的。行为中的诸要素自相阻碍，或直截了当的行为未能达到目的——这些就是知识的由来。知识不仅仅把人的目光引向行为中彼此分离的诸要素，同时也强调要素间的彼此关联——因此，知识也指引着整合的路径。直接进程中的行为被审核，它转向自身；在对自身处境和状况作过切近的检查之后，它达成了目标。正如之前阐释过的那样，与那可以被直接达成的、源初的目标相比，新的目标更有价值、更有意义。间接的、需要中介环节的进程，赋予了最终结果以理智的价值；而直接进程的结果则只具备情感上的价值。总而言之，作为行为的自我解体，作为行为中伴生的阻滞、延迟，知识是关于行为的一份报告或陈述；而作为对彼此有别的诸要素的重新调整、整合，知识就是关于未来进一步行为的一份计划或理想。我们也可以这么说：从分析的一面看，知识和过去的行为相关；它着眼于种种特定条件，从而是行为的客观化；从综合的一面看，它指向未来的、预期中的行为，着眼于诸条件的协调或整合——也就是让客体臣服于主体（就是为了自我的目标译解出行为的价值）。相应地，源初行为是主观—客观的，因为此时，这两面尚未区分开来；而最终的行为，又再一次成为主观—客观的。它是主观的，因为彼此
159 分离的诸要素已经被完满地把握并驾驭了，它们融为一体，其价值源于自我；同时，它又是客观的，因为它涵盖并有意识地表达了行为的诸条件。

银行的运作，也可算是上述过程的一个简单例子：一开始，行为进程是复合的并且（在意识中）未曾分化的；也就是说，当各种收支行为以各种不同的方式进行的时候，诸多个别行为的实质或特定价值并未在意识中浮现出来，因为它们并不是被摆放成一个整体的。上述诸行为之间存在着可能的或现实的对立（所以有必要对它们进行调整，使之协调运作），这使得进行中的行动受到阻滞；于是，它回过头来针对自身，这样就有了对行为的报告或储备。从诸构成要素着眼，对行为进行登记或陈述，这就是知识。从另一方面说，倘若知识果真对每个要素都作出了充分的定义，那么，要素之间的关联也就包含在其中了：这就是综合。诸要素的彼此关联，显示出整个业务的大方向；它指导着银行业务。拿业务报告来说，倘若仅仅把它看成报告，那么，它提供的就是客观方面；报告中的诸要素彼此关联起来，业务的大方向就跃然纸面，于是行为得以继续进行下去——这就是主观方面；它提供了指导实践的理想、观念。我们可以看到，只有在转换、过渡的阶段中，才存在主观和客观的分离；在这种时候，行为被分解了，为的是以大量彼此有别的事实要素为基础进一步融合为整体。内在和外在之间的对立、区分并非永久的、一成不变的，它是事实要素之间的张力所在——这些要素需要得到调整，并且正在被重构。所谓外在，无非就是重构所遭遇到的阻力；而内在，则是成长中的动态整体性。拿银行业务来说，例如在这样一个危急阶段，收款艰难，难以维持流通；在这种时候，先前行动中不分彼此的诸要素就在意识中彼此区分开了，它们从混沌的整体中脱身而出——眼下遭遇到的困难就寓于先前的行动中，不然的话，诸要素就永远没机会清晰地显示自身。这些彼此有别的状况就构成

了记录，或者历史，它们是对行为的登记。整个时间流程中的行为都在其中，并展示在我们面前。它们的特定表现对应于行为所遭遇到的阻碍；这是因为，前者产生的摩擦就是行为被阻滞的原因。与此同时，这些彼此有别的要素又构成了 160
进一步行动的基础；它们是有待于被调整的状况，以求彼此协调，让业务得以进行下去。它们就是行动的材料；换句话说，它们是行动的“客观”一面。至于那个把材料整合起来的举动，最初是个计划，是和业务相关的概念、方案和观念。当这些状况正在成长而尚未被达成时，整体就处于主观这一边。实现了的整体，便再一次成为主观—客观的。

N. B. 1. 由于行为所遭遇到的阻力、困难、挫折，我们才在意识中显现自身。这一事实有何教育意义？2. 在一切知识中，整体与差异、分析与综合是如何各就其位的？3. 含蓄的和明晰的。4. 事实与意义之间的相互关系。5. 直接的和间接的。

教育史[①]

161 课程目的

本课程面对的是教师、父母及其他对正确的教育理论和实践感兴趣的人，旨在给他们传播这样的知识：我们当今的教育体制是在怎样的条件中发展起来的；对于那些用以解释和论证当今体制的原则，我们将追溯其根源；还有那些为指导教育体制的未来发展和改革所引发的种种议案和论争，我们也将有所涉及。我们固然会讲述历史知识，但如上所述，我们的宗旨不在历史事实本身。说到底，我们的目标是实践性的，我们要对当今现实取得更好的洞察；因为作为教师，倘若对当前状况和倾向的由来一无所知，那么，他就不可能在这方面做到最好。教育事业的实践与理论往往和社会制度、社会风潮息息相关，所以，我们也会有选择地对某些社会生活、社会理论作一些阐述；至于那些与典型问题、典型运动无关的细节，我们就不作展开了。

方法

对学生的提示

1. 致力于有系统的学习。预先安排好整个计划，以便节约地使用有限的时间。每天都适量地作些阅读，平均每天阅读一个半小时。

---

① 最初是由自由艺术与科学学院(School of Liberal Arts and Science)为走读生提供的，纽约，1907—1908年；第一节至第四节是现存的。

2. 准备好一个笔记本,对阅读中遇到的要点作简要的概述以便消化,并把遇到的难点记录下来。

3. 不要试图通过初次记忆来理解,而是通过初次理解来记忆。对于阅读到的内容,得把它的意义想透。尤其是要学会迅速地识别出之前内容和当前内容 162
之间的相同点和不同点。

4. 必须写论文;其用意主要在于测试学生对阅读材料的理解程度,并帮助他们把自己的思想组织起来。问题会被一再地提出,针对的是学生对文本题材的掌握程度。

5. 在每一次练习中,必须留心观察并遵守列于其后的指示;违背指示的话,学生的论文就很可能不合格。

6. 在报告的每页纸上都写下你自己的姓名、课程名称以及目前的小节序号。

7. 用墨水(或打字机)在纸的单面书写。

8. 回答问题,必须在明晰的基础上尽量简洁利落。

参考书目

课本

保罗·孟禄(Paul Monroe):《简明教育史教程》(*A Brief Couse in the History of Education*)。

托马斯·戴维森(Thomas Davidson):《教育史》(*A History of Education*)。

上面两部著作涵盖了整个领域,而且很好地形成了互补。

保罗·孟禄,《教育史源始资料》(*Source Book of the History of Education*)。本书提供了来自原始经典的各种引文。由此学生可以直接接触到伟大思想者对于教育问题的探索,而不会受解读者的干扰;这样,学生也可以有机会形成自己的判断,有机会用自己的头脑来检验教科书作者的观点。遗憾的是,这些资料只包括古希腊和罗马时期的。

托马斯·戴维森:《亚里士多德与古代教育理想》(*Aristotle and Ancient Educational Ideals*)。这部著作不仅对亚里士多德作了陈述与解读,而且阐述了整个古希腊教育体制。

J·W·亚当森(J. W. Adamson):《现代教育的先驱们》(*Pioneers of Modern*

Education)。就当今教育理论的形成来说，有这样一些早期作者的影响不容忽
163 视。这部著作对其中最具影响力的作者，作了非常专业而审慎的论述。

R·H·奎克(R. H. Quick)：《教育改革者》(*Educational Reformers*)。这是一部有关现代教育学作者的权威著作，书中提及的这些作者们都积极地推动了教育改革。书中所展示出的原初观点，至今依然是教育界的保守派和改革者们讨论争辩的主题。

泛读材料

除了上述文本以外，学校方面还将资助以下这些书籍，供学生自由地选择作辅助阅读。功课上对这些书籍不作要求，学生可以凭喜好在图书馆借阅这些书，以拓展自己在特定主题上的阅读面。

查尔斯·迪·伽摩(Charles De Garmo)：《赫尔巴特》(*Herbart*)。这部著作讲的是19世纪德国最重要的教育理论家。对其生平和教学的论述不容忽略。

B·A·亨斯代尔(B. A. Hinsdale)：《霍拉斯·曼与美国公立学校的复兴》(*Horace Mann and the Common School Revival in the United States*)。这部著作对美国19世纪小学教育方面发生的一场最重要的运动，作出了精彩的论述。

T·休斯(T. Hughes)：《罗耀拉与耶稣会教育体制》(*Loyola and the Educational System of the Jesuits*)。对于自宗教改革以来罗马天主教内组织得最好的教育运动，本书作了清晰而充满感情的论述。

S·S·劳瑞(S. S. Laurie)：《大学的兴起与构成》(*Rise and Constitution of the Universities*)。就中世纪和现代早期这两个时间段而言，本书尤其值得一读。

S·S·劳瑞：《前基督教教育的历史考察》(*Historical Survey of Pre-Christian Education*)。在古代人物和种族方面内容相当丰富。在我们的主要课本中，这方面内容只是浅尝辄止。

保罗·孟禄：《教育史课本》(*Text-Book in the History of Education*)。这位作者就是写了《简明教育史教程》的那一位。本著作的论述更为丰富、完整。

A·F·韦斯特(A. F. West)：《阿尔昆与基督教学院的兴起》(*Alcuin and the Rise of the Christian Schools*)。对于研究早期中世纪相当重要。

W·H·伍德瓦德(W. H. Woodward)：《维多利诺·达·菲尔特与其他人文主义教育家》(*Vittorino da Feltre and Other Humanist Educators*)。本书对文艺复兴时期意大利首位最伟大的教育家有卓越的论述。

W·H·伍德瓦德:《论文艺复兴时期的教育》(*Studies in Education during the Age of the Renaissance*)。和前面那部著作是同一位作者,不过,本著作涵盖 164
了整个文艺复兴时期。

S·G·威廉姆斯(S. G. Williams):《古代教育史》(*The History of Ancient Education*);《中世纪教育史》(*The History of Mediaeval Education*);《现代教育史》(*The History of Modern Education*)。这是整个时代的一个很好的纲要。

主题

本课程包括如下24个小节:

1. 教育史的性质与价值,原始人及原始教育
2. 社会生活与教育的类型:(1)中国式的;(2)希腊式的
3. 早期希腊教育:公民类型
4. “智者”与苏格拉底:智识教育
5. 柏拉图:教育的哲学基础与目标
6. 亚里士多德:对教育的科学分析
7. 罗马教育:公共生活的训练
8. 希腊化时代与早期基督教教育:训练超越国家的生活方式
9. 早期中世纪:保存学问与美德
10. 晚期中世纪:对知识与行为的组织;职业训练
11. 学问在意大利的复苏;古典学问与个人主义的发展
12. 学问在日耳曼和英格兰的复苏
13. 新教改革与全民教育的兴起
14. 天主教反改革:纪律与督导方式的组织

15—18. 现代目标与教育方法的冲突之源;17世纪的改革家

19—21. 18世纪的改革家;人的完全性与儿童

22—24. 19世纪的倾向:把科学与哲学运用到教育

第一节　教育史的性质与价值,原始人及原始教育 165

特别指导

任务分配:

孟禄，《简明教育史教程》，第一章。

戴维森，《教育史》，第 14—41、45—74 页。

a. 首先，就像你阅读其他感兴趣的书一样阅读上述材料，以便把握大意。

b. 然后转向“帮助”，进而更细致地阅读文本，留意提示性问题，尤其是主题 3—6。

c. 继而阅读所有“必须回答的问题”，再次从文本中学习，以便让问题本身及其与文本间的联系都明晰起来。

d. 最后，独立完成你自己的书面回答。倘若对自己的解答不满意，那就再次请教文本，然后重新写作。

学习帮助和提示性问题

Ⅰ. 学习教育史的价值何在？

1. 它有普遍的文化意义，无论你是不是一名教师。试想一下，倘若关于当今时代的一切记录都消失了，只剩下关于我们的学校、学校资源、课程及教学方法的叙述；在这种情形下，未来的历史学家能够就下列问题说出什么？

a. 当今的道德信念与理想是怎样的？

b. 我们有怎样的科学知识？

c. 我们的政治体制是怎样的？

面对某种陌生的、异国的人类，你能否根据其教育系统的完整资料说出他们的政体是贵族政治，还是民主政治？能否说出其制造业和商业技艺的发展程度？他们所处的环境是和平的，还是战乱的？其心灵是倾向于艺术、宗教，还是实业？儿童得到何种程度的尊重？其心智发展到了何种程度？

2. 它对于教师的特殊意义

a. 对于当今的实践活动，倘若我们对它的源流与成长一无所知，那么，能否
166 对它有真正的理解？当其源流已经发展壮大之后，最初的惯例、原则是否还能继续维持实践？在我们当今的学校里，你能否找出这类残余？倘若你了解了这类实践的由来，那么当它们不再起作用的时候，你是否会更有能力批判它们、摆脱它们？请举出实例。作为一名初级教师，倘若你全面了解不同的阅读教学法所基于的不同的外部条件，那么，你在工作中是否会感受到更多的自由、自在？从何时起，算数不再仅仅是高等教育的科目，并且被普及到儿童教学中？这是为什么呢？

b. 就当今的理论而言，倘若我们对它之前的历史一无所知，那么，我们是否还能对它作出富于智慧的讨论，对它的价值作出中肯的判断？缺乏此类知识，是否会使教师过于教条化，只会刻板地执行、被动地接受教育学原则？

c. 你知道瑞典式手工艺教育是在何种社会条件、实业条件下兴起的吗？在阅读教学中，字母表和拼音法这种教学方式是在怎样一种语言中兴起的？何种人类最早把外语作为他们课程的一部分？这是为什么？何种人类在指导教学中最强调模仿的重要性？阿拉伯符号的引进是否改变了算数的教学方式？在语言符号占主导地位的环境中，学习与文明的状态是怎样的？在坚持看重学习第一手材料的环境中呢？在强调自我记忆、自我反思的环境中呢？在现代公共教育的发展中，慈善事业、商业利益和政治诉求分别扮演了怎样的角色？倘若你与此类事务有关，这会不会对你的实践有所影响？有何影响？

d. 教师们每每被告知，要“从具体到抽象”，这个说法是否在任何时代都具有同样的意义？其当今的意义是在何种原因的影响下，才固定下来的？对于一个原始人来讲，鬼是不是比一个物质对象更不具体呢？（见孟禄，第 5 页）对于原始人，名字是否比它所命名的事物更不具体？（戴维森，第 19 页）教师们被告知“遵循自然”。对于原始人、亚里士多德、斯多葛主义者、卢梭、斯宾塞来说，“自然”的意义是否一样？赞同这一格言和反对这一格言的人们，是否总是在同样的意义上理解它的？

Ⅱ. 受过教育的人，有时候被称呼为“识文断字的”；而没受过教育的，则被称为“文盲”。关于这件事，孟禄著作的第一章能给我们怎样的启示（亦见戴维 167
森，第 51—53 页）？你有没有遇见过这样的人，受过完备的学校教育，却在能力和智慧上全然不如受学校教育较少的人？后者是在何处接受教育的呢？这教育的具体内容是什么？对于当今的男孩女孩而言，校内、校外所受教育的重要性分别为何？它们分别有何长处？城市儿童和乡村儿童在校外接受到的教育有何差别？上述这些问题能给初等教育提供怎样的启示？

Ⅲ. 据说（在孟禄著作的第一段中），无论在最原始的还是最先进的社会中，教育的本质特征都是一致的，这本质特征是什么？对原始形态的学习有何好处？

Ⅳ. 通过模仿法和指导法之间的区别，我们的作者想说明什么？

Ⅴ. 我们的作者论述了传统与记录、口头传诵与书面材料对于社会生活和教育的重要性（见戴维森的《教育史》，第 28、29、37、39、51—53、59 页，等等）；你能从中领会什么？倘若没有记忆，人还能不能学或教？倘若没有传统信念和观念，一个共同体还能不能学或教呢？纯口头传统有何作用？书写行业的作用呢？印刷呢？

Ⅵ. 注意戴维森的《教育史》中所说的四个历史发展阶段和与之相应的四种教育类型，以及它们之间的区分(第 13 页)。请试着把你关于这四种概念的教育史知识系统化。

Ⅶ. 戴维森的书里有许多有趣的历史细节，并没有被直接地包含在我们的学习主题中。请带着比较的眼光学习不同人类关于下列话题的说法，尤其要注意其间的异同点：(a)人生中的职业(游牧、农业和政治)，(b)政治体制——如何管理、统治的，(c)宗教信仰——祭司的地位，(d)歌曲、故事及宗教作品等材料中的文献和科学传统。*以上四者，向来是影响教育体制的主要因素。*

Ⅷ. 关于不同习俗、生活传统与教育之间的关系，你有了何种程度的了解？比如，仅以渔猎为生的人类，他们在教育目标、教育方法方面的原则与农耕、畜牧
168 民族有何异同？和具备金属及制造业的民族相比呢？(例如，可参考戴维森的《教育史》，第 21、25—28、33、34 页。在接下来的课程中，请一直在心里留意上述视点。)

必须在你的报告中回答的问题

1. 从一般文化的视角看，你期待从教育史的学习中得到什么？(回答这个问题时，可以参考“*学习帮助和提示性问题*”中标题Ⅰ以下的建议，等等；并非每个建议中的问题都必须回答，只要给出你思考的结果就可以了。)

2. 作为一名教师，你期望得到什么？(参考上面的附注)

3. 各处都存在的社会生活类型及特定的教育类型，它们都有些什么作用？教育如何影响已有的社会生活类型？

4. 在我们的生活中，有哪些事物的存在是一向依赖于教育的？把你想到的都说出来。

5. 请列举让教育得以维持下去的诸种手段(无论是学校提供的，还是来自校外中介的，比如杂志、布道，等等)。

6. 请陈述孟禄关于早期教育中理论因素与实践因素的观点。在你看来，通过部落中的传说与传统教给年轻人的东西，算是理论教育，还是实践教育？还是两者兼而有之？为什么？

7. 为什么名字在最初看上去像是有魔力似的？如今我们是否依然有崇拜词语、崇拜印刷符号的倾向？请举例说明。

8. 请陈述原始教育与野蛮人教育之间的区别，请用印度人或巴比伦人为例说明后者。

9. 在野蛮人对青少年的教育中，母亲、父亲、祭司或宗教权威分别扮演怎样的角色，具备怎样的功能？这个和当今的状况有何异同？

10. (a)在教育中，模仿与习俗的重要性如何？在当今，最适合用上述方式来学习的事物有哪些？(b)这些原则有何局限？也就是说，在何种情况下，它们会失效或达不到目的？它们能否成为进步的保障？它们能否让心灵保持探索和发明的动力？倘若不能，那么，我们该对之作何补充？ *169*

11. 请说出你所遇到的最大的难点，无论在课本中，还是在以上这些问题中。

N. B. ——最后这个问题可以选择回答。回答这个问题，可以让指导者更好地帮助你。前面六个问题，选择回答其中的五个。答案必须简洁明确。这门课程的主要收益应当得自阅读和研习。因此未必需要通过论文来回答上述问题。和直截了当的答案相比，冗长而暧昧的回答无助于指导者有效地提供纠正、施以援手。力求让答案简明犀利，这对学生养成良好的思维习惯是大有裨益的。

泛读方面的补充参考

S·S·劳瑞：《前基督教教育的历史考察》——第 1—8 页，一般教育史；第 11—48 页，埃及；第 65—100 页，希伯来；第 155—177 页，印度；第 178—195 页，波斯(在每一节末尾，劳瑞都给出了补充参考资料)。

保罗·孟禄：《教育史课本》。

第二节　社会生活与教育的类型：中国和希腊

特别指导

阅读任务：

孟禄：《简明教育史教程》，第二章以及第三章，读至第 33 页。

戴维森：《亚里士多德与古代教育理想》，第 1—37 页。

戴维森：《教育史》，第 41—45、86—95 页。

这部分难度不大，可以在一周或十天内完成。

先阅读研习中国教育方面的材料，然后读希腊教育方面的。开始进行后一个主题时，先浏览戴维森的《亚里士多德与古代教育理想》，不必细究；对孟禄的《简明教育史教程》中的相关部分，也是先作浏览即可；然后分别作仔细的阅读，
170 对照、比较其中的观点。在阅读时，请参考本节指导中所提的建议。在回答问题之前，必须完成你的学习任务；如果在回答问题时遇到困难，可以再次阅读课本以获得启发。

学习帮助和提示性问题

本节的宗旨在于把两种对照鲜明的教育实践形态摆在一起，因为它们分别对应着两种截然不同的社会生活形式。通过对比，某些要点会显现出来，它们可以被应用于一切教育体系：例如(1)教育方法和与之相应的一般社会生活形态——如家庭、实业和政治——之间的息息相关性；(2)传统文献和历史的重要性，它们被用来维系某种性情特征，这对于保持整个民族的社会生活形态而言是必不可少的；(3)有一种人类倾向于保存过去，而另一种人类的人生则积极地欢迎变革，这两种人类的教育之间存在着重要的差别。

只要让上述这些一般论断时时萦绕在头脑中，学生就不至于被阅读材料的长度所吓倒，也不至于经常被大量的细节分散注意力。当然，细节也富于启发性，在阅读中应该对之有所思考；但相对而言，还是和上述主干话题相关的部分更值得重视。

以下这些问题，可以帮助学生把握基本要点：

中国教育

1. 作为一种社会形态，中国式生活具有怎样的典型特征(见孟禄的《简明教育史教程》，第 23—25 页)？

2. 道德要素在教育中的重要性何在？其目标是怎样的道德？在你看来，这种道德和我们国家所推崇的道德之间有何差别？

3. 为什么某些文献作品会具有如此重要的地位？这件事和《圣经》在我们国家的重要性有何异同？中国人在教育中使用古文献，美国人在高等教育中使用希腊文和拉丁文——你认为这两件事是否仅仅构成简单的类比？为什么
171 不是？

4. 家庭被赋予最基本的重要性，这件事有何优点(见孟禄，第 13 页)？在古希腊和罗马思想中，孝的意义是什么(有需要的话，可以查字典)？几乎在所有宗

教的发展中，祖先崇拜都占有一席之地；对此，你能给出解释吗？有人说，美国人的生活方式过于看重当下与未来而对过去的羁绊考虑不足；而且，美国人在尊重长者、尊敬家长权威方面也强调得不够——在你看来，这仅仅是个批评吗？像中国人那样，对家庭观念赋予如此重要的地位，这么做有何弊端呢？

5. 对于任何一种教育体系，都可以从以下三个视角来研究：一是作为机构、制度的学校系统，具备它自身的组织模式；二是课程设置，或教育的主题；三是教学方法。以下这三条参考可以有助于学生对课本中的相关讨论进行选择、整合与浓缩：

(1) 作为体制的学校，主要可参考孟禄，第 15—17 页。

(2) 学习主题或课程，见孟禄，第 11—15 页。

(3) 教学方法，见孟禄，第 18 页。

6. 中国教育的目标在于维系过往、抵制变化；既然如此，中国式教育法在这个目标上做得如此彻底和有效，这令你有何感触？

7. 对于任何一种教育体制而言(包括我们的在内)，它应该在保守(即维持过去的社会秩序)方面走多远？在这样的基础上，是否还可能发展出个性？个性是更多地体现在外在行动上，还是体现在思考能力、探索和发明能力以及对自我的理解上？倘若没有主动性、创新性和独立自主性的发展，思考能力是否还能得到有效的训练？

希腊教育

这部分旨在帮助学生站到一般希腊人的视角上，并且把希腊式教育和中国式教育进行比较。这两者间的差异不该被过分夸大，因为其间的共通点也不容忽略——比如对伦理目标的控制，还有经典文献的重要地位，等等。 172

8. 对于戴维森的著作，可以仔细研读第三章。关于三个要素的论述是相当清晰的，无须再添加什么了。第四章讲到希腊人对奴隶、妇女、外邦人、实业及贸易经营的态度，这部分值得注意。说到统治与被统治这个话题，还有一点值得一提：希腊心灵本能地将这一观念引申到了个人性情上。在他们看来，灵魂是由声色口腹之欲和理性构成的整体，前者必须得到统治、管束，而后者就是管理、统治者。这样一来就有了自我控制的观念——于是，和通过高压政治与外部习俗进行统治相比，"自由"的观念更得人心。懂得了这些以后，我们可以将这部分内容与戴维森著作的第一章对照起来看——在那里，作者讲到了希腊人对尺度、比例与和谐的尊重。所谓自我控制，就相当于让性情中的诸种要素彼此之间构成音乐的和谐。一边是毫无节制，另一边是外部强制，上述观念正是这两者之间的谐调与中道。

9. 在第五章中，请注意(第98、99页)“参与公共事务”这件事在希腊公民教育中的重要位置。请把这个“参与公共事务”的观念和“维系过往”的中国式观念作个比较。还请注意那个简洁而出色的概括：不同的地理因素和历史事件是如何对古希腊人的伟大发展产生影响的。从严格意义上讲，没有任何东西真正地“起源”于古希腊人；科学、艺术和文字的源起分别来自埃及、腓尼基、波斯等地——由此可见，人类历史上重要步伐的迈出与传统习俗的被打破是同步的。在特定时期内，其他民族的进步程度要远远高于同时代的希腊人；但是在前者那里，科学、艺术与固有的传统信念、传统实践手段密不可分，以至于发展甚为缓慢，几乎只有量上的积累；甚至可以说，谬误和无用的冗余废料也在积累着。面对这些由宝藏和废料构成的巨大堆积，古希腊人就有能力披沙拣金，把其中的精髓付诸理性和有用的目标。简单的堆积物到了他们手中，就能转化成面向未来的实践手段。由此，欧洲便开始走上了遵循至今的一条道路，这条道路的开拓者正是希腊人。在希腊人那里，“发展”由偶然事件的结果变成了涵盖总体的行为原则。

173 10. 研读孟禄的相关论述，注意他与戴维森观点相同的地方。尤其请注意他在第28页上作出的这样一个概括：“为个性诸方面的全面发展而组织社会。”完全的个人发展与彻底地参与公共事务之间的平衡——与此相比，是否还能找到更高的教育理想呢？在作者看来，希腊人用以保护个性发展的途径有哪些？从这些内容看，希腊式理想不如基督教理想的地方在哪里？前者高于后者的地方呢？从理想的实现来看，其主要弊端何在？

11. 对《荷马史诗》中描绘的教育所作的简短研究，其重要性主要不在这段历史本身，而在于《伊利亚特》(*Iliad*)和《奥德赛》(*Odyssey*)在其后的希腊少儿、青年教育中所扮演的角色。在当时，《荷马史诗》的地位与某一时段的圣经在基督教教育中所占据的位置大体类似，不过也有这么一个显著区别：和孔夫子的言论之于中国人一样，《荷马史诗》也是从希腊人自身的生活中萌发、生长起来的；因此，对它的学习不仅包含个人道德、社会道德及宗教等内容，而且包含他们自己的历史。除此之外，作为文学艺术作品的《荷马史诗》是无法被超越的杰作，于是严格的文艺与美学教育也蕴含在其中——由此，我们可以看到其教育影响力的多面性，也稍许能够理解这类事实了：某些后来的教育改革家——例如柏拉图——为何会如此焦急地想要限制、削减《荷马史诗》在教育中占据的位置。

12. 从一开始，“语词的言说者”和“行为的实践者”这一双重理想就构成了希腊教育的永久要素。(1)言说被赋予了重要意义，这是因为，一方面，它与思想、理性息息相关；另一方面，它又同社会生活——包括劝说能力，还有商讨能力以及向他人学习的能力——脱不开关系[关于这一联系，请注意孟禄《教育史原始资料》第27页引用的伯利克里(Pericles)的话，说到讨论的重要性，因为讨论是行动的准备]。(2)在希腊教育中，“行为的实践者”这一概念是和培养、训练人的身体的重要性联系在一起的。在这一点上，就目前人类所知的历史而言，古希腊人可以说是最重视身体训练的。野蛮人锻炼身体为的是战争，而对于雅典的希腊人来说，锻炼是为了让身体成为更好的器具，以便容纳、表现思想和情感。

需要在你的报告中回答的问题 *174*

请从以下三点出发，把中国教育和希腊教育作个对比：

1. 在教育中对道德要素的强调，以及它们各自尊崇的美德类型。

2. 文献在各自教育方案中的重要性。

3. 关于个人与社会生活之间的关系，它们各自怀有怎样的理想观念。

4. 写一篇四百字到五百字的短文，说说当前的学校教育体制可以从中国式教育或希腊式教育中学到什么长处，还是两者都有可学之处？

5. 请说明一下中国的考试体制。

6. 请描述荷马那个时代的教育。

7. 希腊生活中具备怎样的要素，使得(戴维森的《教育史》，第86页)“世上万物无一不是源自希腊”这样的命题能够成立？

8. 公民教育类型和原始人教育、野蛮人教育之间的主要区别是什么？

泛读方面的补充参考

劳瑞：《前基督教教育的历史考察》——中国教育，第103—152页；希腊教育的一般观点，第196—226页。

孟禄：《教育史课本》。

第三节　早期希腊教育：公民类型

课本

孟禄：《教育史原始资料》，第 15—24 页。

戴维森：《亚里士多德与古代教育理想》，第 41—50 页。

加德纳(Gardner)：《希腊古物手册》(*Manual of Greek Antiquities*)摘录(见本节附录)。

戴维森：《亚里士多德与古代教育理想》，第 60—92 页。

孟禄：《教育史原始资料》，第 31、32 页以及第 24—31 页。

175 请按以上顺序阅读参考资料。开头两项说的是斯巴达教育，之后的全都是雅典教育。在这部分的学习中，我们有幸能够直接读权威的原著，而不仅仅是接触二手的解读、阐释。可能的话，学生应力求从原著中得出自己的基本判断，然后把自己的解读与戴维森的解读进行比较。

学习帮助和提示性问题

在此被讨论的那种教育类型被称为"公民的"，这是因为，与此相关的教育理念、主题和方法向来都是一以贯之地与公共生活联系在一起的。

希腊社会生活的单位，就是所谓的"城邦"。这样的共同体是足够小的，因此其中的所有自由公民都彼此熟识。一般来说，城邦中采取贵族共和制；但是，由于民主因素在起作用，平民的权力在增长着，于是就成就了这里的直接民主制，而不是代议制民主。每一个公民都可以参与立法、司法程序，也可以经过抽签来贡献于行政管理岗位。宗教；艺术——包括演戏，诵诗、建筑和雕塑、游戏——包括体育运动——等等，都是公共的，没有一样是私人事务。由于希腊人轻视贸易和实业方面的追求，因此所有出身体面的自由公民都拥有大量的闲暇，可以尽情地参与这样的公众社会活动。看看希腊人的住宅设计就可以发现，它仅仅适合用来吃饭和睡觉——也就是说，只考虑了男人的活动，妇女的家庭活动则全然没有纳入考虑。

要理解希腊教育的特性，我们必须时时记得以下这两项对比关系：希腊城邦和多多少少算是专制的、古老帝国的对比，还有前者和现代国家——它是如此幅员广大，里面充满了各种专门而私人的活动——的对比。和其他古代类型相比，希腊教育是自由的；和现代教育相比呢，它的主题和目标是公共的；在当今时代，宗教、艺术也好，商业事务、家庭生活也罢，全都成了主要属于私人领域的事。雅典式教育和雅典式生活一样，相对来说比较狭窄而简单，但它是有深度的、浓缩的。公民与人是一回事情，因此对人的训练无非就是训练公民。

斯巴达教育

摘自莱克格斯(Lycurgus)著作的那些引文，把斯巴达生活大大地理想化了。 *176*
好的方面被展示在我们面前，而罪恶的部分则不是被无视，就是被粉饰。戴维森著作中的相关部分也提供了与莱克格斯同样的要点，不过，前者的视角要公正得多。在引文中，有三点尤其值得注意：(1)野蛮甚至原始的习俗依然残存着；(2)私人利益从属于公共控制；(3)军事、战争方面的目标占据主导地位。

对于希腊的爱奥尼亚地区——无论在小亚细亚、意大利还是雅典——发生的文化发展，斯巴达总是怀有敌意。在斯巴达人看来，任何上等的文化都与军事效率格格不入，也和对于个人的公共掌控背道而驰——而后者才是必要的。

雅典教育

摘自加德纳作品的段落，能够让读者对与以下几点相关的外围事件有所把握：(1)主题或课程；(2)学校的管理和教师的地位；(3)教育被分为三个彼此连贯的过程，在戴维森看来，它与当今的初等教育、中等教育、高等教育三分法相类似。戴维森的论述已经相当简洁明了，几乎没什么可补充的了。至于文学在教育中的重要地位，需要注意的是：当时没有所谓科学、外语，也没有本民族历史之类的科目，所有这些都包含在文学作品中。我们必须时时记得希腊文学在形式上的完全性和种类上的多样性。简直可以这么认为，倘若把教育的内容仅限于文学(在理智方面)的话，那么，希腊城邦的教育条件可以说比迄今任何人类社会都只好不差。还需注意的是：诗歌的各种样式都与音乐、通常还与体育(舞蹈)联系在一起；它们的记忆与其说是靠阅读，不如说是靠聆听。只有把这些特点保持在脑海中，我们才能真正领会希腊作家对韵律与和谐的极度重视。在希腊人的心灵中，韵律、和谐的艺术价值是与它们的道德特质密不可分的。例如，我们可以阅读《教育史原始资料》的第 32 页以及第 222—231 页。后面这部分内容的作 *177*
者——他的名字叫柏拉图——生活的时代比我们此前论及的要晚得多，不过，当时希腊教育的精髓倒是被他发挥得相当充分了。当然，读者们也会注意到道德目标是如何把知性文学教育与机体(体育)教育结合起来的——后者旨在让个体在和平时期能够参与节日庆典、在战时则能赶赴疆场。

在引自普罗泰戈拉的段落中，道德目标的优越地位就变得相当明晰了；在促进个体认同行为、制度的价值这件事上，“劝说”的重要性正在凸显；此外还有教育的三阶段，现实的政治生活——包括对法律知识的掌握——也被认为是教育的一种；或者说，共同体中的生活本身就包含教育功能，因为它是公民生活的实现与完成。

请仔细阅读《教育史原始资料》中引自伯利克里的段落，把握与以下几点相关的材料：(1)雅典人生活上的自由；(2)个性的全面发展；(3)理智要素——诸如讨论、劝说等——被赋予的实践上的重要性；(4)生活上彻底的公共性。阅读这些材料时，我们应该记得，它们中有相当一部分是在强调雅典理想和斯巴达理想的差异。和祖先相关的论述(《教育史原始资料》第 25 页)可以和中国的类似观念对照起来看，也可以和当今我们自己的观点作个对比。《教育史原始资料》第 28 页说到作为“希腊的学校”的雅典，这里再一次触及了雅典式理想的广度：他们认为，不仅是教育为了公共生活而存在；与此同时，公共生活也为个体教育或个人的全面发展而存在。

[选自加德纳：《希腊古物手册》中关于希腊(雅典)教育的部分]

托儿所和初等教育

“在长到 7 岁以前，男孩和女孩们全都待在托儿所里，接受母亲和护理人员的照顾。女孩的童年要比男孩长些，她们会用玩偶自娱自乐；有许多留存至今的
178 玩偶都是陶土做的，它们被绘上颜色，有用绳子系上的胳膊和腿可以灵活地转动。男孩们则拥有推车，还有用同样材料做成的士兵、动物。球啊，铁环啊，鞭子抽陀螺啊，这些总能令孩子们感到快乐。秋千也是一个受欢迎的玩具。杰出的阿启泰(Archytas)曾经屈尊为孩子们发明了拨浪鼓。《云》(*Clouds*)里的斯瑞西阿德(Strepsiades)曾经骄傲地说，他儿子菲迪皮得斯(Pheidippides)小时候就有机械癖，能用模具制作房屋和船，用皮革制作推车，用石榴皮制作青蛙。对孩子来说，用模具对付蜡或陶土是相当容易的；若想对别人加诸我们的粗暴无礼作个真切的判断，就来看看孩子们的双手是如何对待这类工作的吧！此外，社会性游戏也够多的——女孩在房间里实践，男孩则走上街头。一般来说，这样的游戏并非激烈的对抗，也不是体育练习。数字游戏对于孩子是较为常见的。他们用钱币或别的小物件来玩游戏，一人把东西抓在手里，另一人猜东西的数目是奇数还是偶数。孩子们还玩坚果，就像我们朝一块确定区域打弹子一样。有那么一些

游戏比较富有男子气，比如我们称之为‘法兰西与英格兰’的那种，就是两拨男孩拽着绳子拔河；不过，像现代的足球、板球之类的比技术的游戏，当时的孩子是不玩的。如果坟墓上的浮雕可资参证的话，那么我们可以说，古希腊儿童都喜欢动物，一般都养宠物。古希腊的护士善于用故事吓唬或取悦孩子们。有些怪物就是护士手头的常备工具。古希腊的神话和传说是相当丰富的，因此讲故事的人根本不必担心资源枯竭。柏拉图和亚里士多德都乐于看到社会把养育孩子用的故事掌握在手里，并力求用更为道德的目标规范它们；不难理解，希腊神话中有不少内容是不太适合讲给孩子听的。像伊索讲的那些野兽的故事，当时颇为流行。

“说到古希腊教育，我们首先应该看到，这完全是希腊人的发明。几乎所有文明人在教育上都受过其他民族范例的影响，但是在希腊人那里，我们接触到了
一切现代意义上的‘培养’的源头所在；在某些方面，最伟大的哲学家和艺术家为 179
希腊教育的特性留下了不可磨灭的影响。它有意识地被引向既定目标：培养有益于城邦的公民，他们会把来自过往的最好的生活推向未来。”

学校管理的公共方面

“对于雅典人而言，教育在多大程度上是必修的义务？这并不好说。一方面，梭伦(Solon)的法律似乎规定每一位父亲都有责任教育自己的儿子。据柏拉图的说法，音乐和体育教育是法律所命令的。而另一方面，上述法律所包含的唯一制裁就是：倘若父母忽略了对孩子的教育，那么，这样的孩子长大后就没有赡养父母的义务。

“雅典设有文职官员，他们负责督查学校；不过，若想让他们在表面的秩序与和谐之外看到更多的东西，甚至对课程有所控制，那几乎是不可能的。就外表上的庄重得体而言，规章无疑是足够严格的。埃斯基恩(Aeschines)说，上学时间、学生数量之类的事都由法律来调整。他还说，在日出前开学是违法的，在日落后不放学也是违法的；毫无疑问，这是因为孩子们得在日光下安全地往返。甚至我们还曾被告知，成年人被禁止访问学校，不然将遭受死刑；当然，这种程度的法律就不可能维持下去了。只要具备足够的卫生条件、满足相关的规章制度，似乎任何人都有开办学校的自由；至于他在才智上是否合格，那就由他自己及学生家长说了算。”

教师的地位

“必须承认，古希腊的教师、学者之间并不像在英格兰那样充满爱和信任；自

阿诺德博士以来，后面这种情形起码在理论上是普世的。色诺芬（Xenophon）在他的《远征记》（*Anabasis*）中这样说：克里阿卡斯（Clearchus），'他毫无机智，相当严厉苛刻；因此，士兵与他之间的关系就如同学生与导师之间的关系一般；他们追随他，并不是因为爱和善良意愿'。稍后时代的琉善（Lucian）提起学校，也没
180 什么愉快的印象：'有谁参加完宴会会像学生上完学那样痛哭流涕呢？又有谁会像孩子上学那样愁眉苦脸地去赴宴呢？'

"和在我们这儿一样，教师的地位是多种多样的，这取决于外部条件的不同；不过，希腊人倾向于鄙视为钱而教学的人，无论他们教什么、如何教——这些人的层次和工匠差不多。一般来说，最受轻视的是初级教师；他们拿的报酬自然也不会高，尽管我们没法知道确切数目。住宿学校对希腊人来说，是全然陌生的。教学时间基本上取决于日照时间。当然，高等学问的教学者收到的报酬会高很多，也较有地位；但即便是对他们来说，受雇佣而劳动也是可耻的——在希腊人心目中，这样的污点是洗不清的。"

阅读教学

"关于教人学会阅读的过程，哈利卡那苏斯（Halicarnassus）的狄奥尼索斯（Dionysius）给我们提供了确切的描述。'首先，'他说，'我们学习字母的名称，继而学习它们的外形与功能。在这之后，我们将字母组合成音节和词语。接下来我们学习句子的成分，如名词、动词及小品词。然后就开始阅读了，最初是慢慢地照音节来读。'我们会注意到，这是字母表、音节学习法的源起。还得注意的是，希腊文的书面形态是和发音保持一致的，当然其中也有不规则之处。同样的方法如今得到了普遍的运用，比如教意大利儿童阅读——意大利文也是读写一致的。

"我们从一块赤陶板得知，在上述这种把字母组合成音节的过程中，孩子们被教导着重复书写一系列结尾相似的音节，如 *ar*，*gar*，*mar*，等等，可能还会在班上朗读。孩子们学会阅读后，他们就开始接触荷马和赫西俄德（Hesiod）的诗歌了，此外还有忒奥格尼丝（Theognis）、梭伦的道德作品，以及其他作品。"

需要在你的报告中回答的问题

181 1. 请指出战争中的力量观念是如何影响斯巴达教育方法的。

2. 在你看来，引自伯利克里的段落中哪部分是在赞美雅典理想，认为雅典理想比斯巴达理想优越？（回答问题时可以翻阅相关的书）

3. 请描述儿童生活中“家庭时期”的教育。

4. 古希腊的男学生是如何度过白天的？在当时担任教师工作意味着什么？

5. 请描述雅典男孩接受的体育教育。

6. 他们的文学、理智教育为何被称为音乐？

7. 学习文学与道德训练之间的关系是什么？

8. 请简要地描述戴维森所说的“学院”时期。

9. 古希腊的教育无论就主题、意图和方法而言，都是社会性的——请用实例证明这一观点。

10. 当今的课程中，有哪些主题是古希腊的教育中缺乏的？为何会有这样的空缺？

泛读方面的补充参考

劳瑞：《前基督教教育的历史考察》；第 228—248 页，斯巴达教育；第 248—282 页，雅典教育。

孟禄：《教育史课本》。

第四节　“智者”与苏格拉底：智识教育

课本

孟禄：《教育史原始资料》，第三章，新希腊教育，第 51—116、117—119 页。

孟禄：《简明教育史教程》，第 52—63 页。

戴维森：《亚里士多德与古代教育理想》，第 93—113 页。

学习帮助和提示性问题

1. 请先阅读《教育史原始资料》中的介绍性部分，第 51—66 页，留意以下几点，泛泛读过即可。 182

(1) 关于公元前 5 世纪、4 世纪发生的个人主义扩张，书里是怎么说的（第 51—54 页。孟禄的《简明教育史教程》及戴维森的著作都对此作了展开）。

(2) 对下文中四个引用源头的论述（第 54—58 页）。

(3) 社会上普遍的智识变迁对教育的影响（第 58—66 页）。

2. 阅读引自阿里斯托芬（Aristophanes）的段落，联系第 55、56 页的论述，进行重读。当然，这里的大部分引文纯粹是为喜剧写作的，不见得严谨中肯。请注意以下几点和智识运动有关的内容：

（1）各种新鲜的科学观点——如天文学等——所遭受的抨击；例如第 67、69、71 页和第 87 页的内容。我们得记住：在希腊人心目中，太阳、月亮及其他天上的星体一般都和宗教实践、宗教观点息息相关；所以，关于它们的新观点被认为是反宗教的。比如阿那克萨哥拉（Anaxagoras）曾经教导说，太阳的质料和地球一般无二；于是，他被当作无神论者而被雅典驱逐了。“科学”本身就自然地带有推测性、投机性，因此它很容易被嘲笑讽刺。

（2）请注意对谈话、争论中纯粹小聪明的抨击；例如第 72 页末尾和第 75 页开头。

（3）请注意对某些哲学家的指责，这些哲学家试图动摇、颠覆伦理理想，例如第 80 页和 90 页。

（4）请注意对这样一些行为的指责：鼓动年轻人，破坏他们的道德观，继而摧毁希腊人的传统美德；见第 82—86 页（戴维森，第 99—104 页的论述可以与此对照起来看）。阅读时请记住：所有这些嘲讽并非全然针对新教师，老派守旧人物顺带地也被嘲讽了。

3. 引自伊索克拉底（Isocrates）的第一部分，快速读过即可；其中重要的部分是（1）对智者学派假模假式和贪得无厌的抨击（第 91—92 页），以及（2）对那种应当好好教的文学科目的着力描述（第 92 页）。引自伊索克拉底的第二部分，也可以泛泛而读，一直读到第 103 页开头。这部分的意义在于，他试图让文学训练的巨大用处合法化。这是和哲学——即对智慧和善的爱——相一致的；而且，它不
183 同于对自然界的预测、探索，也不同于论辩的逻辑训练；后面这两者都是伊索克拉底轻视的（第 107 页）。第 107 页开头的段落说到演讲，说它是“让人类生活更文明的力量”——这话几乎可以被看作是这次新教育运动的座右铭。

4. 引自柏拉图的部分，确实展示了本节主题到下一节主题的转变。其中最有意义的内容是：（1）教育与培育植物的类比；成长有赖于良好的环境——这一观点从柏拉图的时代起，就持续不断地存在于各种教育理论中；以及（2）对当时雅典社会环境的抨击，认为当时的社会正在腐化堕落，因此有必要进行全盘的改革。

5. 无论从引文还是从他人的论述来看，要想对智者学派所代表的智识教育运动有个适切全面的了解，颇为不易。在整个欧洲历史中，是他们第一次让职业教师这个阶级呈现出来了，与其他的行业和利益有了明确的区分；也是他们，第

一次让教育成为以智识效果为目标的业务。现代意义上的学校，可以说，是用来传播有用知识、提供理智训练的机构——它肇始于智者学派。所以，仅仅以当今时代的条件为参照的话，还不足以理解他们对于教育事业的重要性；需要的是，和他们以往时代的条件作个比对。在那个时代，知识、技能什么的，是无法脱离共同体而存在的；它们被风俗习惯、也被地域差异羁绊着。在智者学派手中，与诸种技能相关的知识和训练被从特定的传统背景中解放出来了；而且，他们有能力在理论的基础上传授它们，作为理智的技艺来传授。诚然，此种举动加剧了社会生活的瓦解；但是，与其说智者运动是这一社会变革的原因，倒不如说前者是后者的结果。孟禄关于智者的论述大体正确；不过，当他说智者的宗旨是全然的个人主义（第 63 页）时，未免有些夸大——在这方面，戴维森的观点也夸大其辞了。有许多智者，放在今天多半会被称为人道主义者；他们教授文学及其他社会学问，为的是让诸希腊城邦对自己的共同语言、文学和宗教有更自觉的领会，以此来造就彼此之间更友善、更和谐的关系（例如，伊索克拉底说自己的工作意义 184
在于政治，“为了整个希腊”，第 98 页及第 100 页）。即便说到“人是万物的尺度”这个命题，它的意义也不在个人主义，而是在强调人类文化与文明的价值——相对于未开化人类及动物的自然界而言。

总而言之，智者学派：

（1）第一次有系统、专业化地把一般智识训练作为目标。

（2）引入了文学这一课程；并非仅仅把它作为道德训练的手段，而是以它本身为目的。

（3）引入了初等的几何学、天文学，以及物理学知识的诸形式。

（4）试图训练有实效的演说家和写作家，其中包含劝说和论争的理论——这样就引入了逻辑学的主题。

（5）在政治家技艺的训练方面唤起了人们的重视，这样就引入了政治科学、政治经济的主题。

（6）在这个时期出现了大量的论述文，关于各种技艺，诸如农艺、编织、印染、医药、驯马、披重甲或轻甲的战斗、战术，等等。

因此，可以说，当时有这么一股势头，想要在理智原则的基础上建立起一套百科全书式的知识，其中包括各种技艺和人类生活的方方面面。

如此说来，即便个别智者有什么负面行为引人诟病，或是智者运动整体的道德影响有何不堪之处，我们依然不可否认，他们的存在对于教育有着根本性的重要意义；因为他们为文明开启了理念，并且为现代意义上的理智训练和学科规划提供了大量材料——尽管其形式还是比较粗糙的。一言以蔽之，我们不妨把“智者”翻译为“职业教育者”，这大概是理解其意义的最佳方式了。

6. 关于苏格拉底，请对照阅读下列材料：孟禄《简明教育史教程》，第 60—63 页；孟禄《教育史原始资料》，第 118—120 页，以及戴维森，第 107—111 页。

关于苏格拉底，我们没有绝对的一手材料。他那个时代的一般希腊人基本
185 上都把他看成智者学派的一员；最终他被判处死刑，那指控也适用于所有的智者：否定神的存在以及败坏青年人。不过，以下几点使他有别于其他智者：

(1) 他是雅典人并且献身于自己的城邦，他并非四海为家的旅行教育者。

(2) 他不收费，他认为使别人进步就是足够的报偿。

(3) 他运用的是交谈方法，即对话或问答[“辩证法”(dialectics)这个术语就是源自“对话”(dialogue)这个词]，而并非长篇大论的说教。在他看来，对话法无论在理智还是道德上都优于说教法，因为(a)它的目标是社会性的，是相互进步的，而不仅仅是教条式的指导或说服对方；(b)它包含探索和询问，因此是谦卑地以“爱智者”(philo-sopher)自居，而并非假模假式地自命为智慧者；(c)通过对话或问答来探索真理，这方法预设了双方共同的基本目标或原则；倘若这个能够被发掘出来并明晰化，那么，真理的普遍标准就能得到澄清，于是争端就能被化解，各方就能同心协力地行动。

(4) 苏格拉底的方法包括以下几点：首先，提醒人注意他当前信念、意见中的不一致和自相矛盾，让他意识到自己的无知。其次，厘清观念的定义。苏格拉底似乎最早坚持明确定义的必要性，他认为，这是一切思考的基础；只有这样，人才能知道自己意指并坚持的是什么。第三，用定义规范化了的观念，其推论和内涵在细节上逐步展开——从苏格拉底开始，这样的方法被称为“展开法”。

(5) 苏格拉底的精髓在于，他为理智运动重建道德基础、道德目标；而其他智者则无视这一点，他们的兴趣是为知识而知识。苏格拉底着力要把这两者整合为一体：以共同生活的道德价值为目标的教育，以及自由探索的理智方法。他认为，美德是教育的宗旨所在；只有通过探询和反思，人才能够把握美德。因此，
186 和智者学派一样，他也宣告了地方性风俗习惯对人类生活的统治的终结；取而代之的是人的理智能力。而苏格拉底和智者不同的地方在于，他坚持主张，理智之

所以具有至高无上的重要性，恰恰因为它是道德生活必不可少的基础。苏格拉底是明确坚持教育中的理智训练与道德目标必须统一的第一人；而且，他为忠于自己的主张付出了生命——因此，他堪称守护教育事业的圣徒。

需要在你的报告中回答的问题

1. 教育中的变革源自怎样的历史变革？

2. 智者学派是适应怎样的需求而兴起的？

3. “智者型的”（sophistic）和“诡辩”（sophistry）这样的词（有必要的话，可以查字典）为何会包含坏的含义？

4. 教育的主题终究被引发了怎样的变化？

5. 教育方法有了怎样的变化？

6. 他们那时的教育问题和我国当今的教育问题之间有何相似处？

7. 关于知识和美德之间的关系，苏格拉底的信念是什么？这一观点是如何影响他的教育观的？

8. 阿里斯托芬为何要抨击智者和苏格拉底？

9. 戴维森和孟禄对这一时代的解读是否一致？在哪些方面有差异？你认为哪个更接近真理？

10. 就你最熟悉的当今的学校而言，个人主义被鼓励到了何种程度？你认为这样的鼓励是过分还是不足？

泛读方面的补充参考

格罗特（Grote）：《希腊史》（*History of Greece*），关于智者的部分。

马哈菲（Mahaffy）：《古希腊教育》（*Old Greek Education*）。

威尔金斯（Wilkins）：《希腊的国家教育》（*National Education in Greece*）。

给教师的心理学[①]

187 ## 课程目的

本门课程旨在提供这样一种知识：作为教师理当知晓的人类天性的某些原则，包括人在理智、情感和道德实践方面的表现。我们认为，教师需要了解人类心灵的成长和发展；需要了解有益于和有害于心灵茁壮成长的条件，无论是身体条件还是社会条件；教师不仅得知晓精神的状况和实效，更需要懂得它的运作和进程。因此，我们对于这一话题的处置是追根溯源的，或者说，是发展的、动态的。

方法

说明

本课程包含20个小节，每小节分为三部分：(1)学习指导。分派给你相应的阅读任务，告诉你该学的是什么。(2)学习帮助和提示性问题。这旨在告诉学生如何学习。(3)测试性问题。必须用书面形式回答，并把答案交给指导教师，以便教师了解学生的相关信息，并以此为基础对学生作出纠正、批评和进一步的指导。

给学生的指导

1. 对于任何学科来说，真正的进步都有赖于学生活学活用自己的经历和记

---

① 最初是由自由艺术与科学学院为走读生提供的，纽约，1907—1908年；第一节、第三至七节是现存的。

忆——就心理学而言，尤其是如此。请把课本当作辅助，用以指导你自己对他人和自身的观察，你对过往经历的回忆，以及你对上述内容的思考；不要把课本当 188
成上述实践的替代品。只有在第一小节，你才有必要仅仅依赖他人的权威。

2. 有系统、有计划地阅读；预先安排好时间；与其积攒下大量的内容一次性阅读，不如每天都阅读一定的量。不过，组织课程主题、写课后作业的时间得安排得多些。平均来讲，每天需要花一个半小时来阅读。要在一年中完成整个课程，那么，每两周就得完成一个小节。倘若学生无法安排太多的时间，那就得预先作出调整，以便把每小节的进程放缓些。

3. 养成边读边思考的习惯，而不要刻意尝试记忆。注重你自己对主题的理解，只要这样，记忆的问题会自己解决的。有系统地记笔记，能够帮助你理解。写下你对主题的分析；记下不懂的要点；写下可以用作例证或用来驳斥课本的你的亲身体验与观察。

4. 必须有论文。那些问题旨在帮助和测试学生的思考与理解，其次才针对他的记忆。有些情况下(作为和课本内容相关的考试)提出的问题会多些。学生的笔记本也是需要的，为的是测试学习的完整性、彻底性。

5. 在每一次练习中，必须留心观察并遵守列于其后的指示；违背指示的话，学生的论文就很可能不合格。

6. 在报告的每页纸上都写下你自己的姓名、课程名称以及目前的小节序号。

7. 用墨水(或打字机)在纸的单面书写。

8. 回答问题，必须在明晰的基础上尽量简洁利落。

参考书目

课本

安吉尔(J. R. Angell)：《心理学》(*Psychology*)。以下简称为 A. 。

桑代克(E. L. Thorndike)：《心理学诸要素》(*Elements of Psychology*)。以下简称为 Th. 。

安吉尔和桑代克的心理学都是新近的标准课本，包含了当今在这一课题中 189
最可靠、最少争议性的内容。他俩都强调人类心灵的动态和功能性层面。而他们对于话题的安排不同，这使得他们的作品构成了恰到好处的互补。桑代克举的例证相当出彩。每章结尾处的“练习”都较为具体，富有实践性；较之能直接与教师互动的学生，这些练习对函授学生更具价值。学生可以坚持不懈地用练习来检测自己的学习成果。在安吉尔的著作中，内容安排得秩序井然，富有系统性；语言清晰明了，又不失学术深度。它或许比桑代克的著作难度高些，对于心理学这一主题，它提供了更为完备和前沿的知识。

桑代克：《人性俱乐部》（*The Human Nature Club*）。以下简称为 H. N. C. 。这是一本简要而通俗的读物，但也颇为可靠。它可以和我们的每一节配合起来使用，以便对主题有一个鸟瞰式的把握。

泛读材料

除了上述文本以外，学校方面还将资助以下这些书籍，供学生自由选择作辅助阅读。功课上对这些书籍不作要求，学生可以凭喜好在图书馆借阅这些书，以拓展自己在特定主题上的阅读面。

H・霍夫丁（H. Höffding）：《心理学大纲》（*Outlines of Psychology*）。这是一部译著，作者是一位杰出的丹麦心理学家。这部书面向的是进阶的学生。

威廉・詹姆斯（William James）：《心理学》（*Psychology*）。这是詹姆斯教授两卷本巨著《心理学原理》（*Principles of Psychology*）的缩写本。它是这一领域最为重要的成果。

摩根（C. L. Morgan）：《给教师的心理学》（*Psychology for Teachers*）。就具体的学校状况而言，本书或许略有欠缺，在细节上也略有不足。不过，就某些重要的普遍原理来说，本书颇有启发性。

斯托特（G. F. Stout）：《心理学基础》（*Groundwork of Psychology*）。本著作
190 是一位杰出的英国心理学家对本学科主题的明晰阐述。它强调的是行为要素。

铁钦纳（E. B. Titchener）：《心理学纲要》（*An Outline of Psychology*）。这部著作在分析方面尤其清晰，在实验方面颇为着力。

主题

1. 身体和精神行为之间的关系
2. 精神行为的一般方面
3. 本能和冲动
4. 情绪

5. 意志的开端

6. 习惯和联想

7. 注意力

8. 辨别力

9. 感官和感觉

10. 识别与观察

11. 对空间和时间的感知

12. 想象力和想象

13. 记忆

14. 思维的本性

15. 理性思维的过程

16. 情感

17. 发达的意志

18. 性格

19. 自我或人格

20. 心理学和训练

第一节　精神行为的身体基础

特别指导

本节的阅读任务是(按如下顺序):Th.,H. N. C.,第 7—19 页;Th.,《心理学》,第 120—162 页;A.,第 11—46 页。这部分内容是较为复杂的,颇有难度。不过,第一部分的参考读物不容忽略,必须先完整地读过。至于后面两部,可以暂缓阅读,边读边参考以下“帮助”中的相应条目。 191

学习帮助和提示性问题

1. 关于精神和身体行为之间的一般关联,我们有何证据?请阅读 Th.,第 120 页以及 A.,第 11—14 页。把书中的论述和你自己的观察、经历作个比较。

2. 神经系统的一般结构是什么?请阅读 Th.,第四章;尤其要仔细研读图解部分,这部分内容极其精彩。把你的学习和神经细胞(A.,第 15 页)以及作为所有神经细胞之总和的系统等观念联系起来。有必要的话,你得摆脱一切早先的偏见,比如认为“细胞”和“纤维”之间具有根本性的差异什么的。

3. 这一结构的功能是什么？你是如何理解“结构”与“功能”的（需要的话，可以查字典）？感官、运动和联结这几个功能，它们各自的意义分别是什么？从根本上讲，动物和人的区别究竟在于前两者还是在于后者（请阅读 A.，第 38—43 页的讨论，尤其请注意第 42 页接近开头处的论述；把它和 Th.，第 149 页作个比较）？

4. “通过经历来学习”的身体基础是什么？请阅读 Th.，第 146 页，关于“可变性”的部分。

5. 请记住那个关于神经系统之目的的一般论述（H. N. C.，第 19 页，注解；Th.，第 161—162 页；A.，第 14 页和第 20 页），想想看，当环境特征持久且有规律的时候，或是当它们变化多端、次序异常的时候，神经系统需要有怎样不同的适应性？请思考神经系统各主要部分与上述适应性的关系——各部分包括（a）脊髓（A. 第 24—27 页）；（b）脊髓和大脑之间的部分（A.，第 28—32 页）；（c）大脑（A.，第 32 页）。①

6. 从身体层面来说，以下这几项的区别是什么？（i）适应周遭环境的温度；（ii）闪避适应，以躲开忽然的打击；（iii）通过制订方案，避免未来可能发生的危险以适应未来。在每一项中，感官、运动和联结的特性分别有何表现？在每一项中，“预先调整”各自占有怎样的重要性？②

192 需要在你的报告中回答的问题

要在课程中获益，主要的功夫在于阅读、观察、思考，其次才是回答问题。回答要尽量简洁明确。若是写得暧昧模糊、不得要领，那么，不仅会让学生自己糊涂，而且会让指导教师抓不住重点，无法提供必要的纠正和帮助。

1. 从你自身的经历中找出例证，说明精神和身体行为之间的紧密联系。

2. 请用生动的例子（真实的或想象出来的都可以）说明对学生身体状况的认知如何有助于教师开展工作。

3. 神经系统的目标在于调整行为以适应环境，这一概念对于教育有何意义？请从以下三点来考虑：（i）感官训练；（ii）运动训练；（iii）理智训练。怎样的理

---

① 不要被解剖学上的细节搞糊涂了，只需记得书中提及的、关于“调整”的一般问题即可。

② 这个问题有助于你把整个主题当中的知识组织起来，用它可以测试你对这部分内容掌握到了何种程度。如果你能明晰地回答这个问题，那么，第一节的教学目的也就达到了。

智训练会违反这一原则？

4. 请说出儿童在学校外获得的各种运动训练，以及他在校内获得的运动训练。

5. 通过本小节的学习，你觉得心理学知识对教师有何用途？为什么？

6. 请说出你感到最难理解和把握的知识点。

7. 请阅读 Th.，第 177—183 页的练习，然后挑选上面列出的实验来做并写出实验结果。

第三节　反射行动和本能行为

课本

安吉尔：《心理学》，第 15 章、第 16 章。

桑代克：《心理学诸要素》，第 12 章。

复习《人性俱乐部》，第 2 章；以及安吉尔，第 48、49 页。

学习帮助和提示性问题

本小节是对上一节所说的“天然行为”的展开。它旨在对人类与生俱来的行为进行条分缕析。对于教育者——无论教师还是父母——而言，了解受教育者天生就具备的材质，这一点显然很重要。关于这一主题，在此无需过多的提示， 193
因为我们的课本——尤其是安吉尔著作的第 16 章——已经说得足够明白了。不过，以下几点还需特别强调一下：

1. 感官-运动调整（即回应刺激以便适应）与控制力之间的关系。请对照安吉尔，第 53、54 页。请把你自己拥有控制力的事例和你不具备控制力的事例作个比较，比如驾驶一部机车、阅读希伯来文，等等。

2. 本能对于动物和幼年人类的相对不同的明确性；在何种限度内，动物中的系统性本能相当于人类的倾向；本能与人类更强大的学习能力——或造就新适应性的能力——之间的关系。

3. 在幼年人类身上，本能较为不明确，其表现也较为不犀利（H. N. C.，第 24 页）；请注意这一事实与幼年人类较为严重的无力感之间的联系，以及上述现象与较为强大的接受新事物、超越既定界限获得进步的能力之间的联系。

4. 请认真对待这一原则：反射和本能的可变性。请把这个和第一节中说到的神经系统的可塑性作个比较。

5. 请比对以下两个原则：关于延迟了的本能的原则，以及关于瞬时的或被抑制的本能的原则。

6. 请仔细思考A.，第293页以及第295、296页提出的问题，即人类对本能的保存曾经是有用的，但如今是有害的。下文即将显示，这里揭示出了教育学最根本问题中的一个。

7. 请参照A.，第297页开列出的条目，考虑一下你自己和你熟识的其他人，看看各个不同个体在本能倾向方面的相对强项或优势，以及这一事实对各个人整体的影响。A.或许未曾就个体的多样性给出足够明晰的原则。关于这一点，可参考Th.，第193—195页。

教育方面的实际应用

许多问题都足够直截了当地表达了它们自身。

194 1. 请复习上一节的问题。请考虑以下事项的意义：幼儿园行为；小学低年级中的所谓幼儿园方法；缝纫、烹调和手工训练的引入；泥塑；玩沙；学校园艺；远足；彩绘、画图；阅读教学中的戏剧运用；数字教学中的搭积木、测量、称重；科学中的实验工作。教育中的上述这些倾向有没有得到足够的考虑？我们是否依然需要在理智技能和实践、运动行为之间建立起更多的联系？总体来讲，在当今的学校，抽象思维较强的人是否依然比艺术或实干才能占优势的人更如鱼得水？请回答这些问题并给出你的理由。

2. "说到当今学校在阅读和写作方面的安排，它是否存在这样的错误——即在依赖延迟性本能的情况下太性急，而在诉诸瞬时本能的情况下又太迟缓？"[引自桑代克，《教学的原则》(*Principles of Teaching*)，第35页]

3. 早熟——即能力过早地发展成熟——是否会伴随危险？倘若孩子过早地学习专业化技艺，那么，他是否会遇到危险？对于发育不良，你作何理解？你能举一些例子吗？它的起因是什么(除了疾病或意外事故)？请不要在显而易见的低能者中间寻找实例；其实，几乎每个人都会在特定的方向上发育不良。

4. "教育要做的事情，就是让本能倾向为理想的目标服务。"在这个命题中，本能倾向被赋予了何种地位？这样来定义教育，你觉得是否正确？一般来说，教师是不是根据这样的理想来行动的？倘若不是，那么，他们用以替代上述理想的教育理念又是什么呢？

5. (a)有这么一些本能，其自然表达是有害的，或者是违背道德的——或许在某些条件下，一切本能都有这样的倾向；这一事实给我们带来了怎样的困难？(b)父母或教师该如何应对这类困难(请仔细研读 Th.，第 196—198 页；用心考虑后面部分提出的问题)？(c)有这么一种说法："最初的反应向来值得尊重，即便你在想方设法用别的反应取代它。"这是否可能呢？抑或，这是自相矛盾的说法？比如说，当我们如它说的那样来对待怒火、对待过多的激素分泌时，它的意思究竟是什么？(d)从妥善避免坏的倾向这个角度来说，恐吓、命令、转移注意、预先安排状况以及争论等——这些手段各自都有怎样的重要性？榨出法或纯粹 195 的压抑法有何弊端(把上述内容和"阻断意志"这一旧观念相比较。想想看，怎样的条件会把好斗倾向转变成易怒性格、阴郁性格或强有力的性格)？

6. (a) 把传统的学校学习项目开列出来(阅读、写作、算术等)。然后回到本能的清单(A.，第 297 页)，看看各个本能中有哪些被学习项目实用化了，而哪些大体上还未被开发。

(b) 用上述过程来处理音乐、画图、彩绘和泥塑。

(c) 用同样过程处理各种建设性工作和手工训练。

7. 请思考不同的学校纪律法则对社会性本能和反社会性本能的影响，例如，一边是社交性和同情心，另一边是敌意、竞争心、嫉妒，等等。传统的教育法主要是诉诸分隔人的动机，还是团结人的动机？用来交际、沟通的社会性本能能否被实用化？还是应该压抑它，让社会陷入安静沉默？请思考以下事项的广泛影响：注重分数、考试、等级和晋升，把名字写在黑板上，鼓励孩子比其他人干得更快、更好。

需要在你的报告中回答的问题

1. 请区分反射行为、本能和后天习惯，给每一项举出实例。

2. 简述关于本能之起源的各种理论。

3. 根据以下几条，把 A.，第 297 页中的十六种本能归类：(a)哪些伴随的情绪动荡最少，哪些伴随的情绪动荡最多；(b)从理智角度看，哪些最重要，哪些最不重要；(c)从实践性的、外在的结果来看，哪些最重要，哪些最不重要。

4. 分析各种淘气行为，说出它们分别是向何种初级本能的回归。想想看，用何种方法可以把这样的本能训练得有助于实际用途。用同样的方法处理欺负弱小和嘲弄行为。

5. 请设计教地理学的方法，以便把好奇心、社会性同情心、玩乐心和构造性等诸本能都实用化。

196 6. 请设计一种方法，把敌对本能引导得让个体和自己竞争——也就是说，让他砥砺自己，而不是对抗他人。

7. 写出你对“学习帮助”1的回答。

8. 写出你对“学习帮助”2的回答。

9. 写出你对“学习帮助”3的回答。

10. 写出你对“学习帮助”4的回答。

第四节　情绪

课本

桑代克：《人性俱乐部》，第10章。

安吉尔：《心理学》，第18章，第19章。

桑代克：《心理学诸要素》，第5章。

《人性俱乐部》中的那一章得预先阅读，以便对整个话题有个概览。安吉尔书中的两章试图描述并解释情绪事实，我们的主要学习是以此为基础的。桑代克《心理学》中的一章主要说的是对情绪的分类。

学习帮助和提示性问题

迄今我们考虑的都是精神行为，至于与之相伴的精神状态或框架只是附带地涉及。现在，我们要开始学习种种个人状况，要面对的是多样性。从一方面讲，情绪就是行动。例如，所谓生气，通常指的是某种行为方式的预备和倾向。作为行动，它属于外在世界；即便一个人自己从未经历过生气，他也能正确地描述这种情绪。但是，作为一种精神状态的生气，就只有亲身经历过这种感受的人才能描述了（在阅读有关詹姆斯理论的论述时，尤其需要记得这一点：较之作为行动的生气，他更关注的是生气时的主观感受）。

1. 我们的学习从作为行动的情绪开始。头脑中要记得的是它与本能的联系。
197 见安吉尔，第297、315页，以及桑代克，第82页。

2. 《人性俱乐部》中的那一章介绍了詹姆斯教授的理论；和这个有关的，请阅读安吉尔的《心理学》，第317—319页。根据这一理论，情绪这种本能反应是由外而内的；也就是说，当我们生气或悲伤的时候，我们的感受由各种器官和肌肉上的扰动构成，这些都是和情绪的发泄相伴而生的。

3. 请努力把桑代克第 5 章中说到的情绪类别与机体的本能反应联系起来。令人惬意的情绪和被事物吸引相联系；厌恶情绪则和退避事物相联系。还有激动和消沉、紧张和放松，显然和行为的机体状况有关。

4. 安吉尔，第 322 页，提出了作为感受的情绪和意识之间的关系。倘若我们把第 322 页的论述和先前第 50—52 页的作个对照，就能明了用于解释情绪的原则和用以解释意识的原则之间的一致性。从这一视点看，一切意识状态都是情绪性的。想想看，面对同样的对象，当人高兴时、郁闷时、无聊时、恼怒时、惊恐时或充满希望时，他的感受是何等的变化多端。从外部来说，对于一场战争，仅仅存在一种正确的描述；但当我们考虑到失败者和胜利者——战争对于他们而言，反差是何等的巨大啊——的诸种精神状态时，就足以明白，情绪是如何令意识状态彼此有别的。当我们说到心理学家口中的“意识”时，最好尝试着去唤醒恐惧、生气、欢乐、忧愁、尴尬、爱恋、憎恨等体验——因为只有通过这种方式，学生才能恰如其分地把握它意指的是什么。外部世界固然保持不变，是各种情绪让人对世界的感受流变不止——对于人的主观而言，情绪把客体染上了不同的色彩。对学生来讲，本小节的主要价值之一，就是让他更明确地把握区分于客体的意识。

5. 同样的观点在安吉尔，第 325—335 页得到了更为完整的阐述。这里说到，那些把各种情绪——诸如生气、恐惧等——彼此区分开的身体姿势和动作，可以被看作是某些行为的残存物；这些行为曾经是就其本身而言有用的，由于其他倾向的干扰，如今它们多半丧失了实用的意义。因此，情绪标志着某种震动， 198
它发生于一种行为向另一种行为过渡、而两者又不协调的时刻；它标志着紧张和用力，因为人在调整彼此不相关的诸种行动。又如，在欢乐和悲伤的例子中，它标志着一项行为在克服与之冲突或敌对的行为方面的成功或失败（这个可以和冯特(Wundt)的三重分类法相比较）。情绪是扰动、刺激、兴奋——或者说，与这类因素相关。

6. 安吉尔在第 335、336 页简洁地论述了心情和情感，这部分十分重要；学生应该回顾自己的亲身体验，直到找到足够的例证。值得注意的有：心情对理智和实践行为的影响，以及占主导地位的情感对性格的影响。我们所说的性情，从其心理学层面讲，基本上就是习惯性的、占主导地位的情感。

7. 请用心对待关于情绪之表达的一切论述——例如，安吉尔，第 316、317 页，关于生气；第 320、329 页，关于恐惧；关于欢乐，第 324、333 页。然后观察他人，看看我们“阅读”他人性格、心情的能力如何与这类情绪释放息息相关。观察图画和演员等，看看一般人心目中主要情感的典型表达是什么[达尔文(Darmin)关于情绪之表达的著作提供了很多照片]。请观察沉思的人、受惊的人、厌恶的人、嫉妒的人、快活的人和易激动的人。你想起的是怎样的典型姿势、肢体动作和状态？尽量让你自己的身体接近那样的动作和状态，你是否感觉到接近那种情绪了？当你双眉紧皱、噘起嘴唇的时候，你的精神状态有何变化？当你轻蔑地撇嘴时呢？当你放松地微笑时呢？你是否知道德尔萨特氏(Delsarte)系统？倘若知道的话，你是否能看出它和此处的心理学教学之间的关系？对于人的性情来说，让他的肌肉持续紧张、保持振作的姿势，会对他有什么影响？

8. 这里所说的，并没有直接提及情绪和理智生活之间的关系；不过，这一主题对于教育而言极其重要。当人悲伤的时候，是否容易让他记起和欢乐有关的观念呢？倘若真的记起了并且将这样的观念保持在脑海中了，那会对他的情绪
199 产生什么影响呢？对教师或某个主题的厌恶会有何理智上的作用？为什么对于人最感兴趣的东西，他的记忆力最强？何种情绪对教学工作最有帮助？哪种是最有害的？是不是有些情绪(例如嫉妒)对于学习是有用的，但对于性格是有害的？经常唤起学生的竞争情绪，会有何效果？何种条件最易于唤起好奇心？

需要在你的报告中回答的问题

1. 写下你对桑代克，第83页开头十道练习的回答。

2. 写下你对桑代克，第84页练习15和16的回答。

3. 在你看来，儿童和成年人的情绪表达有何区别？给出具体的例证。

4. (a) 对于一种情绪，倘若毫无抵触地根据它来行动，即让它自由发挥，那会对它产生何种效果？

(b) 如果试图征服它或直接阻止它呢？

(c) 倘若给可能引起厌恶情绪的工作提供适意、愉快的环境，那会有何效果？在上述每一点上，请给出例证。

5. 简要地论述詹姆斯的情绪理论，然后给出所有你想得到的反驳，以及你遇到的难点。

6. 桑代克给情绪作了各种分类，你喜欢哪一种？为什么？

7. 请至少用三种情绪来说明安吉尔的“中断”和“泛滥”学说。

8. 说说你是如何理解“心情”和“气质”的。请描绘你认识的人身上你认为

是“气质”的东西。

9.（a）关于情绪对理智的影响（即在引导事实和观念方面的相互关联），请给出你的思考和观察结果。

（b）何种条件最有利于唤起好奇心？给出你的回答。

10.（a）在你看来，从原则上讲，教师对儿童学习过程中的情绪态度和反应是否有了足够的重视？ 200

（b）对于学习和纪律而言，两者是否同等重要？

（c）对学习感兴趣或不感兴趣，分别有何效果？当人感兴趣时，何种情绪较活跃？各种能够引起兴趣的情绪，它们是否具有同等价值？何种最有价值？何种最无价值？（每一项回答都请给出你的理由）

第五节　意志的开端

课本

桑代克：《人性俱乐部》，第 11 章。

桑代克：《心理学诸要素》，第 274—290 页。

安吉尔：《心理学》，第 20 章。

学习帮助和提示性问题

1. 要注意的是：这里要回顾的部分基础性内容已经在前面有过充分的探讨了。就不自觉的行为而言，无论它包含怎样的内容，起码有来自本能的力量；当然，还包含冲动性倾向，向既定方向的倾斜和牵引。相应地，自觉的行为也包含第三节中讨论过的那些材料。它还包含控制运动的力量，因此这里不能没有领会目标或意图的手段。于是，我们再一次回到第一节、第二节讨论过的内容。因此，这样来开始本节的学习是比较适宜的：先用心复习 A.，第 53—56 页，即“运动控制的开端”这部分；然后，进一步的学习可以阅读第 347—352 页。为了更明确地把握相关论点，可以复习 H. N. C. 第 3 章。对于去除无用运动这件事情，A. 称之为“释放超额和偶发成功”原则；其基础与桑代克的“试验和成功”方法全然相合。

2. 上述回顾材料给我们提供了自觉行为的背景。不过，自觉的行为起码还得包含一个要素，它是来自精神的观念，是意向、目标、意图、计划，等等。以此为基础，人才能选择合适的运动。它是指导行动方向的原则。H. N. C.，第 127— 201

132 页，清楚地展示了以下情形的差别：(1)纯粹一个观念的闪现足以启动一系列行为，一个观念召唤起一个动作，正如一个动作会召唤起下一个动作。(2)自觉行为特有的情形，用来给动作指引方向的观念一开始就是有预谋、有意图地构筑起来的[前一种类型通常被称为念动行为(ideo-motor action)]。请阅读 A. 在第 342 页给出的例证，看看哪些是念动行为，哪些是意志特有的。尽量回顾你自己之前几个小时中，看看以下的情形各有多少：(1)念头一到，你就立刻着手行动；(2)你一开始，要么在思考这念头本身是否令人满意，要么在脑海中选择实行这念头的最佳手段。从计划、意图或达成目标的手段方面来讲，你投入的思考越少，这行为就越是不自觉——也就是说，它就越缺乏意志的因素。而有些行为，我们会在行动前考虑相应的计划是否充分、是否正确，实现目标的手段是否最佳，等等；如此这般的考虑越多，行为就越是自觉。

3. 请阅读 H. N. C.，第 132—135 页，以及 A.，第 345 页，“注意力和意志”，讲的是注意力的重要性。A. 在第 342 页给出的第一个例证中，很显然，注意力只占极小的分量；像“要做什么”这样的思想，占据心灵的时间不会超过短短的一瞬。在考虑“是否要将某个主题合并入课本”这样的情形中，注意力占据的时间就比较长了，可能有数天之久。在人生的重要关头，人或许会花上几个月的时间来制订计划，然后才能得出结论。现在，如果你回顾课本里的例子(也可以通过回忆你自身的经历来找出例证，这样更好)，你会发现，在极小量的注意力就足以对付的情形中，往往只有单一的目标出现在眼前；而在需要深思熟虑的情形中，则往往可供选择的结果会比较多——而这些结果往往彼此不可兼容；所以，当某
202 个观念趋向行动的时候，就会有敌对的观念跳出来阻碍它，并指示出另一套行为模式。各种目标、意图之间的紧张冲突，造成了注意力的高度集中。有些时候，各种目标中有一个目标会显得比其他目标合适，这时我们很想将它付诸实施；可是，还会有另一个目标，它看上去道理更充分，但不是特别令人愉快。这样一来，注意力就紧张起来了；精神努力要把整个情形都考虑在内，显得尤其专注(当然，目标确定以后，冲突依然会存在；它着眼的是达成目标的最佳手段，而通常来说，这类冲突的紧张感不如前面那类)。

4. 在自觉动作的精神先兆这个问题上，A.(“注意力”一节，第 343 页顶部，及第 345 页底部)和 Th.(第 52 节，第 281—284 页)似乎提出了互相对立的理论。A. 追随詹姆斯的立场，坚持认为某些关于预期结果的想象或观念是必须在

行为之前呈现出来的。在有些情形中，这观念关乎行为的结果；而在另一些情形中，它涉及的是行为的间接后果、远期后果。Th.（第 282 页）则认为，任何精神状态都可能先行呈现；并且（第 283 页），倘若以为行动之前预先呈现的观念必须“和行为的先前结果相关”，那是个谬误。这里的观点对立，从某种程度上讲，只是字面上的；从 A. 在第 344、345 页举的例子来看，他用“远期效果”这个词指投资中的情形——而 Th. 并没有把这个包含在“效果”之内。说到“远期感受”（Th.，第 282 页），从 Th. 举的例子来看，他说的是行为自身的直接产物；而 A. 指的则是较为间接和含混的事物，比如对于可获取的利益的期待，等等——显然，这个无法被还原为 Th. 在第 282 页说到的那些明确的感知物。再说，A. 也不会把预期目标的观念限定为“行动的先前结果中的某些个”——重点是，不能死扣字面上的意思来理解“先前”。可以用想象力来重新适应“先前结果”的映像。不过，即便我们允许同样的词语有不同的内涵，这一事实却依然存在：A. 坚持主张关于预期结果的观念必须先于自觉行为而呈现，而 Th. 认为并非如此。这里的观点差异给了学生一个很好的机会，让他们可以独立地从自身经验出发来决定何去何从。请尽量多回忆、多观察你的亲身经历，看看它们支持何种观点。这么做的时候，请用心区分以下两种情况：念头一旦闪现就立刻付诸行动的情况，以 203
及思想被用来对付手段或目标的情况。考察 Th. 在第 284 页使用的例子，看看它应当被归入哪一类。当一个人自觉地寻找食物的时候，其原因仅仅是他感到饥饿，还是他回忆起了以往享用食物所获得的满足，抑或是因为他知道某个地方已经有现成的美餐在等候自己？你能否找到这样一些例子，它们是深思熟虑的行为，其中却并不包含基于过往回忆的对未来的预期。

5. A. 在第 358—361 页关于“模仿”所说的内容，现在可以拿来和 Th. 在第 286—289 页说的内容作个比较。模仿这个话题，对于教育而言极为重要。学生需要思考的问题包括：(1)模仿的重要性，它是基于作为手段的，还是作为目的？如果一个人既模仿手段又模仿目的，那么，独立性、自主性和真诚的选择会如何呢？另一方面，即便是一个相对简单的目标，倘若人不通过模仿来借鉴达成这目标的最佳手段，那么完成目标所需的时间会不会相当长？请思考教师和父母的行为，想想他们在何种情形下坚持要求孩子模仿、复制或再现他们自己的意图和目标。具体效果如何？这样的方法对于意志力来说，是强化，还是削弱？进一步的问题是(2)模仿这一手段，是在*有意识*的状态下，还是在*无意识*的状态下更能发挥作用？前者的具体例子是：教师对儿童说，“看着我，照我说的做”。而后者则是对目标感兴趣的儿童，为了达到目标而无意识地模仿他人的行为。

须在你的报告中回答的问题

1. 请回答 Th. 第 285 页的练习 4。

2. 请回答 Th. 第 289 页底部的练习 2。

3. 请回答 Th. 第 290 页的练习 5。

4. 倘若家长或教师主要依赖争论和证明，那会有何危险？

5. 请描述一个你自己的经验，其中深思熟虑占主导地位。

6. 请描述欲望占主导地位的经验。

204 7. 请描述努力或紧张感占主导地位的经验。

8. 请论述一个学生学习写作的过程，来证明“从随机行为到可控行为的发展”这一原则。

9. 设想你有这么一位学生，他对学习算术很反感。那么，你将如何令他产生学习这门课程的意愿呢？能否直接诉诸他的意志，即告诉他：你必须有学习的意愿？

第六节　习惯和联想

课本

桑代克：《人性俱乐部》，第 12 章。

安吉尔：《心理学》，第 52—63 页（关于习惯），第 89、90 页和第 170—176 页（关于联想）。

桑代克：《心理学诸要素》，第 16 页，第 13 章，第 238—255 页。

请注意，A. 把关于习惯和联想的讨论分开来了，把后者和想象系列联系到一起；而 Th. 则把和习惯及想象、观念系列相关的一般原则放在单独的一章里谈。从实践上讲，习惯和联想是一回事；观念的联想则是一种特殊应用与发展。

学习帮助和提示性问题

A. 习惯。请注意，和这个词的日常含义（请查字典）相比，在心理学家口中的“习惯”术语的含义要更为广泛、更具技术性。从较流行的用法来看，习惯多半意味着令人上瘾，让人难以摆脱，比如发誓、酗酒。而心理学家则不光用它来表示有用的外在能力，如唱歌、步行、谈话、打字、准确的射击等等，而且用它来指称有规律的理智、情绪倾向;比如说,达尔文的思维习惯和阿加西(Agassiz)大异其趣;他的感受习惯则与丁尼生(Tennyson)截然不同。这个术语想要涵盖的范围包括内在和外在的倾向,它们介于先天智能、先天力量(与生俱来的关联能力)和 205
自觉行为之间——前者就是我们在第三节、第四节思考的内容,而后者我们在上一节刚刚讨论过。先天倾向通过行为多多少少地变得自觉,这就成了习惯;自觉行为经过练习和重复,也成为习惯。心理学家还用这个术语来指称强化了的倾向,即便这强化仅仅是重复一次相似的行为、尚未把它作为规律确立起来。我们可以把 A. 和 Th. 关于习惯的论述组织成以下三个条目:(1)对习惯的描述;(2)对其源头的解释;(3)结果。

1. 描述。习惯性行为——无论内在的还是外在的——的主要特征包括(a)一致性、规律性;(b)简易,便利;(c)活跃的倾向或脾性。回顾行为成为习惯的次序,我们(c)自然而然地倾向于它,任何刺激都趋向于使它运作;(b)我们从事它时的紧张感、努力感或困难感都比较少;(a)作为结果的实行模式已经被完好地组织起来了;这习惯的每一次表达都彼此相似,作为其基础的动力已经被系统化。一切倾向都联结为一体,以增长行为之习惯性因素的自发性、自动性和无意识性(请回顾第二节的内容:面对新鲜因素,意识的联结如何在困难和挫折中进行调整)。这样一来,习惯就复归到这样一个阶段:它类似于本能。我们可以说,本能就是由种族获得的习惯,而习惯则是由个体获得的本能。

2. 对起源的解释。对于重要因素,Th. 给出了一份卓越的概要(《心理学》,第 205 页),即先天联结、练习频率,以及基于满足感的选择。像"打上烙印"、确认、通过满足而深化这些要素都是基本的,第 202、203 页已经把它们明晰地表述出来了(当然,这个与第五章中讨论过的"试验和成功"方法是同一个原则)。就教师和家长而言,最常犯的错误在于过分强调重复或频率,而忽视作为基础的先天倾向的重要性,以及作为选择、排除过程之验证的成功收获的重要性。

3. 结果。在描述中说到的三点,当然是重要的结果。而主要结果在于,某些行为及行为的组成部分可以不借助思考就足以有效地运作,这样有意识的思考就被解放出来了,可以致力于更新鲜更有难度的事物(H. N. C.,第 140、141 页;A.,第 58 页;Th.,第 304、305 页)。一般原则是:习惯应当被用作行为的手 206
段,而非目的;至于目的,应当由有意识的思考来确定。"习惯是个好仆人,但它是个坏主人。"

B. 联想。联想的某些方面，比如 A.，第 170—176 页及 Th.，第 238—255 页中提到的，我们将在后面就其与其他话题的关系再次讨论，而这里将一笔带过。不过，领会这一点很重要：观念的联想过程不过就是习惯原则的一个发展。当一系列观念从脑海中经过，比如 2 月 22 日、华盛顿、樱桃树、诚实、魏姆斯（Weems，这个故事的源头）、故事的可靠性等等，这时每个念头都是对前一个念头的回应，而整条线索则是由习惯加上其他条件——如当前兴趣、近期经历等——才确立下来的。Th. 在第 205—213 页相当漂亮地展示了上述论点。请仔细比较第 207 页给出的法则与第 242—245 页的内容，并指出其相似点。

需要在你的报告中回答的问题

1. 对于我们思考什么和如何思考，习惯是如何起作用的？习惯对行为的作用呢？请给出具体例子。

2. (a)请举出一个“心不在焉”的例子，说出它与习惯原则的联系。(b)说出这个例子如何表明“习惯是个坏主人”。

3. (a)卢梭说，他希望 10 岁之前的学生形成的唯一习惯，就是不形成任何习惯。请评论这一观点，也请指出其中的真理因素。(b)你如何理解可变习惯？

4. 请回答 Th. 第 213 页的练习 3。

5. 请回答 Th. 第 213 页的练习 4。

6. 请回答 Th. 第 213 页、214 页的练习 6。

7. 请讨论习惯的伦理层面。

8. 习惯是否会变得过于自动化——例如不假思索地加数字的习惯？

9. 请设想这样一个习惯：它已经彻底形成了，然而它是在令人厌恶的条件下形成的（比如，一个学生因为害怕受到惩罚而学会阅读拉丁文）。它有何效果？

207 10. 请完整地叙述你最近形成某个习惯的经历。

第七节　注意力

课本

桑代克：《人性俱乐部》，第 11 章。

桑代克：《心理学诸要素》，第 97—107 页，关于注意力功能的段落，第 118 页及第 309—314 页。

安吉尔：《心理学》，第 64—86 页。

学习帮助和提示性问题

习惯和注意力，被认为是精神生活的两极。请尽你所能想出这两者之间的差别；例如，意识和无意识的程度；自动性；简易或困难。在习惯的塑造中，注意力有何作用？是用大量的重复、少量的注意力来塑造习惯好，还是通过集中注意力来尽量减少重复的次数好？设想这么个孩子，他习惯于把单词拼错。要想让他改掉这个习惯，让他用正确的拼法拼很多遍好，还是让他一次性地获得对单词明晰生动的感知好？这个话题和上一节讲过的话题——即成功和错误对于塑造习惯的重要性——之间有何联系？习惯对于注意力有何作用？习惯是否倾向于固定注意力的方向？我们能否把注意力转向我们全然不曾习惯的方向？我们是否注意到我们的习惯已经彻底形成的方向？为什么有时候，当人没注意做的事情时，他能做得很好；而一旦开始思考那事情了，倒会显得笨拙——比如沿直线行走？对于一个普通人来说，为什么在高空的平板上行走很难，而在地面同样的平板上行走却轻而易举？关于习惯和注意力之间的关系这个话题，请阐述你的思考结果；注意，思考的基础是旧事物和新事物在注意力中的彼此关系。为什么磨坊主听不到磨的噪声？为什么我们不容易听到屋子里的钟在走，却容易注意到钟停了？在学校教室里，最吸引一年级孩子注意力的是什么？六年级呢？即将毕业的高中生呢？为什么？现在，你正在对注意力问题使用注意力。回顾你 208
在这个话题上的思考，看看你能就注意力得出什么结论。要知道，若想总结出这方面的规律，你的材料不比任何人少——当然，除了那些用仪器做实验的。

读过课本、思考过习惯与注意力之间的一般关联以后，你需要用心反思以下几个话题：

1. 注意力的固定和运作。固定注意力，或集中注意力，意味着什么？是否意味着把精神变化排除在外？（见 A. 第 78 页）而注意力的警醒又意味着什么？一个人是否可以在同一时刻既集中注意又保持警醒？他将如何表现二者？有的学生“安静”、“聪明”，却一无所长，这是怎么回事呢？学生是否会过于易起反应？有没有这样的孩子，在学校中显得迟钝笨拙，后来却辉煌显赫？你如何理解这样的现象？

2. 自觉注意力和非自觉注意力。哪个更为源初？A. 为何要作出三种区分？在自觉注意力中，紧张感起了什么作用？当孩子们自己根本不知道该对何物集中注意力时，告诉他集中注意，会有何效果？人是靠什么来集中注意力的？靠纯粹意志力，还是特殊习惯，或是过往的经历？

3. 先天注意力和获得性注意力的话题(Th.,第101—103页)是重要的,必须掌握。它和自觉注意力、非自觉注意力这个话题之间有何联系?

4. 聚焦和选择。注意力是有焦点的;而且注意力是有选择性的——这两个原则之间有何差异?是不是前者关乎它在任何时间的状态,而后者关乎注意领域演替时的状态?

5. 注意和不注意。是否存在"不注意"的学生?什么叫不注意?不注意和注意力分散之间是否存在区别?

6. 注意力和行动。仔细阅读A.,第82、83页。为什么孩子们在做风筝时容易集中注意力,而在学习语法定义时就不那么容易?在埃尔迈拉革新(Elmira Reformatory)中,那些没法在学校课程中集中注意力的男生,接受的是体育和手
209 工训练;最终,他们的精神集中力得到了改善。你如何解释这一现象?

对于教师而言,注意力这个话题或许是再重要不过的了。希望每位教师都能花上足够的时间来观察自己和他人的注意力运作。

需要在你的报告中回答的问题

1. (a)举例说明,事物是如何随着我们对其注意力的增长而变得清晰的。(b)为什么注意力会让事物清晰?

2. (a)你是如何理解注意力不集中(scatter-brained)的?(b)你如何理解迟钝或愚笨?(c)为何学生会习惯性地在课堂上缺乏注意力?请至少给出三个理由。(d)有时候,往常聚精会神的学生会在特定的课上缺乏注意力,请给出三个可能的理由(请运用你实际观察所得)。

3. (a)当学生被告知"集中注意力"的时候,他的头脑中发生了什么?其直接效果为何?后续效果呢?(b)请指出三种维持注意力更好的方法。

4. 请叙述几种这样的经历,表明不自觉的注意力如何变成自觉的,自觉的注意力又如何变成不自觉的。

5. 请回答Th.在第105、106页给出的练习1,三个条目都要回答,并具体分析实例"g"和实例"h"。

6. 根据以下条目,比较你认识的三个学生(或三个人):(a)他们的注意力把握的广度——即一次性能把握的量;(b)他们注意力的连续性;(c)最能吸引他们注意力的事物类型。请尽量描述得具体、生活化一些;请选择对照明显的类型。

在杨百翰学院作的教育学讲座

1. 大脑是如何学习的？①

今天我非常高兴和大家在这儿见面，因为几年前在另一个场合，我曾和在场的不少人见过面。我曾有幸在密歇根大学的课堂上认识了贵院院长，今天很出乎我的意料，看到了一些熟悉的面孔。在场的很多人都是我的朋友，这让我感觉我不是在面对一群陌生人。 213

我将在接下来几个下午的演讲中，谈谈心理学以及它们与教育的关联。我将围绕大家熟悉的几点内容，谈谈它们如何与大脑的智力发展相关，尤其是课堂教学与大脑智力发展的关系。今天下午，我将就整个心理学领域作个概述，重点谈大脑如何学习。如果说有这么一个学习的、或者说大脑发育的单一过程，就像植物成长的一个过程那样，那么有关这个过程及其发展规律的知识应该对教师很有帮助，正如植物如何汲取养料并成长的知识对科学园丁或农民很有帮助一样。

估计在场的大多数人都是教师，我们对于学习的过程具有特殊的兴趣。当然，学与教的过程是不可分的，就如同买与卖不可分一样。如果没有人卖出，就没人能买入；同样，如果没人学习，那我们就无法教学。我想你们会认识到，事实上，只有当有人在学时，我们才可能教，就像只有当有人买时，我们才能卖出。

学习的主体是大脑，这一点毫无疑问，而且我们每时每刻都在学习。儿童除了接受课堂中的正规教学之外，从早到晚还在不断地学习。我将把这个问题置 214

① 首次发表于《白与蓝》(*White and Blue*)，普罗沃市，犹他州，第5卷，第2期(1901年11月1日)，第5—9、12—14页。这十次讲座作于1901年6月17—21日。

于更大的视野中，讨论当大脑并没有任何主观的学习意图，而是通过自然的积累吸收知识时，它是如何运作的。当然，婴儿在出生后的最初几年中不具备任何学习的意图，然而问题是：我们的一生中，是否有任何时候的学习能像最初的那两三年那样广泛、迅速地获取知识呢？也许有人会说，我们的学习是无意识的，不预设任何学习的目的。

众所周知，“教育”一词在词源上的一个定义，就是提取。现在通常把教育理解为一种引领的力量。在所有的教育案例中，如果我们仔细想想，会发现儿童的学习在很大程度上并不是依赖他人的提取，而是儿童自身活动的一种外溢(overflow)。儿童能够学习，既不是因为大脑犹如一张白纸，就像人们经常打的一个比喻；也不是因为大脑像蜡版那样，可任凭自然世界在上面留下印记。持这种观点的人，显然从没怎么观察过婴儿。儿童并不是被动地等着接受外界事物留给他们的各种印象，恰恰相反，儿童通常是非常积极主动的，对所有事物都精力充沛，以至于家长所面对的许多难题并不是如何启发儿童的各种活动，而是限制其部分活动。儿童真的是从不停息，因此常常被冠以淘气、调皮的说法。

当幼儿醒着的时候，总是非常忙碌。如果我们分析这种倾向，会发现他的大脑通过身体这个媒介，总是在寻找某物。举例来说，儿童看上去总是对食物充满饥饿感。单凭这一点，他就不是一张白纸。正相反，他的饥饿是一种动力，会促使他积极地寻找食物。同样地，儿童的眼、耳、手指、鼻子都像胃一样有饥饿感，于是他们自然地渴望提供人健康和完整生活的东西，渴望形式、颜色和声音，尤其渴望接触各种事物并用来做些事情。

215 儿童身上这些不同形式的饥饿感及欲望，我们称为本能。儿童生来就带着许多原初的倾向、本能或冲动；一有任何机会，这些本能总能成功地得以表现。除非受到绝对的压制，否则，儿童的本能注定会自我展现出来。我们称之为本能，是因为儿童自身并不知道可以用本能来做些什么。举例来说，一个儿童渴望用眼睛来看，但他并不知道这么做的目的，也不知道他能获取什么。这些本能促使儿童去摸索、探究、试验。如果我们看一个一岁到两岁半的儿童，我们知道，从他醒来的那一刻起，就总是忙着触碰这个或那个事物，弄碎纸，玩耍各种东西，努力地想要握住手里的东西。如果眼前是个带把手的门，他会想要握住它；如果手上是个刷子，他会想要用来刷东西；他会握住一支铅笔，小手不断地划圈圈，但对这么做的目的毫无一丁点意识——他意识不到自己正在学习，也就是说，正在学着熟悉这个世界。

以上我已简要地概述了关于儿童充沛的精力、本能或冲动的几方面的观点。需要记住的一点是：这些本能是原初的。此外，这些本能会捕捉各种机会表现自身，它们是自发的，必定会自我展现。儿童不会被动地等着被带入某种经历，他会寻求各种经历。在他醒着的每一刻，都表现出这种原初的、自发性的渴望，寻求获得更多经历，从而熟悉这个世界中的各种事物和他周围的人。因此，父母或老师并不一定要凭空地为儿童发明各种活动，也不需要强加灌输，因为儿童身上早已具备这些。老师或父母真正需要做的，只是提供使这些冲动得以自我表现的合适的物品和环境。只有这样，儿童才可能最大限度地表现本能。

儿童虽有饥饿感，却缺乏食物。正因为如此，他凭借活跃的冲动或本能，最大限度地去看、去听、去做。但要真正发挥那些本能，还需要巧妙地为他提供物质材料，即工具。聪明的父母通常通过儿童这种自发的本能，很好地加以引导； 216
他们为孩子提供各种物品来满足其需求，例如玩具；尽管如今玩具仍被认为具有负面作用，但这些父母认为，给儿童一些东西在手中摆弄是十分必要的。他们认为，玩具为儿童提供了可以让他们表现自己的材料，正如食物是满足饥饿这一生理需求的必需品。

继续我的上述主题，第一个问题是：当我们从这种无意识的、非正式的学习环境进入学校环境中，这些智力倾向、饥饿或欲望尽管不会像在学前阶段那样，以一种热烈的、活跃的方式表现自身，但是否仍会保持一种苏醒的、富有生机的、敏感的状态，并时时在寻求它们的食粮？如果是的话，那么，教师的任务就不仅仅是激起欲望，或是“提取”(draw out)出这些冲动，而且要提供适当的养料——智力上和精神上的食粮来满足这些欲望。

据此，我们可能会问：一个学习注意力自然集中、活跃，学生个性迥异却气氛友好的课堂环境，相比于一个受到来自教师的持续压制和激励的学习环境，两者之间是否存在显著的差异？这些差异是否并不总有利于前者那种自然的学习方法？第一类学校认识到儿童具有本能，教师的任务就是通过为这些潜在的本能提供它们借由发挥的材料来鼓励并刺激它们。第二类学校的工作理念则完全是一种神学上有关堕落的假设，这种观点想当然地认为儿童没有想要学习的自然本能或是欲望，因此他们获得的每样东西都必须经由外部灌输或强行植入。我有时想，“传授”(drill)一词就是表达这样一个过程，即把知识灌输进学生大脑的过程。但是，一个孩子的学习从来不是通过这样一种外在输入、填鸭或灌输的方式进行的，而是通过他自身的各种冲动的表达。成长需要来自外部的材料，而活
217 动的欲望必须来自儿童自身。

接下来要讨论的是，这些本能和冲动在极大程度上具有运动的特性。它们通过肌肉来表达。儿童的精神活动在相当大的程度上是通过身体形式来表达的，这种形式就是运动。身体运动是精神生活一个极其重要且不可或缺的特征。它并不像人们通常想象的那样，只是大脑活动一个无关的附属品。身体运动是学习过程中的一个重要部分。心理学家已开始逐渐认识到，过去一味强调感觉的老的心理学观点是多么片面。

你看到这本书或这只手表；你获得了某种感觉。自裴斯泰洛齐(Pestalozzi)时代以来，人们普遍认识到：要能听和写，仅仅会识字不够，还必须有感觉或感知起作用。这一认识标志着教育观念的一个重大的进步；也标志着我们对于感觉是认知的一半、运动是另一半这个事实的认识取得了重大的进步。举例来说，当我们获得了关于一只手表的颜色的感知——获得了有关颜色、明度和形式的观念——时，其中必有运动在起作用。当然，对于成年人来说，这种运动量不大，主要是眼珠的运动；但即使是这细微的运动，也表示我们的大脑正在活动。在感知过程中，大脑从不处于不活动或被动状态。爱的眼神、倾斜的头、轻抚的手都标志着大脑的敏捷状态，所有的身体活动都表明大脑在活动并时刻准备获取各种观念。

我们从人脑的构造中了解到感觉器官与运动器官有非常紧密的联系，这说明任一感觉都将通过运动来得以表达(演讲至此，恰巧一扇窗的玻璃落下)。例如，我们刚才听到了玻璃落下的声音，每个人都有想要立即跳开或至少有转头的倾向。为什么？因为我们的感觉不仅仅独立存在，它是一种行动的开始，这种行动驱使我们去调查、探索并发现更多产生这种感觉的原因。

218 当然，成年人必须学会控制许多这一类的反应，原因很简单，因为他们常常有许多更具直接吸引力的感觉；为能集中精力在这部分感觉上，他们必须学会取舍。但是对于一个孩子，每个感觉都吸引着他，每个感觉都是一种刺激、一个信号，在召唤他的回应，即通过身体某些部位的运动作出反应。我们通过大量使用手、眼和耳来获取观念。这是一种自然的学习模式。

有教育改革家称这种自然的学习模式是一种“做事”，这种说法有重要的合

理性。这一观点可以这样来表述:每个印象无不是一种表达。每个观念之所以能被接受,都离不开相应的表达。这在我们现今的教育系统中,被称为建构性工作。许多手工训练就是依据上述原则,认为单单获取某种感觉的印象并不完整,而必须有对观念更具体的反应;只有通过这种表达,感觉的印象才可称为完整。这种印象或感觉,还只是认知活动的半个圈。想象我们在黑板上画了一个圆圈,一半是印象或感觉,代表了大脑中的输入;另一半则是表达或运动,代表了对刺激的反应的输出。这种输入与输出之间应该保持平衡。

儿童在上学前,就是通过这种方式来学习的。同样的道理,也能解释学校里这么一种现象:当课堂里学习活动并不多时,老师要花很多时间让儿童保持安静。在这样的环境中,儿童被迫以被动的方式学习,他们被要求观察物体或是从书面教材中吸收观点。这些观点自然会引起学生的回应或反应。如果学生没有机会运用所学来做些什么,其结果只能是一种虚假的表达,他并不能真正从所学中获益。这些都只是被动学习的弊端的冰山一角。举个例子,地理课上借助沙和土这些教学工具,其目的并不仅仅是为了达到更好的解释效果。不然的话,教师只要在课前制作好模型,然后在课堂上展示模型。之所以使用沙和土,主要是 219
让学生可以用这些材料做一些事,这样的效果可能更好。

孩子通过看图、阅读、聆听等等类似的活动,努力获得各种观念,但这样得到的印象是模糊的。如果我们允许他把脑中的观念付诸实践,或是做一些与之相关的事情,他自然会找到相应的输出口来表达。

一直以来,人们理所当然地认为,让儿童进行大声朗读的练习,其目的不仅仅是为了找出他们错误的发音,也不是为了使教师检查他们是否做了功课,而主要是为了给孩子提供一个表达所学的机会。当你发现学生正以一种我们称之为自然的或精神性的方式朗读时——即不是以唱山歌的方式朗读,老师实际上给孩子提供了一个自我表达的机会,因为要完成认知活动的整个圆圈,这是最自然的方式,别无其他。老师这么做并不需要有对心理学的自觉认识,原因仅在于他是一名好老师。这种朗读方式很好,使学生获得了满足感;但一旦脑力活动被拦腰斩断,原本的兴趣就将被彻底破坏。

关于真正的大脑活动,还有一种表述,即没有建构,就没有教学。教学是指吸收的东西,建构是指输出,孩子尤其应该有一定量的阅读和唱歌活动。当他们长大些,建构部分会更多地具有智力因素。这并不是说儿童的表现应该仅仅为了让教师了解他吸收了多少，这不是一种自然的过程，也不是孩子学习的方式。这种先将吸收的东西储存起来，然后仅仅为了展示而不加改变地将其取出的方式，同样不是成年人学习的模式。

假设你和一个成年人谈话，你感觉到他在不断地重复相同的话，你马上会失
220 去对话的兴趣，认为对方要么愚笨，要么就是在自负地炫耀。你愿意与之对话的人，他必定是在所学的基础上，建构性地表达自己的想法；这样的表达是个性化的、自发性的，具有一种创造性。当然，表达的事实本身并没被篡改，但谈话者用了建构性的方式来表述，从而使这些想法变成了经他本人思考后的感受。

我们可以把每一次练习都作为一次建构性的训练——能创造出智力的表达。但是，如果一个教师的教学理念是检查孩子在多大程度上能复述所学的东西，就无法实现建构性的训练目的。当我们提问的方式不是单纯地考察死记硬背时，就能够帮助孩子将两个或三个看似无关的事实联系起来。我们应该遵循这样的原则：表达与印象相互作用，完成教学离不开建构。这是大脑学习的自然方式。在我们没有设定具体的学习目标，在无明确意图指导下累积各种观念与事实、掌握各种技能时，大脑就以这样的自然方式来学习。

许多人虽然只受过很少的学校教育，却获得了不同寻常的知识和能力。你们一定认识这样一类人，他们的才能和博学令人敬佩，但他们实际上只受过很少的学校教育。反过来，我们许多人也遇到过另一类人，他们受过很好的学校教育，但对事物的判断常常让人不敢恭维。这两类人的区别让我们得出以下的结论：第一类人，由于环境原因，他们在实践中充分运用所学的有限的每一样东西，因此，即使他们最初拥有的资本并不雄厚，但由于不断地将所学运用到每一次实践中，他们就不断地进步。他们学习新事物，吸收各种养料，从而收获了好的利益。他们将每一次印象都表达出来，其中的一小部分有时效果很好。而从另一方面来说，如果大脑像海绵一样只是吸收信息，那么就有可能因浸水过多而松软无力；这样的大脑所表达出来的，只能是对所吸收的东西的简单输出。

我认为，回应常常只是简单地重复。儿童们学习教材书，仅仅是为了将所学的反馈给老师。我们都知道这种机械压榨式的学习过程的恶劣弊端，因为我们
221 常听到人们议论这种学习方式。我的目的是想告诉大家一个心理学上的事实，即印象只是大脑活动过程中的一半。我们有必要了解大脑所吸收的东西的真正意义，这正是机械背诵的学习方法对培养儿童作用极其微小的原因。

有时候，从生理学角度考虑事情会对我们有所启发，因为一件事如果用物理性的语言表述，常常比用精神性的语言表述更易于理解。如果我们能够看到彼此的大脑的构造，那么应该发现：眼、耳以及身体所有的器官，都经由感官神经与大脑神经中枢相连着，且有能量蕴含其中，产生一种干扰。另一方面，我们发现，神经链又返回到身体肌肉，从而产生运动。根据身体的基本结构，我们自然不会认为大脑是感觉和刺激的终端。假设一个蓄水池内不断有水注入，那一定同时也有管道在放水，这样才能保持池内的平衡。但是，在这个类比中有一处不吻合：人脑获得的印象和产生的反应之间，并不存在一个大坝。

当然，随着孩子长大，反应会逐渐迟钝，也会变得越来越复杂。例如，一个人学医 2—3 年，没有任何实践经验，但我们发现，医科学生越早开始某种表达，其专业能力表现得越强。同样的结论，也适用于法学院的学生。他们设立模拟法庭，从而获得了必要的锻炼机会，增长了个人的法律经验。我想，你们许多人都曾有这样的经历：当你开始学一样东西时，你对它毫无所知。也许你曾学过 4—6 年的数学，并掌握了一定的知识，但在教了一年数学课后，你无论如何试图忘掉它都不可能了。教学经历让你获得了表达的机会，你必须将所学的表达出来，这样做以后才能使所学真正成为你的一部分。

实验室方法的真正价值就体现在这儿。这并不是说一个人可以重新发现那些世界上伟大天才们多年耕耘后才寻求到的真理，而是说通过实验，实际地经历那些真理被发现的系列过程，可以为表达提供一种自然的输出口。只有这样，才能使一个人形成自己的想法。

我当然无需说明，如果不是因为大脑的如此构造，就不会有独特的道德价值 222
属于教育。因此，学习只有通过行为这个媒介，才能真正变为我们自身的一部分，并塑造我们的性格。

关于背诵的各种可能性，我无需谈论过多。我们都知道，如果儿童通过实际的动手活动来使用他们学到的观念，他们会对所学的东西有更好的理解。我曾观察过儿童反复背诵“二二得四”，他们一直无法确定自己是否真正掌握了这条运算法则，甚至怀疑这条法则本身的真实性，否则为何要如此费力地来背诵它呢？我们无需让儿童花整整一个月来掌握雪是白的这一事实。我们常常把太多的精力投在反复的学习训练上，仅仅是为了获得更深的印象。一项简单的建构性工作，譬如堆砖头或玩多米诺骨牌，经常能在很短的时间里达到一个月机械式的训练无法实现的效果。我想说的是:如果我们能用更多的时间帮助儿童使用学到的观念,那么,将不需要如此费力地让他们机械式的学习。

我要讨论的第三点是:我一直提到的这种种倾向、本能或原始的力量,将不断地成熟,并在儿童成长的最初阶段具有强大的能量。如果你非常熟悉婴儿的话,你一定会发现,你一刻都无法阻止他们的手去触碰物件。婴儿整个人似乎被一种想要握住东西的强烈的欲望所控制。他想要的仅仅是触碰和抓玩这些东西。这个本能在这个阶段已经成熟了,而在此前的一个月,它没有如此活跃;数月后,则将不再活跃。

孩子想要行走和站立的本能,出现在另一个时期。有记录显示,当一个孩子在没有任何练习的情况下想要走路时,会径直站立起来,因为这是本能的需要。这种本能在不断地成熟、发展,一旦时机到了,它立刻显现。在这之前或之后的数月里,这种行走的本能远没有如此的紧迫。

接下来,孩子开始学习说话。他想要重复他听到的所有声音,于是发出各种声响,模仿他听到的不同单词。他要用 2—3 年时间来形成他的词汇库,然后这种学说话的本能或能力会有些减弱,大脑的关注点转移到了别的方面。当孩子
223 稍大一些以后,我们就很难区分出哪些活动占主导。我们无法像早些年那样能轻易地辨别出它们,但这些本能在一定程度上仍然存在着。当孩子能相对轻松、全面地学习读和写时,我们可以乘热打铁了。我认为,了解、认识这些不同的发展阶段,将是今后儿童研究最主要的优势之一。目前我们对这些连续发展阶段的了解,并不如我们本该知道的那么深入。当然,我们对单个阶段比较了解,例如儿童 1 至 5 岁阶段。在这个阶段,我们能够实际地推算出哪个年龄具有最强的某些本能。但是,我们还无法对 6 至 12 岁这个阶段达到同样的了解。这方面的研究是每个教师都能有所贡献的,例如,研究儿童在校外时间在想些什么,谈论些什么?他们期望达到的思维方式是什么?他们在玩哪些游戏?为什么他们的活动内容不断变化?我们还可以观察这些自发的活动是如何发展的。

我们的研究对儿童的本能处于最活跃状态或顺其天性时,往往能获得较好的结果,而现在许多人的研究是违反儿童本性的。我们发现,儿童收集东西的本能在某个时期会表现得特别强烈。这可以进一步发展为某种自然研究。这种收集的本能,虽然最初十分盲目,却能被很好利用于收集自然标本,不是为了科学分析意义上的研究,而是为了更加熟悉自然界的事物。

一位最优秀的英语教师说过，我们应该让儿童近距离地接触到各种树木、花朵。我觉得，还应该包括熟悉各类石头和动物。就像儿童通过接触社会大世界，了解各类人一样，他们也应该接触自然世界。这个本能会在某个时段达到顶峰，到那时，儿童应该熟悉所有这些人和事。我认为，儿童还有一种做长除法的倾向，在那个特定阶段，儿童会比其他任何时候对做长除法的题目表现出浓厚的兴趣。过了这段时期，长除法就不再对儿童具有吸引力了；他们厌倦这类难题，这时你就必须让他们干别的事了。

还有一个阶段，儿童会喜欢解谜题。你常常发现他们喜欢算术，那么，当这种解谜题的本能最为活跃时，应该让他们多练习。如果我们能够在这个阶段教他们长除法，使他们对解题感兴趣，而且不为功利，那么，我们就应该将儿童的本 224
能和技能转化为更好地开发智力。在孩子刚进学校时，我们应该加强以下几方面的研究，即通过提供他所需要的材料，找出孩子活动的总体趋势；这个时期，他的兴趣正处于自我确认阶段。因此，孩子的学习兴趣浓厚，学得多，吸收得也比较充分，效果远好于强火猛炮式地灌输各种观念、事实；后者只是一味希望：射出的知识子弹能在儿童脑中留下某种印记。然而，这正是我们的教师现在在做的，课程被塞满了各种学习内容，然后朝着学生“开火”，强加给他们，并盲目地坚信会在学生的头脑中留下一些东西。

当我们更多地了解学生后，会知道他们有哪些主要活动，将能够换上一支来福枪，这样更容易直击目标。我们将根据孩子成长中特别阶段的具体需求，提供智力的和精神的营养。我们必须牢记，如同身体需要大量的食物，人的大脑同样需要大量的食物。当儿童不喜欢学习、反感学习时，必定是哪里出现了某些问题。要知道，食物不会贴着“食物”标签，主动地呈现在我们面前。教师有责任去发现儿童身上具有的各种兴趣和欲望。

当你面对一群听众，要求他们回顾自己的童年，选出对他们帮助最大的教师时，你会发现，他们毫无例外地会说某某老师唤醒了他们，或某某是第一个激励他们的老师。当然，他们的具体表述不尽相同。他们也许已不记得这个老师是否曾纪律严明。他们称赞的好教师，不会是呆板的教师，而是激励他们、打动他们的教师。这些是能发现学生身上最重要的精神特质的教师，并为学生的思想成长提供了必要的养料。孩子自己并不了解这些特点。其他教师也没能发现，但某位特殊的教师通过自然的本能，懂得了孩子在想些什么，并成功地将这些想法联系起来。

这才是教育的伟大目标。教育的主题以及教育内容的选择都不是问题的关
225 键,我们面对的教育对象毕竟是一群男孩、女孩。学习的科目是次要的,儿童才是主要的。善于了解儿童自发性的活动以及他们的想法,并懂得如何提供养料来激励这种成长的教师,即使当其他所有人都消失在远方的雾中,仍然会一直守护在儿童的身边,伴随他们成长。

2.

教育的社会性[①]

熟悉教育理论史的人都会知道，一直以来关于教育的目的和性质有两种观点：一个是社会论观点，认为教育的定义是为生活的社会观作准备，为个体在一个群体或国家中发挥其成员的作用做准备；另一个是对教育的定义更偏重个人。我们都比较熟悉的一个说法是：教育是个人的智力、体力和道德的所有能力的全面发展。上述两种观点各说各的理。总的来说，对于这两种观点，也许我们大家都同意，但如何把第一种观点——教育是为个人在社会生活中发挥其作用做好准备——和第二种观点——教育是个人的全面发展——结合起来，我们并没有一个清晰的想法。 226

古希腊，尤其是雅典，曾对教育的社会性有一个最高形式的表述或理想，认为学习的全部目标和意义是为了使人能胜任所属群体的公民角色。教育在幼儿的时候就开始进行了，内容包括让他们熟悉文学作品和本民族的宗教经典。那时的儿童既没有需要阅读的书籍，也没有写作课或拼写课，除非是学习他们本民族的历史和文学。我们今天也可以把《伊里亚特》(*Iliad*)和《奥德赛》(*Odyssey*)作为文学经典来学习，或者学习其中蕴含的故事或神话；但对于古希腊的儿童来说，它们远不止是文学或神话，而是他们的宗教，是伴随他们长大而不断熟悉的东西。这些是他们自己的历史，因此他们学习的所有课程，如果我们可以这么称 227
呼，都饱含了丰富的断言、历史和他们本民族的各种理想。

① 首次发表于《白与蓝》(普罗沃市，犹他州)，第5卷，第3期(1901年11月28日)，第1—6页；同上书，第4期(1901年12月18日)，第13—16页。

当古希腊儿童长大后，学习我们称之为高中或大学的课程，这时的教育开始培养他们承担公民、城邦和军队的责任。他们的地理课的大部分内容，是关于他们自己的国家。他们把世界的其余部分都视作野蛮人，因此也就没必要、也无意义去熟悉其他民族的历史或习惯。但是，他们对本国的研究非常细致。之后，他们进入军队；在军队训练中，他们对自己国家的各个地区、大小山峦，以及可抵御敌人来袭的各种防御之地，进行了最为深入的研究。通过这一整套的教育，他们潜心学习自己民族的文明和观念、历史和理想。这一切都集中于唯一的目的：使他们成为自己所在群体中的优秀公民，而对除此以外的生活置之不理。

我们很难理解，这样一种限制性的强化式教育到底意味着什么。我们很清楚：自己只是一个大世界中的一小部分，我们的历史是与其他民族的历史联系在一起。我们同样清楚：我们所在的土地只是地球表面的一部分，我们习惯于研究地球其他所有部分，并把我们自己的国家放置在更大的物理空间中去看待。我们熟悉其他国家的语言、文化，我们将之分类，并研究那些和我们自己的社会生活没有特殊关联的更高级的科学和数学。正因为如此，我们无法知道，像古希腊这样一个有着高度文明、理性和艺术气质的民族，仅仅依靠青少年时期 15 至 20 年刻板的、一切为了培养一个小国公民的教育，最终能实现什么样的目标。

以雅典为例，其城邦规模尚不及美国的百来个小镇，人口只有相对一小部分的自由公民。在如此之小的一个群体中，几乎每个人都相互认识，但是雅典人通过自己独特的教育模式，将他们的文化发展到了如此强大的高度，直至今日，整个世界仍会回望古希腊，把它看成是孕育了许多科学、哲学和艺术领域最重要的观点的文明之源。

228 我不打算按照教育演进史来展开讨论，古希腊之后的每一阶段的文明都不得不面对较之希腊人时期更为广阔的领域。罗马人必须迫使自己熟悉希腊语言和文化。他们不得不学习一门外语，所以外语学习变成了罗马教育课程的一部分，这使教育的整个目标发生了极大的变化。它意味着，我们将不再有一种我称之为完美的本土教育，一种只限于一个民族自己的历史、文学和观念的教育。这种变化意味着人的物质和精神两方面的视野都在拓宽，意味着学习的过程也在拓宽，个人经历之外、不曾接触过的或没有关于其直接知识的事物正逐渐被纳入学习范畴之中，并且以一种比希腊人的教育更为表面化的方式被吸收。

中世纪，野蛮的日耳曼或欧洲民族意识到他们的文明对希腊艺术的依赖，他们的法律、政治、社会组织无一可以与古希腊和罗马人的观念或方法媲美；尤其在精神或理性层面，他们对古希腊和罗马人的依赖性更为明显。

如果我们审视当下，我们将发现，正如之前提及的那样，我们的精神视域几乎已是无限拓展，我们需要学习整个世界史。当我们提及自己的历史，即美国人的历史时，不会把它看作整个历史的起点和终端。我们甚至不能像古希腊人那样想象每件事都是起源于自身，也结束于自身的一段历史。我们知道，我们的先辈来自异国，带着早已形成的各种习惯、传统和观念。回首几个世纪前，我们知道，我们依赖于那些世世代代居住在欧洲的巴勒斯坦人、希腊人和罗马人，我们的文明来自那些相对遥远的资源。

另一方面，科学工作者一直在调查和探寻，他们发现了一个又一个古希腊人从未曾想象过的世界。对于希腊人，那个小小的半岛已构成了他们实践、教育和生活的整个宇宙。而我们了解的是整个世界，我们探索的足迹已遍布所有的陆 229
地，我们熟悉山峰与河流的走向以及各个城市的位置，我们对宇宙的物质探索正朝着宇航学的方向发展。的确，古希腊人对于太阳、月亮、一些行星及星座有模糊的认识，但即便如此，这些认识也是通过神话与他们自身的历史联系在一起的。当他们远眺宇宙时，觉得自己在某种程度上拥有这些星星，因为这些星体不正象征了他们本民族的英雄，标志了他们的生命轨迹吗？于是，宇宙与古希腊人的距离一下子拉近了，离他们的社会生活不再遥远。当然，他们并不知道这个距离实际上是无限遥远的，也不了解这个世界只是宇宙许多星体中的一个。对于他们，所在的世界自然就是宇宙的中心。我们现在知道，世界的边界已在无限度地扩展；在浩瀚的宇宙中，我们自身多么渺小。正如望远镜让我们了解到这个物质世界的包罗万象，显微镜为我们揭示了一个同样无限广阔的微观世界。我们已经能够把体积庞大的物质分解为分子和原子，并且知道它们相互作用所产生的力量远远超出了我们能够知觉的范畴。

那么，这些都意味着什么？当然，一方面，它表明我们不可能再像古希腊人那样，把教育的素材，即我们所学的内容，与当下社会生活的各种理想如此紧密地关联起来。我们手中拥有了所谓的伟大的物质世界、社会世界和历史世界，但同时这个世界又是高高在上、难以企及；我们自身的生活、环境、国家与之相比，只是不完整的一小片，这种反差使如今的教育比以往要艰难得多。因为归根到底，我们要搞清楚：我们学习整个宇宙的历史，研究所有关于地理、社会、政治以及工业历史的伦理意义和现实意义是什么？我们探索遥远的星球，探究那些连显微镜都无法捕捉而只能在理论上存在的微小物，究竟是为了什么？重复一下，我们研究所有这些遥远事物的目的是什么？除非他们能与我们当下的生活建立起某种实际关联。

230 拥有辉煌成就的古希腊人并不需要面对上述问题，因为我之前已说过，他们研究的世界是他们自己所属的世界，至少他们这么认为，并凭借他们的理想把它变成了这样一个世界。他们学习的每一事物都触手可及，都与他们的生活有着最为紧密的联系，因此学习这些身边的事物，实际上就是在了解他们自己。古希腊人逐渐熟悉了自己社会生活的各种环境，所以能够胜任自己应该担当的角色。但是，我们常常很难想象，知识在整个地质时期中，例如回到早期食肉动物时期，是如何演化的。或者说，中世纪的埃及、叙利亚及其他许多国家又认可什么样的知识呢？这些对于今天的我们又意味着什么？它们和我们的观念到底有着什么关联？古代人以及我们很少了解的各类人群，他们所表达的思想如何能起到我们开篇讨论的教育的第一种作用，即帮助我们在社会生活中承担责任和行使权利？答案是作用很小。所以，当时的学习目的一定只是培养个人的各种能力，也就是说，我们熟悉这个世界，作为个体在其中生存，并且试图了解遥远的过去，这些都没有任何具体的社会作用。这些努力将不会帮助一个人在社会生活中发挥他应有的作用，而是帮助他发展个人的能力。他通过学习这些，获得学科知识，他的理性能力得到训练，掌握了文化，拓宽了视野，可以避免因目光狭隘、持有偏见而带来的危险。

许多教育改革家都强调，教育的最终目的和目标是使个人的能力达到完美。在所有的教育观点中，这个观点或许最为阻碍教育理论思想的进一步发展，但其负面影响也许并未波及教育实践。正因为教育实践和社会学习都极其重要，它们往往不会被反对的理论所推翻。但百年来，特别是自卢梭时代以来，理论家一直坚持认为，教育的目的和目标仅仅是为了个人能力的和谐与全面发展。这两方面因素，在任何一种教育理论中都会涉及。每一种教育目的中，自然少不了对
231 个人的能力发展和个人需要的关注。历史不可能倒退，它正朝着我称之为一种民主的方向前进：从专制君主统治，从对人的理性和自由的绝对压制，逐步发展为给予个人更多的责任和自由、更多的选择，甚至更多的犯错的空间，因为他可以从中吸取教训。教育正为个人提供了更多的实验空间，允许他去发现自己擅

长并胜任的工作。我们知道，从政治和理性角度上看，世界的发展已经远不再是专制主义，而是朝着承认个人有更多权利的方向进步。在实践层面，这种发展带来了同样显著的直接的社会效益。

我们任何一个人都很难证明自己正是由于学了某个具体的地理知识，或者某段特定的历史，抑或某些数学原理，从而变得更加优秀。我们可以证明的是：总体而言，阅读和算术等基础学科对于社会交往十分必要。但我们却很难指出这些学科除了促进组成社会的个体的发展和文化培养之外，还具备任何直接的社会价值。另一方面，我们当然不会认可一种不能培养个人成为有社会责任感、必要时能服从社会需求并为所从属的社会服务的人的教育。譬如，我们不赞同一种无法培养个人忠诚、奉献、热爱祖国与集体的品质的教育。我们应该认为，这种教育有很大的道德缺陷；因为这种教育所培养的全部的能力并没有教会人们更好、更主动地为社会服务，它实际上在灌输一种自私。

正如我所说，教育理念和实践总是在上述两个因素之间摇摆不定，并相互作用。目前，太多的重心压在教育的社会因素上，个人的权利并未得到充分重视。许多国家的教育要求个人必须完全服从国家，古希腊就是一个例子，尤其在斯巴达，个人受教育的目的只是为了成为一个公民和战士，以保卫自己的城邦。这种 232
教育不允许个人发展自己独立的理性生活。很快，教育的钟摆又甩到了另一端，我们因此看到教育中出现了自私的、极端个人化的倾向。

几周前，我遇见一位由英国政府派遣来美国考察的督察员，她的研究报告的主题是：美国学校采取哪些措施来帮助培养社会意识？通过和她讨论这次考察的目的，我了解到，许多英国教育家（她特别提到了其中一人）对于本国教育中出现的个人主义倾向非常警觉。似乎那儿的学校将整个重心都投在培养学生的个人竞争与发展。他们的整个奖励和选拔体制倾向于支持这么一种观念，即只有出人头地的学生，才是最优秀的。事实上，许多学校传递给孩子们一种理想，即所有人都是凭借个人的成功才立足世界，做一个诚实奋斗的人，不要故意损害他人的权益，但归根到底，要出人头地。从这位督察员这儿，我了解到，英国学生的教育不是让他们懂得别人对你的依赖——也就是合作的必要性。她来美国就是想研究这里的学校如何倡导社会服务和群体生活，是否我们教导学生最主要的目的不只是为了个人积累尽可能多的知识，学习的最终目标也不是个人的出人头地。这位英国督察员说，尽管她承认盎格鲁-撒克逊人的文明一直具有个人主义的特征;但她认为,这一文明已经被推到了钟摆的反方向的一端,至少教育家们认为这是目前英国的现状。

我们已经尽可能地将这两个因素和谐地统一起来。从物质层面看,一个基本问题是如何保障个体的适度发展,这包括个人为自身作出判断和选择的思维与行动力,但这种能力离不开社会性这一中介,受到来自社会需求的制约。这是一个棘手的问题,主要因为我们课程中的很多内容远离了现在的社会生活。宇
233 宙由于时空的无限延伸而变得无比浩瀚,我们很难在知识世界和当下社会以及实际世界中找到联系。然而,除非我们可以找到这种联系,无论直接或间接,否则面临这样一种危险:个人智力发展的代价是缺乏社会意识和对社会事务的关心,而后者本应是对前者的制约。我的问题是:维系社会的共同元素是哪些?倡导社会性的基础是什么?新英格兰地区学校的一位教育主管达顿(Dutton)先生写过一本书,名为《教育的社会阶段》(*Social Phases of Edaoation*)。他在书中提出一个观点:建立社区的各种教育力量之间的联系,是倡导教育社会性的一种途径。他指出,学校毕竟只是众多教育力量中的一类。他十分痛惜现在的学校(至少在书中提到的那个地区)已疏远那些它本该有紧密联系的其他教育力量,例如家庭生活。没有人可以否认家庭教育是最重要的教育影响力之一。几个月前,我参加了加拿大举办的一个教育会议。会上,当地的市长作了一个简短的欢迎辞。他发言中有一些观点,虽然我相信本意是好的,但听来却是极大的讽刺。面对到场的观众,他这样说道:"我想告诉家长们,我们的教育理念已取得了重要的进步,尽管有教师为学生们所做的一切努力,但我们的学校仍不能完全撇开家长们的帮助与合作。家长必须和我们同心协力。"

有时候,教育作家在谈到学校的作用时,似乎认为学校教育完全可以与家庭对孩子的教育隔离开。至少在这个国家的一些地方,有一种对教师和家长之间的关系的误解,或是缺乏理解。这种观点认为,家长将孩子身上的坏习惯归咎于教师;而教师则觉得,如果他们具有对孩子的全部掌控权,一切就都没问题了,但
234 事实上,他们在学校的教育受到了家庭的负面影响。如果不是存在双方的相互嫉妒,至少家庭与学校之间仍然缺乏合作。因此,近来教育领域取得的重要进步之一,就是力图打破学校和家庭之间的疏离。

有很多种方式可以建立两者之间的联系。首先,学校正在逐步实行我们称为家庭式学习的模式,一个更体面的名称是家庭艺术或家庭科学。最近十年或

十五年的学校教育中，取得最为迅猛发展的首推开设烹饪、缝纫以及家务管理的课程，这些课程让学生感到他们在学校所学的东西是与自己家庭生活有关的，因而觉得学习帮助自己对家庭更有用处。这项改革，当然代表了学校认识到自己对学生的家庭和家庭生活有一定的责任和义务。把学习仅限于学校范围，认为它与学生在校外的生活及追求无关，是不够的。各式各样俱乐部等机构的成立，让家长和教师可以聚在一起讨论共同关心的话题。这让大家感觉到，一方面，教师有责任去熟悉学生的家庭生活和成长环境；另一方面，家长有责任了解学校发生的事情，只有这样，双方才会交流想法和观点。我觉得，这些机构的建立，是学校在过去十年，主要是过去三年中取得的另一项迅猛发展的成果。如果我们有统计数据，可以看到，这些把教师和家长聚到一起的机构正加倍地发展起来。我不准备花太多的时间一一介绍这些机构，只是讲几个例子。

一个是图书馆与学校的合作，许多城镇现在成立了公共图书馆。很多图书馆内设有儿童阅览室，并有周到的服务，方便学生借阅与学校课堂学习相关的书籍。博物馆和艺术展览展出的一些主题，也和学校有关。我并不觉得我们这儿必须完全仿效东部地区，因为从本地区的生活条件看，整体文化氛围要比其他地 235
方更融合。因此，我估计你们这儿的学校生活与校外环境之间的关系没有像东部城市那样生疏。但是，每个机构往往总不免忘记自己与其他机构间的联系，经常把所有的注意力都集中于自己内部的发展。毫无疑问，对于儿童来说，学校生活因此正在失去其意义，原因就在于，儿童看不到学校生活与他们在课堂外的社会生活之间有任何关联。

孩子们个个显然都是社会存在。他们非常依赖他人。他们既无经验，也没有能力或足够的成熟来独立发展。他们需要别人的建议、引导和认可。如果你观察儿童在校外的表现，就会看到：他们做任何事情时，都会求助于父母或身边的人，希望获得他人对自己的关注和认同。许多时候，孩子很难照料，成人会与他们产生激烈的冲突，因为他们具有强烈的社会性。他们不愿意自立，因为他们对自己所做的事并不满意，除非别人也对此表示出兴趣。随着他们渐渐长大，这种社会性自然会引导他们选择男女同伴。最差的情况是，如果他们没有人管教，又缺乏法律的引导，将会结成某种帮派，过着不如意的社会生活。

儿童对社会影响有依赖性，但许多学校对这种自然倾向并未足够重视。学校教育经常教孩子以一种纯个人的学习方式来阅读、写作和拼写，这种方式并未包含任何社会性的维度。如今，语言成了一种社会性的追求。一个人想要学习写作是基于社会原因，即他可以借此和别人沟通。经商或是建立友谊的需求，使他想要学习写作。如果一个孩子在学习写作时，能感受到这个过程中的社会意义，那么是否这种学习对于孩子就比纯粹的技术性训练更有意义呢？难度在于，
236 我们总是回避答案。我们说："要教孩子读书、阅读、拼写和数字，因为将来他的社会生活会需要这些。"但是，如果在教育孩子时，让他们意识到所学的东西是当下即可用而非将来才有用，这样将会提高他的学习兴趣和对学习价值的认识。

我听一位负责波士顿小学教学的督学说，她曾走访了一些相对贫穷学区的低年级学生，询问他们学习算术、阅读和写作是为了什么，以及他们期望从中学到什么。起初，这些学生回答：这是他们必须要上的课。督学解释说，这不是问题的关键，她想问的是所学的东西在学校以外的用处。学生们无法在短时间内理解这个问题的含义，除了认为将来某个时候用得上，他们也许某一天会成为美国总统。这位督学说，当她接着问学生们学习这些东西在当下有什么用处时，他们回答了很多用途。有的说，他们住得离学校很远，上学有时也许会搭错车，所以他们需要看懂车上的标识。有的说，他们的家长收入不多，所以他们需要学会买打折商品。学生们回答了许多学习阅读和写作带来的用处，但想不出学数学有什么大的社会用处，除了知道在商店购物时如何找零。有一个男孩说，有一次因做错一件事，警察局让他在支付 15 元罚金和接受 15 天拘禁中作一选择，多亏他懂得计算得失。这个故事既好笑又令人同情，甚至是一种悲哀。这群 10 至 11 岁的聪明的男孩和女孩，当被问及学习给他们的校外社会生活带来什么实际的好处时，给出了如上答案。

我现在必须认真地分析如何在学校中实行教育社会化改革。学校可以帮助孩子了解所学的阅读、写作和算术有哪些直接的社会用途；同时我们必须牢记：语言说到底是为了社会目的而发展的，它是社会交往的工具。通过语言，我们获得别人的观念，也把自己的观点传达给对方。试想，如果缺少语言，我们无法获
237 得他人的经验，社会生活将变得多么狭隘和单调乏味。正是通过语言工具，许多前人的思想被我们了解，他们的伟大精神被保留在了历史和文学中。通过使用语言，我们获得了他人关于我们的经验。孩子在校外生活中，时时都具备学习语言的社会动力，这种动力就是与人对话、交流。

今天下午的发言中，我曾强调利用朗诵或叙述来帮助儿童更好地思维和创

造的重要性。同样，我们应当强调在朗诵方法中体现社会性，这是十分重要的。要使儿童感到所学的经验和观念对于他人是有用的，学习并不只是考查他们在多大程度上能够复述所学的东西，而是能否和他人交流自己的观点，以及是否理解别人想要表达的想法。这样的教育会引导儿童认识到，语言像是一个各种观点和经验的交流中心。学校当然是一个社会交往的领域，朗诵也是，两者都应该秉承一种促进思想和经验交流的理念。一个真正的学校必定允许社会性的充分发展，这不是遵守纪律的问题。儿童不会因为校方的强压式教导而改变本性，儿童就是孩子，总是会犯错误，总需要被纠正和照看。归根到底，当目标和目的一致时，才会形成一个自然的基础，从而纠正和解决所出现的错误和困难。纠正错误不一定要通过粗暴的强力，或是通过威胁惩罚的方式，因为在一个自然的学校环境中，彼此都互相了解，都希望能按照事情本该有的方式来发展。

就连算术的发展也是为了社会目的。人们最初发明这门学科，并不是把它作为一门抽象的科学；是生活的实际需求，使人们逐渐发挥了算术的社会功用。例如，古埃及人发明了最初的几何学，因为尼罗河每年河水泛滥，迫使他们必须找到测量地形的方法。亚述文明和古巴比伦文明基于发展建筑的需求，发明了最早的数学。在埃及，会计学的起源也来自实际生活，因为日常交易需要统计牛 238
羊群的数量。许多科学门类都是由于同样的原因发展的；随着世界车轮的前进，这些学科变得越来越技术化和科学化。当我们回顾每一门学科的发展史，都会看到在某一时期，它源自社会生活的需求。例如，生理学和解剖学起源于免除并治愈疾病的需要，植物学起源于农民、花匠以及医学的需求，矿物学和地理学的发展则是由于人们对各种岩石、金属以及它们在社会中的用途有着极大的兴趣。

许多教育哲学家认为，孩子在最初成长期是一个所谓的“野人”状态，如同生物种类逐渐从低级形态发展到高级形态一样，孩子也必须经历类似的进化阶段。我认为，如果我们过多地从字面上理解上述观点，会觉得十分荒谬。我曾听一位先生称赞这个观点是个极好的理论，但我们要记住，时间在这儿起着非常重要的作用。如果说儿童要在 15 或 20 年内完成一个生物种类用了两万年走过的历程，那么，他们恐怕必须抓紧时间了。他们必须牢记时间的重要性，尤其当他们在一些最初的发展阶段停留的时间太长时。这个观点纯粹从字面上理解会变得很荒谬，但从某种意义上，儿童最初的各种兴趣和本能必然是渐进的发展，就像生物种类的原始本能发展过程一样。

我们是基于什么立场来讨论不同学科对于生命的技术性、孤立的研究的意义及相互联系呢？就这些学科分支而言，我们也许可以接受一种人种发展理论。我们以最经验的方式，把这些学科分隔成各种不同的分支，有的研究阅读，有的研究拼写，还有些分别研究地理、科学等等。这些分类对于一个有足够经验和成熟的心智的人来说，他也许可以理解所有背后的共同基础，但是把一个孩子突然扔进这些分散的、缺乏联系的科目中去学习，是非常有违其本性的做法。孩子的完整性体现在他们与社会生活的联系中。试想一个孩子的校外生活——在上学
239 之前，譬如他已学习了地理，他必须学会确定自己的家和所住街道、他父亲的商店、教堂以及学校的位置。这些都是很自然的地理知识，是有关他的朋友和家人的居住街道的知识。如果他乘火车旅行，他的地理知识会进一步增加。这些内容成为他的社会生活的一部分。

所以通过文学，孩子接触到各种故事，并从中了解到他父母、祖父母的很多情况。人们对父辈们最初的了解，就是通过这种自然的方式。这些都对成长中的孩子产生了一个直接的社会意义和价值。当他走出家门后，直接通过接触大自然来学习科学的最基本常识；他开始认识各种植物、花卉、树木、岩石、花圃和身边所有的自然物，他对这些事物的兴趣都带有社会性。他知道，如果下雨，就不能在外玩耍或出游。他获取的知识都来自接触过的事物。现在，如果我们突然打破一切，让孩子进入学校，学习那些在他看来与其社会生活毫无关联的知识，其结果只能是使孩子觉得这些都过于虚假。这是造成许多儿童对学习毫无兴趣的原因之一。他们认为这些学习过于虚假，因此想要逃脱。

一位曾担任芝加哥劝学委员会委员的女士告诉我，最令她痛心的一个经历是：在她走访过的一个学区里，逃学的是那些最聪明的孩子，而天资平平的却都按时上学。那些逃学的孩子都很聪明、能干，课堂学习对他们都失去了吸引力。他们在街上闲逛，想干些别的事。当学校强制把这些逃学的孩子留在课堂里，往往不到一或两周，他们就会成为班上的孩子王。我不认为这种现象很普遍，但它至少传达了一个重要的信息。教育方法应该为学生缺乏学习兴趣承担部分责任。学校让儿童过早地学习太多的知识，而且是以一种技术性的、拼接的教育方式，使他们感觉不到这些学习和日常生活及兴趣有关联。他们感觉不到所学的东西是他们社会兴趣的一部分，两者不是一类。你知道，这种感觉就好像学校内

的真实生活与校外的真实生活不属于同一个世界。孩子认为，在校内可行的评判观点无法运用到校外生活中。因此，他在家里和学校里的立场是不同的。 240

一个最极端的例子也许是：当一个男孩被要求解释什么是血液循环时，他回答血液会先流经一条腿，然后是另一条腿。我想，那个男孩已经被灌输了那么多他无法消化和理解的东西，以至于把课堂上有关腿的知识与课堂外关于腿的了解割断了。他不知道，课堂有时正是通过这种建构方式来传授关于腿的知识的。

几年前一个来自布鲁克林的教师出版了摘自孩子考试卷的答题汇编，引发了许多笑谈。各种奇思怪想层出不穷，很多想法你以为一定来自某个疯人院，但却是出自那些聪明的孩子们。我认为，问题的根源不是智力上的愚笨，而是在于孩子的学习与他们的日常生活之间的距离实在太大了。他们没有将校外生活中常用的感觉和判断力用在学校的学习中。学校所学的目的与校外生活的目的不一样。对于所有的事情，你都可以猜测，也许猜对，也许会得出错误的答案。每一件事成真的可能性都是相同的。

解决上述问题的方法之一，自然是帮助孩子认识到他在学校里学到的知识只是校外生活的一部分，他在校外获得的经验不是确定不变的，所以需要更系统的方式来进行课堂学习，因为归根到底，校内外学习的对象是统一的。我们应该告诉孩子：地理学是有关我们身处其中的世界的一门科学，这门科学涉及的对象是我们日常接触的普通物，如土壤、阳光、热量等等，这些同时也是课堂里学习研究的对象。我担心，对于许多孩子来说，他们从未认为地理学与课堂外的世界有任何关联。当然，我们有时候也会把孩子想得过于无知。

一个纽约学校的男孩，当被问到地理学的定义时，他回答说，地理是研究地球表面的科学。他说他从未看见过地球的表面。教师试图帮助他分析，但他仍坚持自己的观点。男孩说："你看，我从未离开过这个城市，除了街道马路，我从没有见过别的。"男孩希望有机会去郊区看一下地球的表面。在这个特殊的例子中，错并不全在教师，他已经尽力了。我认为，有些孩子甚至还不如这个男孩，不 241
会努力去了解自己是否曾看见过地球的表面。

关于这个问题的讨论到此为止了。尽管如何把个人发展与强调社会性教育结合起来仍是个很大的问题，但有时候我们把学校的课堂学习、方法、纪律与校外生活的经历、方法、目标等分隔得太开，反而不必要地加深了问题的严重性。我的建议是：未来教育的伟大任务之一，是打破这些阻碍学校生活与校外更广阔生活建立关联的隔阂；只有这样，后者中最有价值的东西才能进入教室，为课堂带来活力，提高学习兴趣，孩子们也会非常愿意将所学的运用到实践中。

我将用一个我经常讲述的故事来结束本次演讲。芝加哥一所游泳学校上课时，从不要求学生下水。他们教给学生们所有可能用得到的泳姿，并要求学生反复训练。当一个学生被问到一旦下水会发生什么时，他回答："我沉下去了。"

我们在学校学习，是为社会生活做准备。如果学校不具备社会性，没有和外面世界接触并建立关联的观念，那么，我们的学校教育不就变得和那所游泳学校没有区别了吗？我们引导的儿童要经历社会生活的各方面，但儿童实际的学习环境中并不具备从事这些活动的条件，所以一旦他们进入社会生活，就会遇到很大的断层。我不觉得这个断层的距离比在水里做游泳动作和离开水比划之间的差距更大，但想要让断层两边衔接得更紧密，却没有在陆地上训练游泳习惯(dry air swimming habit)来得容易。教育家们常常想了解，学校里的这种训练与教育文化所传授的东西能带来什么。我们并不指望这一状况会保留很长时间。如果学校教育能融入社会生活和社会准则，孩子获得的训练将会逐渐提高和扩展，那么，当他最后面对更大的责任时，就不会有现在的这种断层了。真正的生活就是对一个人已经学到的东西的拓宽，就这么简单。

3.

想象[①]

我接下来的演讲题目是想象，谈谈它的作用和发展的手段。如果改称为形 242
象化（imagery）和想象能力（power of imaging），也许大家更容易理解我所说的想象的含义。有观点认为，想象代表了一种极其神秘和特殊的事物，它必须发明一些特别的、不真实的、非现实的或是幻想的东西。我今天重点谈的是学校中培养想象力，和这个很不相同。我指的想象力，是一种对不在场的事物的理解能力，而不是虚构非真实事物的能力。

我的观点是：形象化描述是教师启发学生智力的最主要的手段，它帮助学生理解那些没有直接被他们的感官感知的事实与素材。当学习历史、地理、文学甚至算术时，学生总是需要理解和掌握许多他未尝亲眼所见的事情。这就产生了问题：一个人如何能了解并未呈现在眼前的事情？答案是：通过形象描述力，在人的脑海中构成那些事物的图像。脑海中的形象和图像有许多不同种类。我们最熟悉的是被称为视觉图片的影像，但还有听觉形象，即头脑对声音和音调的复制，以及动作形象和触觉形象，对不同事物的触觉所产生的形象。

假设你想要再现昨天你和一些朋友聚会的场景。有些人会想象你们和朋友
在街上相遇，你们可以毫不费力地勾画出朋友的形象，就好像他真的在场。你们 243
可以看到他的体型、肤色、头发和眼睛，你们甚至可以看到他着装的款式和颜色等等。但是，我敢说，在座的一定有些人只能在脑中勾画出非常黯淡、难以辨识

① 首次发表于《白与蓝》（普罗沃市，犹他州），第 5 卷，第 5 期（1902 年 1 月 15 日），第 11—16 页；同上书，第 6 期（1902 年 2 月 1 日），第 11 页。

的图像。这些人会记得很清楚他们曾见过此朋友以及说过的话，但他们也许无法形成任何清晰的大脑图像。

每次讲到这个话题，我总会注意到那些无法形成这些大脑图像的人，很难相信其他人可以做到，而具有这种能力的人则怀疑自己是否与常人不同。心理学家对于这类大脑图像进行了长时间的研究。高尔顿(Galton)先生约在25年前就开始调查这一课题，他首先在朋友圈子中做了问卷，询问多少人能在脑海中勾画出餐桌的图像，能否看到灯光明暗处的差别和阴影，以及阳光照射到桌上的位置等等？除此之外，他们是否还能够看到桌上的蔬菜和盘子？如果可以勾画出餐桌的细节部分，他们是一下子看到桌子的整体，还是从局部到整体？高尔顿先生的这些问题先是询问他的科学朋友们，但他们都嘲笑他，对他说：只有疯子，才能看到不在眼前的东西。但高尔顿先生坚持他的研究，并发现他调查的对象中有许多人，至少一半以上，能看到确定的图像，其中尤以儿童和女性为主。尽管在高尔顿先生那些从事抽象科学研究的朋友圈中，具有这种能力的并不多，但对于工程师和建筑师来说，具备这种能力很平常。如果我接下来还能有更多的发言时间——一周而不是一小时，我想要做个现场调查：谁还能勾画出今天早上的餐桌？谁能一下子就看到桌子全貌？有一些人能。多少人能看到桌子的细节？较少的人能。多少人能看到光线和阴影？大概四分之一的人可以。

因此，我们会发现，这些分级的最末端是那些无法看见任何大脑图像的人。根据我自己的经验，我每次需要先暂停思绪，然后去想事。如果我发出字母"O"的读音，毫无疑问，在座的一些人会在眼前出现这么一个字母，是吗？多少人能看到？(许多人举手)我不知道什么原因？但我看不到。有些人可以。高尔顿先生在其深入的研究中发现，许多人能看到数字形状的图像。有些人，可能不及刚才举手的那么多，可以在眼前勾画出交叉或以其他方式排列的数字。我想要知道，多少人能看到数字？(有一些人举手)有一些。他们其中一定有些人能形象地看到一年中的月份和一周的天数。对于一些人，能凭空看到视觉的数字图像是很自然的。

244

我认识这么一位女士，她能看到很复杂的数字形状。她讨厌算术，也不懂算术，在店里换零钱都很困难，但她就是能从她看到的数字形状中辨认出数。有时，学校里一些稍稍古怪的孩子，常常能看到这些数字形状。有人认为，这样一种能力如果用在算术上，会有很大的用处。我猜想，类似的这种情况也会出现在许多想要演讲或朗诵的人身上，他们在背诵时，眼前常常好像能看到演讲稿，还有一些人看到的是一个个单词。我曾听过人脱稿演讲，他们把稿子默记在心，演讲到稿子某一页的底端时，必须让脑子暂停，以便翻到下一页再继续。

现在让我们回到听觉图像。如果让你再一次想象与一位朋友的会面，在座有些人能清楚地看到朋友的图像，另一些人能听到谈话，他们不单单记得这位朋友的嗓音，而且似乎能听到他讲的内容、说话的节奏等所有的细节。有些人可以轻而易举地在脑中响起音乐旋律，所以当你想到某个音乐时，你可以在一定程度上反复听到。我很想知道，在座多少人能反复在脑子里听到他们朋友的说话声？（一些人举手）不少人。当然，我们讨论这些不同的图像，并不是说同一个人不能具备两种类型。他们也许能，也许不能形成视觉和听觉图像。

接下来是动作图像，正如它们的名称，这类图像是关于运动和触觉的。这类大脑图像的获取比较难，所以我肯定能看到这类图像的人没有刚才那两类人多。假设我们先不去看挂在那边的《西斯廷圣母》画，先只是想象。首先，你知道它的
位置。这时，如果你能仔细观察自己，就会看到一种强烈的本能想要朝那个方向 245
转头或移动手臂。尽管我没有做很多动作，但当我说到那幅画时，仍然是朝着它的方向。我的动作是朝着那个方向的。如果你在脑中想象那幅画，我想有些人不但能够看到画中人，而且能感觉自己在一定程度上模仿着其姿势。至少当我在具体描述时，有人会感觉到，譬如手臂的弯曲，似乎正抱着个婴儿。我想知道，有人有类似的感觉吗？（一些人举手）有不少人呢！

我曾问过关于米勒（Millet）的画作《晚祷》（*Angelus*）的类似问题。我发现，班上的许多人都感觉到自己似乎也想要摆出弯腰、恭敬的姿势。有一位年轻女子的触觉非常敏感，她说她能感觉到脚下泥土的凹凸不平。她是个很诚实的年轻女子，她说自己的脸颊一侧很不舒服，因为能感到想象中的阳光直射在一侧脸上。这位女子对触觉图像具有超常的敏感。如果你观察任何一个依靠双手完成精细活的人，例如绘画或雕刻者，你会发现他具有非常精细的敏感度，能区分出我们完全感觉不到的不同物体的触觉力。回到我们先前与朋友交谈的实验，你可以想象他把手放在你的肩膀上，有人甚至能感觉到手的重量。或者如果你想象自己把手放在他的肩上，你会感觉到手往前伸的动作，尽管你的手并没有动。

有一位教儿童绘画的教师，他的学生经常能画出很好的艺术作品。他告诉我：如果儿童在画人物之前，先模仿他们的动作，摆出姿势，这样画出来的人物效

果往往比直接就动笔画更有生命力和灵气。通过这样的动作练习，儿童很明显有了对姿势及动作图像的一种感觉，这帮助了他们的绘画。这是一种规律。班上凡是在画画前模仿人物摆造型的儿童，比那些只是通过观察来临摹的儿童要画得好。

这些例子可以说明什么是形象化想象，它是一种确定性的东西，不是运用模
246 糊、神秘的力量来虚构事情或是实现非现实的妄想。我所指的想象力，是一种对非当下显现的事物作形象化想象的方式。假如我们的经验完全来自当下的感知，那么，它会非常有限。如果不具备这种想象力，外面的世界就会被遮蔽。甚至当我们记住事情时，也是通过形象记住的。我要特别强调这一点：我们对事情的记忆力，是依赖于我们能形象地描述事情。即便当我们思考和运用理性时，同样使用形象。

几何学是阐明演绎推理的一个很好的例子，即使在学这门学科时，学生也必须有一个黑板上或者纸上的图形来作为思考的心理符号。现在通过视觉化的训练，许多人能够不需要画出实际图形，仅仅想象其视觉图像就可以了。我猜想，许多优秀的视觉工作者如果更多地借助视觉图片或形象而不是图纸，一定会成为几何学高手。因此即使是运用抽象的理性，人们仍然必须借助形象。教师们经常惊奇地发现：虽然一些男孩、女孩在其他学科上表现得很聪明，在智力和理性方面并没有欠缺，但他们总学不好几何。通常来说，原因就在于他们缺少想象力。如果他们能够形象化地想象一个事物，就可以理性地思考它。正因为他们不能够想象，因此头脑中就没有什么可以用来思考。当需要想象的事物变得越来越复杂时，这种情况就更加突出。教师经常让学生做一些全面的视觉想象的小练习，训练他们形象化地想象这些图形，这会对他们的智力活动有极大的帮助，因为这种训练将提供给学生足够的活动素材。即使一个人可能具备好的理性能力，但如果他没有形成想象或思考的图像，他的理性活动也就没有工作对象。

弗兰克·豪尔（Frank Hall）先生是一所盲人院的主管，他曾多次注意到缺乏视力对于精神活动和心理习惯的影响。作为一名极富思想的主管，他开展了针对这种精神疾病的细致研究。之后，他通过观察一所公立学校的儿童，掌握了这个疾病其他方面的表现，并撰写了一篇有新意的关于《算术中的想象力》的论文。

想象力和算术这两者在许多人看来，是对立的。很多人认为，算术涉及冷冰冰的事实和逻辑关系，可是常常学不好算术的原因是学生缺少适当的想象力。教师不应该一开始就教孩子算术符号，除非这些符号能用来代表某种形象。我们当然不需要教孩子去想象数字 33，他们也可能无法形成一个清晰的数字形象；但这并不意味着我们在教数字 33 时，不需要提供一些几何图形来帮助孩子们理解，譬如用正方块来代表十位数，用小一些的积木来代表个位数。无论如何，算术学不好的原因通常是缺乏想象力。 247

给孩子们的数字形象不应该是不相称的。例如，一个教师要求班上的同学举例说明三个单元的一半，即一又二分之一，学生们必须根据这个题讲一个故事。一个学生回答："我有三粒弹子，把其中的一半给了别人，只剩下一粒半的弹珠。"如果我们问这个学生剩余的东西是否能用，他会意识到自己闹的笑话，但他的智力条件一点不差。因此，如果你给孩子一些数字，他们会拿出纸和笔来演算，也许还会问你想要他们做乘法题还是加法题。他们不会停下来在脑中构思一下你说的内容，而会立即着手计算数字。一位学校主管告诉我，他曾在一个数学尖子班上问了这么一个问题："你的车上能载 20 头奶牛。每头牛价值 20 美元，你载满这辆车需要多长时间？"大约有四分之三的学生拿出了纸笔，马上开始计算。孩子们往往会被这一类他们完全理解不了的问题所难倒。他们认为，如果问题中包含数字，他们就能进行计算。另一个教师向这位主管讲述了她课上遇到的类似问题。主管想测试这位教师的想象力，这时正好有一个车队经过，主管就问："你认为那辆车上的木头有多长？"这位教师说，她不能确定是否有十万或百万英尺长！我也许不应该在这个公开场合猜测，一辆两匹马的马车究竟能载多少英尺长的木头。

有时候，我们会要求儿童回答总共需要用多长的地毯来铺满一层地板。他们会立即开始计算长度，而不是先停下来想象一下把一卷卷的地毯在地上铺开的场景。在这个例子中，计算部分往往并不难，常犯的错误在于：儿童在开始回答之前，没有先想象一下问题的各种条件。他们没有把问题中的语句翻译并转化为实际的事实。而想象力恰恰是这么一种工具，借助它，我们把抽象的术语、符号和公式翻译为各种现实条件。孩子经常搞不清码、杆等长度单位，因为他没有关于杆的形象，缺乏确定的想象，这也就妨碍了他的学习。 248

我还要指出，从另一方面看，学生花在具体物体上的学习时间过多了。教师知道不适宜过早地教学生抽象的公式，因此从具体的物体开始教起，这是对的；但是，他们在这方面滞留的时间太长了。他们应该引导孩子尽快地接触图形。我认为，让孩子一直长时间地观察房间里放置的杆子，与从来不让孩子有机会接触任何杆子，两者都不利于孩子的学习。更好的方法是：让孩子先熟悉具体的物体，然后再接触这些物体的图形。同样道理，在早期算术教学中，如果总让孩子用牙签、扣子这些实物来代替数字进行运算，那么，孩子的想象力会逐渐减弱，无法离开实物进行思考。教师没有真正培养学习的能力。如果孩子在熟悉实物一段时间后接触图形，不再依赖实物，他会学得更加自如，也更加独立。

有一位观察十分仔细的教师，经常在教师会议上提到想象力的问题。她曾问过教五六年级的教师，班上的学生如何回答一个房间有几个面的问题，例如铺了地板的底面、贴了壁纸的侧面墙以及天花板。这个问题涉及房间一共有多少平方米，以及学生认为它共有几个侧面。那些教师说，学生通常的回答是：一个
249 房间有四个面，而不是六个面。这位教师接着问，那些上过幼儿园——曾经玩过魔方，反复数过魔方有几面——的学生是否也会答错？回答是他们也答错了。这些孩子重复在这个问题上出错。教师最后的结论是：尽管他们玩了两三年的魔方，但从没有人教他们如何形成关于魔方的图形。聪明的孩子只需要数过魔方两三次，就能形成魔方的大脑图像。如果他偏巧忘了魔方一共有几个面，他只要数一下自己想象的魔方图形有几个面即可。当他进入学校后，没有人会给他一个魔方实物来数数；如果他会形象思维，也就不需要这个实物。即使他遗忘了，只要运用想象力，就能随时算出魔方一共有几个面。

还是这位教师，她出了一道较难的智力题——让三至六年级的学生想象一个三英寸大小的立方体。不允许学生们用笔或纸，只能依靠形象思维来想象这个图形。接着，教师让学生把立方体的外表面都涂满红色，然后切成若干个一英寸的立方体。教师问：一共能切成几个小立方体？你会马上发现，知道 3 乘以 3 得 9、3 乘以 9 得到 27 是一回事；而能形象化地想象出把立方体切成 3 小条，每条各有 3 小块，一共得到 27 个小立方体，则完全是另一回事。这还只是第一步。接下来的问题是：这些小立方体中有多少是四面都涂红的？有一部分学生回答对了。又有多少小立方体是三面涂红的？一面涂红的？全都没涂红的有几个？

类似的训练有很多，但都有一个前提，即训练者必须能够借由想象来理解、思考各种条件。我花了很多时间来讨论算术中的想象力，因为如果我能说服大

家认识到想象力对于算术学习的重要性，我就不担心你们会承认它对于地理、历史、文学和科学同样重要。当你们遇到更棘手的难题，例如商业、银行业中涉及运算的题目，你会发现，难度往往不在于纯计算；而是学生对于这些问题涉及的背景知识，根本没有任何经验可以借助。他们也许见到过银行，但不知道里面做 250
些什么。学生讨论票据、折扣、汇票等词语，但却从没见过这些实物。即使他们有过很少一部分的经验，也很难凭借足够的想象建构力，将这些汇总成较为完整的事实。

两个孩子，一个智力一般，另一个虽能够背诵课文，但缺乏同等的思维能力和独立性；两人的区别主要在于，后者不具备一种想象建构能力。一个较聪明的孩子在解决问题之前，会先考虑这个问题涉及哪些方面，并加以想象。最近有一位教育学家提出，我们在孩子最初的学习阶段有些拔苗助长，我们教给他们东西，还未等他们有足够时间吸收，就向他们提问。孩子之所以困惑，其中很大的原因是他们不得不迅速对问题作出回应。我们应该给他们充分的时间，去想象一下这些问题的真正含义。关于算术中的想象力的讨论就到这儿。接下来，我将谈谈其他学科中的想象力的价值。

正如前面所说，如果你认可它在算术中的价值，就不难理解它在其他学科中的作用。拿地理学来说，你学习有关地峡、岩洞、河流、湖泊的知识。对于孩子来说，除非他在脑海中想象这些名词所对应的形象化的图形，否则学习这些的意义是什么呢？有人也许会说，整个地理学几乎就是培养想象力，其中很大程度是锻炼视觉想象力。我认识这么一位女士，她到过很多地方旅行，尤其对巴勒斯坦的许多描述非常生动。她经常被问到，为什么能对见过的地方有这么清晰的记忆。她回答说，自己根本不记得那些地方。但每当她谈到某个具体的地方时，她眼前就会浮现该地方的画面；她只是将她看到的描述出来，就好像她真的身临其境。我可以保证：在座的一定有些人很自然地擅长视觉想象，我只需让大家描述某个地方就能判断。几乎没有人仅靠抽象记忆就能记住一个复杂的地形，除非他已经无数次地观察过这个地形，已经形成系统的印象。但另一方面，如果他具有强大的视觉想象力，他只要看过一次，这个地貌的图形就会留在他脑海中。在这个 251
意义上，他根本不需要刻意去记住它——只需要想象力的召唤。所有优秀的地质学家都擅长视觉想象，伟大的地理学家也是如此。两个智力相当的人，去过同样的地方，其中一人只能描述他所见的很少一部分，原因就是他的视觉想象力较薄弱，而另一个人也许理性能力不及前者的一半，但关于旅行所见的记忆和描述能力却远胜过前者。但也许前者更擅长讲述他的经历、那些已经发生的事情，因为他能运用许多描绘动作和声音的词汇来叙述。因此，一个不擅长视觉想象的人，不应该觉得自己没什么头脑。

还是回到地理学的讨论。有两种观点鲜明的主张：一种认为，要让儿童清晰地表述某样东西，他必须曾见过它，或是类似的事物。在这儿，你不需要花太多力气向在座的各位解释什么是山。一个研究所所长在访问一个山区后，竟然花了整整两天的时间向所里的教师们介绍山丘这个概念！除了地理学中的许多概念外，还有一些事物需要孩子在先熟悉实物的基础上，形成比较清晰的想象。另一种观点是主张学习要先具体后抽象，换一种表述可能更好，就是我们必须先依赖感官的感知来熟悉事物，然后尽快地进入借助想象力来思考的阶段。感知的价值从长远来看，有助于为孩子提供各种学习素材、数据和工具。如果是学习地理学，孩子应该有户外远行的经历，这样才能形成对地理名词的想象；他还必须学习如何运用想象的图形，如何构造、重构或者调整它们，以形成他从未实际看见过或感知过、只是出现在想象中的效果。

即使在物理地理学中，想象力同样重要。许多儿童很难理解风流和洋流的理论，因为他们无法想象这些东西。他们没有见过这些。如果他们见过，就能很快掌握其中的原理。我这儿要稍稍扯开话题，讲一讲物理学中遇到的同样问题。
252 假设学生很难理解泵的机械原理。你经常会看到一个相当聪明的孩子，他似乎就是理解不了这个原理。我想有四分之三的可能性，问题不是出在孩子的理性思维能力或他的智力，而是他缺乏想象力，或者说他无法形成关于泵如何工作的形象思维。如果他可以观察到这些机器，看到随着泵的柄上下运动会产生什么；如果他能够看到活塞和阀门的位置，他就能像其他人一样来解释它们的原理。他只需要跟随自己想象的图形，一步步地说出他看到的工作流程；他看到泵的一连串运行过程，他的回答就会符合逻辑。

再说一下历史学习中的想象力。许多历史知识对于学生来说只限于文字，除非学生受过训练，学会想象历史中的人物和场景。如果学生学习历史时没有那么浮光掠影，如果能用更多的时间来学习一些虽小却意义重大的历史事件，多鼓励他们并创造机会让他们重构这些历史画面，甚至让他们通过叙述或表演来重现历史场景，那么，他们就会对这些历史人物有感性的了解，也会形成对这些历史事件发生时的情景及环境的最强烈的视觉形象。我想，你们一定会同意，即使他们在学习历史过程中并没有掌握太多的史实，但就他们了解的那一部分历史，也会变得对他们更有意义，成为他们人生的一部分。

同样，想象力在文学中也很重要。教师常常希望儿童能掌握一首诗的优美，但总是无功而返。儿童当然希望可以取悦老师，因此经常假装他们读懂了诗的优美；但事实上，诗对于他们只是一群词语，因为他们无法获得想象。就拿四至六年级读过的那些简单的诗来说，教师不应该过多地谈论语词的运用，而应该下功夫教会儿童形象化地想象诗中描绘的一个一个场景。我相信，只需要一至两个这样的实验，你就会发现文学对儿童的意义比过去重要得多。我们可以用惠
蒂尔（Whittier）的《雪界》（Snow-Bound）这首诗，或者我们在学校阅读课上读过 253
的朗费罗（Longfellow）、惠蒂尔或霍姆斯（Holmes）的任何一首诗，只需要问几个语法结构或字面含义的问题，然后花更多的时间来帮助孩子们想象整首诗呈现的画面。

我要提醒一点：有时候，过多地询问孩子有关他们所想象的图形的问题并不恰当。你要求他们发挥想象，但不希望他们凭空瞎想。教师都知道想象与幻想的区别。如果教师每隔几分钟就询问儿童他们想象到什么东西，你会看到儿童痛苦地在教室里左右环顾，绞尽脑汁地捕捉自己的想象而不是关注想象到的图形本身。我们并不需要过多地向儿童强调想象，最好是建议某个场景并给他们充分的时间去独立地想象。许多儿童自然地就具有很强的视觉想象力。这个能力随着年龄的增长，会逐渐减弱而不是增强。我宁愿不过多干涉儿童们的想象，而是让他们自愿站起来告诉大家看到了什么。

我要再次回到理性这个问题，因为有一种普遍的看法认为理性和想象没有什么关系。对理性最一般的理解是：取两个事实，并从中得到与前两者都不同的第三个事实。这种表述是正确的、符合逻辑的。它说出了当我们运用理性时发生的变化。的确，我们先有两个事实，继而获得第三个事实；但上述表述没有说明我们是如何运用理性的。在我们从两个事实中得出第三个事实的过程中，我们的头脑里发生了哪些变化？这种表述是逻辑上的而不是心理学上的定义。教师往往对后者更感兴趣。我认为，当我们运用理性时，头脑里首先有两个不同的事实，然后借助我们称之为理性的这个能力，形成这两个事实的想象，最终两个形象交织并融合成一个新的形象。所以，当我们发现儿童很难从逻辑角度理解

和解释一件事时，百分之九十九的情况是：问题的解决不在于纠正理性能力本
254 身，而应该回到想象，这是理性思考的基础。在大多数的情况下，如果对该件事最初的想象能变得更明确和更清晰，那么就会发现理性思考的过程自然会变得很顺利。

［杜威博士针对一个提问的回答］：要求儿童对每件事都拟人化，是绝对错误的。如果他们这么做，这些事物本身就不会和儿童产生任何关联。认为儿童如果不通过拟人化就不会对事物感兴趣的想法，是错误的。

4. 成长的各阶段[1]

我接下来要谈的是孩子生命中的各个成长阶段——发展阶段。我认为，莎士比亚第一个划分了人的不同的年龄段，我不知道是否有人能在此基础上提供更合理的划分。莎士比亚把人分为七个阶段：啼哭的婴儿、抱怨上学的男孩、年轻的情人、战士、成熟的成年人、裁判、怀旧的老人(第二个婴儿期)。我们对人的一生各阶段的划分可能无法与莎士比亚描述的完全一致，但他的这种划分是符合科学的，并且具有较高的文学性。 255

第一个阶段：婴儿早期，从婴儿出生到学会说话。一般来说，这个阶段有30个月长。然后进入婴儿期的晚期，直到孩子六七岁大。接着是童年期，直到十三四岁进入青少年期。接下来是青年期，按照惯例，在18至21岁间结束。我们暂不需要研究这之后的成长阶段，因为人的有意识的教育正是产生在这四个阶段内。

尽管两年半的婴儿早期阶段属于学龄前，但婴儿在这个阶段的大脑发育很值得重视，尤其是从教育的角度来看。总的来说，这个时期最主要的任务是让大脑学会把身体作为自己的工具来控制。我们必须用最初成长的2至3年来掌握 256
这种控制。我们有眼、耳、腿、胳膊和发声的器官，但不知道如何运用这些肢体，因此在二三年里，我们将竭尽所能地来学会如何使用。

但在学会控制我们身体的同时，我们也学会了很多其他的东西。通过练习

① 首次发表于《白与蓝》(普罗沃市，犹他州)，第5卷，第6期(1902年2月1日)，第12—16页；同上书，第7期(1902年2月15日)，第1—4页。

运用身体各部位，我们逐渐学习如何控制大脑。约翰·费斯克(John Fiske)非常强调他所谓的“延长婴儿期的重要性”，或者说，滞后的婴儿期——延迟进入成熟期。他特别提到，人类婴儿期阶段要长于动物幼年的同阶段。其他专家也指出，文明程度越低的种类，其婴儿期越短，成熟的速度也越快；文明程度越高的生物，相对的无助期或者对社会和工业的依赖期就越长。费斯克先生尤其重视婴儿期对于社会的影响，他特别提醒注意：儿童需要被照看的时间越长，父母和孩子相互吸引而维系在一起的时间也就越长。他的结论是：营造充满关怀和爱的家庭的重要条件之一，是家中的孩子能得到长期的照顾。

我们都知道那些幼崽迅速成长的动物，必定只有很少或几乎没有家庭生活。那些幼小的动物能够很快地学会自我照顾，因而父母不需要陪伴在它的身旁。儿童在这段无助期和依赖期中，其智力和道德都得以发展，并形成谨慎、节俭、提前规划等品德，这些都归功于儿童得到了更好的照顾。所以费斯克坚持认为，婴儿的无助状态和婴儿期的延长并非是这个生物种类的弱点或缺点，它一直以来都是社会道德进化和理性发展的一个非常重要的因素。

我还要说一下这个问题的另一面，事实上，正因为有了婴儿期的延长，才使孩子教育成为可能。实验证明，小鸡一旦破壳而出，就能摆动脑袋啄食，姿势与
257 长大后一模一样；而且小鸡只需连试两三次，有时甚至一次就能啄到翅膀上的虫子，这个本领和成年的鸡也没有什么区别。我们称这种现象为本能，许多动物都具备很成熟的本能。我们将小鸡学会运用身体各肢体器官所用的时间，与一个孩子学会同样的本领所花费的时间作个对比：一个婴儿至少需要 6 个月的时间，才会有最基本的伸手触碰的动作，更不用说像小鸡一样捉到身上的小虫子。在婴儿伸手去触摸任何东西之前，他又需要 6 个月的时间，才会对距离有十分模糊的了解。即使他开始触摸东西了，有时手会伸得太长，有时又够不着，很可能这个距离超过了他的手臂长度；而小鸡却有很精确的调整能力。

我们也许可以认为两者的区别是天生的，这是动物与生俱来的优势。如果人类自婴儿开始也能具备更多的能力——类似掌握更多肢体器官的本领，那会具有很大的优势。但如果我们透过现象看其背后，就会认识到：正是动物与生俱来的这种能力，限制了它们的发展。这种天生的能力制约了它们更多的发展，成为它们不可逾越的阻碍。正因为动物从一出生就具备了这种完备的本能，就没有进一步成长和发展的空间和机会，因为它们缺乏不断成长的动力。相反，孩子

的巨大的依赖性和无助感使得他必须去获得各种能力，在这过程中，他学会了很多——成人教会了他如何去奋斗，教会了他欲望、努力和希望的意义，教会了他使用记忆和想象来规划并建构。

换个角度看，对于一个未受过教育的人，意味着他眼前的是一个无限的未来能力发展的远景。而一出生就具有已形成的完善的能力，则意味着限制以及对能力的束缚。而且，正因为最初的无所依靠，所有的一切都要通过后天学习，因此有了变化和进步的可能。动物不得不以同样的方式重复做一样的事，因为它依赖本能行为，就像一台机器。恰恰因为我们需要学习各种事物，我们能够选择 258
做事的手段和方法——使手段适应目的，并且在选择和适应的过程中成长，获得能力，这也可称之为一种确定性。无论我们从对家长和社会的影响的视角来看，还是从对孩子自身成长的作用来看，都可以得出这样的结论：孩子在成长中需要他人指引的长期的无助期或社会依赖期，是一个极其重要的阶段，尤其对于道德和精神发展意义重大。因此，孩子需要学习使用他的肢体器官，学会看、听、走路和说话，这些都蕴含着丰富的意义。它们有的是习惯，有的是自然而为，这已成为我们的第二天性。这些都需要孩子去学习。

孩子在出生后很短的时间里，毫无疑问，是没有听觉和视觉的；也许他能开始区分光亮和黑暗，但那完全不同于用眼睛看、观察和辨别事物。学会看，是与走路、说话一样需要习得的一个习惯。如果我举起这本书，你立即看出这是一本书，你觉得这过程中不涉及任何大脑活动，也不需要创造性。但那是因为你已长期形成了看的能力，它能自动地起作用。你不需要运用力量和意志力来行走，如果不是因为看到身边有幼儿蹒跚地学习走路，我们也许觉得走路这一印象仿佛出自自身之外，主观上不需要用力。产生这种误解的原因是：这些能力已经变成我们的习惯，在运用时意识不到其中涉及的思维活动和注意力。但当孩子真正在学习看、听和走路时，他是在解决一个个问题。他必须调查、实验，纠正错误，重新开始，从而正确地行事。这些问题实际上比我们想得要复杂，在处理这些我们看来没有太多智力难度的问题的过程中，孩子开始接受最初的心智训练，因为他必须运用记忆和判断来学会看、听、行和说。在某种意义上，他也开始学习道 259
德，因为他学会了控制。他必须学习引导自己的行为去实现某一确定的目标。我们不能妄下结论：认为学习控制能力，甚至在使用身体各部位这个过程中不涉及道德价值。

当孩子学会走路、说话和使用单词——运用身体器官发出对他人有意义的声音时，他已经完成了我们所说的成长经历的第一阶段，即早期婴儿阶段。按照一般规律，孩子两岁半时会掌握不少的词汇。一般情况下，一个普通智力的孩子，在这个年龄可以学会六百或七百个单词。当然，具体的词汇量因人而异。有的孩子在其他方面智力表现得更为突出，他们在两岁半时仍在学习说话。他们能理解单词，他们在说出单词前往往先要在头脑中把这些词拼在一起。我听说，有个男孩直到3岁前一直拒绝说话。家长们听说过那些较晚学会说话的孩子，一旦开口，常常语出惊人。一天，那个男孩站在窗前，说了一句话："天下雨时，它是湿的。"这是少年天才的表现，他继承了家庭的基因。尽管男孩的智力水平尚未达到父母的期望值，但我们已注意到他说的那句话是一个复合句。这是他开口说的第一句话，他之前一定已在脑子里练习了一段时间。出于某些原因，他一直未找到合适的场景来表达他所发现的自然现象；直到那天下雨，他进行了科学的观察。

当孩子掌握了走路和说话的能力，就可以自由地与别人交往。当然，这意味着孩子不仅获得了智力和道德的自由，而且包括有能力主动地做事，尝试并熟悉不同的事物。走路就是一种最基本的道德自由的外在化的符号，然后是说话；接着，一个社会交往的丰富世界就展现在孩子眼前。就如孩子成长第一阶段的根
260 本标志是了解使用身体的各个器官，并在此学习过程中开始培养智力和道德；孩子下一个阶段直到六七岁的成长，是以学会基本的社会适应能力为标志的。我们会发现，孩子所有广泛的社会交往关系的学习，都是在两岁半到六七岁这个阶段完成的。

孩子一开始接触的社会并不大，基本包括他的至亲家人、亲属、邻居和少数玩伴。但协调自己与这一小部分人的关系，构成了孩子全部的社会适应力的内容。他必须学习礼貌、礼节和社会作用。他还必须学习正确的用餐坐姿，学习如何使用刀叉和匙，观察在社交场合如何请求他人传递食物，并表达"谢谢"、"能否请您"等诸如此类在我们看来十分基本和微不足道的事。也许当我们想到所有这些事时，并没有觉得多么重要；但对于孩子，这些事情意味着他们真正进入了社会世界；因为在形成点滴的习惯过程中，他学到了最基本的社会适应能力。当然还必须学会理解别人的意愿和观点，并使自己能适应他人。他必须学习主动地为自己和他人做些事情。尽管他的社会世界是微型的，我认为，这几年里，他

几乎从中接触到了所有典型的社会关系，并且是以一种非常亲密的方式。

如果说孩子在前一个阶段学会了解自己的身体，他在这个阶段就是学会了解身边的人。这些人以及他和这些人的关系是他现阶段的最大兴趣。他还不具有太多的思考能力和智力。我们还没有送他上学，为了求知而学习。如果他上学，进入幼儿园的主要目的是培养他建立与他人的恰当的社会关系。我们最希望他能学会和善、礼貌、与他人合作，以及在关键时刻能勇于率先。有人把滑铁卢一仗的胜利归功于伊顿（Eton）和拉格比（Rugby）这些英国公立学校的操场。这个观点的含义，当然是说英国年轻人从这些学校的体育活动和游戏中学会了 261
服从和领导。他们学会了为共同的事业相互合作，这种群体协作可追溯到童年时期，孩子开始逐渐摆脱自己与他人和父母的个人关系。孩子在学习这些社会适应能力的同时，无意识地得到了道德启蒙。如果他们成长于一个和睦快乐的家庭，也许这将是他们能获得的最深刻的道德教育；这种教育会渗入他们体内的每个纤维，一直伴随他们，即便当他们逐渐忘却懵懂或成熟时期的所学时。我个人觉得，我们有很好的理由认为，如果我们在孩子成长的最初七年，能提供他最理想的社会环境——能够引导他建立与他人的良好关系并促进其思想和想象力发展，这将确保他在一个非常正确的方向上很好地成长。我们应该培养他们良好的社会才能、乐于助人的习惯，这些将伴随他今后漫长的人生道路。

在两岁半至六七岁的这个阶段，孩子最根本的成长标志是被称为大脑的发育，也就是幻想力或想象力的发展。今天下午，我已讨论了很多关于想象和如何想象，但我希望今晚能稍微换个角度谈谈同样的话题。

当孩子大概两岁时，他已经熟悉许多具体的物体并了解了它们的用处，后者更为重要。对于一个孩子，物体是他能拿来用的一个东西。有些儿童学研究开始特别关注他们如何定义事物。即便年龄稍大的孩子，起初也都是从物体的使用、作用或具体活动的角度来定义它。小一些的孩子似乎除了直接使用物体以外，并不知道其他的事。帽子是用来戴在头上的东西，当孩子看到帽子就直接戴上了。门把手是用来转动的，如果他够得着它，就会去转动。然而，即使掌握了这些本领，孩子的能力范围仍相当有限，因为他只知道物体呈现给他的感官的基本用途。只有依靠我前面讨论的想象力或形象思维能力，孩子才可以摆脱感知 262
力的束缚，开始建构一个更大的世界。

我曾看到一个 3 岁大的聪明的小男孩，当他看见一条垂挂着的表链时，便说

"看那个吊床"，并用手来回摆动它。男孩的想象力在这个表达中已初见端倪。如果他真的见到吊床，会毫无疑问试着来回地摇晃它。他面前的只是一条表链，但却启发他想象到了眼前没出现的事物。正是这样一种将一个体验带入另一种体验的现象，标志着孩子开始产生想象力，由此表明他们摆脱了能被直接感知的有限范围内的事物的束缚。

有人问孩子如何学会虚构和想象。毫无疑问，这是孩子成长的一个关键点，也许是他们三四岁时心智发展的最显著的特点。孩子拿着一个橡果壳，把它当作一个茶杯玩耍；他假装橡树叶就是盘子，很快就准备好了一整个茶会。我见过几乎每个 3 岁的孩子都会玩这样的一种把戏：敲门进来，然后打招呼说："您好！"我们都熟悉童年时期这种想象的小把戏。它们使孩子显得十分可爱。我们常常说："他们多么讨人喜欢！"但是，我们并不总能认识到这些玩耍中包含了不起的智力。我想要说明：这些孩子们的想象，并不等同于我们在童话或神话故事中听到或看到的想象。孩子觉得自己是在发号施令，在真正地做一件事。那个把橡果壳、橡树叶当作茶具来摆弄的男孩，认为自己正在准备一个真正的茶会。他不觉得自己进入一个非现实的世界。大多数孩子的想象都是这样的。就我对普通孩子的观察而言，他们经常看别人做某事后，想象自己也做同样的事。通过这种虚构，他们在学习理解他们的世界。孩子还没有能力自己筹备一个真正的茶会，他也不具备厨艺、不懂如何布置茶桌以及相关的准备，但通过他自己虚构的游
263 戏，大致了解了茶会的准备过程和其中各个环节的有教益的知识。孩子尚未成熟，体力和智力方面的发展都很欠缺，所以他无法真正地做许多事，也无法从做事中得到教育。但是通过想象自己在做事，他开始熟悉其中的各个方面和各种关系。想象是一种替代手段，孩子通过它，获得了许多凭借其实际能力本无法体验到的复杂经验。因此，孩子一旦想象力受抑制，游戏时间缩短，他的发展就必然受到阻碍。这些游戏是孩子们全方位接触外界的触须，使他们熟悉了那些本没有机会了解的事实和活动。令人诧异的是，我们竟然等了那么久才认识到儿童早期游戏活动如此重要的教育价值。当然，柏拉图在两千多年前已阐发过这个真理，但他的文字和观点并没有给人们留下太深的印象。几个世纪以来，儿童游戏的作用在总体上没能得到足够的重视。相反，人们批评这些游戏作用微小，或者仅仅把它们看作一种无任何价值的娱乐而姑且容忍，因为孩子毕竟是孩子，成人不能期望他们做太多的事情。直到福禄贝尔(Froebel)才认识到：基于孩子

想象力的游戏活动，对他们的精神和道德成长起着十分必要和关键的作用。

我认为，孩子的想象和他的游戏之间必有某种关联。我特别要强调，想象的图形和游戏是同一事物的两面。我曾在之前的演讲中多次提到一个心理学原理，即每个思想、观点或建议都会表现出立即实施的倾向，都希望能找到某种行动上的出口，除非它受到某种冲突性形象的阻碍或抑制。孩子玩耍的游戏就是我们能找到的最能体现这个原理的例子。当孩子产生任何想法时，他希望能付诸行动，这就是游戏的起源。孩子整个人被他的想法、感觉和幻想所占据，并通过活动而立即得到表现。这就是孩子总是在戏剧化地想象、总是把他的想法带 264
入游戏或其他活动的原因。

我们下午曾讨论科学在启发孩子想象力方面是否起到什么作用。当孩子的想象力受到激发，变得兴奋却又无法通过任何行动来实现时，恐怕就有危险了。我的意思是：当孩子的想象力得到启发后，形成的图像无法体现在某种玩耍、游戏或是虚构中——例如给孩子讲一个他不理解、不属于他的游戏世界的故事，这样做产生的危险就好像让一个成年人去经历与他性格相冲突的或喜悦或痛苦的情感体验。故事对孩子是很有益的，但有时候过度了就会适得其反。我们给孩子讲很多故事，情节愈来愈煽情，直到使孩子刚刚萌芽的想象力变得干枯、乏味。家长知道，如果一个故事本身吸引人，孩子喜欢重复地听大人讲述，而且每次都从中获取新的想象的养料。故事的这种形式感比起单调性来说，似乎更吸引孩子。我认为，当孩子的想象力一次次地被激发，他很快就会获得远多于他能够接受的各种形象和情感。另一方面，当我们看到孩子以这种或那种方式把他的想法和感情表现在游戏中时，可以确信其结果比较符合道德和健康；因为总体上，这些活动是通过有利于成长的渠道展开的，所以即使孩子本身有一些不好的想法，也会在活动中被过滤。

想象的本质就是从一种经验转换到另一种经验。我曾见过一个小女孩，她的玩具娃娃已经被摔得只剩下一条腿了，但女孩把那条腿放在床上继续玩耍，就好像眼前仍是一个完好的洋娃娃。她把从一个整体所获得的经验转换到了一个零件上。那个把表链称作吊床来玩耍的小孩子，是将一种经验中的价值和意义转接到了另一个相似的经验。这种替代性原理——转换的原理——极大地拓宽了孩子的世界，他学会如何有步骤地处理事情。当然，他的活动仍受各种建议和 265
情感非常自由和弹性化方式的支配。你们都见过孩子的绘画，如果画一座房子，墙壁会被画成透明的。你们会看到房中有床、桌子或一切他们希望展示的东西。他们并不关心这些事物是否真实存在。几个月前，我看到一些孩子画的圣诞老人，其中几张把圣诞老人的礼物袜画得非常大，以至于房间里放不下，只能挂在房门外。从艺术角度，就所谓的画面效果和比例来看，孩子对于实物本身兴趣不大，他们主要是根据自己的感觉来画画。

下午，我和贵院的一位教师谈话，聊的就是我接下来要讨论的话题——儿童的撒谎，尤其是小小孩的撒谎。我猜想，当许多家长发现，特别是他们的第一个孩子，非但没像期望的那样养成优良的品德，反而成了一个会轻而易举地撒谎的小撒旦时，一定非常震惊。再加上不了解撒谎背后的心理学原因，善良的家长们愈发忧心忡忡。尽管有些孩子的谎言后果非常严重，但许多所谓的撒谎，从成人的角度看，根本不能作为道德败坏的表现。他们只是孩子游戏中的一些形象，产生的原因是孩子不能区分想象和事实。有些孩子从小就很有逻辑性，不会混淆想象和事实；但有些孩子尽管思维很清晰，但会把自己整个儿等同于正在做的事情，因而不能区分事实与幻想。

一位近来受关注的作家在他的儿童的书中，引用了一个小女孩告诉她的哥哥和姐姐看见一条蛇的故事。小女孩很兴奋，但哥哥姐姐认为这是她的幻想，并问她是否看到蛇的脖子上系着一个银色的小铃铛。女孩说是的，这样，他们更确信这件事是虚构的。数年后，女孩仍然坚持说自己曾见过蛇，并且当哥哥姐姐们问蛇身上是否有个银色小铃铛时，她也的确记得是看到了，因为当时她整个人处
266 于兴奋的状态。直到女孩长大后很久，她才意识到自己并未看到过蛇。这个关于孩子想象力的例子也许有些极端，因为它告诉我们，当情绪高度紧张时可能产生的后果。孩子把圣诞老人的袜子画得比房屋更大的例子，就是一个更好的说明。孩子们知道袜子不会比房屋大，但这与成人对这个事实的了解不同。因此，我更倾向于不要把孩子的许多源于想象的小故事当回事，除非孩子为了欺骗而撒谎，在后一种情况下，我们会发现谎言背后还隐藏着别的目的。有时候，我们过于质疑孩子的谎言，抓住不放那些本可以让孩子自己解决的事情。当然，我指的是那些没在背后隐藏坏动机的、纯粹出于幻想的故事。

孩子在这一时期成长的另一个特点是：他们在极大的程度上受建议的影响和支配，也常常借此来纠正错误。真正有经验的监督人，无论家长或是教师，应该学着通过间接的方式来引导孩子，即先提供某些想法或形象，然后让他们自己

吸收和消化。这种方式，可以让教师从必须监督孩子执行每项行动中解脱出来。教师只要播种，自然会长出行动的小苗。建议对于孩子的作用是巨大的。有时候，教师可能会用力过猛，在我看来，他们的建议几乎是对孩子实施催眠。但总的来说，正确使用建议，是引导孩子活动的最主要的工具。

我曾见到一个小男孩欢快地在街上跑，突然脚趾踢到了什么东西，他摔倒了，头狠狠地撞到了人行道上。另一个男孩正好经过，问他："你弄丢眼镜了吗？"在此刻之前，小男孩没想过任何关于眼镜的事，但这时他停止了哭泣，你可以说几乎是奇迹般地开始在地上找他的眼镜。这是我见过的最不可思议的关于建议的作用的例子。它一下子改变了小男孩的想法，当他脑子里想着找眼镜的时候，就忘记了所有的疼痛。

有经验的教师知道如何运用同样的原理使孩子转移注意力，从偏离的方向引导到正确的轨道上。关于这一点，我想谈谈过多使用"不许干这事，不许干那 267
事"产生的心理学影响。我们都知道，在实际生活中，即使一个很小的负面的意见都会产生持续的影响，而且心理学上有很好的证据证明负面意见会起到反作用。举个例子，孩子在安静地玩耍，家长警告他——"不许爬树"。孩子之前并没有这个想法，听到这个警告后，他蠢蠢欲动，最后反而去爬树了。原本禁止式的建议中，唯一对孩子起作用的却是其中的肯定部分，建议中的否定部分却因为引起孩子的躁动不安，反而使他恰恰做了家长禁止或者至少是不建议他做的事。如果家长原先给予的是另一种正面的建议，也许孩子压根儿不会去做被禁止的事。

有一个马车夫向神父忏悔，听了他的坦白后，神父问他是否曾用刀锉过主人家的马匹的牙齿。马车夫没明白神父的意思，神父就解释说如果他曾经这么做过，马就将无法咀嚼燕麦，那么他可以偷燕麦到市场上卖掉。这之后，马车夫又去找神父忏悔，他坦白的第一件事就是用刀锉过主人马匹的牙齿。

完全用负面的方式引导孩子，导致的结果常常是强化了他们头脑中对禁止干的事情的反面暗示。你可以反复强调"不要……"，但并不会产生很大的行动效果。当然，如果这种建议和其他因素结合，可能会产生一定的效果；但单凭它，自身效果并不明显。整个讨论的道德意义告诉我们：应该特别小心地尽可能给予孩子积极方向上的正面建议。这并不意味着使用这条原则就不会出现极端情况，我们仍需要作出判断；但给予孩子建议时，应该强调正面的、积极的部分而不是禁止的部分。

当孩子六七岁时，他们的行动纯粹受建议和形象的影响逐渐变小，他们更加渴望自己做事并得到收获。孩子的行为受背后的推动，当一个形象进入他的头脑时，他接收并付诸行动。他没有目的，没有确定的目标或意图，至少没有长远的意图，但最终这些会发生变化。他们不再只是孩子，我们开始感到他们有了自
268 己的小计划、小打算；当时机成熟时，他们会占据主导并控制自己的行为而不是受背后推动力的驱使。

我看见有些孩子在六七岁时玩一种“我是间谍”的游戏。当扮演“他”的孩子喊出“关笼子”时，大约一半的孩子开始朝目的地跑，他们不会留意游戏规则，而只想早点到达目的地。他们头脑中的形象只有朝目的地方向前进，一旦开始跑，他们就不会停下来。还有一些孩子知道他们需要在游戏中得分，就会相应地控制自己的行动并征询别人的意见。

这种能预见明确结果并为实现目的而引导活动过程的能力，标志着孩子从婴幼儿晚期进入儿童期。当然，这种过渡是逐渐完成的。从我对这段过程的描述来看，你们可能认为这种变化是一蹴而就的，当然不是。当孩子六七岁时，我们开始注意到这种变化。孩子头脑中想的不再主要是那些幻想的玩耍，这意味着他们不再满足于虚构，他们从玩耍进入了游戏。玩耍没有规则，没有特定的目标和目的。孩子接受各种建议，并在其引导下玩耍，直到厌倦。但你玩游戏时，例如捉迷藏，你必须得分，必须获得某个结果，因此就必须规划相应的步骤。当儿童用游戏来替代玩耍时，开始变得更具批判性，开始事先计划，然后发生态度上的变化。正是基于对这种实际变化的认识，我们才规定六七岁是儿童上学读书的年龄。在这个年龄，儿童可以接受各种任务，可以为行为产生的具体后果承担责任。这就意味着，可以开始有效的学校教育了，即进行一种更注重意识培养的训练。

今晚关于孩子的讨论就暂告一段落，明天晚上继续这个话题，我将概述儿童在接下来的六至七年里大脑是如何成长的[见讲座 6]。

5. 注意力[①]

我以为，课堂里从来没有一个词比“注意力”这个词更受重视。这个词经常使用，以至于对教师和学生双方而言，它几乎成了一个口头禅、一个单纯的命令或建议，比如：“注意！”“集中注意力！”如果只考虑这个词的观念，这种情况就有充分的理由；因为虽然这个词可能有时使用过度，但是注意实际上代表心智行为的统一。如果教师专注于主题，或者如果孩子们把注意力、真正的注意力放在主题上，这就意味着他们把心思放在上面。 269

我们把“注意力”和“心智”这两个术语用作同义词。“用心听我的”或“注意听我的”，以及“为什么你们不把心思放在我必须说的话上面”，表达了几乎相同的观念。注意力就是心智。通过把注意力与心智等同起来，我们至少比单独考虑注意力更靠近问题的真相。注意力的充分，注意力的投入，注意力的集中，意味着心思无保留地放在问题上。与其说它是意识的力量或能力的测试，不如说它是处于高强度工作中的意识本身。

年轻男子注意年轻女子，这意味着他们关心她们，他们的心智和思绪倾注在她们身上。这并不是一种特定的能力在发挥作用；他们的整个存在都投入到那个方向上了。母亲照管她的婴儿，厨师照管烹饪，这意味着整个精力、兴趣、意识都在那个方向上。因此，如果我们来看现实中的注意力而非它在课堂里的单

① 首次发表于《白与蓝》（普罗沃市，犹他州），第 5 卷，第 7 期（1902 年 2 月 15 日），第 4—8 页；同上书，第 8 期（1902 年 3 月 1 日），第 1—5 页。

270 纯形式，我们实际上看到自我、主体连同其下属[1]的投入，而且价值观的整个世界都聚集在一个人正在注意的特定事物上面。

然而不幸的是，课堂上有一种注意力是某种模拟，是对真实的注意力的模仿。当任何人投入、专注的时候，就会有某种身体姿势、某种面部表情、整个身体的某种气度来表明他正在注意。孩子们本能地学会了模拟强烈的甚至出神的注意力的外部表现；他们这么做，只是因为他们知道，越有专注的表现越可以去想别的东西。

我以为，每个课堂里都有某些孩子，当他们脸上有入迷的、沉迷的表情时，教师就认为有危险。教师从经验中知道，这是顽皮的标志。通过要求学校的孩子们注意，我们有时无意识地把他们变成了伪善者。通过坚持要他们做出注意力的形式，我们几乎是坚持要他们欺骗我们。可是，当人们放松一些的时候，事实上也可以非常专注。当一个孩子并不直视教师的时候，他也可以相当专注。即使他正看着别的东西或玩弄铅笔，他也可以专注。在教师这一方，需要某种判断力和识别力，才能辨认出真实的注意力的征兆；才不会一直坚持那种外在的形式，孩子学着模拟这种形式，实际上却把心思放在其他地方。这个真相也许会在你自己的经验中引起同感。除非你比大多数人幸运，否则你会在听到叫你的名字或被提问的时候猛地警醒，然后发觉自己再次落回到思绪的火车里去，尽管你一刻也没有丢掉注意的态度。单单叫孩子们注意，无法确保现实的情况。词语是观念的十分可怜的替代物；当教师单单依靠命令的时候，他很可能在培养注意力的单纯外表。这促使我考虑——用心理学的话说——注意力自然的、必要的、不可缺少的条件。

心智必须处在什么态度中？必须提供什么条件，才能让真正的注意力得以
271 存在？注意力这个词每每以如下这种方式在课堂里到处鸣响：它使人们相信，注意力是某种提灯，人们把它拿在身边，一会儿照亮这个东西，一会儿照亮那个东西；然后得出结论：当小学生不听从命令的时候，是因为他们决定不这么做；这么做或不这么做，可以说纯粹是身体的事情。换句话说，注意力实际上没有心理条件。

教师如果按照这个原则行动，没有认识到有条件需要满足，那就只会得到注意力的形式而非实质。如果我告诉你们，这个房间里有某样东西是极有价值的，

[1] 原文为 subjects，应指上文的精力、兴趣、意识。——译者

会以它对你们的巨大价值或重要性存留很长时间，却没有提到它的本性或性质，只继续说它是极重要的东西——然后在一定时刻告诉你们："一，二，三，开始，理解它。"你们会做什么？你们会非常注意吗？你们会尝试引导你们的精力吗？要么你们会认为我在拿你们开玩笑，要么你们的心智会困惑起来；你们会认为，我期望你们做某件事情，而你们对它是什么却没有任何观念。

除非有某个目的，孩子要把他的精力导向它，否则在很大程度上叫他专注，与上面说的是同一回事。如果你们对一个事物具有道德的、心智的还是身体的性质没有观念，就不知道怎样动手寻求它。你们必须对要寻求的东西有某种线索——代表目的、目标的某个事物。换句话说，你们必须对你们要做的事情有一个想象。对学校里的孩子来说，也是一样。除非他有某种解释、某种预期、某种心智的想象，对此，他可以注意，否则他不可能专注。实际上，"注意力"这个词能为学校做的一切不外乎是用来告知：马上有某个事物需要注意。它可以把他们的活动从其他地方转移走，把他们带进我们期望的态度中。通过打铃或一百种其他方式的任何一种，都可以得到同样的结果。这个词用作一个命令，无非是一个信号：马上有某个事物，需要把注意力导向它。我关于注意力要说的第一点是：必须在视野内有某个目标、某个需要达到的结果以及孩子心中的某种想象，这样，孩子就可以把精力导向它。

注意力是导向未来的。猫寻觅老鼠，不是因为它占有了老鼠并已经杀死了 272
它，而是因为它将要占有它、杀死它。注意力也是这样。在词源学上，这个词意指为了前方的某个事物的一种伸展，或者一种延伸①，如同德国人称呼它的那

---

① 原文为 stretching out。1897 年，杜威在芝加哥大学讲授了"黑格尔的精神哲学"。在谈到黑格尔的灵魂概念时，他说："清醒的灵魂是有兴趣的，它针对周遭事物设定自己，但不是绝对地设定，而是以这样一种方式：它把自己导向这些周遭事物，它专注于(attends to)它们。它处在持续的延伸(stretching out)状况中。"见《约翰·杜威的精神哲学，以及 1897 年关于黑格尔的讲演》(*John Dewey's Philosophy of Spirit, with the 1897 Lecture on Hegel*)，第 127 页。译者不知道黑格尔那里是否有对应的术语，不过，杜威的意思与黑格尔的《精神哲学》第 398 节附释中的一段话相仿："我们的精神只有当提供给它的是某种有趣的东西、某种同时既新鲜而又含义丰富的东西、某种自身条理各异而又连贯的东西时，才觉得自己是完全醒着的；因为在这样一些对象里，他又发现了自己本身。"见杨祖陶译本，第 91 页。这里的延伸概念，实际上接近于意向概念。Attention 的词源是拉丁语的 attentio，其动词形式 attendo 解释为"to stretch something (e. g. the bow) toward something"，见查尔登·路易斯、查尔斯·肖特(Charlton Lewis & Charles Short)：《拉丁语辞典》(*A Latin Dictionary*)，第 194 页。同时，词形相近的 intentio 解释为"a stretching out, straining, tension"，见上书，第 976 页。最早谈论意向的阿奎那用的就是 intendere， （转下页）

样。我们无法对任何完全熟悉的事物，也就是已经在心智上属于我们的事物，集中注意力。这个向着未来伸展的要素——它当然意指某种目标或目的——正是引导注意力的基础。

要讲注意力，谈论它的三个要素也许可以带来方便；我将非常简要地把它们称为“为了什么”、“对着什么”和“带着什么”①。“为了什么”就是目的、目标，是当前的材料或事实指向的事物。“为了什么”不在当前，它是未来。它是某个在前方的、我们追寻的事物；但为了达到这个未来的事物，我们必须有某个当前的事物，可以把注意力对着它。由此，为了在兴趣范围内一点点进展，我们必须有某种已有结果的经验的储备、某种已经形成的习惯、某种统觉材料——用心理学的语言说——带着它们专注于事物。

回到“对着什么”，我可以说，就它与“为了什么”的关系而言，教学中有大量混乱。教师经常认为，必要的一切就是把某个需要对之专注的事物提供给孩子。如果是实物课②，需要做的一切就是把某个实物放在孩子面前，叫他专注于它。或者如果是算术或地理课，就要对课程加以说明，叫孩子去学习。但是，注意力的充分条件不仅仅是孩子有某个需要对之专注的事物；还必须有某个他要为之注入心智的事物——某个他愿意达到的目的。当那个目的是理智的目的时，我们称为获得真理；但这种一般的表述方式的困境在于，它意味着有某个一般的真东西，小学生会对一般真理感兴趣——这两个观念都站不住脚。

让一个孩子有兴趣获得的真理必须是具体的，必须在他心中采取问题的形式。于是，这样一种真理就成了他的心智所追求的“为了什么”，他专注于主题，
273 不是把它作为一个自在地、自然而然地重要的事物，而是认为它提供了材料或资

(接上页)它在德国哲学中出现，一直到布伦塔诺和胡塞尔；而 attention 在德国哲学中似乎没有特别的讨论。另外，意向和 stretching out 都可以追溯到亚里士多德和阿维森那。《形而上学》第一句话“求知是所有人的本性”可以翻译成“All human beings by nature stretch themselves [ὀρέγονται] out toward knowing”，见克利斯托弗·朗(Christopher Long)，《亚里士多德论真理的本性》(*Aristotle on the Nature of Truth*)，第 17 页。该书的作者还指出，杜威与亚里士多德一致，他在《经验与自然》中写道：“因此，经验向下达到自然；它具有深度，还具有广度，直至无限灵活的程度。它延伸着(stretches)。”见《经验与自然》，第 4a—1 页。还可以说明的是：stretching out 在德文中直接对应于 Erstreckung，似乎只有在海德格尔那里才有哲学意义，表示“此在生死之间的途程”，见《存在与时间》，第 72 节。——译者

① 原文分别为 for-what、to-what 和 with-what。——译者

② 原文为 object lesson。——译者

料，帮助他达到他在视野内具有的目的。这个原则可以通过考虑如下的实例来阐明：一个在森林里迷失方向的人，他必须专注于附近的事物，但他的注意力并不是从这些事物开始的，也不是到它们为止。否则，他可能会开始研究周围的树的种类或岩石的形成。一百种事物都有可能获得他的注意，而它们远远不能给予帮助，实际上只会阻碍他回家。但如果他牢记“为了什么”，他就有了某种基础，以便选择可能协助他的“对着什么”。换句话说，他将挑选出那些帮助他回家的事物，而忽略其他的事物。

或者你们可以看另一个例子，我刚才碰巧想到的。如果你们要爬上一座山，没有任何确定的路径，你们就不得不专注附近的事物，否则无法到达顶峰。把山巅保持在视野内，你们就有了一个基础，由此才能把注意力对着那些可以用作向导的事物；倘若你们忘记了目的，你们仍然可能专注周围的事物，但当然无法到达山的顶峰。你们也许会注视着附近的自然对象，可能十分感兴趣，但不大可能有利于视野内的特定目标。我想再重复一次：我们太过经常地给孩子某个需要对之专注的事物，而没有给他任何注意的动机。他被迫学习，心中没有任何疑问或问题；即使他遇到他本该有兴趣探寻的东西时，他也不知道。或者我们可以说，他拥有的唯一兴趣仅仅在于上课。他对主题没有理智的兴趣，无法热衷于它，无法密切地注意它。

关于这个基本原则，有的好教师拥有自觉的知识。比起他们，出于本能的好教师也许能更好地尝试安排自己的工作，以便在背诵完成的时候，孩子的心智能处于悬而未决的状态，而不是让他感觉整个麻烦事已经彻底过去了、解释过了、理解过了、背诵过了，最终搁置在书架上。在背诵结束的时候，教师会尝试在孩子心中留下疑问，留下如下感觉：比起已经过去的东西，有某种额外的东西正在到来，同样有趣，或者甚至更有趣。越主动，越积极，加上自觉坚持这种期望和探 274
究的态度，他就越能充满活力地继续学习，因为他有某个想要弄清的事物。他知道，书本里的东西和他从别人那里得到的东西将会帮助自己解决这个疑问。

我们一般认定，问题和疑问属于算术；但从理智上讲，在教地理或历史甚至教拼写的时候，问题和疑问像在教算术时一样必要。没有被领进探究领域的孩子——这种领域中，有他想要探寻的问题——无法控制自己的注意力。假如在别人的眼光和指示之下，他还有可能注意；但一旦这种压力消除了，他在自身之内就会没有专注的动机或激励；所以，他的思绪极可能朝着一切方向飞散。另一方面，抓住根本疑问的人总是有一颗主动的、敏锐的心，总是有一个基础，以此把注意力导向新东西。

注意力当中，我称为“对着什么”和“为了什么”的东西——目的或目标，以及我们为了达到那个目的而对之专注的材料或事实——就说到这里。我完全理解，实物课开展得很广，对孩子们来说，变得像单纯的书本知识一样单调。为了激起兴趣，一开始它们看来是必要的；但如果继续下去，它们肯定会失去令人着迷的、投入的性质，就像印刷的词句肯定会失去这种性质一样。也就是说，如果实物课以某一种方式呈现的话，就会如此。那种方式在给予材料之前，忽略了把恰当的动机带进孩子的心中；仅仅让他专注于实物，而没有任何他想要解决的问题。

关于橘子的实物课，以前很流行。橘子课在各个机构中被展示、被分析，然后在学校里流传。我现在远离芝加哥，讲这个事情可以不伤害任何人的感情。在孩子们心中没有激起任何疑问，没有区分他们知道的东西和不知道的东西；整个实物却被考察、被详尽地分析：果皮、颜色、然后是果皮的纹理等等。当所有外
275 部性质都被列举、归类之后，孩子们被引到橘子的内部。可是，很可能那些孩子十有八九之前就已经对橘子有了相当详尽的、比较个人的了解，不过是可能没有把这些特点系统化，一个个记在心里。但问题是：他们有没有为了一个新的事实，听到了19个他们已经熟悉的事实。

如果有一项注意力的规律比别的规律更肯定，那就是我们并不专注于熟悉的事物。注意力的唯一用处是让事物得到控制，是抓住它们、掌握它们。如果它们已经为我们所熟悉，那么把我们的心智导向它们，就是浪费身体和心智的精力。一旦彻底在掌控中，它们就或多或少变得平常，因而就我们对这个过程的关注而言，它们或多或少成了无意识。我们行走、谈话，并没有不得不停下来把注意力导向怎么做的问题。倘若我们停下了，就无法做得像不停下来时那样好。几乎任何人都能直走，直到他开始想这么做为止。如果你们尝试走一条笔直的墨线，你们将发现，这远远比你们不去想它的时候困难得多。把注意力导向完全熟悉的事物每每让人困惑，此外还是无意义的一步。

回到橘子。迫使孩子注意他已经知道的事物，结果无非是单调，因为孩子对它没有动机。现在，我不是自己想要尝试上一堂示范课；但我要说，叫孩子们不要看着橘子，而是说出关于橘子能记得什么，事情就可以进行得更加顺利。这会

引入某种新东西，在形成对橘子的想象时引入实验的要素，然后当他们知道的一切被穷尽的时候，把实物拿出来以纠正之前的错误说法，并回答他们通过记忆无法回答的某个疑问。你们立刻可以看到，比起毫无头绪地仅仅对橘子的全部性质列一个详尽完整的清单，如果看着橘子是为了得到某个疑问的答案，那么，你们对它的敏锐、热衷和兴趣会多多少。心理学对这个事实当然有许多阐明：我们并不在理智上专注于熟悉的事物。我们听不到钟表的滴答声，因为它在我们的
房间里极其普通，除非我们对整点的钟声非常感兴趣，否则很快就听不见钟声 276
了。如果它停止了滴答作响，那么注意力就立刻敏锐起来。心理学家指出，我们并不专注于我们熟悉的事物，但是他们没有足够充分地发挥这个原则。注意力的整个目标是让新东西得到控制，是探索、探究、调查，是把心智向外带到不熟悉的领域，是把知识的状态加以推进，把它们进一步扩展到神秘的、未知的边界。由此可见，注意完全熟悉的东西是全然缺乏节约的，更不用说缺乏意义。

另一方面，如果我们现在认识到，我们无法注意任何根本不熟悉的事物，就转到了注意力的第三部分，也就是我"带着什么"去专注。每个人都知道，同时看到大量全新的、陌生的面孔，听到许多新的名字，或者在外国下车，听到人人都在叽咕仿佛是怪异的语言，那是多么令人困惑！我们发觉自己多么困惑、多么孤单，我们多么需要到处搜寻某个合乎情理地熟悉的东西，由此出发，以便不会被场面的陌生弄得狼狈不堪。这就意味着，虽然专注于熟悉的事物是没有意义的，专注于完全不熟悉的事物也是没有可能的。我们必须在心中有某个东西，它至少与不熟悉的东西近似——它是"带着什么"，新的相似性可以连接上去。教导的秘密大体上就是这样一种判断，它让教师能够以如下这种方式呈现材料中的新要点：尽管它们看起来是新的，从而挑动心智，激发它拿出新的精力，却没有让小学生觉得有多么新——他在当前的知识储备中搜寻一番，就能碰到某个使他能够处理它们的东西。

要在旧东西和一定程度上的新东西之间作出这些分级，算术是理想的科目之一。然而，也许没有哪个科目比算术更经常地违背这个原则了。孩子开始学习分数，教师每每劳心劳力地把分数作为一个全新的科目放到他的面前，而不是以如下这种方式表述已经处理过的问题：促使孩子认识到，新东西的某个特点与
他已经知道的东西相似。这种教师从未想过对已经在孩子的能力范围内的东西 277
作一番考察，然后在里面确定一个新的因素；他们从未认识到，因为它是新的，所

以它需要在小学生已经知道的东西的协助下才能得到发展。孩子被丢进新的领域中，立刻在里面走一遍。在这种分析模式中，对事物的分割有很大的错误；但还有另一种分析模式，我们实行得还远远不够：按照这种模式，当小学生处理新任务的时候，他可以不用教师的辅助就熟悉它；也就是说，他可以纵览整个领域，找到阻力最小、最先着手的地方。孩子一遍遍念他的算术或语法，指望以这种批量的方式重复学习以把它变成自己的一部分，但如果他被教师训练得养成了在背诵中学习的习惯，很快就会发现：新课中总有一定数量是他知道的，或者至少与他知道的东西非常相似，因此把很多时间花在上面是浪费精力。他聚集注意力的东西应当是新东西，是往前超出他已经知道的东西的一步。

任何人都能在理智训练中获得——我就不说是神奇的——突出的成绩，只要他学会这个简单的心智窍门：寻找整个处境的钥匙孔；只要他打破囫囵吞枣地、批量地处理事物的习惯，在有任何新事物的时候，学会仔细研究它，查明有多少是他熟悉的，或者与他熟悉的东西合乎情理地相似。他由此知道，需要掌握和理解的难点在什么地方，而且把整个注意力集中到这一点上，然后继续到下一点。注意力的一个规律是：我们并不专注于熟悉的东西；还有一个规律是：注意力在巨大的困难处、压力或张力处自然地疲倦或减弱。如果教师能帮助孩子认识到这个压力在哪里，从而可以把注意力集中到它的上面，那么就是在做极其重要的工作，让孩子对自己的心智能力有了掌控和控制；到最后，过不了多久，他在功课中就能独立——采取主动——而不需要教师继续引导。我们带着旧东西，
278 专注于新东西。这就是以下想法如此荒谬的一个原因：把某堂课摆在孩子面前，叫他专注于它，如果他专注就能学会它，尽管有可能他无法专注。你们完全也可以把我们中的一位丢到法国，他不认识一个法语单词；当他说他无法理解的时候，仅仅叫他集中注意力去听，就会理解。麻烦在于，他没有哪一点可以认同，可以交流。如果他能遇到哪怕一件共同的事物，说这个特定的单词表示这个观念，也会有一个基础，由此获得心智的表达途径，带着它伸展开来，获得更多的单词和观念。这种联结点在心智和对象之间建立起来之前，我们长时间叫一个人专注，可他不会这么做；不是因为他淘气、不想这么做，而是因为在心理学上，注意力的心智条件还不具备。

制作功课对孩子们是一种很好的训练，一个原因就是它自然且必然地把他们引向了注意的条件。首先有某个他们必须达到的结果。他们必须织毯子、造

箱子，或者煮麦片。到底做什么并没有差别，只要有某件实际的事情可以做，可以达到某个目的。它提供了必要的、不可取消的基础，他们由此去注意达到它要经历的各个步骤。如果他要造一个箱子，就必须专注于笔直地锯木头；必须专注地测量木头，得出直角；必须专注地把钉子敲到正确的位置，在每个位置都有对注意力的要求。

帕克(Parker)上校说，他之前从未真正知道注意力是什么，直到他走进一所手工训练学校，看见孩子们变得多么投入。这里的心理学就是：他们有某件给了他们动机的事情要做；需要达到的目的就在那里，他们实在禁不住要集中注意力，如同对棒球感兴趣的男孩禁不住要对球的状况集中注意力一样。如果男孩没有变得敏锐，没有观察球的状况，很快就会被赶出运动场。敏锐、紧盯要点被认为是成功的必要条件。在我看来，虽然我们无法一下子把这样理想的条件带进课堂，却应当认识到，当正常的心理学条件存在时，如下情况就实在是不可避免的，一直到身体疲惫为止：小学生会注意正在进行的事情，如同对棒球比赛感 279
兴趣的男孩，或者对客厅社交感兴趣的年轻女士，他们都会注意那个事物包含的所有形式。手工或制作功课这些不同的形式成了注意力的出色教育者，因为它们代表了需要达到的目的，代表了从其正确性出发可以更容易被心智抓住的东西。因此，它们为如下目的做了出色的准备：更抽象、更理智的注意力，它要达到的理智目的，即要解决的问题。

倘若我试图让这次讲座具有实效，就应该坚持要教师在给孩子们上课时问自己三个问题。第一个问题是：要么通过他们之前的经验，要么通过我，有没有给他们提供某个不确定的东西，提供某个他们想要达到却还没有达到的东西？换句话说，有没有给他们一个目标？

课堂里存在的最大的谬误之一是：只要教师有目的，孩子不需要目的。教师知道通过学习地理或历史的这些事实需要抵达哪里，所以人们认为，通过某个神秘的过程，这里所说的目的就会进入孩子的心里。或者教师单单说，需要抵达的目的是如此这般。好吧，除非它对孩子来说是目的，否则你们可以整个星期一直声称如此这般是课程的目的或目标，而它对孩子来说不是目的；除非目的以某种方式进入孩子的心智，否则，教师这一方的全部提醒都是白费工夫。因此，第一个问题是：孩子在沿这个方向进展的时候有没有目标；如果没有，该怎样给他目标？

第二个问题是：有没有给孩子提供必要的材料，以便帮助他们解决问题？

当然，越是让小学生把课本里没有的东西带进来，就越是要让他仔细地思考自己的经验，把他的观察从外面带进来——他就越有可能与问题连结起来。它对孩子来说是真正的问题，不仅仅是学校布置的问题。就这一点，在我看来，教师们经常高估了构造问题的必要性。有相当数量的问题是在孩子自己的经验中
280 产生的，如下观念则是非常误导的：你必须为孩子设置需要全力应付的问题，以便他可以获得心智的“肌肉”和“纤维”。这不过是教师这一方的懒惰。比起与孩子的经验密切联系，看其中有什么东西可以自然地以问题的形式以供学习，从课本里拿出一个谜题要容易得多。于是，第二个问题是保证给孩子提供必要的材料，以便回答已经提出的问题。

第三个问题是：在孩子有关学校内外的经验中，有什么东西对他是有价值的？新问题该如何呈现，才能十分紧密地关联到旧问题？

我有时喜欢跟教师们谈论兴趣这个主题。我发现，这个术语正在遭受误解。许多人认为，让人感兴趣意味着把一切东西变得容易、好玩，但在现实中完全相反。给孩子一个问题，除非有某个新的东西需要掌握，否则就没有真正的、真实的兴趣。自然的兴趣是向前进。毫无疑问，直到心智得到满足之前，它都想获得更多的经验，从而在那个方向上有自然的兴趣。我想说，兴趣实际上正是这种新东西和旧东西之间的连结。没有新东西的地方，就没有兴趣。全是新东西的地方，也没有兴趣；因为在那里，我们既没有力量，也没有自信的感受。我们没有能力前进。你们每每听到男孩对一项学习没有兴趣，这一般是因为他无法对付它。如果你们能在他身上激发出力量的感受，激发出他对自己正在成就某个东西的认识，你们就会发现，他的兴趣极大地被激发起来了。只要让他觉得，有一个要点被他彻底掌握了，就会激起他的兴趣。用词源学的话说，兴趣正是来自主体和被注意的对象之间，来自人必须给予的东西和对象带来的东西之间。不论哪里有这种连结的感受——已经在心中的旧东西和还需要掌握的新东西之间的连结——哪里就无一例外存在着兴趣。

我想沿着另一条线索说一两句话。在谈论注意力的时候，我们在相当大的程度上坚持注意力的集中、注意力的固定；但最好认识到，敏锐实在是与集中同
281 等重要的。你们知道，没有人能保持心智固定超过几分之一秒。如果你们这样做，你们就被催眠了，进入催眠的沉睡状态了。心智的本性是运动，必须从一个

东西到另一个东西。例如，注意这本书一分钟，你们会发现，你们实际上做的是从书上的一点转到另一点；虽然心智在这本书上，它却一直在改变。你们想到了它的形式、它的颜色、它的标记，然后是书里面的某个东西。如果你们一定要尝试把心智保持在书上，不做任何改变，那要么没有可能，要么你们会睡着。催眠的一种方法，就是让人们把注意力固定地集中在单个事物上面。注意力的集中并不是人们有时认为的那种意思。它并不意味着心智的瘫痪。心智必须保持运动。如果这是实情，人们也许会问，集中到底如何能存在呢？通过在视野里有一个目的而存在。如果你们有一个问题要解决，就不会随意地看到一个接一个的东西；你们会作选择。由此，集中不是对心智运动的抑制。将军要集中他的部队，不是命令他们保持静止，而是把他们移动到某处。他以不同的命令把他的团①移动到某个相同的地方、某个目的地。我们的观念朝着一个相同的地方运动，这才表示集中；没有敏锐，就没有集中；小学生没有机敏地②觉察新东西，就没有集中。

一位教师在以前告诉我，在他们讨论语法中的各种“人称”时，她向一个男孩提了这样一个问题：“如果我说‘我们在谈话’，这是什么人称？”男孩想了一下，说：“第二人称。”全班都在举手，很快纠正了他。教师告诉他：他本应掌握得更好；应该是第一人称。她说，她后来又想了这件事，想知道男孩是不是有可能在心里想着什么；于是她问男孩，是什么让他那样说。男孩说：“第二人称是讲话的对象。然后你说，讲话的对象比讲话的人多。”几乎可以肯定，他比班里得到正确答案的大多数人进行了更多的思考，结果却得到了错误答案；如果不是这位教师比寻常教师更加敏锐，回去问了他，就不会产生任何结果了。

假设从未给那个男孩为自己辩护的机会，假设这种气馁一天天继续，这会对 282
他心智的态度和力量造成什么影响？他难道不会至少无意识地养成如下思考习惯：不值得对事物仔细思考？他永远不会被允许为自己的答案辩护。背诵就会仅仅是如下问题：从记忆中——或者也许是通过偷看书本——说出正确或错误的东西。这样一种背诵没有带来真正的敏锐，尽管孩子们可能看上去很感兴趣，举手，摆手，显示出其他身体和心智的征兆。但实际上，如果没有给孩子机会，让

① 原文为 regiments，在杜威的年代是团，现已取消。——译者
② 原文为 qui vive。——译者

他们在心中仔细地考虑问题，为答案说出理由；如果比起答案是对是错，由此可以打分，只有较少的注意力用来查明给出一个答案是为什么——敏锐必定被扼杀，除非通过天然的力量，孩子恰好有不寻常的警觉性。一些人的心智有许多自然活力，以至于他们获得了成功，虽然他们在课堂里面对的是对注意力的压抑和麻痹；但在差不多同样的情况面前，寻常的男孩或女孩则无法很好地抵抗。

因此，到最后，我想提出：我们在课堂里也许以心智的敏锐为代价，把顺从——我指心智的顺从——贯彻得过分了。让孩子们过于敏锐是有些烦扰。他们有时会丢掉乖乖的姿势，让看到的人以为他们在胡闹，这情景确实引人注目。所以在很大程度上，学校的一大理智特征成了顺从。单单把心智变成一个空白的表面，首先令书本和教师的观念在上面留下印象，然后重复它们，而不是把它变成教师和孩子们双方主动提问和反复查问的场所，由此保持心智运动的继续。你们会说，没法存在集中了；孩子们会提出各种各样的问题，任何确定的东西都无法完成。这当然不像如下情况那样容易：单单听背诵，单单听到课本里的字词，甚至观念被重新提出来，然后按照孩子们交出的答案给他们打分或评判他们是否正确。这是一件困难得多的事情，但是有价值的事情一般比单调的、普通的事情难得多。

283 最后我要说，真正的、真实的注意力意味着心智的运动，不仅是在个体这一方，而且是在班级这一方。它意味着观念来到班里，不同的人对这些观念寻根究底，新观点就产生出来了；不过，教师让这一切保持和谐，把多样的活动、不同要素的表达结合起来，以便一致、连贯地通往确定的方向。总会有一天，当我们所有学校中的每个孩子都认识到，他对值得学习的一切都有动机，真的有理由、当前的理由来学习它，而且他有某种对别人有价值的东西要讲，我们的学校就将得到新生——现在这几乎是不可能期待的，甚至在我们的想象中也不可能。当我们获得这一件必要的东西时，那么所有其他的东西也能获得。让学校的功课麻木，让孩子们躲避它，无非是由于缺乏有控制力的动机，缺乏一个保证某种意义的目标，在他们这一方缺乏问题。我要重申：当这种对目的和目标的保证能被带进全体学校的时候，我们会拥有教育的新生，我们会在课堂中拥有新生命。

6. 技巧阶段[①]

[延续第四讲的主题。] 284

昨天晚上,我讲了成长的前两个阶段——婴儿早期阶段和晚期阶段,一直讲到六七岁的孩子。为了解那节课的思路,我将非常简要地回顾昨晚那一个小时最后我说的话;也就是说,尽管幼小的孩子由暗示推动,由感觉和想象推动,他倾向于按照他对它们的兴趣和它们对他的重要性来发挥,但随着他慢慢地长大,另一种精神就在他身上崭露出来。这是一种要达到确定结果的欲望、一种控制自己活动的尝试,为的是这些活动能导向希望的结果。

哈里斯(Harris)博士在他的心理-教育学文章中提出过同样的区分,把早期阶段称作象征阶段,把晚期阶段称作习俗阶段[②]。这个变化是从单纯塑造的态度——孩子塑造事物来符合自己的要求——到对因果原理的遵守,我们现在不要把它看作一件突然的、唐突的事情。三四岁的孩子学着给自己穿衣、梳头发、洗澡,这就初步认识了因果原理。他知道,必须做某些事情,才能达到某个确定的结果。在最近几年许多幼儿园的功课中,人们尝试在象征功课和实际的制作功课之间找到更好的平衡,必须对这里的教训有所重视。孩子们顺着因果线索学习,他们的确试图制作小东西,而且是以确定的方式制作;但另一方面,六七岁的孩子仍然需要大量的时间自由玩耍。实验发现,7岁的孩子能够把许多幼儿 285

---

① 首次发表于《白与蓝》(普罗沃市,犹他州),第5卷,第8期(1902年3月1日),第5—9页;同上书,第9期(1902年3月15日),第1—4页。

② 原文为 symbolic period 和 conventional period。——译者

园的玩耍玩出更大的乐趣，在玩耍中他们能够比幼儿园的孩子们更聪明地发挥。例如，他们喜欢开店和类似的游戏，一天天地发挥它们、开发它们。因此我要重申：我们不要认定孩子突然从一种态度完全变为另一种态度，而是应该认识到，认真的重心逐渐发生了变化。在较早的年龄中，孩子们为之做好准备的是自由玩耍这一边，心智的精力只有一小部分留给了对因果关系的观察；后来，重心逐渐地转到另一边。

我昨天晚上叫大家注意游戏和玩耍①之间的两点区分。在游戏中，有确定的目的，有孩子们称为目标的特定东西。因为有这个需要达到的特定东西，游戏必须有规则，有需要遵守的原则。有某些法则、某些规矩被摆出来，必须学习、服从它们。流行的心理学正确地把游戏的年龄定位在严格意义上的学校功课开始的时候；这种功课包含了依据某些确定线索的教导。在大多数州，6 岁左右被定为把孩子们送到学校的法定年龄。但从我所作的观察中，我倾向于认为，6 岁孩子在心智和情绪的态度上更接近 5 岁的孩子，而非 7 岁的孩子。孩子会开始懂得更有技巧的东西，比如因果关系；然而，这个变化在他 7 岁之前的发育中并不明显，除非强加给他。我相当确信如下的做法会更好：把小学第一年变成幼儿园的一个重要阶段，让社交本能和玩耍要素仍然保持突出，把确定的、具体的教导降低到较小的限度，到下一年再进行这些教导。这些事情随着国家和城市而不同。我不知道这个社区的实践是怎样的。

几年前，我与芝加哥附近的郊区城镇的城市管理者②大约每个月有一次圆桌会面。我们讨论数数，有趣的是，我们发现：许多管理者从上学第一年就接受了数数的正式教导。少数人是从秋季学期开始的，一些人从春季学期开始，但是
286 许多人直到二年级之前都没有开始。全体一致证实，到了第三年，得到这样对待的孩子与整个第一年都在操练的其他孩子对数数的掌握完全一样；此外，孩子还拥有格外活泼的、聪明的兴趣，没有让生命和活力完全从中被抹掉。我提这件事，是把它作为一个具体的例证：很多聪明的学校工作者看到，在上学第一年，不引入太多的正式教导是有实效的，值得期待的。

毫无疑问，在这个接下来的阶段中——在 7 岁和十三四岁之间的阶段

① 原文为 games 和 plays。——译者

② 原文为 city superintendents，从下文可以看到，杜威似乎指的是学校的管理者。——译者

中——孩子的心智成长可以细分成许多部分,但我想要单单讲一个部分。孩子们似乎会在9岁或10岁时再次改变他们的态度。一开始,他们的兴趣是得到特定的结果并找到这些结果的必需手段,换言之,就是原因。往后我们发现,他们的兴趣是获得必要的技能,以便产生想要的结果。可以说,他们把如下的原则一般化了:为了得到某个结果,你必须运用某些手段,必须以某种方式做事;从这个原则出发,他们对技能这件事发生了主动的兴趣,把它作为一种自在之物①;然而直到此时之前,他们虽然对技能有兴趣,却不是把它作为自在之物,而仅仅是把它作为特定结果的必要手段。他们的游戏现在改变了性质;我们看到,男孩们尤其趋向于竞争性技能的要素变得更加重要的游戏,这种游戏的目的与其说是结局,不如说是技能;他们大量练习——一遍遍地重复、训练,以便获得必要的灵敏。

更好地了解这些东西,会对学校教学有很大的帮助。我们应该看到,如下的做法在教学中是有益的:把单纯的技能获取推迟到这个阶段,一直到孩子自然地对获得技能感兴趣为止。因此,我们应该减轻6至8岁孩子的功课,只要求在直接以结果为依据的方向上培养技能。我可以通过写作的学习来阐明这一点。如果六七岁或8岁的孩子想要写作,他自然地感兴趣的是这件事情本身,不是准确地写作,而仅仅就是写作。教师们当然可以开发对这个技能的兴趣,即使在这个年龄也可以,但它很难在孩子那里自然地出现。他感兴趣的,可以说是表达想法。教师叫这个年龄的孩子写小故事或短文,我经常听他们说:"可是,我们应该 287
写许多东西,说我们想说的,还是应该仅仅写发生的事情,看我们能写得多好,并且只说一点点?"孩子的自然兴趣可以说是尽可能多说,不会太顾及表现的形式和质量。较晚的阶段则不是这样:那时就出现了一个基础,由此在传达想法之余,会对书写的技能及其完美感兴趣。对数数来说,在某种程度上,与阅读的情况是一样的。你们经常看见9岁或10岁的孩子追问困难的求和运算;他们有时的确喜欢长串数字,因为在用困难的事情测试自己时,他们找到了快乐。

在绘画中,相当清晰地出现了同样的变化。正如我以前提到过,在绘画这件事上面,七八岁的孩子在很大程度上具有五六岁孩子的态度;他们不太顾及图画

① 原文为thing in itself,杜威指的应该是:不为了外在目的、仅仅就其本身就有意义的事物,但这应当是自为之物(thing for itself),而自在之物恰好是本身没有意义的。——译者

是否与现实相似。他们自然的绘画是描述性的绘画，而不是对象的精确复制。孩子们画的不是放在他们面前的苹果，而是他们对之有想法、有感觉的苹果——他们心中的苹果；除非他们被成人盯得非常紧，否则可以说，他们会画他们贮存的苹果、他们心智的苹果。我们都知道，他们画的树木多么老套——只是一条竖直的线，几根树枝伸出去——他们的房子又多么像箱子。当孩子们到 9 岁或 10 岁的时候，就会对纯粹想象的绘画失去兴趣，因为他们发觉有可能被嘲笑。在此之前，他们完全考虑不到这一点。男孩和女孩到此时，也会放弃一些孩子气的玩耍。他们发觉，那里面没有足够的因果，无法得到其他人的尊重。许多到这时自然地、自由地绘画的孩子开始失去兴趣，除非向他们传授真正的艺术技巧。我想顺便说，学校里的技巧性艺术——从 10 岁到十三四岁这个阶段，特别是获取各种科目的技巧的年龄，写作、阅读、绘画、数数等技巧——无非是把技能作为技能来获取的艺术；也就是说，是获取最好的、最有效的、最经济的做事方式的艺术。

在这之前，孩子已经对一件事情感兴趣，而做事的方式对事情本身来说仅仅
288 是附带的；但现在的态度逐渐改变了，在这个转变中[1]，他对做事的方式越来越感兴趣。教师应该很好地利用孩子们对做事最佳方式产生的新兴趣。我们教育中的困境是——音乐是很好的例子——过早地给孩子传授技巧。孩子们被安排一遍遍地演奏五指练习和音阶，却没有任何音乐思想或要达到的理想、结果。有一次，一位年轻女子跟我说起她的艺术教育。她说，学生们满怀理想和艺术思想进了一所著名的艺术学校；但是他们的教师说，他们不能做这个，不能做那个，对他们的要求太高。于是，他们被指定了纯粹的技巧练习，大约两年的时间一直做这样的功课。第三年，他们被允许创作点东西；但到这时，他们已经在观念的单纯外表上受了太多的操练，不再有观念要表达了。同样的事情，在音乐和歌唱中经常发生。小学生在技巧上受了过多的操练，远离了使音乐整体得以完整的音乐或歌曲；到他训练了足够久、达到音乐上的纯熟时，他对演奏任何东西都不再感兴趣了。他的乐感被彻底扼杀了，除非他极具天才。

最近十年间，我一直饶有兴趣地从心理学立场来观察芝加哥的音乐教育中发生的变化。这可以很好地阐明我们正在讨论的心理学原理。他们开始让孩子们从第一节课就尝试主旋律或音乐整体，然后附带地教给他们技巧。如果孩子

---

① 原文为 transaction，译者作 transition 处理。——译者

想要唱一首歌或在钢琴上弹一小段曲调，他为了做得好，就必须学习十年前的小学生一贯操练的某些东西。事实是，孩子们在这样的激励下自愿地进行训练，而且恰好由于感到它导向自己的某个确定目的，对训练饶有兴趣。这充分解释了他们甚至在相应的技能和技巧上都快得多的进步。

同样的变化在绘画教育中出现。我还记得绘画被引入新英格兰学校时画板的确切样子和练习的种类。最初那是一个美妙的方案。由于所有绘画都是线条 289
构成的，只存在直线和曲线，所以通过直线和曲线的恰当组合，你就能画任何东西。于是，我们的第一节课是画点，然后用直线连接这些点，先是横线，然后是竖线。接下来，我们把这些横线和竖线放到一起，就有了小十字；然后沿这样那样的方向画斜线，把它们放到一起就是方形；我们再作一些曲线，如果一个小学生挺过了这个过程，他就被允许接着到中学的某个地方去画图。理论上，这是很妙的方案。所有图画当然都是由直线和曲线构成的。因此，教小学生先画直线和曲线，他们就会懂得怎样把它们放到一起，形成图画。我要重申：逻辑上，这是美妙的方案；但在心理学看来，这些绘画书还值不上印刷它们用的纸。少数天生的艺术家也许挺过来了，但是没有人真正地学会绘画。

从孩子所在的地方开始，让他描述他心中拥有的故事。然而我认为，就连这个观念也贯彻得过分了；说得严格一点，这个方法并非自然而然就是聪明的方法。如果孩子们被允许太长的时间一直作粗糙的图画，他们最后就会认识到他们缺乏技能，会对整件事情感到厌恶。我不是在恳请不要技巧，可以说是要在孩子感到需要使用它来达到他的目的时，顺着这条线索来传授技巧。孩子画他的图画，教师叫他注意这里、那里，间接地向他表明这不是他自己的观念，那他不想更好地了解怎样实现自己的观念吗？他会很快学会前景和背景的差别，不是把它们作为孤立的要点，而是仅仅作为辅助，以便更有效地表达自己的想法。同样的情况当然适用于写作。每个科目中，老旧的正统方法是把事情还原为不同的逻辑要素，然后拿这些逻辑要素训练小学生，直到他把它们全部掌握为止，但他本来应当能把它们组合起来的。写作方法正如那种绘画方法。字母被分解[1]成各种线条和典型的形式，拿这些训练孩子们，直到他们达到合乎情理的完美为 290

① 原文为 is analyzed，下文 analysis 与 synthesis 对立的时候，译为分析与综合。分析的意思就是分解成要素。——译者

止；接下来，孩子被允许组成单词，之后是句子；然后，如果任何人还剩下一点思想，他也许就可以写一篇作文来表达这些思想。

这里的趋势还是把方法颠倒过来；把它变成心理问题而非逻辑问题；也就是说，从孩子的整体——从他有兴趣表达的某个观念——开始，培养他使用单词来帮助表达自己拥有的想法。然后，教师还可以传授技巧，一开始附带地作为表达思想的单纯辅助，最后则是为了技能的技能；那时，孩子已经学着认识到纯粹作为训练的练习的价值。像这样把技巧作为对小学生的帮助教给他们，他们最后就会为了技巧本身而对它产生兴趣，会愿意甚至渴望做技巧练习；倘若最初呈现技巧时没有任何这样的使用关系，就会从头到尾令他们反感。

我当然可以继续多讲一些这个问题，用教学法理论的术语来讲，把它作为从教育的分析和综合中产生出来的关系。我不该花时间展开它，但我要说，孩子当然必须从心智的整体开始。他实际上无法从这个整体之外的任何东西开始，无论在阅读、写作、绘画、音乐还是地理中，都是一样的。他必须有某个满足心智的东西。这不一定意味着身体的整体；一段主旋律是心理的东西，不是身体的东西。这是无论什么以自在地完整的形式在孩子那里出现的东西，这样，他就可以从中得到理智和情绪的满足。可是，孩子最初的整体经常是印象，是粗糙的、不确定的；这个事实指明了为什么分析会有它的地位，并且给了我们一个原则，以此决定分析什么时候是必要的、有价值的。当孩子得以认识到他最初的整体的不完美和粗糙特征时，他就感到需要更充足的、更完美的、更确定的整体；换句话说，分析的作用是清除他一直在与之斗争的模糊东西，让他能定位他正在处理的要点或疑问。在上次关于注意力的讲座中，我提到了如下原则：把心智集中在重点出现的地方，让更熟悉的东西放任自流。这恰好是同一个原则控制着分析的
291 使用。困境在于，理论家们经常发明某个分析方法，人们复制它的时候一点也不顾常识或事物的自然局限；于是，问题的全部都绝对得到了分析，而不是把分析集中在特定的部分上——这个部分是孩子不清楚的——也没有引导分析去澄清这个特定的要点。我不知道你们本地的状况；但我确实知道，大约二十年前有一股分析教学的浪潮席卷了东部。可以说，这股浪潮至今还在涌动，停滞在海滩上，在许多好学校里。孩子不分解每个步骤，就不被允许做任何求和运算。没有人可以把注意力分布在整个领域中，也没有人可以给自己留下任何心智力量。

对语法来说，情况也是一样。对句子的分析帮助小学生认识到语言的力量，

澄清有关语言的观念和语言的习俗用法，教他掌握表达想法最有效、最经济的方式，追溯句子中思想表达背后的心智起源。因为分析很好，就要求孩子分析、解析句子中的每个单词，不管熟悉还是不熟悉，把已经理解的东西和新的、奇异的东西放到同一个层面上，而不是拿分析对准新的、难的部分，任由其余部分保持为自然的综合整体。所以要重申，孩子自然地从心理整体开始。分析的作用应该是澄清、增进原本有缺陷的、不完美的地方；但它不应该推进到使孩子只见树木、不见森林的地步。分析不应该前进得太远，以至于他无法把细节重新放回整体中。当一切东西都在同样的程度上得到分析时，这就会发生这样的情况；这时，孩子简直失去了看见整体的能力。

我听过一位大学的先生对大学的听众讲起商人对大学教育的看法。他说，他坚定地相信大学教育，但想讲几个故事。他向芝加哥的一名大商人问起他对受过大学教育的男孩的体会。对方说："好吧，如果要一个人做仔细分析的、例行的工作，我想找一个中学或大学毕业生。我知道他被培养来作分析、照管细节和部分。但如果我要一个人做商业中领先的新规划、新的建设性发明，我不会请某 292
个在学校里受过培养的人，而会请某个在商业中受过培养的人。"他的观点是：学校里过多的分析功课让人们每每只剩下分析别人已经做过的东西的能力，却没有领先的力量、自己进行建设的力量。换句话说，学校把他们变成了优秀的批评者，然而是拙劣的建设者、发明者。他提出了疑问：这个经常可以在上过大学的人们那里看到的缺陷，是不是与过多地把事物扯成碎片的教育相关？这种教育在规划、处理整体方面没有配备必要的综合或制作功课。

为了重申我的观点，让它与主题联系得更紧密些，我要说，孩子心智生活的决定性单元应该是操纵手段去达到目的或结果。这个目的单元细分为两端：第一，在早期学校生活中，他主要对结果本身感兴趣，仅仅附带地对得到结果的方式感兴趣；第二，在后来的年龄中，比起确保任何特定的结果，他对做事情的一般方法更感兴趣，因为他发觉，如果能掌握方法，他就能任意做这些特定的事情，无论多少。

我试图得出的教训是如下做法的必要性：从孩子的心智整体着手——虽然它很粗糙——朝着视野内的目标前进，传达或表达相关思想的时候要把技巧和分析保持在次要地位。另一种表述方式是说：在进行一切教导时，应当增加他的力量和他对力量的感受。这两件事不一定相互伴随。增加他的力量是不够的；

他对力量的感受——认识到自己的掌控力、控制力在增长——应当得到同等的培养。他应当不仅知道，而且知道自己知道。

我今天下午关于兴趣说过几句，我想从这个观点重申一下。强健的、成长中的男孩和女孩不会对增长力量之外的事情更感兴趣。孩子们并不仅仅对逗乐感兴趣：他们会厌烦。只有宠坏的孩子，才让兴趣过分倾向于这个方向。我不是说他们不喜欢一定量的纯粹娱乐；他们当然喜欢。但是，那种对力量的感受令他们
293 感兴趣，如果他们正常的话；在我看来，按照这条线索，教师在引发孩子们的兴趣时可以不用导致经常由特殊的引发方式造成的缺点，比如软化他们的心智纤维，促使他们搜寻轻松的工作，一般而言就是让他们不愿意对付任何困难的事情。在技能的获取中，对力量的兴趣是总兴趣，可以在拥有它、引发它时不用产生这些恶的后果。当然，可以在非常错误的方向上栽培兴趣；但只要正确管理，它就能被转移到如下方向：公正地、正当地树立起来，掌握难点；要做到这一点，不是通过独断地说："这件事必须做，你去做吧"，而是通过让他们感到力量的增长和对力量的意识，这种意识伴随他们面对困难而非躲避它。有时，在呈现、训练兴趣的时候，它仿佛是某种车辆，孩子可以进去，从一个难点滑到另一个难点，自己却不知道；仿佛是某种有弹簧和垫子的童车，他在里面可以掠过所有的难点，而不需要花时间面对任何一个难点。孩子诚然是孩子，但他们不像人们有时认为的那样低能。

我希望已经把幼儿园的要点讲充分了；这些要点在许多方面都是教育的根本。但有时，感情观念被过多地引入了实践。在芝加哥的一所幼儿园，一个孩子问教师："狮子吃不吃人？"教师说："噢，不吃，狮子不会做吃人这样恶劣的事情。不吃，狮子不会吃亲爱的小孩子。"孩子问："那狮子吃什么呢？""呃，狮子吃干草。"教师认为，任何不愉快的、艰难的、残酷的东西都不能拿到孩子们面前。这恰好相当夸张地描述了兴趣的观念有时是怎样被看待的。困难要裹上糖衣。这样的看法简直是歪曲。兴趣实际上意味着孩子要有某个需要满足的目的，一个对于他有某种意味、会唤起力量的目的。不会有哪个值得达到的目的不花费一些努力就能达到的；我认为，教师们会坦率地证实，如果孩子们真的有兴趣达到一个目的，他们就会拿出更多而非更少的努力，因为他们在视野中有某个唤起他们力量的东西。

294 但另一方面，正如我今天下午所说，道路上自然存在着大量的障碍，因而教

师们不需要日思夜想地去发明困难。在做需要做的事情、孩子们认识到其必要性的事情时，存在着足够的磨练，因而实际上没有必要、也不宜花太多的时间和思考去发明谜题，发明人造的困难和障碍。听一些人谈论磨练的必要性，谈论培养孩子们做功课并面对困难的必要性，你会认为世界上本来没有困难，直到他们发明了一些，放到人们面前。任何真的值得从事的东西里都有足够的困难，可以给孩子大量的机会去练习面对并克服障碍的力量。

现在在我看来，这两件事——做事情的兴趣和做事情的技能——是我们在基础教育阶段要达到的主要目的。我当然不是说，不期望学生获得一定量的信息。他们必须打下一定数量的基础，学到一定数量的事实，以便掌握资料来进行工作。但毕竟这一面——纯粹知识这一面——在我眼里应当次于发展孩子对有价值的目的、目标的感受，发展他为了达到这些目的而采取手段、调整手段的判断力和实力。在科学的发展中，我们已经逐渐把重心越来越多地放到方法上，越来越少地放在事实本身上。科学工作者通常不期望在心中装下全体事实，但是他们确实期望装下某些发现事实的方法；真正的科学工作者，一般很好地掌握了这些方法。他当然必须有一定数量的信息来运用他的方法；但毕竟科学家不是由他已经获取的信息量造就的，而是由使用已有的真理和发现新真理的能力造就的。

我们只期望孩子做会走路的百科全书。成年人承认参考书的价值。我们不期望自己能记得全部地理学事实，却尝试要孩子记得它们。有人说过，“健忘”与记忆有完全同等的价值。既然我们无法记住一切，为什么不承认如下事实：一些
事情比另一些事情更值得记住？自从长大成人以来，我已经懂得怀疑如下记忆 295
是否真的值得：亚洲每条河、每座山的名字，河流的准确方向，描绘它们仿佛是一件生死攸关的事情。我逐渐确信，如果真的想知道这条河的流向，我可以去查。有很多其他事情，我宁愿让一本书替我去记。

我要重申，长大的人越来越依赖发现东西的方法。我们想知道东西要到哪里去找，怎样使用书本来获得它们，但是我们不让记忆和良心承担全世界的重负。我相信，我们应该逐渐承认，对孩子们来说情况也是一样。重大的事情是培养他们学会方法，用来动手解决问题。我以为，我本人的信念是——但这真是信念——花在算术上的大约三分之二的时间可以节省下来，投入某些别的东西。我们似乎在践行如下理论：孩子必须在学校里学会他一生中要知道的所有东西；

结果，我们必须在他的校园岁月中教给他所有这样的东西和很多不是这样的东西，而非用某些算术方法来培养他。方法并没有很多：加、减、乘、除，整数，再加分数。谁可曾听说任何算术不是这些方法的产物？掌握了分数的小学生，与其说拥有关于分数的法则和定义，不如说拥有方法，让他得以解答比例和百分比的必要原理和问题；但由于担心有时会发生某种意外，担心他会错过某个我们应当给他的磨练要素，就拼凑了许多不同的实例；这还被当作商用算术。但是，商人根本一点也用不到这个。把它们教给孩子，是因为期望他为商业生活做好准备；但如果向教师或课本作者指出，这些东西实际上没有用，他就说，把它们包含进来只是为了其中的磨练。我注意到，当一个程序给不出合理的理由时，有人就说它是必要的磨练。

我的观点就是如此。我们可以获得更好的结果，只要把更多重心放在培养孩子做事的方法上面，把这当作首要的事情。我以为，假如某个地震毁掉了世界
296 上全部的科学书籍，却留下了拥有探究方法的科学家，就不会是无可挽回的灾难。人可以运用这些方法。这是现代文明、尤其是西方文明与古时候和东方文明的差别。你们看今天的中国人，他们认为必须学习，牢记宇宙的全部事实。盎格鲁-撒克逊文明优越的原因是：学会了获得方法，从而能在想要的时候获得特定的结果。我们已经把这个观念在某种程度上引入了我们的教育；但我认为，我们贯彻得还不够深入。这个想法并不是直到仅仅几天前，当我思考几何学的时候被我想到的。我想到，毕竟几何学里真的没有那么多方法。当我是学生的时候，从来没有过这个想法。每个命题仿佛都以自己的腿站立着，它必须表现得仿佛存在着独立的命题。在我看来，我本该更加容易地学会几何学，假如我知道有那么多方法，我可以系统地学这些方法，一个个地尝试它们。我以为，最终会有某位课本编写者足够勇敢，不是在书里填满他或其他人能够发明的问题，而是尝试让孩子得以认识到方法，在展开方法的过程中把这许多问题仅仅归为特定的实例。

7 岁到 14 岁这个阶段，首先是对技能、技巧加以掌控的时期。这个真理在我们过多的学习课程中，当然是被承认的；只不过，这些学习每每胡乱地呈现出来。我们没有认识到，对方法的有意识的掌控，最初必须从孩子对确定目标和结果的概念中产生。关于这个问题有两种理论，就像关于每件事情通常都有两种理论一样。一些人主张，孩子应当从做出某个整体的东西开始。另一些人说，孩

子没有足够的能力做整体的东西，在他能进行组合之前，必须用原理和要素来培养他。一个人说："让孩子做出某个东西，通过做的过程来获得技能。"另一方的某个人回答道："在你能教孩子写字之前，你得向他说明怎样拿笔。""不对，"反驳说，"教他拿笔，可以作为过程的一部分。"概括地说，这就是讨论的主旨。这适用于写作、阅读、语法、绘画、音乐以及手工训练。整体上，我们的学校过去一直奉行如下观念：孩子们必须首先进行各种技巧练习，然后才是方法。反之，让孩子从尝试做某件事开始，从处理事情、对象或结果开始；然后在另一方面，为了达到这个结果，对必要技能的培养就会随之展开，就会显得真实而不是机械的、例行公事的。这种实践中的分歧来自两种教育概念的差别。一种概念仅仅把教育看作对未来的准备。孩子将从事某些工作，因而他必须现在得到培养，获得技能。在另一种概念看来，孩子是通过当前的经验来受教育的，他必须从这种经验中，随着这种经验，才能获得技能；进而，他获得的技能和力量必须找到当前的、直接的应用。 297

我听到一个班级讨论如下问题：为了某个很久以后的东西的教育，换句话说，个别准备理论[①]的价值。我不会全部重述，但要提一下拖延这个问题。当你在两年、三年、四年或五年内无须以一定的力量做任何事的时候，要你对某些事情表现出热切的兴趣，就是强人所难；所以拖拉的习惯在很大程度上，是这种对遥远未来的人为准备造成的。让孩子以事物的直接价值和财富为基础去着手做事，就不会引起这种心智的恶习。在较早的岁月中，孩子仅仅建立了一般的价值和关系，但正是在我们称为的小学阶段，应当让他对达到结果的方法有基本的认识。让我们补充一句：这些结果是对孩子来说的结果，不只是对教师来说的结果；对孩子来说的结果，意味着某个在他当前生活中的东西、某个直接的东西，而非某个在未来的模糊东西。

① 即把教育看作"对未来的准备"的理论。——译者

7.

习惯[①]

298 “习惯”这个主题已经被讨论过太多次，太为人们所熟悉了，因而也许不是一个很吸引人的话题；我不知道是否能在你们已经听过的东西之外，再为它添加任何内容。尽管如此，对这个主题的考察，将让我从稍许不同的观点出发，呈现出一些我联系其他讲座谈到过的心理学原理。我以为，虽然这个话题很平淡，但比起形成习惯在教育中的价值，没有哪个主题得到过更广泛的讨论，人们也没有对哪个要点采取过更极端的观点。一种观点说，性格本身由习惯构成，既然教育的目标是塑造性格，教育的目标就可以说在于形成习惯。我们都知道，课堂里有多少时间实际上是用来形成某些习惯的：守时、服从、对某些规则的遵守、阅读、写作、数字[②]的使用等等。

在另一个极端，我们看到卢梭的观念。他说，他要让理想的小学生形成的唯一习惯，就是完全不形成习惯的习惯；他要尽一切可能防止这个小学生的活动发展成习惯。既然我们看到如此极端的观点，就看到了一个值得调查的悖论。为什么一些人把形成习惯看作教育的目的，而其他人——其中有卢梭和在他之前的一些改革者——把习惯评价得这么低，可以说如此蔑视习惯，以至于要劳心劳
299 力地把它们清除出教育过程？有一句老谚语说，习惯是好仆人、坏主人。那些认为习惯在教育中很重要的人，无疑把习惯当作有机的用具[③]，心智通过它们落实

---

① 首次发表于《白与蓝》(普罗沃市，犹他州)，第5卷，第9期(1902年3月15日)，第4—9页；同上书，第10期(1902年3月28日)，第1—3页。

② 原文为figures，可能指数字，也可能指图表、图案，这里无法判断。——译者

③ 原文为organized，后面杜威会把习惯和organization联系起来，在那里译为组织。——译者

各种观念。拥有习惯就是掌控了一群仆人,他们接受我们心智的命令,在我们旁边静候,直到我们作出决断并形成计划,然后他们自己负责履行我们作出的决定。他们负责执行计划,因而让心智的高级机能不管履行、执行的细节,从而为心智的这些高级方面减轻负担,让它们重新致力于反思、考虑尚未解决的事情。

另一方面,当卢梭及其追随者要把教育中习惯的形成降到最低时,我以为,他们考虑的是:习惯会变得过于固定,以至于是它们主宰我们,而非我们主宰它们。习惯在任何行动中都是心智运作的一种惯例或常规。它标明了一条途径,其中的活动几乎是无意识或自动地进行的。现状是,形成习惯的方式,可以是限制选择,限制考虑、反思和探究。这样的情况把我们变成习惯的奴隶,变成惯例的造物。我们让习惯得以形成的方式,可以是令它们限制我们:令我们无法接着产生新想法,或在应当改变行为模式时作出改变,无法切换到其他任何的路径,因为我们已经留下了太深的车轮印,一旦走进去就陷在里面了。所以,习惯是好仆人、坏主人。这就提出了疑问:习惯如何才能是仆人?换一种方式说,课堂里的什么方法倾向于把习惯固定下来,以至于令它们限制从而妨碍我们的成长,封闭我们的个性?我们在形成习惯时应当防备什么危险?你们十分频繁地听人说,习惯是通过重复形成的。这确实是通常形成习惯的说法。为了强调我的观点,以便你们明白我要说明什么,我想说:在形成习惯之后,才有重复。正常来讲,我们并不是因为重复才形成习惯,而是因为形成了习惯才重复。一个单单由 300
重复形成的习惯,很有可能是那种不值得期待的习惯——它可能是我们的主人而非我们的仆人。

有一次,我听一位先生就动物习惯的形成作讲座。他讲了一个故事来表明通过重复形成习惯的方式。他说:他的一个朋友有一条小狗,关在很高的栅栏里。栅栏有一个门,上面有门闩,小狗一直尝试跑出来。一天,它碰巧打到了门闩,门打开了,它跑出来了。第二天,小狗尝试开门,又碰了门闩,它没花太多时间就打开了门。日复一日,小狗更快地去打门闩;直到最后,它只要愿意,任何时候都会径直扑向门闩,打开门跑出来。主讲人说,这很好地例证了形成习惯的方式:只需要重复最初碰巧做出的行动,不用任何意图或目的。

现在正是对这个故事的思考,促使我对通过重复形成习惯这个理论提出疑问。我提出另一个准则来代替这一个,那就是:习惯是通过成功形成的,不是通过重复而形成的。假如那条小狗重复第一天的行为,那它很可能至今还在栅栏里。它会仅仅持续一遍遍地做整件事情。它根本不会形成径直扑向门闩、打开门跑出来的习惯。孩子以及狗最初的活动包含了大量多余的活动。当我们最初开始做任何事的时候，我们采取的动作比必要动作多得多。正在学习写字的小学生扭着身子，斜着脸，伸出舌头，身上所有的肌肉都在动；当他逐渐学会时，身体活动就限定在最有效的那个途径中。要花时间学会清除所有多余的活动，神经电流仅仅发送到那些与写字有关的手臂和手指肌肉中。他在什么程度上限制了身体活动，就能在什么程度上自由地思考他要写什么。另一方面，初学者被单纯的运动本身占据了，以至于没有把意识留给其他任何东西。

301 我的观点是：如果我们持续重复最初的做法，就完全无法形成习惯，或者会形成非常笨拙的习惯。实际上，我们形成习惯是通过清除第一次尝试中过多的活动，通过强调特定的活动，它导向我们想走的方向。每个尝试过学习骑自行车的人，都能很好地例证这种清除和强调。想想你们记事以来获取过的某个习惯。你们知道，你们是从混乱状态开始的。当你们骑上自行车时，费了大量过于艰苦的工夫；你们经历了许多不必要的运动，才能上路。一个开始写字的孩子扭曲着身体，在他自己和他的目的之间挣扎。在形成一切习惯时，都是这样。选择必须在重复之前，并且始终比重复更加突出。

这种选择的基础是什么？成功。那条小狗的一种动作比其他动作更成功。它打到门闩的部位——鼻子或爪子——成为最突出的感觉部位，因为它由此得到了它想要的东西。与成功动作对应的感觉部位获得了更大的重要性，其他部位则相反。对这个成功活动的感受或想象，在小狗的意识中留下了一种知觉；正是从这种知觉出发，它开始了下一天。正是通过建立这种意识——这种对成功活动的感受——并清除全部其他意识，它最终获得了习惯。

我想请你们把上述说法从小狗的身上转到正在养成习惯的孩子的身上，看看恰好相同的原理是否也能成立；然后问一下你们自己：由于高估重复的相对重要性，而没有强调对做事的正确方法获得一个清晰、确定意识的重要性，我们的学校实践是否受到了损害？我说成功而非重复是形成习惯的真正原理，就是指这个。在形成习惯时，一个行为如果真正做成了某件事情，而且给孩子留下了做成某件事情的感受，还留下了如何做成的观念，抵得上一百次乏味的、例行的重复。

我几天前说，我见过孩子们操练二二得四，一直练到我确信他们要怀疑这东西是不是真的。这个例子就是由重复形成习惯，而不是通过对数字关系的感受形成习惯。我几天前听一位教师说，她在孩提时代能完美地记住整个乘法表，除 302
了七乘以八。她是天生的好心理学家，当时就对自己说："我决不能在这件事情上再浪费时间，必须学会它。"她没有一遍遍地重复七乘以八等于五十六，而是仅仅把它写了一遍，然后努力地看着它，对自己说再也不会去想它了，这次要一劳永逸地掌握它。尽管她只是一个相比之下很小的孩子，但她的感觉很对，她认识到获得数字习惯的恰当方式是完全集中注意力，直到对要学习的东西有了心智的把握，于是一次完整的、强烈的经验就免除了重复。

我们都听说过宗教中的无意义重复。我们在课堂里也有太多同样的记忆重复或语音重复。我要说，大约四分之三的重复没有内在的必要性，或者如果必要，那仅仅是因为我们没有把条件调整好，以至于孩子无法第一次就做对。如果他第一次就做对了，而且他的兴趣处于白炽状态，我们就能发现，把它转变为习惯所必需的重复量会大大减少。但是，我们行动的原则是：孩子无论如何都必须做无数次，于是即使他第一次投入的注意力不超过大约十六分之一，也没有多大差别，通过全然机械的重复，这个东西迟早会种进他的心里。

现在看看在尝试由重复形成习惯时，宝贵的时间有多少浪费。在这种浪费之余，还没能培养孩子集中注意力；但即使这样，也不是最大的恶。如此形成的习惯成了我们的主人，而非我们的仆人。它们缺乏灵活，缺乏弹性，因为里面的心智极少或没有。你们都知道——可能你们自己就有这种经验——有的孩子通过一遍遍地念乘法表来学习它；如果他们想知道七乘以九是多少，必须经过整个念诵，直至抵达想要的位置为止。这种习惯必然是机械的。

不过，在一种意义上，习惯应当是机械的。实际上，拥有习惯的目标到底无
非是拥有一种机器，它会照管我们的观念，为我们执行它们，不用我们顾虑它。 303
危险在于，习惯在为我们固定目的的意义上变得机械了。心不在焉的人一直行走，仅仅因为他已经开始行走了。习惯不是落实他的目的，而是为他给出目的。我们每每发现，孩子们已经获得了阅读、写作、绘图的习惯，却无法使用这些习惯，无法应用它们。它们不是灵活的用具，他们无法让它们在各处适应自己的目的。他们的思想以及外部活动沿着某种例行的常规运作。

因此情况就是：习惯成了心智能力的一个阶段。它们标明了心智成长的实际限制。我认为，正是因为卢梭看到了那些结果，所以他走得太远，以至于说他

要形成的唯一习惯是不形成习惯的习惯。习惯让人缺乏独立，因为他没有力量让习惯适应自己。成长意味着我们达到新的站点。我们拓宽视野，进入新环境。现状是：如果我们要对付这些新环境，必须有能力改变我们的习惯。我们如果不带着习惯，就做不了任何事情。习惯是我们的工具，如果我们不带着工具箱，自然就很无助。这些工具应该便于调整，不仅能应付我们已经感到习惯的直接目的，而且能应付可能出现的新目的、新目标。

我认为，我们经常把太多的重心放在单纯的信息上面。观念每每变得完全自动了。例如在算术中，人们认为孩子必须记住数字组合，以便不假思索地说出它们。这样培养的孩子会比不这样培养的孩子学得更快，却会犯更多的错误。假设他有一长列数字要加起来，而他已经被培养得完全不思考了，或者也许他去想某个别的东西了，于是错误溜了进来。你们不觉得是这样吗？你们的意识完全休息了，所以你们犯错误、出岔子。假如你们花一点点力气来做这件事，并且花足够的力气用心对待，你们就不会出错。在做求和运算时，思考的孩子无疑会比不假思索时更慢，但是他们更精确。不精确的算术组合很难说是值得期待的
304 东西。要说迅速做事而不论对错这种做法有某种优势，那是荒谬的。任何做法的一大本质当然应该是绝对精确，这需要一定量的注意力。我们只有带着已经在手上的习惯或力量，带着已经合乎情理地为我们掌握并熟悉的东西，才能做到专注。

要说习惯，你们可以换一种方式讲：习惯应当带着注意力并通过注意力形成；不是由机械的重复形成，而是通过在任何给定的实例中，把我们的意识集中到带来成功的东西上面，这样才能形成。必须给孩子留下清晰的、积极的、生动的——真正意义上的生动意味着有生气，意味着对生命力至关重要的东西[1]——感受，让他感受到如何赢得他争取的东西。任何稍有经验的人都可以到三四年级中去，听小学生们朗读5分钟，就能明白他们的阅读是怎么教的。可能读得非常精确，单词的发音可能很正确，可能不大有严重的错误；但完全不主动，没有真正的生命，没有个性，没有情感。你们会明白，孩子没有伸出心智的触手，没有认同于他朗读的东西。当你们看到这种结果时，可以像从第一天就关注他们一样确信，他们的阅读是通过重复来教的。

---

① 原文为 that which is vital with the living，其中 vital 既表示至关重要，又表示有活力。——译者

我不会讲那些关于习惯通常讲过的要点，因为我认为，你们理所当然已经合乎情理地熟悉它们了。除了要通过成功来形成习惯这个想法之外，我关于这个主题实际上还有一点想法——也许还有两点。我应该就这一点多说两句，再接着说另一点。用什么替代重复？重复在哪里出现？重复是后出现的，是因为习惯形成了才出现的。但是你们说，形成习惯时必须有一定量的重复。虽然在有些情况下，第一印象十分强烈、生动，以至于一劳永逸地固定了习惯，但这并不是常情。我们一般必须有一定量的重复。那么，什么可以防止它变得机械？那就是：防止它成为纯粹的重复。重复要有变化。训练与重复、应用与重复之间存在着差别。仅仅一遍遍地、一天天地念"二乘以二等于四"，就是纯粹机械的重复。但是给孩子使用这个知识的机会，创造多样的题目，让他不求助于已经获取的真理就无法解决这些题目——这就是训练。这里有重复的一切积极价值，却没有任何让事情变得纯粹机械的危险。 305

现状是：这同一个原理在值得学习的东西上面没有不适用的。但是，这需要教师一方更机智：发明或提出与先前的情景有点差别的情景。死记硬背式教学的恶果恰好从这种变更中溜进来了：比起给问题赋予上述变化、迫使孩子使用他已经学到的东西而非进行机械的应用，一遍遍地做同样的事要更容易。

操练的价值和必要性是个老问题。操练当然仅仅是机械重复，为了固定一种必要的习惯，它应该是必要的。操练不过是通过重复而形成习惯这种做法的通用名称。聪明的操练和不聪明的操练——后者让心智处于被动——之间的差别是：一个没有包含多样的要素，另一个则有。我要用"练习"这个观念来替代"操练"这个观念[①]；要让孩子说他必须说的东西，但要在略微不同的处境下。如果处境改变了，而且在这些改变的处境中给他机会说他知道的东西，就没有过分重复的危险；但一旦脱离了新要素，仍然叫孩子一遍遍地念，去掉了他已经拥有的改动，这时必定在阻碍成长。心智不能站定不动；它如果不前进，就会后退。不存在半途的终点。心智必定要么进步，要么僵化，封闭在它自己制造的或学校制造的外壳中。

我说过，还有一点，那就是：习惯的自然来源是孩子拥有的某种本能或冲动。如果你们听了我的第一讲，请回顾一下冲动的原始禀赋这个观念，这些冲动力求

① 原文分别为 exercise 和 drill。——译者

满足它们自身。现状是：最必要、最有价值的习惯，仅仅是这些原始冲动的系统组织、归类和整理。也就是说，习惯的源泉在我们自己的性情当中。它不是某种
306 从外面强加的东西。教孩子阅读的方式可能无非是一种钻井式的[①]劳作，可是孩子的阅读习惯应当仅仅是组织、掌控原始的语言本能和冲动。依我看，既然人类已经发展出全部数学原理，人的本性中就必定有内在的数学本能或冲动；孩子应当有可能重现这些数字关系，不是把它们从外面强加给他，而是把它们从内部发展出来。习惯不过是组织一个人的自然力量和倾向——天生的、然而不完美的力量。这样一来，习惯就没有限制自由的危险，只要以恰当的方式建立它。

重新回到两种类型的朗读。你们听见孩子们在课堂里自然地朗读——我们也可以用“精神地”[②]这个术语。他们带着思想和情感朗读。在另一个课堂里，他们机械地朗读。精神的朗读，是在组织孩子自己的自我。它不外在于他，而是他自己精神和存在的展现。朗读不过是他自己精神的绿叶与繁花。另一种朗读即机械的朗读，是某种由某个外在原因拴在孩子身上的东西。即使它是必要的，这种朗读在某种意义上也是受到限制的，因为它是从他自身之外压在他身上的东西。

我们都知道自己喜欢、仰慕那样一种人，他们的思想、观念就是他们自身的表达。我们知道他们是真诚的、真挚的；即使在某些技术领域，他们没有与其他人同等的能力，但是思想、观念也足以提供某种保证，因为它们是从他们自身生长出来的。反之，对于有些人，我们不知道有多少出自他们自身，有多少是二手的。要防止这种二手的、从而或多或少人造的观念表达，唯一的办法是在学校以及其他地方确保习惯的培养无非是本能和冲动的组织，而本能和冲动对于这个存在者自身的本性是很平常的；不能理所当然地以为所有这些学校科目都是外在的、人造的，因而必须从外面注入孩子。

307 我现在要为习惯这个话题留下两点想法。第一点想法是：建立习惯的基础应该是成功，是要选择标明了功绩、成就的东西；重复这个要素应该是次要

① 原文为 drilled-in，drill 既表示操练，又表示钻探。——译者

② 原文为 spiritually。自然和精神本来完全不同，在这里却可以相互替代。杜威似乎觉察到了，不过只是点到为止。这几句话多使用传统哲学术语。——译者

的，事实上把它称为对选定做法的练习、使用或应用，也许更好。第二点想法是：真正的习惯不仅建立在成功或成就而非重复上面，而且是从自然本能中建立起来的。

我要为后一点想法再讲一个确实的例证。这个例子是讲或使用清晰语言的习惯。有人几天前提出，孩子天生没有讲话能力。他只有通过与他人的接触，才获得语言能力。那么从这个观念就会得出：语言是某种由他人授予他、注入他或拴在他身上的东西。完全相反。孩子确实有某种确定的语言倾向。他发出各种各样的噪音和声音；但如果他没有与他人产生恰当的关系，从他的特殊倾向中就决不会出现任何东西。它会保持在缺乏清晰表达的状态。他有冲动去聆听他人的讲话，通过调整、整理、协调并组织这些原始的、自然的倾向——它们如果单独拿出来，就不会有任何意味——他最终获得了清晰讲话的能力。他决不会仅仅从自己的冲动中获得它，当然也不会从外面获得它。没有哪种疫苗或接种，可以把讲话能力从一个意识注入另一个意识。它必须是内部的产物；这种产物是要抓住每一个原始的倾向，按照某些路线建设性地组织它们，直到它们变成积极的力量。在一切其他方向上，对于孩子也是这样。我们常常不想让他活动在自己本能倾向的层面上：因为我们认为他的本能是低级的、粗糙的，所以一点也不管它们；我们拿出自己的想法和倾向，自以为比他的想法和倾向高出很多；我们把它们硬塞给孩子。我们在什么程度上取得成功，他就在什么程度上成了机器人。如果我们让孩子像我们遇见他时一样保持自然，那么为了达到任何目的，必须联系到他自己的冲动，并向前、向外引导这些冲动。

有一个话题与习惯紧密相连，我现在要最后说几句，那就是模仿。模仿在形 308
成习惯时的恰当地位是什么？我想，你们会看到我刚刚说的联系。模仿可以被当作一种手段，以此牢记另一个人的方法和活动。可以单单通过模仿来教孩子阅读、写作和数字；也就是说，令他照着教师那样做，或者照着课本给出的模板那样做。于是，他的活动被局限为重现、复制或模仿给定的模板。现状是：当我们以这种方式对待模仿时，它就成了一种限制、一种对个性的妨碍，从而导致奴性的、自私的人格。无论你的人格可能有多好，你在道义上都没有权利通过全然的模仿把它强加到另一个人身上；因为它决不会成为他的一部分，可以说会成为一种限制。

另一方面，有可能用模仿唤醒另一个人，增加他的力量，而非仅仅促使他复制你的力量。这出现在如下时刻：教师不是对孩子说："现在只要抄这个，只要像我一样做，你们就没问题了"，而是以更完美的方式做这件事，仅仅给孩子更清晰的想象、更高的理想、一点额外的激励或鼓励的话，让他为自己去解答它。当教师为孩子提供目的而非手段时，他是在限制孩子正当的理智和道德成长。但如果他对小家伙说："就是这个东西，或多或少要像这样做"，然后着手设下范例，以便在他那里激发出做它的向往、欲望、冲动，那么，所谓的模仿就不是奴性的、机械的，而是成为实现并组织孩子自身力量的手段。

举例说，这种事情在学习阅读时出现了。我不知道下述方法在这里是否流行，它在这个国家流行于我们那里，尤其是在对待外国孩子的时候。他们不能非常清晰地发"th"组合的音。他们把"this"和"that"说成"dis"和"dat"，于是教师叫孩子把肌肉恰好这样放，然后复制她夸张的发音动作。他们最终懂了，可以说出"this"、"that"了（主讲人这时模仿着过分的发音），然后自始至终一直用这种方式。你们听到他们说这些单词和类似的单词——他们机械地记牢了它
309 们——就能分辨出来。他们从未让任何个性或精神性进入这些单词，因为他们把它们作为固定的模板记牢了，于是阻止了任何真实的、有机的联系或吸纳。

唱歌也是一样。教师当然可以先唱，然后请孩子们把他唱的作为模板加以复制；但如果他们真的复制了，歌曲的生命也就流失了。教唱歌的时候可以鼓动、提示、激发、激励；在这种情况下，如果限制还可以称为限制的话，那也是用作一个模板，以便获得力量更好地表达或展现；否则，这些力量会继续锁闭在他们自身的内部。用词语往往不容易进行区分；但是，一种类型的模仿是教师仅仅提供目的，他说："像我一样做，我的目的就是你们的目的，你们只要复制它、重现它。"另一种方式要教师不是给出奴隶般模仿的模板，而是把孩子引向他自身的意识，向孩子显示他的才能是什么，他自身中潜伏的力量可以有什么结果。这种模板激励孩子发挥这些力量；任何时候，当他得到了自己的结果，无论是不是通过教师的提示、协助才能做到，你们都可以确信：这个模板不是外在的模板，可以说是他自己想象或理想的唤醒或提升。

所以，虽然习惯是我们心智组成中最机械的部分；虽然这个部分如果恰当地培育，它代表的路线就是我们无意识的思想、反思和选择——但只有当它出于自由而得到培育时，才对我们有益。连牡蛎也长着自己的外壳。这个外壳在某种意义上局限、限制了牡蛎，但即使它作为外壳也可以说是牡蛎自身力量的发展、

展现。孩子们难道不至少等同于牡蛎吗？如果牡蛎能够创造协助它生命发展的东西，难道不该认为孩子有能力从内部组织习惯——甚至机械的习惯——以便它们一直保持为内在人格的外在标志，并且灵活得足以响应人格的进一步需求？在其他任何条件下，习惯都无法成为进步的助手，而只会成为它的限制。

8.
课程的社会价值[①]

310 一个在最新的教育理论中颇受欢迎的术语是“关联”或“集中”。用来表达这个观念的术语很多，但大概关联这个术语较之其他术语被更多地使用。这个观念，还有术语，都是从德国介绍进来的。赫尔巴特(Herbart)及其后继者的基本见解是：人们的行为是观念的外在表现，因此只有把观念彼此关联，才能控制我们的行为。假如我们获得的独立的观念是彼此不相关的，那么我们的性格将必然缺乏相应的统一(一致性)，于是将行为取而代之的就成了一个孤立的组织链(oragnized chain)；这样一来，我们有多少种不同的观念，就会有多少种不同的行为模式。因此，如果我们要有一个有机的个性(character)的统一，就得令所有的观念紧密地关联在一起，相互补充，相互支撑。我们越出色地连接我们的观念，观念就越统一和谐，由此我们的个性就越充分有效。

现在我并不打算讨论这个特别的理论，因为赫尔巴特学派在他们教育计划的基础上进一步简要地说明了观念如何在教育理论中生效。赫尔巴特学派主张，例如将算术作为一门独立的科目(题材)并趋于给出彼此不相联系的观念，这会以一种特殊的方式影响行为，其结果将个性和行为割裂开来。因此，他们制订了这种相关的教育计划，并运用于德国学校。在文学科目，尤其是古典文学，已
311 经在与其他科目的竞争中脱颖而出，成为课程的中心；其他科目的教学方式则从它之中或围绕着它发展起来。当然，历史科目可能会发展得比较自然，算术和自

① 首次发表于《白与蓝》(普罗沃市，犹他州)，第5卷，第10期(1902年3月28日)，第3—9页；同上书，第11期(1902年4月15日)，第1页。

然科学可能发展得不那么自然了。现在，在我脑中毫无疑问的是：无论在德国，还是在这个国家，关联方法都产生了非常好的效果。同样毫无疑问的是：当我们尽可能地将各科目串联成有机整体，而不是将它们孤立、分隔开来以后，关联方法在兴趣和效用上都取得了良好的结果。

然而，赫尔巴特学派所提倡的特殊关联模式在我看来并不成功。理论本身是要优于其实践操作的，因为理论在实践时往往会变得不自然。例如，德国的学校将宗教历史的课程与世俗历史并列教学，一定时期的以色列历史是伴随着著名的古典文学一起教授的。我针对的并不是这个特别的(历史)学习方式，而是其他学科如何与之围绕交织。算术课上的人为介入更为明显，德国学童通过加减乘除以色列的十二支派(the Twelve Tribes)、用数值处理历史上的众多事件来学习算术，例如参加战役的人数、巴勒斯坦从这一地区到另一地区之间的公里数，等等。基于一种心理学的立场，我深深地怀疑，这种将不同阶段(层次)的(知识)统一为有机整体的教学是否足够清楚，这些数字的观念是否真正被融贯为教学的实际内容——即情况是否好过把算术当成一门完全独立的科目。

说到自然科学，对我而言，这种方法依然做作。如果这个国家的老师想给低年级的学生介绍松树，那么可能的话，他们要通过讲述一个不高兴的枞树的寓言；或者从一首关于花朵的诗歌，让孩子们学习什么是花。这个方法使他们不能直达教学目标，而必须与文学相关联，才能介绍真正的主题。我的反对意见是：即便文学值得称赞并且是必须的学科，但它毕竟不是传播(radiate)其他经验的自然中心。这不是孩子们从学校获得知识经验的唯一方式。孩子不需要先学习呈献给他的文学，然后去田野或者郊外或者厨房，在那里获得他亲身体会到的经 312
验；正如文学并不占据户外生活的中心地位，它也几乎不合适占据校园生活的中心。

简单地概括来说，赫尔巴特学派观点中有一点让人难以信服：他们过于简单地将学科关联起来，而不是将学科同孩子的生活及其生活经验相联系。我不怀疑将学科彼此联系起来要比将学科完全孤立优越，但我觉得，最好将学科同非学科的东西联系起来，比如活动、感觉、情感这些孩子们从校外生活中获得的生活观念。孩子经常在课外已经体验过老师上课前准备讲的内容。但是，老师却只会问孩子“还记不记得我们前天在课上讲到的知识”，而不是问一些与课外体验相关的问题。这种教学方法的全部目标似乎是简单地联结新知识与课堂知识或观念，而不是直接同校外生活经验相联系。

我这里的观点是：孩子的各种社会经验是他的观念成长及发展的自然中介，所以无论如何，关联理论值得在学校里尝试——当然，如同其他好的想法一样，关联理论在实施时可能也会出问题；这种关联应该是直接同他们的生活体验相关联。如果我们今天在学校里教授的知识和一个孩子生活经验发展的一般趋势相关联，那么，哪怕在明天和后天学校里教授的知识与今天教的没有直接联系，这些知识也已融入社会生活这一更宽泛的领域中，并将在其中不断地发展成熟。

我不打算顺着这个思路讲下去，而是想介绍一种构成学校课程的教育哲学及其与生活经验总体进程的关联。作为一种工作假设，你可以自行发挥，我建议一种由多种学习、操作和学校权利构成的三重分类结构，其基础是它与社会生活各阶段的彼此关联。最初，我将述说这些技术上不怎么像学习的行为，它们是社
313 会存在的直接模式。下面的一些阐释，要比我作出的一般描述更加清晰。

首先谈论语言。语言从本质上说，是一种社会本能。我知道，大多数谈论教育教学法的作者都认为，语言是表达思想的方式。语言首先是一种社会中介(social agency)，为了彼此交流的需要而发展为一种表达方式。位于语言背后的，是社交本能而非逻辑本能。孩子使用逻辑，思维难以开口表达。他能说话，因为他是作为一个社会存在。每当他想拿某物或要将某物拿给别人时，他便能交流。你很难发现一个成人，更不用说孩子，他自私到不愿对别人表达自己的感受、想法和体会。如果一个人的虔诚可以令他赞美上帝，那么，孩子的虚荣便能诱导他赞美自己。不过，虚荣毕竟是一种不该被太过培育的社会本能。即使孩子说话的欲望是为了自我炫耀，或至少是为了提醒别人注意到他的存在，这欲望也能很好地引导孩子掌握自己的想法和经验，并且清晰有力地传达给别人。虽然我们不认为说话的本能是一门学科，但对话是或者应该是背诵的基础，这一点我们从来不会搞错。

我在其他地方说过，背诵应该像一种交换所，孩子可以从中获取说出观点的能力并让观点丰富化。哈里斯(Harris)博士曾详细地论述过精神财富和物质财富之间的巨大差别。物质财富天然地被分割，而精神财富则天然地被整合。难以计数的人能够知道同一种观念，分享同一种感情或者被同一个美景所感染。有人说，我们对于一个观念真理性的确信，是由于别人也赞同它。假如一个观点只是我们自己的想法，我们对它就不会有很大的信心。只有当我们将一个观念

说出来以后，我们才能完全适应它。语言这种活动就属于第一种情况（指语言是一种社会本能）。

技术要求不高的手工训练是另一个例子。孩子搭积木不是为了理解某个事实或原理，而是为了搭一个东西。但是在这一过程中，他可以学到东西。根据我的观察，更小的孩子不会为了学习烹饪或对食物中的化学知识做科学研究，也不是为了找到一种合适对待食物的方式才去烹饪，而是为了烹饪的乐趣。这种实践的机会吸引着他们。当然，从老师的角度出发，学生去学校当然是要学习文化知识，但毕竟知识不仅仅是文化知识。从孩子的角度出发，从实践机会而来的兴趣能表达他们的兴趣点在哪里，而他所学到的文化知识则是次要的。我说的是幼年教育，而不是中学或大学教育。因此有许多幼儿园和小学里的实践例子，起码从孩子的角度看，它们并非学习而是表达或操作的方式。我认为，"职业操作"（occupation-work）是用来描述这些活动的一个很好的短语，其特点在于它们仅仅遵循孩子自己的目标。但正如我说的那样，其中有许多活动概括了围绕孩子们的社会关系。 314

我将此话题的论述作出限定的区分，手工活动和劳作活动包括这些分类：木工活、铁器活、烹饪、编织以及其他的相关活动。人类第一要务是谋生，若谋生不能，其他事便无从开展。人类为了文明，必须首要关心他们的劳作。如果这些操作内容成为课程的一部分，这将给孩子们一个机会从学校中反映社会兴趣和家庭活动。无论家庭多小多简单，只要是一个健康、健全的家庭，那里就有工作精神，以及直接指向物质目标的工作。有的教育理论家轻视生活的物质方面，经常人为地划分出本不客观存在的精神与物质的界限，并试图强调文雅文化。我听说因为其太过功利，物质生活内容被拒绝引入课堂。但在我看来，公平的预设是：既然如此大量的人类把思想和精力投注于此，那么，我们便不能在学校教育中忽视这些东西。既然大多数人需要花费如此多的时间和精力直接或间接地投 315
入生产活动、买卖活动，那么，学校便无需其他原因来直面这些活动并将其观念化，同时将社会性因素引入课堂。课程讨论的主题是物质的，课程本身则未必是物质的；物质和精神的区分，在于教授课程时的精神。一个人被类似搭积木这类物质事物所占据，并不意味他的灵魂就被物质或物理事物所限制。当然，精神可能会退化到完全物质的层面；但另一方面，当一个人在完成物质活动的时候，意识到普遍法则是他所必须遵守和执行的，这种物质活动（occupation）也能被提升境界并升华到精神层次。精神层次的提升也取决于一个人是否意识到行为的社会影响，任何人从事正大光明的工作总比从事自私自利的工作要好。一个人所做的事，并非一定要令人觉得是为了人性的爱；他照常可以拿报酬，只要他所做的事情是社会所希望的事情，他便是为社会服务。对于这个事实的认识，将赋予他的人生以尊严。

对我来说，这类活动占据了人类很大部分的经历和目标，因为人们的思考、计划、感受以及兴趣都极大地围绕着这些行为——学校至少要传授给孩子们这些活动的意义，激发他们对从事此类工作人群的同情心，这是学校的道德责任。作为木匠的一个男人和作为厨师的一个女人，他们不会注意其服务中所牵涉的科学原理和社会元素，他们只不过以卑屈的方式从事操作。柏拉图为奴隶下的定义是：奴隶所表述的是其他人的观念，这才是真正的奴隶。一个人如果并非从内在意志力出发从事某事，而只是被其他人的观念所强制，自己不理解和领会所作所为，这就是不自由的状态。因此，学校不应该仅仅将具体活动视作谋生的手段，而应该通过劳动者来提升这些活动。劳动者在其中领会真理和法则的因素，他们的视野就会变得宽广，从而认识到他们所提供的是社会服务。当然，我们伟
316 大的工厂在我们呈现的文明系统中，劳动问题愈发变得严重。我不认为教育就能解决这个问题，因为解决这一问题牵涉众多的机构，也需要我们理清自身的所有问题。但有一件事情，教育是能够做的，也应该去做：告诉工人劳作的意义，这样，他们就不会仅仅从物质的层面来理解自己所做的工作。一个人陪伴着机器，亦是伴随着内涵于机器的伟大科学原理和法则。如果他知道了机器里所蕴含的原理法则，就一定不同于对此一无所知的状态，从而在精神鼓舞下从事劳作。今天，工人的平均文化水平只知道自己工作少有的一点历史，即这一工作从何而来又如何形成为这般的。他不了解作为整体的商业，因为他的认知被限定在商业很小的范围内。他甚至不知道自己制造的东西变为何种产品，以及最终是何种用途。

这是教育工作者的职责。我的观点是：第一部分的学习几乎不涉及技术意义上的学习，而是培养社会意义。一方面，这是孩子社会直觉的自然表达；另一方面，这类教育可以使孩子们了解科学和社会价值，这是他们很快就必须在谋生活动中遵循的。例如，我曾经见过一系列针对 6 至 12 岁儿童的非常简单的编织活动，这与纺织活动相联系。他们获得了这一方面历史发展的全景：首先是认识

未被清洗的羊毛，然后得知用什么东西可以清洁羊毛，再之后是知道机器生产之前人们怎样将羊毛变成毛线（令人惊奇的是，六七岁的孩童竟可以用自己的手指或是蛮荒时代的简陋机器纺出极好的毛线）；随后是利用现在仍在未开化地区使用的纺织机，将毛线编织成简单的形式，接着使用那些利用手脚力量的、较复杂的机器，以便见识到我国在被殖民时期的纺织水平，以及十六、十七世纪编织纺纱的方式（在他们的木匠活中，男孩子制造了这些纺织机，我曾见到孩子们制造的纺织机和纺车。有一天，我还看见一个 12 岁的男孩制作的出色的卷轴，这是 317
用来同时纺织数个毛线束。我不觉得他能获得专利授权，但他至少是通过自己的双手发明了这个机器）。最后到了晚近，他们知道了通过水利或其他机械力制造生产的工业模式。

手工课和工业活动（industrial work）例证了我之前说过的话：这些工业活动不仅仅是人工劳动，它们的意义不仅于此。这提供了了解人类文明进化更宽阔的视野，让我们纵观历史。孩子们由此可以在许多文明的艺术作品中追踪历史的线索。我说的那个学校还开设了相关机械发展史的课程，以及经济科学在能源利用方面的发展。关于第一部分的学习，我已经说了足够多——这些学习以各种各样的形式，构成我们所知的幼儿园以及小学里越来越多的劳动课。我从对这个国家较少的观察中，判断你们在这个方向上已遥遥领先了；这个国家的人民天性具有同情心，或许就与将工业因素包含在教育中有关；因此较之先前的社会，将它引进来并不那么困难。

这个态度就是对先锋生活（pioneer life）价值的正确认识。这个国家的早年时期经历了困难搏斗、控制自然的力量并且为人类所需发展自然。这个经历使每个人都懂得真实的品格、智力及心灵的伟大力量。我们不要求我们的孩子在这类经验中感到太大的压力，也不要求他们的生活承担另一次经济斗争的巨大压力；但通过在课堂上开展从某些立场出发的、面向孩子的活动，至少从精神上给孩子们提供一个机会，去了解从解决实际生活问题中生发出来的纪律和文化。 318
从社会立场看，第一部分学习的目的是把过往社会活动的例子引入课堂，从而拓展孩子的视野，提升他们的思想。

第二部分学习是给予社会生活以背景。在这些背景当中，我会推荐历史和地理，包括地理科目中关于各种形式的自然的学习。无需很多讨论就能明白，大学课堂中传授的历史是社会纪录，它给予我们当前社会生活以背景。这一命题简单得简直像自说自话，但如果历史总是以这种方式教授，那么，教授的材料和方法都会有很大的不同。我们不应该强调历史中的那些军事部分，而应该处理历史中存在的错误，拿美国历史做个例子，我们不应该像过去那样花四分之三的时间去研究其中的战役。在这个方面，我们已经有了很大的进步，据我所知的历史，曾经特别强调军事战争的内容。我不认为这方面的历史很好地发展了社会本能。政治方面应该归到中学课堂，应该把历史定位在人类的基本问题上，探究人类现在如何生活以及过去是如何生活的——我指对寻常人而言。底层劳工为生活挣扎的艰辛，他们如何在斗争中取得胜利——而不是将军事胜利等同于人类胜利（艺术上的进步、教育运动以及道德和宗教成果）。学校的历史教育应该成为社会学中的一种实物教学课。抽象的社会学是难以理解的，但历史提供了一种生猛的然而是孩子们能通过感觉来领会——如果不是用理智来把握的话——的戏剧化方式，令人领略成就人类生活的力量。通过这种方式传授的历史课，会让孩子获得社会组织方式中庄严的一面。我认为仅仅基于此，才可认为在学校里教授历史是正当的。如果能简单地学到古往今来的变迁，这要优于"让死人埋葬他们的死人"（自圣经）。只有将历史变成一副道德望远镜，通过它眺望过去社会生活的状况，才能真正将历史融入当下，因为只有通过我们的过去，我们才能更好地理解当下。

319 接下来要谈谈作为社会背景的地理学。在此，我只是简要指明这件事情应当如何执行。关于地理学，旧的定义大致如下：它是作为人类家园的地球之科学。现在如果你看这个定义的前半部分——作为人类家园的地球，你会发现，地理学实际被视作为一种社会研究，研究社会背景，研究生命的剧场。教授地理学得着重于它对人类生活的意义，在此程度上，我们才把握到它的文化价值、人文价值。

当然，环境不能完全创造历史。如果我说希腊人所生活的自然条件决定了希腊人之所是，这就荒谬了。但同样荒谬的，是否认自然环境对社会生活有重要的影响。我们并非生活于虚空中，我们脚踏实地生活在地球上，我们生活的地球制约着我们的所作所为。我们被迫需要调整我们的行为，以期同自然相协调。地理学所处理的材料被引入意识后，就有了精神意义；对我而言，基础科学的教学应该在很大程度上基于这个立场：对于植物和动物的兴趣，应该同人类利益相关联。从这一角度出发，我们需要讨论的领域很广。孩子不可能学习所有的动物、植物，为什么不将他们对植物的学习限制在影响人类社会生活的方面呢？举个例子，如果从某些规律出发去研究树木，你便需要有科学的课程。我以橡胶树为例，橡胶树的产品、古往今来橡胶树在社会生活方面的影响和作用等等都可以让孩子们了解。

教育中的旧有原则要求从具体出发再到抽象，但它错误地认为，作为物理整体的事物直接在人的头脑中。我们不从具体开始，因为我们综合了物理事实。一个事物必须拥有一些社会联系，才成其为具体事物。例如，如果我传授作为自 320
然课程的一部分、也即地理学一部分的矿物学，我应当选择一些与工业或某些职业有联系的矿物质，通过矿物质的社会影响追踪到社会生活本身。只有一定量的联系，才能让事物真正具体起来。这就是我处理人化自然(personify nature)倾向的办法。导致对自然事物拟人化的原因，是我们认为孩子不会对某个具体东西产生浓厚的兴趣，除非将它与人的因素融合。拟人首先是从人类生活开始的，我认为老师的意图是好的，但方法过于生硬。孩子并不会因为涉及“奶牛女士”，就必然对奶牛更感兴趣。这奶牛已经是孩子的朋友，并且与它是亲近的。我觉得可以这么说：奶牛是孩子社会经验的一部分，他已经对社会整体的一部分有了认识，社会感觉从这种认识中衍生出来并扩散开来。如果我们从这个立场出发——即与人类需要、活动、力量、控制自然的方式相联系的立场——引入基础科学教育，从中将给孩子们最大限度的兴趣以及随之而来的最大价值。

在这些事物中，专业性(specialist)已经远去了。现在我要好好褒奖一下专业性——我并不是要削弱我的说法——专业性在其所属的特殊领域之内应该得以保留。专业性知识无论何时被介绍到教育中来，都应该远离其专门化技术而转向与公共生活的联系，或者说，应当与我们生活中的社会经验相关。对科学家来说，他能很自然地在高中讲授科学方法，因为学生足以跟得上他的方法；但对于低年级孩童而言，他们还不足以理解动物学或植物学。当你拿出这类标签的时候，你就把学习孤立化了。该做的是让孩子理解他同世界息息相关。无论事实如何，这是世界的一部分，标志着我们的生活及其相互关系。因此，我将地理以及所有自然科学基础方面的学习归为第二部分学习。

课程中的第三部分学习包括社会工具(instrumentalities)、社会中介(agencies)或社会技能，可以说是阅读、写作、拼写、算术的高级形式，简而言之， 321
即学习处理符号和形式。它们和手工训练或历史、地理课一样属于社会，但它们不是那么直接地社会化。按我的说法，第一部分学习是直接的社会性；第二部分学习则有些偏离，它们是社会生活的背景介绍；第三部分学习则更加有些偏离，正如我说的，是社会沟通交往的技术，因此需要伴随着社交动机出发，在社会基础之上进行教学。如果有人质疑这些学习的社会性，那么他就该想想，即使它们在形式上如此技术化，但是如果生活中去掉了这些东西，我们将如何彼此联系？例如，没有这些历史奠基于其上的众多的形式和符号，我们将如何团结在一起？人们通过各种形式的语言和符号，记录下他们的发现、观念和想法；而我们通过学习他们的语言，得以了解他们当时的想法和经历。

这在某种意义上掌握了人类天性。一方面，每个人都是与他人相隔绝的，因为没有人能够进入别人的意识中，我们应当选择沉默；然而通过声音的媒介，你多多少少可以影响我的意识，我的意识能够得到扩充和丰富，能够进入你我的共同体中。由此，我的意识既是独立的也是社会的，从古至今难以计数的思想和观点都能影响意识本身。从字面上讲，我们是千百年前的人们有过的所思所想，通过掌握语言和符号，前人的所思所想成为我们意识的一部分。现在，当我们忽视在语言学习中包含巨大社会价值的语法，仅仅将其当作在不相干的环境中习得的技巧形式，便丧失了语言的科学性。阅读课上的类似忽视使之变得琐碎，以至于不可能与社会生活生动地联系起来。通过在阅读中感受到进步，孩子暂时可以在阅读中保持兴趣；但只有阅读中的社会价值得到发掘，生动的兴趣才能真正
322 产生。其他课程也是如此——我们并非总是在社会联系的基础上操作这些原则，但我们必然以某种不言而喻的方式认识原则，并通过这样的认识来提升阅读材料，引入更高质量的文学，引入体系。我们能领会这样的事实：即使是最基础的语言课程，背后也有理念在支撑。

将技术学习社会化，可以用两个方面来总结。一方面，我们要让孩子在生活中更有能力评价事物并与他人交往。我们要他变得更有接受力，能接受大量的活动，同情他人，懂得感恩，远离成为被动的人。我们希望培养孩子具有包容接受性，让他很好地同其他人和事沟通接触。另一方面，我们让他更有能力表达自己，使他不仅有社会评价和社会参与能力，而且能增添社会效益。他应该成为社会的参与者和贡献者。教育哲学的目标对我而言，就是这样的。如此安排和关联这些学习科目，在两个目标上使他们成为社会工具：让孩子变得更有接受性，更加开放，更有欣赏能力，只有这样，他在同他人合作时才可以尽可能地消除偏

见;另一方面,使他成为生活中一个积极的贡献者并体会他人的感受。这是我们的理想。对我们而言有些超前,但它不仅是理想,也是我们努力的方向。当我们从中介视角出发安排科目,扩大和深化个体性,分享自己生活、体验他人感受的时候,我想大家都会认可这一点:伦理和道德不仅会进入课堂,而且会开花结果。

9.

记忆与判断[①]

323 我的朋友今天早晨非常善意地提醒我，他认为我的观点来作讲演恐怕还不成熟。那我不得不请诸位想一想，如果当时我有机会准备的话，我应该补充些什么？[上午，我们骑马攀登岩石峡谷(Rock Canyon)以及普罗沃东部的高峰。]

"记忆与判断"这个主题有些不同寻常，你可能会认为我将多少有些区分的主题合二为一了。我将用一部分时间来谈记忆，用另一部分时间来谈判断。这两个主题各有特点但密切相关，它们既有对比也有相似点。有一种说法认为，记忆和判断处于尖锐的对立，几乎是敌对的状态；而另一种说法则将记忆视作为判断所使用的简单材料，这么说来，判断是记忆的绽放。可是，在一定程度上，我将这两个主题分开独立处理。你可能回想起《匹克威克外传》里的一个主人公要写一篇关于中国形而上学的论文。他先研读中国，再钻研形而上学，最终将两个主题合二为一。

你们知道，旧的说法认为心智力量是各自独立的能力，所以记忆是一种单独的能力；而心理学家则认为，在意识的统一支配下，对所有功能进行区别和分类
324 会更加可取。今天，我们知道记忆有很多种形式，并且记忆的发展有很多阶段，只不过标签上是同一个名称罢了。因此，似乎很有必要让你们注意记忆发展的不同状态和阶段。

第一阶段被一些德国学者命名为有机记忆或生理记忆。一个学者解释道，在一定意义上，伤疤是受伤或者切伤的记忆。同样，一副手套或一双鞋子在我们

---

① 首次发表于《白与蓝》(普罗沃市，犹他州)，第5卷，第11期(1902年4月15日)，第2—9页。

使用的时候或我们长时间习惯地使用之后所产生的褶皱，也能被称作为一种有机记忆。当然，昨天已经讨论过习惯的原则。很多事物在被我们习惯之后，它们几乎成为我们的一部分，然而我们不想使用记忆术语来描述它们。我们几乎不记得这些事物，它们是我们很大的一部分。可以说，由于我们持续使用这些事物，在心里磨出了褶皱，正如我们在手套和鞋子里磨出了褶皱一样。毫无疑问，我们的有机记忆或多或少从对环境的无意识适应中获得，它存在于记忆的有意识发展阶段中。一般说来，我们使用记忆这个术语仅仅是指有意识的再现或认识。然而，即使如此，记忆仍然有很多细分。我不会一一讨论它们，但其中一个对于教育者非常重要，这是某天哈迪（Hardy）博士在精神病院向我详细阐述的事实。病人的 10 年或 15 年没见的朋友或熟人来探访，在他们同病人交谈一些时间、离开之后，询问病人印象最深的记忆是什么。他们回想起来的是孩童时代一些不重要的琐事，而且其记忆似乎不那么清晰。看来，访客的功劳仅仅是唤醒了病人头脑中那些陈旧的联系，但半小时后就被忘记了，除非特别提示他们有过访客，不然恐怕直到访客再度出现并唤醒病人的记忆，他们也不会记得曾经有过来访。

有许多关于记忆的科学定义，而以上事实中指出的一个特性对教育者非常重要，这引起了我的注意；一个依赖于外部联系和建议的特性。这个特性的记忆 325
叫做回忆性记忆。当这种记忆开始时，它一点点阐明事物，联结这种事物的是被心理学家叫做相邻法则的东西或时空关联。莎士比亚的《罗密欧与朱丽叶》（*Romeo and Juliet*）里那个不能完整说出句子的女人，她头脑中的事情层出不穷地涌现，你甚至无法分辨她要说的是什么。如果你碰巧读过《尼古拉斯·尼克尔贝》（*Nicholas Nichleby*），你能想到尼克尔贝夫人在回忆的时候无法将观念和想法连接起来，而仅有一些琐碎的条件和经验。

现在与上述情况相反，我们都有正常的记忆力，就是一种被我们称为“记忆”（recollecting）或者回忆的东西，在这之中，语言文字反映出了诚实和直接。在福利院的病人并非确切地回想起什么，他们只是获得了一个外在的触动，然后开始重现。回忆是事物的重新构成与联系，从而提取我们经验中的事实，然后将他们整合为一个生动的有机整体。“回忆”（remember）这个词鲜明地传达了这个观念。真实的回忆意味着对我们过去经验的掌控。从另一个方面来说，回忆就是许许多多琐碎的事情像之前发生过的那样再度发生，没有经过任何的整理和分类，很少需要或无须任何人为控制。那么，现在你们就可以从我之前所说的“习惯”中得知，错误地训练记忆和正确地训练记忆同样都是可能的。当我们发展记忆时，实际上或许只是在训练这种回想力，使精神依赖于外部联系，这样经验的集合将照着它原来纠缠起来的方式被解开。几天前，我阐述过关于乘法表的记忆，它是通过记忆的单纯背诵，这种记忆不得不从起点出发，然后从全部知识的整体中找到某个特殊的知识点。我敢说，在座的许多人是非常机械地学习字母表的，如果突然被问到字母J是否位于字母Q之前，恐怕我们不得不翻查许多字母才能将它们找出来。我们没有一种方法可以立刻回想起来，我们需要倒回之
326 前的字母来帮助我们回想。对事物的记忆在这种方式下，不会真正成为我们头脑资本的独立部分，因为它们没有成为我们自身的独立部分。毫无疑问地说，我在孩童时候所学的地理学大部分已经忘记了，然而如果有人现在从头到尾帮我把知识点串联一遍，我应该很快就能得到很多关于边界、地表、河流的知识。不过，现在我一点都说不上来。这些地理知识并不属于我学识的一部分，因为它们都是机械记忆的而非处于真正的系统中。你会看到我即将得出的结论，即回忆非常相近于思考，然而记忆和判断关联很少，甚至在一定程度上与判断相对立。

另一个我希望你们注意的观点是记忆的多样性。心理学家现在非常同意用很多种记忆去取代我们有记忆的说法。对于特定事实或真理，我们有特定的记忆力。你经常会听到别人说：“我的记忆力好差。”然而，除非说的是彻底的低能，或者接近于麻痹症，不然他多半不知道自己在说什么。当然，他是在特定方面上说他的记性差。你很难找到一个在所有方面记性都不好的，他可能会忘记这件事情，但会记起其他的事情。他可能忘记了一个人的名字，但仍然记得其长相。他可能忘记了两件事情，但记得把两件事情联系起来的插曲。他可能忘记名字、长相、日期、故事，但记得一些抽象的观念。他仍然记得一些知识公式以及那类事情。

我们的多种记忆得到发展，在很大程度上要归因于我们的职业。当然，工作的倾向性——我们对工作的选择——部分取决于对我们能力的回忆。我们选择职位，一定程度上根据我们记忆的现有才能。另一方面，当我们在某方面开始工作时，我们就在此方向上发展了记忆，除非我们能很好地平衡记忆储备，不然会忘记其他方面的一些东西。政治家的成功，或多或少地依赖于他发展自身的特
327 殊方式。如果一个历史学家不能很好地按年代顺序记得日期和事件，你就不会

期待他获得任何成功。一个人可以在某个特殊方面记忆力很好，但在其他方面却很差。尤其是当人们岁数大了之后，他们认为自己的记忆力退化了，其实只是记忆力专门化了。

为了让这个主题专业化并直接地运用于学校的工作，我们得把多种记忆和前些天谈到的心智意象联系起来。我们试图以最喜欢的意象方式回忆事情，我在关于拼写问题的回答中暗指了这层意思。一个人所记忆的，是一个词汇的视觉外观。他的记忆将会在看到某个词的时候产生作用，他只需要注视着便会轻松记住；而另一个人通过大声的朗读，可以记住；还有一个人，则会有一个纯粹身体的、运动的记忆。我们还知道人们在思考中会变得嘶哑，这是一个心理事实。我熟识的一个牧师，他在布道之前总要回忆之前的布道。他对一些词句组合的发音有困难，所以不得不去联系，希望记住他们。他在布道说到那些地方的时候，总会有一些心智的咕哝，因为他是机械地记忆了那些词汇。

有一个人通过声音的方式更容易拼写。他希望听到发音，并把注意力集中在声音上。他不能阅读得太快，但他非常聪明。他告诉我：他不得不读得很慢，以便能在头脑里听到思考的声音。他不得不获得听觉的意象，如果他阅读得太快，则声音会彼此模糊。可以肯定地说，他能回忆的是以听觉声音的方式呈现的阅读内容。一个学生告诉我：每当她听他们学校一个教授的讲座时，她总是要写下来，不是用笔而是用舌尖在其上颚比划。一旦老师说得太快，她的头脑就不能整体把握，结果便不能理解讲座的内容。她从没注意到这个特性，直到她开始对形象化进行心理学研究。这是机械记忆的又一个例子。现在我的观点是：孩子 328
不能用一般能力或记忆的官能来回忆或记忆。他的记忆活动是转化为一些不同的意象。然而，我非常同意前些天在这里的说法，即不佳的拼写归咎于观察不足——这是指视觉和听觉的观察，有缺陷的记忆终究是因为有缺陷的观察或不正确的处理。

这点促使我提及詹姆斯(James)先生在他著作中详细论述的一条原则——通过原初的观察是最好的训练记忆力的方式，我更多地是指记忆而非回忆。当然，这与我昨天提到的有关习惯是同一个原则，我们应该更多地依靠对事物的意识来形成习惯，而非机械的背诵。如果有个男孩要拼写一组字母，他只不过是通过一遍一遍地重复来记忆它，那么，他的注意力根本没集中。他的大脑里还没有足够的心智活动，因为大脑5分钟不断重复背诵单词在心理学的逻辑上是不可能的，注意力会分散到其他地方上去。但如果这个男孩是视觉派，并且他锻炼自己仔细并紧张地审视这些词；在这个方式下，他一两眼快速扫视这些单词的记忆效果要好于10分钟或15分钟不间断地重复背诵。

你们所有人肯定熟悉斯皮尔(Speer)先生在算术上的成果，但斯皮尔先生的教育理论只不过是感觉训练的庞大计划中的一部分。在他那芝加哥的学校里，通过观察的快速练习，关于拼写的记忆问题已经取得了长足进步。这些是对于该原则的实践示范，如果我们注意最初的理解、对事物最早的把握，记忆将自然生成。如果我们容易地获得事物并让其成为我们的一部分，我们吸收掌握了它，便会情不自禁地回忆出来。你们都有过这样的经历：有些事只发生过一次，但这辈子都不会忘记。你知晓这些事的所有细节并且可以生动地在头脑中回想出来，有时候甚至非常强烈。甚至那些操心、悲伤、快乐的事情会重新浮现，因为这些事情在当时对你意味了太多。然而，所有这一切仅仅经验了一次便简单地生成了。

我曾经用儿童图画书做过一次实验，书里的图片有不同寻常的艺术感。书
329 里的人学习中世纪的历史服饰并穿着旧袍子打扮成小男孩布鲁和小波比的样子，还穿着老式的帽子、鞋子和袜子，里面充斥了各种外形和颜色。我在班上发了六张这种图片，允许他们用一分半钟看图片，并要求他们仔细观察。随后，我要求班上的同学写下他们头脑中的每个形象头上戴了什么、脚上穿了什么；正如我说过的，这些形象是非常原始并有区别的。视觉派完成得非常精准正确。我没有说我将要问什么问题，也没告诉他们要记忆什么。但视觉派在脑海中回想出那些形象，并写下了他们在脑海中所看到的。我做了准确比例的小模型。视觉派达到了80%的正确率；那些非视觉派，正确率只有30%或35%，而他们非常努力地看了这些画。后来，我给了所有人六张新的图片，并告诉他们我将要做同样的事情；这次，我要他们加深对图片的记忆并写下来。第二次，视觉派表现得并不好，而其他人好一些，因为他们知道了要关注什么并努力地记忆图片在头脑中的印象。这次，视觉派不能将他们的全部注意力放在图片上，在思考他们需要记忆什么的时候分心了。这个引人注意的例子告诉我们该如何以自己的方式记忆。思考时，我们准会记忆。我们处理事情时的紧张度，不会达到仅仅考虑主题时的水平。毕竟，对记忆的最好训练莫过于这个：“我要培养自己的观察能力。我要生动形象地观察，以便正确地理解事情；我要彻底地理解事情并将其吸收。”

这样，事物就会成为我们的一部分。于是，这种有机记忆、无意识的吸收就来救援我们，帮我们的忙。另一个教训当然是：我们要考虑到孩子们中不同程度和不同种类的记忆。这正如我已经指明的，有一种倾向是把走到极端的原则贯彻下去。认识到这个事实，我们就应该寻求平衡它们。

就学习阅读这方面，偶尔有一种词语方法的狂热。这个方法是一个视觉的方法。视觉派乐意以看见词语的方式学习，但听觉的和机械模式的人却处于劣 330
势。有些老师在听觉问题上有巨大的优势，此时所有词语都按照声音来分析，阅读也是在这个基础上教学的。这是听力方法。这对耳朵的价值，正如词语方法对眼睛的价值。在这里，如果心智与耳朵联系紧密，就会学得好；而心智与视觉联系紧密的人，则或多或少会打折扣。我们应该记住心智的多样性；任何教阅读的方法都应该诉诸眼睛方法、听力方法以及运动方法。你们必须照顾到心智类型的多样性，学校里肯定会有这种多样性。大多数人也许很普通，他们心智方法的组合非常平等，但是你们会看到一些边界线上的人，他们按照一套方法比按照另一套方法记忆好得多。

当然，不提及与观念之间的联系是不可能说清楚记忆和回忆的。有时，人会向自己提出一件事的开端并思考“我是如何想到那件事的”，而且回溯找到推断的线索；所有的线索都来自第一个观念，且初看起来显得特别的东西变得非常简单和自然。你们有些人可能听说过这样一个人，他游历他的国家到处传授记忆课程或指导；他宣称，他能记忆一门永不遗忘的瞬时艺术。他收取5先令和5便士的金额。他的方法基于这条原则，即将别人的说法占为己有并将之神秘化。他简单地系统化了观念的关联。如果这里有一块黑板，我能轻松写下一行20个单词；如果我不说我在讨论关于记忆的主题，或者不要求你们记住这些单词，我将乐意地保证你们十个人中的九个能准确地重复所有的单词，不会出错，尽管从我这里得不到任何提示。

让我举个例子。我写下单词“浴盆”，然后是“洗”，并且问你们是否有相似性的联系或者邻近，在“洗”之后，我写了“清洁”，你将看到它们的联系是相似性的。接着从单词“清洁”到“雪”，一种相似性的组合；并且从“雪”到“冰雹”，从“冰雹”到“闪电”，再从“闪电”到“电力”，再从“电力”到“电话”，再从“电话”到“打铃”，从 331
“打铃”到“教堂”。如果我继续这么写，你们中的大多数能够毫无错误地重复这个列表，仅仅因为这里呈现了天然联系，或者说是相邻性原则或术语间的相似性。因此，这种瞬时艺术所谓永不遗忘的秘密，其实是“骗钱先生”以系统性方式，将这些观念连续不断地串联起来，将很多无序的说法归为一类。

我今天来这之前，在一次讨论中提出了一个问题：关联是如何被执行并且被训练得对人有帮助？我希望我能回答这个问题，因为无论从智力还是道德的观点出发，我不知道还有什么问题在这方面更加突出。当你停止思考它时，我们会处于意识流中，仅在某些节点上使用我们的意志，而不会每过几分钟就使用它。我们开始思考一些事情，然后将观念关联起来并继续下去。头脑机器开始工作，有时候自我意识似乎仅仅是旁观者。然后，意志将介入并中止一件事的思考，接着我们开始思考另一件事情了。我们的思想和想象力的色彩，在很大程度上是通过相互关联的自主运行形成的。

“一个人心中所想决定了他是谁。”这种类型的想法似乎经常是一系列意象的连续浮现。或多或少有一些习惯性的建议进入思考。现在，我们很大一部分品格特性在内在生命中形成。“一个人心中所想决定了他是谁”，因为他的想法将成为他寻常观念流中的体验。他没法既系统性地容纳了特定思路，然后又在其他方向持续一致地行动。这些惯性思维早晚将展示它们自身。当一个人在团体中分裂了自身——这时我们说：“这个人一定很伪善。”他一定一直在欺骗我们，过着双重生活，即有一种思维方式却有两种生活模式。但是，内在生命不得不浮现出来，这就在心理学上解释了许多令共同体震惊的突然堕落。有些人寻常平庸却能做出激动人心或英雄般的行为，因为他们的内在生命虽然从来没给予他们机会，但他们的想法总是处于正确的方向；而当危机来临时，真正的自我就迸发为惊人的行动。

332 所以我希望，为了对我们的心智健康和道德健康作出重大的贡献，我们当中能出现一个人解答如下问题：如何最好地控制一个人有可能出现的惯性思维或意象？只有当返回到注意原则时，我才能回答这个问题。我们不能控制所有联系的环节。“没有人能通过思考就给身高加长一个腕尺。”没有人能通过寻思说出他将要思考的东西。我们的思想会给我们带来惊喜，并且它们是自我控制的。我们能做的就是把注意力集中在特殊的起始点上。只要错误的想法开始萌发，我们就能停止，并转变成正确的想法。有人曾说过，一个正确的开始是整个进程的一大半，在联想这件事上，此话可正确了。一个正确的开始，是十分之九的进程。当然，困难在于人们习惯于说：“即使我想到一件事，感觉到它，并沉溺进去。

但却绝不会做这类事。我将继续保持正直、诚实、单纯。这只是意识中的思考，因而不会伤害到任何人。”这忘记了一个事实：他们设定了内在动作的连串环节，这将最终形成外在行为。这个规律是观念的动力法则，它掌控了观念的联系。在孩子那里，观念、意象都在行动中得以表达。这就是为什么孩子在想法上如此可塑，因为他无法将观念容纳为一个观念，只能将其表达出来。而成人的方式则复杂得多，一个观念经过其他观念的较长环节，包括与一系列媒介观念相关联。而孩子仅有两条联系，即观念以及观念变为行动。随着我们的生活变得复杂，它成长起来并获得许多媒介联系和思想，组成了一个环节或观念的联系。但是，当成人一个原初的、基本的观念为了其行为的结果开始作用，便会奔赴最后一步行为，完全同孩子的例子一样。媒介情况被拉长，但意象或观念与行为之间关系的规律在一种情况中与在另一种情况中一样确定。这就是通过专注于原初念头控制观念链的必要性所在。

我只能用剩下的一点时间来谈判断了，但正如我所说，在回忆和判断之间只 333
有很小的区别；而记忆(memorizing)或重现(reminiscencing)与判断之间有着巨大的区别。当我们回忆某件事情，将我们经验的不同部分整合到一起以便正确地组织一个有序整体时，实际上在判断并培养我们的判断功能。一个被认作文盲的人给判断作出的定义，我一直记得。这句话说得恰到好处：“判断是对事物之相对价值的一种感觉。”这就是判断与纯粹记忆之间的巨大区别。记忆一直积累着，但它不能表现也不能给予事物价值。一个人的判断是基于很多事实的积累，并利用事实去前进，因为他知道事实的相关价值。他对构成信息的所有观念都定了价格。

我的一个学生最近对我说：“记忆不是知识，是知识的中途、知识的候选人。”知识意味着对事物的判断、见识和理解。只要事物仅仅存在于记忆里，我们便去注视之、检查之、思考之、反省之。它们是思考的材料，而非知识、智慧或判断。所以，明智的老师要考虑到记忆训练的必要性，要永远记住记忆本身不是目标。我们不要仅仅为了记忆而记忆，或者为了能够回忆而记忆，而是要为判断掌握很多合适的候选材料。当我们在困难的情况下要从很多建议中进行选择时，如果观察不够明智且记忆储备不充分，那么就不可能作出正确明智的判断。

现在正如我前些天说的，“健忘”也很重要。如果我们是聪明的，忘记的事情并不是判断的一部分；我们把并非使用候选和利益候选的东西抛下了。我们不需要让自己压力过大。我们有时会遇见一个人，他洋洋自得于自己的好记性。于是，我们感谢上帝，我们没有像他一样被各种零零碎碎的东西拖垮。我们凭直
334 觉感到，他在积累的时候迷失在一大堆记忆材料中了。我们可能向他询问信息，就像求助字典一样，但至于其他，则把他看作一种手边的数据库，仅仅是一个有用的百科全书。一个人在某些方面没有好的记忆力——这就是说，重现的记忆，但他可以拥有好的判断；但他必须保持敏锐。当他看见在他专长内的一个事实，他那精神的触角便伸出占有，使之成为自己的一部分。我头脑中的意象是一种有上肢、有触手、可以触及各处的生物；当我们发现食物时，就抓住并获得它。我们装进大脑中的很多事物，在当时并不能吸收。地质学家不得不观察很多事物，但他不能同时吸收；这些事物存在于他的潜意识中，直到他得到它们的相关线索，挑选出来并安排、分类，成为知识。你知道，有时候在化学实验中，一滴酸掉入一杯透明的液体里，瞬间出现了结晶，一切东西都有了形态和秩序。一种错误的记忆是一种废料袋，里面塞进了一切东西。然而，一种正确的记忆是这种液体，里面溶解了许多东西；一旦恰当的时刻到来，它就取得了判断所需要的形式和分类。我们一直谈论作出迅速从而具有决定性的判断的直觉和必要性。对记忆的正确培养，就是培养给直觉提供材料的记忆。这样，危机来临时，一个人就能以迅速形成的想法或行动计划来回应。

这里因此没有分界线，判断和记忆之间没有中间墙或隔离物。判断是正确的记忆最终送达的终点、天然的仓库或站台。记忆是处于决断过程中的判断，判断是记忆的完成与明确化。记忆是吃下肚的食物，但未被彻底吸收和循环；判断则是让食物进入完整的循环——哪里需要，食物便可被置入哪个过程。如果大脑需要利用其思考，它就在那里。记忆一遍遍地慢慢打理这种食物，直到它成为我们心智循环的部分为止，由此正确的计划和设想就在我们需要的时候涌现。经验的价值就在这里。关于经验相对于理性的价值，哲学家中有大量的争论。
335 一个学派说，一切东西都必须来自经验。另一个学派说，不对，只有理性或直觉才能给予我们最好的、最高的思想。经验是无秩序的；它仅仅处理尚未分类的一大堆特殊东西。经验是早期阶段的理性，是在溶解状况下、在未结晶状况下的理性；判断是整理过的、组织过的、彻底消化了的、上升为力量的经验。我这个春季班上的一个学生带着这个特定的问题——即判断力的培养——到处拜访各所学校。他去了四五所学校——在芝加哥可不能讲这件事——发现只有在一种情况

下，他拜访的所有学校都会诉诸判断；这个情况是：要求学生权衡一个事实，评估材料的价值，以便自己得出结论。其余练习就是背诵已经记下的材料。

我们在教育中不应当忘记这些东西的相对价值。记忆是必要的，但只有在它为判断积累候选材料时，它才有教育的价值。在一切背诵中，有许多询问用于检查学生是否记住了观念，然而应当有同样多的询问用于他是否在考虑问题。一旦做到了这一点，我们不仅会找到一种更好的判断培养方式，而且会找到一种更好的记忆培养方式。除非我们在想要时能拿出东西，除非我们能把东西从仓库里取出来，否则，学习它们就没有用。与判断分离的记忆培养，不能给我们这种控制力。我们要把握一个观念，不仅是为了心里有它，而且是为了能把它拿出来；我们能把它拿出来的唯一方式，是不断地依照它练习我们的判断力。我们不像以前那样借助单纯的口头记忆了；但是，我们在理论中比在实践中进展大得多。我尝试为你们说明的是如下需要：给记忆恰当的地位，找出这个地位是什么。记忆于什么程度上在判断过程中给出组织过的、重塑过的、分类过的材料，它就在什么程度上进入教育。

10.

构成性格的一些因素[1]

336 今晚，我想讲一讲如何从心理学角度看性格中的因素。当然，大家也明白，我不指望用一个晚上就能涵盖道德教育的所有领域；有些阶段的问题，我完全不会提到。我曾认识一位先生，他在演讲前阐明：他希望听众不要因为他没有提到一些观点便认为他对那些观点持否定的态度，而且如果有更多的时间，他一定会讲更多的内容。在道德教育这个问题上，我也想请听众给予我与上述相应的免责。我将把演讲集中在性格塑造阶段这个主题上，这是一个相对更易成文且一般会被忽视的问题。

当我们说教育的终极目的是性格塑造时，我认为，我们对此论点应有起码合适的心理分析学术语支撑——从心理分析角度看，究竟什么是形成性格的因素呢？带着这个问题，我认为，这些因素可以意识类型分为实践执行类、情绪感受类和理智知性类。且我现在讨论的是性格，而非大众品德。我们想通过教育来塑造的不仅是道德敏感性，甚至不光是免于邪恶倾向的自由。我们需要的是比
337 我们听到的术语“道德”更广阔和深刻的概念，而不是将泛泛向善的意愿解读为善良。你们都知道向善里面包含着好意图，且我料想他们这样认为，是因为从未有人真正完美地诠释过善良，所以人们降低了对善良的解读标准。向善的意愿中所包含的善良，对道德律有一种通常意义上的尊重，而这不是我们所需要的善良。就像人们常说的——善良是不够的，人们应当知道该为什么而善良，而这就是我们要在教育中塑造的性格。所以，我说性格是个复杂的东西，它牵涉实践执

① 首次发表于《白与蓝》(普罗沃市，犹他州)，第5卷，第12期(1902年5月1日)，第1—8页。

行、情绪感受和理智知性的开发程度。

今天下午，我讲过判断这个话题，因此不再就性格特质的这一面过多地赘述了。我只会简单地回顾之前讲过的内容，也就是判断是构成性格的一部分。它是我们的相对价值感或价值观，是重要性和相对价值的衡量标准。并且，我今天下午想要讲的是——无论那些仅仅通过堆砌积累在记忆中的事实和原则有多么重要，它们都不是影响判断的必要因素，因而也不一定会影响性格。所以，只有知识化为智慧后，才会通过反思和评估转化为我们的能力，进而成为我们性格中的一部分。现在，我们当然希望我们的孩子毕业后可以具备某种成熟的判断力，就像算 2+2 的时候知道这两个 2 是怎样合在一起的那种思维力一样。在实际生活中，仅仅会算 2+2=4 远远不及了解为何要将两者相加重要。换句话说，就是以合理的价值处理事物的能力。

一位法国人曾说，教育的要义在于可以使人不以被着意施加影响的方式成长。这是一种消极的解读。积极地来说，这其实是一种自由意志、一种使我们无需依赖他者而进行自我控制和自我管理的能力。我希望以上的想法可以用更确切的方式来描述；这样，每个老师就能领悟简单堆砌事实和积极调动学生用自己的判断力和思维参与思考的区别了。这个世界需要我们每个人都是“法官”，能 338
够“正襟危坐”地审判大案小罪，解决身边的纷争，即每天对社会政治经济事务进行判断。因为我们有自己的判断，就不是模仿者或他人的跟随者；因为我们有自己的判断，就不会反复无常，随意妄为。坐在“法官椅”上，我们心中便有一条准绳，可以在各种事物中决断自如。从学术观点来讲，学校教育当然是最能塑造这种能力的途径。判断能力是智慧方面的性格。

有些人，比如赫伯特·斯宾塞说：“你不应期待道德修养可以通过教育来实现，教育不提高道德水平，不是为了培养圣人，因为积累事实和实践真理有着本质的区别。对我来说，做正确的事有着完全不同的意义。”而我觉得，这番言论应当用另一种方式来阐述：我们应该说，未能对性格造成影响的都不算教育的结果。积累事实虽然可以让一个人记忆力超群或非常博学，但如果这些知识不能内化为判断力，那么就完全不能算作教育。也就是说，除非积累知识可以让一个人自主原创地形成相对的价值观，让一个人知道应该选择什么、摒弃什么，否则都不是教育。对于智慧类的性格，我先讲到这里；因为讲到注意与判断时，我已经在某种程度上阐述过它了。

我想回顾一下性格当中的意志力。为了避免术语概念理解的歧义，我姑且称它为执行力，或者说——将想法付诸实践的能力。性格当中，必然有些主观兴趣或一些本质动力的因素保证决策的实现。说到行动的决心，我们经常会在为孩子开脱时说："他知道怎样做是对的，他做错了但并没有恶意。"如果仔细考察这句话的内容，我们可能是说，他已经在自己良知的范围内做到了向善的最大努
339 力，而以他的能力来看，他也确实做到了能力范围内的最佳；但由于一些他不能控制的外界因素，善意的结果并不明显。换句话说，他确实做出了善举，但仅仅是那些外部因素才阻碍了这个善举的完成效果。

外部因素姑且不论，当人作出选择时，他就真正地行动了。有时我们会以为，人会作出没有行动的选择，感觉好像这件事在未来总有做成的可能。而我的经验是：你要长久地观察一个人是怎样下决心做事的。知而不行其实是在欺骗自己，这种行为的本质是推迟下定决心。一个真正作出了选择的人，会立刻开始行动。你现在决定明年去纽约，你今年就得着手准备——这两句话该如何调和呢？当然，它的意思是——在这一年里，你不会去纽约；但你会做一些如果你不作去纽约的决定时不会做的事情。真正作出的选择，会立即变为行动并以某种方式在人的行为上留下印记。

作出了选择但又不开始行动的这种情况，我认为，在很大程度上是一种道德偏差。当然，这样会毁掉他的执行信誉。若未达成结论，那么判断就还未完成。而结论，即选择。我们太过人为地构建思想，总是将知识和意志力分离，好像一个人的知识和意志力的方向可以相反一样。倘若一个人的知识或判断不能形成行为，那是因为他还没有真正达到他的结论。他从未真正理解他自己的思维和想法，他的判断从未达成结论。如果达成了，那么，他的意志会收获决心。判断和选择只是同一个概念以两种角度呈现的不同的表现形式。以上是这种情况的精神事实。

那么，我们怎样训练执行力呢？如果我们遵循传统教育，那么让我们形成执行力的范围和机会可能很少，保持冲动的天然决断力的也可能很少。我不太喜欢"冲动"(impulse)这个词，因为它暗含猛烈和短暂的意味；而且对于很多人来
340 说，这是很自私的一个概念。我的意思是：我们内心的这种倾向一直在寻找一种积极的表达方式。孩子在学校总是不被鼓励主动执行，而总是被要求和严令禁止——"站好"，"别乱动"，"别说话"，"别做这个"，"别弄那个"，"坐好了，学习书

本上的知识”——尽管孩子心怀一些不安分的愿望，这些命令还是投射进了他的内心。这是最成功地毁掉执行力的方式，它将孩子完全变得不会主动行动。这虽然可能训练他理解他人意愿的能力或记忆力，甚至是一种知性文化；但是应按顺序训练他的执行力，应给他试验的空间，给他选择和判断的机会，以及在此选择基础上行动的自由。

每个人都会犯错。孩子会比别人多犯错，因为他们是孩子。孩子没有相同的选择余地和选择的自由，基于自己的选择的行动试验只有一个成年人才能经历。这是不言自明的。然而，你又不能把他置于试验情景来训练他的判断力或执行力。因此，他必须有做的机会，即使他会做错，即使最后的结果只是让他发现错与对的区别，也是值得的。假设我对你说 X=17，这对你来说意味着什么？什么都不是。而如果是你自己想出的这个答案，那么，这个等式对你来说就有很大的意义。我告诉你答案和你自己想出来的答案区别在哪里？这两个结果虽然相同，但在你自己想出来的情况下，整个过程都给答案赋予了意义。有人说，如果上帝给他两个选择——直接知道真理和寻找真理，他会选择后者。他也许还会说，给予他真理但如果他不理解，对他来说也没有意义。需要对孩子的执行力进行强有力的训练，除非他有机会在合理的限度内自己开发出这种能力。你不能单凭别人的观察和经验说服他。现在我知道，很多老师会有不同的意见，他们觉得强行阻止孩子所有不利于完成任务的想法，才是对他最好的教育。或许是 341
这样，但这种意志力是我们迫切想得到的吗？如果是这样，那么，我们到底想要将孩子引导到哪种社会生活方向？这种方式适合埃及、中国、罗马帝国，还是适合今天的美国？在孩子离校以后，我们想要他们展示通过拾人牙慧、知识填鸭而获得的意志力，还是让他们展示代表着国家建设执行力的美国式独立意志？

我当然认为，我们想要后者。我们怎样才能收获这个结果？只有孩子走出学校，我们才能知道结果，除非我们之前就在学校为他提供这样的练习机会，否则，这根本无从谈起。然而，学校里有那么多孩子需要照料，如果我们采取过多形式的这种意志训练，仅在教室这个空间执行，会很困难。一定程度上说，学校教育的执行方式不会比整个教育理念先进。我们得教育所有的人，包括学生、家长和学校委员会。而教育改革搁浅的原因，是因为每个老师的任务不仅要为单个的孩子提供必要的改变机遇，而且要让整个群体做到这一点。

现在比这件事更确切的事实，则是美国人信仰教育。如果他们真的信服地认为教育中的某件事是正确且必要的，会不惜一切代价地支持这件事。一方面，无论当前的情况多么有利，老师的精神力量总是被寄予厚望。有的老师会说，当前的条件太差，根本没机会作出努力；而且，他当然认为，改革不会实现。另一个老师则会在同等限制的条件下将全部作用转化和传达：对于改革来说，最首要也是最关键的就是学校的精神。有些特定的构建和试验形式无法在缺乏合适材料
342 的情况下实施，无法“在实验室”探索。但是，没有任何一个学校是封闭的，还是有机会鼓励孩子去体验而非仅仅接受。

学生如果有机会不仅努力学会老师教的东西，并且自己去发现这样做正确的原因，那么所有重复都可以变成一个对执行力的有效练习。这种思维表现的，是对他们未来积极主动行动的最起码的准备。因为“我们不能得到我们想要的效果”，并不是我们不向正确方向迈进的理由。我感觉，我们似乎情愿认为，我们的理想存在于遥不可及的未来，不愿引导他们进步的方向。当人们进入“理想遥不可及”的思想状态，就会认为永远达不到理想，进而认为尝试的努力毫无意义。在我看来，理想就是下一步，我们永远不能给进步设下绝对的限制。我从来都认为，有了第一步，就会有下一步紧随其后。

我曾听一个人叙述自己抵抗酗酒花费了很大的力气，他并不是个醉汉，但他的饮酒习惯总是有悖于他个人的品性。他在某种程度上相信自己被习惯奴役了，于是下决心戒酒，但无法戒掉。这时，他不应该朝着某个绝对的目标努力，而应该先努力转到一个正确的方向。这样，他戒酒就不会那么困难了。他做出了每一个正确的“下一步”，而不是和一个遥远的目标拼命较劲；于是，酒对他的奴役作用就瞬间消失了。所以，重要的事就是“去做”，而不是仅仅尝试。我知道，教育改革时，老师们总会自然而然地觉得自己处在不同的条件下，如果他们有更好的教学设备、小班授课，就能有所作为，而在目前的状况下不能做到。然而，在消极地引导孩子判断和让他们积极地对自己的行为负责两者之间，我们永远都有选择的权力。

你们可能不会有这种印象，而我感到老师们会懂的：进行这种个体意志力训练，有时意味着课堂的乱序和过分自由。我认为，人类总是持续地向更加自由进
343 步的，这是因为自由和责任总是紧密地连结在一起的。真正应该提出的问题是：孩子在课堂中能承受多少自由度？我们没有权利给他们过多的自由，因为他们仅仅是孩子，还缺乏经验。要知道，不是为了给他们自由而给他们自由，因为实

践表明：只有通过自由，我们才会懂得责任。很多学校的纪律，其实只是将孩子和责任剥离开的诡计。当我看到有老师因迷信遵循学校纪律而得到提拔时，我认为，这些人曲解了学校应尽的责任，致使孩子向文明的反方向发展，公众的钱在教育领域付诸东流。孩子们在将来依然无法承担责任。一个波士顿的老师就曾因此而被提拔，而且成了整个城市的荣耀。当她生病时，学校派了代课老师。代课老师代了一天课之后，央求学校辞退自己。学校在两周的时间里每天换一位老师，直到她痊愈回到学校。她有政府提供的支持，而孩子们没有。当这位老师之前对学生施加的压力因其离开而消失的时候，学生们无需被纪律束缚，于是变得不知所措。我们无需再推演这个结论了——意志训练意味着，孩子为了得到自我的主动掌控权而依照自己的意愿做事。这意味着，孩子可以实现在责任范围之内的自由。剥夺所有的自由是不正确的，但是给予他们太多的自由更加不正确。

对于训练性格中的情感因素，盎格鲁-撒克逊种族习惯于嘲笑拉丁种族对待外部世界轻浮、不认真的态度。有时，将事情反过来看倒是个好方法——盎格鲁-撒克逊人给拉丁族裔一种冷酷刻板、毫不关爱别人纤细感情的印象。如果盎格鲁-撒克逊人说拉丁族裔轻佻肤浅，那么，拉丁族裔则会回击盎格鲁-撒克逊人，说他们粗俗、冷酷、野蛮。而事实上，在拉丁族裔的教育体系、学校和家庭生活中，他们着意对孩子培养情感，培养对他人心理状态的回应能力。以音乐、绘画、 344
素描等等呈现的艺术教育，无论孩子的作品多么粗糙，其首要价值在于：它是唯一让孩子直接接触情感的方式，从而可以培养他们敏锐精妙的洞察、欣赏能力。有人曾经向我引述说："未被训练出美的知觉的孩子，丧失了教育中最好的部分。"除非他自己学会欣赏身边世界的美，否则，无论他学了其他什么，他都丢掉了最严肃最重要的东西。他真正丢掉了什么呢？我认为，就是精妙纤细的情感呼应能力。你不能把孩子在小时候没有欣赏音乐归咎于孩子自己。对美、艺术氛围等周遭世界钝感的成年人，是由于他们在最佳开发这方面能力的时期没有这方面意识的觉醒。

我还想说说训练情绪感受。直接训练情感有值得质疑的地方，其中会有危险的因素，容易引向多愁善感。我认为，如若没有自然和合适的情景训练，故意搅动孩子的情绪感受会冒很大的风险。感受在某种意义上，是一个人性格最深处最私密的东西。我们没有恶意进入一个人知觉中的秘密部分并故意挑起某种情感的权力。我们不能以那些情感是好的为借口，故意去激发他人。为何不给孩子一个合适的环境影响呢？这种影响必然会唤起这些情感，而不是动用道德武器逼迫孩子将感情公布于众。如果我们过早地将一些情感压迫在他们身上，那么只会将他们培养成伪君子。我听一个女人说，她给孩子看小说的首要目的是让孩子早些懂得人情世故。比如，在他们有自己的生活体验之前就了解两性
345 之爱，于是这会导致人为造作的意识劫掠了现实，在孩子真正懂得之前便迫使他们接受尚未懂得的意义。她这样做会使情感的自然发展被遏制，因为她在孩子成熟之前就把他们拽到了某种方向上。期待一个孩子具有某种只能从经验中获取的宗教般的情感，着意剥夺他的可能性，这只会阻碍和扭曲他。如果我们让他以负责任的方式开始某种情感体验的正确方向，那么他会有足够的时间达到宗教般的感情深度。在此之前，我不相信他能达到更深刻更根本的情感。

我不知道你是否迫切地想让孩子欣赏文学之美。不让他们读他们本来会更享受更容易体会的故事和诗韵，而要求他们停下来分析当中的美感——我有些夸张了，但我想说的是：这么做，只是在试图扰乱他们精神中的情感活动。孩子们尽全力取悦大人，于是试图挖掘大人期待的欣赏能力。这不仅是不现实的，并且会阻碍他们后来欣赏能力的发展。就规律而言，我不认为我们对于深刻情感生活的发展在青年时就完成了。这样的情感发展其实有非常好的理由，在恰当的时间和地点自然实现。孩子当然有自己的情感，他爱，他生气，他恐惧，他希望。他有这些正面的个人情感态度，然而在少年以前，深刻的情感比如道德和审美很少得到开发。当我们过早训练孩子的这些情感时，很容易阻碍他未来更全面的发展。

我记得，我小时候被带去看美丽的日落。当时引起的对自然之美的注意，让我一直持续寻找这种美丽。但还有别的能促使人的情感涌动的方式，尽管有时并不能涌动——我清晰记得我被带去看日落的例子。我希望取悦那个带我去看
346 日落的人，而我能做到的最大努力就是表现出自己觉得那是件很棒的事。可是为何要小题大做呢？当我们期待并非由相应背景自然触发的感受时，做这件事情通常不仅带着审美情感，还带着道德和宗教情感。感受是我们经历的旋律。没有实际经历就想感受这种旋律，只是一种基于体系打造出来的非现实的东西而已。环境的不自觉影响，是塑造孩子这种情感的最佳方式。同时，即使塞给孩子小说，也可以不让他们分析或了解怎样才能拥有那些情感。

当我们唱《星条旗永不落》(Star Spangled Banner)时，我想起了一篇论文。

也许你们很多人从《麦克卢尔月刊》(*McClure Monthly*)上看到了,讲的是一个人让孩子写下他们认为自己一年里从歌曲中学到的词语。有的人写“美国”、“清教徒最初踏上的土地”。有个孩子的构建能力比他自己认为的要好,他试图展示某种特殊场合会产生的特殊情感。当然,试图直接塑造这种情感,也可能产生不良的内省。另外,我希望把我之前说的东西讲清楚。我认为,情感训练是所有性格训练中最重要的一部分,虽然它在大多数时候被忽略了。我们重视孩子学会那些事实性的知识,然而却将艺术,尤其是审美艺术当作生活的奢侈品,认为只有其他必需品齐全之后才能享受。你知道,如果你给有些人生活的“奢侈品”,而其实,他无需那些必需品也能存活。如果我们有更多的教育奢侈品,那么对必需品可能需要得更少。我这样说,并不是在贬低其他训练的重要性,而是希望能让孩子自然地管理自己的感情,并非直接向他质询:“现在,你感受到这个了吗? 感受到那个了吗?”

形成性格的三个重要因素分别如下:第一是好的判断力,或者说对我们身边 347
事物的价值感知力;第二是执行力,或者说不止步于意愿倾向而是主动积极的行为,在一个人的成长过程中有适度的野心和攻击性。我记得,杰克逊(Jackson)曾说他唯一轻蔑的就是不会生气的人。我们并不是要塑造生气的习惯,而是要有一种积极进取、不实现自己的想法决不罢休的将理想化为现实的力量。第三是对细微情感的感知力,这将第二个因素中的强硬和不善解人意舒缓了很多。

现在,如果看看在过去五十年内精神教育发展的变化,我觉得面对未来应抱有乐观和勇气。五十年前,在我们的学校里,几乎没有这些性格塑造的任何迹象,教育领域几乎不存在任何形式的艺术精神,也没有构建意识、亲力培养,也没有对大自然的真与美的亲切体会;而基本只有处理知识的各种形式和符号。而现在,我们看到,这伟大的精神进入了学校,已经成为家庭和新生活的一部分,就像教室里的设施一样必需。我想,我们要相信,所有重要和值得的东西都会在未来实现,甚至会在我们不敢期盼的非常近的将来实现。革命永远不会带来倒退,进步的举动永远不会导致倒退。当它们开始时,就积攒了足够的动力;并且只要从一开始,我们每个人都认定这个目标重要且值得追求,它就能达成。我们感到,我们正处在一个阶段的拐点,我们应该认清构成性格因素的复杂性。我们将继续在教育一线运用各种材料和方法,把男女公民教育成高贵、美丽且具有自身品格的人。

未发表作品

伦理学中的历史方法①

出现了对我论文的评论，与我目前进行的课程正相关。在此课程中，我正在讨论品德的历史发展，由此导向了对一种道德科学之可能性的考虑。我顺理成章地达到了预料中的结论，即存在一种可行的道德科学。进而总结出以科学处理道德的条件，在于一种普适性（universal）方法的运用；换言之，只有通过历史的方法，德行（moral conduct）的问题才能获得科学的形式。依我看来，存在着明确的研究对象（data），包括习俗、信仰、理想或抱负，即大量存在着的现实，与气象学或物理学这样的自然科学所要处理的事实一样多。我的论点是：唯有使用历史方法，我们才能将这些事实置入那样一种秩序当中或掌控它们，以使之可被视为科学的。这里存在一两种反对的意见。 351

一种（反对意见）认为，没有哪种关于道德的科学是可能的，因为道德处理"什么是应该的"，而科学处理实然之事实；科学在其本质上是描述性的，是只从描述中产生出来的解释；而责任、义务是那些本质上避开（elude）描述的东西，它不是事实或事件，它不是现象。在我看来，这种反对意见似是而非，远非合理。我应该对它作一简单了结，所以要说，存在的应然事实恰与存在的实然事实是一样多的。在我看来，说不可能有一种关于"什么是应该的"之科学，只因为应该是的东西仅仅是"应该是"而已，这差不多是一种语词疾病。事实是：人类就责任方 352

① 杜威于1901年12月4日给芝加哥大学哲学俱乐部所作的演讲。打字稿（并非杜威所打），收藏于卡本代尔：南伊利诺伊大学，莫里斯图书馆，特别收藏，7号文件夹，第44盒，拉特纳/杜威文集；加利福尼亚，斯坦福：斯坦福大学图书馆，亨利·沃德格雷弗·斯图亚特文集。

面向它自己提出的特定关系，一如它在其他方面以热、电或光等形式向自己呈现的事实那样多，而这样的事实极其明确且大量地存在。一些人认为，某些事是应然的事实；而另一些人则认为，另一些才是。现在，我们可能会说道德理想是不现实的或根本不可能实现的；然而，理想是事实，它们和事实一样存在着，而且影响着其他事实。为实现它们或与之相关的努力，是有成效的。在到达理想的途中存在着斗争，至少存在着一个变化着的成败尺度。正是那些事，给我们以大量确凿的资料。事实上，要对付这种反对意见是困难的，因为你简直找不到着力点。看起来，说因为你的事实关乎责任，而责任又与那些并非事实的事有关，所以它们不可能被科学地讨论，这种说法简直是个圈套。

另一种不像被预料到的那样，经常被提到的反对意见则是：从道德方面来看，所谓事实是如此的个性化，以至于它们（根本）不归（escape）科学描述、分析和解释所管辖。在流行用语中，我们有关于个人良知之权利和良知的神圣特性的想法；或者如宗教语言所说，一个人的良知是他和他的上帝之间的事情。它们各自皆如此独特，因而其事实并不进入科学处理的范围。依我看，这是一种特殊的自我主义。浪漫主义就是自我主义，无论它在何处表现自己：在文学中，或在清教徒式的道德中，或在某种意识中。这一点通过以下的意识也许能够避免，即如果我们自己的自我和道德事件是如此重要，那么，其他每个人的都是如此。

关于科学是什么的充分讨论将花一整晚的时间，但也许可以提出一个立足点，即便它不被认同，也有助于使余下的讨论变得更明白些。我用科学这个词指的是对事实解释的一种明确控制，亦即某种用来调整我们所指派给事实的意义的方法，或是一种控制我们所形成的判断的方法。这是一些灵活的定义，却必然如此。亚里士多德说过，科学关乎那一类正在被处理的事实。在任何此类主题中，我们在何种程度上获得一种明确的方法来调整自己作出的判断并区分之，也就在何种程度上拥有科学。

353 这便是我所说的对事实解释的控制的意思：控制的程序，我们所采取的理智态度，以及由此指派给这些事实的意义。判断的控制导向对经验本身的控制，而理智的控制趋向于变成具体的控制。如果我们知道如何作出正确的判断，比如关于电的数据的判断，那么肯定也能够控制我们和这些数据有关的经验。我们知道如何为事实和客体指定意义，在此程度上存在着一种预设，即我们既能保护好那些我们想要的价值或意义，也能避免那些我们不想要的东西。我说这个是因为:它表明,如果我们能控制自己的最终判断,那么,它不会仅止于一种较好的、关于事实本身的解释;以此类推,我们起码应该指望那控制将由自身延伸到对经验本身的控制。目前存在的混淆,比如在对品德的解释上(我想无人会否认),有一种混淆行为与品德的倾向。所以,如果我们能够弄清对品德的判断,则它将赋予我们通向实际的德行的向导。如果可能控制我们关于道德经验的解释,可能得到某种技术、某种方法,通向那条我们能对行为、品德或个性作出判断的道路,那么问题也就来了:我们应该在哪里寻找那种方法?如果我们试图排除所有看起来令我们不能满意的方法,则我无法认同。我看不到那些对道德事实的直接检视能以何种方式令我们控制自己的判断,尽管它可能是走上那一方向上的第一步。一个简单的事实是:我们是根据自己来作直接的检视和直接的反思的。当它们此刻出现时,我们是在处理那些早已形成的判断。我们不可避免地被所有已事先作出的判断控制着;顺带地,我们可以通过更系统的观察、反思和比较来排除这些判断中某些不一致的因素,从而改进它们并使其相互一致。毕竟,我们的标准仍停留于我们已经形成的判断。仅仅通过令那些判断彼此之间更为连贯一致,我们并不能走得更远。我们并不重返那(形成判断的——译者)过程本身。这就好比我们试着通过比较所有已作的观察,对其稍作扩展,然 354
后整理、归类,仅以这些方式来处理自然科学。这在科学中是必要的步骤,但那标准仍只停留于已经作出的判断;然而,真正需要作的却是离开这些判断,从而改善它们,改变那进程。另一方面,我们无法解剖这些道德事实。我们无法将试剂应用于它们,物理实验的方法显然是不适用的。

现在,如果直接的检视和基于道德观察的反思都不可行,那么,至少通过排除法,我们应该尝试历史方法。我试图表达的意思是:历史方法能针对存在于我们各种经验中的材料所做的事,正是实验方法为自然事实所做的事。历史方法与实验方法的一致,并不在于其外在关系,而在于它们最终的逻辑要素和逻辑目标。我甚至试图表明,实验方法本身就是历史方法的一种形式,正如那以唯一可行的方式应用于意识材料的方法是历史方法一样。

实验的任务就是定义(define)给定的事实,通过预先详尽地安排好其初始条件,即事实将在其下出现的条件。所有通过实验方法而被俘获为人类知识的战利品,都不外乎是通过坚持这个非常简单的观点而获得的。我们要到给定事实的后面去,看看对于事实之出现而言,必要的条件是什么。在传达这一观念时,有些语词，每个人都会用到，而不仅仅是科研人员和专业作者专用的；然而，人们使用语词的时候，经常尚未弄明白其全部含义。我们说我们在处理事实或结果，我们在试图为结果找到其前状或为效果找到其原因。这样说的时候，我们的意思是：我们有兴趣在一个时间序列中，从事实的出现这个立足点来讨论事实。科学对事实之为事实本身完全不感兴趣。科学跟那个问题完全无关。它所感兴趣的是被带进与历史前情之关系中的事实，即那些不得不出现以便令这事实显现自身的条件；如果这种看待实验之本质的观点是正确的，则至少我们准备承认，在某种或多或少属于普遍的意义上，历史方法是正当的。

355 我们可能会说，在物理实验中，我们是在制造历史；而实验有其价值，恰恰在于我们是在制造历史。实验的过程是在人们控制之下的，而当我们从历史上读到关于实验的描述的时候，它已经被尝试过了。在历史方面的问题上，当然有着更少程度的确定性和更大程度的复杂性。我们称之为历史，就是说当我们科学地处理它时，我们并不制造它。我们不得不重返那前因后果的关系中去解读它；那么，和科学家在实验室里所做的那样赶在前头、自己来制造历史相比，其直接的可控性小多了。实验科学因而本质上是发生学，且实验的科学价值就在于其所追求的方法是发生学这一事实。就实验已为其理想提供的装备来看，物理学和化学给予我们纯净的历史。当我们分析水，并从科学的立足点出发说水是H_2O（当然它是）时，它并不真的是那个；它（还）是一种液体、一种我们饮用的东西。

如果有时间的话，我会尽力表明为什么我们不把历史学特性和自然科学特性视为是一致的。在我们习惯于称作历史的领域中，这一明显的区别将立即向你呈现：不仅仅那特殊的事件是重要的，而且它得以在其中发现自己的整个语境都是重要的。在自然科学中，我们习惯于想象特定的因果组合在任何特殊情况下都可以在整个序列中再现。并非只有在合适的历史条件已经具备的时候，我们才能让这些水或水的样品出现；而是在任何情况下，我们都能让它们发生和再现，理论上讲是在整个序列的任何地方。事实上，说某一片水不止一次地出现，并不比说乔治·华盛顿或拿破仑·波拿巴不止一次地出现更正确。它总是个别的水。任何的水，只要它不是一个抽象概念，它都仅此一次地真实存在。它在历史序列中只能出现一个点。它是唯一的。当它在那里时，它是第一次在那里，如同它是神造的一个特殊造物一般；而当它消逝，便不再回来。当我们再次得到水时，那是另外的水，就其存在而言。物质世界（physical side）的存在物恰如人和行为的存在一样，是唯一的和个别性的。确实出现不同的地方在于：意义并非唯 356 一。在物质层面，一片水或一个水的样品恰如另一个一样的好，只要它也是水。它服务于同样的目的。它具有同样的价值。唯有在意义层面上，这种互换才能发生，而不是在存在的层面。取自最近的水龙头的水，和来自比埃里亚圣泉[1]的水一样，都能消除我们的口渴。如果水关于其自身有什么要说的话，那么，它会抗议被视为仅仅是普遍的和能在任何情况下再现的，恰如一个历史人物会作的抗议一样。

现在，为了将此比较进行得更深入些，我的论据中接下来的一点，将尽力表明实验是合乎历史特性的；但是，作为实验方法的进一步发挥，我们在伦理问题上对历史方法的使用有两个因素。所有科学的做法都可归结为分解（isolation）和积聚（accumulation）。科学家必须首先分离出他要处理的事实，以便能忽略掉大量其他的、与之天然并列的事实。他不得不将条件简化到如此程度，以便能够完全确认他正在处理的东西，并排除大量复杂的因素和大量周边的事实——那些对于直接观察而言，属于常识的、与正被处理的事实有关且是前者的组成部分的事实。如果他准备作一个水的分析，则为了可以控制所有进入实验的变量，他必须确保他所处理的是纯净的水。科学所运用的技术的很大一部分仅在于：确保那些我们已能辨认并且想要的因素在那里运作，此外就没有任何因素在那里起作用了。我们无法获得关于那些条件——在此条件下，事实显现自身——的专有知识，除非我们能够把想要的事实摆放进来，而把我们不想要的事情剔除出去。在历史方面，我们可以拿原始现象来类比。事实出现得越早，我们在历史序列中对它追踪得越远，就越能避开复杂的因素；而所有的伦理事实出现在我们面前时，都会被这些复杂的因素所遮盖。历史序列中的早先情形的价值在于：它将那些被研究的现象呈现为被简化到其最简单形态的东西，简化到其意义和相关内容的最小值；而且据我所知，通过不断地回溯，我们使得现象被简化——我们

---

① 比埃里亚（Pieria）是希腊东北部的一个地区，相传这里曾是皮厄里得斯（Pierides，缪斯女神 Muses 的别称）的出生地。在西方，缪斯是诗人的保护神并掌管文艺，是诗和一切艺术的化身。在英语中，（the）Muse 表示“灵感、诗才”。传说，比埃里亚的泉水因为缪斯女神的缘故而成了神水，任何人只要饮此泉水，即可获得文艺和诗歌上的灵感。所以，比埃里亚圣泉表示“产生诗歌灵感的源泉、知识的源泉”。——译者

357 使它处于其最简单的形态中。再一次类比地说，我们将研究主题从一个对象转化为另一个对象，让它赤裸裸地呈现出来；这就是将它分离(isolate)出来。有人说，进化论的作用就在于它揭开宇宙的盖子。它剥掉那些外壳——那些从我们现在的立场看来，已是到处生长起来的复杂因素。发生学方法(在其通常意义上使用这一术语)给予我们的恰恰是：完全可与我们在实验科学中所使用的分解(isolation)与区分(separation)法相对照的分析方法。

自然科学家的理想是：在他获得一定量的简单条件并知道其每一个结果会是什么之后，便进行积聚，将它们组合起来。他进一步综合地构建越来越复杂的结构；他竭力分离然后又组合被分离的事物，再建一个不同于原始复杂整体的复合体。后者和原初复合体的不同在于，经过这一过程，它被有意识地分解和有意识地重构了。当事实第一次给予我们的时候，我们无法驾驭它。就我们对它的了解而言，我们必须得知道它是什么以及像什么，因为我们制造了事实。如果我们无法知道一些关于我们自己制造的对象的事情的话，那将是一个遗憾；通过这种分析与综合的结合与相互作用，我们将我们经验的当前的、静态的事实转变为通过一系列自己的步骤而被带来的复杂事实；我们能掌控这些事实，就是因为我们经历了那个由我们自己来验证和再创造的过程。在历史时期中，那稍后的历史进程才能给予我们这种积聚的力量。如果我们能清楚地回溯一种关系，使之进入其最简单的形式；那么，问题就是看它如何生成自己，看它如何在更复杂的环境、更高程度的文明和文化中表现自己，而在那样的环境中，问题无疑更为复杂。在我看来，这个事例的本质逻辑并没有什么不同。它是一个拆解(unraveling)的过程；但是，当回到那些现有的最原始的材料时，我们会看到，这些被拆开的线索是如何编织起来的。直到最后，我们又回到今天——今天的文明，今天的道德文明，以及道德理想、实践和品行——并且获得了我们可以观察的事实；尽管在此
358 情形中，它们并不是由我们各自创造的，而是由其他跟我们一样已经承受它们的人创造的。它们是在一个长期的实验中被创造的，这个实验一直延续了许多世纪，整个人类都参与其中。

通过历史，我们得到现在的材料，它们如此的令人困惑，而又如此的真实。我们在与一个过程的关系中看待它们，所以能够知道如何放置它们。我们已有一些把握。我们已经知道在什么情况下，人们才会认为某种行为是有价值的和可欲的；而且，通过在其后续历史中追踪它，我们得以检验它。我们沿着三条线

索获得知识。(1)什么样的情况引发了某种道德反应(无论其表现为理想的，还是实践的)？背景是什么，刺激并产生了这种道德概念或实践的情况是什么？(2)在那种情况下，道德反应充分起作用了吗？是否符合当初引发它的条件所要求的？它仅仅是一种盲目的或不算成功的反应，还是一种充分的反应？

把我们当前的道德状况历史地拆分成片断、继而再次整合之后，我们就可以将那判断的结果运用到我们当前的解释中去，并且在一定程度上运用于我们当前的实践，只要相同的情形依然存在，或情形的重要方面依然没变。但是，倘若情况已经改变或自我修正过，那么在反应上作出某种改变就是必要的了。或许，我们还可以走得更远。重要的是关于道德化过程(moralizing process)的知识，而不仅是知识本身；当然，有时候，事物是靠那些赤裸裸的事实的单纯积累而被了解的，但这终究无法让人走得很远。但是，如果我们掌握了孕育出整个道德反应体系的社会、经济状况，掌握了人们根据他们对环境和生活的控制而作出的反应，那么就得以洞见道德过程，并由此而观察当前的情况，看看那些起作用的步骤是什么。

我将从哲学层面的另外两点来结束整个问题。在时间上更早些的事件具有两点价值：其一，它是一种方法；其二，它给我们洞见来看待后来的情形。唯物论的谬误在于把这种上层的逻辑价值转变为一种本体论价值，认为时间上更早的事物就是原因，是作为现实的更真实的事物；而后来发生的更为复杂和精神性的事物只是一种低程度的存在，或者在某种程度上只是幻觉。正是这种将序列的 359
后面部分贬低得低于更早时的事实的倾向，导致了通常对进化方法之应用的反对。物质论观点懂得将所有事物还原到其最简形式的价值，譬如，从科学逻辑的观点来看，采用极简的初始观念具有特定的优势。物质论的观点把抽象概念看作真实的事实，把某种在存在意义上优先的、绝对的价值归属于一个事物，仅仅因为它是更早发生的。是不是原因本身就该有最基本的存在呢？我不认为事物因为在时间上出现得更早，就是更好的。我们所知道的关于被称作原因或前情(antecedent)的一切，都有赖于其后所发生的。我们无法对它作出一个聪明的表述，唯当看见并了解它的后果之后，才能从中得出其作为一个原因的意义。像这一构想，即我们只要完全了解譬如原始星云或其他从中产生出整个物质宇宙的事物，就已经预言了自那时起所发生的一切，这不过是一个纯粹永真命题(tautological statement)罢了。我们能够获得关于事物起始状态的知识的唯一路径，就是通过了解事后发生了什么，以及它引发了什么。就以氢之于水的关系为例。我们知道，水是由氢和氧组成的；但是，如果我们不了解由氢所组成的事物，就不会知道关于氢的任何事。这整个命题是一个循环互动（reciprocal）的命题。因而，当唯物主义者（在相当广泛的意义上讲的）说，因为我们当前的伦理是从野蛮人的伦理中发展出来的，因此无非就是被稍有差异的交往关系转换和粉饰了的野蛮人伦理的时候，他是将这些上层价值（superior values）的问题与超本体论价值（super-ontological values）混淆起来了。这和他实际的论点是自相矛盾的。

正是以上情形，造成了一般的伦理学作者会完全反对应用这一方法。他说，这剥夺了它们所有真实的价值和意义。这是本末倒置。它没有解释什么，仅仅是通过将一切还原到其最简形式来搪塞而已。如果历史方法做的真是这个，则很容易产生这种反对意见。而观念论者（idealist）从另一个极端掉入了完全相同的错误之中。他假设那最后的事具有一种优等的和更好的价值，并假设所有已经过去的事必须被看作一种尚未完成的、不充分的、为得到我们现在所得到的事
360 物而作的努力。至关重要的是道德化的过程，以及那个过程在原始道德和我们现在所有的道德中的显示。在我们当前的伦理学概念中，并没有更多的最终结论。唯一具有终极意义的事情，就是过程之间、状况之间的关系，以及某种存在于现在和所有时代的、探究那状况的方式。

知识与存在[①]

I. 关于它们关系的一种实在论理论[②] 361

当"简化"(simplification)被引入的时候,对任何问题的讨论都是一个长足的进步;迄今被浪费的精力可免于被消耗了,与此同时,简化可以确切地显示精力得以卓有成效地集中于其上的那个点。伍德布里奇(Frederick J. E. Woodbridge)教授对知识之于存在的关系的处理方法,看起来具备这类意义深远的简化的许多特征。简言之,其观点是这样的:事物、存在者、对象、事实,[③]无非就是它们在知识之外和知识之中之所是。然而,知识增加了一些东西,也就是说,作为已被认识的已知对象,它意味着某些其他的对象。烟有其自身特定的结构和属性,独立于它被认识的那样。当烟被认识的时候,这一切仍保持着其所是;但它被附加了进一步的属性,被确立为一种标志——譬如说火的。不管知识关系如何,烟都产生于火;但是,说烟指示(意味)着火,则是一种知识关系的函项(functiou),就像烟的浓度、颜色等等是它的物理关系的函项一样。依此之见,进而,意识、心智等既非事物、本质、原料(stuffs)、"终极之物"(end-terms),也不仅仅是虚幻的副现象(epiphenomena);它们恰恰就是为存在着的这些事物之间的意义之关系而起的名字。

---

① 打字稿(并非杜威所打),约1909年收藏于卡本代尔:南伊利诺伊大学,莫里斯图书馆,特别收藏,14号文件夹,第51盒,杜威文集。本文是为回应伍德布里奇的论文而作,见本卷附录5。

② 原文如此,只有Ⅰ,没有Ⅱ。——译者

③ 稍后,我们可以看到区分这些术语的原因。在此,对其用法不作区分。

362 这将是一个令人愉快的任务：指出这个观点被采用后所带来的大量深刻的简化——虚假问题被排除，真正的问题得到解释和聚焦。但我在这里要扮演的角色，却是一个不那么令人愉快的质疑者。不过，我的问题并非关于任何具体命题的对与错，而是关于存在于其中的逻辑关系。

那些命题是：(1)知识是一种意义关系(meaning-relation)。(2)进入知识的事物刚好就是其在知识之外时的事物——当然，除了意义关系的设定。(3)意识和意义关系在外延和内涵上是同广度的(coextensive)。

Ⅰ.如果我们从第一点和第三点出发，那么看来必须反对第二点；但并非在暗示相反断言的意义上反对，而只是表明，无论正着说还是反着说，都是无意义的。因为如果所有的知识都是意义关系，而且这种关系在任何方面都是与“意识”同广度的，那么就不可能涉及或产生出任何关于“知识之外”之对象的问题了，无论它和知识之内的对象相似与否。Ⅱ.如果我们从第二点和第三点的联合出发，则第一点变得不可能；或者，如果我们试图联合第二点和第一点，那么就会发现有必要重新表述第二点。因为看来要支持第二点的可能性依赖于抓住这样一点，即知识并非一种意义关系，而是对现成存在的直接理解或直觉；而关于知识是意义关系的学说却表明，就承担着意义关系的“事物”而言，那些表现知识之结果的对象或事实已经经历了根本的变化。

Ⅰ.一方面是将意义关系视为包括一切(或干脆将它和“意识”等同)的学说，另一方面是对“意识”之外的指涉，它们是否彼此一致。在此，自行呈现的二律背反是这样的：正题——除非意义关系在它自己(在此关系中，当然包含作为要素的要素)之外还有所指，否则就没有知识；反题——但是，如果“意识”在外延和内涵上与这一关系是同广度的，就不可能有这样的指涉。让我们重新引用烟-火之例。除非烟具有独立于“它意味着火”之外的特性，除非火具有独立于“它是由烟
363 来指示的”之外的特性，并且除非这些特性之间的关联是包含在“烟意味着火”之内的，否则就不存在像“烟意味着火”这样的事。也许，理清上述思路最简单的方式就是参考一种可能的情形，在这种情形中，两个事物仅仅在“暗示”的意义上共同出现。烟可能暗示着火，但它不保证火的出现，除了火的被暗示之外——正如它也可能暗示一张脸。如此被暗示而非被保证的火，可能暗示着地狱而并不保证地狱的存在。在这种情况下，无论是暗示地狱的火，还是被暗示的地狱，都没有任何超越这一情形之外的含义。并不存在知识，因为不存在意义关系。只存在

一种暗示关系(suggestive relation),特定的事物借此而共同出现(co-presence)。如此概括一切"意识",就将其还原至这样一种赤裸裸的、"联合"要素的共同出现;这些要素除了它们的联合这一赤裸裸的事实之外,没有什么所指。

我的目的绝不是要表明,因为存在着这样一些情况,所以认为意识等同于意义关系的观点就是不正确的。我仅仅是把这种暗示关系的问题当作一个假设的例证,用来加强这一命题,即可以说 S 意味着 P,当且仅当 S 和 P 都具有这种 S-P 关系之外的含义。

到目前为止,我们只是遵循了伍德布里奇教授那"事物位于意义关系之外而被其预设"这一教义。而现在,让我们来考虑另外的命题:意指关系(significance relation)在外延和内涵上是与意识相等同的。在此基础上,对此关系之外的事物的指涉意味着什么呢?甚至怎么有可能指涉它们呢?而如果连指涉它们都不可能,那也就没有意义关系,没有知识。然则,在这个问题——即进入"意识"是否以某种方式改变了事物在"意识"之外时的存在——之前,就已经有这样一个问题了:在等同"意识"与如此定义之知识的基础上,任何对这种外在之事物的指涉是否可能呢?

对于这个困难,其他人也有所察觉,尤其是伯德(Bode)教授。在回答中,伍德布里奇教授说:"令一个事实成为意识中一种特殊事实的,并不是对这个事实的'觉察',而是其本身。事实在意识中的纯粹存在(simple existence)显然就是'把事实作为事实来觉察'所包含的全部意思。但是若令事实意指什么,那么,这意义就等同于'对事实之为有所意指之物的觉察'了。"①这里有一个古怪的情况。伍德布里奇教授给出了一个作为困难的解决之道的命题,在我看来,却是表述了这个困难。如果我们倒置他的第二句话——那样,这命题看起来依然是同义的——它读起来就是:"'把事实作为事实来觉察'所包含的全部意思刚好就是事实在意识中的纯粹存在。"换言之,在"意识"之外并无所指。说一个事实存在,也就是说它存在于意识之中;而这(诚如我们看到的)牵涉到以赤裸裸存在着的"共同出现"来替代一种意义关系,因而构成了对如上所定义之知识的反对。或者,换个角度来看这个问题:根据伍德布里奇教授对意识和意义关系的等同,第二和第三句引文具有完全相同的效力——然而,作为对所出现的困难的解决方 364

① 《心理学评论》(*Psychological Review*),1908 年 11 月,第 398 页。

案，它们却应该具有不同的效力，也就是说，应该将被指涉的问题放在不同的基础上来解决。根据定义，表达式“事实在意识中的纯粹存在”的意思就是在意义关系中的存在，因而完全等同于表达式（在第三句话中的）“令事实意指什么”。所以，唯一可能对事实的觉察，就是对它之为有所意指之物的觉察；而我们所觉察到的被意指之物，无非就是被意指之物罢了。而这，就像我们已经看到的，是对意义关系本身的破坏。这一矛盾，必定是对那些前提之一的反证（*reductio ad absurdum*）。从这反证中得出的结论是：要么知识是一种意义关系，要么知识和“意识”是同广度的，二者不可能同真。

Ⅱ．让我们通过尝试，结合第一个和第二个命题来检查这个结果。知识是事物之间的一种意义关系，这些事物在此关系“内”和“外”都是一样的。这里，两难的选择是：如果可以明智地断定事物在意义关系之内和之外是一样的，那么，知识就是对事实的直接把握，而意义关系的存在则成了事实之缺乏、因而是知识之缺陷的表征了。或者，另一方面，如果意义关系是真的，不是虚幻的，而且它等同于知识，那么，“事物”就在这一呈现中被改变了。

365 （1）伍德布里奇教授说（引文第397页），“再拿水为例来说。当它未被了解的时候——由此而意味着当它还不是意识中的一个对象的时候——它会特别缺少化学和物理的特性吗？它仅仅是在意识中装备起这些特性——或失去它们——吗？如果它在意识之内和之外都具有这些特性，那就没有必要给它们附加任何东西，以使其成为当它们在意识中时所具备的那些特性了。”看来，这恰恰是表述了那个困难。水及其作为事实的特性，是人们所熟知的；它们很明确。此外，它们还作为长期的科学探索的结果而被认识。历史表明，很多不同的以及不相容的特性被归属于水的一般结构，很多不是 H_2O 的东西被认为是水；所以，并不是那曾经被认作水的东西，而是如我们所说的“真实的水”，即被认知为具有某些特性的特定事物的水，才是该命题所指涉的。所以，这段引文的效力看来在于：作为对象的对象（区别于它们一次又一次被认作的东西），作为事实的事实（区别于我们关于它们的意见），在从一种知识关系走进另一种知识关系的过程中并不发生改变。对于不可认知的对象，说什么它们在知识语境之内和之外保持相同，这将是没有意义的；而对于对象之看起来所是的东西，这个陈述又显然是错的。恰恰是它们在“知识”中的变化，才令我们确信：它们并非具备仅仅在新的物理关系中才可变的特性的“真实”对象。而在这一论点中，并未涉及那绝对地成为知识关系之一部分的对象，而只涉及那些从一种知识关系穿行到另一种知识关系的对象。知识在此恰恰就是对事实之为事实的认识和定义。至于意义关系，我们要么是在问那对立的(contradictory)问题，即是否进入一种知识语境会改变我们已经了解的对象之所是；要么是在表明：正是通过这种关系，或者它的实现——实际上的或象征性的——事物才是为了进一步的知识而具有其不变结构的对象和事实。①

但无论如何，为什么事情就该被想象成是这样的，即如果事物通过进入意义关系而获得或失去特性，那么，这些"特性"跟那些当其被认知时所表现的化学的和物理的特性是同样类型的？一个既不接受伍德布里奇教授的逻辑、也不接受观念论的人可能会主张，任何知识作为知识，都包含了对完全位于知识语境之外的"事物"的指称；然而还会主张(正是出于上述理由)，对象和事实指的是满足或实现知识或意义语境的条件的东西。它也许会主张：知识改变了"存在者"，但却把它们改变为具备对于任何其他知识语境来说都无法改变的特性的"对象和事实"；因而，如果发现随后的改变是必要的，那么，那个改变就证明我们所拥有的不是"知识"，而是谬误。这样一种理论，将和伍德布里奇教授一样，反对对象或事实会在知识关系的呈现中获得或丧失其特性。 366

无论如何，即便知识意味着意义关系，那个认为"事物"通过进入知识而被改变为"事实或对象"的学说也不可能被称为主观主义，因为我们非常熟悉在客观的领域内(比如在所有有机事件的实例中)，原先的关系由于一种新关系的发生而被修正的情形，因而也非常熟悉关系中的要素在性质上的变化。

(2) 现在，我打算从另一个方面来检查这个情况。我们现在接受该学说并

---

① 在这里，提出一些相关问题还是很有吸引力的。那种认为对立存在于一种局部的意义关系和一个关于此种关系的完整体系之间的观点，必然导致唯理论的(rationalistic)或客观主义的观念论(idealism)。这个观点声称：在伍德布里奇先生的论点中，存在着一个对"存在于知识之中"——即存在于一个相互指称的关联体系(the related system of mutual implications)或完美的全称(all-inclusive)判断之中——和存在于"意识之中"(即在对这整个系统的一个短暂、不完整的理解之中)的混淆。它将认定，他的论点是建筑在对两种"知识"意义混淆的基础之上的：作为一个科学的或被逻辑规定的体系的知识，在其中，"对象"作为对象独立存在(或伴随着必要的或恒定的以及普遍的特性)，以及作为一个个人事件的"知识"——在整个系统的有限条件下是不完整的复制品。它将指出，对于"意识"在其自身之外有所指的坚持(因而也是避免"主观主义")的可能性，恰恰在于对整个判断体系的不完全认知或意识所暗含的、作为其意向(intent)和衡量标准(standard)的东西。举例来说，请对照罗伊斯(Royce)教授关于"内部的和外部的意义"的学说。

追问该学说的逻辑结果，这个学说就是：一个对象或事实以这样一种样式进入知识语境，即它是以在外部时的样式处于知识状态之中，因而（根据定义）也被如此认识。看起来，我们马上就陷入了一个线索纵横纷繁的网络之中。如果一个对
367 象（亦即在知识状态外部的）完全被定性为事实或对象；并且，如果它随后毫无改变地进入一个意指关系中，那么，它怎么可能指称任何东西呢？它是，并且看起来知识无非就是对其所是的理解和把握，而不是一个事物意味着另一个事物。但是，如果一个外部事物确实是作为对它自身之外的他物之指示而进入意义关系的，那么看来，它就不得不有别于知识的对象了，因为后者要等指示语境终结和消失之后才能固定下来。举例来说，烟意味着火；水意味着解渴。什么烟？第一个选择：当然是火之烟；就像意味着解渴的一定是解渴之水。但在这个例子中，“意味着”是一个没有意义的词，“是”才是唯一可被用到的词；我们只有对一个事实如其所是的领会，而没有任何意指关系。第二个选择：意味着火的烟尚未被确定为火之烟；所以，它可以名副其实地被说成意味着火。但在这个例子中，因为那事实、对象根据定义来看恰恰是火之烟，所以那真实的对象实际上并没有进入意指关系中，而是从后者产生出来的——在意识当中。无论如何，如果知识涉及总结和终止了意义关系的对象，那么，这种关系就不是知识；然而，如果它涉及的是最初为意味着某些东西而显示自身的事物，那么，事物就发生了改变。[①]

在我们更深一层考虑是否（据此观点）这里所经历的变化仅仅是数量上、范围上的缩减，还是性质上的变化之前，我们还不得不面对那种可能的回答，即当事实作为宇宙中的事实经历了变化的时候，它不是由于进入意义关系中，而是由于进入与有机体的关系中，才发生了变化；那种有机体自身就是一种与“火-烟”事实有着同样秩序的事实，因而才能与之发生关联，就像任何一个事实与其他事实发生关联一样。所以，也许会有争论说，那实际上进入知识语境的事实——看得见的、有气味的等彼此关联的被称为“烟”的一系列性质——刚好就是如其实
368 际上所是的事实。这一辩论貌似可信；就为观念论引入生理学论据而言，在我看来，是具有决定性的。但是，拿它来支撑关于意识的观念论概念，诸如实存物（existential stuff）、实体（entity）或力，跟拿它来支撑作为意义关系的关于意识的

① 必定是这一逻辑选择致使一些人认为，进入（作为进入）知识之中的仅仅是表象而已；而现实则产生自（或将产生自）完美的知识。

定义，是完全不一样的。那种关于“事实”进入知识不发生变化的学说所要求的是：“烟”应该作为“与一个智能有机体相关的火之烟”（smoke-of-fire-having-come-into-relation-with-a-percipient-organism）进入“意识”。该论点已经表明的是：“与一个有机体的关系”（relation-to-an-organism）是事实的一部分；而要求被表明的是：像这样被构成的事实进入“意识”之中而无变化。现在，上述事实不仅在此关系中作为被理解的内容的一部分是缺失的，而且该论点假定它是缺失的——因为它试图给出一个为什么它是缺失的解释。该论点越证明这个“与有机体的关系”进入了事实的一般结构，则它越难以解释为什么这个事实不是它在“意识”中所显示的那样。如此被构成的事实，在“意识”中看起来仅仅是意义关系的终结和实现。我们有与之前一样的选择：要么是事物如其实际上所是的那样进入知识，而意义关系在其中终结的那个对象则是该事物的变体（transformation）；要么是结论表现了真实的事实，而这个真实的事实一旦进入意义关系便被改变。

现在，我们碰到这个问题了，就是被蕴涵于意义关系这一假设之中的那种改变的性质问题。它仅仅是量上的吗？如果是这样的话，可能会有争论说，如果仅仅是某些元素消失而其他都保持不变的话，那么除非是诡辩，否则不能叫做改变的。这一争论在我看来，是合理的。但是，这变化仅仅是一个量的变化吗？如果我们知道“这”是烟，那么可能有意指关系吗？它是烟这样一个事实，是不是已经包含一种被领会了的、与火的关系作为其一部分？可以把“火之烟”（smoke-of-fire）合乎理智地说成意味着火吗？如果这已经被刻画为水了，它还有可能意味着解渴吗？那不就是水的一个特性，或相关要素吗？

命题“水意味着或表示解渴”不能被等同于“这水能解渴”这一判断——这个关于水的一般命题关键是：一个含义表示着另一个含义；要不然，就是说某些属性实际上共存于某个对象的构成中。而在后一个案例中，当然是完全没有意义 369
关系的；有的只是一个作为事实的事实，在其构成中被理解。或者，在第一个选择中，命题“这水意味着解渴”也不包含意义关系，倘若事先就将“这”与“水”等同起来的话。就表述而言，我们只有同义反复；就知识而言，我们只有一个孤零零被理解的事实。但如果“这”不是事先就被等同于水，则情况必将被描绘成如此形式：这，如果它意味着水，则它意味着解渴。问题牵涉到“这”的意思；只有当“这”的性质是不确定或未限定的，那个问题才是一个真问题。进而，这个“这”只有通过意义关系的实现，才能获得确切的性质。[1] 如果被指示的可能性被接受了，且“这”被喝了，而它又解了渴，那么，这是水。否则，要么它有毒，不是水；要么，它不解渴，而那件被意味着的事不是口渴；又或者，因为它不解渴，所以，要么是水，要么是口渴，要么两者都是，有着与我所以为的不同的性质。但是，根据这些选项的任何一种，意味着的“事物”和被意味的“事物”在意义关系之内——作为在内的——与在关系之外都有质的不同：因为它们在关系之内，仅仅是由于它们缺少特性或限定。

我已经简要和直截了当地摆出了论点。当然，它在这里的威力是纯粹假设性的。它仅仅是对这样一些命题的含义的发展，即意义关系是真的，而且它等同于知识并且定义知识（而不是作为对事实或对象之给定构成的认识的知识）。如果意义关系是真的，且真的等同于知识，则知识中包含了质的改变。

为彻底性起见，让我们再来看一下一种被讨论过的选项：“这”已经是（与进入意义关系无关）具有有疑问的和未限定的性质的了，而它进入意义关系只是暴露了它已然所是的身份而已。所以，也就不存在改变。然而，在此情形中，“这”
370 是已经被意义关系定了性的，因为“这”的这个有疑问的和未限定的性质恰恰就与对意义的确定有关。知识并不因此就等同于意义关系，它仅仅是作为已然存在之物被点亮而已。简言之，如果我们强迫伍德布里奇教授的逻辑得出其结论的话，这个结论看来就是：这个意义关系，跟事实与对象的连同其时空关系在内的一般构成，是站在同一水平之上的，且必须被一视同仁。要不就是：意义关系在知识之外时已经是事实的一部分了，因而知识不是一种意义关系；要不就是：意味着的事物和被意味的事物在意义关系中有它们自己的性质，因而既不能被等同于意义关系终结于其中的对象和事实，也不能被等同于不进入知识语境的“事物”。

由此完成了详尽的检查。然而可能有辩解说，整个批判忽略了伍德布里奇教授观点中的基本事实。联系到我的第一个困难，可能有人会说，恰恰是这种语境本身，要不仅仅是“暗示性”的，要不就是“意义”型的；只有忽略该学说的这一本质性部分，才产生出那个两难困境或假想的二律背反。相类似的，也可能有人

---

① 当然，该论点并不要求这个这在性质上是完全未限定的，而仅仅是牵涉到那些它由此进入意义关系的性质。

说，这种语境实际所是的，就是一种在知识内外被同样地构成的事物在其中互相意味的情形；只不过是因为意识会改变进入其中的东西这一武断假设，才引入所有这些被过分强调的困难。

这个辩解如果真有的话，只能是给出了又一个有关根本矛盾的例证而已。这个回答的意思是：除开“意识”，这种语境已经是那样的语境，而知识或“意识”只是对这样一种已然存在的语境的觉察；要不它就不是这个意思。如果它的确是这个意思，那么，在知识和“意识”之外，还存在意义关系，而且前者和后者并不等同。由此，我们放弃知识是一种意义关系的观点。如果它不是这个意思，知识是一种意义关系，那么，我们就不*知道*这种语境是所指称的那种类型；它仅仅*是*那种类型，作为意识语境。像这样的语境，决不是什么*知识*，而仅仅是一种存在着的经验语境——或“意识” 语境。这对于计划中的“简化”来说，在逻辑上必定是致命的，因为它放弃了那个“意识”和知识在外延或内涵上是同广度的主张。 371
它假设知识是在一个语境的诸成分之中或之间的一种特殊的、质的关系，而语境之为语境，则绝不是知识。实在论地说来，何以意识语境在尚未被知道的情况下不该*存在*，这并不比何以其他事物在未被知道的情况下不该存在有更多理由。实际上，在我看来，设想一种经验语境的（或者如果你喜欢的话，可称之为一种经历的或一种“意识”的）存在等同于关于存在的知识，这是一种观念论的残留。但是，无论如何，如果对那种语境来说存在和被认识是一回事的话，那么，我们已经放弃了知识是一种意义关系的论点，因为这个命题并不是说这种情况*意味着*如此这般，而是说它*是*如此这般的。①

① 当然，对于还有*另一种*可能的情况，这个命题——即“此意味着的烟-火”的语境本身意味着如此这般——是完全适用的。根据知识是意义关系的定义，“烟意味着火”的情况是人们的确知道的(genuinely known)。这种想法有一些有趣的含义，就像(a)伍德布里奇教授自己的讨论，或者博德博士的，或者本文，都是那种可能性的例证。也就是说，只有从*逻辑*的立足点出发，才能说那种在其中S意味着P的语境是人们所*知道*的；除却这样的反思(reflection)，它就只是存在而已。(b)逻辑，或任何一个哲学分支，作为一种知识形式，都不是致力于表明知识是什么，而是知识*意味着*什么。就像要有(have)烟的唯一途径就是去拥有(have)它，而要想在需要它的时候能拥有它，唯一的途径就是对另外一些事物有所控制以便能产生出它来，同样的，要意识到知识是什么的唯一途径，则是通过认识——通过求助于实际的经验的情况。但是，知识——或意义关系——本身*意味着*什么，这个问题却依然是一个聪明的问题，而且在某些情况下，还是个重要的问题。对知识意味着什么的认识也许有助于，譬如在需要知识的时候产生出知识的存在来；很显然，它对于科学之与生活的关系的讨论也是必要的；它还带来了区分科学与哲学的可能性，等等。(c)知识的意义在其中被讨论的那种语境，作为一种语境，其本身不是知识。作为语境，它（转下页）

最后，我要用一种教条的方式来重述我的困难，然而希望这个总结是根据其后果而被解释的，而不是将一个现成的意思强加于它。知识看来是在三重样式上被使用了：第一，一种直接的在场（presence），有人或许称之为直觉，或者照事
372 物被领会的样子领会事物；第二，某种包含了推论、"思想"（一般意义上的判断，不含此术语的技术性意蕴）和意义关系的东西；第三，此意义关系的超越和完成，一种理性的、有根据的断言，一种不仅存在于那里、而且当其遭遇挑战时能解释和坚持自己的洞察力——作为科学的知识。术语"对象"有着相似的"三重"意义。在第一重意义中，它表示无关乎价值和有效性（validity）的存在；在第二重意义中，它表示材料、粗糙的材料，作为存在的有选择的限定，因为它们在意义指涉方面有解释或估价作用；在第三重意义中，它表示有效的对象，有把握的、能满足知识之条件的事实。这些区分对我来说，既是真实的，也是重要的；只有当它们被错误地等同，以至于对其一的描述被移植到对另一个的解释上时，谬误才会产生。正确表述它们各自之间的区别与联系的问题，正是关乎逻辑的问题，它们有别于知识的认识论或心理学理论。这些问题是真实的而非虚假的。它们经常被弄成假问题，是由于它们被与不相干的心理学或宇宙学材料牵扯在一起了；当这些不相干的伪饰被剥去的时候，它们就格外清晰地显现出来了。任何没有认清包含于所有问题中的所有要素的简化都不可能持久，因为它必将由于被忽略的要素而引发一种反应——继而可能导致一种同样片面地对它们的强调，从而在相反的方向上摇摆不定。而一个将其自身建基于观念论基本假说——意识经验或"意识"与知识的等同——的实在论学说，给了观念论者的反应一个特别的刺激。

总之，本文的作用并非特别地针对那被检验的理论——即伍德布里奇教授的学说。由于其简单性、简洁性和彻底深入的特征，他的学说将其自身引向关于所包含的根本逻辑问题的讨论。较之其他知识与存在之关系的学说，如果说它

（接上页）只是存在着，或者是"经验"。（d）就我对它的理解，最终在哲学和科学上诉诸这个"经验"，其正确意义正是如此。它表现了术语"直接经验"（immediate experience）的确切意蕴，即不是"间接经验"（mediate experience）或思想的反义词，而是某种涵盖了间接经验、可能被设置为间接经验之反面之物以及两者间之差异与关联的东西。至少，这是我在其中使用了术语"直接经验"的唯一的那种意蕴；然而，那个学说的批判者们却总是把它解释成一种认知差异，在此意义上，它自然不可避免地产生了谬论。

在根本上犯了错的话，那么，它的错仅仅是因为其清晰性和简洁性——由于其彻底性，它摆脱了不相干的宇宙学和心理学的伪饰，却将逻辑问题剥离出来，裸露 373
于人们的视野之中。根本（The fundamen-）……

[p. 30 缺失][1]相对于意识状态，它产生出认识论。同时，那根本的逻辑问题还在；其卓有成效的分析和解决由于注意力向着本体论和认识论问题的转移而被阻碍了，但如果逻辑问题被解决的话，这些问题本身多半将烟消云散——或者，如果那逻辑问题被发现是解决不了的话，那么，这些本体论和认识论的问题也将被安静地束之高阁，因为它们因此而不可解决。

所有关于"感觉"和"思想"的纯粹心理学的假定，都可以从主观和客观两种类型的观念论（即以往所说的主观唯心主义和客观唯心主义——译者）中被剥去；而那些理论依然有认真的诉求，作为典型的方法处理知识与存在之关系的逻辑问题。我们看到，主观主义的类型就是选择本文中早先提到的选项：将知识还原至赤裸裸的存在要素（existential elements）的共现或同时发生；而客观主义的类型则选择之后提到的选项：假设"实在"——即区别于"现象"——的存在是一个绝对完备的意义关系体系的内容，并且任何（不完整的）人类知识都有指涉这个体系的意向。在《逻辑理论研究》（*Studies in Logical Theory*）中被刻画的知识的工具论（instrumental theory of knowledge）或功能论（functional theory of knowledge），则试图通过对这两种被视作逻辑类型的理论类型的批判来表明另一种理论类型，它理应更有效地处理讨论中的这些问题。这一理论却几乎无例外地被认为是一个相当复杂——或许过分精致因而晦涩和难以理解——的对待问题的方法，而这些问题本身要么属于宇宙学，要么属于心理学，或两者皆是，我们原本可以更直接地对待它们。在本文当中，我已尽力表明，危险（当前的"实在论"正是在此危险之中努力于它的逻辑方法）在于，以忽略的方式否认某种根本的逻辑问题。在接下来的文章中，我希望能回到观念论关于知识与存在之关系的学说，并表明在那里，逻辑问题也是根本性的；而且，这类学说重述而非解决了他们理应处理的困难。

---

① 原书如此。——译者

关于宗教的一些想法[1]

374 在并不久远前，基督徒们为基督教作辩护是根据它的唯一性，根据它与其他宗教的对比，根据它是正确的宗教而其他则是被错误地称谓了的宗教。其他宗教（除了犹太教，它被认作是尚在准备中的或是预告型的基督教）可能是残忍权势（diabolic powers）的发明和影射，可能是堕落的人类本性的创造物和它迷失的身份的证明，可能是对一种原始的神圣启示的腐败了的回忆（corrupted reminiscences）。但是，无论如何，与作为那唯一正确宗教的基督教的这种差别，正是其他宗教所特有的东西。

今天更为开明的辩护者改变了这一切。值得我们自豪的是：在道德上，我们已经不再有这种观念的偏狭；在理智上，我们已经获得一种更具历史性的和公正的态度。今天对基督教的辩护是根据宗教的普遍性（universality），还根据基督教最为充分地表达了那种即使在最迷信的信仰和崇拜中也暗暗地、微弱地起着作用的动机和渴望。拜物教、万物有灵论、偶像崇拜、献祭和仪式禁忌不再那么多地被视为有别于正确宗教的错误宗教的证明，反倒是成了宗教直觉或宗教需要之普遍性的证据。由黑格尔所作的对基督教之为“绝对宗教”的辩证法示范，为这种概念模式铺平了道路，哪怕是在反黑格尔主义者中间；进化的和历史的方法理应能够令其得到保证，而无关乎任何哲学教条。

375 我谈到这一状况，并不是为了直接来讨论它，而是因为它在我看来所意味着

[1] 杜威于1910年3月17日为纽约哥伦比亚大学哲学俱乐部所作的演讲。打字稿（并非杜威所打），收藏于纽约州纽约市：哥伦比亚大学，巴特勒图书馆，善本和手稿室。

的不仅是在传统宗教信念方面的丧失，而且是某种理智的清晰性和简单性的丧失。在这个俱乐部内外听取不同的关于宗教方面的讨论的过程中，我已经更为明确地注意到（或至少在我自己看起来已经注意到）：一种在历史基础上对宗教的考虑与一种在观念基础上对宗教的考虑之间的某种混淆；一种实际（*de facto*）和法理（*de jure*）之间的混淆；一种试图根据已有的东西来为今天和将来决定宗教该采取何种形态的尝试。更学术地来看，我已经感觉到，根据宗教所经历的一切而推进宗教需要和宗教态度之普遍性的努力，以及从某些人愿意令它变得更普遍、更根本这个意义上来理解的普遍性概念，此两者之间存在着某种混淆。根据基督教与异教之间的对比来定义宗教，也许是不对的；然而，根据与历史上的宗教（包括基督教）的对照来定义——或期望宗教，却可能是对的。某些现象（心理学的、社会的、伦理的，或形而上学的）在过去"普遍地"伴随着宗教，这也许是对的，然而，这些"普遍性"和任何我们应该期望它普遍化的那些宗教态度或信念几乎没什么关系。从任何意义上来说，宗教都还未成为普遍性的，这也许是对的；然而，存在着某种特定的性质、性情或态度，是我们可以期待它普遍化的——在尽可能广泛的意义上——而且我们不妨称之为宗教的态度，这也的确是对的。无论如何，这是我希望讨论的上述提示的内涵所在。

II.

在我可能简单地称之为"宗教的发展定义"（the developmental definition of religion）的东西当中，有一个特性在于坚持向伦理因素的明确性作逐步的进化——那些在更低级宗教中曾有一种自然或魔力意义的特性，已经在更高级的和晚近的宗教中披上了道德意义的外衣，所以我们应当相信，这个因素在未来将会变成主导性的因素。那么，这是一种进化，或者它是一种革命吗？这种变化究竟强调还是忽略了真正的历史延续性？有什么可想象的、延续性的断裂能比一种以从非道德到道德作为最典型特性的变化更彻底吗？现在，如果我们承认这种从非道德到道德的转变，还能用通约法（denominator method）来描述或定义宗教吗？我承认，这种想要依靠纵览历史上的宗教现象、同时把历史的进化强调为一种从非伦理向伦理的进化、以此来构想宗教*正确*的普遍性的企图，是站不住脚的。我又饶有兴致地回想起我在一次讨论中听到的，历史学家们怀着激情考察宗教是否与道德有关这一观点。他们着重声明，在与他们所观察的宗教的相关 376

因素中，没有什么比道德更与宗教不相干的了！我在听的时候就困惑了，因为在我看来，他们是对的；而那些指出宗教中道德因素不断增长的人，在我看来，也是对的。我发现，走出这一困惑的唯一道路就是坦率地承认，我们在此并不是处理更低和更高"阶段"上的同一现象；而且我们必须坦率地在两种评判标准中，作出自己的选择。我们必须要么把非伦理的宗教现象的典型特征当作提供材料以用来构建概念；要么，直截了当地说我们认为（然而却是武断地）没有什么值得被称作宗教的，除非它多多少少地深化我们的道德态度。所以，只有承蒙一种多少有点可疑的语言的允许，历史上的"宗教"中更大的部分以及我们现在所提出的作为今天和明天的"宗教"，才可以都被称为宗教。

III.

也许注意到这一点还是切题的，即那些企图凭宗教态度在历史上的普遍存在来为其宗教态度辩护的人，在为此普遍性所定的评判标准以及那些典型的结构和形式方面都未能达成一致，而普遍性正是在其中得以表达的。有些人是循
377 着心理学之路来寻找它的。在通过这条路来寻找它的人中，一些人发现它是在一种特殊"直觉"(instinct)的意义上显现的，这种特殊"直觉"借由未知或无穷（的什么东西）向外传播，或借由被含糊感觉到的整个种族而非个人的福利而向外传播。另一些使用这同样的一般评判类型的人，强调某种特定的情感，它们在畏惧（它又变成敬畏和崇敬）的情感和亲密共享的情感之间摇摆，或者令两种情感并存。另有一些人强调幸运、机遇、命运在不确定的人生变迁中的意义。还有一些人，他们注意的不是一种普遍的直觉或情感反应，而是某种普遍需要。

还有另外的一些人（也许没那么多，但总归是另外的一些人）认为，试图通过任何心理学的路径找到普遍性的尝试，注定要自动失效的——普遍的东西必定是客观的，以及客观上必要的。他们从一种关系的角度来寻找普遍性，它非常不同于任何的直觉或情感（尽管可能带有它自己独特的情感伴随物），尽管有些直觉或情感必然存在于人类与宇宙之间。一些人认为（任何一个实在论者都必然会认为），这种普遍关系可能存在；然而许多个人意识不到它，以至于宗教的普遍性能兼容许多非宗教的个人——乃至于在那个意义上并不会变糟。这种关系可能被构想成不同的东西；构想为有限与无限的关系，构想为理智与一个不能被理性化的世界的关系，构想为必然的无知和随之而来的信仰与一个尽管其自身是

理智的、却永远不可能被我们的理智所掌握的世界之间的关系。我无意利用关于普遍性的心理学与形而上学标准之间的这些差异性，来证明搜索任何存在的普遍性都是徒劳的。我愿意承认某种调和它们的可能；或者承认知识的进步会消除错误的尝试，并证实某一种方法的真理性。然而，我认为，这些差异性是对这种状况困难性的证明，而且它们需要得到比它们已经得到的更多的关注。我尤其希望：一方面用历史的事实，另一方面用宗教辩护作为一种当前的和未来的事实，唤起大家对调解任一概念之困难的注意。如果我们从敬畏和崇拜的概念开始，那么也许有可能将大规模的、譬如说秘鲁人的人类牺牲纳入这一概念。如 378
果我们从那些亲密关系和共享的概念出发，也可能在此名义之下引入有组织的寺庙淫乱和被特许的亚洲狂热信徒的乱交。但是，究竟哪里才是我们现在希望推荐和辩护的那种宗教的入口呢？许多(看来是个不断增长的数字)历史学学者趋向于认为，从历史来看，巫术/魔法是宗教的一个远比我们迄今为止所意识到的普遍和重要得多的特性。有一种信仰认为，所有的事物中都散布着一种奇妙的能量——一种类似于电荷的东西，它对人类命运既有害又有益，某些个人可以通过特定的修炼进入与它的和谐关系之中，如此就能为了个人或社会的目的控制住它——这种信仰，被一些学者认为是所谓自然宗教的根本事实。显然，这种信仰可能跟有关宗教的心理学的和形而上学的定义有一些关联。它甚至可能被认为是在象征意义上对一种深刻的伦理事实的预示——前面所说的修炼，或许会被证明是灵魂特有的态度和激情，而所得到的好处可以被证明是某种深刻的道德改善。但我还是没有看出来，通过将魔法型的关系和伦理型的关系作相互的比拟之后，宗教的普遍性和假定有效性是如何被推进的。我们可以把一种或另一种类型的关系当作宗教概念的标准尺度；但是，同时采用两种，这可能吗？

要确定那些表征或决定了历史上的宗教的心理学和社会现象，的确是一个有趣的问题。探索那些历史上著名的不同宗教都曾呼吁和怀有的情感态度的类型，是一个正当的领域。可以想象，未来的研究将会证明这是合理的，即把伴随的心理学现象还原到一或两个基本主题。据此，表面上的多样性仅仅是一些变种而已——虽然看起来更大的可能性似乎是：更深入的研究将揭示出更为多样的心理学动机和反应，和我们已经假设存在的相比较而言。可是，即便有成功的还原和简化，宗教的正确本质和有效性是否得到了更多的解释呢？就好比对点金术和占星术的先驱们的研究，能否令当下和未来的科学得到更多的解释呢？

IV.

379 当然，我必须表达我对历史的进化和延续性的尊重。诚如我的读者们已经清醒地看到的，我是在否认这一必要性：将当前的宗教设想和定义为通过进化而出于过去的宗教；而且，我认为这样一种向宗教索取有效性的方法是徒劳的。否认任何可能的未来宗教严格来讲可以由过去宗教的进化而成，但并不是要否认未来的宗教将是一种进化。还存在着先前(prior)宗教之外的东西呢！我们应该提醒自己，从中可能进化出一种未来宗教。我们不必局限于假设一个正确的宗教就是原有宗教因素的释放，这些因素尽管负载了各种外来的和有害的添加物，却一直都在过去的教派和教义中潜伏着。未来的宗教态度之根也许在一种科学和政治改善了的状况中，要比在被称之为宗教的领域中扎得更深广。大致说来，在人类的本性中，无疑存在着某些特定的不变因素。毫无疑问，这些不变因素在它们与自然、社会环境的交互作用中，已经自然而然地产生出众多的事物，其中之一是宗教。但是看起来，那“普遍性”似乎要到这些交互作用中去寻找，而不是在任何一个孤立的特性(strain)中寻找，无论是心理学的或形而上学的。然则，民主与科学，以及今天的艺术，可能远比任何我们力求在宗教现象的标题之下分离出的现象，更广泛地预示着我们将要在未来加以传播的宗教。

很显然，我所说的并不是一份关于宗教信仰的声明，但可以适当地补充一句：它并非必定是一份非宗教的声明。这正如普遍性是一个事实，个性本身也是一个事实。值得注意的是：到目前为止，宽容已经成为一个消极的而不是积极的观念。我们已经学会忍受那些在我们看来是错误分歧和古怪信念的东西(哪怕在我们认为它们或多或少是有害的时候)，这部分是因为我们希望他人也能容忍我们自己的特质，部分是因为我们已经认识到不宽容的方式在社会中是行不通的。事实上，在宗教信仰方面，这些态度已经带我们走了很长一段路。但是，我们几乎还没有调整自己的情感和观念以适应实际的变化。关于个人信仰的神圣
380 性，谈论得比较多，而被深刻确认的却很少。如果我对被叫做宗教的某种普遍的东西作一个更为确定的研究，那么倾向于重视个人那种非强制和未经斧凿的态度，当他那自然本能和成熟经验在对待生命之事的某种严肃态度中结合起来之时。如果宗教并不比它所是的更普遍或更广泛，那么我愿意相信，这在相当大的程度上是由于一些人长期以来的癖好：告诉其他人宗教是什么，或应该是什么。

从表面上看，新教是一段历史上著名的反抗的插曲；也许更为深刻和恒久的意义存在于其固有的个人主义预设中。

V.

如果我把事情概括为某些问题，也许有助于讨论，尽管我不希望通过制订这些问题来限制讨论。

1. 从过去的宗教现象中对一种一般因素（无论是心理学的，还是客观的）的搜寻和发现，是否建立起了

(a) 一种赞成此种宗教态度的预设？然则，如何做到？

(b) 对于今天的人们应该将它们当作宗教去珍视的那种东西，它是否对其本质有确切的解释？然则，如何做到？

2. 如果我们放弃此种构想和辩护宗教的方法，那么，还剩下什么其他的方法？

托尔斯泰的艺术①

381 具有戏剧性质的文学艺术——而托尔斯泰的艺术具有鲜明的戏剧性——和哲学有一个共同的出发点，哪怕它们走着如此迥异的道路，以至于其目标是截然相反的东西。它们在某种意义上都始于生活中的矛盾：生活目标和存在的条件（在这些条件之下，那些目标必须被达到）之间的冲突。在一个剧作家的装备当中，第一要素是对人们的目标和努力有一种敏锐而直接的反讽式知觉。如果这个剧作家后来变成了哲学家，也就是说，如果他开始思考由那观察所揭露的矛盾，并尝试找到一些理论上的解决方案——是通过普遍的原理来解决，而不是在那种从一个特殊情形到它的自然命运的运动中来解决——那么，他至少有一个巨大的优势。因为先已看到了那具体的问题、那纠缠着处于困惑中的人类（这些困惑性命攸关地关系到人类）的问题，所以，他在抽象思考中的方式及其结论有可能保持一种现实感和一种感染力，它们是不属于理论的，因为理论是从普遍性开始、又以普遍性结束的。

托尔斯泰的方法即便在他最抽象的专著中——他写过一些抽象的专著，譬如《生活/生命》(*Life*)和《权力与自由》(*Power and Liberty*)——也是那戏剧大师的方法。他没有从一般原理或者纯粹理智上的困难出发。一些真实的和个人的事件，包括一些真实的人们的苦难和快乐，冲击着他，令他印象深刻，以至于一直印在他的脑海中，折磨着他，直到他为整个阶级的失败和困惑揭示出一个普遍

① 打字稿，约1910—1911年收藏于卡本代尔：南伊利诺伊大学，莫里斯图书馆，特别收藏，29号文件夹，第60盒，杜威文集。

的原因为止。

托尔斯泰关于政府、关于罪行及其暴力惩罚这一更深罪行的哲学思想，整个儿就是从——比方说——一个生动、难忘的场景开始的，它几乎是完全偶然地被观察到的——在巴黎的一次斩首。“我喘息着，而且，我浑身上下的每一根纤维都意识到：我迄今为止所听说过的所有关于重大惩罚的论证都是彻底错误的；……而在这种罪恶中也有我——一个协助者、怂恿者和参与者，因为我的沉默和我的不干涉。”在他依据工业方面而作的关于社会的整个哲学中，再一次有一个同样具体的、个人的起源。出于对自己的财富和闲置的奢侈品的不安，以及想要为解除贫困做点事的动机，他参观了贫民窟。当他到贫民窟的时候，这位艺术大师的眼睛和情感向他显示了：问题是具体的，而不是抽象的。他是真正地（而不是通常意义上的）看到了那作为个体的人类：“骂骂咧咧的老妇人，无忧无虑的老男人，以及游荡着的男孩们……现在，我第一次在我的生命中意识到……他们必须以某种方式填满每天 24 小时中的那些剩余的时光，填满那整个的、我以前连做梦都从未梦到过的生活。我现在意识到了……这些人除了仅有的对食物和避难所的需要之外，还必须度过他们生命中每一天的剩余时光，就像其他人不得不做的一样；虽然看起来无忧无虑，但必定也会生气和无聊，或者悲伤或喜悦。现在，我第一次明白了，这不是一件喂养一千头动物的事情，就像喂养一千头绵羊那样，这一千个人中的每一个都是与我自己一样的他人。” 382

某些情形一直纠缠着托尔斯泰，如反常的事物或矛盾，如无缘无故的非必需品。如果一个人不满足于将这些情形作为的确可惜但无论如何是不可避免的事实而接受下来的话，那么，他必定会被引导着尽力地解释它们。而托尔斯泰的快速结论则是：当某些苦难不可避免的时候，真正严重的恶（evils）并不是从事物的本质或生活的本质中什么东西产生出来的；它们全都被归因于关于生活意义的错误概念，简言之，归因于错误的哲学。由此，他自然而然地被导向一条搜寻生活的正确概念之路。如果它能被容纳，那么，它就能结束那些与生活的意义相悖的痛苦；同时，他要去描述各种不同的错误哲学，它们的流行对现存状况的恶负有责任；或者说，正是它们明确地表达了这种现存的状况，替它辩护，因此而使之得以延续。我先来说说一些错误的理论。一个理论认为，恶是不可避免的，因为 383
人有自由意志；而关于自由意志的教条，根据托尔斯泰的看法，它是神学家和刑法专家们的一种发明。但是，人的自由不是在他的意志和他的行为的关系中找到的，而是在他的理性(reason)和他的行为的意义的关系中找到的。事实上，实际的做事(actual doing of things)是由宇宙自身的能量推动着发生的，而不是由于那个处在被幻想出来的孤立之中的意志。人可以要么认识到、要么没有认识到这一能量的法则、它所行进的方向以及它向其前进的结局。只有当他认识到这一法则，并认为自己与之相同而且将宇宙法则当作他自己的法则的时候，人才是真正自由因而幸福的。人，他说，就像一匹拉着四轮货车的马，它自己也被其他东西拉着。无论如何，他必须得继续下去；他没有停下的自由，也不能随心所欲地拉那辆车。但是，他可以或者自由地拉，或者不情愿地拉而后被推向前。也就是说，他可以认识到这个行为的结局是他自己的结局，这样，在执行其任务的过程中就能处于一种平和而愉快的态度之中；或者，他可以分离出自己的意识、欲望和目标，这样，他就会身处一种敌对的情形；先是处于注定的挣扎中，再走向失败，继而走向不满和痛苦。

几乎每个人都对自由意志讨论的徒劳无功感到厌倦了。所以，我对托尔斯泰态度的这个简要陈述恐怕也会遭受那种礼貌的冷漠，它是所有对这一问题的论述最终被接受时伴随着的一种态度。但在托尔斯泰的例子中，那个根本的观念，无论我们称之为自由意志和必然性也好，或称之为其他什么东西也好，对于一般地理解他的生活哲学，以及特别地理解其专门针对经济和政治改革的态度而言，都是绝对必要的。后者更简单一点，甚至是次要的，所以可以先说一下。在写给自由党的一封信中，谈到他们对在俄国采用代议制政府形式的激动情绪时，托尔斯泰说："对，议会成员的那些权利要比一个平民的更大，而且由此看来，似乎通过运用这些权利，可以得到很多东西。但是，问题在于，为了得到这些更大的权利，这个人不得不放弃他作为一个'人'的一部分权利。"在他的另一些段落中，他的意思更加清楚，而他的意思就是：那被抛弃的不仅是部分，而且是人之为人的本质。在描述了存在于世界上的大多数恶之后，他说："我可以做些什么
384 来对抗这整片汪洋呢？为什么我应该表达我的观点呢？甚至为什么我应该有一种观点呢？就这样，丢下了用以改变世界的所有武器中最有力的那一个——思想及其表达，而几乎每个人都去求助于社会行动这一武器，却没有注意到每个社会行动都建立在人们必须对抗的那个基础之上，以至于在开始诉诸社会改良的方法时，人们不得不首先作出某种让步，不得不脱离真理……在我们的财产中，只有一个适当的武器，即对真理的知觉和表达，而它也是我们拒绝使用的那一

个。"换言之，实际上只有一件事是需要的，即对意识和思想的态度上的转变，从关于生活的对象和法则的一种错误概念向一种正确概念的转变；而在这一根本的或道德的革命产生成效之前，经济或政治改革中的每一个实践的和公开的步伐，都受到有害原则的影响，因而必将败落。另一方面，只要对生活的本质有了适当的认识，那么其他所有的事情就会自然而然随之而来。一切，或者无（all or nothing），就是托尔斯泰的哲学，因而托尔斯泰哲学的正确与否也就取决于这一分割的正确与否了。"一切"（All）意味着将生活的法则与目的作为由理性或思想提供的东西，就像个体生存的法则和目的那样，心甘情愿地接受下来；"无"（Nothing）则意味着自我矛盾（self-contradiction），注定的失败，以及由此引发的任何痛苦之事。

然而，这宇宙的法则和目的又是什么呢？每个人都会承认，如果在建造一幢房子的时候，行为是不自由的，那么失败和苦恼就决定行为在多大程度上发生在自由的基础上。除非在某种程度上，那个结局是必要的。某种程度上的确需要一幢房子，且除非在某种程度上，这个人乐意注意到在造房子这件事中所蕴含的自然的必然法则，否则，这个工作相对来说就是一个失败。现在，托尔斯泰哲学的第一原则就是：作为一个整体的生活（同时包括其结局的必然性以及达到这一结局的方式的必然性），正是遵照同样的必然性法则而展开的，人们无法改变和欺骗这一法则，就像我所举的造房子的例子一样。不同之处——而这不同就是生活的苦恼和矛盾的根源——在于每个人事实上都承认，要成功地建造一幢房子，有赖于对自然的法则和条件的认识；也都承认，这一认识有赖于我们的意识 385
和思想要事先研究这些法则；然而事实上，却没有人意识到在自己身上有着同样固定的法则。对它们的发现和承认对于建造生活这所房子来说，正是我们的第一要务。

至于生活的意义，亦即成就善或幸福，人们却依然在一种虚幻意识的指引下行动；因为它是虚幻的，所以这种意识必定将其引向迷途——亦即引向痛苦。这个错误理论的本质就是：生活，或生存，是一件个人的事，伴随着一个个人的目标，即由感觉加以揭示以及通过身体的嗜好而得以自我显现的自我、一种被如此表达的自我，它是孤立的、真实的。这是将自我孤立为自由意志的信念之根，是一种虚幻的意识，生活的所有不幸皆由此而出（这当然是托尔斯泰和东方思想，尤其是佛教思想之间的最大关联处。此种思考生活的方式本身就是基本的哲学，而我们惯常所称呼的哲学则仅仅是将这种原初的哲学精致化、公式化并为之作辩护罢了）。对那原始错觉的精加工构成了哲学和神学，并且粗略地讲，分化进了两个阵营，托尔斯泰生动地称之为法利赛人[①]（Pharisees）队和文士（Scribes）队。前者是关于生活的理论，已经变成了教会组织的普遍信条。其本质就是，这个生活和这个世界与生俱来就是有罪的，或者至少是不幸的，以至于人们在这里无权期盼幸福；这个生活是作为一种痛苦的训练而需要被忍受的东西，其目的是为了即将到来的那个生活中的永久幸福。那么，这个信条也就意味着，终极的道德原则（它们与我们所见过的唯一、终极的形而上学原则一样）并不真正适用于此时此地。它也意味着，那根本的哲学是自我中心的；那作为真实的幸福的条件和居所而被永久保存的，是个人的生活、个人的存在。要说托尔斯泰所发现的两个概念中哪一个更错一些，是不可能的。说生活的法则不是真的如其在此时此地实际所是的那样，以及说对这一法则的发现关乎"信仰"或者对一个信条或教理的接受，因而完全超越了理性的范围——代替理性之本质的，是对
386 这一法则的寻找和发现——这样一个信条正是人们不根据佛陀、孔子、苏格拉底、耶稣、爱比克泰德[②]以及其他人的教诲来为此时此地的生活作系统打算的原因。以上这些人用他们的理性领悟了生活的真实法则，同时接受了我们当前的经济和政治规则所带来的痛苦，甚至认为对于引领人们将其思想放在下一个人生上有积极的价值。与此相对的则是对死后生活的强调，关于复活的教条（就像托尔斯泰轻蔑地称呼的），证明了所谓真正的哲学家的代表们已经完全歪曲了他们公认的导师们的教诲，又回复到那个虚幻意识，即认为幸福和善是与一种孤立的、仅与个人的自我相关的东西。

托尔斯泰所讲的文士的教条，指的是所有流派的所有现代哲学。他们反对关于生活的超自然哲学，但又试图在对世界的审查中找到一个替补，它或者被视为物理性的，就像在自然科学中表明的那样，或者被视为逻辑上理智的。我们也许并没有歪曲托尔斯泰的思想，如果要引用斯宾塞和孔德作为第一类人，而黑格尔作为第二类的代表的话。简要而又准确地表述托尔斯泰对于科学的态度并不容易，尽管它很简单，而且在某些方面就像他自己所承认的，和柏拉图的相同。

---

① 圣经《新约》中提到的严守犹太教律法的犹太人。——译者

② 爱比克泰德（约公元55～130），罗马最著名的斯多葛学派哲学家。——译者

然而恰恰是它的简单性，阻碍着我们对它的理解。这一基础科学包括了从其终
点或目标来认识法则，而后进一步在事物与那终极对象之关系的基础上来研究
事物。但是，如果一个人不是先知道了那对象，则智力在它所有其他方面的研究
中就完全失去了引导。而这，恰恰就是所有的所谓科学哲学的悖谬。结果，现在
冒充科学的，要么是企图为生活的现存秩序辩护——如社会科学；要么是收集琐
事，而毫不关心对生活的引导以及群众的幸福——如自然科学。托尔斯泰使用
了一个磨坊主和他用来磨碎谷物的磨坊的比喻。有一段时间，这个磨坊主把他
的注意力都集中在那个产品上，集中在流出的面粉的质量上；为此，他察看、调节
和修理了磨坊里的所有部件。他的认识有一个目标，所以，他的知识是有序的。
可是，过了一段时间，他却对磨碎过程的机械原理感兴趣了；他忘了那个目标、那 387
些产品，彻底地忘了。他由此而得出一个结论说：磨坊的秘密在水坝和河流里。
到最后，他如此的着迷于河流是他的力量之源这一发现，以至于声称河流就是磨
坊。其间，磨坊作为面粉的来源却被忽略了。在这个比喻中，托尔斯泰传达了他
的两个主要观点。托尔斯泰的一个基本原理——这一原理既被他运用于历史，
也运用于自然——即事实（就是那些可被研究的事物）确实是无限的、无穷多的。
所以，它们既没有给我们提供应该选择什么来研究——而选择是必须的——的
线索，也没有给我们提供关于它们的排列或重要性的秩序的线索。所以，最终产
生了恰是对正确秩序的颠倒。磨坊主说，河流是磨坊。科学哲学家说，生活是纯
物理能量的一种安排。而由于科学哲学家必须对什么是物理的和可感觉的
（sensible）作出判断，所以他也就屈服于那种认为生活是某种独立和孤立的东西
的幻觉了。科学哲学的另一个谬误则是：将遥远的、更不确定的东西当作并取代
了真正确定的、在所有事物中离我们最近的东西。托尔斯泰的一部分讽刺的观
点是：他看到，科学研究正在加速地离开最确定、绝对肯定的东西，而朝着很遥远
的、纯粹抽象和假设的东西奔去，而后又称后者为科学——真实、理性的确定性。
关于生活，不容置疑地确定的事是：它是一种努力摆脱苦难、摆脱恶，为着欢乐、
为着善和幸福而作的斗争。然而，恐惧和憎恨，希望和爱，欢乐和痛苦——它恰
是科学家和哲学家们都避而不谈的东西。因为不考虑这些，所以他们不仅丧失
了对所有要点和秩序的理智研究，而且忽略了所有事情中最确定的却代之以遥
远的、推论的那些东西。“无论一个人能如何地令人确信并教育别人说，所有真
实的存在都是一个观念，物质是由原子组成的，生活的本质是意志或物理能量，

等等，他都不可能因此而向一个有痛苦、喜悦、希望和恐惧的生命解释他在这个世界中的位置。”

于是，真正哲学的本质仅仅就是对关于人的幸福及其获取条件的理性意识的证明(testimony)的识别；而这不外乎就是抛弃了幻想或孤立的感觉意识，或
388 个人存在：这一劳永逸的识别就是，幸福存在于将个人的目标与努力认同为所有活着的生命的目标与努力。为积极证明这一真理，托尔斯泰部分地诉诸人类的伟大导师们的教诲，但更多的却是特别诉诸每个人——处于坦诚面对自己的那些时刻中的每一个人——那真挚、诚恳的确信。“实际上，”他事实上这样说道，“如果你完整地思考过生活，那么，你就跟我一样，已经知道了所有这一切；你也知道你所拥有的所有那些精致却虚假的装备，只是为了对你自己隐藏起你对这一真理的承认；你知道，你花了大量的时间在一些行动上，而它们的根本动机不外乎将你自己的注意力从你对这一真理的认识以及它所赋予你的责任上面转移开。然而最大的荒谬是：当你的愿望跟每个人的愿望一样，都是要幸福的时候，你却拒绝选择那一条简单的道路、那条你已经知道它是唯一一条你可能在其中找到幸福的道路。”由此可见，托尔斯泰对其主要论点的证明，如果我们可以如此称呼它的话，是消极的；它再一次被包含在生动和累积的细节中所展现的所有痛苦的方式中，这些痛苦在人们寻找幸福的过程中会间不容发地造访他们，只要他们将幸福视为与自己的个人存在和对这种存在的意识有关的东西，而不是从放弃所有这种私人的、隔绝的存在出发继续行进的话。这些在生活中追求个人幸福时所出现的具有讽刺意味的事，如那追求的每一步都是朝着其自我消灭或死亡迈进的一步；如这种对一个排他性自我的幸福的追求，它的每一个行动都将带来失败，因为它包含着与其他人的冲突，这些人就是执著于自己独有的幸福，与我们一样排他的那样一些自我；如追求得到权力和财富的幸福，其每一项都是对其他人让权力和财富摆脱我们而进入他们自己的控制的一种挑战，且每一项都将我们带上一条离享受生活的自然、健康之源头更远的路——这些存在于自我中心的生活中的讽刺之事，托尔斯泰一开始就在他的小说中进行了极具戏剧性的描述，后来他又以布道者和先知的方式宣扬它们。在他的文学或艺术生涯和他的道德之间，并没有人们常描绘的那样一种断裂。在他后期的生活中，他只不过是对所有他早先文学作品中的道德作了清晰的表达而已。诚如我在开始时所说的，他的理论只不过是当他在生活如戏剧般延续的时候，把他自己关于生活的

生动感觉概括地陈述出来而已。

总之，我要指出，虽然托尔斯泰在根本上是一个神秘主义者和苦行者——或 389
者是教人放弃的导师——他却完全不同于绝大多数我们所熟悉的那些神秘主义者和苦行者。他不同于大多数的神秘主义者，在于他完全确信：通往那终极之善——在完整的生活中，人的割裂的个性的失去——的路，是通过理性而到达的，并在与自然和其他人民实际关联的生活中显现的。他不同于苦行者，在于他完全确信：幸福是生活唯一的善和目标，而放弃仅仅是获得真正幸福的逻辑条件；该放弃的，仅仅是试图得到幸福的那些自我矛盾的方式。

要夸大他对理性和理性知识的依赖，夸大他对传统意义上的信仰这个词的轻视，是不可能的。关于那个信条，即耶稣的教导是关于未来的生活，而不是关于在此世得到幸福的条件，他说道："这是一个认为唯一正确的生活只存在于信仰中，也就是存在于想象中，也就是存在于精神失常中的信条……只有对现实不存在、而非存在才是唯一真实的确信，才可能导致这么一个令人吃惊的矛盾——即耶稣的教条是正确的，但它不是关于这个生活的理性原理。"有时候，他甚至走得如此之远，以至于说个人行为首要的真正目标是发展理性，以便它可以在所有细节上更准确充分地理解生活的意义。"我们习惯于，"他说，"把道德教条看成是乏味和单调的事，在其中不可能有什么新的东西。事实上，人类生活，连同它所有复杂而多变的行为——甚至是那些看上去和道德无关的，如政治活动，科学、艺术、商业中的行为——都不外乎是为了越来越多地阐明道德真理，并巩固和简化它们，使其更容易被所有人接受。我想起有一次，当我走在莫斯科一条街道上的时候，我看到一个男孩出现了，他留意地检查着地上的石板，然后选定其中一块，就地坐了下来，并开始兴致勃勃地摩擦和刮它。'他在对人行道做什么呢？'我很想知道。走近后我发现，他是一个屠夫的孩子，正在石头上磨他的刀呢！甚至当他在检查石头的时候，他都没有在考虑石头；他磨快他的刀，仅仅是为了可以切肉；而对我来说，似乎他在对人行道做着什么。同样的道理，人类似 390
乎在忙于商业、谈判、战争、科学、艺术；然而，只有一件事才是对他们重要的，而且他们只是在做那件事——他们正在阐明他们活着所需依赖的那些道德法则。"

我们通常将"此生是不幸的"这样一个信条跟彻底放弃的信条，跟佛教关于虚幻和涅槃等的理论联想到一起。在托尔斯泰和卢梭之间，有着很多惊人的相似之处，一如同样显著的不同。在相似之处中，有一个是对所有有感情的造物的情感、欢乐与苦难的一种异乎寻常的敏感力。如果说，在某种意义上，卢梭是一种作为社会观念的民主而不仅是作为政府安排的民主的发现者，这是因为，他有着这样一个鲜明的看法，即无论人们在社会等级、政治权力和文化上有着怎样的差异，他们在感觉力上，在对痛苦与幸福的敏感力上，是一样的。而且，与这一根本的相似之处相比，所有的差异都是微不足道的。同情他人的痛苦与快乐的这种能力，很幸运地，正是人类最普遍的天赋中的一种。抽象思考的能力也不罕见；但是，根据这种对同情的敏感，广泛而深入地思考他人的祸福，这种能力也许是最稀有的天赋了；它如此稀有，以至于它的出现就是我们所能找到的、对天才的最好定义了。而这一天赋，托尔斯泰和卢梭一样，也在异乎寻常的程度上拥有着。凭借这种敏感，即使在其最极端反对现实社会和通常的现实生活的反应中，他也能免于大多数道德学家的那种抽象概念或偏离——通过概念自身，而不是实际具体的善或幸福来定义责任或好个性。

我还没直接说过我所宣讲的主题：托尔斯泰与他的时代的思想之间的关联。有一种观点认为，在此标题之下，没有更多可说的了，就像在爱尔兰的历史中找不到关于蛇的著名篇章一样。托尔斯泰是一个处处与当时代思想中最典型的东西唱反调的人。然而，毫不武断地说，其间的确存在着非常真实的关联，但它们
391 并非表现为所提供的解决方案，而在于对问题的理解。所有 19 世纪后半叶的重要哲学在根本上都被托尔斯泰如此敏锐地感觉到的那些问题给迷住了，关于这一点，无须多言。第一个以及最根本的问题，就是理论与实践之间、知识与行为之间的关系。而关于这一点，托尔斯泰和那么多其他的实践伦理学家一样，预先提出了在当代流行的各种哲学主义中的一种学说。他教导说，人只能知道他所做的，若从充分和精通的意义上来定义知识的话；而对那些没有贯彻为行动的原理的信念，是不完备、不诚实的。和这一主义一样，他还教导说，实践性的意向和目的为所有的知识提供了动机，也为被研究事实的选择和安排提供了唯一的基础。

至少有一百年的时间，专业哲学已越来越被两个巨大的问题所困扰：与一种关于世界的纯粹机械论观点密切相连的、现代科学的结果和方法，如何与那表明了意图和思想的至高无上性的、人的道德兴趣和谐相处？以及人们对物质世界的事物不断增长的占有，取悦感官和欲望的商品的增加和廉价化，如何与某种程度上我们模糊地称之为“精神兴趣”的、人的理想兴趣联系起来？即便从抽象的

技术性哲学的角度出发，也存在两个表面上的矛盾或悖论：人对自然不断增长的理智掌控——在他的科学中——看起来显示出，人类在一部巨大而无情的机器中是完全被控的和无助的，这架机器行进在其途中，既不关心人类价值，也不关心人类意志。人对生活手段（他的工业战利品）的要求，看起来更激化了先前存在的社会不公，从而导致为奉献给生活手段而牺牲其严肃而重要的目的——即所有人凭着几乎是同等的条件参与其中高尚、自由、幸福的生活。现在，托尔斯泰与现代思想的关系可以被公正地说成是：他带着绝对的严格性提出了现代的思想以对抗这些问题，将其当作不仅是理智性和技术性的——即属于被标记为思想家的那一群人的——问题，而且是正确地解决关系着人类、个人和社会之福利的问题。我不认为他的解决方案会令很多人满意：它们太过于建立在“一切” 392
或“无”这一基础之上；它们在感性和理性、自然和道德以及个体自我和人类之间设立了一个太过绝对的分裂。但是，托尔斯泰宣告和经历那些现实问题时的那种强度、那种诚挚，令他成为一个今天的思想决不能不加考虑的人物。

道德的意义和发展[①]

393 考虑到上午的议题，我的第一个陈述恐怕会令人失望，那就是：从严格意义上来讲，根本就不曾有过道德的进化。我这样讲的意思，并不是说道德实践和道德信念一直是停滞不前的，或者用早先那种学院式的话叫做“道德是永恒不变的”。我的意思是说，在道德信念和道德实践中有着那么多不同的发展路线，以至于凭现有的知识，我们很难——实际上——根本不可能选出或确定任何一条简单的、固定的、连贯的道德进化之路；也就是说，我们不可能发现任何一种统一的、连贯的事物发展趋向，就像我们在植物世界或动物世界甚或在太阳系的发展中的发现那样。我想，现在，我这样想的原因就非常明显了。我们的道德生活是一件极其复杂的事情，它受到众多不同的、独立力量的影响。数学家可能称之为大量独立的作为变量的道德实践的函数。举例来说，人类，一直以来受到政治组织的影响。那存在于某一特定时期，反映在宗族、专制帝国、城市国家以及大民主体制之道德上面的社会组织，其性质种类总是不同的，因为社会条件、政治要求及其规则是不同的。此外，当然，法定程序对道德产生了重大的影响；因为法律的任务之一，就是定义人们可以做什么、不可以做什么，以及制作一张关于罪
394 行和罪行的惩处方式的一览表。如今，尽管合法(legality)与美德不再是一回事；但是，历史表明，人们的道德概念总是受到他们在工业、贸易和商业中的法律观念和法律实践的影响，有时候前者还以后者为模范。

---

① 杜威于1911年12月17日在纽约州纽约市莫里斯山基督教浸信会教堂所作的演讲。这是杜威VFM 88中的速记报告，收藏于卡本代尔：南伊利诺伊大学，莫里斯图书馆，特别收藏。

人们的工业和经济生活是另一个深刻地影响道德概念的因素。因为特定的美德，如节俭、勤勉和审慎，几乎就是特定的工业生活状况的直接产物。坚持不懈和容忍耐心作为美德，总是在工业因素（尤其是农业）非常强大的人群中得到兴旺发展。

很显然，人们的道德观念非常密切地受着影响，极大地依赖于他们的宗教概念、科学知识与理念。

不必讲得更多，我们现在至少有四条关于人类兴趣和行为的重要线路已经影响了人类的道德历史，而这四种影响并不是齐头并进的；有时候，一种影响最突出，而其他的则落后些。所以，我们并未发现一种稳定的、统一的发展过程。举例来说，就道德与科学之间以及人的智力的自由发挥与人的理智生活之间的关系而言，就道德与一种稍显狭隘但却紧致的社会组织形式之间的关系而言，我们很难找到能与希腊生活在其最佳实践者雅典那里所取得的相提并论的成就。但就道德关联并依赖于工业、商业以及一个广阔的网络关系的和平运作而言，或者就其依赖于法律程序的建构完善及法律方法的确立而言，那么，我们将发现，雅典人的道德相当落后。另一方面，一些伟大的帝国，尤其是东方的一些帝国，在道德的一切与贸易诚信有关、与作出及信守诺言、履行合同有关的方面，都已经非常发达。而在巴比伦帝国，一个精明的商人，几乎或多或少是一个骗子。我们都知道，中国这个伟大帝国的贸易道德水平有多么高。

再从总体来看。在中世纪，就宗教方面而言，对某些形式的伦理价值有着极大的敏感性；但是我们都知道，在科学方面，在智力的发挥方面，在工业和商业以及其他某些方面，都出现了一种倒退。

现在，因为这些改变了人类道德历史的不同力量并非齐头并进，而是一种力 395
量突出、继而另一种力量突出，所以，道德的发展机遇无疑受到了遏制。它经历了起起落落：某种层面的道德处于其鼎盛期，而另一种道德则处于非常落后的境地。在这种情况下，我们所能做的也就是找出人类道德历史中那些强大的特征，由此根据整体再确定在某个方向上相对稳定的、统一的进程。这些不同的力量——政治的、法律的、经济的、宗教的和科学的——毕竟相互改变着，也相互补充着；唯因如此，才有了某个方向上的汇合点。

现在，我要谈到的第一个道德历史上的伟大成就是扩展，也即那些在其间存在着道德/伦理关系的人类，其领域和范围的扩大。当那些意识到他们彼此之间有道德上的责任和权利（这是人类的第一个知识）的人类——我们称之为原始人，然而即便那时，他在其事业中可能是相当先进的——在扩大其领域的时候，其组织的单位是氏族/宗族（clan）——即一群被认为彼此之间有最接近的血亲关系的人，最多只包括几百个人。在那个靠血缘的纽带把大家绑在一起的狭小氏族中，有很多被严格规定了的道德上的义务和责任。但是，除了这些很狭隘的限制之外，事实上，在对外的时候，没有任何公认的道德关系和伦理上的义务；因为，陌生人、外国人、异族人都被假定为敌人，即便不是敌人，也是与他们在道德和伦理上无关紧要的人。没有对之忠诚的义务，没有尊重他生命的义务，没有对之保持贞洁的义务，没有任何义务，除了在某些特殊情况下对之保持好客——这就是陌生人和外国人被赋予的定义和权利。

现在，当我们追溯人类历史，发现这一领域的范围在扩大，至少从理论上讲，到目前为止，道德关系的领域已经和人类自身一样宽广了；而这无疑受到罗马诗人[①]的斯多葛派哲学的影响，他曾说过，他认为没有什么和人类相关的东西是与
396 他自己不相关的。他在历史上最早的时候就表达了一种观念，而这个观念花费了长达数世纪、千年之久的人类斗争才得以实现。当然，即便那时，这句话或多或少不过是一个常见的套话、一种文学性的表达，而不是对一种现实的表述。因为大部分人无疑是外国的或异族的，哪怕是对罗马帝国最先进的道德学家而言，也是如此。即便在今天，虽然我们在理论上认识到“四海之内皆兄弟”的信念，或者认识到这样一个事实，即道德的义务和关系存在于人们所聚集的任何地方，无论他们的种族、经济条件或宗教信仰有什么差别；但我们还是明白，我们是在为我们的国际关系而处理一种理想的事物，我们向往它、珍惜它并希望它实现，但它却不是一个事实。我们为和平而作的斗争，为反对战争而作的斗争，事实上表明了我们还没有认识到：我们在对自己人民的关系中所认可的道德准则，和约束其他人民的道德准则是一样的。我们依然生活在一种扩大了的氏族/宗族道德之中。

很多道德关系在转向我们本族之外的大量人民的一刻就结束了，或者可能会结束；当然，我们的道德仍旧受着党派的影响，受着有关社会身份、经济阶层等等差异的影响。若不纠缠于这种情况的不完整性和不足，那么诚然，还是能够稳

---

① 指西塞罗。——译者

定发展的，我们可以称之为进化：在此方向上的进化，在扩大和拓宽这一领域（在此领域中，伦理关系被认可，而且在很大程度上被付诸行动）上的进化。

现在，接下去讲第二点。关于行为的标准和理想，有着更为一致、更为非个人的替代品。当人们说上帝并不区分对待个人的时候，这是发生在人类历史中的、超越了之前所有神的、一个醒目而非同寻常的进步。耶和华本人，诚如在《旧约全书》大部分内容中所反映的，无疑是区分对待个人、团体和国家的。他有他自己的选民，对那些人的命运，他是关心的；对他们，他有一套另外的评判标准，不同于向其他人民所施行的。这里和通常的一样，逻辑概念所标识的——带有些许含糊和预设形式——不外乎是通常的伦理概念；并且，我们发现，在人类历史的早期，有多少不同的社会团体，就有多少不同的道德编码、不同的标准，以及 397
应用这些标准的不同方式。甚至就在我们现在也许认为无疑是我们自己的、基于条顿传统的文明之黎明中，我们也发现，举例来说，对坏事的惩罚肯定是根据冒犯者和被冒犯者各自的社会身份来分级的。一个农民或低等阶级的人以任何方式冒犯了一个贵族阶层的人或他的财产，就是一种最为严重的冒犯；而贵族冒犯与之同等阶层者，则是一种严重的冒犯，但他若冒犯一个农奴或奴隶，相对来说，只是一种琐碎的、微不足道的冒犯了。要列举那些不平等、不公平，或者在我们看来，完全是独断地在个人和各种各样环境以及条件中所制造出来的区别，那么，即便我被允许有很多时间，也是绝对不可能的。在人类漫长的历史中，我们所谓"正义"的进步，我们所谓"公平"的进步，主要是这样的——承认有一个简单的判断标准，有一个简单的权利与义务的基础，据此，所有个人，无论其阶级与条件如何，都是平等的；承认所有个人都将在道德上被平等地对待。我在这里不准备停下来引用或列举我们在实践这个观念的很多方面走了多么短的路，毕竟我们有这个观念，而且我们是敏感的，而过去有那么一段历史时期并不敏感；我们敏感于我们从那个为评判和对待人类而产生的简单、统一、涵盖一切的标准观念那里发生的偏差；我们对它是心怀不安的，而且正在或多或少地迈出踌躇而蹒跚的步伐，以摆脱那些不公平。

第三点，人类道德的历史不断表明，智慧及好的判断力所占据的舞台越来越大：最好的方法被用来判断人类行为，塑造事物的一览表，告诉人们何为美德、何为值得做的，以及何为恶习、应受指责。我真不知该如何在一时之内把这个智慧不断被赋予重要性的发展进程摆在诸君面前；不过，最好的方式也许是反面地展现人类道德思想过往历史中的许许多多道路中的一些，在其中，似乎任何东西——唯独除了智慧，除了判断力和反思——都已被拿来决定人类行为的对与错、好与坏。

在道德观念与道德实践的早期和中期，以及某种程度上甚至更晚近的历史中，人类以一种最纠缠不清的方式，与那些被今天的绝大多数人直率地称为迷信的东西联系在一起。即便是他们好一点的、可以挑选出来作为近似于我们今天最好的道德观念的那些观念，也是不自由的。那些观念并非从其自身的根基中产生出来，如其自身所是地赢得赞成和同意；而是由于一种最非理性的原因，它们找到了支持、动机，以及对它们的辩护。在人类历史的好几个世纪中，禁忌的事实——即一些个人或某些阶层的个人可以在物体或人身上施一种符咒，令其在某种意义上成为庄严神圣的、被赋予某种神奇的力量，给任何触摸它们的人带来不幸；这往往是保护财产权的主要动机，有时是保护个人的生命，但几乎在所有案例中都与财物或个人财产有关。财产的神圣或稳定性在某些野蛮的人群中经常会有记载，而且完全没有道德标准上的贬损，这些人看起来在很多方面要大大优于今天的人们。事实上，财产可以被留在任何地方，然后在需要的时候被找到。一项详细的研究表明，某种禁忌或巫术符咒已被施与这些财产之上，人们不敢触碰它们是因为那些有魔力的诅咒或符咒；只要他们以任何方式接近或将一个手指放在这些财产上，它们就会缠住他们。现在看起来，几个世纪以来被认可的主要道德影响力、作用于人类之上的动机，就是禁忌或各种巫术符咒，而不是一种文明的智慧所欢迎的原则或观念；其结果，人类大量的道德能量，人类理智上、实践上的能量，就被转向了各种各样完全无用和非理性的渠道上了。有时候，看起来，似乎那些尚未发展好的野蛮种族，相比其他某些比较先进的人群，倒是拥有最强的能量，因为野蛮种族至少不会受到所有已经逐渐形成的、与巫术以
398 及准巫术概念相关的规则、权利和宗教祭仪的影响。有这样一个概念，即道德或道德之事，关于对错、好坏的问题，带有一种形而上学的性质，可以被寄托于事物之上，而且会蔓延和传染——当这一概念通过某种精神上的、未知的手段和规则起作用的时候，就发展出最详尽的行为准则。其中，道德利益居中心地位，复杂的礼制和祭仪是为了避免各种不纯(impurity)或与任何此类影响有染；也发展出了同样详尽的宗教祭仪，以通过各种象征的和半巫术的(semi-magical)手段来纯化从任何可能的影响中产生的后果。这些事情，的确在令人不可思议的程度上

保证了群体的行为，尤其是那些为其在道德上、精神上和科学上身居高等阶层而自豪的人们。但是，承担了生活中百分之九十九有用工作的，正是那些低阶层的人，那是一些不得不谋生且不得不干足够多的活以便使其他人得以过活的人们。人类实际的发展被这一理智和道德实践上的偏差所阻碍的程度，是不可设想的。反之，我们可以设想：如果我们所说的道德是沿着这样一条线路进步的，即它更注重以智慧和人类最好的判断力来决定行为的后果，更注重理智地运用我们所能找到的关于行为的后果——自然的、不可避免的和社会的后果——并将此因素运用于决定孰是孰非，那将意味着什么。唯有以此方式，我们才能看到人类在 399
道德上已经获得多么伟大的进步。

这引导我进入最后一点，也是第四点——在这一点中，道德进步表现为个人力量的释放。我们经常认为(而且在很长一段时间里，这是唯一的一种想法)，野蛮人是完全自由的人，完全不受束缚，不受制于任何规则、法律，而只做他自己喜欢做的事。而事实上，他的生活的大部分都被纠缠于各种各样的禁忌和固定的规矩中；个人是没有私人财产的，譬如从他可以转让或卖掉什么东西这个意义上来讲，他无权处置任何东西；他没有任何个人权利，即使有一些权利，也仅仅因为他是某个家庭或某个种姓(caste)或某个社会阶层的一员而已。

政治解放的历史，经济自由的发展历史，奴隶制或农奴制的演变，以及实际 400
经营和压制(它们伴随着巨大的工业不平等而发生，即便从法律上讲已没有奴隶的时候)的减少——这些政治和经济方面的伟大进步，表现为更注重个人能力的全方位发展。任何接近于普及教育(universal education)的概念，都是绝对现代的概念，其历史刚刚超过一百年；而作为被实际运作的观念，甚至不到一百年。要不是我们已经开始尊重和崇敬各种各样的个人能力——仅仅因为它们是属于人类的能力，现在任何像普及教育这样的理想都是不可能想象的。

人们常说(而且说得没错)，以前用“做这件事或那件事”或“不要做这件事或那件事”的方式来表达的道德准则衍生出某些行为，那些外在的超-行为(over-actions)受人喜欢；而且，只要做了这些外在的事情，做的时候态度如何，个人的能力及心灵框架如何，都没什么大的关系。比起以前，我们如今在规定一种确定的准则，这种准则关系到外在禁令以及诸如执行这个或那个任务的外在命令的时候，已经谨慎周详得多了。我们主要限于命令和禁止行为中一些粗糙的方面——若没有这些限制的话，社会根本无法团结一致；但是，我们更在意、更渴望那些与个人能力和个人的生活态度有关的事，即每个人都能成就其最好的自己。同时，我们应该努力把机会提供给每一个个人，以使他能够成就其最好的自己。所有伴随着民主这一概念（作为一种社会和道德的理想）而发展的，都标识出道德发展最根本和最重要的路线之一，因为这个民主作为一种道德理想，在本质上成为尊重和崇敬个人能力的问题；因为总有些东西是一个人身上独有而他人所没有的，唯因此故，个人应该有机会成就最好的自己才更显宝贵和更有理由。

现在可以回到我最初的论点：个性意义上的发展以及与之相关之物的相对
401 迟到，要对人类道德历史那波折起伏的生涯和命运负有主要责任；但无论如何，它向我们展示了一种视点，由此看去，道德的进化、未来可能的进化都是可以设想的。随着进化概念的被接受，很多人抓住了它，仿佛“进化”装备了一种大汽车，正带着这个世界和人类全速行进，驶向某一特定的命运；仿佛“进化”制定了某种注定的力量，而我们正被它推向一个越来越好的境况。这个概念已经被许多廉价而有害的、认为在道德上正发生什么以及肯定会发生什么的乐观主义用来神圣化自己的论点了。

如今有了这种不断深化的个人意识，我们越来越认识到：能够带来道德发展的并不是任何我们称之为“进化”的力量，而是不得不依赖的对人类本质自身的态度——我们得拿它取代非人的外在力量。我们不得不依赖人类的智慧，我们不得不依赖诚意（good faith），对我们自己的、真挚的诚意，以及同等地给予他人的诚意，即便他们在做我们因其个性而不完全理解的事情的时候；我们也不得不依赖与它们非常接近的那个东西，即同情心的成长。正是这些力量的释放：智慧的力量，无论什么情况下都能给予的那种诚意的力量，以及同情的发展——这些才终究是人类道德发展到这个时代所得到的纯收入（net outcome）。为了让它们将来更有活力，更积极地行动，我们将不得不依靠未来的人类的进步。

科学与哲学的一些联系①

科学，就像学监(school-master)一样，无处不在。要提出任何关于其分布范围的问题都是危险的，以防有人宣称说，科学本身并不那么广泛，而是幽居于角落之中。而哲学向来是对智慧的爱并非对智慧的占有，所以，哲学在今天或许既非对科学的分析亦非对科学的综合，而是对科学在生活中的用途——即它与生活的关系——的追问。我不是想提关于科学是否有用以及有何用这样的幼稚问题，而是想要表明：无论科学是什么或不是什么，也无论其内容是什么或不是什么，生活对人来说，是一件比认知广阔得多的事；因而，说知识在生活中的位置是什么，这是为了生活，而不是为了知识；纵然没有知识，无法准确地说，那也还是为了生活。 402

自从有哲学以来，就不曾有过这样一个时代，哲学在其中不被定义为所有科学的一种综合体，也不被定义为对局部的——因而是被歪曲的特殊科学概念——批判、矫正和延伸，也不被定义为对概念和方法——它们的目的在于揭示存在之根本特性——的一种分析。在此，我不会提到这个事实：一种号称自己严格地建筑于科学之上的哲学准备如何向科学学习，同时又将上述三种结构之一奉献给科学，这一点尚未明确。我也不会在现在指出，科学在时代中显示出其自身是一个多么灵活、可变通的术语；从柏拉图以辩证法取胜的洞见、中世纪的神学、17世纪的天文学，一直到今天的数学物理学。

---

① 打字稿，约1911—1912年收藏于卡本代尔：南伊利诺伊大学，莫里斯图书馆，特别收藏，1号文件夹，第52盒，杜威文集。

403 这样的评论很可能只是吹毛求疵，而且无论如何只是一个更为重要问题的症状而已。意图建立在科学基础上的哲学，同时利用和否认了那些至关重要的人类斗争，科学正是在此斗争中形成的；他们为已经被开采出来的人类信念的宝石估价，但是包含于精神中的努力和包含于视其为珠宝这一过程中的目标，却被当作垃圾和碎片，随着开采的过程被丢弃掉了。这些哲学家们想要把科学制造成凭其自身就足以闪耀的珍宝，如同康德的道德意志那样，独立于它所照耀的生命；但与此同时，科学也就像康德的善那样，倾向于变得空洞无用。

因为是人而不是科学，把人教育成为一个科学的人(a scientific man)；也是人而非科学，称赞和颂扬科学。给科学举行神圣的仪式，或给它颁发奖状，这不是科学自己的事。科学的重要性越是被强调，就越是暗示了一种经验的语境，这经验产生并终结于非理性的生活苦难和斗争。哲学将有足够的东西可向科学学习，也与以下这件事有足够的关系，即坦诚地找出连接科学方法、科学成果与盲目的人类努力、失败和成就的纽带，并让它变得尽可能清晰起来——这就是哲学的任务。无疑，除了其他事情以外，它也会被召唤去分析、去综合以及去批判不同的科学概念。但是，这些操作在科学的兴趣中，或是在这样一种肆意的期望——在其自身的意义和方向上延伸或整顿或补充科学——中，将不再继续；唯以此为目的，即促使科学与人文(其主要关心的就是令生活值得一过)之间的交流有一个更自由、更温和的意见交换，才能令上述操作有的放矢。

也许，当我说到那种单一的、自我封闭的、多少被叫做科学的特定概念在很大程度上只是一种迷信的时候，我挖到了我早已警告过自己要远离的领地。这个迷信的生命力马上成为送给话语那控制思想的力量的一个礼物，也成为送给那统一的情感反应和兴趣之能力的一个礼物，以使此种能力自身潜入客观事实之中，并似是而非地赋予它们属于其自身的包容属性和排他属性。较之不做柏拉图的无意识的门徒，有意识地嘲笑柏拉图是容易的；而且我知道，没有一种哲学，比那种公开宣称自己是不带个人色彩的客观主义的哲学更确定地弥漫了个
404 人情绪反应——证据就是我们的新实在论对待柏拉图式实体(这就是他们把科学洗礼成的东西)的那种崇拜——半是迂腐、半是野蛮——的态度。

我从一个第一流的人类学权威最近的一次讲话中引用一段更有价值的证词，因为它不是产生于任何讨论中的哲学问题。

我相信，假设每一个文明人所作的解释是一个完全逻辑的过程，这是一个错误。我们把一个现象与一堆已知的事实联想在一起，对后者的解释被假定为已知的，我们满足于把一个新的事实还原到这些预先知道的事实。举例来说，如果一般人听说一种以前不知道的化学物质爆炸了，他会满足于这样的解释：某些物质被认为在特定条件下有着可爆炸的性质，因而那未知的物质有着同样的性质。总体上，我不认为我们还要试着更深入地争论下去，并真的试着对爆炸的原因给出一个充分的解释。

原始人的思维模式与文明人的思维模式之间的差异，看起来很大程度上在于传统材料（新的看法会将其自身与之联想到一起）的特质差异。给予原始人的孩子的教导，不是基于几个世纪来的实验，而是由一代又一代人的朴素经验构成的。当一次新的经历进入原始人的意识中时，同样的过程（就像我们在文明人当中所观察到的）引发一系列完全不同的联想，所以也造就了一种不同的解释。一个突然的爆炸，也许会令他在脑海中联想到他曾听到过的关于世界的神话传说故事，由此而伴随着一种迷信的恐惧。我们会意识到，无论在文明人当中，还是在原始人当中，一般人都不会把对现象的原因的努力解释进行到底，而只是进行到将它跟其他的已知事实混合起来就可以了。于是，我们也就能意识到，这整个过程的结果完全依赖于传统的东西的特质……

在科学研究中，我们应该在头脑中始终清醒地意识到一个事实，即我们 405
总是在我们的解释中将许多假设和理论具体化；也应该意识到这个事实，即我们并未将对任何给定现象的分析进行得彻底。事实上，如果我们真要那么做的话，研究过程几乎就不可能进行了，因为每个现象都要求无尽的时间来做彻底的研究。然而，我们太容易彻底忘记那个常规的——以及对我们多数人而言只是传统的——理论基础了，这个基础是我们解释事物的根本；而我们却假定，我们的推论结果是绝对真理。我们在这里犯了一个与所有不那么文明的人们曾经犯过并正在犯着的同样的错误。

无论对这些话[1]的作者博厄斯（Boas）博士来说，还是对我的引用来说，目的

---

① 博厄斯：《原始人的精神》（*the mind Primitive Man*），第 202—206 页。

都不在于制造关于科学价值的怀疑论，或是为了说明我们的科学传统和先人的神话之间的差异，同其根本上的一致性比较起来，终究是不重要的。博厄斯博士的目的是为了表明，原始人的信仰和当代文明人的信念之间的差异并不归因于内在的精神结构及能力的差异，而在于个人在其中思考和行动的文化媒介。我自己的目的则仅仅是为了强调这样一个事实，即存在着这样一种媒介；而且科学本身，甚至是在其内在的知性内容中，都反映出它的存在。从某种意义上说，科学是这个文化媒介的一个功能。它反作用于周围的社会生活，并通过这种反作用逐渐地改变着后者。但是，这个语境(context)不能再被排除在外、而只留下科学——正如人不能不借助于在他之上的物理力而把自己提起来一样。

所以，意欲把自己建立在纯科学基础之上的哲学(或哲学的某些部分)在本质上是武断的，而且这倾向基本上是无结果的。就拿亚里士多德、笛卡尔和斯宾塞这些哲学家来说吧，他们声称要对已经牢固地确立起来的科学成果进行分析、综合并有所拓展，我们发现了什么？他们观念中最具价值和最永恒的部分何在？在我看来这样一些材料极其重要，它们是社会精神的征候，是那些时代创造性想
406 象力的表征；而这些材料的内在知识价值已经过时了、不重要了。相对而言，当这些作者坦率地给出他们对一些生活态度的解释或对人类本性一些固定趋势的价值估计的时候，所作的评论倒也还历历可观。

科学就是科学。它被更多的科学所修正。同样，它是被科学家用科学的方法拓展和建构的，而不是被哲学的综合(无论有多广泛)或是被定义(无论有多敏锐)建立起来的。诚然，如此扩张和挖掘的结果可能产生的不是科学；但它们也不会产生出哲学来，而只会产生出糟糕的科学来。一个哲学家可能为一种科学作出巨大的贡献，这是非常可能的一个假设，而且历史已经给出了一些证明。他的哲学履历在他作出贡献的途中，既可被视为一笔资产，也可被视为一笔债务。但是，可以这么说，它们是教学式而不是哲学地进行操作的；所以，它们只是作为发挥作用的知性(intellectual)设备的一个部分而起到帮助或阻碍作用。

当然，对于科学家变成哲学家而言，上述情形在作过必要修正以后依然成立。他可能试图把高度分化的科学成果整合进更大的智识(intellectual)整体中；他甚至可能致力于更没把握的任务，要达到一种“完全统一的知识”。不过，结果要么是对一门特殊科学的一种贡献；要么是创造出一门复合(hyphenated)科学(像天文-物理学，生理-心理学，等等)来，其出现是为了覆盖那在先前传统

的领域划分中留下的鸿沟——再不然，就是又一次对科学神话的贡献，这是艾萨克·牛顿爵士和柏拉图都称颂过的一个有趣的领域。并且再一次，他可能会为哲学说一些非常重要的话——一些要不是他的科学训练，他就不会说的话。但是在这里，再一次地是他的科学起了作用，令他对一些人类困境有更多的敏感，而不是闭锁在一门科学的网眼中。

我不知道是否有必要否认这一意图，即贬低科学之于哲学的重要性；但是一般来说，假定在任何哲学讨论中，或者在任何关于哲学的讨论中，都实际或潜在地存在着误解，那是安全的。所以，我要指出一些在科学和哲学之间有联系和异体受精(cross-fertilization)的地方。首先，哲学能够而且确实有助于对科学的批判。但是，它之所以有能力完成这一清理服务，只是因为科学中有太多原本非科 407
学的、未经科学批准而存留下来的东西。从哲学中发源的观念却被某些科学拿去了，而且还在那里产生了影响，像这样的案例并不难找到。举例来说，在生命科学中，有一种起过很长时间作用、关于物种的固定性的观念。这个观念，当然，对常识而言很熟悉，而且有大量熟悉的观察去支持它。但是，它绝对是在哲学中得到明确表达、在一般的哲学基地上得到解释和证明的。而且，早于它在生物科学中受到批判性的检验之前，它已经由于其概念的孤立而固定的形式而被批判为一件哲学仪器了。我可以在当代的心理学(那些有激进科学气质的心理学)中，挑出很多意识概念、意识过程和状态的残余，它们当初都是为了哲学的目的而起源于哲学当中的。而今天的哲学，至少在其某些代表当中，对于这些概念的批判远甚于一般工作中的科学心理学家所具有的批判倾向。

一些这样的观念在科学中还存留着，我相信，这仅仅是因为它们在那里太不重要了——因为它们的重要性很难超过字面上的意义。几乎每一个学哲学的学生都有过这样的经历，他们注意到，有时候乃至于为此感到惊讶：科学家们竟能如此淡定地容忍那些观念，它们名义上是必备观念的一部分，但是看上去如此不合时宜，只需一点点反思就可将其丢弃——因为它们与科学上建立的事实严重不符。在大多数情况下，我想，对此的解释是非常简单的。这些观念并不真的起作用，所以不管它们反而更省事些，由此节省下来的时间就可以用在研究上了。事实上，科学家们通常都把那些倾向于对这些目前不能直接作用于实验研究的观念感兴趣的同仁们诬蔑为“形而上学的”。

但是，就像我们已经表明的，科学也会随身携带一些并非是无害地嵌入(就像从另一个地质层来的岩石一样)的外来观念。有一些获得了科学身份的观念，其实是有害的;它们固化和限制了研究。它们将其导入贫瘠的领域，而又偏爱对
408 富饶之地产出的成果进行误解。我们当然无法随随便便地就说出它们在今天的科学中是什么，以及在哪里。但甚至连数学都到最近才开始考虑用科学地决定的公理来取代旧时流行的“自明真理”。生物科学由于还比较年轻，就相当严重地受困于不幸的借用和转让概念。几乎任何一个具有批判意识的人，都可能在更新近的社会科学当中找到一些很有影响力的观念，它们起码属于应该被捕的嫌疑犯，是缺乏合法手段支撑的知识上的流浪汉。

现在，当哲学家处理这样的概念时，就相当于在自己的地盘上了。事实上，当他考虑这样的概念时，他花时间处理的常常就是以前的哲学行业的产品。他的检验结果对科学来说，可能具有一种解放作用:不是因为被处理的观念是科学的范畴——甚至不是因为它们是非科学的范畴，而是因为他的检验可能将那些观念放到其适当的话语系统之中，并通过将其放入其自己的社会语境中而解除科学的梦魇。

哲学的批判工作不必在这个地方就突然终止。在生活其他方面的召唤当中，也要求科学研究所特有的各种术语。对它们在这些不同的语境中所具有的意义作一比较，可能是很有启发意义的;而且，有时候也有必要以此作为对含糊性的一种抵制。然而，即便有人将这样一个术语的意义确定为是科学中和实践事务中的原因，那也没有必要下结论说，这个科学概念就是那个日常生活的概念必须得与之相一致的概念。其结论是:科学概念是知识为了寻求因果关系的手段，而实践的事实是为了实践而存在的事实。在从这样一种区分中可能产生出的清晰性之上，批判就可能更有价值了，因为对意义如此这般的区分，把科学所承担的与实际操作的关系这个一般问题放进了一个浓缩并且更易处理的形式中。

我认为，像这样的一些说法穷尽了通常看来是科学与哲学的关系中特有的东西，即每一门特殊科学都未经研究就预设、假定了某个具体概念或概念群，在
409 其基础上建立起自身。然后哲学就进来——据说——检查和批判这些未经批判的假设，担负起进一步将这些被清理的概念组织进一个智识系统的任务。我们被告知:倘若没有这样一个工作，科学作为专门的研究，实际上也可能发展得很好，但毕竟只能在不断地祈求它们自己的前提中发展，而这些前提依然未经批

准，可恶地受着怀疑论问题的质疑。我且不论这么一个奇迹，即科学竟能发展得如此之好，如果它们真的是用了那些没有被弄明白和未经充分证明的观念。我将采用更为简单的独断否认和独断肯定的方法来讨论。我不相信这个传统观点有何值得称道之处，除了它可能说起来更容易之外。

几何学并没有拿一个未经检验的空间概念来当作它的基础，而后竖起科学的上层建筑。几何学是拿特定的事实及其性质来当作它的出发点，而后在处理这些事实的过程中才达到它的空间概念。它的空间概念是一个严格鉴定的结果，也是一个高度系统化了的结果。说几何学的体系是那鉴定了的和组织化的空间概念，比起说几何学来源于或建立于某个匆忙抢来的概念，而关于这概念的内在意义和最终有效性直到最后也依然是未经检验的，要更为正确。从知识的立场，从理智研究、测试和组织的立场出发，几何科学道出了所有关于空间概念可以说的东西，而没有留给哲学家去说什么关于它的根本的东西。如果哲学家怀疑在当前的几何学体系中存在着未经检验和系统化的概念，那么，他唯一可做的就是去批判当前几何学的成果并改善这门科学——盖言之，去从事几何学家自己无止境地从事着的那个事业。当哲学家自己承担起这个责任，开始思考空间、时间、能量、物质、运动这些概念（科学将其作为未经检验的、随意的概念来处理），而批准和安排这件事又成了他的特权的时候，极有可能发生的就是：那结果既不是科学，也不是哲学。

在正统观念中，真理的核心在于我们已经提到过的两点。科学终究只能停留于成为流行传统的、早前哲学的或是神学事业的渗透物而已，而对于这一点，哲学可能还有一个清理工作要做。被用来得到科学概念的事实，除了出现于科 410
学当中以外，也出现于其他语境之中。举例来说，空间的性质在美学上起作用，同时也在数学中起作用。运动和力是作用力的性质，同时也是知识的术语。比较同样的事实在不同的语境中、为了不同的目的而以各自不同的方式被利用，也许可以很好地成为哲学事业的一个重要部分。但是，从知识的角度来看，当这一任务被视为对科学概念的一种整改或扩张的时候，产生的只会是混乱。无论我们拿关于运动的科学定义与实际的、活生生的性质（毕竟，前者是后者的知性定义）相竞争，因为后者与科学的内容不一样而否认后者存在的事实；还是分配给科学成果一个更低的智识地位，因为它与活生生的性质本身不一样，这两件事所造成的混乱以及相应的对理智的诽谤，同样都是巨大的。举例来说，为什么在数学物理学当中，以及在等待罗斯福作出是否要当总统候选人的决定这样一个语境中，时间就应该呈现出完全一样的形式呢？而当我们发现时间在两种语境中表现出不同的特性时，为什么又要坚持说只有一种表现是真实的，而另一种则是仿制品或幻想呢？看来，事实显然就是：在知识的领域内，为了科学的目的，科学概念就是那唯一的概念；而在行为和审美鉴赏的范围内，性质（qualities）就是本质，性质就是那唯一的性质。接受了这一观点，我们就等于处理了这样一个观念，即哲学必须校正或批准一个科学概念。

除非只见树木而不见森林，否则很显然，我想要说的就是：哲学决不是作为科学而跟科学发生关系的，而且当它在此方向上冒险的时候，结果就是糟糕的科学，除非上帝特别保佑它。但是，在这个否定中，也隐含着一些积极的东西。哲学跟科学触碰到生活的地方有关系，科学从这些地方有借有贷，那里就是它产生和运作的地方。在认知实践和我们普通生活的其他问题之间，有着重要的、建设性的相互作用。这些节点，这些关联，给了哲学以它的问题。历史中涌现过大量的例子，最初在工业和商业领域产生并起作用的观念，为了自己的活力和方向而
411 在科学中找到了自己的出路。就以机械科学（mechanical science）的起源为例。古希腊的研究在现代科学方法的方向上，造就了惊人的发展。人的身体受到高度的尊重，生理学和医学就繁荣了。星星保有其神圣的尊严，天文学就取得进展了。在文学上的辩证方法（literary-dialectical method）和纯数学之间几乎一直就有着紧密的、也许是一种逻辑的关系，于是几何学就发展出来了。但是，古希腊的贵族认为，与生产性的手艺及其工具联系在一起后，他的身份被贬低了。那些问题，卓有成效的建议和手段，实验用的物理设备，由此就仅仅在一些特殊情况下才得以被保留下来。但随着艺术在更为平民化的社区中的发展，以及工匠变成一个更高贵的社会身份，实验科学和机械科学（mechanical science）就变得不可避免了。它所研究的那些问题、技术和仪器，都是在以满足日常生活需要为目的的工业的本质控制之下演变的。笛卡尔和培根的逻辑，不过就是结结巴巴地尝试着把曾经被轻视的机械工的操作转换成科学语言罢了。

生物学的进化概念提供了另一个例证。今天的外行很难理解它所作出的贡献。但是，在这一进化观念的早期，伴随着的是政治理想主义者对人的无限可完善性的声明，以及社会解释者通过把历史看作一个连续整体——人类——的进步性发展，来抵制纯粹个人主义的理性主义毁灭性倾向的企图。与之相关的，还

要注意到，马尔萨斯的人口理论是反对这一乐观的完美主义的主要文件，而且马尔萨斯依然深受自然神论的影响，虔敬地希望基于这样一个理由去为自然界为孩子所准备的伙食的短缺作辩护，即这种吝啬对工作、对创造——人类进步的源泉——而言，恰恰是一种必要的、幸运的激励。这一点由于达尔文的缘故而尤显关系密切，因为达尔文曾表明他个人对这一政治经济学学说的感恩，为了他的生存竞争、自然选择及优胜劣汰概念——它们是理解物种起源的关键。

科学本身就是一种广泛合作的社会努力；除非是在这样一个地方，条件允许 412
任务可以分工，而分散的成果又可以整合在一起，否则，它是不可能的。若没有现代化的设备服务于出版、贸易和交往，现代科学就会是一个空洞的梦想。科学在不止一个方面都是工业革命的后代，就像它在不止一个方面都是其父母一样；因为科学既有所给予，又有所获取。所谓科学与宗教之间的冲突，并不是指两个抽象概念、两个柏拉图式的实体之间的冲突，而是社会团体和社会力量之间的冲突。尽管文学评论家说，文学作品是由男人和女人们写的，而不是由想象和抽象能力写的；但男人和女人们也要受到他们所在时代的影响。无论一个艺术家可能建造怎样的笼子，把他自己禁闭在里面（但一般来说，建造和标注这些笼子的都是评论家，而不是实干的艺术家），他的工作中都嵌有科学的影响。不是说他确实或应该在写作之前密切关注最近的科学发现，更不是说他应该把最近的科学故事付诸笔端（科学传奇正在很不适当地成为历史传奇的一个强劲对手），而是说呼唤着他的生活，向他展现生命放在生活中的问题的那种生活，其本身已贪婪地吸收了由科学所造成的信念和实践上的差异。

再举一个例子，我们就结束这些说明。在某些既定的、成惯例的传统影响下，科学和道德之间的关系已经在一种消极的精神中被设想成一个关于保护的保险问题。我们该如何从自然科学概念压倒性的影响中保存一些自由、理想、责任的碎片下来呢？然而，这种感觉和提问的方式本身就是一种社会生活的标志，在这种社会生活中，科学进展不大，而智力的进程也不是被看作适当地配备了所需装备的、思想开放的研究，而是被看作对对立概念的辩证阐述——一场永恒的智力官司。现在看来，把在自然事物研究中的思考方式、提问方式和实验研究的测试特征转接到个人和集体的行为中去，正在成为连接现代科学和我们的道德生活的重要节点。在多数情况下，道德标准仍被武断、硬性地看待，就好像人们从未听说过法则的归纳概念及其作为一种研究工具的重要性似的；要不然，就是对被武断设想出来的道德所受的各种不合理的、外来的强制所作出恼怒的反应，它依赖于神化个人爱好——这同样完全地忽略了科学中发现的一种理智方法，
413 这种方法审慎、严格、不服从任何法则，除了它自己的目的。

说一个时期的哲学总是专注于那个时代的科学，这个话题并不多余。在有些人看来，拒绝哲学的许可而在科学之下挖掘、圈地，这会造成极其重要、极其广泛的损失；但事实上，这么做好过任何弥补，即让哲学坚持自己的事情，用改进了的方法和我们称之为科学的、智识上的成果来重新解释人类事务。家庭主妇们及时、强烈地意识到，可能被做成食物的动物在数量上极其有限。经历了大规模经济生活的人们开始注意到，构成人生的各种利益以及这些利益相对的稳定性——几乎就是一成不变的。就它们自己而言，它们几乎没有改变，即使有改变，也像在大风吹过的海岸上堆成沙丘一般。形式以极大的速度改变着，让位给新的，然而，“它们越不同，也就越相同”。

政治、道德、宗教、艺术、工业上的重要差异全都归因于想象力在气质和视野上的变化。如果我们被赋予观察能力上的天赋，却由于交往方式而缺乏精神上的团结，那么在我们人类同胞的活动中所展现出的，将是一幅单调得多么可怕的场景啊！我们有这么多肌肉，还有这么多可能的组合和协调——事实上，比一匹马的腿所能做的动作数量更多，但我们几乎对此毫不在意。但是，这些外在的运动充满了意义：那变化着、增长着、裹着一层又一层观念色彩和一重又一重偏见阴影的意义。理解力、反思、知识渗透进它们，而每一个行为都充满了独特的重要性。我认为，这个例子跟那些组成了我们的政府、我们的爱与恨、我们的礼仪与教派，以及商业的集体人类行为，并没有明显的不同。正是智力上的探索和冒险，以及科学上的假设和结论对它们的突破，才为它们带来了外形和运动上的重
414 要性。理解力的永恒象征是光，这不足为奇。但是，光对人的价值在于它所赋予事物的可见性、壮丽和斑驳的色彩，这些本身却不是光。所以，科学的重要性在于它为事物所做的，而这些事物不是科学本身。思索这一重要性，澄清它，促进有益的交往，以便让这一重要性在生活的实际中体现出来——这将留给哲学足够多可做的事情。

对实在论的简短研究III[①]

I.

415

新实在论同意现代思想中一些彼此独立的倾向，即从事物(things)和属性的“范畴”(category)转向元素和关系的范畴。我毫不怀疑从这一态度变化中所产生的、对逻辑学和哲学各种分支的好处。只是，它随之也带来某些困难，我准备在此详细讲一下其中的一个困难。在此基础上，一个“复合体”(complex)的地位是什么？我想，一个复合体就相当于以前讲的“物”。要接受、信仰或认知任何具体的复合体存在的根据是什么呢？更为客观地说，提出其个体性的保证何在？举例来说，一棵树，或一块岩石，被分析为是在一些简单物(simples)中所存在的一些关系。当我们这样分析它之后，还可能完全地恢复这棵树或这块岩石吗？这是我们的讨论中古老而常见的一个困难。科学对这棵树和这块岩石的解决方案，打破了表面上看来物在时空上的孤立性——它与他物的分离性，以及它表面上的自我中心指涉(self-centred reference)。这棵树作为一个有关元素的复合体，包括了元素以及土壤、空气、光等因素之间的关系。似乎也不可能在理论上，就这些元素和关系将在哪里停止画出一个明确的路线来。我们似乎陷入了一个

① 打字稿，约1912—1913年收藏于卡本代尔：南伊利诺伊大学，莫里斯图书馆，特别收藏，16号文件夹，第51盒，杜威文集。

巨大的漩涡之中。①

416 另一个困难不是从个人偏好出发的(*ad hominem*)，而是存在于概念之中的。当我望向窗外，看到房屋、树木、喷泉、灯柱以及砖块、草地和柱子的时候，很显然，有一些我所看到的东西——那些人造物品，它们的个体化存在归功于它们从人类目的中被实现了出来。但是，虽然承认这一点，那如此包含在其中的目的却不是我的；虽然看到它们，我却没有产生要去砌砖、柱、梁和烟囱的意愿。那么，它们为什么会向我的感知呈现出此种个体性来呢？在某种程度上，似乎不得不说，在我此刻有意识的目的或有意识的意图中，有一些能把它们区分开的东西。就拿一种自然物来说吧——一块石头。我对它作为一个整体的使用——在扔它或者用它来建造东西的时候——即坚持了它的整体性，这可能是一个很好的中介，由此其个体性得到了经验上的展现。但是，如果说我扔它或者用它来建造东

417 西是因为它已经拥有的特性，似乎同样正确。我们不会挑出一把空气来扔出去。② 自然物倘若能够作为工具服务于我们的目的，它们必须拥有适合那种服务的特性。即使是这样，即仅仅就它们在行为的计划内被用来当作工具而言，我们才把事物理解为外在分离和本质是有别的——它似乎是种好得多的心理学学

① 我想，我意识到的这个困难可能很大程度上在莱布尼茨那里已有所例示。比较一下：他一方面坚持纯粹单子(因为它简单，所以没有窗户，不受任何他物的影响，也不能影响任何他物)，另一方面坚持宇宙和谐与宇宙的系统性。

处理这一困难最常见的方式当然是：把对一个中性的(indifferent)的齐性分叉的(homogenously ramifying)材料的个体化和限制归入理解行为中的"意识"运作。当然，实在论者被阻止依赖于这一解释。但是，这多少有点惊人：至今为止，他都没怎么注意到作为知识论上的对手的主观主义的这个特别阶段。看来，到目前为止，他都满足于在感知理解的理论上利用常识对事物的信念，而在其概念理解的理论上则运用关系-元素的概念。而恰恰就是这两种理论上的不协调，才造成了我们正在处理的这个困难。相对于所有主题内容(除了那些从概念分析中产生的)的特性个体化、外在与内在问题而言，细节上的错误或特殊的幻想、幻觉的存在对实在论者来说，都是小问题罢了。

最近，"意识"中的实践性和目的性因素被用在对个体化事实的解释中。柏格森最近就以关于一种齐性物质为了行动的目的而整合(parcelling)、切割(carving)、分离(sundering)的理论，为此观念作出了突出的成就。就这一理论用意识来阐释目的和实践(或行为)而言，它对新实在论者来说，无疑与提及意识在理解中的作用一样，是一种令其反感的解释模式。但是，对此理论的批判和拒绝，只会令他更义不容辞地提供一种关于个体化事物本质的真正实在的理论。而且，诉诸行为至少比诉诸理解的心理学占有一个优势：行为不仅仅是心理上的，也不仅仅是一个"意识"的问题，尽管智力行为包含意识和有意识的目标——这一差异，诚如我们将会看到的，立刻给予"行为"解释一个不同于"理解"解释的身份。

② 比较布丁(Boodin)博士的论文《事物存在吗?》(Do Things Exist?)，见《哲学、心理学与科学方法杂志》(*Journal of Philosophy*, *Psychology and Scientific Methods*)，1912 年 1 月 4 日。

说，较之把感觉和相关想象相融合的学说；甚或是这样，即最终，它们的个体性意味着它们就是一个行为计划中的工具——即便如此，令它们成为工具的并不是如此这般使用它们的自觉意图。它们必须有令其自身成为工具的理由。简言之，一种彻底的实用主义（用这个含糊的术语来表示作为哲学话语中的终极宇宙的相关行为系统）不能把事物是工具这样一个观念当作儿戏；如果它们是工具，那么，它们凭借自身成其所是。

到目前为止，论证的路线似乎是好的实在论。然而，它只是加强而不是解除了那个困难，即如何调和关于事物的一种实在论哲学和所有存在以及所有生存(subsistence)都是元素及其关系的问题这样一个学说。实在论走得越彻底，后者这个计划就越不可能表现为一种关于存在的形而上学。把存在分解为相关元素，恰恰是这样一种理论，它令我们有必要把实在的自然物和事件当作主观决定的、由于“意识”（无论是自觉感知的意识，还是自觉意图的意识）而从现实中划分出来的复合体。有些新实在论者没能认清这一情形，我想是因为这样一个事实，即他们主要是从生活中、从生存领域中选取出发点。在这一领域中，这一困难没有呈现自己，因为个体或复合体是一个类(class)，或是类之间的相关性的一种复合体。在被处理的实体是类的地方，讨论中的事物的形而上学——与自身的本质——与关于它的、作为相关元素的复合体的知识就完全是一致的。但是，把自 418
然的物和事件叫做类，就要求为了武断的外在切分和内在同一而使用意识的主观性原则（或者在理解中，或者在使用中）。如果那棵存在着的树或存在着的岩石是一个类，那么，它就是一个直接和间接地包含了自然界所有元素和所有关系的类；也就是说，从存在的层面来讲，它就是那个世界。说“意识”的运作仅仅是从整体中挑出或选择一个部分，也避免不了这个困难。因为事物——那棵树或那块石头——的特性在于，它并非呈现其自身为仅仅在数量上是一个更大的齐性整体中的一小部分①；而是呈现其自身为一个事物、一个以性质作为特征的个体。从相关元素的一种彻底形而上学的立场出发，这就是一种幻觉。承认“意识”可能对这一幻觉负有责任，也就是（诚如我们所指出的）为知识的实在论理论制造了一个困难；相对于这个困难而言，偶尔发生的特定幻想不过是一些小问题

① 比较我的论文《知觉与有机体行为》(Perception and Organic Action)，见《哲学、心理学与科学方法杂志》，1912年11月21日（《杜威中期著作》，第7卷，第3—29页）。

罢了。这是对整个知觉经验领域所造成的中伤。在这么做的时候，它为观念论(idealism)提供了主要的武器，这当然是因为它给了观念论以回击的机会：在承认这种个体化是“意识”[无论是唯理智论意义上的(intellectualistic)，还是唯意志论意义上的(voluntaristic)]的工作，以及在坚持“意识”真实地构成了存在的过程中，它把真实的事物从幻想的监狱(实在论把它们所扔到的地方)中解救出来了。

II.

我的主要目的在唤起大家注意这个困难的过程中完成了。然而，我还要通过指出一个关于事物的形而上学的对立性假设来补充这个讨论，让读者注意到，这一假设的有效性是一个完全独立于我们所指出的那个困难的严重性的问题。
419 我的假设也许完全是错的，但相关元素的形而上学与事物的事实之间的不协调性依然存在。

我们不是一定要在实体与属性的旧形而上学和相关元素组成的宇宙之间作一个两难选择。事实上，前者只是在通往后者这一方向上的一个步骤罢了，而后者的辩证优越性归因于这样一个事实，即它明确化了已然在前者中运作着的逻辑。事物也许是行为的综合系统，是能量的聚焦。这样一个观点正确地处理了它们的外在切分和内在同一，而同时，它没给我们带来事物彼此之间苛刻的区分。这些行为的聚焦系统相互作用；就其聚焦而言，它们有最大程度的个体性；而当它们与他者有最大程度的互动的时候，则彼此重叠并模糊地彼此渗透。从一种实在论经验主义的立场来看，这种严格的个体化和松散、变化的外围界限的组合是最正常不过的事情，它们的正确性不会因为聚焦性与外在行动系统的复杂性之间的辩证不协调性(dialectic incompatibility)而遭到驳斥。

于是，人类行为(智力的或有目的的行为)将仅仅是一个综合的行为系统——就是其所是的那一个。坚持说其他系统作为这一行为系统中的综合而有差异的因素可能彻底地展示其自身的特性，这并没什么本质上不可思议或令人反感的“主观主义”的[①]东西。这样一个立场将使我们正确地处理所有能被用来支持以下这个结论的事实，即个体性是在这样一些智力行为的系统中被强调的

① 术语“主体”(subject)的真实意义，仅仅是这样一个存在行为的特征系统。

(在某种意义上,甚至是与这样的系统相联系的);而又不会令我们被强迫总结说,只有在与"客体"(objects)和"世界"相对立的意义上被定义的"意识"或"精神",才能为这个个体性[1]负责。你可以说:"我们所拥有的通向实在的唯一钥匙,就是在对人类本质的目的不断发展的领会中,实在必须被认为的那个样子。"[2]

III.

420

我想,会有人鼓励这样一个观念去跟科学中的发现作斗争,后者通过它的数学分析,把客体看作相关元素的复合体,看作命题或命题的主题材料。然而,这样的鼓励却没能吸引实在论者。在过去,这一观念一直是通向客观观念论的大门,除了这一点(可以说是属于哲学的各种"主义"的战略)之外,还牵涉到我们指出过的,对感知的大规模的怀疑。辩证地来看,它牵涉到它自己的特有困难。我不准备在这里谈得更深,只讲一点。这些困难本质上是柏拉图式的困难,涉及特殊(the particular)中的普遍性存在,以及在自然物的构成中,本质与存在的特殊性与普遍性的结合:分别来自存在和生活领域的元素和关系如何才能合为一体,构成特殊的事物和事件呢?但是,即使所有这些困难都被克服了,肯定还是不会通向这样一种实在论,它坚持说科学和感知直接"知道"事物,以至于要用科学来废除感知的形而上学有效性,连同这形而上学有效性在个体化事物中的存在。

因此,我要用同样的简洁性提出另一个假设。科学涉及的是这些个体化的行为系统彼此之间的相互作用;它涉及的不是它们*如此这般*的存在或结构。它总是关于它们的,并且是关于它们在彼此的促进或阻碍上的相互影响。正因为完全关注于相对性(relativities),而不是个性,它自然就落入了元素与关系的构架中,仅仅从对应物(correspondences)和替代物(substitutions)的立场出发来看待事物了。这不是实际存在的一种变形。唯有当它作为一种彻底的、关于存在的形而上学出现时,它才变成这样。

再进一步在一点上思考这个假设的话,则因为我们作为生物首要地是跟人

① 这里以及其他地方的"个体性",都仅仅被用来指示性地(denotatively)指称诸如一棵树或一块石头这样一些事物。

② 布丁(Boodin),引用论文,第14页。

类个人与社会的行为系统相关；自然的事物和事件会进入这个系统中来，人类系统的成功有赖于它们的合作。所以，科学应该从人类系统的成功管理这个立场出发并对它感兴趣，这完全是自然的。也就是说，它涉及物理行为系统间的相互作用，着眼点在于效率——作为人类生涯中的要素。

421

我已经把这些要点仅仅作为假设并用高度概括的形式作了介绍。而在我看来，它们无异于事实的证据，而且展现了正确地处理一般被叫做“客观的”和“主观的”考量的唯一一个有希望的方法，即唯一一个没有给予所谓的主观以一种权力和范围的方法——在实在论体系中，那种所谓的主观方法总会召唤出一个观念论运动。

社会心理学的工作方法①

对最近社会学文献的浏览表明，至少有五类问题的讨论恐怕都与社会心理学的主题有些关系。从某种程度上来说，这些不同的问题是由不同的作者带着非常鲜明和独立的目标而被讨论的。但从某种程度上来说，它们甚至在同一个作者那里都有重叠；而且或多或少存在着从一类问题到另一类问题的无意识转变，从而结果有些混淆。作为试着为社会心理学领域划界并为其活动绘制图表的准备工作，精确地对这些不同类型的讨论加以区分，也许会比较好。 422

第一类选取了著名的社会现象，并采用心理学的思考，只要是在心理学可能有助于解释讨论中的事实的时候。它也许是一个语言的问题；也许是一个神话或巫术或宗教崇拜的问题；也许是一个世仇或异族婚姻的问题；也许是一个关于财产所有权或政治权威的特性的问题。处理这些问题的研究者得出了这样一个结论，即就事实的特定阶段或大部分而言，它们都有一个独特的心理起源——依特定情形不同，或多或少都是如此。于是，他自然就会利用他所能得到的最好的心理学理论。这里，如此这般被坦率承认并用来帮助对社会学事实进行叙述、解释和归类的，是一般心理学或分析心理学。

第二类，我们试图解释和处理相当多的人们共同体验到的精神现象。一个极端的案例就是群体或暴民精神。另一个例子（如果允许反对某些法国作者的观点而假定这是另一个例子，而不只是暴民精神的一个案例的话）即被看作事实 423

① 打字稿，约1920(?)年，收藏于纽约州纽约市：哥伦比亚大学，巴特勒图书馆，珍本和手稿室，杜威文集。

的公众意见：相当多的人们持有同样的观念，以至于产生了共同的行动。对很多作者来说，这就是能解释在一个既定社会群体中不同个人之间何以具备共同的信念和目标的心理学（一般是关于同情、传染、模仿或沟通的心理学），即社会心理学。相同或同质内容的存在、本质和机制，这就是社会心理学的问题。

第三类，存在着对共同兴趣和目标的意识：这是一种风雨同舟的意识，极大地改变着具有这种意识的那些个人的行为。属于这一类的事实很容易被分辨，尽管偶尔会与第二类中论及的事实相混淆。后者仅仅抓住别人也持有的同样的观念（无论自觉与否），而前者把社会福祉拿来当作标准并据此自觉地尝试他所接受的观念和树立的目标——这两者之间有明显的区别。我愿意与我的一些同事一样相信："保护"是绝对不可或缺的，或者，一种特定方式的考验是必要的。这就是我称之为共同认同（the common content）的问题。然而在实际当中，改革家也许是唯一的那个人：在一个既定的时期内，接受一个既定的原则；而他的心理状态却完全是社会化的，因为他已经通过对社会福祉的思考而达到他的信念。在这个意义上，"社会意识"不可避免地承担着某种具有道德意义的东西；社会意识或多或少地站在个人意识的对立面上，因为后者多少有明显的自我中心或自私的意味。有些作者已经或多或少明确地在这一基础上展开研究：社会心理学的问题的对象，是把一般的社会福利作为自己关注点的思想和情感。

第四类，通过他生活于其中的这个社会中介而施加在一个既定个人身上的
424 影响，已经吸引了一些研究者的注意。他们已尽力根据社会中介来解释个人意见和目标的既定系统（后者形成于前者之中）。他们为自己提出了这样一种机制：个人的情感、判断和意向是由社会精心制作而成的。显然，这里与第二类问题有某些联系，就这些结构牵涉到一个共同认同而言。我想，有些作者非常不自觉地从一个领域转到了另一个领域——这令其工作受到损害，因为这两种情况中的问题是不同的。在一种情况中，是作为"共同"的共同认同的存在决定着调查研究；在另一种情况中，问题是要解释：在什么样的社会影响之下，既定的个人A、B或一组既定的个人MN，开始坚持某种具体的观念和习惯；正是这些观念习惯的总体，组成了这样一个及这样一类性格。为什么城市的居民不同于乡村的居民？他们如何不同？是什么造成了马萨诸塞州和南卡罗莱纳州的居民在兴趣和理想的类型上的差异？在什么样的社会条件之下，这个人成了窃贼，另一个人成了投机商，而第三个人成了医师？虽然这些都是关于个人或团体的问题，但

它们显然是社会问题——描绘和解释特定社会类型与形象的问题。在我们考虑当中的是作为社会个人的个人——不是在他的心理机制当中的那个个人，而是作为一个有着具体的习惯、计划和观念的具体人格。毫无疑问，心理学作为解决这类问题的一种方法，可能是有用的；但有些作者很明显搞错了方向（因为经受检验的就是一个个人），以为所得到的结果具有特别的心理学特性。

最后，根据刺激和激发了它的社会情况来解释如此这般的精神过程，是一件细致微妙的事。譬如，感觉（sensation），作为一个心理事件，有别于被给予的内容或性质——它很难从前面四类问题的社会心理学视界中产生。它属于在第五个标题之下的社会心理学，它要表明的是：一种社会中介唤起和决定了被视为精神态度或运作模式的感觉。一个野人的感官知觉，或是一个 19 世纪文明美国人的感官知觉的实际结构，属于第四类问题；但是，野人的感官知觉的敏锐和机敏、 425
知觉行为的特有品质在整个心理生活中所扮演的角色，却是一个不同种类的问题。在科学上，我们能从实际体验中抽象出内容的方面，以及模式或形式的方面。所以，如果这一观点和我们的第四个观点之间产生混淆的话，那么，要辨别也很容易。在那里，问题是通过参考已经存在的、同类的其他内容来解释某种具体的和明确的精神内容。在这里，问题却不是关于任何特有的观念、计划或习惯，而是关于其中所涉及的典型的心理态度和运作。这不是通过参考由他人所表现出来的相似态度来解释它们的问题，而是通过将它们与它们出现于其中的社会情况的结构和运动相联系来进行解释的问题。一个是要解释既定的中国人对一套特定的传统观念的接受；另一个是要解释这个中国人依赖记忆形式中的权威而非动用主动权来为自己解决事情的习惯。在第四类问题中，我们感兴趣的是对在一个既定个人或团体中通行的行为与观念的陈述，本质上是一个社会问题。而在现在这个标题之下，我们关心的则是一种特定的心理类型，一种特定的精神模式（pattern）、形式（form）或图式（schema）的存在——这本质上是一个心理学问题。[①]

如果现在将第一类与第五类问题相对照，那么，我们会发现，我们倒转了我们的观点。在第一类中，关键是解释特定的社会现象，通过参考完善建立起来的

---

① 我发表在 1902 年 5 月《心理学评论》上的论文《原始心灵释》（Interpretation of Savage Mind）（《杜威中期著作》，第 2 卷，第 39—52 页），可说是更详细的例证，说明了一种精神类型或模式是什么意思。

心理学原理——比如联想、视觉影像的形成、指导智力过程的符号的价值，等等。而在最后一个标题之下，被提出的问题则与通过参考社会情况来解释心理过程有关。如此，这两极之间的区别足够明显了。在第一个案例中，直接的兴趣点是社会学的；在最后一个案例中，直接的兴趣点是心理学的。然而，介于中间的三条又关乎什么呢？我们又该如何为它们分类呢？

426 这些介于中间的条目，回顾一下就是：(1)共同认同的存在；(2)在一个个人所怀有的观念和情感以及他所实行的行动中，存在着自觉的社会指涉；(3)现行于个人或团体之中的观念和行为模式的复杂系统。就此而言，它们需要从社会方面来解释。

尽管为了防止混淆，我一刻也没有忽略明确地区分这些不同类问题的必要性；但我还是坚持认为，所有这些事务属于同一个调查研究的不同阶段，这个调查研究若从方法论的立场来看，或许就能被叫做社会心理学。阐明何以以及为什么这一点是正确的，将为讨论这样一门科学在方法上的工作立足点，提供一个合适的引导。

首先，我要指出，某些宗教、政治、经济等制度形式上的问题，事实上与通行于一个既定团体中的实际信念和风俗的问题是相同的，就其所需要的解释都牵涉到心理学概念的运用而言；因而，我们最初的第一和第四类问题自然就是互相归结的。在这两者中，我们有着相同的事实。在一种情形中，事实被从制度和客观的层面来考虑；在另一种情形中，则从个人和内在的层面来考虑。很明显，我们所关心的是同样的事实，无论我们研究一个既定的印第安部落所拥有的神话的内容，还是从那个部落的人民接受这些传奇故事并受其影响这个方面来考虑。在第一种情形中，我们把神话当作一种试验性的生活情境，为了科学之便而忽略这样一个事实，即神话毕竟只是信仰和报道它们的那一群人的智力和情感素养的一部分而已。在后一种情形中，我们把那些神话作为这个群体实际生存、宗教、美学、科学等诸方面的现象来考虑。后者的观点仅仅是采用了在一个稍低水平上的事实：它意识到，如果不基于在一类既定的相关个人中盛行的具体兴趣、情绪和行为体系，那么，“制度”将不复存在。从科学分工的角度讲，第一种观点
427 适合语言学者，当他专注于一个既定群体的语言现象的时候；对于比较宗教学家(comparative religionist)来说，研究神话、仪式、教派、教条等是适当的；对于学法学的学生来说，关心一个社区所拥有的权利和义务体系是适当的——总之，对专

家来说，沉浸于对一套既定社会现象的描述和解释，是适当的。另一种观点则将制度层面诉诸在一个群体的个人中所发现的具体的行为与观念习惯，而后试图依据社会中介来解释它们，这是对一般的人种学者来说比较恰当的态度。他必须接受这个在很大程度上要通过专家才能完成的特殊阶段；此后，他关心的就是它们作为共同的并且更广泛的经验内容的各个部分彼此间存在的关系——这些关系或多或少宽松地绑在一起。

考虑到这个主题实质上的一致性，下面这一点就很清楚了：将社会福祉自觉地作为在决定个人意见和行为的过程中起作用的一个动机来参考，这个问题仅仅是一个特例罢了——即个人素养的特定层面需要从社会因素来解释。在这个例子中，社会因素太明显了，以至于有人误以为在这里发现了一个独特的社会事实。其实，我们在这里所有的，是一个追加的社会性样本(additional exponent of sociability)。然而，往细了说，它是所有社会学问题中最有趣和最重要的问题之一；从原则上讲，它与由社会产生和以社会为条件的任何思考或行动方式站在同一层面上。某个宗教教派在一个既定的团体中的流行，显然是一个可归入第四类问题的事实。然而，作为那个教派的诸多现象中的一个，我们会发现，它把某些其他观念和实践视为仅仅是私人的或个人的，进而非难它们和试图镇压它们——这发生在一些比如带有巫术色彩的社区中；而在其他地方，这作为被社会承认的宗教现象的合法部分，是可以容忍的。在后面的情形中，需要解释的宗教事实承载着一个附加的意义因素——那被感觉和设想为共同的或在类型上明显相关的因素。有意识的社会指涉的这一附加因素的本质；公众与私人意义之区分的起源；公众与私人之区分的含义，它所涉及的不仅有教派本身的要求，而且 428
有其他的社会现象，例如家庭的以及政治的社会现象——所有这些都是需要研究的。但是归根结底，它们只是为那些需要根据他们的社会环境作出解释的个人经验和素养提供了更多的特征罢了。制度之所以是社会的，是因为它的功能、它的效用以及它实际完成的东西。对这些效果的重要性和必要性的明确意识，当然反过来会影响到制度本身；它召唤出一套新的情绪和观念，反过来修正着实际运作和实际效果。不过，制度为了获得社会价值，不会坐等这样一种独特的意识指涉(conscious reference)的产生。这里的区别非常类似一个观众在审美上很喜爱一幅画，而另一个观众除了喜欢这幅画之外，还清楚地了解它的美学起源和本质，所以他会在一定程度上根据美学规范决定自己的欣赏态度。我们在这里所有的仅仅是一个附加物，它在那个审美事实中随后发生——而不存在任何类型上的根本区别。

就方法而言，社会现象的那种特殊类型——它伴随着具体的观念和情绪，作为社会价值的自觉索引(conscious indices)而起作用——的意义是双重的。首先(诚如已经表明的)，它标志着从社会领域向社会伦理过渡。其次，它建议并几乎是强迫对它的表达去求助心理学观点。就像开篇时所说，只要是在社会学家发现心理学数据和方法可能对他有用的任何一个地方，他都会走向心理学。当他在处理……(文稿遗失)的时候，在社会性质……(文稿遗失)的地方，不仅仅在研究者这边，而且在那些实际经验了它们的人那边，心理学都变成了几乎是必不可少的手段。

当代哲学的问题：关于经验的问题[①]

朋友们，同学们：去年春天，当我与博恩(Bohn)先生商量作这三个关于哲学主题的讲座时，没有意识到，竟然会有像现在这么多对明哲(philosophical)的需要。然而，哲学也许已经正当地得到了一种很好的方式，远离那种明哲的概念，后者曾被教给哲学用以逆来顺受和理解生活的困扰。我想，这是从旧斯多葛哲学流传下来的一个观念吧！ 429

在谈论经验问题的过程中，我想提出的第一个问题是：一个人是基于经验而持有一种哲学，基于经验而持有关于知识和行为、个人行为、社会关系的理论，还是基于经验之外的其他什么东西而持有关于这些事物的理论？这两者实际上有什么不同呢？人类在这个问题本身中的位置是什么呢？倘若在生活中，人们大体上持有一种经验的哲学，抑或他们持有某种其他的哲学，事情会有什么不同吗？在对经验本身是什么进行探讨之前，我准备先讨论这个问题。

下面，我想讲的第一点是：哲学是基于经验的还是基于其他什么东西的，这个问题有着非常实际的意义。其中的差异的第一个方面，也许是由英国思想家约翰·洛克(John Locke)提出的，其作品写于17世纪后半叶。他的主要著作发表于英国革命之后，也就是1688年斯图亚特王朝被最终推翻的时候。他是第一 430
批坚持说我们的所有信念——无论科学的、道德的，还是政治的——都应建基于经验的现代思想家之一。如此，他将他的经验哲学与另一种非常风行的哲学形

① 杜威于1933年3月8日在纽约州纽约市兰德社会科学学院所作的演讲。速记报告的缩微胶卷保存于纽约州纽约市：纽约大学，塔米蒙特作品集，第13辑，第45卷，第121页。

成了鲜明的对照。在他那个时代，有相当多的信徒相信先天固有的观念、原则、标准和理念，它们不是通过生活过程、通过我们的经验而获得的，而是精神带来的，所以比一切经验都更深刻、更根本和更确定，比源自实际经验的任何观念、信念或原则都要具有权威。现在，他给出各种理由来打击这些先天观念的理论，包括各种道德的、智力的、哲学的原则，还有一些是纯理论的。但是，那个真正的理由，表明了经验哲学对于其他事物之意义的那个理由是这样的：如果人们相信这些先天观念，那么，在生命早期（如此之早，以至于人们后来都不知道它们是怎么来的）被逐渐灌输进来的各种各样的偏见、概念似乎可以因为精神中的固有性而获得认可了，从而将不必经受任何的检验或批判。他由此接着说道：这将令一个人或一个阶级的人，对其他人民的信念和行为具有非常巨大的权威、非常巨大的影响和非常巨大的权力……或者说，那个集团就是在人民的头脑中慢慢地灌输进这些信念和标准的一些人；这些标准、原则不可能受到检验，因为它们来自如此高的源头，以至于它们免受一切根据我们的实际经验而来的检验。

现在，在这个经验问题，即关于哲学是基于经验的还是基于其他什么东西的问题上，他切中要害了——人们可以发现，它贯穿于思想的历史（尤其是我后面会讲到的原因），贯穿于现代思想的历史之中。在约翰·莫利（John Morley）写的那些关于18世纪法国的伟大思想家的书中（一本关于卢梭，另一本关于伏尔泰，还有一本关于狄德罗和百科全书编撰人），他指出（历史也证明了他的评论）：这些确实坚持将经验作为我们的信念之源和权威的经验论思想家，在政治和社会问题上，一直一致地站在自由主义一边；而那些坚持不是经由实际经验而给予
431 我们的先天观念、先验原则的人，则在所有的政府问题上一直与保守派、反动派保持着实际的一致性。

由于我认为特别明显的一些原因——我在后面会说到这些原因，现在只想提醒你们注意这样一个事实——一直是这样的：对不是来自经验因而无法由经验来检测的标准和观念的信念，古往今来一直是一个非常强大的工具，也可说是一个非常强大的武器，它被掌握在那些掌权者即一手控制着社会的人的手中；而实际上，对他们而言，说那些代表了现有的政治和社会秩序、现有的政府类型的标准和原则在其本质上是永恒的，并说它们是必然和普遍的因而没有任何问题，是相当容易的事。约翰·洛克在他的一篇论文中，作了也许是相当极端的一个陈述。他说，我们的思想就像我们的教堂和寺庙，里面有某些偶像（它们统治着

思想)，有终极的权威，有人的行为、观念和理想的终极源泉；以上这些，能够通过超越经验并来自某种高于经验之源的观念来对人发号施令，这就是控制人的行为的真正力量。

现在看来，这个说法可能有一点极端了。人的行为也许相对更多地是被习惯所统治，而更少被洛克所认为的单纯观念所统治；但是，下面这一点是非常正确的，即我们被我们的思想和观念牢牢地控制着。当然，洛克这么说也是正确的，即如果一个人能将那些被他描绘为来自一个更优越的源头的观念和原则植入他人的思想中，那么，这就是他所拥有的非常强大的力量和权威。

我们再从另一个方向来谈这个问题。通过教堂、宗教组织而建立起来的根本权威，从来都坚称他们的基本观念和标准在本质上是超自然的，是超经验论的，所以，人们只得在那些原则面前鞠躬，而不能拿那些只是从对世界的经验中、从他人那里得来的实践判断或信念来对质那些观念。在经验哲学对抗某些其他性质的哲学(从学术上来讲，即先验论哲学，也就是来源于超越任何实际经验之物的哲学)这件事中，这是性命攸关的最具体的问题。 432

还有一个原因不那么明确，但同样重要，也许长远来看会越来越重要。那就是：从人类历史整体来看，在控制人民的信念及其制度与行为方面，这些其他哲学已产生了比基于经验哲学的观念更大的影响，已有效地导致人们贬低经验、轻视经验。我想把这句话拆分成两个方面来讲。一方面是说，这个问题是重要的，我再重复一遍，因为大多数的人从整个历史记载来看，并没有在其行为中实际接受经验哲学。他们接受了这样一些标准和观念，它们依附于或者声称具备超越经验之上的权威和约束力。另一方面，我也再重复一遍，因为他们没有高度重视实际经验，而恰恰相反地看待它，所以把主要的注意力都放在——并且把主要的重要性都系于——那样一些事物上，这些事物依附并归属于超越我们这个世界的实际经验的领域。

我刚才所提到的超自然观念的影响和力量(它们声称是衡量价值的超自然权威及标准)，宣称来自启示，来自一个高于经验的源头，所以拥有伟大的思想……整个历史令我们所有人都明白了它们对人类的巨大影响。现在，我所重申的观点是：人们已经开始觉得，那些价值和标准比任何经验中的东西都更加重要；而据我的判断，我们的实际经验从来没有比现状更好一些，实际的人类经验一直是一片混乱，而今实际的人类经验依然是一片混乱。其原因是：那么多的人被教导去相信并已开始相信——救治办法(remedy)是在经验之外被发现的,依赖经验无论如何不会有多大用处;经验无法给我们任何可依据的伟大价值,也无法建立起真正有效地引导人们的方法。

我不想在此过多逗留,但是我真的很想唤起你们对这一点的注意;极有可
433 能,人类没有从经验中收获更多的一个原因出于这样一个事实:他已被教导从别处寻找最高的价值和最高的行动指导。当然,今天越来越多的人开始质疑这个观点,认为相信这个观点不是很现代或很时尚的。但是,我再重复一遍:在历史的过程中,人类总体上已经习惯于这个观点;所以存在着一种轻视,它缺乏对经验的尊重,缺乏对这一问题的严肃思考和关注,即如果我们将经验视为唯一的、终极的行动指导,那么会从经验中制造出什么来?这就是两个重大的原因,表明经验哲学这个问题何以对于人而言至关重要——它具有普遍的重要性,而非仅有专业哲学上的意义和重要性。

下面来看哲学思想本身的历史,我想说,在关于经验问题的思想发展中,有过三个重要的阶段。我们看到,最早的那些关于经验的概念来自古希腊、古雅典的伟大哲学家,即公元前5世纪的伟大哲学家们、柏拉图及其学生(不是严格意义上的门徒)亚里士多德。关于高于经验的东西,比经验中的任何东西都更具权威的东西的哲学传统,在这一阶段的希腊思想中以系统的方式得到了明确的表达(我不是说起源,而是说被明确表达),并得到论证辩护,继而为自己找到进入西方世界整个传统的途径。我们必须记住:在欧洲占据了几个世纪统治地位至今仍影响着天主教的那种哲学,在相当大的程度上是建立在亚里士多德学说的基础上的。所以,不仅通过教授们的著述以及大学,还通过教会本身——在中世纪及其之前一段时期——理念就这样成了欧洲世界贸易中共同的智力股的一部分;而对这些伟大哲学家本身的自觉认识却远远没有跟上……在某种程度上,这一时期的犹太教哲学也是如此,它是将亚里士多德或柏拉图与旧约相结合,正如基督教神学家、天主教神学家在基督徒和这些老人之间成其一说。

现在,我们来到一个特别的点。他们把经验和来源于经验的知识在本质上
434 等同于风俗(custom),等同于习惯(habit),等同于那些被发现很管用因而变得惯常而被接受的事物。同样的,人们并不知道任何关于这些的原因或缘由。当今天的人们说,迄今为止的医学都是一门纯粹经验性的科学而非理性科学,或者说,中世纪的建筑师和泥瓦匠是凭经验而非基于科学的工程学知识来建造大教

堂的，这个时候，我们脑子里所想的还是上述关于经验的含义。詹姆斯的《心理学》中有一件关于铁路列车的轶事，说明了这一点。当时的火车上有烧木材的火炉，每节车厢都有一个（这里除了我自己之外，还有谁足够老到记得那种客车）。当火车停下来的时候，一个乘客抱怨满车厢都是讨厌的烟。这时候，火车司闸员就说："嘿，只要火车一启动，烟就没了。"于是，另一个乘客问道："为什么？""一直就是这样。"瞧，这就是被希腊哲学家们明确表达为经验和经验主义的那个意义上的经验主义的知识。医生使用某种救治方法，就像他们针对疟疾使用奎宁（一种药物，俗称金鸡纳霜——译者注）一样。他们并不知道为什么它管用，但它就是管用，就像那个火车司闸员和他的火炉一样。它一直、几乎一直管用，所以它很可能治愈你。或者说，一般的木匠会盖房子，事实上，当然，他必须遵从某些物理学的规律、物质的强度以及压力和拉力的规律，等等；但是终究来说，他不是因为理解了那些原理，才知道怎么盖房子的。人们通过化简和尝试、试验和意外、成功和失败，发现他们建立起了某些习惯，而那些习惯基本上能带来预期的结果。好了，这就是在那里的经验，而那些伟大的希腊哲学家们则将它与科学作了一个鲜明的对比。

科学高于经验，因为它涉及一种关于这些事情的原因或缘由的知识。现在你知道了，是希腊人为我们开创了科学的数学，尤其是几何学——直到现在，我们的高中还在学的几何学就是从这位希腊老几何学家的名字得来的，即欧几里得几何学，他就生活于差不多柏拉图正在写作他的哲学的那个时期。他们是如此地把几何学推崇为一门理性科学，以至于声称这门学问完全不依赖习惯或经验。有一些自明的、永恒的真理——我们依然叫它们公理——是不证自明的真理，它们不是从经验中被发现的。经验只能给予我们那些一般正确的（generally true）原理。它们不必然如此；因为真理、真正的科学像几何学，只诉诸理性并处理高于和超越经验的理性原则。就希腊人的经验来说，这个区分中有很大的真理性。他们的经验或实际经验是建立在习俗的基础上的，也就是习惯；也就是说，建立在那种通过缓慢选择的过程而实现并在个人与个人之间流传的传统的基础之上。所以，非常自然地（你几乎可以说，这是非常正常），他们不可能想象任何可以确定事物的真正原因或缘由的那样一种经验。 435

结果是他们有了两重标准：一重是高的，理性科学的标准，它给予我们在科学中所发现的永恒、普遍、必然的真理，这些真理应该统治人的道德行为，应该控制人类的制度；另一重是低一点的，普通人的经验的标准，像木匠的、鞋匠的，甚至是医师的，以及所有其他人的经验，他们仅仅是利用那些从过去传给他们的习俗、观念和信念，尽其所能做到最好罢了。这里预先讲一点后面的内容，他们无法想象这些科学真理；他们不仅无法想象它们被经验产生或生产出来，也无法想象它们在经验中得到具体的体现。他们认为，这两重标准必定永远是相互割裂和分离的。为了节省时间，我们就直接跳到现代。我们现在知道了，对科学原因，对事物原理的理解，实际上可以体现在日常的经验之中。我们知道这一点，是因为我们有技术或技巧；通过它，那些科学的真理（也就是说，对原因的理解以及因与果的关系）得到了实际应用。我不明白怎么可能有人仅仅通过沿袭经验——一般意义上的经验，也就是多少带有偶然性的事件、过去的习惯和习俗——就发明了电灯。但是，当人们就电的规律、光与电的因果关系、能源的保存和转换的因果规律（一种形式的能源可以转换成另一种形式的能源）发展出一
436 套科学的理论，这时候，人们就可能有意识地发明像电灯、电话和所有其他那些如今已成为每个人日常经验一部分的东西。希腊人没有关于发明创造和技术的理论或体系，所以无法弥合在此二者之间、在这些科学真理和人民群众普通生活中一般日常经验之间的鸿沟。我们得到了这套被控制的方法体系、发明创造的技术的伟大体系，它令我们能够既生活在普通经验之中，又生活在高于过去那仅仅是偶然碰上的习惯和习俗的水平上面。这就是经验在今天可以意味着与它在希腊人那里所意味的非常不同的东西的原因。

下面，我将指出另一个非常重要的结论，不过现在还不会详谈。那就是，虽然我们能够做到将科学的真理、思想、原理以及对因果关系的理解运用到经验之中（自然领域中的日常经验，以及可用电灯、电话、发电机、汽车内燃机甚至机车的蒸汽机来举例说明的日常经验），但却至今未找到任何发现社会真理的途径（或至少是发现它们之后可以应用它们的途径）和将它们运用到日常经验中去的原则；而在自然领域、自然科学的领域中，科学真理则已经通过此种途径，通过合适的技术，被带入这一领域的人类的日常经验之中。

好了，继续来讲希腊文明，它或多或少沉没了，被掩盖了好几个世纪的历史。你知道的，北欧所有位于地中海盆地之外的地域都曾由蛮族人占据。最后，这些蛮族人侵占了罗马、意大利和更高的希腊文化（它在罗马帝国时期在很大程度上已被淡化）。它沉没得更深了，然而却仍然是一种更高的文化，受到教会和其他

当局的保护，并在欧洲受到蛮族人的尊敬，正因为如此，才是高于他们自己的经验的东西。这是人类历史上一个非常重要的事实：在这里，你将蛮族人（不是野蛮人，而是处于一个蛮族文明水平的人）对照高级得多的希腊和罗马文明，通过 437
教会和国家的权威而将这些并非从人民的实际经验中生长出来的原则强加在人民身上。由此，整个欧洲就变成这样一种情形，它巩固了这个观念：一套更高的真理和标准超越日常生活经验。有人可能会说，如果他们想要变得真正文明——重新恢复到曾经属于更早的那个文明的水平上——就必须接受这些从外部涌入他们的东西、他们必须努力才能做到的东西，而教会和国家的权威自然会乘机利用这一形势。好吧，最终欧洲变得相对文明了。

现在，我们来到了一个以学问的复兴著称的时期——文艺复兴时期。当时，欧洲文明的领袖们重新开始为他们自己而思考，并开始讲述他们自己的体验，而不是仅仅回顾那些巴勒斯坦的宗教，希腊的科学和哲学，罗马的法律、政府和政治，将其当作高于并优于他们自己经验的东西。然后，你就重新得到一个把经验当作一切事物的最终源泉和一切实践问题（个人的和社会的）的最终权威来加以探求的复兴。

弗朗西斯·培根（Francis Bacon），作为伊丽莎白的同时代人，作为一个伟大的思想家，他脱颖而出，因为他是这一新的吁求的典型代表。他说，我们才是真正的古人。那些被我们称之为古人并一直被我们仰视的人们，他们实际上是文明的年轻人；我们比他们古老，因为我们拥有这期间发生的所有经验和智慧；而且在一定的独立性之下，我们为发现真理找到了属于我们自己的方法，而不是依赖过去的权威，那是在我们经验之外的东西。

接下来，我们就要谈到洛克（我之前提到过的那个人）以及他的观点了。在此，我想回顾一下他的自由主义。他比其他任何人更多地影响了托马斯·杰斐逊和起草了《独立宣言》等文件的人们；而在某种程度上，当民主原则在这个国家以及后来在法国得到演化的时候，与后来对经验和终极事物的这一吁求的发展非常紧密地联系在一起。每一个人都有经验。他可能不具备那个更高的理性；他没有那些先天的理念（ideas）——没有人有那个东西——但是每一个人都有经验，以及（只要他是正常的）某些良好的官能、判断力去利用那些经验。所以， 438
我们应该把我们的社会制度建立在诉诸普通人的经验及其需要、要求的基础之上，而不是那个据说来自外部更高力量的权威的基础之上。

洛克对宽容原则有着非凡的兴趣。你们知道，17 世纪是这样一个世纪：它有着巨大的宗教战争、冲突（在英格兰是战争）——天主教徒和新教徒之间的冲突；而后，新教徒卷入了他们之间的内战，差不多是英国国教站在一边，长老教会会员则在政体上（而不仅在宗教上）代表另一个政策；而后是独立浸信会会员、公理会信徒、清教徒，等等，克伦威尔则还有另一派；这些人在他们自己的内部争吵，而实际上是斗争。所以，洛克说，现在这个局面很大一部分来源于人们极大地被超越经验的事物所困扰。你无法对这些东西作任何证明；你也不能去反驳，因为它们是在经验之外的。如果人们能坚持经验和经验的教训，那么就能坚持那些他们有可能去核实和证明的事物，他们也就能对彼此有更多的宽容和尊敬。换言之，事实上，这些内战和麻烦都来源于人们坚持假想中的、居于经验范畴之外的权威要高于经验这些事情。但是，人们终究要回到时空中来；他们彼此会宽容和关心，这令他们彼此尊敬，免于彼此间不断的摩擦和对立。

现在，18 世纪的法国接过了洛克的这个概念，即我们所有的知识和观念都来自经验。他们接受了他所说的一些东西，并将这些东西带得比他更远。越习惯于遵循他们的逻辑结论的原则，法国人民就越会成为有逻辑的人。洛克说，心灵就是一张白纸，经验通过与外界——被我们称之为环境的东西——的联系，把一切书写其上。在这些法国思想家中，有人说，如果是这样的话，那么，教育也许就是万能的。如果每个个人的心灵在出生时都是一片空白的，并且如果所有的
439 信念、标准都是由经验建立起来的话，那么，通过控制环境，尤其是社会环境、政治环境，你就可以传递任何你喜欢的信念和发展任何你喜欢的行为，进而重塑世界。而这一观念——无限发展的可能性，人、人民趋于完美的可能性——将摆脱无知和迷信，摆脱暴政和专制体系。认为在思想自由、启蒙和良好的政治体系中，你可能创造出一个新的人种，这是法国思想家们从洛克经验哲学的发展中建立起来的有些极端的结论。虽然导致法国革命的，是实际的经济上的麻烦和贫困；然而，关于建立一种新文明、一个人类新世界的观念进入了法国革命，很可能给予它狂热和热忱。这是由法国人带来的古老经验哲学的新发展。因而再一次地，在继美国之后的法国，在一般的自由主义观念和更为特殊的民主观念的发展中（它受到来自约翰·洛克的影响比任何其他思想家都大），这一民主的信念与经验哲学的根本概念联系在一起了。

在我看来，为了有助于探讨这个问题的意义，也许有必要深入经验本质的第

三个概念的细节中。然而，当我说到第三点时，我说过，这个观念有三个时期或阶段。当我说到经验哲学这个更晚近、几乎是当代的方面时，确实有必要深入到专业细节中：洛克对这个概念的强调，诚如我已经表明的，在于心灵的被动性，即经验从无之中向我们产生，经验是外在的物体(objects)和人在心灵上造成的印象的总和。洛克如此害怕赋予心灵以任何先天内在的观念或原则，以至于他很容易走向另一个极端——把它说成是纯粹被动的和接受性的。但我刚表明的这个观念，尽管它有极端和错误的成分，却还是起到了(诚如我刚刚表明的)作为打击迷信和传统的、专制的体制的工具的作用。洛克再一次奠定了这个一般原则。 440
如果那些对我们最为重要的信念，即便是过于复杂的信念，也都是由经验建立起来的，那么，我们就能回溯到经验，将其切成碎片；我们就能精确地显示这些观念是从哪里来的。因而自然地，那些运用了这个方法的人表明，许多统治着人民的观念、信条和标准并不是来自一个很上等的源头，而是来自一个非常世俗的源头；这表明它们来自掌权者的私利，或者只是偶然地发展起来的。而他们接受它们，仅仅因为它们碰巧在历史的某些先前时期被建立起来了。所以，这个被用来分析流行观念的经验论方法是一个强有力的批判工具、令人觉醒的工具和解构工具；而那个时代也发起了一个反对经验哲学的行动，至少是反对此种形式的哲学——即经验是某种我们在其中纯粹被动的以及我们从无中接受印象的东西——认为经验是在一种更复杂的形式中经由联想而被建立起来的。

有两个巨大的反应和发展上的源头通向第三种形式的经验哲学。一个源头是生物学的发展，它表明了与心灵相联系的人类有机体不是一个纯粹被动的东西。任何看到过婴儿的人几乎都明白，经验不纯粹是一个被动的东西；这一理论如此这般地坚持着——任何观察到婴儿有多么进取和积极的人都将明白，经验不纯粹是一个被动的东西。更多的生物学和生理学上的科学发展，才令这一事实对于经验理论具有意义。或者更具体地说，不是为了回到先天观念的旧理论，而是为了表明经验根据的是机动(motor)因素和积极因素，并非仅仅靠感官因素就可以产生出来——哪怕是眼睛或耳朵(如果你举一个更为静态的感官为例的话)；也不仅仅是被动的，而是一个机动的感官、积极的感官(你还可以以手等器官为例)。这方面的科学正越来越多地带来关于经验的新概念，以及对经验本身中的机动因素(它生长出积极因素)的认识。另一个源头更加复杂，与更早的经验论类型(以洛克和爱尔维修以及18世纪的哲学家为代表)的事实有关，即这样

441 的经验论在批判、解构、智识解构方面，比起它在建构新观念方面要有力得多。作为一个人类激情的工具、解除旧传统和迷信的工具，它是非常有力的；但是，当它开始要说什么东西才能取而代之的时候，就拿不出任何同样有力的东西了。

好了，更进一步的故事将把我带入下周的主题——"思想的问题"——中去，亦即思想是从哪里来的。它是讲思想和思考的力量，而在这种经验哲学（仅仅将经验作为印象和感觉的积累，从洛克以及洛克的朋友和追随者开始流行）中，它却被忽略掉了。所以，我会继续这个关于经验的故事，把这个关于经验的故事带到与下一个小时的讨论有关、我称之为的第三阶段，它将处理思考智力在经验中的位置问题——为什么它在那里会有位置，它如何得到那个位置；据此，经验是如何变成积极的、生产性的、创造性的，而不仅仅是被动和接受性的。

哲学和科学中的方法[①]

通过从指派给我的主题出发，我已经表达了对反极权主义、自由运动的赞同。我不会试图给出一个程序，这也许是最近似于我会谈到的这个主题。我想说的东西，不妨被解释成是对一些条件的陈述；这些条件，任何沿着指定路线的程序都必须给予满足。我可以从以下这个说明来开始讨论这些条件，即我准备着手的问题是悉尼·胡克在其论文的最后一点谈到的：那些接受了经验的观点和实验的方法、充分和明确地发展一种能使用于社会科学各个方面的方法而又没有彻底地发展它的人，他们的相对失败，在于没有在两种科学的基础上彼此一致地适应和应用它。换言之，我认为，在形成一个程序的过程当中，必须满足的首要条件是：把简单性视为职责，认识到方法问题的根本重要性，并尝试明确地发展这样一个非权威性、非先验的经验方法的基本结构。 442

如果我可以参考一下我在以前一次演讲中说过的一些东西，那么，自由主义者们如此敏锐地察觉到权威体制那压抑、腐败以及有害的工作，以至于他们自然地、几乎必然倾向于带着怀疑去看待权威本身的那些原则。但是，如果我们把权威看作在信念和行为的形成中对某种指导原则的需要（在我看来，这种看法是合法的），那么，权威的缺失就意味着混乱和困惑，而这恰恰就是如胡克博士刚才所说的被极权主义者得手的原因，因为如此众多的人民不会无限期地忍受他们的 443

① 杜威在哲学和科学中的方法研讨会上宣读的论文，该研讨会举办于纽约州纽约市社会研究新学院，1937年5月22—23日。速记报告，保存于纽约州纽约市依沃犹太研究所（Yivo Institute for Jewish Research），第95号文件夹，霍拉斯·M·卡伦文集。

信念和行为没有任何一种原则。所以，在我看来，问题在于：首先，要认识到方法对于任何非教条主义的运动来说，都是权威之源；其次，对这样一种方法的充分发展，它有足够的权利被视为权威，以便能够在它的应用中自我创新、自我发展。当然，也有一些好的形式的极权主义是例外——与那些我们认为是坏的比较起来，我们认为它们是好的。当然，我们不会完全那样地把它用在自己的身上；但是，当我们看到有权威力量活跃起来并获得权力的时候，建立另一个权威力量来超越和反对它们，就是一个非常自然的人类倾向。所以，我要再次强调这个事实，即我没有看到有什么道路，从长远来看能在根本上满足不同形式的极权主义的要求，除非是在科学方法的发展中。当然，它不是在自身中得到发展，而是与它在各种社会科学研究中的使用有关；而且（先提前讲一点，我将在结束时再简要提到）具体是作为这样一种方法，据此，存在着对假设和可能性选项的需要。就我所能看到的而言，这是抵抗教条主义唯一的终极保护。甚至即使是物理科学，尽管有这样的事实：多种假设的形成是它的技术的一部分，却也可能深受一种牛顿主义正统（实事求是地讲，它令某些选择不被许可）之苦。也许这是对的，在那个时期，几乎没有任何理由来制造它们（其他的选择——译者注）；但是，在很长一段时间里，那氛围却肯定是令人沮丧的。然而，我们知道，当另一种物理学假设被认可为合法的时候，它就得到了发展。

下面不谈自然科学，而来谈谈流行的信念、教义、概念或观念。我想，我们都会同意说，在社会领域中，在思考可供选择的对象上，有很大自由发挥的余地。不仅仅是我们在政客中发现的公开的党派偏见，以及在宗教教义中明显的宗派主义；而且甚至更为潜在有害的是一种无意识的、未发展的党派偏见，它甚至反
444 对考虑任何路线的、尚未取得预先满意度的思想或行为的可能性。我很喜欢卡伦（Kallen）博士说到的关于两个大洲的东西，而没有将它与研讨会相联系。所有的教条主义，在其本质上都是一种不足经济（economy of scarcity），在形成假设和形成令人愉快的、可供选择的观念上的不足。而另一方面，任何自由主义的信条则必定是一种充足的经济，在发展假设的这一自由上。我有点进退两难：如果我不给出任何举例说明的话，我的言论就显得相当刻板；而如果我给出举例说明的话，例子就会把注意力从原则上引开。然而，我想沿着悉尼·胡克的路线来进行说明，而不要求他为此解释负责。马克思已经使我们非常熟悉这一观念：每一个经济的、法的和政治的秩序都发展着自己的内在矛盾，而那些矛盾最终会废

除那个体系，导向其他的东西。不过，关于那个事实，我不是很喜欢用“矛盾”这个词。在我看来，和实际的社会条件相比，它更适用于命题——但那是一个次要的方面；任何政体确实发展着许多内在的冲突和矛盾，并且倾向于逐步或突然地更改那个体系，最后产生另一个体系，这在我看来很有历史感。但也许是受到黑格尔的影响，这一辩证法被正统解释得非常死板。它仅仅是一个正题和一个反题，以及一个根本的矛盾。

好了，在我看来，那就是一个在社会和政治问题上的不足经济的例证。至少有这样的可能性，存在着很多的矛盾力量——不止一种矛盾，而是很多在不同方向上推动着的力量；这些力量冲突导致各种不同的结果，由此，我们不得不考虑很多可能性。

我由此继续想说，首先将它放在一种或许自相矛盾的方式上来加以考虑：历史上的自由主义或自由主义倾向（暂且使用这个词）的巨大弱点就在于，它有一种致力于可供选择的可能性、当建立起它们的时候却急于停下的倾向，类似于只跟一种充足经济（economy of abundance）的前景堕入爱河；或者从消极方面来讲，就是在考虑条件方面的失败——在那些条件之下，决策不仅是客观的，而且是在可供选择的可能性之下成其为客观的。现在，如果考虑一下科学方法发展 445
得很好的物理学领域，我们就会发现，他们是从建立起可供选择的假设开始的；但那只是一个开始。它没有被当作一个美丽的景观而被观赏，而是一种明确问题的方法、一种为了解决问题必须加以实施的方法。换言之，这是条件的自由，是对即将开展的行动条件的定位和描述，它迟早会结束，也许早一点，也许晚一点，并使人们就那具体的选择项作出积极的决策。

现在，在我看来，这个早期的自由主义纵览了我们所认为的可供选择的可能性；而诚如其——至少是非直接地——所指出的，自由主义者们倾向于把个人解放以及从教条主义挣脱出来的解放感当作最终目的，而不把它看作一个号召，一个急迫的、要求继续为之做点什么的号召。在我看来，这给了自由主义软弱无力的名声，并将智力上的容忍——这本是积极的事实，观念和假设就在这样的自由中形成——变成一种道德态度。“好了，几乎任何事情都可能是正确的，这是一个美好的世界，有着各种不同的风景。所以，我们不要为了任何特别的事情太过激动吧！”如此一来，这整个的概念看上去怎么都不像激进的社会改革。

下面更明确地来谈谈社会科学的问题。对于程序和实验来说，在我看来，有两条主要的路线。其一,当然就是概念形式主义(conceptual formalism)或形式主义的理性主义(formalistic rationalism)。我不想在这上面多作停留。环顾一下,我相信,在这些领域中,不会有太多的文献。在我看来,那个特别是由年轻人发起的运动,很明确地远离了政治经济学、政治和法律中老的正统概念。但在这个反应中,我认为,那个趋势可以叫做盲目的经验论——它认为,社会研究的任务就是由收集、归类和对号入座(pigeon-holing)来实现的;有时候,那足够数量的事实简直像是金库中的安全存款——是一种对事实调查(fact-finding)的崇拜。
446 当然,作为对老的概念方法的反对,或是对任何科学方法而言,事实调查都是一个必要条件;但作为社会科学中的方法,从技术上来讲,它实在不是一个充分条件。很少有技术能比这件事更重要:辨别什么是事实,或者使我们一看到某个社会片断就认出它来。有人说,你这是在发展辨认事实的技术。我们几乎能从任何东西中制造出事实来,哪怕是那种最混乱的材料。我说,理性主义学派在坚持赤裸裸的事实方面是相当正确的。我声明,赤裸裸的事实甚至都不是自我同一(self-identified)的,我们必须有某种观念的概念结构来进行组织和定位。但是我认为,这些理性主义学派完全是错误的,甚至错得可怕,可怕在它们的后果上。它们没有意识到这一组织有两个观念,而且只有当这些观念在操作上被任用时才能实现。我这样说的意思是:他们要指导的实际行动除了在假想中以外不可能有效,因为他们用的观念仅仅是观念,不包含对特定行动路线的鼓动和指引。这导致我建议说,这个程序发展的一个条件是:要考虑具有一些操作形式的观念类型,亦即我们按其行事的观念,它们真正能产生某种社会差异,一种可被辨别的、意义重大的差异。现在,就我所能见到的而言,单纯的事实调查之所以在社会科学中有大的爆发,其根本原因是在这件事上的失败——即致力于被大街上的人们或科学范畴之外的人民称之为社会问题的东西,以之来说明社会问题。对普通人来说,一个社会问题就是在实际条件中的一些麻烦,一些经验、矛盾、冲突和需求——战争对绝大多数的人民来讲,是一个问题、一个巨大的社会问题。没办法得到足够吃的,是一个社会问题。农民无法为他们的庄稼卖个好价钱以便维持生计,这个困难是他们口中的社会问题。

在我看来,很多在"社会"的专业意义上被称为社会问题的问题,都是自设的问题。一个博士生——我不是说一个教员,而是指一个攻读博士学位的学生——认为他自己的演示可以产生一个好问题;由此就成了一个研究议题,成了面向一百个人的一个问题；然而，它跟任何要求行动的问题以及为了解决问题而组织的行动没有关系。那么，除了事实调查之外，还有什么可做的呢？换言之， 447 我不认为事实调查已经过时——它仅仅是一种智力导弹——我想，它是任何未能将社会问题与行动问题、与只能由行动来解决的问题联系起来的程序的必然结果，所以不能根据行动问题来收集事实并形成观念和假设。

我接下去想要引用的东西不是特别相关的，但我不想失去任何机会来为兰斯洛特·霍格本（Lancelot Hogben）的这个小册子——《从理性的撤退》（*The Retreat from Reason*）作宣传——它只卖一个先令，价值却远远大于那个价格。在他的讨论中（他的"退出理性"不是退出理性主义意义上的理性，而是退出知性。同样的事情，我们今天也在此讨论），从理性撤退，是我们为在教育人的方式上固有的二分法所付出的代价，以及所遭受的惩罚。对政治家和作家的训练，并没有给他提供塑造他生活于其中的这个社会的技术力量。科学家和技师的教育，令他们对由自己的活动所造成的后果无动于衷。

除此之外，这也覆盖到教育方面，正好是我试图要强调的地方。社会的实际领导者、统治者、最有影响力的人们（媒体人、国会成员、内阁以及任何其他的官员们），当然（尽管有临时的智囊团）不会太为由理智形成的观念、意识形态和方法而烦恼的。再者，名义上与那个领域有关的知识分子、科学家也没有对他们研究的社会问题表现出敏锐的意识，没有对将其研究与实际的社会问题联系起来有强烈的反应。当然，这不是事实的收集，它不必如此。但是，在以下二者之间有着巨大的差异，一个是仅仅收集事实，一个是采撷已经被社会所感觉到的某个问题，而后研究何种事实能真正让我们得以可操作地对付那个问题，继而在能得到那些计划的地方开始工作。

好了，现在还有一件事，或者是两件事。在社会科学中所做的大量工作还有另一个方面，在我看来，就是这个联合的直接后果，即从实际社会问题［普通意义 448 上的社会问题，而非匹克威克式（non-Pickwickian）的社会问题］中来的工作和工作方法，与跟社会政策的决定有关的研究行为的联合——当然，这实际上就是我一直在讲的东西。这一下就很容易理解为什么社会科学中的人们会选择那个领域了。党派之争的压力如此之大，以至于智力活动的纯净和纯洁性在多少有点像僧侣似的中立、回避、远离任何实际问题的策略（在此策略中，相当容易地保持公正性和科学的态度）中，才能得到最好的保护。

还有一点，即在事后(ex post facto)把自然科学概念拿到科学方法之意义的社会领域中来的倾向。当然，我不需要再说什么科学方法在数学和物理领域已得到更彻底和充分的发展。那些科学享有巨大的威望。这可能是做作的(factitious)，但在根本上非常有害。然后就产生了这样一种观念，即为了成为科学的，在经济学、社会学诸如此类领域中的调查研究都仅仅需要援引那无疑地被应用在其他科学中的科学方法，否则，它们就是不科学的。这在我看来又是一个自然的结果，不仅是自然科学领域的威望的结果，而且是研究与社会行为问题以及社会问题之形成相分离的结果。就这样说吧，如果社会科学的问题确有任何的独特之处，不同于自然科学的问题，那么，这个事实将如何被发现呢？一个独特的特性又将如何被真正地发现，或者一个什么样的独特之处会被发现呢？我只看到一个方法。你不能仅靠争论和用纯理论的讨论来指出社会科学问题中确实的差异。这样，其他人可以从另一边回来。但是，如果事情是在社会政策和社会行为之类社会科学中的研究，那么，在我看来，社会科学的问题不同于自然科学的独特性必定会出现并且明显地出现，而你就有条件在社会领域中使用自然科学的材料和技术，并且不必放弃社会科学的自主性。我预计，这种结果是一个
449 有争议的问题，但在自然科学中却是一个事实。我有根据地说，这是我们所拥有的，定义什么是"自然的"的唯一方法——按照定义和描述，它外在于人类文化。但是，当我们谈到社会科学问题时，会牵涉到它(自然)，而它也会牵涉到我们。如果认为我们可以通过把社会分离出来，观察它并记下所看到的东西而得到社会科学，那就错了。那是社会科学问题的本质特征，它试图为了科学的纯净和纯洁性而消除所有来自社会科学的价值判断。这在我看来，不仅是消解人类对它的兴趣的最可靠方法，而且最终是只得到伪事实而非真正事实的方法。好，最后一点也是我最先提到的一点。

根据不同社会领域中的工作者之间的合作与转换，哲学家当然不能告诉学生：关于法律、经济学、社会学和政治学，他会使用什么研究技术。那些东西就像所有的技术一样，必须由那些正在做这个工作的、在这个领域本身之内的人来发展。但是，上一次——几个星期前——我有机会考虑哲学问题，我讲到了人的统一性。所以，如果我回顾上一次的哲学思考并说经济人(the economic man)不再像它曾经所是的那样流行了(至少从用词上说是这样)，你们要原谅我。我并不完全肯定"经济人"是不是确实从思维中消失了，但在某种意义上，我们有经济的

人，我们有政治的人，我们有法律的人，我们有心理学的人，而也许最难定位的倒是“人”；但我们仍然有伦理的人、政治的人、原始的（primitive）人、生物学的人、历史的人，等等。

我们现在都知道，专业化是绝对必要的。但是，我没有看到，社会科学如何才能有我相信它们应该有的社会效果；而我更没有看到，它们如何才能成为反对独裁主义的一支好的军队，而不仅仅是一件战斗武器，除非他们以某种方式发展出（照我说来）一种更自觉的合作；但更多的被使用的方法和得到的结论转换——它们带来某种更巨大的、方法上的联合，并由此而带来一种更巨大的、在学科专业化的结论之间的相互一致——也是必要的。这是一件怪事：任何专门领域中的工作者最不愿做的，就是他觉得没有责任将一个领域中的结果和其他 450
领域的结果进行核对和整合。所以，尽管我尽可能避免指定一个程序这样的问题，我还是要说，在实践方面的程序的本质是这样一件事，即它关乎更大的相互理解，关乎更多对于可能存在方法和结果上的联合的地方的考虑，关乎不同社会领域的工作者之间的可译性（translatability）——我不想在那里为哲学作专门的辩护，因为从我自己的观点来看，哲学和心理学一样，最终都是社会研究领域中的一门学科。

在两个世界之间[①]

451 即便是最明智和最有远见的人，在五十年前也不可能预测——甚或只是粗略地预期——实际发生的这些事件的整个过程。理想主义者们梦想着他们的梦想。他们根据已发生的历史而得到的愿景多半显示出所发生的这一切近乎空白的对立面。现在看来仅仅是表面现象的浪潮，曾经被视为近乎不可抗拒的潮汐。冷静的现实主义者们也没有表现得更好些。那些自认为是现实主义者的人们，事实上只不过收获了个人利益的一个即时收成。他们那狭隘的眼界，极大地推动了当前的情势。

当我四处寻找，想找一个关于他们不明智的象征时，想到了标志着我们历史的、对自然资源的鲁莽开采。我们前辈的开拓前行，就好像我们的土地的肥力是用之不竭的一样，就好像矿藏和森林是永恒地自我更新的一样。浪费土壤，烧光森林，耗尽油井，抽空水域，这些都是所付代价的一部分。就是现在，我们也没怎么意识到忽略未来的政策的后果，而只是为了从即时的当下中发掘出最大的可能。然而，这象征还不够完善，因为所提到的浪费只是物质事物上的，而在人类的价值上也存在着浪费。因为在一代人中的两次战争(第二次战争比第一次战争更为致命)充分证明了，存在着对人类幸福所依赖的东西的可悲忽略。

无论是理想主义者，还是现实主义者，都太过沉醉于第一次在人类历史上可
451 自由处理的新能源了，以至于无法看到未来，并为将要诞生的新世界作好准备。

① 杜威于1944年3月20日在佛罗里达州科勒尔盖布尔斯迈阿密大学艺术与科学学会举办的冬季短训班所作的演讲。打字稿，收藏于迈阿密大学，奥托·G·李希特图书馆，特别收藏。

被我称作理想主义者的那个人，他的陶醉是慷慨的。注视着一个未来——科学和对自然能源的工业上的征服使之成为可能——他思考起来以及行动起来，就像一些进步的自然法则必定会实现一切更好的可能性一般。而被我称作现实主义者的那个人，则沉醉于能够享受由新科学和新工业为这个世界所带来的商品。

二者同样都未能看到，新的力量要求新的方法和新的目标，否则，它们只会毁灭生产出它们的人类。他们很容易为自己的失败找到借口。那运作中的力量如此之新，以至于他们没有可以用来预见其后果的材料。但今天的我们，就没有他们那样的借口了。今天，真正现实的唯一一种态度就是：能看到我们正生活在一个运动着的世界中、一个以一切以往历史都未知的速度变化着的世界。我们现在所称呼的一切东西，没有什么是牢固的。只有变化赖以持续的一个支点而已。然而，并不是那些变化、被一些必然的进程与进化的客观法则所规定着的变化，而是我们以及我们作为人类所计划和努力执行的事，才是足以为将会发生什么指引方向的必要因素。在真正的意义上，我们才是未来世界的创造者。

科学、技术，以及对自然的工业上的征服，并不是独立于我们而走在自己道路上的客观力量。它们是我们人类与之相关并制造出来的东西。每个人都知道，工具、机械、科学发现的仪器设备都是由人类在处置他们工作中的知识的过程中发明和制造的。我们未能看到的是：在它们被发明出来之后，它们的运动方向，连同它们产生的社会后果，都同样是人类的事务和人类的责任。对人类规划的可能性和有利条件的讨论，经常遗忘了这样一个事实，即在规划之路上，拒绝我们所能做到的最好就是在推卸事件强加在我们身上的责任。

我相信，一份关于我们最需要思考和规划的大纲，或许能够在关注人们（比如说，五十年前的人，或者九十年代的人）的信念、希望和方法从何处迷失这件事 *453*
中产生出来。在政治上，这曾是一个普通的信念：民主的未来是由实践来保证的；事情的发展一定在不太长的时间里推翻所有国家的暴虐统治者；同时也存在这样的期望：国家之间能合理地确保和平；战争连同其他野蛮行为必定会被消失，因为有文明的进步。第三，由于不存在对快速、彻底消除贫困的期望，所以曾存在一般的信念，认为其极端的形式会消失，而一个持久的繁荣时代将扩大中产阶级的范围，以至于逐渐消除贫富两极。

没有必要纠缠于这三个希望在不到五十年间所经历的悲惨失望。世界看到的不是民主的稳步发展，而是独裁的升起。而更为重要的是：它们的升起在很大程度上要归功于这样一个流行的信念，即它们能为人民大众实现的比民主体制将会或能够实现的更多。两次世界大战——比以往历史所能展现的任何东西都更加广泛和更具破坏性——已经将对永久和平的期望降低到了几乎是梦幻的水平。在经济和工业上，关于常年的萧条和失业，在很大程度上要求政府介入——这样一些记忆，对我们来说依然栩栩如生，犹在眼前。

从当前的有利情况出发，并不难看出那些逆转是如何以及何以会发生的。人们依靠全球人民不断增长着的相互依赖，在被向往的方向上稳步前进。商业，工业，客观上相距甚远的国家之间交往方式上的发展，事实上的确产生了相互依赖。诚如威尔基(Willkie)先生最近所提醒我们的：我们现在的生活，在一切意向上是在“同一个世界”中。海洋和广阔空间隔离和分裂的力量，已经被克服了。轮船和海洋电缆开启了一项由无线电和飞机发扬光大的事业。不管是好，还是坏，我们现在以及今后都更像是在一个拥挤城市中的近邻，而不是远远分隔着的人们——那曾是我们的祖辈在其中经营他们的政府和工业事务的地方。错误并
454 不在于期待一个相互依赖的时代，而在于以为打破物理上的障碍、仅仅把人们带入更近的物理联系中，就可以自动地创造出道德的统一。

相互依赖的弊端现在比好处更加明显。仅仅由工业生产和贸易往来产生的相互依赖，已被证明是新的摩擦的创生点和旧的伤疤的延伸。工业以及民族主义野心的竞争已经变成致命的、在一切破坏性手段上的比赛。我们无法找到一份日报，在上面没有“全球”这个字眼来提醒我们这个客观生活其中的新局势的，但却没有什么可能使我们做好准备以对付强加于我们的智力上、教育上和道德上的挑战。

在四分之三个世纪之前，亚伯拉罕·林肯曾说，一个国家不可能忍受半奴役和半自由。今天的确如此，一个文明不可能忍受当自然能量、电力、光、化学反应、物理材料、铁、煤、石油和空气本身都在一种物理控制(它彻底改变了地球的面目)之下产生出来时，约束着我们的观念和理想在很大程度上却仍然是前科学、前工业和前技术时代的东西。即便你不同情，但也能理解政治上的孤立主义者为了回归一个更简单阶段的情形而怀有的乡愁。问题在于，他们想要的东西在客观上是不可能的，即便它在抽象中是被向往的。真正危险的人物是那些知识界和教育界的孤立主义者，他们在道德、教育和哲学上——乃至在宗教上——驱策我们对现在活跃于世界的新力量关闭起我们的心智，而去生活在那些属于

过去消逝了的时代的信念碎片之上。在今天，只有一个真正的保守主义和一个真正的现实主义，现实主义是面对当今世界的现实；保守主义在于，在教育、政治和道德行为——它们将考虑这些把我们匆匆推进到未知的未来的客观变化并与之保持同步——中计划和实施新的尺度和政策。

你不必争论全球性客观条件的存在，指出这场战争（我国连同世界上几乎每个国家都被卷入其中了）就足够了。但是，战争提供了证明，这样一个事实同时证明了道德统一的缺失。它指出了摆在我们前面的任务的范围、广度和强度的 455
本质。它指出了所有不把全球包括在内的思考、规划和实际努力都是徒劳。然而，这些事情至今仍然大多是局部的、地方性的。在政治上，我们的信念和标准是民族主义的，而不是全球性的。人们呼吁任用一些在当前的世界局势下完全不现实的、叫做国家主权的东西，好像它十分重要似的。

除了纳税和参加一些志愿者工作之外，我们今晚在座的大多数人实际上都没有加入目前的这场战争。但是，我们的确参与了，而且是深度地参与了制造这场战争的心理和道德上的条件；而这些条件，如果它们那方式被允许的话，那么就会制造下一场也许更具破坏性的战争。这么说，至少就以下一点而言是正确的，即我们受到观念和政策的驱动，而这些观念和政策正是产生于独立和不负责任的国家（每个国家都为自己索要最终的无限主权）形成的时期。爱国主义于是就采取了那样一种姿态和粉饰，将彼此在其最偏远的边缘上有所接触的人们进行编队。当实际的力量——像无线电和新闻，还有造成死亡、让城市变成废墟的炸弹——在废除旧的边界时坚持那样一种爱国主义，就是一条通向国家灾难的道路。几乎无法保证，下一场战争降临的时候，我们自己的城镇和家园还会像在这场战争中一样受到实际豁免。

在 15 世纪，旧的世界因为新大陆的发现、探索和开发而开始融化。知名的文明世界甚至在物理空间上也没有预先扩张到远远超过地中海盆地的程度；在文化和道德上控制着那个世界的信念和体制，仅仅是形成了那个盆地的一些国家（埃及、巴勒斯坦、希腊、罗马）的产物。就这些国家所作的贡献而言，我们欠它们一笔巨大的债务。但是，发端于 15 世纪的那场扩张运动，远远不只是扩大了那个文明世界的物理空间上的边界。虽然它是那场扩张运动的直接成效，但新的自然科学、技术发明与生产的新模式，商业贸易的迅速传播，所有被称为工业革命的东西，都是它的间接结果。从长远看，它们是它的重要结果。 456

旧的天文学有着它边界有限的宇宙，将地球作为其固定的中心，密切地对应着旧的区域文明的有限区域。贯穿着整个更早的时期、持续了几千年之久的物理科学，将固定性、不变性视为最高原则，视为完美性的特有准则。变化被看成是有缺陷的和不完美的证据。天文学上的革命——开普勒和哥白尼的工作——开启了一个新的、无边界的远景，它是当时所发生的人力和地理上扩张的结果和对应物。先是物理学和化学而后是植物和动物科学中的革命，将变化带进了原来被固定性所占据的领地。时间以及暂时性事物侵占了原来被设想为永恒的东西。

19 世纪后半叶和 20 世纪的第一个十年，只不过是这场扩张运动在物理空间上的完成。四个世纪以来，它先是侵占而后打破了令地球上的人们割裂和分离的城墙。

我说的是*物理空间*的完成。因为人类的体制和基本信念在很大的程度上延续着那些被创造并适应于那个长得多的封闭和限制时期的东西，在那个时期，道德和智力上的稳定性是和变化的缺失一致的。实际上，我们现在生活在两个世界之间，而落在我们身上的责任是创造那种能支撑体制的（国际和国内的、政治的、教育的以及文化的）、与所发生的物理世界革命相符的、智力和道德上的态度；而那场革命的后果之所以如此地表现为主要是负面的，就是因为缺乏相应的体制上的变化。没有对过去的认识，我们就不可能真正地理解当下并为将来做准备。然而，正是对过去的忽略，而不是对它的认识，使我们未能考虑到其最显著的特征，亦即加速度的变化以及产生这种变化的原因——新科学和新技术。

目前的危机——它是巨大的物理变化连同缺乏相应的道德和体制变化的表
457 现——影响很深，而且延伸得很广、很远。没有什么传统不会在某些方面遭遇挑战或被动摇。地理上、物理上的障碍（它们使人民、种族和文化在迄今为止人类历史的更大程度上，被彼此分隔了）的消失已经走得足够远，远到足以制造混乱、不确定性，以及公开和广泛的冲突。但是，天生的孤立在智力和道德上的后果却一仍其旧。对抗、怀疑、恐惧和相互的仇恨就是其产物。外在的国家之间的战争，以及内在的种族和阶级的对抗，都是骚乱的具象化。

如果你回顾一下我们叫做“维多利亚时代”的那个时代，你会发现，当时流行的氛围是挺有希望的。商业和相互间的往来，自动地把人民带入彼此之间的和谐之中。人们忘了，在此情形中的人为因素是心理视角和道德性情，它们是由成千上万年内向生长的孤立性所养成的;如果没有对此人为因素的激烈改变,则物理上的以及外在的联系和互动可能会——就像我说过的——在很大程度上仅仅是新摩擦的契机以及旧对抗的扩大而已。

此次危机的积极一面是:面对一个新局面的人类,有了一种新的、强加于他的责任——一个不忽略任何未被触及的东西的责任。早先从事社会思考的人们,将发生着的变化看作是一个向着更大的和谐、合作、和平以及所有人机遇与自由的增长这一方向自然演化的过程。目前的危机教育我们:信任所谓的自然、外在于人类本质的自然,信任放任自由和不干涉的政策,是多么的愚蠢和无用。但是,它也能教育我们:一个合乎条件(生活在此条件下继续)的、革命性的变化,要求在我们自己的性情和态度上有一个相应的转变——一个将展望未来(而不是过去)的规划来替代被动承受的转变;因为孤立主义是一种具有破坏性的个人主义,它在目前条件下是不可能的,所以规划结合了每个领域内的合作努力,包括国际和国内的、文化的、政治的、经济的。

当然,泛泛而谈心理和道德上变化的必要性,肯定比给出一个明细清单要容易得多。但我们至少可以找到一个方向上的线索,在这个方向上,我们应该关注 458
科学在产生出目前世界性人类局势的过程中所扮演的角色而向前迈进。正是发现和发明的基本源头,改变着地球的面貌。在上个世纪,有个普遍的信念是:科学上的进步意味着普遍启蒙上的进步,而后者转而又成为普遍的社会进步之动因。这个信念正是对(我曾经讲过的)自动进化的乐观主义信念的主要部分。眼下,就科学而言,悲观主义有取代乐观主义的倾向。

从很多有影响力的人那里,我们被告知:对科学的过分信仰,已经成为我们毁灭的原因。我们被告知:自然科学的兴起已侵犯和压抑了理应是最高的人道和人文的价值;它强化了唯物的兴趣,并使理想的道德目的和原则居于下风。因为将自然主义放在超自然主义的位置上,导致人们——我们被告知——无比夸大了世俗的东西,并由此移除了对放肆的自私自利的唯一有效的检查。我们现在被敦促着做的"回归过去",作为它的主要动力之一,是向一种超自然主义的回归,也就是将科学和人类智力置于永恒的隶属于外在权威的位置上。

没有一个既善于观察而又坦率的人会否认事情失去了平衡。战争、经济的不稳定,以及对民主和公众体制所造成的打击,讲述了这个悲惨的故事。但是,对于科学和对于其他事情一样,目前这场危机的教训是:不可能再往回走,并且必须向前走。这真是一个引人注目的事实：伴随着新科学开始的事物竟是离人类最远的东西——星星。渐渐地，运用智力去观察和测试的新方法被扩展到物理和化学的事情上，继而在一定程度上，被扩展到生物。但是，将科学扩展到生命研究的努力激起了强烈反抗，当科学进入人类、尤其是人类事务的时候，这反抗成倍地增长起来。我们越接近处理属于人类的问题，就越遇到阻力，阻碍我们使用那些理智观察、记录和测试的方法——那些革新了我们对自然的理解的方法。

毫无疑问，目前的危机是物质主义和道德的价值之间一种被打乱了的平衡。
459 但要吸取的教训并不是武断地要求科学研究去隶属于外在权威，而是相反，恰恰是需要在对人类关系的可靠事实的探索中，系统地应用有指导的理解力。一个文明不可能忍受这一点：在其中，有关物理事物的知识可以自由地研究，而进入人及其事务的理解时却受到束缚。

对于那种理智方法（它被叫做科学）的使用，实际的替代物就是使用训诫（exhortation），以及对传统、习惯、体制（它们只适应于过去的情况）依赖的混合物，但它的使用在如今肯定激发了混乱和冲突——因为它们是内在的混乱与冲突的外在表达。这种内在的分裂激发了由外在的独裁权威所执掌的武力的使用，以试图达到统一；没有这种统一，一个社会终究无法持久。从这个观点出发，法西斯主义和纳粹主义并非偶然。

我们也苦于缺乏平衡，尽管它还没有走得那么远。例如在一般来说是为了规划而采取的态度中，我们可以看到这一点。没有一个大型的工业企业的成功不是归功于其在自身领域内系统的规划、不是基于由一个专家团队开展的事实研究。但在人的领域，在社会和政治事件中，规划却被嘲笑为不切实际甚而是冒犯我们体制的精神的。我们几乎不可能听一个政治演讲或读一篇报纸社论而不听或看被称为盲目乐观的理想主义的社会规划。然而，缺乏规划既是我们生活中物理的和道德的条件之间缺乏平衡的表现，也是令我们受条件支配的那种漂泊不定的积极推动。因为规划无论在哪儿——在小事和大事中都一样——都是确定方向和规则的一个必要条件。

我们不必到很远的地方去发现漂泊不定的政策——如果仅仅在紧急情况发生之后才使用我们的理智，也可以称作“政策”的话——是如何有利于混乱的。考虑一下在人类的苦难中，我们所付出的高昂代价吧——就为了在国际关系领域中，我们不愿吸取第一次世界大战几乎扇到我们脸上的教训。假如我们已然将其送交检查的话，就会在其中看到一个关于社会分裂和冲突（它们就是由自然 460 科学与对人类事务与关系的理解之间的分裂所制造的）的实例证明——比自然科学实验室里的实例证明更有说服力。虽然从物理方面来讲，地理教科书告诉我们：这个世界无数年来一直是个球体，但在人类的感觉上，它作为球体的时间并不会比五十年长多少。然而，当遇到科学技术的新方法强加给我们的问题时，我们还是继续信任运气、陈腐的传统与即兴创作的结合。

对和谐与和平协作的希望曾推动了 19 世纪的思想，如今它受到了无情的挑战。民主的动因已经遭到猛烈的袭击，不仅在口头上，而且在比语言更响亮的事实中。声称是未来的浪潮的东西，在很多国家扫除了自治体制的存在，而代之以自上而下的专政。在一些欧洲国家，事情看来证明了这样一个断言：民主属于历史的过去，而克服“自由”社会所固有的（据说如此）利己主义和阶级分化的唯一道路就是自上而下的统治。这种统治要用强行的全方位统一——它强迫实行的不仅仅是行为上的统一，而且是生活各个层面（宗教的、道德的、政治的、经济的）信念的一致——来消灭民主的个人主义的罪恶。这种极权主义是通过抑制研究、言论、出版和集会（哪怕是为了宗教的目的）的自由来强制执行的。集中营取代了为了自由讨论的集会。对信念多样性的宽容以及对政党和信条的选择被说成是民主的疾病，要由激进的社会手术来切除。

你不可能想象得到有比由极权主义所代表的更彻底的、对合众为一（E Pluribus Unum）的民主原则、对出于多样性的联合的否定。因为民主中的宽容决不仅仅是容忍或“忍受”信念的多样性，同时也是允许对观念的实验。它植根于这样一个信念：由自由合作的讨论而获得的社会、道德上的联合，比起任何一种通过外在强制而得到的联合，要深入、牢固和安全得多。

不过，从反对民主的反应中得到的教训，与国际关系领域中存在的敌意和冲突所带来的教训是一样的。科学技术的新方法所创造的新局面并不会基于这样 461 的理由——民主促进了一种个人主义，而后者将破坏联合，使来自联合的力量衰竭——而要求民主投降；也不会要求不顾天赋差异而将一切都放在千篇一律的水平上。但它的确要求对被发展并适合我国创始时期的那些形式和技术进行重新思考。它要求对个性的本质以及方法（那些能在当前局势下保障个性的方法）进行重新思考。

当国家的自然资源还未被实际开发的时候，以及当所有人都还有开放的机会从主动性和进取心获得回报的时候，在那样的时候发展起来的个人主义，并不适合这样一个时代：在其中，自然资源已经被占用，而且常常被垄断；在其中，工作机会的平等很容易变成一个套话，被用来掩盖由财富的巨大差异所孕育的不平等。民主的理想和目标在今天，和在我们国家的拓荒时代是一样的。然而，假设它们能用拓荒时代所运行的那一套方法、体制和态度去实现，却是另一回事了。这就意味着相信运气，相信盲目而不受控制的自然力的作用，能促进自由、平等和友爱这些民主的不朽目标。

讲得更具体一点就是：那些将被采纳和付诸实践的、有关政府的功能和方法的观念，必须在共和国早期的那些观念上经历一个巨大的变化。当民主还是新生事物的时候，它是站在那样一些政府——它们是压迫性的，并将阶级的不平等视为自然的和正当的人类状态——的对立面的。在这个国家里，自由机会广阔的开放范围混合着对政府权力的戒备性猜疑。作为积极和建设性的自治的民主，其可能性未被实现，也未经检验。没有什么经验背景可以借来创造这样一个社会——在其中，统治者和被统治者是同一实体，有着同样的兴趣——的具体图像。

毫无疑问，有必要保持警觉。就像历史已证明的，官方的兴趣太容易变得与
462 人民大众的兴趣相脱离。紧握官职于是就成了通过腐败和压迫而谋取私利的源泉。但是，这一事实并不意味着，最大限度地减少政府行为就相当于政治的退位。这样的个人主义概念，就是在邀请极权主义政府作为一种治疗的方法。理智和现实地来看，我们发现，新的积极的职责是必要的。诚如国与国之间真正的和平关系除了靠系统理智的研究、远见和规划之外不可能得到保护一样，一个国家内部的民主也是如此。程序和技术（法律的、政治的、经济的）的发展——将促进和维持所有人的平等的自由，而不是不负责任的、只针对一小部分人的自由，同时却是对大部分人的约束和压迫——是我们时代突出的社会问题。这需要一种警觉，它由研究、规划和实验而被积极地表达出来，以建立起能够制造机会平等乃至所有人的自由现实的体制——它不能是被一个只为其一己之私利的阶级所操纵的口号。

在作总结之前，我还要说一下刚才所说的事情对于现在正成长为成年人的年轻人的意义，关于他们的前景和机遇。我想，在把年轻人想象成未来的守护者

时，其中有一些新的、象征着我们正在进入的那个新世界的东西存在。在过去，他们被认为是装满了形成于过去的传统的被动的容器；正如一种黏土，可以被塑造成与惯常的体制相一致的东西。朝向未来而不是过去，研究当下，以便在理智规划和实验的过程中发现塑造未来的机会。这样的问题是一些新的东西。这是一种才刚刚开始的态度。但它所存在的范围已足以严重地影响到我们关于青年和教育的想法和行为——不仅是学校里的教育(虽然它包括在内)，而且是更广泛的教育，它或多或少不自觉地发生在家庭中、邻里之间、游乐场中，以及通过收听广播和阅读报纸，而最重要的是通过与他人的交往。

如此这般教育年轻人，以便他们能够成为实际有用的、未来的创造者——因为唯有通过创造性的行动，他们才可能成为守护者——这个问题是一个极其艰难的问题。关于未来，能确定的一件事就是它的不确定性，正如那唯一不变的事就是变化一样。而且，没有比让年轻人肩负起消解他们前人所犯的错误的责任 463 更不公平的事了。我脑子里也没有那种荒谬的想法，认为年轻人应该无止境和徒劳地盯在未来上。在对任何未来所做的准备中，最好的可能就是发展当下的某些态度。当变化像现在这样快速、广泛时，它能以双倍的威力来应付。在为未来做准备方面，我们所需要的是：让年轻人受这样的教育并意识到他们生活在一个变化的世界中，意识到持续的变化是不可避免的，以便设法拥有某种导航图，指出变化在其中发生的方向。

拥有一个开放的头脑，才能有效地应付各种变化；但太多的传统教育，尤其是在学校里和其他教导的形式中，却倾向于创造封闭的头脑——而封闭的头脑就是关闭对变化的认识，从而不能对付它。开放的头脑并非就是说："请进；家里没人。"它是一些活跃的、积极的东西。开放的头脑是这样一些人的标志，他们具有(在他们所有具体的学习中)继续学习的渴望，以及令此愿望成真的能力。在学校或任何其他地方学到的第一件事，就是这种不变的渴望和能力。我们的学校和其他教导形式最严重的缺陷之一就是：他们不认为学习是一个活跃的、不断前进的过程，而是将学习等同于被叫做"学问"的东西，而学问又等同于对事实和原理(其获取几乎不带有积极的个人观察，而只被储存到记忆中)的拥有。学习被视为获得被储存在教科书上的东西，或者由别人告诉他们的东西；被视为是那种可以由考试来检验的、消极的拥有。其次就是把头脑塑造成向后看；夺走它看到和判断实际在我们身边发生的事情的力量。当研究和学习不再被看作获取别人所知道的东西，而被看作一种资本的发展，这资本被投注在热切地警觉于观察和判断人生活其中的状况之上——这个时候，学校教育就要进行一场革命了。然而，在这一切发生之前，我们将继续准备不周地去对付这个以变化为其突出特点的世界。

学习——作为一种对学习的渴望，以及对如何学习的学习——当然包括对
464 书本的学习。但学习使用望远镜和显微镜的人们，并不是学习看着它们。而是通过它们来看，以便更好地看到其他东西；而他们学着去看到的东西，是存在并活动于他们身边的这个世界中的东西。无论是天空中的星星、大自然中的昆虫，还是事物中永远不停发生着的化学变化，要是没有那些设备的辅助，它们就无法被看到。生理学的事实不在书本当中，而在我们自己的身体当中，也在身体的器官与我们所呼吸的空气、所喝的水、所吃的食物之间所进行的相互作用之中。如若不知道如何使用书本，则我们到达和理解实际事实的能力几乎将降低至零。但通常的过程却是：把书本上的东西视为终结本身，而不是造就看到和判断书本之外的事物的能力的手段。

当人们生活在一个相对稳定的世界，生活在变化如此缓慢以至于看似根本没什么变化的状态中时，从书本上学到的东西就是从生活中学到的东西的自然补充。然而，生活在一个变化着的、无论我们是否喜欢必定继续变化的世界中时，从书本上学到的东西就只能是从属性的。继续使用那些适用于已不再存在的世界的目的和方法，只会导致固化和墨守成规，导致允许他人独断地讲话并用外在权威来支配我们。这些就是创造出封闭头脑的东西，而封闭的头脑是无法令我们对付新形势（变化肯定会将其带给我们）的东西。在科学领域中，探索统治一切。在工业领域中，发明的地位至高无上。在学校教育的领域中，它们远远落后。甚至在今天，适度的发展都会遭到排斥，因为人们将至高无上的教育需求设定为仅仅是获取过去所知道和信仰的东西。鉴于这个运动的成功，它将扩大目前所存在的失衡，即作为教育之产物的性格和习惯跟教育的产物不得不在其中运作的这个世界局势之间的失衡。无论我们是否喜欢，都被深深地卷入了一个新力量的复合体，这些力量如此之新，以至于我们还没有能力为它们的进程指引方向。

465 在教育中出现了两个备选方案：一个是继续走在那些已经被学术化传统和制度化的习惯磨损了的道路上；另一个是真心诚意地承认，学校是运动着、变化

着的场景中的一个重要部分，帮助年轻人（他们是未来的守护者和塑造者）做好准备，去承担他们在形成一个自由、公正而有价值的社会秩序中的角色的责任。假如我们积极地遵循这一进程，将有能力面对变化的场景，带着希望和勇气——这才像是留给青年正当而公正的遗产。

哲学的未来①

466 埃德曼(Edman)教授为我的演讲确定了这个题目。这个题目比起任何我想到过的题目都要生动。他告诉我:五年前,他听过我关于这个主题的演讲。幸运的是,我已经忘了那时候我讲过什么。五年前,我比现在怀有更多的希望。在这过去的五年里,我的恐惧增加了;而关于我不得不说的东西,则更多的是我的恐惧而非希望。

我将简要地陈述我看哲学——哲学的事务、哲学所涉及的事情——的立场来作为开始。我想,从我的立场出发,最贫乏的关于哲学的观念就是:哲学是关于"存在"(being)的理论,就像希腊人所称呼的那样;或者,哲学是关于"现实"(reality)的理论,就像这么多现代哲学假设哲学之所是的那样。正如我后面会提到的,哲学在现在的后退,其偶然的、积极的好处之一是:哲学从未在处理"现实"方面获得过任何伟大的成功,这一点现在正变得清楚起来。而哲学有望从更人性的立场去处理问题。

我的观点是:哲学处理的是文化问题,在宽泛的意义上使用"文化"。这一点,人类学家已向我们显示得很清楚了——即处理人类关系的样式。它包括这样一些主题,如语言、宗教、工业、政治、好的艺术,其前提是有一个普遍的样式贯穿其中,而非彼此割裂和独立的东西。哲学最重要的任务就是到混乱表象的下面,
467 这种混乱在快速的时代变化中特别显著;到浮于表面现象的后面去;到那土

① 杜威于1947年11月13日给纽约州纽约市哥伦比亚大学哲学系毕业班所作的演讲。速记报告,收藏于卡本代尔:南伊利诺伊大学,莫里斯图书馆,特别收藏,5号文件夹,第55盒,杜威文集。

壤中去，在其中，现有的文化有着它的根基。哲学的事情是人类与他生活其中的这个世界的关系，就人类和这个世界都受到文化的影响而言——这一点远超过人们通常所能想到的。

在很长的一段时间里，没有什么“物质世界”或任何被叫做“物理学”的东西像现在这样被当作一个主题(subject matter)的。仅仅是当人类文化发展到一个特定层次的时候，物理学才成为一个突出的主题。有很多东西——万物有灵论的东西——必须得褪去。以前，这个世界是通过人类的眼睛，依据人类的习俗、欲望和恐惧而被看待的。直到现代科学的开端(16 世纪)，一个特殊的物质世界才开始被认识和普遍认可。这仅仅是文化的转变力的一个例证，从原料(raw material)的这个宽泛意义上来讲。

因为哲学的事情与存在于人类和他的世界之间的关系有关(因为两者都受到文化的影响)，所以，哲学的问题随着人类生活其中的世界的变化而变化。一个例子就是在我们这个机器、技术等等的时代中增长了的知识。哲学的问题于是必定要变化，虽然可能会有一些根本的结构保持不变。所以，哲学的历史还得继续书写。当然，这需要依据文化的鲜明特征来看待和记录它。对于这一事实，在当代历史中存在着一种形式主义的认识——他们被分成古代哲学、中世纪哲学和现代哲学，以及西方哲学和东方哲学这样的截面。这些名称为那些材料充当了特定的标题。但是，他们在哲学体系的细节中并不被贯彻。

现在，我要开始讲我的希望和恐惧了。对哲学的希望是：那些专门从事哲学的人们将意识到，我们正处于一个历史性时代的终点，以及另一个历史性时代的开端。老师和学生应该尝试着去辨识正在发生的是怎样一种变化。无论如何，这样一个对变化、时代、世界历史中的新纪元的识别，并不是我的发明。每一种历史都能从形式上辨认出各个时代的分隔。我们正在接近一种从一个时期到另一个时期的变化；作为一种变化，我们正在经历的变化，和中世纪失去它对人民 468
的信仰和行为的控制的时候所发生的是一样的。现在，我们认识到，这是一个新纪元的开始。这个新纪元在很大程度上伴随着伽利略和牛顿，以及始于大约 16 世纪的新自然科学的结果，因为那种科学的应用使人类的生活方式和他们彼此之间的关系发生了革命。这一切创造了现代文化的特征及其基本问题。

破坏性的特征比建设性的方面更为显著。有一段时间，所呈现的对这个世界的研究没有不提及原子裂变的。现在我们明白了：这是意味深长的，因为它是一个已经在科学中发生的变化的象征。

这已经是没有什么秘密的事实了：科学研究及其应用在自然科学方面已经远远超过人文主题方面的研究——经济学、政治学以及道德。这一单边的超重，为哲学在未来的发展中应寄望于什么提供了线索。16 世纪和 17 世纪的哲学家们也许认为他们是在处理关于现实的理论，但实际上，他们推进了新的自然科学。他们从事科学批判，因为自亚里士多德以后，它在中世纪就已经没落了。他们提出要有一种不同的宇宙论的必要性。18 世纪，特别是在启蒙运动中的法国，以及一定程度上在英格兰，哲学家们试图在人文和社会学科方面做一些同样的事情，但是缺乏材料和工具。他们清除了很多东西，然而，他们的建设性的东西却从来没有这么了不起。我想，现在，我们潜在地拥有了智力上的资源，可以令哲学为人文和社会学科的推进做一些同样的事了。老一些的自然科学，在摆脱了万物有灵论的残余之后，就与人的问题毫无关系了。这样的科学对付的是一小堆一小堆的物质：它们相互分离，存在于外在的空间与时间之中，而时空本身也是相互分离、割裂于任何所发生之事的。自然科学已经近乎推翻了上述论点。由此，通过在生理学和生物学中的应用的增长，自然世界的物质(material)也就不再像以往那样固定地被矗立在人的问题的对立面上。科学自己已经除去
469 了那种老的意义上的物质(matter)。但是，这并不意味着物质已经成为一个与人的问题相关的背景；只要牛顿主义者的观念还在盛行，它就不可能发生。

要实现我所说的希望，有很多障碍。一个非常严峻的障碍就是这个世界目前的状况，它是如此可怕、如此惊人(毫不夸张地讲)，以至于很难应付。有一种倾向是指望一些对其问题非真实的、本质上是反动的解决方案——回到希腊或中世纪时期的观点，或者在哲学上采用一种逃避的方法；因为我们看来解决不了实际的问题，如果我们正处于一个新纪元开端的话——因为这些问题可能得花几个世纪的时间才能有效地解决。

哲学中最令人丧气的事就是新经院哲学的形式主义了，这在中世纪也发生过。在这么多的情况中，今天的形式以其自身为目的。它是一种形式的形式，而不是主题材料的形式。但是，今天这个世界中的主题如此混乱和无序，以至于难以处理。我就是如此来解释这一从对于人类生活的实际致力到纯形式议题的撤退——我很犹豫是否要叫它们议题，因为除了更多的形式外，什么都没有产生！它对任何人都无害，除了哲学家。这一撤退解释了在哲学问题中，对公众问题不

断增长的漠不关心。

极权主义企图找到一套可以解决每个问题的完整蓝图，则是另一种反应的形式，也是一种危险得多的形式。这一点，我们在法西斯主义中，以及依我看来，在今天的布尔什维主义中，都已经看到了。

要了解当前的形势，需要很大的勇气。要识破它，将是一项长期的工作。但是哲学的希望在于，它会参与引发那些将在人类行动中贯彻完成的运动。

第一步，要尽可能坦诚地看到我们生活其中的这个世界以及可能变成的那个世界是什么样子的。我们至少应该把我们的目光转向它，并面对它；哪怕我们不能用我们的双手和肌肉为它做得太多。但我们不应该做的是：编织起很多网，像屏幕那样令我们看不到真实的形势。如此看来，形式主义也许是一个有希望的象征。也许这是一个共识的开端，即哲学家并没有到达任何地方，无论是处理具体的事情，还是处理某些根本实体。这个反应可能是个开始，令我们更为严肃 470 地尝试面对今天的文化问题。科学已经废除了过去几个世纪中这么多的二元论，像精神与物质、个体与社会，等等。这些二元论，仅仅是因为文化环境而曾一度有生命力的回声。我们正在脱胎于这些二元论。我们需要知道，我们可能会成为怎样一个有系统的东西。

哲学无法在解决这些议题上做得比 17 世纪的哲学在解决物理学问题上所做得更好，但是今天，哲学家可以分析问题和提出假设，这些假设可能获得足够的现金流(currency)和影响力(influence)来为之服务。所以，它们可能被那最终唯一的一个检验方法——实践活动——所检验(鼓掌)。

另有一件事，那就是——你们这些学生，的确有着与任何专业的学生曾经在任何时候有过的同样大好的机遇；但是，这需要很大的耐心、很大的勇气，以及(如果我可以这么说的话)很大的胆量。

什么是民主？①

471 这个世界在过去没有哪个时代曾面临像今天这个时代这么多、这么严重的问题。因为没有哪个过去的时代，人们生活其中的世界在其相互联系方面曾像今天这般的广大和复杂。不过，讲这句话并不是为了就事论事，而是将其作为一个介绍，引入今天将要讨论的这个世界所存在的问题。最近的历史场景，在不超过半个世纪之前被视为是不可能的。因为在那个时候，民主（既是作为一种政治哲学的观念，又是作为一个政治事实的民主）的进步看来是相当确定的。近年来，其特有的存在已经受到如此挑战，以至于它的命运看起来悬而未决；即便是现在，它的未来也还远未稳定下来。对它构成的第一重打击是显而易见的。日本、意大利和德国及其随从们的军事袭击，伴随着那种一再被重复的指责，并得到后者的支持。这种指责就是：民主的理想已经失去了它的有效性，新的和不同的秩序正被迫切需求。

制造了军事打击的国家遭受了压倒性的失败。目前的世界形势证明（无需更多争论），社会、经济和政治原则的根本基础还远未被击碎。在过去被理解并付诸实施的民主信念之间的斗争，现在比在军事冲突之前或其过程中更为明显和激烈了。“什么是民主?”这个问题，现在的存在状态并不是把世界的事务当作一个学术问题。目前，它也不是这样一个问题，即保卫民主的原则与政策，去抵
472 御来自那些公开、公然对之表示完全蔑视的人的攻击。现在的冲突是两个根本

① 打字稿，约1946(?)年，收藏于卡本代尔：南伊利诺伊大学，莫里斯图书馆，特别收藏，3号文件夹，第55盒，杜威文集。

不同、完全相反的体系之间的冲突，而每一方都声称忠实于民主的初衷。

一种冲突，如果它对几亿人民有直接、实际的重要性，世界范围的战争或和平的传播就有可能依赖于它，那么，它就不是一个理论上的问题，能靠政治科学家的辩论来解决。有一个民族国家，曾经是把民主说成它被传统地理解和实践的那样的一些国家的同盟，现在却参与到对它的攻击中来了。这攻击不仅是意识形态上的，还有外交上的；而且，人们普遍认为，它可能演变成武装力量的冲突。因为它指责西方欧美的传统民主人士背叛了民主的初衷，而坚持它自己在政策和原则上都代表对民主观念的履行，而这个民主观念现在被那些宣称信奉民主却不能在人类关系的一个非常重要部分中将其付诸实践的人们给歪曲和背叛了。

那个重要的部分当然就是受到经济秩序以及引导着工业和金融的那些条件影响的人类关系。然而，我不准备这样来讨论这个冲突，仿佛它的焦点和中心首要地是在经济政策的问题上一样。比如说，我的信念是：经济政策在过去一直就是传统的西方民主政体最薄弱的一个方面。我也不打算在这样一个基础上捍卫这些民主政体，就是说，它们中的每一个（不排除美利坚合众国，它也许是最隶属于一种"个人主义的"经济秩序的国家）都以其自己的名义积极地修改其传统的经济体系。"资本主义"还远不是一个坚固的体系，以至于事实上正处于一种几乎是流动的状态。这样一个事实对于有些被拿来反对这个（指美国）以及其他西方民主政体的指控来说是贴切的，但不是我在讨论的议题——也即什么才是民主观念与政策的核心和根本。

据我的判断，这个核心和基础通过如下事实就能得到清晰而令人印象深刻的解答，那就是：发起袭击的那个国家（指德国）现在已经接管和改进了一般的极权主义哲学和实践、一种几年前它还在积极与之斗争的哲学和实践；而事实上，它在历史上一直与这个国家过去政治中的反民主历史一起延续着。因为这种极权主义无比清晰地揭示了其核心问题是对理智自由（freedom of intelligence）的 473
尊重和不尊重之间的对抗，而前者如此强大，以至于它即便只是消极地挡在政治-经济的极权主义政策之路上，其实还是对它的有效否定和压制。

说没有一个公然声称为民主国家的国家，在过去以各种自由的方式实施其对理智自由的忠诚（后者在前者中得到了公开证明）的过程中，不曾有过一点瑕疵，这自然是正确的。在我自己的国家，举例来说，由于我们的第一位伟大而典型的民主人士托马斯·杰斐逊的努力，确定了《权利法案》(Bill of Rights)。这个法案是对言论、写作、出版及集会讨论的一种保证，伴随着对所有公共出版物的尊重。此外，联邦最高法院实际上还承担着这样一个能力，即对由联邦的政治机构通过，但却侵犯到这一在运行中理应被保证的理智自由的工作效力的所有法律，都宣告无效。诚如我所说的，我们在面临麻烦和压力的时候，并非一直做到不辜负这一保证。但是，没错，这个观念如此具体——不仅在国家的法律宪章中，而且在人民的心中——以至于每一个反动的时期都唤起了一个成功抗议和复归的时期。

这最后一点言论的目的不是为了辩护什么，更不是什么自夸。它是为了表明，这个尊重理智自由之实行的原则走得如此之深，延伸得如此之远，以至于当情况有变时，它不得不被重申和重振士气。它还远未能自行生效，以至于在每一个危机时期都不得不积极地为保卫它而战。不过所幸的是，迄今还未诉诸武力。当前的袭击是由这样一个国家造成的，它对可以通过武力(还有意识形态上的反对)镇压——对任何背离官方建立的极权主义教条的新闻、文学、公共集会，甚至私人社交，以及物理学和生物学研究的行为——的极权主义方法而得到实施的政策感兴趣。这一袭击表明，维护理智自由的公共运行是各种理智问题中的主要问题。

另一个伟大的美国民主人士亚伯拉罕·林肯留下了一句话作为他的遗产，那就是：民主就是属于人民，为了人民，*来自*人民的政府(democracy is Government of, for, and *by* the people.)。我用斜体字来表示介词“*来自*”(*by*[①])，因为政府不
474 可能来自人民，除非是在那样一个时候和地方，理智的自由在其中得到公开和积极的支持。它是否能够在一个较长的时期内为了人民，而不是为了一个统治圈子或官僚机构，这也是值得讨论的；除非是在一个公开讨论和批判的权利被保持未受侵犯的地方。革命时期——从一个世界范围的观点来看，当前就是这样一个时期——趋向于权力的集中。这个集中为了其自身而声称它最大的兴趣在于一般的人民。起初，也许这还属实。但是，没有什么比这更确定的了，即除非它在其运动中一丝不苟、小心谨慎地遵守对理智自由原则的实施，否则很快就会退化为一个片面的规则，由武力的运用来维持而集中于自己的特殊兴趣。正是由

---

① 英文原版书中的斜体字在中文版中改为楷体字。下同。——译者

于这个原因，当前时期特别重要，乃至于是唯一重要的事情是：不要把注意力转移到考虑任何其他问题上（无论它多么重要），从而取代把依赖于演讲、每日和每周刊物的出版、书籍、公共集会和科学研究这些手段的、理智自由的公共交流作为民主的核心和焦点来考虑。最后，没什么比在这一点上投降和妥协更致命的了。现在，我们比以往更紧迫地需要坚定观念，保护好这颗心脏让民主的血液不断从中涌出。

在结束之前，我还要明确地提醒一个事实，即正是 18 世纪法国那些提倡思想和言论自由的先锋们，不顾以道德权威和社会稳定名义公开宣讲的人的各种干涉，使那个世纪成为启蒙时期，从而产生了民主精神中最好和最真的东西；这些东西起初存在于西方的文明之中，而今在于对整个世界的承诺（如果还未实施的话）之中。始终保留、支持着至高的、稳定的现存传统的人们，如果现在尊重在各种交流渠道中实行的理智自由，不辜负他们的遗产，那么，他们和我们都将从目前的危机中流传下去——在对民主的生命之血的净化之中。在克服目前危机的残酷的过程中，我们已经打开了通往人类精神更高尚（因为更自由）地表现的道路。

为了一个新的和更好的世界的教育①

475 也许在所有的历史中，从来不曾有哪一个时代的世界像今天这样困惑不安。因为在过去，无论一件事怎样困扰这个世界，它终究没那么大；没有这么多东西被从不同的方向上拉动起来，而且在正走向何方和应该走向何方这两个方面都不确定。曾经有一个时期，人们在湖泊中航行，水流可能很急；而在风暴中被困的人们无计可施，也许他们就死了。但是说到底，所有这些打击都是局部的。今天，我们行驶在一望无垠的大海上，根本没有只限于当地的风暴。无论好坏，我们都被绑在一起了——说没有人可以独自过活，已不再是一个道德律令；它成了一个可怕事实的真实写照。它将永远这么可怕，还是可能转变为对一个新的、更好的世界的承诺，这恐怕是在我们所生活的这个世界的所有困惑人心的事情中最难以解决和最不确定的事了。我们准备如何处置可供我们自由支配的、由裂变原子产生的威力，而它又将如何处置我们，会被用于破坏还是创造？这些问题作为当前世界性情形的一个标志，与我们照面了。

我有时候想，当我们这些老一辈的人面对年青一代时，真应该为我们转交给他们的这个必须生活其中的世界而感到羞愧。看起来似乎经常是这样的：所有我们所推卸掉的责任，所有我们所错失了的机会，连同所有我们所犯下的错误，就是我们所能遗赠给后来人的主要财产了，而他们不得不生活在这个由我们传
476 递给他们的世界之中。但是，任谁也不能剥夺青年人的“年轻”这份夺不走的礼

① 打字稿，收藏于卡本代尔：南伊利诺伊大学，莫里斯图书馆，特别收藏，8 号文件夹，第 54 盒，杜威文集。

物，以及作为那份礼物之一部分的活力和新鲜的视点。在某种程度上，当每个新的一代进入世界的时候，世界便又重新开始了。关于他们的场景，就是一种对勇气和能量的挑战。尤其在当前这个时代，是一种对忍耐力和持久力、对坚韧和决心的挑战。我们正处在历史的一个转折点上。就像我们绝大多数挚爱的美国人在自己历史的一次危机中所说的，我们要么轰轰烈烈地赢，要么卑贱地输。唯一可能导致毁灭性结局的东西就是怯懦：它拒绝就我们想要生活其中的是怎样的一个世界作出选择，并且从为创造这个新世界而进行的战斗中撤退。

在所有困惑和不确定性中，有一件事是不变的，而且到处都一样。历史上不曾有过一个时代像今天这样，教育有着决定未来生活的重要性。这意味着，从未有过一个时代像今天这样，由观念和理想引领的方向以及青年人的选择和努力如此重要。学校教育顶多不过是教育的一部分；教育包括决定着人们真正信仰的是什么，他们最渴望的是什么，他们忠于的是什么，以及决定着那些他们为之而奋斗并愿意为之牺牲的目标的一切东西——这些观念都从未像今天这般普通。学校教育是重要的，但它的职能很难超越提供工具、仪器设备；借助这些工具、仪器，努力去觉知心灵的深层影响和头脑中坚定的、要博学的目标。青年人现在不得不比以往更多地参与到他们自己的教育中去；教育不啻于个性和精神的塑造，而根本的问题在于：青年人想要通过外部压力来为自己塑造个性与精神，还是想要在改造他们将生活于其中的世界的过程中，积极地完成自我塑造。如果可以的话，我想引用另一位伟大的美国人在大萧条时期所说的一句话："我们不得不害怕的唯一一件事就是害怕本身。"人类依然有力量决定自身的命运。眼下他觉得困惑和窘迫，并不是因为虚弱，而是因为暂时被他在短时期内所获得的东西制服得来不及学会如何对付它们。

正是这一事实，才使这个问题尤为关键：这个世界的青年人准备积极参与到
他们自己的精神或个性的塑造中去，还是准备任由那些将财富和其他创造未来 477
之路霸占为己有的人来决定和塑形呢？当一个人在迷雾或黑暗中的时候，看到路在哪里分叉是有帮助的；这样，他至少能够选择前进的方向。最近，我一直在阅读由一个伟大而强大的国家的教育权威们出版发行的官方说明，它们是写给那个国家的教师们看的，内容是关于在他们管辖之下的青年人的智力和道德教育。有个典型的段落是这样写的："一个在道德上有教养的人，是一个在他自己的行为中令自己的兴趣服从于为他的祖国和人民服务的人。这种服务是以对祖

国的敌人的愤怒和仇恨为前提的。”一个人也许真的敬佩服从个人兴趣于社会兴趣的行为。但是，当他发现这不得不建立在愤怒和仇恨的基础上，建立在不断地被灌输一种信念，即他自己的社会已经是“全人类的领导”，是“全人类最先进的”，以及他们自己的政治领袖“是全世界工人的领袖”的时候；当他发现教学、纪律和每一种运动的每一个细节如何为了一种单一模式的思想和行为的生产而被系统地组织起来，而这种思想和行为又受到对一切其他事物不宽容和仇恨这样的钢铁盔甲保护的时候，他可能就会在敬佩将一切可能的装备和资源都用来服务于作为改造社会之手段的教育这样一种彻底性之余，还带有对这样一种社会的深刻怀疑和不信任。这种社会可以通过对每一个观念、每一个冲动、每一个渴望、每一个不同于从上述因素中形成并被强加的模式的外在抱负和目标进行压制和塑型。

然而，我在这里并不想为了自己的国家以及为自己来表达对这种体制的控制结果和理想的彻底否定，因为我想表明，人类生活道路的差异性是如此极端，以至于在它们之间的选择决定着教育和青年人今后将在其上前进的方向，也决定着未来将存在一个什么样的人类世界。

我们越是尊重极权主义国家为了给这个混乱、无头绪的世界中的人民以方向而在教育中放置的信念，就越要追问：如果根据一套简单的、被假定为体现了
478 终极真理的法则，把男人和女人们塑造成一种单一模式的做法成功了，任何不一致的事物以及能产生一种与暴力的极端使用乃至系统性的歪曲——当它们被用来代表那更高的道德时，它们被证明是合法的——所不同的最高价值的事物，都是被教化出的愤怒与仇恨所反对的东西，一切由此而得到防御和保护，那么，它将产生出一个怎样的世界？在提这一问题的同时，如果我们是理智的，那么还会问：可供教育选择的另一进程和政策是什么？如果我们跟那些极权社会的统治者们想要通过教育生产出他们想要的那种固定的、被决定好的生活一样认真、一样热诚、一样专注，通过教育来扩大和深化对一种自由生活的意识，那么，我们会尽力做什么，我们的指导方针会是什么？这些都是大问题，大到不可能随随便便就回答出来，甚至大到我们任何一个人都没有能力回答，除非通过长期、持续的合作努力。

但有些事情，我们是可以肯定的。我们可以肯定，这个世界对一种更丰富、更深入的自由生活的需要不可能仅仅通过坚持过去的、哪怕是最好的民主制度

和惯例而得到满足。新的时机和条件授予新的职责。要让那曾经鼓舞和指导热爱自由的人民的燃烧的热心与激情重新被点燃，要获得与那些想通过强行实施一种固定、单一的模式来拯救世界的人们所表现出来的忠诚和活力，唯一的途径就是要明白：无论过去的胜利有多么辉煌，我们都不能依靠它来生活。生活的自由不是什么可以保存起来的东西，而是必须创造和再创造的东西。越是在变化显著的情况下，对实践中变化的需要就越是迫切，唯有通过它（实践中的变化）才可能达到真正自由的生活。过去的半个世纪中，世界情势的变化比过去所有人类历史的变化都更为巨大。这是对勇气、想象力和活力的挑战。恐惧毕竟不是我们唯一的敌人，自满和被动也阻碍着我们。我们需要信念，但只有当我们将信念建立于智慧之上时，对于我们自己，对于我们能创造出一个因更自由而更好的世界的可能性的信念，才得以被注入持久的力量。发明已经在物质世界中创造了奇迹。发现和发明与年轻的精神是类似的。技术和工业方面的持续发展，以及在我们前进的道路上动用一切方法来探索新事物，这就是现代世界最显著的 479
特征。现在，开放的机会和开放的任务就是运用广大的科学技术资源去发现和发明出现在属人的事物中的常新的东西。固定原则的强行实施也许暂时会有吸引力，且可能暂时有效，但从长远来看——甚而可能并不那么长远——它却引向冲突和爆炸。人类是困惑的，但最令他困惑的是如何在锁链中寻求长久的安全。

评最近对道德和逻辑理论中一些观点的批评[①]

480 种种情况已经使我几乎不可能对本人哲学观点的这个或那个方面所发表的批判作一一的考虑了。在这篇论文中，我选了两个最近的批判实例作为评论对象，因为他们各自的主题在关于*方法*的理论中占据了一个中心地位，而关于*方法*的理论是我一切哲学主题的观点的基础，所以它决定着我所得出的结论的样式。出于这个原因，我希望现在的这个讨论被看作有一个重要的位置而远超仅局限于支持明确考虑的特殊见解。

第一个讨论的问题与我的一个观点有关，它聚焦于道德的理论，我在写作中处理过这个主题。引起现在这些评论的一种特别的批判，见莫顿・G・怀特(Morton G. White)博士最近的著作。它们牵扯(就其瞄准我的伦理学观点而言)到*方法*，依靠它们，能够得到关于在人类行为中什么是好的、正确的、在道德上必须的等问题的有效——用一般能够被接受的话说，就是客观有效的——结论。不同于一般的方法，这里所包含的特殊之处是我在自己的著作中对被需要的、一个事实上的问题和什么是值得要的所作的区分；在我看来，后者也就是*法理上的*(*de jure*)应该或应当被需要的东西。怀特博士所作的具体批判，已经被悉尼・胡克博士在对我的著作有一个广泛而准确的批判性认识的基础上，作了
481 相当充分而又适当的应对，以至于我只需要就被批判的具体观点，将相关人士引

① 打字稿，约 1950 年收藏于卡本代尔：南伊利诺伊大学，莫里斯图书馆，特别收藏，5 号文件夹，第 59 盒，杜威文集。

到胡克博士的讨论中并表示我深切的感激就可以了。①

因为将要讨论的观点涉及认知的方法和得出结论的方法问题，所以它的覆盖面不包括在胡克博士的讨论范围内；因为它不直接与怀特博士的批判层面相关，而对于后者，胡克博士都予以回应了。因此，我不能说他会同意我将要说的，然而我希望他会发现，这与他自己关于这个在考虑中的主题的立场是一致的。怀特博士对于在“X是被需要的”(desir*ed*)和“X是值得要的”(desir*able*)之间作判断(或陈述命题，如果有人愿意这样说)种类或类型的区分所进行的批判，其中蕴含的方法论上的哲学问题，在胡克博士的一个段落中(其论文的第206页)显现得最为清楚。在这个段落中，胡克博士对怀特博士批判的“一种变型”(one variant)进行了简要的思考，其大意是：“关于我们的欲望和什么是被需要的这二者的因果知识，并不使被需要的东西值得要了，除非……我们能追溯到值得要的东西自身(*desirable in itself*)这块底板。”

我用斜体标出的字眼(*值得要的东西自身*)很清楚地表明了，怀特博士在方法论立场上跟我有根本不同。我不想给怀特博士关于方法的立场贴上什么形容词，也许他会否认；然而对我来说，很明显，依赖于那“值得要的东西自身”、那完全独立和隔离于对“条件和结果”的实存环境的调查的东西，实则包含了一种在伦理学中被称为直觉的方法，以及在认识论中被称为先验必然性的假设，这东西保证了建立在经验基础上的陈述的有效性。无论如何，我可以而且的确是把对这一点(即对“*值得要的东西自身*”的依赖)的提出，视为可以在上面作出有效区分的唯一场地；这是把事实上“被需要的”东西(the *de facto* “desired”)和法理上“值得要的”东西(the *de jure* “desirable”)作为方法论基础的一个非常重要的指示；至于我所强调对条件与结果的调查，在我看来，这是可能得到关于值得要的 482
东西的有效陈述的唯一途径。也就是说，在一般哲学中担当和引入了对条件与结果的关注，是要把伦理的认知和将成为伦理知识的东西带出绝对事物的领域；而就方法而言，则是要把一般的哲学研究的方法、特殊的伦理研究的方法，与现在当然是在科学和技术的问题中(事实上，是在所有非哲学的问题中)被当作要

① 胡克博士的论文在最近由他编辑的专题论文集《约翰·杜威：科学与自由的哲学家》(*John Dewey: Philosopher of Science and Freedom*)中，标题为“杜威伦理学中的可欲之物与情绪”(The Desirable and Emotive in Dewey's Ethics)，第194—216页。论文中应对怀特博士的批判部分，可在第200—207页找到。

紧事追求的方法一致起来。我当然不怀疑怀特博士有权利采取这样一个立场，在我看来，它是从那样一些时代留下的遗产：那时候，像今天这样被实践的科学方法还不存在，不同于观测的理性还不得不被调用来确保信念和陈述的有效性。但是，我有权以我自己的名义指出，被用来区分事实上被需要的东西和法理上值得要的东西的方法，不外乎是一切科学都遵循的那种方法，其目的是为了找出什么是事实——"客观的"事实（赘言一句）——以及在对"条件和结果"进行系统研究之后，确定把区分于什么的东西视为事实。

这最后一点的表达，把当前的讨论带到了怀特博士的一个断言。他说，我的区分依赖于我"通过仅仅对事实命题进行一番适当的操作而制造出了一个标准的或法理上的命题"。如果我真的犯了如此过错，通过如上所述的途径达到了我的那个区分，那么，我当然应该被指责为依赖于各种智力上的戏法。然而，如上这个说法却完全忽略了一些条件，这些条件在我的实际解释中，为使那个"操作"成其为"适当的"提供了一个保证。首先，这个操作不是对（*on*）命题，而是用（*with*）它们、借助它们进行的；其次，那些命题——借由（*with*）它们，"值得要"的东西被确定为标准的或法理上的，区别于关于事实上被需要的事物的事实命题——是进行系统研究后得到的成果，而不是随意选取的命题；最后，有关的"条件与结果"不只是那么多事实上被需要的东西的例子而已。有关研究必须处理
483 实际存在的情况，在其中，有些事情是需要做的；其性质就是不去做任何事情，从其后果来看，也许就是最致命的一种做法——就像围观者漠不关心地站在一旁，任由一个受伤的人流血至死一样。

我希望，即使是怀特博士也能承认，那些经由它们而使命题"鲸是一种鱼"转变成陈述句"鲸是热血的"（因而不是鱼）的研究，并不是由对任何命题所进行的操作组成的，而是建立在系统的、对鲸的一整套典型行为的前因和后果所进行的谨慎检验的基础上的。怀特博士将"值得要"的东西还原为"在正常（normal）条件下"被需要的东西，我是完全满意的。如果能将"正常"字面中讨厌的矛盾除掉的话——但我并未发现他甚至只是试图做这件事，"正常"在通常所发生的、一般说来在意义上讲，当然是事实上的。陈述句"X 客观上是红色的"并不属于那个种类，如果"客观的"有任何特殊含义的话。在后一种情形中，"正常"条件有着规范的力量；但我们所讨论的条件，并不在于大量的甚至所有的 X 都显示为红色。它们是由为了得出确切的定论（end-in-view）而不断进行的实验研究所制定的条

件。如果这个事实被承认的话，我欢迎对陈述句“X是值得要的”和“X客观上是红色的”进行形式上的或方法论上的同一，因为如果“客观的”在后一个命题中有什么特殊的实质意义的话，那意义（正如“正常”一词，当它在短语“正常条件”中与所讨论的问题有任何关联时，它所具备的意义）本身就是本质规范的或法理上的。我欢迎怀特博士的鉴定，如果它的方向完全反转过来的话。所有以科学为基础的命题，那些经由这样一种研究——它满足由“科学”一词所命名和代表的内容所指派的条件——而得到的命题，都是规范的命题；正如最后一次举例来说，“X客观上是红色的”意味着所讨论的案例满足那些条件，那些条件由关于发生在一个指定的时间单位中、具有一定空间长度的一定量的波的一个限定标准构成。与已经存在的和现在正被观察到存在的有关，是事实和经验命题。说一个给定的事物是被需要的，无论说一次还是一百万次，这样的陈述都属于这种事实性质或类型。说一个事物是“值得要”的，它应该被需要，这个陈述不是关于已 484
经发生了的或现在存在着的东西的事实，而是关于要求将其带入现实存在中的那种行动的事实。它也是一个经验命题，但仅仅在这样一种情况下才是，即当这一案例中的“经验”被等同于用实验来决定的时候。不幸，或者也许恰恰幸运的是，支持并构成一个能产生可靠结论的实验的“正常”条件并不到处都是，也不会硬把自己塞给我们。唯有通过采取目前最好的知识告诉我们应该去尝试的那样一些行动，才能得到它们，其目的是能够在更深远的认知中以及为了更深远的认知而发现它们的明确结果。

教育学——备忘录[①]

485 如果心理学和伦理学所从事的工作是“成为其应该所是”，那么，非常重要的一点就是：它应该和教育学的工作密切相关。为一个教育学系提供的机会，即使在所有为一个大学提供的机会中并不是（如我判断的那般）最有前途的——尤其在西方——但为了给心理学和伦理学工作的检查以实践的例证，它就是一个实际的需要。

另一方面，我国在教育学方面到目前为止所做的工作相当无效；它机械而含糊不明，因为它与心理学和社会伦理相割裂，要不然就是从一种纯粹演绎的心理学而来的武断推论。如果正确操作的话，心理学和伦理学之于教育学应当是科学原理的理论研究之于实验室里的工作。现在，两者同样地受损于分裂。甚至在欧洲，他们也尚未（除了耶拿）意识到在教育上开展工作的可能性。在我国走得甚至比耶拿更远，是有可能的；因为这里没有官方组织，所以转向大学寻求那里来自政府指导的趋势十分强烈且日益高涨。

我由衷并坚定地相信，如果哪一所美国大学第一个准确地看到在教育中存在的情况，并根据其内在的可能性去做了，那么就能由此而掌控整个的大学形势。我同样坚定和由衷地相信，在美国，芝加哥大学是承担这样一项工作的最理想之地。

---

① 给威廉·林内·哈普（William Rainey Harper）校长的备忘录（1894 年 12 月?）的油印件，收藏于芝加哥大学，约瑟夫·雷根斯坦图书馆，特别收藏，校长文件（1899—1925）。

细节

486

1. 一个教育博物馆，收藏品包括仪器设备、图表、可以说明各学科教学的书籍；关于学校的计划、建筑风格，等等。

2. 职员，起初两到三个，最终五到六个，应当是不同领域里的专家，同时具备公立学校工作方面的个人经验。这些职员将他们的时间分配在视察学校、汇报工作、提供建议，以及在大学里作关于特殊学科的教学方法的演讲方面。

a. 这将使大学与预科学校直接联系起来，其好处就不必说了。在密歇根州，即使委员会每次一到两天这样一种偶然的学校视察，就已经极大地改变了学生；此外，它使大学对学校的课程有所控制了。如果连这么不成体系的方式都已产生成效，那么，我们就能指望常规组织的成效。

b. 它将确保真正地按实际的方法教学。这样，当前在大学领导中存在的那种令教育学走向含糊、不相干的推理的趋势就不再可能。

c. 优秀的学生可以在访问中被挑选出来，在第一时间里学习或研究教育条件。

d. 大学要与学校建立此种联系，以便更直接和系统地推荐教师。这样，不仅为教师提供了出口，而且得以直接监管和控制学校的方法。

3. 一个实践或实验学校，就像现在存在于耶拿和哥伦比亚的学校，基本上是从幼儿园开始扩展的。

这一需要是不证自明的。至于它的费用，开始时可以是小规模的，因为不是官方联系，所以可不支付费用；但可以得到大学当局的鼓励，并由哲学系来管理。待它发展起来以后，最终可以被正式纳入大学。

这是整个计划的根本之处。现有的大学乃至于师范学校，都仅仅是在培养个别的教师。如果他们对此计划产生直接的反响并作出调整的话，就会有所发展。

俄国的学校体系[①]

487 **主席**：对于今晚在此的我们中的很多人来说，出席这一场合不仅是出于智力上的兴趣，而且是出于很深的个人兴趣。我们来，一方面是为了听到关于俄国的重要消息和解释；另一方面，是为了欢迎一位敬爱的老师、同事、邻居、公民和朋友。

当然，我们知道，仅仅从我们设定的局部兴趣出发来介绍他，将是一种糟糕的短视行为，而且将歪曲整个远景。诚如我在另一个场合所说，在介绍哲学家杜威先生的时候，没有一个机构，没有一所大学，没有一个社区——我甚至可以这么说，没有一个国家，能对他独家占有。

如果我们想要强行占有他，那么，诚如我所说，将有全线的抗议从中国和日本、墨西哥和南美、土耳其和俄国传来；甚至一些较为落后的人类，比如美国参议院的成员（笑声），以及英国议会的成员，都有迹象表明承认他的世界公民之身份。

在今晚介绍他是一位教育家的时候，所有这一切都有着更大的力量。杜威先生并不是作为一个专门的哲学家，而是作为一个哲学的教育家，才令整个世界成了他的教区。他在《实验的逻辑》(*Experimental Logic*)中的文章和他关于莱布尼茨的书，以及他的《经验与自然》，还有那本小小的、黄色的、叫做《学校与社会》(*School and Society*)的书，都被翻译成法语、德语、西班牙语、中文、日文、土

① 杜威于1929年2月21日在芝加哥大学利昂·曼德尔会堂所作的演讲。速记报告，收藏于麦迪逊：威斯康星州历史协会，安妮塔·麦考密克·布莱恩文集。

耳其语和捷克语。

尽管自柏拉图以来就有了这赫赫有名、更有说服力的反例，还是有人认为， 488
如果你讲一个人是一个哲学家和教育家，那么，你在指责他是个两面派。而他们通常都确信，他们知道谁是哲基尔（Jekyll）医生，谁是海德（Hyde）先生。当然，这些人通常都是珍惜着古老的修道院生活和哲学的僧侣式概念——也就是我们称为“镇静剂”的哲学之概念——的那样一些人。

我们当中一些了解杜威教授的哲学的人都知道，它不是镇静剂，而是一种挑战和一种召唤；它不是使我们对地球生活的疾病和伤心事失去敏感，而是对打击其源头的召唤，以及代之以更长久、更普遍分布的善的努力。因此，在这样一种哲学和教育之间有着非常紧密的联系。

我曾经听杜威先生说——我不知道，但我想他还是会同意这一点的——为哲学辩护的主要理由，得看哲学在关于教育的目标和方法的陈述中贡献了什么。

因此，我要诚挚和高兴地向你们介绍这位唯一的、不可割裂的约翰·杜威——一位教育哲学家，同时是哲学教育家的约翰·杜威（掌声）。

女士们，先生们：除了表达我巨大的喜悦——在大约四分之一个世纪之久的中断之后，我跟芝加哥大学又有了新的关系——之外，借此成为威廉·沃恩·穆迪（William Vaughn Moody）讲师的机会，我希望表达的还有巨大的满足：对我来说，这个“重拾旧好”的特殊阶段应该是与我以前的同事和朋友的姓名和回忆有关的。我想，这其中还包含另一种满足：它无论如何让我与旧时好友沃恩·穆迪夫人联系上了。

试图在短时间内给出任何关于俄国教育的图像，这个问题有着几乎难以逾越的困难；而几乎每一次，当我试图讲这个主题时，都会惊讶于自己正在尝试一个实际上不可能执行的任务的这种轻率，因为俄国是一个非常大的国家——不需要我来提醒您——一个比美国更大的国家。

我有个在纽约的俄国朋友（很幸运，也许是因为我们的关系）——这是在我 489
去俄罗斯之前，我曾谈到过这件事——他说：“我在美国待了十年，我相当熟悉英语，也有了相当广泛的人际关系，但我不会冒险去尝试就美国作任何普遍性的说明。”在这里，我发现自己不懂这门语言——俄语；而且只在那里待了很短的时间，却试图做那件事——就像他所说的，一件在他看来极为鲁莽的事，就算对这个他已经在此生活了十年的国家，他也不会想到去做这件事。如果需要什么理由的话，那么，我的理由就是：那里的教育是一种极为有趣的情形，而且它呈现出这么多的特色，如果把它们一一拆分开来不是那么新鲜的话，那么，把它们放在一个统一体、联合体、综合体当中的时候，一定是新奇的；还有就是，确实有一些新的东西，在教育理念、教育理论和教育实践上对这个世界有所贡献，而且——对此我很肯定——如果它们要在将发展深入下去的这一代人身上得到成功的话，那么，在教育上将有一些东西是整个世界都乐于向它学习的。

关于教育，要给出任何类似于恰当说明的东西，甚或只是足够连贯以显得有趣的东西，其很大的困难在于：他们在整体原则和理念上都试图打破传统中学校与校外生活的割裂，而令学校活动在各个方面与社会、政治、经济及文化生活相吻合。所以，要在其真正意义上理解和把握这个学校体系的本质，你必须具备大量的基本知识、预备知识——关于这个社会的情况、趋势，以及俄国人生活本身的问题和目标。然而，不仅仅是可供我支配的时间之短缺，而且还有我自己的忽略，都阻碍着我深入这件事。

在我在那里的短暂时间里，没有接触过政治学家或经济学家；没有时间，也没有机会干其他任何事情，除了接触学生和老师，以及参加各种各样的文化活动。因此，我只是看到了俄国生活的一个方面，而且在我看来，是俄国状况中更光明、更有希望的一个方面。

490 然而，我准备参考一个背景因素，我想，它与当前学校体系的理想和方法大有关联。几个星期之前，在我回来后，我阅读了法国大使的回忆录，一开始他是在圣彼得堡、而后是彼得格勒、现在是列宁格勒的宫廷；这个人在那里待了一段时间，战争爆发期间，他在那里；俄国二月革命之后，他还留在那里。他的回忆录以日记的形式，在很大程度上——实际上仅仅是——提供了每天所发生的新闻。这是一个非常有教养、聪明、训练有素的观察员，带着法国人特有的那种清晰的叙述和超然的观察力。

我想读的，特别要从中摘录出来的，是他于 1915 年 6 月 2 日在其日记中记下的一些东西。这个日期还是比较重要的，因为它意味着战争到那时为止还不到一年，这一点与我将要读到的东西关系重大。他的日记是对一个人访谈的描述，这个人在当时是俄国一个了不起的实业家、资本家、人力与物资经理。以下就是这个人在战争爆发后不到一年的时候所说的话。

> 沙皇(Tsarism)的日子已经屈指可数了。沙皇制输了，毫无希望地输了。但沙皇制恰又是俄罗斯特有的结构，以及这个民族团结的唯一关键所在。现在，革命是不可避免了。只不过是在等待一个有利的时机而已。时机会来的，它如何以及从何开始无关紧要。但是，革命并不是威胁着俄罗斯的最坏的危险，因为严格来讲，革命只是一种政治体系通过暴力而被另一种政治体系所替代而已。革命对一个国家而言可能有着巨大的好处，如果它在破坏之后能够重建的话。
>
> 但对我们来说，革命只可能是破坏性的，因为受过教育的阶级是极少数人；他们没有组织，没有政治经验，或者不与群众接触。据我看来，那是沙皇制最大的罪行；它不能容忍在它自己的官僚政治之外的任何政治生活和活动的中心。如果沙皇制在革命中倒塌，整个俄罗斯国家就会解散。毫无疑问，发出革命信号、以为他们是在拯救俄国的，肯定是知识分子和资产阶级；
> 但是，从资产阶级革命开始，我们马上就会下降到工人阶级革命；之后不久 491
> 又下降到农民革命，而后将开始最可怕的无政府状态、没完没了的无政府状态——至少十年的彻底混乱。

任何阅读这本由一个相当保守和极其娴熟的观察者所写的书的读者，都会留下这样一个印象：俄国人一切生活——在其政治的、经济的，还有军事方面——的不断瓦解和崩溃，在战争期间持续深化着。而当你在战争进行到一年之时就有了这样一种观点的时候，我想，最令你惊讶的莫过于这个国家能团结一致并继续战斗尽可能长的时期吧？

我想，任何一个人，如果考虑到这样一些背景的描述来自一个偏向于保守派的观察员(就算他抱有偏见的话)，那么他就会获得一个立场，从中来理解这场俄国革命；而如果我们仅仅看到在 1917 年以及紧随其后的一年内所发生的事情，根本不可能获得那个立场。这种理解不会让人为所发生的一切辩护或道歉，但他视其为几乎是不可避免的——从历史以及人性的角度来讲。

在这个预言中，只有一点是错的，那就是假设混乱和无政府状态的时期将持续至少十年。这个了不起的俄罗斯百万富翁和实业家没有看到一件事，即有一个团体，特别是有一个像列宁这样的人物，在其中有着足够的权力意志和足够的纪律，至少在一个短得多的时间里，从当时的形势中产生出秩序来——外在的秩序以及内在的平静。

紧接着，我们一定要记住，不仅在人民群众方面历史性地缺乏政治经验和任何种类的训练；而且要记住，俄国人那历史性的被动。如果你知道俄国的历史，就知道俄罗斯的每一个变化几乎都是从外面进入俄罗斯的，而且在某种程度上是被人民被动接受的，尽管他们能适时地将其翻新以适应他们自己。

但是，在他们的政治体系、军事体系，直到近几年才有的教育体系、经济活动、宗教、艺术等等中，没有一样单一的东西不是从外面进入他们的。在这个意
492 义上，他们几乎是唯一没有从人民自己当中主动地发展本土体制的民族。

在这么说的时候，我当然也意识到，他们逐渐地翻新了从外面拿来的东西，并使其适应他们自己的情况。但有一种被动性，与经验的缺乏一样，它令他们非常容易地把自己出让给数量相当小的少数派的统治，只要那个少数派可以给予这个国家以它所需要的，用以从大战（一战）的灾难性岁月中、从内战同样灾难性的岁月中以及其后的罪恶封锁中恢复过来的和平、秩序和平静。

一个未到过那里的人，不可能想象那里人民的苦难、穷困、饥饿和混乱是什么样的，那是由这一时期的战争——外部的和内部的——加上国外的封锁（就在人们因为缺乏食物而忍受饥饿的时候）所造成的。这不仅是那个普遍背景的一个部分，而且与新政权上台之后就开展（哪怕是在最艰难的岁月中）的教育活动有关。

这已经是个老套的故事了，就是说，近代的每一场伟大革命都伴随着非常大的教育改革，在中国就有同样的故事，在土耳其有，在墨西哥有。规模小一点的事实则有：在英国，随着改革法案（the Reform Bill）而来的是公立教育和普及教育。以至于有个政治家说："我们现在必须教育我们的新主人了。"所谓"新主人"，也就是新获得选举权的民众。随着法国拿破仑政权在 1870—1871 年间被推翻，那里就有了一场彻底的教育体系的改革。所以，期待随后会发生某种性质的一场教育运动，这是很自然的。但是，那个新的教育运动所采取的特殊的形式和方向——当然，这是由新政权和它的社会主义理想及其规定的特征所激励的——是要使工人阶级、劳动阶级成为这个新国家的构成和控制层中的最高元素。

我从一位属于共产党的俄国教育学家那里引用的话中，可以看出典型的、使

这一教育事业得以前进的精神："劳动人民必须自己来营造他们生活的结构。"如果没有教育，没有学校教育，工人阶级要建立一个新的社会秩序，为他们自己的 493 生活建立一个新结构的任何企图，显然都是荒谬的。这一点，毫无疑问。

在阅读这么少一部分能够找到英语版的俄国教育学著作时，有些套话一再出现。它们是(一如其曾经就是)教育领导者的口号的一部分，也就是说，学校的工作就是培养新的社会秩序的战士和建设者。在经常被引用的列宁的话中，教育的事情就是"带领全体民众走向社会主义；为了指导一个新社会秩序的创造，学校必须在社会重建的工作中充当起劳动和被剥削阶级的老师、指路者和领导者的角色"。

这个新事业的一个阶段就是他们所谓的"扫盲"。根据苏联所提供的统计资料，1927 年，百分之六十八的人口还是文盲。而考虑到绝大多数的非文盲是城市人口，这个数据也就意味着至少有五分之四的农民既不会阅读，也不会写字；而农村人口本身占所有人口的百分之八十，或者五分之四。

现在，你可以来看两件事。第一件事情是：如果这些试图创造一个新的社会和经济秩序的人民认真地对待他们的工作，或者认为他们拥有些微的成功希望，那么，他们是在环境压力的迫使下，把巨大的注意力投注于一个新的教育体系的创造上。而第二件同样明显的事情是：他们不得不与之抗衡的巨大障碍，即非常巨大的困难。

仅就摆脱成人文盲的问题而言，运动开展得非常活跃。你要称之为成功还是失败，这取决于你对其抱有多大的期望，以及你认为不得不遭遇的障碍是什么。但到了 1927 年(确切的统计资料所提供的最后时间)，约 700 万原来是文盲的成人至少是获得了学习的工具。在整个苏联，每年约有 150 万成人文盲加入扫盲班，而在旧俄罗斯，这个数字比苏联的一半多不了多少。

我想再次引用列宁的话，因为它对于这一观点——即他们把学校看作当时局势中核心的战略方面——提供了一点官方的、正式的支持。"劳动群众被授以 494 知识，因为这是他们的胜利所不可缺少的。他们中十分之九的人认识到，知识是为了自由的战斗中必要的工具；我们的失败大部分归因于教育的缺乏。我们必须把让所有人都得到教化当作一件必要的事。"就像他们喜欢说自己的那样：恰如旧的沙皇政权是靠着对群众的漠视才使自己得以可能一样，新的政权只有通过对群众的启蒙才得以可能。

在另一个演讲中，列宁说："一个不识字的人是完全被排斥在政治之外的。在他能进来之前，他必须先学会字母表。连最起码的关于字母表的知识和阅读的能力都没有，也就没有政治，而只有谣言、闲话和迷信。"

这一将阅读与书写带入群众、带入成人的努力，当然仅仅是整件事的一个阶段，我提到它是为了说明他们有他们的问题。但是，在我完全转入学校的话题之前，我想再说一些关于我们叫做"成人教育"而他们叫做"政治启蒙运动"的东西。"市民的启蒙"也许是一种更好的英语说法，因为虽然政治活动在更狭窄的意义上是它的一部分，但它多少要比那个更宽泛一些。

这个政治启蒙运动是教育的核心体系中一个被认可的部分。带头人是列宁的遗孀，她指挥着这个队伍以及成人教育这一总方针在人民中间的执行。它应该是面向全体居民的。但我之所以仅仅谈到它在农村被发现的样子，这是因为，正如我所说的，农村是俄罗斯的重要组成部分——从数字上看，以及从其比重上看。

在计划中，每个独立的村庄都要有一个中心，即叫做"村寨阅览室"的地方。而有些中心，在一些大一点的村子里，则被他们发展为叫做"人民之家"的东西。也就是说，有些已经发展起来了，而有些则计划发展它们。用我们的话来讲，这有点类似整个村子的社会服务社。教成人读写的工作还在继续。这样的"村寨阅读室"或"人民之家"是一个图书和报纸中心，有阅读能力的人们可以在这里读书、看报；是一个有人朗读图书或报纸给一些不能阅读的人听的地方；是一个从理论上讲实施计划而实际上有定期的演讲集会的地方。它是一个用来讨论、办音乐会以及所有一切能改善村民文化生活的活动场所。

495 这些都是由委员会来控制的，他们叫做"苏维埃"。苏维埃并不是布尔什维克主义者的发明。它等于是村里的一个委员会，类似老式的新英格兰城镇会议。但任何讨论会(consultation)几乎都是一个临时的苏维埃。有时候，我们的队伍在那里，二三十个人四处参观，开饭的时间有点不规则，这时会有一个关于接下去该做什么或者什么时候开饭的讨论。那个俄语翻译会说："我们最好由苏维埃来解决这个问题。"(笑声)任何讨论几乎都是一个苏维埃。

控制这些村寨阅览室的群体是由开明的农民、当地的医生和老师的代表所组成的。目前在俄罗斯当一名教师并不是被我们称为不费力的事，因为每个教师除了学校教学之外，被要求在课余时担任合作社和专业联盟的代表，还要从事某种社会活动或政治教育活动。事实上，每个村庄都有一个合作社。如果有一个农业试验站（这个现在已大大增加）之类的话，他们就是地方工会的代表——这在革命前就已经存在了。

他们将方法归类于三个名目之下：鼓动、宣传和教学。鼓动的定义不同于宣传，主要指针对情绪的呼吁，通过图画作媒介，或是有文字的照片和海报，或是某种即时处理的专题的形象复制品。宣传的相应定义是指途径更具智力性的工作，它讨论的是在应用上更具连续性的原则和政策。而所有剩下的，则都叫做“教学”（笑声）。

迄今为止，大约2.5万个村寨阅览室已经建立起来了。即便我不说，你们也明白，它们在质量上是参差不齐的，有一些几乎是有名无实、敷衍了事的。另有一些确实是积极活跃的，实施着他们的目标。当然，很多是根据当地的兴趣，依赖当地的资源。

有12.5万名成人——这些是完全独立于扫盲运动之外的人口——加入了被叫做“自我教育”（self-education）的活动。也就是说，他们也上课，但你不能称其为大学编外课程，而是类似俱乐部和我们的社会服务社里的那种班。这12.5 496
万名成人或者在城市里，或者在乡下，开展着自我教育。然而，鉴于庞大的农村人口，值得注意的一点是：这12.5万名成人的百分之六十在城市，仅有百分之四十在农村。同样奇怪的是：百分之八十五的城市人口参加了政治学习；而在农村，这个数字减少到了百分之四十五。在农村，百分之五十五的人口参加了我们可以叫做“专业教育”的学习，这实际上指的是学习农业和发展当地的种植业、果园、家禽饲养，等等。现在这些统计资料不是很奇怪，但它却显示了差别；即使是现在，在城市里继续学习这些课程的成人数量还是超过总数的一半，尽管他们只有人口的五分之一。

当前的政权必须面对的这个根本问题意义重大。诚如他们所意识到以及全世界都知道的，城市工人和农民之间的分裂，城市工人的兴趣和需求——因为政府关心这个，也喜欢城市工人——与农民人口及其需求和其所处的相对劣势之间的鲜明对比是最大的内部问题，毫无疑问是当前的政权必须面对的；而且，如果有人能预言的话，那么，它很可能是比任何其他东西更大地决定着当前政权的最终结局的那个因素。人们几乎可以把教育中的这种情况当作教材来用，由此可以继而解释在整个经济和政治中所存在的大量问题，以及眼下在苏联内部所存在的分裂。

我不打算讲太多关于学校体系的正规机构。它是一个九年制的体系，不像我们这里十二年制的体系；另外增加的两年是在他们叫做“技术性的、更专业的学校”中，它们也许不是最重要的，却是当前最迫切需要的，即教育技术高等学校要给教师提供培训、正规的培训。现在，这些学校总共有192所到200所，不是在整个俄罗斯，而是在俄罗斯本土。

诚如您所知道的，苏联是一个联邦，我们通常所想象的俄罗斯只是它的一个
497 部分而已；但即便是它，也不包括南俄罗斯或俄罗斯接近波兰的那一部分，后者有它们自己独立的政府以及独立的教育体系。我的意思是：在总体上，它们有自己的自治政府，和我们的州政府一样。

根据他们的官方文件大纲，他们直到1933年才有望普及义务教育；而且即便到那个时候，也将仅仅是九年的第一阶段，即一个四年的学校而已。从我个人来讲，我非常怀疑他们是否有能力在1933年的时候实施他们统一义务教育的计划，哪怕只是四年这么短的一个时期，因为他们不得不面对巨大的障碍。我不想深究这个问题，但我不认为他们在这上面的失败——如果他们的确失败了；而在我看来，他们几乎必定会失败——会成为令其永远沮丧下去的原因。

对一般观众，或者对大多数人来说，更有趣的事情肯定是学校的整体精神。当然，我不懂俄语，可某些词汇经常被重复，所以它们对甚至像我这样的“聋子”来说也印象深刻。在我们看来，听到足够多、在翻译中频繁出现的词汇就是“集体”(Collectives)、“共产主义的”(Communistic)——诚如你会期待的——“合作的”(Co-operative)，而后是“意识形态”(Ideology)和“文化”(Culture)。

我怀疑，在俄国，任何关于一般自然的讨论是否能持续15分钟而不带有对“意识形态”这个词汇的介绍：资产阶级的意识形态和俄国的意识形态、布尔什维克主义者的意识形态、劳动阶级的意识形态，等等。人们在某种程度上只能获得它的意思而已。令它们运转起来的，当然是整个精神系统和态度，包括他们最一般的心理状态及其智力、理念和情绪。看来，这个学校体系的总体目标并不仅仅是教人识字，以及为了公民积极参与到政府事务中来而提供背景，而是要创造一种适合社会秩序——在其中，劳动阶级的兴趣是最高的兴趣——的意识形态。

对于词语“文化”、“教化”的频繁介绍，对我来说，在很多方面是我所有过的、最令人惊讶的经历和接触。我对马克思主义者的社会主义有一种印象：他们几

乎专门致力于经济改革、革命或经济转型，无论其观点可能是什么；专注于纯粹 498
经济的和仅仅是唯物主义的特征，尤其是当他们称自己为永远的唯物主义者时。所以，令人惊讶甚至有点震惊的是：他们如此多地谈论文化和教化传播的必要性；而事实却是，只有经济革命才能提供必要的基础，以便社会各界都可以分享文化、分享科学，以及所有不同形式的艺术和各种文明的关系——所有令生活对每个人都有价值的东西。

当一个人承认自己非常落后——就像列宁自己所说的，处于半亚细亚的野蛮(semi-Asiatic barbarism)状态——的国家存在这种情况时，他会有一种混乱、困惑的感觉，指责他自己的国家缺少文化或教化，因为诚如他们所说或相信的，教化在如此大的程度上受限于那个被放在有利位置的阶级。他们说，没有一个国家是真正有教养的国家，而任何个人要真正成为一个有教养的人，有着巨大的困难，除非他有兴趣将自己的文化优势与大家分享。在我看来，这是此种形势下最高贵、最优秀的精神和最高的理想主义元素。当然，我说这个的意思并不是指整个形势。

一天，我们访问一个在莫斯科以外八或十英里的聚居地。我们一直仔细地考察着商店。我们出来后，队伍里一个懂俄语的队员叫我们留意一条标语："工人们，为保卫你们的国家而团结起来！"然后有一个呼吁，为一个飞机工厂(是为军事目的而开发新飞机的)募捐资金，当然，它的流行语是"苏联给张伯伦①的答案"。他们在一切可能的机会中利用"张伯伦"的名字。我猜，每个新的宗教都必须在有一个神之外的同时有一个魔鬼。所以，他们在将列宁作为他们的神的同时，倾向于在国际局势中把张伯伦安排在恶魔的位置上。

有一个工人站在外面。一个强健的工人，挥舞着一把大大的铁锤；我冒昧地走上前去，握住他的手说——我的朋友翻译说——"看起来，在为保卫您的国家而做的准备中，您已经做了您的那一份。"而后，他想知道我们是谁以及从哪里来等等。我们就告诉了他。

于是，这个工人发表了一个非常雄辩的演说，不是教育性的演说，而是充满 499

① 亚瑟·内维尔·张伯伦(Arthur Neville Chamberlain，1869—1940)，英国政治家。1937年5月28日，张伯伦开始出任英国首相(1937—1940年)。他由于在第二次世界大战前夕对希特勒纳粹德国实行绥靖政策而备受谴责。——译者

激情的演说——就站在铁砧旁，手里拿着他的大铁锤。很自然，至少从他们的立场来看，这自然是一个呼吁：呼吁我们回去促进解放我们本国工人的革命。与我在一起的那个俄国人说，他的语言真的很出众：词汇的数量、语法的准确性，等等。他是一个23岁左右的年轻人；虽然我不认识任何俄罗斯人，但可以证明他作为一个演说者的自由和能力。

好吧，他使得我说，要让工人在他们拥有了自己的汽车、收音机和留声机的时候去发动一场革命，这是相当困难的。当时，我尽我所能就美国劳动人民的成功，描绘了一幅田园诗般的图画。我们没有提及他们（美国劳动人民）那穿着丝袜的妻子，因为在那个时候还没有成为我们的竞选刊物的一部分；但我们尽可能做到最好（笑声）。

他不得不改变一下他的进攻。“但那没什么不同啊！你们都是教育学家，你们是有教养的人，而作为有教养的人，你们应该等到你们社会中所有的人都得到与你们所拥有的同样的文化优势之后，才能感到满足。”他说：“现在，在这里，这就是我的电动车，它属于我。我还没有汽车，但我有这个。但是，”他说，“我满足了吗？不，我不能满足，”——而后，他指向所有其他的工人——“直到他有了一辆，他有了一辆，他有了一辆……（我才能满足）。如果我在他们所有的人都有一辆电动车之前就满足了的话，那我就不可能是一个有教养的人。”

好吧，这就是来自一个工人的、关于这种文化目的或目标的理想——至少在赞同现有政权的布尔什维主义共和国地区——所渗透的程度的例子。

但这个故事还没有结束，我要告诉你这个聚居地是什么。它是一个未成年罪犯——从18岁到22—23岁的青年男子，他们被一个委员会从监狱和拘留所里选中，送到那里——的聚居地。在这里，各种商店和工业已经很发达了。他们住在那里。不仅如此，而且那里没有围墙。

它现在完全就是一个聚居地了，有500人左右，每年还在增长。它现在还是
500 一个男女同校的聚居地呢（笑声）！现在有四五十个妇女，他们希望加大这个数字。他们正在建造新的建筑，增加资金。他们接受他们——你也知道，他们全都是在监狱里的；他们不是为了明确的目的而创造他们（笑声）——而且，他们在扩大，增加资金，他们希望有一个能容两千个未成年罪犯的聚居地。

那里的周围没有围墙，门口也没有卫兵。除了极个别的例外，那里没什么规定，只有聚居地的罪犯自己制订的法律。有一些法律，如他们不可以在楼里喝

酒，但他们去莫斯科的时候，没有规定禁止喝酒，虽然喝醉是不被赞成的。但是，就像那儿的一个领导人（一个医生）跟我们说的那样："要我们通过一些规定让他们完全不喝酒，那肯定是无效的。"他说："我们可以施加压力，阻止醉酒。"他们实际上已经灭绝了——成功地消除了——所有种类的毒品的使用，而你知道，这对于在一个大型聚居地、相当大的罪犯聚居地来说意味着什么。

另一个主要法律是：他们在那里的头三个月是在服缓刑，所以不经允许不可以离开那里，但门口没有卫兵。有人问那儿的一个领导人：他们会不会逃跑？那人耸了耸肩膀说："唔，当你没有任何办法使用任何武力让他们呆在里面的时候，我不知道你是不是还可以称之为逃跑。"然后，他终于说："去年，在整个一年中，有三个人离开了这个地方。一开始，我们被指责为是非常反社会的，因为我们没有约束他们。我们被指控使罪犯在社会上得到放纵。"他是一个有非凡的冷静和沉着精神的人，有一种非常好的性格。他再一次地耸耸肩膀说："哦，如果他们不回到犯罪生活，那就没事；而如果他们又回到犯罪生活，警察会把他们抓起来，放回到很久以前待过的监狱。这也没多大坏处。"（笑声）我们问他，在他们接受的这些罪犯的类别上，是否有什么实在的标准。他说："嗯，有一个，我们不接受杀人犯。"然后，他的脸上露出了幽默的表情。"但是，"他说，"尽管如此，我也不能保证我们这里就没有。"（笑声）而给我们上了关于教化之重要性一课的那个年轻人，就是这些未成年罪犯中的一个，他在这非常自由的体系中接受了再教育。 501

如果还需要为这幅图画添加一点什么的话，那就是这个事实了：这个学校，或者聚居地（更确切地说），是由 G. P. U. 带头成立的，就是老的契卡[①]；那是一个秘密警察间谍部队，负责对那些被怀疑不赞同现有政权的人群进行强制。人们在俄国会遇见很多自相矛盾的事，但我不知道还有什么比这一件更独特的了：一个领导着最有效的强制性组织的人，为罪犯们成立了一个聚居地，而它所基于的理念则是世界上任何能找到的教育改造营的最彻底解放。这所学校的领导完全确信，每一个罪犯能被改造和恢复到一种有用的社会生活（除非他是完全病态的），如果为他找到一个适当的社会环境的话。就我所观察到的情形来说，一方面有着那压迫和强制的联盟，另一些方面有着非常大的自由和我们叫做"民主"的东西，渗透在俄国人民生活的很多方面。

---

① Tcheka，肃反委员会的俄语缩略语，等于 Cheka。——译者

俄国学校的主要理念就是把劳动阶级这一意识形态的创造放在中心，也就意味着把劳动的理念作为学校的中心主题。要发展这个理念，要看到他们如何实现它，这需要花太多的时间，而且会让我们陷入一些技术细节。然而，我可以说一下这个东西：它是两样东西的统一体——从那些他们所了解的或者能够从文献中搜集到有关信息的国家，特别是德国的以及美国的新学校那里，他们采用了心理学和大量更先进的方法，即所谓进步学校或实验学校。

一直到1923年，他们的学校体系都不是非常有组织性的。那时主要的理念是：一个学校要给孩子很大的自由，以及尽可能多的活动，以区别于旧政权时的被动吸收、灌输和填鸭式方法。

而后到了1923年，他们感觉到了组织性的缺乏，而那些理念或多或少是借来的；而且我可以说，它们来自托尔斯泰的教育实验，他是间接地从卢梭那里得
502 来的。事情变得更有系统性了，而且相当自觉和有意识地与马克思和列宁的一般社会经济哲学联系起来。所以，运动学校变成了他们所谓的劳动学校。

非常奇怪的是——不，也许并不奇怪，如果你把俄国的背景和所有事情都考虑进去的话——俄国人并没有出于自己的目的而把工作、劳动理想化。事实上，他们几乎把它说成即便不是一种诅咒，也是一种必要的不幸；所以，我们想要尽快地把它熬过去，尽可能公平地分摊它，并让它的周围环绕尽可能愉快的条件，如意外保险、好的卫生条件、经常性的假期，诸如此类。所以，当他们说劳动学校的时候，非常谨慎地说工作并不是目的本身。他们所追求的并不是功利的结果，而是在某种劳动形式中的、对今后的社会有用的训练，以及具有重大意义的教养，还有在学校里劳动的历史。

现在，以劳动为中心，他们制订了两个方向。不过，我最好还是先说一下他们是如何组织课程的。他们尝试过完全取消单独的科目。他们曾非常强烈地反对课程或大纲结构，以及地理、历史、数学和阅读、写作。他们试图在学生的活动中找到一个主旋律、一个主题；与之相关的，他们需要一些数学、一些地理、一些自然研究。这些东西会逐渐成形；而只有当学生读到高中、大学时，这个共同主题的不同层面——被他们称为复合体或综合体的东西——才会被分配到学院进行研究。

哦，他们的中心，这个综合体的中心，就是以劳动为形式的人类活动的某种形式。就这样，它形成了那个中心。然后，一方面，它进入了自然和自然力的研

究，进入了物理和自然科学的门槛；另一方面，对劳动活动的研究进入了社会生活、社会组织与制度，而这一切当然是从劳动的观点来理解的，就像在共产主义经济学理论中的理解一样。

我从学校的第五年选取一个例子来讲。这一年的中心主题是整个俄罗斯的农业劳动。整件事的运作有一个周期。在农村，他们在第二年学习自己村里的农业。到了第五年，他们要开展俄罗斯的农业活动，也就是说，完全是通过那个 503
非常大的国家的不同地区、连同其气候和土壤的巨大多样性，以及通过图画或体验等方式，过俄罗斯农民的生活。他们参加养牛的活动、家禽的活动，参与和农民有关的、布尔什维主义政权的一些工程；学习正在被引进以发展农业、推行大规模农业、取代小规模农业的一些方法。

在自然方面，他们学习土壤，比如一种更技术性的学习，结合他们对本地土壤的化学分析；学习一些地理，以及俄罗斯所有不同部分的土壤的地质学；学习他们自己地区的气候，结合更准确的观察，以及俄罗斯不同部分的气候报告。他们学习如何开展自然研究，以及只要能加入进来的经验科学。

在社会方面，他们对农民的生活作了更为细致的研究，如果他们附近是农村地区的话；他们尤其要学习俄罗斯的农业阶级、农民阶级的历史。他们回顾农奴制的早期阶段；俄罗斯的封建制度；沙皇(统治)下农奴制的废除；那个时代之后农民的状况，以及当然，导致 1917 和 1918 年革命的土地问题和土地由农民的接管；最后，以学习苏维埃政权的土地政策作为结束。

我只是借此来描绘他们如何以劳动为主题并以之为中心，开始实现既学习自然、又学习社会制度与历史这样一幅图画。大体上，这就是大俄罗斯的官方计划；按官方规定，这个计划要经过这些路线和程序。

在这个中心——劳动——中，有两个主导理念。第一，它不应成为书本的事或由老师告诉的事。在理论上(尽管离实践还很远)，农村的每个学校——这一点实施得很好——必须有一个运动场、一个菜园，如果可能的话，里面有蜜蜂之 504
类；还有一个和菜园一样的花园，也可能是一个小果园。学生实际参与其中，不是要变成农民，而是为他们细致具体的科学研究获得一个背景，即为了获得农民的立场和对农民的同情。然后，他们应该有厨房、餐厅，并在那里有一些作为化学基础的实践经历：学习动物和蔬菜食物，了解它们的来源、生长等等。而后是手工劳动，但不是正式的手工培训课程；他们说非常像工厂的工作，但那是自助的，做一些学校里必要的修理工作。在有些情况下，他们学习如何管理自己的衣服，修补自己的鞋子，以及制作一些简单的仪器、作示范用的材料等等。这样，他们就获得了与劳动活动有关的一定量的实际活动。

此外，一个大的原则是：在进入书本学习之前，他们所获得的知识如果不是从自己的直接活动中得到的，那么必须从观察中得到；这并不是说他们排斥书本，而是说，对每一个学科的学习必须通过他们自己的观察。

从这里马上可以得出一个非常重要的结论，即没有两个行政区或地区会有完全相同的教育体系。这是一个去核心化的核心体系(a decentralized central system)。该核心体系制订了一般原则，但要进行观察、接触当地的活动和劳动，显然必须令其课程的细节适应当地的体系。各地区已经采取了一种普遍的、大规模的方式，他们叫做"工程系统"。其主要的评判标准是：每个问题必须表现为某种社会的、有用的工作的形式，而且在学校之外有用；不是说要马上到位，而是说必须导向某种活动，这种活动以一种令他们有助于社会的方式，把他们从学校带进社会。

他们在多大程度上成功地实施了这一点，他们在未来还能把它做到何种程度，我不知道；但我想，没有人可以否认，如果它真的行得通，如果它可以实行，那么，它就是一个非常伟大的教育理念。而且学校，以及学校里的孩子们，通过有用的方式参与到他们自己社区的实际生活中去，就将实现社会化，变得有合作精神。

505 我准备花时间阅读那些分类标题，就是那些关于这项工作将如何继续开展的主要标题：首先是经济活动，具体是农业方面的。当然，俄罗斯的农业非常落后。现在已有所进步，像改善粮食品种，挑选好的种子而不要种植不会发芽的种子，清除野草，用福尔马林为粮食除虫，介绍新的品种，出租农用机械，进口更高等级的粮食，在森林被砍伐地区种植树木等等，所有这些都是俄罗斯农业上的进步。然后就有"走出去"，与农民们谈论关于轮作的更好方法以及所有的那些事情。

对我们来说，12 岁到十五六岁的孩子走出去教他们的长辈改良农业的方法，就像他们从事某些可能有实际效用的工作一样，也许是相当滑稽的。但是，在我眼里，俄罗斯的年轻人是一道非常迷人的景观；他们单纯、直率、天真，虽然怀着极大的信心，但却没有任何冒失的成分。而在我们自己的一部分年轻人身上，相似程度的信心却会跟冒失联系在一起。当然，更聪明的那部分学生——当我接触到他们的时候——充满了那种想法，即他们能够从事一份社会创造的工作；而且，他们对生活有某种热情、率直和信心，而不是单纯的自信心，这是非常吸引人的。

我去的那个乡村有一个实验站，不是一个实验学校，而是一个有15所不同的实验学校在内的站点；这个站点在单一的领导之下，为农村地区解决方法和材料问题。在那里，有些男孩对外国人非常感兴趣，他们跟在我们的后面，看我们住的地方，还主动地跟我们交谈。不幸的是，就像我说过的，我们的团队里只有两名成员会讲俄语。

这些男孩中，有一个是所谓的“野孩子”(这是战争和饥荒的产物之一)，与他的父母离散了，也许父母已经死了；也许仅仅在饥荒时期某一次全国范围内的迁移中，与他们走散了。他正讲着关于自己经历的各种故事，一个俄罗斯朋友插了一句：“哦，你应该把它们写下来！”于是，那个男孩，那个大约15岁的男孩，用一 506
种非常自然和直率的神情回答道：“对，我正在写我的自传呢，我已经写好两章了。”(笑声)我想说，这个男孩非常吸引人；在他的回答中，没有任何骄傲或攻击性的东西。

同样跟这个朋友说话的另一个男孩说：“我希望你能在你的笔记本上写下我的名字；这样的话，将来某个时候，当你回到美国后，也许因为我写的一本书或画的一幅画，或者因为我做过的什么事而看到我名字的时候，你就可以想起来他是你在这里见过的那个男孩了。”这也许有那么一点点异想天开，但在态度上并不令人讨厌。

我不知道是否应该花更多的时间来讲他们的社会-政治工作。那是直接的政治工作，参加竞选活动；不是一般政党间的，而是地方上的苏维埃选举，把农民们拉出来投票并讨论候选人。这些男孩中的一个，给我看了很多关于他为一次运动所制作的标语、横幅、格言等等，其中有公众的启蒙；关于艺术作品的信息传播；反宗教宣传；反对迷信与偏见；在无家可归的孩子中的鼓动和宣传；大众卫生工作。你们都知道，这在乡村里很有必要，更不用说城镇了。哦，还有反对吸烟与喝酒的宣传，反对在家酿酒(笑声)。

这个酒的问题是一个非常严重的问题。在我离开之前，一些我曾在那里遇见过的朋友说：“我希望你能告诉我们，你对此最严厉的批评是什么？”嗯，你不能对那些待你非常友好、让你觉得他们是你的老朋友的人们太过苛刻；但我说："好吧，我认为酒是我见过的最坏的东西，也是你们这里最大的问题。"酗酒以及私自酿酒是非常严重的问题，但不是因为他们有禁令，而因为造酒业是一个政府垄断的行业，而且价格非常高；他们只是做了其他有些人在做的事而已（笑声）。

然后还有局部的工作，服务于地区性的资源、个人信息，对贫困寡妇和红军寡妇的援助，对火灾受害者的援助，对贫困学生的援助，等等。这是"送鲜花"的
507 工作。这里不是说他们种在学校花园里的鲜花，而是为那些生病的人以及处于艰难状况中的人准备的鲜花。

嗯，我还可以继续讲很长时间。但最后，我想说一件事：这是涉及实验站的——这些实验站包含 14 所不同的学校，有一个经选拔的员工队伍，他们所有的人都参与解决材料和方法问题；它们被试验出来之后就提交到国务院，然后被传播到其他的农村学校。在城市地区，有一种类似的实验学校，是与工厂相联系的，就像它在莫斯科与农民们相关联的那样，它为城里的学校起到同样的作用。这是在大俄罗斯，每一个行政区，不仅是大的区，还有小的区，都有它自己的地区实验学校，作出适合当地区域的修正。

除此之外，还有四个由国家支持的教育研究机构：一个是相当于我们在很多地方都有的、与教师培训学校有关的研究部门；此外，还有一个从事课程的研究部门；另一个是专门与动物有关的研究部门。在不同的城市里，分化出儿童、婴儿、学前心理学或者所谓"儿童学"的分支机构，因为他们包含生理学研究和儿童研究。我想，他们是从美国获得"儿童学"这个词的，如果我没记错的话，是从斯坦利·霍尔（Stanley Hall）那里来的。有一个到这里的俄国人很显然期待在这里能听到"儿童学"这个词，但他非常诧异没能听到。而且，当他到在里加（拉脱维亚共和国首都）——他在那里接受的启蒙教育——的美国领事馆办签证时，有人问及他的专业时，他说，他是一个儿童学专家（pedologist）。于是，那个办事员说道："哦，我知道那是什么，你是玉米的医生[1]（you are a corn doctor）。"（笑声）

单单在由政府支持的一个心理学的儿童研究部门中，就有 250 个人。他们为教师和父母出版了关于儿童发展不同阶段的几百本书，此外有期刊上的几千种教育学论文。他们在 1927 年召开了一个会议。从整个俄罗斯来了一千名正

---

① pedologist 也有土壤学家的意思。——译者

式代表，分成七个不同的组，其中有200名教师，还有2000名来宾。这还仅仅是一个系统上的情况。

另一个分支(内部有四五条线)是课外教育的研究机构。该机构有一个在我国待过的俄国人，是训练有素的工程师；他从我国带回了许多关于社会教育方面 508
的理念，那是他在纽约市的大学社会服务所的生活中获得的。这个人有一种非常积极的精神。如果我能留在那里，很可能把有关那个机构的事搞得更清楚。在该机构中，有一个部分是孩子们的发明。他们收集所有由孩子们发明的模型，如果是有用的，就有组织地加以奖励。这是针对课外活动的，是对孩子们的发明活动(大部分是机械类的)的鼓励。如今，他们正在研究课外阅读；可能已经对儿童文学作了最广泛的收集，并尝试分析怎样令儿童对阅读感有趣，而这是全世界到处都在做的事情。

当然，我所接触到的仅仅是特色之处，是好的方面；其实，有很多还只是理论上的(或至少是定性了的)，至今并未在任何定量的程度上被实施。但这不是纸上谈兵，如果我给您传递了一种印象，好像所有这些事情都在大规模地展开当中，那么，我给了您一个非常歪曲的概念了。但是，这些事情真的在那里，而不仅仅在纸上；而且在我看来，他们这场新教育运动的精神和活力确实是有特色的。所以，我一开始就说，如果他们能得到和平、安宁和秩序，一代人持续地发展，那么，他们将作出有价值的贡献。他们已经有了一些有价值的贡献，他们将继续对世界其他地方的教育系统作出巨大的贡献，这无关乎任何共产主义宣传因素的注入，因为其中很多原理、很多活动都可以容易地从那个特定的观点中提取出来。

我被问到过关于形势及其未来的问题是抱有希望的还是沮丧的，或者说，是乐观的还是悲观的。如果我可以对后一部分问题总结性地说一两句话，那么，关于当前的形势，我既不抱希望，也不沮丧；既不乐观，也不悲观，因为我还不够了解它。而且在我看来，要形成任何值得被记录下来或者值得认真去听——听任何一个不比我多了解的人关于这个问题的观点——的判断，需要较长时间地住在那里，并进行大量的调查研究。但如果人们问的是一个长期运行的结果，是一 509
个关于俄罗斯人民的结果，而不仅仅是俄罗斯政权的一个特殊方面，那么我可以说：我抱有极大的希望，而原因当然就是俄罗斯人民。

这虽然听起来是老一套了，但我不希望在说俄罗斯人民是非常伟大的人民时显得在施恩于人；而且在我看来，这样的人民有着那些人所拥有的天赋，却不会有一个非常伟大的未来，或者他们不会成功地找到摆脱目前困境和障碍的出路并最终做出不仅意义重大且全新的事情来，这是不可能的。如果它要完全在当前领导人所期待的路线上，我觉得非常可疑。但我真的相信：最终，它会是一些不同的东西，在社会、经济和政治诸方面不同于世界其他地方已经做出的东西。

俄罗斯人民是伟大的人民。每个人都知道，他们在艺术方面有着伟大的天赋。他们精于音乐。他们精于戏剧性的表达，不仅在剧本上，而且在表演上，还有在整个戏剧的管理上。我想，毋庸置疑的是：俄罗斯的戏剧今天是领先于世界的；而且，不仅是老的戏剧（当然是存在于革命之前的），而且伴随着舞台设计等等新的戏剧发展、剧院发展，都是发生在世界上的一些最有趣的试验。我们也都知道，他们精于小说，而此种艺术气质在民间。他们没有受到盎格鲁-萨克逊人所有的那种情绪的压抑之苦，所以进入艺术创作的时候有一定的优势。

不仅如此，他们还是一个并未枯竭的民族，是一个鲜活的、充满活力的先锋民族。人们在俄罗斯，比在这个世界的任何其他地方都更能回想起美国——至少是老的美国、那个先锋的美国。这就是我的感受。我不可能完全相信它，可从俄罗斯回来以后，我碰巧遇到了贝克梅杰夫(Bakmetiev)先生，他是前克伦斯基（俄国临时政府——译注）到我国的使节，当然不会赞同当前的政权。而当我向他提到我对俄罗斯人民的那种印象时，他说，那是真的，历史产生了它。他们在对待边境和他们切身的自然环境的战利品上，有着与我们曾有过的同样的运动。

510 欧洲的其他地方，特别是战后，当然都很累了；他们是疲乏的，他们谈论文明的未来以及文明的没落。但是，那不是俄罗斯的精神，即便是那些完全反对当前政权的人的。它是一种充满活力的、未被耗尽的自然资源和人类资源的精神。

出于这个原因，我，一个远离俄罗斯的人，才会感觉到他们的未来是一个非常伟大的未来；并且他们值得同情，俄罗斯人民应该得到美国人民的同情和尊敬，以及可以给他们任何东西——道义上的支持、智力的和教育的支持，等等。因为我真的相信，这两个民族（至少是老式的美国人、先锋的美国人）在很多方面的类型和性情，比起当前世界上任何两个其他国家来，都更为相似（掌声）。

儿童的健康与保护①

I.

主席先生、朋友们、代表们、这个地区会议(Regional Conference)的成员们： 511
尽管有非常宽泛的范围、全面覆盖的范围，可是白宫会议的讨论是有限制的，从某种意义来说，这是非常明智的。他们讨论的是学校儿童，但并不完全是在校儿童。这就是说，他们并不特别地考虑教育或学术的问题。我猜想，他们把那个方面的问题留给了教育学家自己。

差不多一年前聚在一起以开展会议工作的那些男人和女人们，在他们能够影响儿童们一般健康的时候，处理了学校的情况。他们倡议了一个健康计划，要求学校为其他孩子提供充足的康乐设施。他们指出，要为有缺陷的、行为不良的以及亚正常(sub-normal)的儿童设立特殊班级和提供治疗的必要；要求有同情心的和有疗效的治疗。为了这些男孩和女孩、这些已经落到恢恢法网之下的不幸的孩子们，他们强调进行职业培训的必要性。

他们没有提出——我猜想，这留给了教育学家——关于正规的学校计划的规则，即学校的日常(或多或少是例行的)管理工作(为了已被写进《儿童宪章》的伟大目标)的问题。这是一个教育学家必须承担起来的责任；因此，我的讲话是

---

① 杜威于 1931 年 10 月 30—31 日在芝加哥帕尔默楼召开的关于儿童健康与保护的白宫会议上所作的演讲。速记报告，保存于麦迪逊：威斯康星州历史学会，168 盒，安妮塔 · 麦考密克 · 布莱恩文集。关于杜威所提及的《儿童宪章》(Children's Charter)，见本卷附录 6。

512 从一个教育者的立场出发，讲给在座的教师们、教育者们和管理者们听的，而不是对那些在更专业的意义上属于社会福利工作者的人们。会议的调查结果以及《儿童宪章》在我看来，对教师来说将是一个挑战，一个哪怕会议的所有具体建议都得到其他福利机构的实施、恐怕也难以完全达到的挑战。学校的普通工作——在其一小时一小时的学习上，在其一小时一小时以及一天一天的教学方法上，在其为了儿童生命的健康发展（这也代表了会议的一致目标）的纪律方法上——的贡献问题，还是依然存在。

这远不是第一次，那些直接对学校负责的因素面临了从外部向它们提出的挑战，即使那些内部的因素改善着他们的工作技术和完善着它的细节。更大的教育变革通常要追溯到那些校舍之外的因素，追溯到那些制造社会需求的人们，教师已经专注于他们的日常任务了。在我看来，现在的《儿童宪章》也许给了教育者们一次机会来扭转进程，不用等到社会强力命令式地发话，而可以在一个统一的、有组织的工作中带起头来。因为《儿童宪章》中所设立的目标，不可能被专门机构和代理处所认识到，如果这些地方独立和割裂于学校一般日常工作的话。

一个巨大的需求是：整个学校——在其日复一日的方法、执行和操作等所有方面——能如此地组织起来，以至于促进儿童福利（在这个词的最大程度上）。

以职业引导的问题为例。为了所有儿童而在《儿童宪章》中所设立的、正确的职业引导的理想如何实现，而却在传统题材上没有非常大的变化——一个比已在很多学校但不是所有学校发生了的更大的变化？一个基于传统学科的课程表，不可能完全覆盖所有学生的职业口味。但同样荒谬的是（尽管不是那么的显而易见）：认为普通课程缺乏彰显职业上的能力倾向和品位的这一缺陷，完全可以通过加上一个特殊的设备（无论它多么专业）或仅仅通过添加被冠以“职业的”的特殊课程而得到弥补。学生必须被带到他们与足够多样化的材料相关的常规
513 工作中去，以彰显他们的能力倾向。那些材料、常规的东西必须被日复一日、一小时一小时地教导，通过那样一些方法来提高学生的能力和品位等等。而今，既然我们学校里的方法大部分服务于吸收信息，而后考查学生贮藏了多少信息，那么，任何在职业引导之路上走得很远的方法、任何能力倾向的发现以及进入正确通道的指导的真正机遇在哪里？

《儿童宪章》的第十条这样写着：“一种为了每一个儿童的教育就是通过发现和发展他的个人能力而为他的人生做准备，并通过培训和职业引导为他的生

活——将给他以最大满足的生活——做准备。”我说，很好；你们也会说，很好。但这个理想，我重申一遍，不可能仅仅通过建立一些特殊设备就实现。学校的整体工作必须解决这个巨大的问题。

在《儿童宪章》的下一条条款中所设立的，也是同样的：每一个儿童都应该享有“这样一种能为他或她成为成功的父母以及使用公民权利做准备的教学和培训”。这是根本的，是如此的根本，以至于——我想，你们都会同意我的说法——除非通过对学校整体工作的组织，否则，这个需求就不可能满足。而这个组织则意味着在很多——也许是大多数的——美国学校中，对他们传统的学习和方法的重新组织。

再来看这些似乎非常专业、更可能通过特殊手段来实现的健康目标。贾德(Judd)博士向我们表明了，诸如书写这样的事情，对于儿童正常的神经和肌肉发展有多大的影响。健康目标不是一个仅仅通过特殊的手段就能达到的目标。我们必须消除坏的空气、污浊的空气，以及那种几乎迫使儿童造成不良姿势的座位。因而，我们可以明确地规定，要有宽大的操场，诸如此类。然而，健康是身体的某种完整性，所以除非通过那些有规律地影响学生的整个态度和存在的条件，否则是不可能得到保障的。

一个与心理卫生运动有关的医生曾经告诉我：他相信，在他所接触过的所有有色人种的、相当成熟并坚定地反抗的一些学生中，一般的健康与他们对学校学习是喜欢还是排斥的情绪态度之间有着最密切的联系。在传统的课程表以及教 514
学方法中，也许有很多东西不仅令学生头脑迟钝，而且压抑了他们身体的活力；即便如此，也没什么需要医生注意的疾病方面的东西。身体和精神一样，经常受到学校工作常规日程的束缚，变得更为呆板。

而这个健康，当然包括肉体和精神的健康。在我们的医院、救济院和公共机构中，受某种程度精神失常之苦的人们占据的床位，与所有受其他疾病之苦的人加在一起一样多。近年来给我们留下了深刻印象的这个事实，难道其中不存在对教育者的巨大挑战吗？如果精神失常（无论轻重）和神经失调持续增长，而我们又是根据统计数据来衡量一般人的异常的话，那么看起来，再过几年，不正常的人就将是正常的人了（笑声）。

当然，我不想说学校要为我们中间精神失常的增加负主要的责任，他们更多的是在家里和家庭关系中发生神经失调。但是，这肯定应该是——也可以是学校职能的一部分：要发展能抵抗这些精神和道德失常之发展趋势的、更多的免疫力和预防法。而在此，特殊的方法、特殊的班级和课程是很难满足这一需求的。在此，如果我们想要让学校为孩子的健全发展作出贡献的话，则需要大量的重组。一个大的需求，即教育者对他们的常规工作的态度上的改变。

贾德博士提到我想重申的一点，即情绪在身心健康的发展中的重要性。如果学校想要免受将来的不确定性，在很大程度上必须密切地关注情绪因素在人类发展中的作用。我们的学校一直在智能化，并且在训练特殊的技能形式方面
515 过分地实用(从这个词的狭义意义上来说)，却牺牲了健康本性的发展、感情的发展、孩子彼此之间以及与父母之间的关系的发展。

我还有一个例子，在我看来，可以说明除非通过整个学校工作的组织，否则不可能满足白宫会议的建议。会议强调了家庭和学校之外的生活的重要意义，以及儿童在家庭和学校之外的生活意义；儿童、学生与教堂以及那些打发男孩、女孩课余时间的不同媒介——休闲设施、影院、剧院和电台、商业化的娱乐、图书馆、露营，诸如此类——之间的关系。关于儿童生活的这一报告在结束时说，大部分儿童和百分之四十的青年的生活实际上用在家庭和学校之外的课余时间的活动上；又说，这些课余时间、闲暇时间的活动，对于性格的形成有着极其重要的影响。所以，社会应该把注意力集中在儿童福利的这一方面。

这又是一个我们都会衷心赞成的提议。但是，即使是对孩子在校外闲暇时间的适当关心，如果没有学校合作的话，可能会被保障吗？因为儿童、青年会把在学校中形成的精神和道德上的态度，带到俱乐部或娱乐场所、影院、露营地等等。所以，我们把这些媒介仅仅看作学校的补充工作，特别是看作改良学校工作的缺陷、改正其错误的补充，还是关于校外的课余兴趣和活动与学校的理想在整体上和谐一致和共同作用的呢？——这将造成巨大的差异。

我想，这可不是一个纯粹学术性的议题。处理这个问题的特别委员会(委员会 G)的报告中有一句话，我想引用一下。这段文字是这样写的："我们的教育体系一般来说并不激发创造力、想象力和主动精神。学校在培养审美趣味——它可以成为选择闲暇时活动的一个向导——上做得相当少。"

我不准备询问那句话在多大程度上是合理的、在多大程度上是不合理的。
516 其中有足够的真理性表明，除非学校自身做更多的事情来发展创造力、想象力、主动精神和审美趣味，否则，处理在学校外的儿童的媒介的任何工作都将受到巨

大的阻碍(最起码地说)。

所以,从这些不同的例子中(当然,如果仔细检查《儿童宪章》中所设立的整个建议的话,它们可能会成倍地增加),我总结出:如果我们把那些塑造学生生活和性格的事件分解成单独的、孤立的和独立的碎片,那么,这个宪章中所设立的良好和宏伟的目标就不可能实现。这是我们美国人的一个弱点:更多地通过采用新事物来经营,而不是通过从中心向外重建。所以,在我看来,教育者必须从那个会议的记录中吸取的一个大的教训是:如果要实现鼓舞人心的目标,那么,学校在学习的课程、教学的方法和纪律方面的常规工作中必须考虑这些目标。每个男孩和女孩都是一个个体,也即一个不可分割的统一体;而这个统一体不可能把男孩女孩们当作仅仅是一大堆没有关联的、不相干的元素,并用一个特殊种类的机构分别照顾每个人这样的方法来达到。

所以,就像这个会议的各种报告都以某些提议、建议来结尾一样,我想以一个特别指向我们中的教师的提示作为结尾。首先,我们应该非常仔细地研究这个报告,研究儿童福利会议(the Child Welfare Conference)各种委员会的这些提议。其次,很显然,比起仅仅在知识上熟知它们,更为重要的是:我们的教育者应该考虑学校自身在何种程度上成为核心的和统一的机构来实现这里所设立的目标;应该考虑整体性因素,这些因素将防止这些目标被用于各种不同的机构,以至于分裂得最后我们不能如可能的那般成功。

任务是艰巨的,但毕竟与目前最好的学校正在做的事情是一致的。而且在我看来,除非教育者们把这些报告当作一项挑战,并严肃地看待这项挑战,否则,就有领导权从学校和教育者手中落入外面各种特殊组织之手的危险。而另一方面,也只有通过儿童福利的整合,使社会福利机构纳入学校的常规工作中,学校 517
才可能做他们真正有权力实现的事情(掌声)。

II.

主席先生、各位来宾、女士们和先生们:去年冬天,我参加了一个会议,我的朋友兼前同事詹姆斯·哈维·罗宾逊(James Harvey Robinson)在那里演讲,观众起身——就像你们好心起身一样——向他致敬。坐在他的旁边,我听到他喃喃自语:“我不是国歌。”(笑声)他低声悄语说的话,我不揣冒昧地大声说了出来,尽管我感激你们的好意尊敬。

你要原谅一个像我这般年纪的人、一个曾经的芝加哥居民，如果在这样一个场合中，他的思绪又回到在这个城市度过的十年幸福而又对他非常有益的时光，以及在那个时候所结交的关系，其中很多个人方面的关系今天已经恢复了。今晚在这个桌上的、我与之有联系的朋友，他们非常令人愉快地来到我的记忆中。我想，那些记忆和关系与这个此时在赫尔大厦召开的地方会议（the Regional Conference）是相当有关的。

诚如每一个在芝加哥生活过并爱它的人所知道的，芝加哥有两面：真实的芝加哥是在这个会议中所表现的，在今晚、此地的这个集会中所表现的东西，而不是在国家报纸的头条新闻——也许吸引了大多数注意力——里表现的什么东西中。当我坐在这里的时候，我在想，不仅有地方会议，而且有全国性会议（the National Conference），可能已把所有的东西（除了"白宫"两字）都集中在芝加哥市了。如果我没搞错的话，那么，第一个把社会福利、人类福利和社会工作当作大学课程的一个常规部分的大学校长，就是这里的芝加哥大学。我不必提醒这里的听众，这个城市里的社会服务社（the Social Settlement）代表了什么；简·亚当斯（Jane Addams）和玛丽·麦克道尔（Mary McDowell）代表了什么；莱斯洛普（Lathrop）女士和格蕾丝·阿伯特（Grace Abbott）女士代表了什么。我想，人们可以非常正确地说，儿童局（the Children's Bureau）——它代表有组织的联邦工作，为了这个会议感兴趣的那些原因——是创始于芝加哥市这项工作的一个精
518 神产物；而且，从芝加哥市到联邦政府这一巨大的分支，不仅有精神上的血统，甚至还有一个更实实在在的、直接的和个人的运动。所以，我会回忆起其他的东西，而它们更强化了我的这个印象：今天在芝加哥召开这个会议，是合适的，也是意义重大的。

我还有另外一个想法，我准备冒险地说一下。虽然它是那种严肃的话题，与压抑和苦难密切相关；然而我知道，这儿的人们，以及今天我们国家其他地方的那些人，都已经意识到它并对它付与同情了。所以，我要冒险地来讲一讲它。

菲什拜因（Fishbein）博士所读的《儿童宪章》的章节，讲了对一个家庭来说每个儿童的权利，以及对家庭——你可以补充说是家庭独自——所能给予的安全而言的儿童的权利。然而，在今天，我们知道，出于并非父母过错的原因，出于医生不可控的原因，关于家庭的儿童福利到处都在崩溃之中，儿童连同他们的父母正在失去安全——我们已经在口头上公开宣称的、属于儿童与生俱来之权利的

安全。我们知道，几十万儿童——我们不知道几十万的确切数目，因而只是估计——今天正遭受着由国家当下的经济状况所造成的营养不良之苦。今天对每日在大纽约分发的牛奶夸脱数的最低估计（相比几年前），是一百万夸脱。想象一下，这可能意味着什么。对这些正在成长中的孩子的未来来说，这真是一个悲剧啊！

我们所有人，所有公民，而不仅仅是专家们，都负有一个双重的责任、一个事实上存在于所有那些我们提到过的具体方向上的责任，同时也是这样一个责任：社会本身要为成长中的儿童的未来提供一个更可靠的机会，能过上一种安全而有用的生活——比起我们今天证明的；这是我们为它做一些事才能拥有的。我们从菲什拜因博士那里学习到，仅仅是过去三十年来，我们才计算出一个儿童对社会的价值是什么。让我们期待着，比如从现在起的三十年以后，当一个会议于1960年召开时，那时的人们将这样说：我们已经计算出了，一个公正而人道的社会秩序对儿童的价值是什么（掌声）。

III.

主席先生、朋友们：主席博根（Bogan）先生可能至少请来两三个人，他们所说 *519*
的一些东西在我的心中激起了一个想法。我却甚至没有任何统计资料可以给你们（笑声和掌声）。我不是一个专科医师或专家。我应该、也的确谦逊地听着由专家们带给我们的教导。我看到在那里有一个屏幕。我希望自己也有一些图片展示给你们，但却没有找到它们。然而，我可以告诉你们：一次又一次地回到这个伟大的城市芝加哥所给予我的快乐，不仅见到了我的老朋友，而且让我怀着热情相信，在这个复兴了的国家中，公民和社会生活会有更好的发展。我想，在这个国家中，再也没有哪个地方像在芝加哥市这个区域能找到那么多对奉献社会和对公民有兴趣的活动了。当我在晨报上读到昨天在四个小时内发生拦劫的数目时，我想，公民的热情是需要的；但是，诚如我昨晚所说，我意识到，像这样一个组织，比起这些暂时的插曲来说，对于未来意味着无限多的东西；这些插曲能够激起轰动效应，而由这里组织中的人们所代表的稳定、累积的工作，那些具有建设性的事情，却吸引不了人。

我首先要祝贺组织此次会议的委员会。我尤其要祝贺你们的主席——博根先生，因为会议取得了巨大的成功。我确信，你们所有人都会怀着与我一样的想法：一个关于未来的永恒印象，一个对儿童、邻里、国家乃至最终对民族来说更好的机会，将会因为在这一系列会议中说过的、听过的、思考过的东西被激发出来的新的能量而得到发展。巴纳德(Barnard)博士告诉我，这种地方性会议已经召开过十来次，而其他的州会又在计划之中，但我相当确信，不曾有一次，也不会再有一次，比昨天和今天在这里举办的这次会议更具永久性成功和更有用了。感谢你们所有的人(掌声)。

美国教师联合会声明[①]

美国教师联合会执行委员会撤销了两名纽约当地人的会员资格，这一决定对民主和教育作出了重大的贡献，我们希望公开记录我们对此的感受。我们国家现在的公共教育正面临一个困难的局面：一方面，要获得为全国所有儿童提供必要的教育服务所需的资金，处境艰难；另一方面，它受到权力群体的攻击，他们出于某种原因，力图在此社会冲突和转型时期限制教学的自由。我们相信，一个性质正确的教师联合会可以做很多工作来加强美国的公共教育，在这场为了自由和充足的财政支持而作的双重斗争中。 520

不幸的是，这两名纽约当地人——尽管在会员中有很多民主与教育的忠实支持者——已经被极权主义势力所控制；这些势力在工作的掩护下，将这些组织变成为其党派目的服务的工具。某政党这一操纵和控制的结果是：这些当地人不仅失去了工会工人的信任和纽约市学校和学院里大量教师的信任，而且失去了公众；而没有公众的支持，联合会是不可能完成任何实质性工作的。所以，虽然这些当地人做过一些令人满意的、具体的事情，但他们在过去几年中的工作的净效应却伤害而非加强了公共教育。

通过撤销这些会员资格的果断行动，美国教师联合会在纽约市为真诚的(bona fide)教师联合会开辟了一条道路。所以，我们希望，民主与教育的朋友们不会被正在进行中的努力所误导而混淆了思想，遮蔽了这一局势中所涉及的真 521

① 打字稿(并非杜威所打)，约1941年，收藏于卡本代尔：南伊利诺伊大学，莫里斯图书馆，特别收藏，约翰·L·查尔兹文集。打字稿由杜威签名。

实的问题。

最后，我们以执行委员会的这一行动来表明，那些信仰民主的社会手段，也信仰作为社会目的的民主的人们正在恢复主动性，不仅在美国教师联合会中，而且在更大范围的美国人的生活和政治中。

约翰·H·兰德尔的《我们变化中的文明》[1]

我不知道，我的精神何时有过像读兰德尔(John H. Randall)博士的《我们变化中的文明》(*Changing Civilization*)时这么激动了。这是我所知道的关于西方世界当代局势的最精辟的论述；它在其原因和动态扫描(sweep of movement)中阐明了现有的情况。你都不知道是要钦佩标志着这本书的最非凡的学识，还是他在处理问题时的那份悠闲，或者是那种把进入我们现有文明的各种各样的河流集中到一幅统一的画面中去的力量。同时，兰德尔博士避免了将现有情况"合理化"的错误，而实际上，他尖锐地表明了这一理想化所采用过的多种形式，他的历史性把握留给我们一幅构图扎实的图画。这本书所包含的事实揭露是对一种积极的结果的明确贡献，而不是目的本身。无论谁想了解我们当代的文明是如何以及为什么如其所是的，都应该阅读这本书。 522

① 打字稿，1929年，收藏于纽约州纽约市：哥伦比亚大学，巴特勒图书馆，善本和手稿室，小约翰·H·兰德尔文集。

评理查德·韦林的《嫩枝弯曲时》[①]

523 教育工作者一直听到大量这样的说法，即我们的学校是民主的堡垒。在《嫩枝弯曲时》(*As the Twig is Bent*)这本书中，讲的是一个长达 60 年一直作为一名积极的斗士为改革公民和政治生活而战的人的故事。理查德·韦林(Richard Welling)84 岁高龄，却年轻依旧；从他离开大学起，在每一场此类运动中一直是个领导者。这本书讲述的是他自己的生活，也交织着他的国家的历史。对于引导他发现了学校是一个干净的、人性化和高效率政府(为了它，他在亲身参与的很多改革运动中奋斗)的唯一确定来源和保证的那些实际经历，本书作了戏剧性的描述。他还说，唉，由于学校没能脚踏实地地在自己的组织和行为中落实基本的民主实践，已经妨碍了创造那种警觉、理智的公民权啊！而正是这样，我们才知道如何进行政府事务。

作为参加了我们的战争中的两次战争的一名战士，韦林先生让我们明白了：在创办和大力开展全国自治委员会的过程中，他始终是坚定、快乐的，甚至是为同性恋者的战斗，他也坚定地帮助我们的国家获得这种公民，而反过来，他们将成为那种能建立民主所要求的政府的公务员、管理员和立法者。教育工作者将从这本书中学到关于学校是民主之基础的抽象概念，以及理论如何转变成具体的、实际的、铁板钉钉的事实。各行各业的美国人，都将被这个充满英勇而不屈不挠精神的生动故事所鼓舞。它恰恰在一个需要人们需要它的时候，出现了。

---

① 打字稿，收藏于纽约州纽约市：纽约公共图书馆，阿斯特、雷诺克斯与蒂尔登基金会(Astor, Lenox and Tilden Foundations)，善本和手稿分部，理查德·G·韦林文集，1942 年。

普林格尔先生备忘录[①]

1. 考虑到普通大众很少意识到纳粹统治对于在它控制之下的人们日常生活的实际意义这样一个事实，我建议，应该对我们所反对的东西有一个具体的声明，就从在纳粹赢了的地方，一般的男人（和女人）在他们的日常生活中发生了什么变化这个角度来讲。也许可以从想象一下在这里，在我们自己的国家，对所有报纸、书籍等完全控制这个方面开始；然后是对剧院、电台、娱乐、运动的控制；在我们的学校里，以及对我们的儿童，将会发生什么；教堂、神父和牧师；还有法院、警察和对“正义”的管理部门；所有这一切，都是一幅包含一些间谍活动、泄密和小干涉在内的图画。有些事当然应该被列入有关工业和劳动的控制。有专门知识的人，可以提供材料。我的建议仅仅是：在这里，在我们的国家，将会发生什么，以及它在普通市民，包括男人、女人和孩子的生活方面，在日常生活的各个方面，将会被实施的方式——关于这样的一个故事应该被讲述出来。 524

2. 想要从事他们自己的事务、工作、娱乐，以及与他人保持联系的人们，如今正生活在来自那些国家——它们的政府醉心于通过军事征服的手段来扩大他们的生活方式——的持续威胁之下；而且，这种威胁将高悬于我们的头上，直到轴心国被打败，以及某种在战后产生的世界性组织能防止军国主义国家的崛起为止——这样一个事实，我想，应该被大力强调。只要事情的此种状态一直持续着，我们就不可能过一种正常的生活。德国的早期胜利，其持续强大，以及日本

① 打字稿，保存于华盛顿：美国国会图书馆，手稿部，1号盒，D文件夹，普通信件，亨利·福尔斯·普林格尔文集，1942年。

525 的领先地位，都证明了：想要进行正常生活的人们，与那些支配着所有现代化技术机构和资源的国家，以及通过强行控制和严密管制而组织起这些东西的国家相比，正处于一个巨大的劣势中。任何接近僵局的局面（姑且不论轴心势力的胜利）都将强加给我们一种改变生活方式的必要性，以便为在任何时候都会遇到的军国主义势力——他们在战争中的强大，依赖于对普通男人、女人和孩子的生活的每个方面所组织的严密管制——做好准备（这件事在世界上是新的，而且令轴心势力的威胁变得比我们在一战中与之战斗的那种军国主义可怕得多。把每个人的行为乃至思想都规定为一个单一目标的技术的存在，这是新的；而纳粹德国已经证明，统一和组织起这些技术是可能的）。

因此，第二点就与第一点联系起来了。即便德国不会实际入侵我国，也不会实际打败我国，却会在这场战争中赢得欧洲国家；作为对抗进一步侵略的自卫手段，我们将被迫逐渐地采用越来越多的纳粹方法，并将我们的生活方式逐渐地纳粹化，甚至反对我们的意志，而且几乎意识不到这一点。工业、商业、教育、政治方法等任何事情，都将彻底改变。

在上文中，我没有为了自由或为了一个民主的生活方式而叙述任何关于战争的事情。但是我想，它所显示出来的线索有助于将这些理念从概论领域中提取出来，变成它们在普通人生活中具体意味着的东西。

致S·J·伍尔夫[①]

伍尔夫(S. J. Woolf)先生对政治家、作家和艺术家的采访报道,很多读者都 526
知道,他能生动地描绘与他交谈的人的观念的突出特点;在这方面,他的能力非凡。读者们也都知道,他在传达无形的东西、传达人们生活和工作于其中的氛围方面的能力。他的报道很显然没有那种为很多采访所热衷的、对琐碎细节的描述。当他描述他要报道的那个人的环境时,你会感觉到它们与这个人及其工作之间的关联。他的这种能力——用寥寥数语勾画出一个人所说内容的背景来,政治的、文学的,或无论什么方面的——要归因于这样一个事实,即伍尔夫先生是带着博学多识的背景进入采访的。我确信,很多参加这些访谈的人都会同意我的这个看法:伍尔夫先生本人对于博学的分享,为他们创造了愉快地进行交流的机会。

那些标志着伍尔夫先生报道的特征,在他的速记(sketches)中也显而易见,显示了同样的对根本的洞见、同样的选择和淘汰能力,以及快速而简洁的概括能力。它们是当代生活许多特征的宝贵记录,也表现出真正艺术家的本质性特征。

---

① 打字稿,1935年,收藏于卡本代尔:南伊利诺伊大学,莫里斯图书馆,特别收藏,杜威VFM80。

弗兰克·贝克退休声明①

527 我认为，被邀请来参加这一场合是一种殊荣。虽然我没有到达现场，但被允许表达对弗兰克·贝克(Frank Becker)教授的问候、钦佩和友情——对于他的教师经历，他(尽管这些年很少有个人的接触)对教师身份的珍爱；对他来说，哲学是生活的乐趣，至关紧要，而不是一种空谈的游戏，也不是在训练抽象思维的健身房里所做的一套体操——中，我得到了巨大的满足。我要和您——他的学生和同事们——一起分担，那将其阴影投在今晚的聚会上的失落感。同时，我也将跟您一起分享那快乐的信心——他的工作将在那些人(他们曾与之共事，以及向他学习哲学在任何地方、向任何人传递的最好的东西)的心里和精神中继续存在。从我对他的记忆中(作为一个学生，以及作为一个人)，从过去几年我们罕有的接触中，从我所看到的他的形象中，还有从其他人那里听到的关于他的消息中，我知道，他在他的哲学教学中注入了个人品质；而正是它们，给予这个学科以人性以及人性的解放。当他作为一名教师来到利哈伊(Lehigh)的时候，我肯定，他那率直的品质连同极为罕见的友好性情没有抛弃他。在未来的日子里，当你想起他在教室里的时候，那种由于注入他的个性而由抽象变为生动的哲学的辐射会与您同在。我很高兴与您一起，参与对过往接触的感恩回忆，并一起祝愿：
528 这位在心理和道德上与您相连的老师，在他的未来，永远不会与他所获得的如此丰富的一切良善事物相分离。弗兰克·贝克教授，告别并且向您致敬，不是在离开和离去的意义上，而是为一个必将和过去一样幸福与成功的未来，因为您的服务将继续影响您的伙伴们。

---

① 打字稿，1950 年，收藏于哥伦比亚：南卡罗莱纳大学，南卡罗莱纳图书馆，西奥多·T·拉弗蒂文集。

补遗：历史上基督教的价值[1]

宗教，一般来说，将人类与某种比他自己更伟大、更恒久、更真实的力量，以 529
及与某种潜藏于自然之下的力量的结合作为它的目标。人类曾经将这样一种结合跟和解与和平的意义联系在一起，跟生命——除了在和平中之外，找不到任何正当性的生命——中的一种价值联系在一起。人类曾经倾向于找到跟上帝(God)的这种结合，或是仅仅在外在的仪式、教条和事件中，或是在他自己的意识当中。启示(teaching)，曾经体现了个人的热情和灵感，现在却有僵化为正式教条的倾向。行动，曾经是自发的和必要的，因为对同情和奉献的自然表达，现在却变成了没有意义的正式仪式。一个社区，曾经由有共同兴趣爱好的人组成，现在却趋向于变成一个外在的教会组织。当热情和灵感离开并让位于仪式的时候，宗教的生命也就结束了。剩下的，只是一个骨架——恐惧和束缚的一个来源——而已。曾经想将人类与上帝结合在一起的这种统一，却莫名其妙地变成了一个阻止人类与他的上帝靠得最近的机构——连同它的教条、仪式、圣迹和圣书。思考着的个人会发现，这些形式都是外在于他自己的。它们触碰不到他的任何地方。这要么是一个他必须承担的负担，要么是一个他必须摆脱的束缚。这是一个在他的睡眠中强加给他的梦：如果他觉醒了，那么，这个梦，与之一起的还有他的宗教信仰，就会消失不见。再一次地，人类寻找那终极的和平、那唯有

① 首次发表于《每月公告》(*Monthly Bulletin*)，第11期(1889年11月)，第31—36页。杜威于1889年10月27日向密歇根大学的学生基督教协会(the Students' Christian Association of the University of Michigan)所作的演讲。

与上帝和解才能给他自己的心带来的和平。他的宗教变成了一个关于情绪和症状的问题，个人必须像担心自己健康的人警惕身体上的征兆一样来警惕这些情
530 绪和症状。宗教被还原为对病态的内在体验以及有害健康的内省。个人必须警惕他的每个思想和感情，看它是否取悦于上帝。他的生命就是一个巨大的问号。我有拯救的证据吗？宗教活动变成了感伤主义。假设个人现在能觉察其自我意识，那么，他会确信宗教的王国是一个伪善之言的王国，确信在其中决无现实。

如果宗教的纯外在形式是一个骨架，那么，纯内在形式就是无筋无纤维的果肉，它们同样是无生命的。无法否认，基督教曾反复地呈现出或此或彼的这些非精神性形式。无论这是在何时发生的，怀疑论（社会的以及个人的）都肯定出现了，就像人类意识肯定会维护自己、反对任何想要束缚它的东西一样。但不能否认，基督教的伟大力量已经在其能力之中了：克服这些片面的形式，把历史的和内在的、个人的因素结合为一个重要的统一；通过社会的和历史的力量的结合，将个人带到更接近上帝的地方；并使基督教的历史表达不至于变成像 19 个世纪前发生过的那种死的教条、传统主义（traditionalism）、仪式主义（ceremonialism）；而是使这种外在方面本身成为人类和上帝结合的一种表现，以及因其更高领悟而产生的影响。

基督教使宗教成为一种社会性的、同时是历史性的力量，因为在它让人们脱离其孤立个性、让他们团结在家庭和国家中并在语言艺术和文化上获得更高的社会成就的力量中，就有着它的价值。

基督教是唯一的，这倒并不在于不像它其他宗教，而在于它用来证明和满足了所有本质因素的、更强大的能量和多产。

基督教作为世界上一种历史性力量的价值，不仅在于这样一个事实，即有一个历史性的方面，基督教是一个超越所有个人主义的主义、一个必须向外在世界中找到社会性表达的主义；而且在于，这是一个进入被我们叫做“历史”的那个巨大的事件复杂性中的事实。

有哲学倾向的人们在过去的百年中，早已反复提议要与基督教社会和解，并
531 表达了他们承认基督教观念真理性的十足意愿；只要基督教社会能承认基督教的真理性仅仅是观念上的，而其历史性的事实是不完善的符号。

基督教的主体拒绝放弃那个正是其心脏的方面，而坚持基督教不仅是作为观念才具有真理性；而且作为一种有历史意义的事实和力量，也具有真理性。

基督教有历史意义的一面，是它在历史中的成长。

为了教导和传播基督教真理，把它带回世界之家，一定数量的组织和机构曾是必要的。基督教作为一种历史力量意味着这一点，还有更多。它意味着当基督说这个话时所意味的东西，“看到我，即是看到了父。”[①]它意味着圣约翰所讲的：“那创始之初的，那我们用我们的眼睛看到了的；那我们见到的以及我们的手触摸到的，关于生命的世界，向我们宣告了您。”[②]

当然，基督的意思并不是说那个用肉眼看着他的人看到了圣灵（Divine Spirit）；圣约翰的意思也不是说他的肉身实际上看到、触摸到和听到了那永恒的——创始之初的生命之灵（The Spirit of Life that was from the beginning）。这两者是极大的隐喻，是人间所流传得最大、最壮丽的隐喻。他们用那唯一人们可以操控的语言表达：上帝不是远离这个世界的存在，他不是只作用于物质自然的力量，他永远是一个当下的事实——在生命中，在历史上，以及在我们的社会关系中。他们表达着这样一个事实，即圣灵是如此迅疾、如此直接和如此肯定地接触到我们的实际生活，人们看到了他，也触摸到了他。当然，唯有存在于这些字眼之中的那些大的意义和现实，才能令它们免于亵渎神明。不，上帝既不是一个遥远的存在，也不是一个用来解释世界的哲学概念。他是我们生活中与他人的普通关系的现实。他是家庭的纽带、社会的纽带。他是爱，是所有成长、所有奉献以及所有团结的源泉。他接触到了历史，但不是从外面，而是令他自己服从于历史的所有局限性和苦难；令他自己完全与人类相一致，以便人类的生命从今以后不是为期几年，而是永远。这就是上帝的生命。有谁能够读到耶稣和他的弟子最后的谈话（诚如在约翰福音中所记载的），而不感到它们的一个任务——
在所有要求、恳求、鼓励、教导、启示、承诺和祈祷中寻求表达的——即上帝和人 532
的统一当下完美和绝对地存在于基督身上呢？那个人令人们意识到上帝在他们身上、在精神中永远存在，那个人能引导他们进入一切真理并用一切舒适来安慰他们，令他们成为上帝一切财富的拥有者。

除非这些仅仅是象征，或者最多是一小部分被选中的灵魂——而不是普通

---

① He that hath seen me hath seen the Father.

② “That which was from the beginning, that which we have seen with our eyes; that which we beheld and our hands handled, concerning the World of Life, declare we unto you.”

人——才能得到的经验，否则，它们必然意味着上帝的精神(the Spirit of God)进入了历史；意味着这种精神不是只在奇迹、在复活中起作用的一种神秘之物，而是在所有人类科学中所呈现的智力，是人对一切比他自身更好的东西的灵感。这就是基督教的历史因素的意义。那么，它在实际生活中的价值是什么呢？所有正直、严肃的人都问过这个问题。我的生活的目标、职责是什么，而我又该如何实现它呢？答案只有一个——虽然它在形式上经历了从儿童时代的原始宗教几乎口齿不清的牙牙学语，到圣保罗清晰、成功的表达的变化——与上帝相似，与他相一致(likeness to God, unity with Him.)。

如何才能获得这种一致性呢？被称为基督教的历史力量的东西，其价值就在于它所给予这个问题的答案——与人类及人类的利益相联合，而放弃个人的欲望。

人的生活目标是要与上帝相似，但只要将个人幽禁在他自己的利益中，那么，这个意识对于那种相似性的获得来说就毫无帮助。这种意识只会随着他完全无能的感觉和对其处境的彻底绝望而降低人的分量。可是，人并非如此孤立，所以不必面对面地对待上帝，而可以通过全体人类——在其中，他是一个成员，而耶稣则是带头人——这一中介来面对上帝。这样，人就能感觉到他在自己的弱点中也是强大的。这并不是说他对上帝的责任意识减少了，也不是说由于他在另一处的正当性中找到了庇护，就感觉到他个人的无能为力了；而是因为他知道，将那个要求放在他身上的上帝就是在人类中，并通过人类而起作用，以实现其最高的善的上帝。

为了从放在作为一个个人的他身上的要求中解放出来，个人只能令他自己
533 服从人类的一般利益。他不再孤立地立足于世，而是作为人类的一个成员，而人类的生活精神就是上帝本身。

如果一个人忘记了基督教的历史力量，忘记了上帝并不是某种遥远而超自然的存在，而是一个当下的事实和一种在历史及社会生活中的力量；如果这样一个人试图去认识耶稣、保罗和约翰所说的话是什么意思，却认识不到它们的本质的话，那么，他将迫使自己做以下两件事中的一件：要么，他会断定这些话的背后不可能有事实背景，除非它们是被夸张了的、对一些不平常的灵魂的经验的表述，进而把它们斥为仅仅是伪善之言或是无意识的自我欺骗；要么，他会试图在他自己的经验和感觉中，把它们的真理性理解为是一种个性的东西，但这却是不

可能的，因为它们并不是对一个处在与上帝的孤立关系中的个人的经验的表述，而是对一个在其与人类利益的认同中、在家庭中、在社会中舍弃了他的个体性并对自我感兴趣的人的经验的表述。

这样试图认识这些事情的人，会令他自己逐渐地与现实相分离，从过上一种字面上的非现实生活开始，继而是思想上的非现实生活，而最终是行为上的非现实生活。

在我们实际的宗教生活中，主要的危险终究在于宗教生活想要自成一体，从而脱离生活与人类利益的那种倾向。健康的宗教生活懂得不将宗教与世俗相分离，也就是说，在它里面没有星期天和工作日的分别；也就是说，它存在于每一个日常的职责中，无论在学习或生意中，还是在娱乐中，都有通向上帝之路，其真切性不会亚于密室中的隐居。这种心态，若非我们意识到上帝是在历史中的，是在生活的社会状态中并使人类与他相和解的，否则就永远不可能获得。谁在生活的每一个真实和纯洁的关系中发现了与上帝的联结，谁就将他的宗教生活建筑在了一块不会被生活的风暴所撼动、也不会被诱惑的阴险所破坏的岩石之上。

附　　录

1.

灵魂的复兴[①]

H·S·斯威夫特著

第一眼看上去有些自相矛盾的事实是:杜威博士在最近几期《大学》(*University*)上讨论了近来的显著倾向:在心理学研究中寻求人类精神本性及其不朽问题的证据和证明;而杜威的观点实质上就是教会内主要思想家的立场。较之《大学》可能提供给他的读者平台,杜威博士应该和更广大的听众谈谈他的观点,因为他表达了教会中一个广为流传的观点,该观点显然是一种高傲的愤慨;让我们去担当教会长久未能做到的事情,即为人类灵魂不朽的信仰建立起理性基础,以及用经验常识与天启宗教进行和解。尽管这是教会及其支持者们反对新旧世界自由思想的最新鲜、最高贵的推动,但对真理的追寻只会持续下去,直到人类精神本性的证据及其伟大命运最终被建立在精确的科学实证的基础之上。 537

当今这个时代最紧迫的需要,就是为基督教的伟大真理找寻科学依据。这个伟大真理被教会武断地下了定义,教会让我们相信,自从耶稣及其门徒结束他们的尘世任务之后,世界上大多数人都遭到了程度不等的炼狱的诅咒;而有了科学证据,我们就能有理由来反对教会这一武断的定义。宗教冲动是人类心灵中最高也是最自然的冲动。所有人都在其中或多或少地分享着该冲动。然而,宗教和哲学体系必须具有 538
完美的合理性以满足理性机能的显现要求,否则,普遍而正确的良心迟早将拒绝给予它们信任。耶稣教诲下的基督教的优势在于可与理性完美地一致,在耶稣及其门徒的教诲中存在着合乎理智的证明。没有这些证明的记载,教会将失去其信条的根基。然而,当基督之国迫切需要对基于这些记载的天启宗教的信条与这个时代的启蒙良

① 首次发表于《大学》,第224期(1886年1月9日),第19期。本篇所针对的杜威的文章,见本卷第10—14页;杜威对此的回应,见本卷第15—18页。

知进行调和的时候，教会伸出了双手，在神圣的恐惧中说话了，正如杜威博士绝望地说："这个时代陷于怀疑主义的绝望和无力，在为科学或猎奇而复兴灵魂这件事上，已经表露无遗。"①看起来，世界的当前目标是在理智的实证之上，超越信条和教条而到达纯粹属灵的宗教。这种对于真理的追求，教会和杜威博士却把它同绝望和无力的怀疑主义混淆起来了。

区别于耶稣教诲的现代基督教，正在失去对人们心灵和良知的掌控，数据和观察可以清楚地证明这一点。几乎可以肯定地说，1886 年，我们国家的六百万人口中，只有不到一百万人与教会保持着积极且良好的关系。这是为什么？不是因为人们由于日益启蒙而自然地变得更加怀疑，或者变得对人类命运的终极问题无动于衷，而是因为在当代的解释之下，基督教哲学不再能满足人们的理性和良知。

耶稣的哲学是纯粹属灵的。他完美地克服了古代哲学所不能克服的有关精神和物质的二元论。他通过演示结束了争端，治愈了身体的疾病，驱赶了人们身上的魔鬼，以及战胜了死亡。他靠的是什么呢？正是在这一块礁石上，启蒙理性的洪流将离开教会，除非能转舵让船驶入深水。伴随着理性时代的到来，奇迹在人们心里已经不自觉地被同化为一种神话学。基督的奇迹只是一种东方神话。这清楚地显示出教会
539 组织所处于的危险基础。复活的奇迹被反对，于是整个基督教系统陷入了无尽的毁灭之中，而且开始蔓延到大多数基督徒的心灵中。但是，在错误和误解的迷雾中，耶稣在克服精神和物质间的二元论的基础上所建立的简单而卓越的结构则依然不朽，它的高尚犹如尖塔一般刺破错误的阴霾，在永恒真理的照耀下熠熠生辉。

如果教会的工作在这个进步的时代没有完全失败，如果人们不至于再度堕落为异教徒，如果基督教文明没有逐渐消失而留给世界彻底的黑暗，那么必须复兴杜威博士所反对的灵魂。教会必须回归耶稣那纯粹属灵的哲学教导，自使徒时代起就再也没有这样的回归；也必须对这个伟大导师记载的文字进行形而上学的解释。而在上述这些必须之上的，则是跟随耶稣的足迹，寻找建立在切实的实践基础上的信仰，并且实现他的允诺："他信我，我的工作也就是他的工作。"然后，让我们复兴灵魂吧，让心理研究的社团不断扩大吧，让玄学治疗者（如果他们有这个能力）超过药物学治疗者吧，让信念治疗者永远无羁绊地去追寻他们的奇思妙想吧，因为所有这些多少能产生出可以解放人类的真理。

---

① 杜威的原文是"there could be no more significant token of the hopelessness and heartlessness of the skepticism of the age than this revival of the soul for scientific and spectacular purposes."而本文作者的引用中少了"of the skepticism"，现参照杜威原文翻译。——译者

2.

艺术表现之诸形式①

E·M·班森著

在这篇《艺术表现之诸形式》的介绍中，一种系统性的尝试将过去的艺术作品同现代的艺术作品紧密相连，时间和空间之于作品本身的创造性特征来说成为次要的因素——时间意义上的世纪以及空间意义上的大陆所分离的艺术家们本质上讲的是同一种语言。其共同特征基本来自类似的艺术主题或社会哲学，抑或两者皆备，这样的共同特征将本次展览中的艺术作品整合为三个部分。 *540*

在显示形式和人性价值的部分，你将发现，公元 5 世纪的埃及挂毯的图案、15 世纪佛罗伦萨的一把椅子，以及 19 世纪美洲印第安人的岩石雕刻，都着重强调了形式构造。它们在制作和态度上同产生了毕加索早期主体派艺术以及马蒂斯(Matisse)的东西没有显著的差别；一个 19 世纪珐琅碗上的半人文设计，在形式和感觉上大致接近美国艺术家马克斯·韦伯(Max Weber)的水粉画；梅姆林(Memling)的画作《圣母的半身像》中结构与人性的上佳结合，也能更感官性地体现在公元 2 世纪的印度雕刻品中。

意图方面相应的一致性联合了艺术家的作品，它们被包含在社会评价和社会讽刺部分中。从彼得罗·隆吉(Pietro Longhi)和扬·斯特恩(Jan Steen)较为克制的社会评论，我们转到波希(Bosch)这位 15 世纪“真实梦魇”(true nightmares)之父那些强烈的讽刺预言；勃鲁盖尔(Breughel)的主题像狼蛛的刺一般，而他的画却宛若天使；杜米埃(Daumier)表现了对 19 世纪法国的讽刺(本次参展的，有 20 座是对法国议会保守代表的尖酸讽刺的雕塑)；贺拉斯(Hogarth)的作品体验了对立法者的厌恶，几乎 *541*

---

① 首次发表于《艺术表现之诸形式》(*Forms of Art Exhibition*)，费城：宾夕法尼亚艺术博物馆，1937 年。杜威的评论，见本卷第 128—129 页。

同杜米埃的作品一样有毒；这里还包括我们同时代的伟大讽刺家，例如詹姆斯·恩索(James Ensor)、乔治·格罗兹(George Grosz)、格洛普(Gropper)，以及两位美国优秀的社会超现实主义者路易斯·古格列米(Louis Guglielmi)和沃尔特·奎特(Walter Quirt)。

在奇幻部分，卡尔·沃尔特斯(Carl Walters)的陶瓷动物与15世纪的图尔奈(Tournai)挂毯保持了融洽。它们与波斯烤盘、代夫特(Delft)动物形象、俄罗斯的赤土陶器、土耳其及墨西哥的五彩拉毛陶瓷、宾夕法尼亚的彩绘新婚礼盒，以及保罗·克利(Paul Klee)、雷顿(Redon)、布莱斯汀(Bresdin)和早期意大利与福德兰大师的作品，保持着和谐。

这次艺术作品的展览形式，初次以一系列体验性展览进行展示。这种做法建立于这样一种观念：相较于艺术作品创作的时间和地点，一个艺术家努力所表达的内容和表达的方式显得更加重要。历史事实能够告诉我们很多事情，但是它们很少在艺术作品的内涵欣赏以及为何且如何行使艺术的功能这个问题上给予我们很多信息。同时也很难解释：为什么不同时代的艺术家们，尽管在所见和所感上有所差异，但是在表达他们自身的时候却如此相同。我希望学生们以及街上的行人们都能在此找到视觉上的滋养，并且鲜活地洞见基本艺术形式的永恒绵延。

3.

一个统一命令与第二战场[1]

我们面临的直接威胁是德国人突破了苏联的防线。如果这个行动进一步深入，将直接切断南方和北方的直接联系。高加索山脉与苏军对德军的抵抗，将保持一条直通里海的漫长而薄弱的通道，进而与余下的苏联保持联系。与此同时，德军将有能力前进到极度富有的油田。他们可以绕过作为巨大障碍的高加索山脉。面对如此严峻的形势，我们必须冷静地评估未来的诸多可能性。 542

苏联红军现在还有多少抵抗力？我们没有十足的答案。这个问题立即提示出我们眼下脆弱的状况，以及提议性的补救措施。迄今为止，我们面对的不是一场战争而是两场。英国、美国以及其余联合国家成员们已经被置于一场蔓延至全球的战争。这条战线从北至南，超过一千多英里。苏联在一片完全孤立的战场上奋战，也已经超过一年。从英国和美国运来的供给只是很少的一些馈赠，而决定性的保卫重任已经完全压在了苏联的肩膀上。

我们全部事业的命运都将指望苏联的力量，但是同盟国却几乎没有意识到苏联力量的限度。只有苏联人自己知道答案。直到最近，莫斯科拒绝透露具体信息，同盟国部队的观察者已经很少有机会到达苏军前线。这是一个不寻常而且危险的局势。一场联合的战争需要统一的命令和共同的责任。德军的突破将对包括苏联在内的我 543
们所有人施压，我们是在一个共同的战场抵抗一个共同的敌人。

纳粹正在努力地将苏联军队一切为二。如果他们得逞，这将意味着苏联军队将与驻扎在近东的英军并肩作战。苏联战场的战斗将在联合国战争理事会的掌控之

---

① 首次作为社论发表于《新领袖》，第 25 期（1942 年 7 月 14 日），第 1 页。杜威的评论，见本卷第 130 页。

下，并且成为总战争的一部分。在这场战斗中，军队和补给的安排显然成为所有盟军的事情。战术和策略也必须由战争理事会负责。这场战争也终将变为联合的战争。

既然苏联战场的结果将由卷入战争的所有28个国家一起肩负，那么显而易见，需要尽可能地进行最有效的合作。对于反对一个统一命令的看法，现在一个反对的观点是：在德军猛攻之下的苏联已经被迫独自战斗，仅仅依靠自己的人手和补给，而且在用自己的战术和策略。无论这种观点的有效性几何，今后都该彻底消失，因为苏联和联合国家现在都不能分开行动并且赢得战争。

苏联将确保从这样一个联合指挥中获得明确而及时的好处。例如，就开辟第二战场而言，他们的顾虑也成为我们的顾虑。这个重大的问题应该由理事会各方的势力决定，并从信息的各方面进行考察。迄今为止，苏联将领的指挥已经证明了自己不低于任何联军的水平。这便没有理由去质疑现在是不是他们为共同事业作出贡献的机会。

一个统一的指挥已经被拖延得太久了。我们完全有可能避免现在这种悲剧的情况。但既然我们的势力已被分化，在一定程度上要为现在的危险局面负责，那就不应该继续犯傻延续这种弱势。每个国家的命运都依靠其他国家的命运。在这场共同的全球战争中，对于联合国家而言，只有通过一个总体性的和具有全球高度的命令，才能解决这个巨大的问题。

544 在最新一周的《新领袖》中，新西兰首相沃尔特·纳什（Walter Nash）致信美国，建议提供一定数量的机械给全球性的军事行动。作为太平洋战争理事会的成员，他说出的话源自丰富的经验。他提议建立一个政策性的世界战争理事会、世界军事理事会以及区域理事会，用来在战争中的多个战区执行行动。这周发生在苏联前线的悲剧事件，以及不可避免地加诸我们想象力的关于未来的预期，给予这个提案最有力的支持。

4. 宗教在哈佛[①]

哈罗德·R·拉夫顿著

宗教信仰的崩塌以及道德标准所面临的危险，是日益增长的忧虑的一个原因。 545
正统观念将之归因于人们罪恶感的丧失；但是，尊敬的费里斯(Ferris)在最近由神学院院长斯佩里(sperry)编辑的《战后世界的宗教》(*Religion in the Post-War World*)一书中明确地指出，科学知识自始至终都要对宗教的影响负责任。

我们将超自然信仰与道德标准相联系是危险的，因为其中一个必然会弱化且严重危及另一个。这种全力把新的现代知识放回到旧的历史信仰中的补救措施收效甚微。我建议，要解决问题，就要促进人文主义，在科学基础上建立理性宗教，同时要保留我们所珍视的道德价值。

斯佩里院长在他的书中提到，之所以将人文主义章节包含在内，是"认识到在正规组织的教会之外还有一大群人，他们是理想主义者并且是他们同胞的忠实仆人，但他们认为自己在智力上无法信奉传统的对上帝的信仰"。笔者补充说，一位英国助教提供了一个惊人的信息，他说："现代世界的聪明人中有一半都是人文主义者。"斯佩里院长总结说："这些人虽然没有教会的组织，但是值得表扬。"

那么，为什么不应该是哈佛的先锋们为这一重要群体提供神职人员呢？神学院
的大部分课程，看上去都适合成为人文主义课程(将对现有课程进行补充)。教会历 546
史4b提供了一项关于"理性主义"的研究。理性主义——即"精神态度接受理性为最高权力，旨在建立一种哲学和伦理，通过可证实的经验并且独立于一切武断的假设或权威"——应该包括科学的态度、方法、控制和影响。的确，现有提案的核心就是在神

---

① 首次发表于《哈佛校友报告》，第49期(1947年1月11日)，第330页。杜威的回复，见本卷第135页。

学院建立理性主义的地盘，由一位合格的理性主义者来担任，也由他来监督人文主义课程。

祈祷、祭祀、礼仪中的指令和实践或者其他超自然技术将没有任何意义，而且被科学方法所丢弃并被取代为受控制的观察、实验、可证实的经验。人文主义的神职人员在牧师职位上有很大的发展潜力，会用已知的事实平和地宣扬宗教，承认自然是与个人感情无关的、不容改变的，认识到人类只有在和彼此同胞相互依赖的基础上才能促进合作。

普遍性的概念曾经让人类着迷。艺术、音乐、文学、哲学、政府、宗教——都没有达到这个目标；因为它们都有着群体、种族、国家或地域的特点。天主教教会只不过包含了人文主义的一小部分罢了。在人类的一切艺术和学科中，只有科学是统一的。经由可控制的调查将已知推进到未知，其自身受到大量严苛的实验验证的支配。它的技术和思维方式放诸四海皆准，它的结果也是普遍适用的，其成就在于从精神和物质上都重塑了世界。

相比超自然的宗教。它在先民那些不充分和幼稚的概念上预设了未知图景，多次言称个体精神的不稳定性，并且要求已知之物永远符合这个幻想的假设。它不会为难其支持者，要求他们为其自命不凡提供证据，但是在“信仰”上却退而支持未经证实的断言。不妥协的信徒求助于未经证实的权威去对抗新知识。但是，“绝对权威”
547 无论对于大主教还是圣经，都只能在现今的全球舆论大环境中找到少许的温暖。更自由的信徒意识到了新知识的影响，但却还固守古老的形式和口号，用“诠释”来安慰自己却无法调和那些根本无法调和的内容。

人文主义是不受这种限制的，它与新的科学知识相协调；事实上，它就是科学，是宗教领域的科学方法。因此，它是唯一可能做到普遍性的宗教。难怪，“现代世界的聪明人中有一半是人文主义者”；真正奇怪的是，剩下的一半人不也是人文主义者吆！也许哈佛大学可以引领这条路，受到其不朽校歌的鼓励：

汝莫立于苔藓所覆谬误之沼泽，
当真理消逝于寰球之上；
请做光明的先驱并秉持爱意，
直到清教徒的祖先们已为安。

5.

意识与意义[①]

弗雷德里克·J·E·伍德布里奇著

为了有利于更好的理解，我打算对博德教授在《心理学评论》7月号中的讨论进行评论，因为他涉及我关于意识之本性的看法。548

在我看来，博德教授扼要地提出了整个问题，他问的是："当一个对象得到认知的时候，有什么前一刻不在场的东西在场了？"我曾经试图用一个词来回答这个问题——"意义"。这个答案也许不正确或不充分，但它不会迫使回答者陷入两难。当对象得到认知的时候——如我倾向于所想的那样——它们并没有失去任何它们之前具有的属性或关系。水并没有在我意识到它的时候成为水，或不再是水。但当对象得到认知的时候，它们就会意味着什么。水在我意识到它之前是水，在我意识到它时仍然是水；但现在当我意识到它时，当水意味着什么时，它比如说就能解渴了。

那么，博德教授为何会写道："一件事实要么在成为意识之事实的时刻将自身从一个不可知的某物转变为一种意义关系，要么没有经历这种转变。在前一种情况下，什么是意识和什么不是意识之间的区分是不妥的，因为一切都是意识；可是在后一种情况下，我们触到了无法给出种差这个困难，而一个给定的个人经验靠种差才能与其他事实相区别。"诚然，当一件未知的事实得到认知的时候，它是从未知的事实变成已知的事实，也就在这个范围内改变了它的性质。但问题还是如同博德教授所说的：有 549
什么对于未知的事实不在场的东西对于已知的事实在场了？再拿水为例来说。当它未被了解的时候——由此而意味着当它还不是意识中的一个对象的时候——它会特别缺少化学和物理的特性吗？它仅仅是在意识中装备起这些特性——或失去它们

① 首次发表于《心理学评论》，"讨论"(Discussion)，第15卷(1908年11月)，第397—398页。杜威的回应，见本卷第361—373页。

吗？如果它在意识之内和之外都具有这些特性，那就没有必要给它们附加任何东西，以使其成为当它们在意识中时所具备的那些特性了。另一方面，似乎很难相信水既可以意味着什么，又不在意识中；似乎很自然就能相信，如果水得以意味着什么，它由于这个事实就已经进入了意识。

现在还要说一下"觉察"(awareness)，因为也许有人主张，不仅一件事实必须意味着什么才能在意识中，而且我们必须"觉察"(aware)到这件事实是事实，以及觉察到这件事实意味着什么。下面让我用一般的术语重复一下刚才所说的。如果一件事实具有某些属性，它并没有因为它在意识中的在场而获取它们或失去它们，这就明显没有必要给这些属性添加任何东西，让它们在意识中成为与在意识之外时同样的属性。所以不需要把"觉察"添加进来。也就是说，令一个事实成为意识中一种特殊事实的，并不是对这个事实的"觉察"；而是其本身。事实在意识中的纯粹存在(simple existence)显然就是"把事实作为事实来觉察"所包含的全部意思。但是若令事实意指什么，那么，这意义就等同于"对事实之为有所意指之物的觉察"了。或者用悖论的形式表述这个情形：假如对象在我的意识中却完全缺乏意义，那么，我应该觉察不到它们。意义在事实中间的在场，就是对它们的觉察。简言之——丢开悖论——"觉察"不过是"意识"的另一个说法。

以上简短概述的立场在我看来，毫无含混地直接回答了博德教授最初的问题。我没有说这个回答正确而充分。那种事情有待考虑。但我看不出来它如何能被还原为他在对它的讨论中所说的那种两难。

6. 儿童宪章[1]

胡佛总统主持的关于儿童健康与保护的白宫会议，将儿童权利认作公民身份的头等权利，为了美国的儿童向这些目标宣誓。 550

一、对每个儿童进行精神的和道德的训练，帮助他支撑住生活的压力。

二、让每个儿童理解其个性，并将之作为最宝贵的权利来守护。

三、让每个儿童有一个家以及家所提供的爱与保障；让必须接受寄养的儿童有一个离自己家最近的替代场所。

四、为每个儿童的出生做完善的准备，让母亲接受分娩前、分娩时和分娩后的看护；确立保护措施，以使生育更加安全。

五、让每个儿童得到从出生到青春期的健康保护，包括：定期的健康检查和必要时的专家看护与医院治疗；有规律的牙科检查和牙齿保健；针对可传染疾病的保护性和预防性措施；保障清洁的食物、清洁的牛奶和清洁的水。

六、让每个儿童从出生到青春期得到健康的促进，包括健康指导和健康规划、利于健康的身体和心智娱乐，并充分训练教师和领导者。

七、让每个儿童的住处安全、卫生且利于健康，并给予合理的隐私；摆脱倾向于阻碍他成长的状况；让家的环境和谐而丰足。 551

八、让每个儿童有一所学校，令他们免于危害；学校里有卫生、适当的设施，明亮

---

① 首次出版于《关于儿童健康与保护的白宫会议，1930 年》(*White House Conference on Child Health and Protection, 1930*)，纽约：世纪出版公司，1931 年，第 46—48 页。杜威对儿童健康与保护的论述，见本卷第 511—519 页。

而且通风。让较小的儿童有保育学校和幼儿园，以补足家的看护。

九、让每个儿童有一个社区，令它认识他的需要并为之作出计划，保护他不受身体威胁、道德危害和疾病；为他提供安全的和有利于健康的玩耍和娱乐场所；并为他的文化和社会需要作出预备。

十、一种为了每一个儿童的教育就是通过发现和发展他的个人能力而为他的人生做准备，并通过培训和职业引导为他的生活——将给他以最大满足的生活——做准备。

十一、每一个儿童都应该享有这样一种能为他或她成为成功的父母以及使用公民权利做准备的教学和培训；并对父母进行补充训练，使他们得以贤明地处理父母职责中的问题。

十二、对每个儿童进行安全和保护的教育，以针对现代状况令他们经受的意外——那些他直接面临的意外和由于父母的丧生或残废而间接影响他的意外。

十三、对于目盲、耳聋、跛足或有其他身体缺陷，以及心智上有缺陷的儿童，要采取措施及早发现并诊断他的缺陷，提供看护和治疗，并将他训练得可以成为社会的资财而非负担。这些服务的花费应该由公共承担，倘若不能由私人偿付的话。

十四、如果儿童与社会冲突，他有权利被明智地看待为被社会指控的人，而非被社会驱逐的人；让他有家、学校、教会、法庭和所需的机构，将它们设计成可以在任何可能的时候使他返回生活的正常轨道。

十五、让每个儿童有权利生长在一个有适当生活标准的、有稳定收入保障的家庭，这些是针对社会缺陷最确实的防范。

552 十六、对每个儿童针对劳动进行保护，如果它在身体上或心智上妨碍他成长、限制他受教育、剥夺儿童对同伴关系、玩耍和享受乐趣的权利。

十七、让每个乡村儿童有与城市儿童一样令人满意的学校和健康服务，并把社会、娱乐和文化设施延伸到乡村家庭。

十八、在青年的训练中，补足家庭和学校的成分，并将现代生活倾向于从儿童身上骗取的那些利益归还给它们，应该尽力激发和鼓励青年志愿组织的延伸和发展。

十九、使这些最低限度的儿童健康和福利保护在一切地方有效，应该有区级的、乡级的或社区级的健康、教育和福利组织，有全职官员与州级的规划相协作，并对国家级的总体信息、统计和科学研究服务作出回应。这应该包括：

a）有训练的、全职的公共健康官员，有公共健康护工、卫生视察和实验室工作者；

b）便利的医院床位；

c）提供全职的公共福利服务，为的是救济、帮助和指导儿童，如果他们由于贫穷、不幸或举动困难而有特殊需要的话，为的也是保护儿童免于虐待、漠视、剥削或道德危害。

这些权利适用于一切儿童，不分种族、肤色或职务，不论他在美国国旗的保护下居于何处。

注释

553 以下注释以本卷中的页码(即边码——译者)和行数为索引,对涉及的事实作了解释,这些事实难以在一般来源中找到。至于简写出处的完整出版信息,见本卷“杜威的参考书目”。

3.3—4 recent ... College] 马廷诺(1805—1900)于1869年被任命,1885年6月24日从他的职位退休,此后当了两年多校长。

3.12—13 reviewed ... *University*] 见《大学》,第206期(1885年9月5日),第7期。

7.3—4 publication ... ago] 见爱德华·H·克拉克(Edward H. Clarke),《教育中的性》(*Sex in Education*)。

7.12—14 wealthiest ... pressure] 拉德克利夫学院在1879年成立后不久,就被认为是哈佛的附属。见多萝西·艾丽娅·豪威尔(Dorothy Elia Howell),《拉德克利夫学院一百周年庆,1879—1979》(*A Century to Celebrate Radcliffe College, 1879-1979*),剑桥,马萨诸塞州:拉德克利夫学院,1978年。

7.31 female health in colleges] 见《劳动统计局第16期年报》(*Sixteenth Annual Report of the Bureau of Statistics of Labor*),第473—532页。

8.1—2 “Association of Collegiate Alumnae”] ACA成立于1882年1月,其目的正如其章程所说:“为了教育实践工作,把各个不同机构的女校友联合起来。”1921年,ACA与高校女性南部联盟融合,形成全美高校女性联盟。

8.4　twelve colleges] 波士顿大学、康奈尔大学、堪萨斯大学、麻省理工学院、密歇根大学、欧柏林学院、史密斯学院、雪城大学、瓦瑟学院、卫斯理学院、卫斯理大学、威斯康星大学。

8.17　Colonel Wright]卡罗尔·戴维森·莱特(Carroll Davidson Wright, 1840—1909),经济学家、统计学家。他经历丰富,曾在内战中任职于第14新汉普郡志愿者(他在那里成为上校),曾任马萨诸塞州参议院议员。作为美国劳动专员,他组织了劳动统计局并推动了对于劳动问题的客观研究。从1902年到他逝世,他一直是马萨诸塞州伍斯特克拉克学院的校长。 554

10.3　*Discovery of the Soul.*] 见古斯塔夫·杰格(Gustav Jaeger),《发现灵魂》(*Die Entdeckung der Seele*)。

11.32—36　who ... structure,] 在他于1874年所作的讲座"身与心"中,威廉·金登·克利福德(1845—1879)提出这样一个问题:宇宙空间能否被视为"广大的脑组织"? 他的结论是:"大脑的特殊构造"导致了大脑的功能,"与意识平行"运作,这并非"行星间的巨大空间"的特性[《讲座与文章》(*Lectures and Essays*),第2卷,第46页]。

11.36—37　ended ... stuff,] 见他的《论事物自身的本性》,《讲座与文章》,第2卷,第72页,克利福德认为,"如此说来,宇宙完全由心灵材料构成"。

12.20　Othello's occupation gone.] 莎士比亚《奥赛罗》(*Othello*),第三幕,第三部分。

12.33　new England woman] 伊丽莎白·斯图亚特·菲尔普斯(Elizabeth Stuart Phelps, 1844—1911)。

12.34—35　gates ajar,] 见菲尔普斯,《门半开着》(*The Gates Ajar*),波士顿:菲尔兹-奥斯古德有限公司,1869年。

12.35　beyond the gates,] 见菲尔普斯,《越过门槛》(*Beyond the Gates*),波士顿:霍顿-米夫林有限公司,1883年。

12.36—37　article ... Review.] 见菲尔普斯,"为不朽而奋斗"。

13.29　"other-worldliness."] 见艾略特,《此世和彼世》。

14.26—27　"Black Crook" sprite,]《黑巫师》(*The Black Crook*),戏剧作品,包含音乐、芭蕾以及华丽的舞台布景,1866年9月12日上演于纽约市的尼

布罗花园。它立即在公众中获得了成功；直到 19 世纪 90 年代，它还经
555 常被重新上演。许多戏剧史家认为，它是美国音乐剧的先驱。该剧的作者查尔斯·M·巴拉斯(Charles M. Barras, 1820? —1873)在塑造人物时，把精灵鬼怪归入“不朽者”一类。

19.3—4 editorial note . . . labor,] 见《大学》，第 220 期(1885 年 12 月 12 日)，第 3—4 页。

19.6 inter-denominational . . . Cincinnati.] 召集人为乔赛亚·斯特朗(Josiah Strong, 1847—1916)，辛辛那提中央公理会教堂的牧师。他认为，和谐一致的教会间的行动是必要的。初步会议于 1885 年 12 月 7 日开幕，大会于 12 月 11 日闭幕。

29.6 May 4th movement] 1919 年 5 月 4 日，北京的学生们反对《凡尔赛和约》的条款，即允许日本获得山东的领土和商业利益——这是它在第一次世界大战之初从德国手中夺来的。这一运动激起了全中国广泛的支持，最终迫使中国拒绝签署《凡尔赛和约》。见《杜威中期著作》，第 11 卷，第 186—191 页。

29.7—8 inauguration of Sun Yat-sen] 1921 年 4 月，孙逸仙(1866—1925)被广州的非常国会选举为非常大总统，并于 5 月 5 日就职。杜威在他的广州之行中会见过孙。见《杜威中期著作》，第 13 卷，第 127—129、135—136 页。

29.9 seventy-two patriots] 1911 年 4 月 27 日，孙逸仙的革命力量在黄兴的指挥下试图占领广州作为南方行动基地，最终失败。公众传统上都认为，有 72 位革命参与者牺牲了。数个月后的武昌起义，标志着共和革命的开始。1921 年 5 月 6 日，广州举行了纪念 72 烈士的活动。见《杜威中期著作》，第 13 卷，第 135 页。

29.10—11 Day . . . Demands] 1915 年初，日本政府给北京的袁世凯(1859—1916)政府送去他们的《二十一条》，要求中国在政治权力和经济利益方面都对日本作出让步。经过长期协商，日本政府在 5 月 7 日向中国发出最
556 后通牒。5 月 9 日，袁世凯同意了缩减后的条约。5 月 7 日和 9 日被命名为国耻日，以铭记这些事件。

30.26 teachers' strike in Peking.] 1921 年春，由于政府未能为工资放款，约有 800 名北京高校的教师参与了罢工。

31.1　Cassel Collieries Contract] 1920年4月，香港的路易斯·卡塞尔(Louis Cassel)少校和广东省军政府达成协议，认可一个英国财团在省内广泛开采、运输煤矿的权利。见《杜威中期著作》，第13卷，第121—126页。

31.2　Kwangsi militarists,] 从1916—1920年，广东省的占领者是其西边邻省广西省的军阀陆荣廷(1856—1927)，广东大部分都在后者的军事统治之下。1920年，陈炯明的部队迫使广西军队撤出广东，陈炯明成为省长。

31.14—16　Not ... heard.] 1920年12月1日，陈炯明政府命令永久地关闭赌博场馆。见《杜威中期著作》，第13卷，第129页。

31.25—26　Governor Ch'en Chiung-ming] 从1920年秋到1922年春，陈炯明(1878—1933)一直是广东省省长。杜威在他的广州之行中会见过陈。他对陈的印象，见《杜威中期著作》，第13卷，第133—134页。

36.4　"cultural block universes"] 见他的《多元的宇宙》(*Pluralistic Universe*)，纽约：朗曼斯-格林出版公司，1909年，第76、310、328页，詹姆士论"文化阵营"。

39.18—19　recent German critic] 当路德维希·斯坦因(Ludwig Stein)在1908年写下第一篇对实用主义的评论文章——《实用主义》(*Der Pragmatismus*)时，他正在伯尔尼大学教授哲学和社会学，并编辑了《系统哲学档案》(*Archiv für systematische Philosophie*)，"实用主义"出现在其中。

39.19—22　"Epistemologically, ... utilitarianism."] 由于尚未发现早于1910年的英文翻译文本，杜威很可能自己翻译了这段文字。

39n.2—5　"Gewiss ... Utilitarismus."] 杜威在他1909年的著作《教学大纲：当代思想中的实用主义运动》(*Syllabus: The Pragmatic Movement of Contemporary Thought*)中提到了斯坦因的"实用主义"，尽管斯坦因的　557
《哲学思潮》(*Philosophische Strömungen*)更完整地匹配杜威的翻译。参见《杜威中期著作》，第4卷，第258页。

45.19—21　H.G. Wells ... catastrophe.] 参见H·G·威尔斯的《历史大纲》(*Outline of History*)，第2卷，第594页。

50.3—4　good wine needs no bush.] 参见《牛津英语谚语辞典》(*Oxford Dictionary of English Proverb*)，第3版，E·P·威尔森(E.P. Wilson)修

订(牛津:克拉伦登出版社,1970 年),第 326 页。可追溯到约翰·利德盖特(John Lydgate)时期的英语谚语,《人的朝圣之旅》(*The Pilgrimage of Man*)(约 1426 年);后来在莎士比亚的作品中,《皆大欢喜》(*As You Like It*),收场白,第 4 行。

50.25—30 A British critic ... modern science.] 这位“英国评论家”是伯特兰·罗素(Bertrand Russell)。1922 年,罗素写道:“我发现在美国对真理的热爱被商业主义蒙蔽了,而实用主义正是其哲学表达。”[《如欧洲激进派所见》,《自由人》,第 4 期(1922 年 3 月 8 日),第 610 页]14 年前,他写道:“如果我对实用主义的理解没有错的话,它在很大程度上来自归纳科学流程的普遍原理。”[《大西洋彼岸的“真理”》,《奥尔巴尼评论》(*Albany Review*),第 2 期(1908 年 1 月),第 406—407)]

54.20 visit to Russia] 1928 年 7 月 2 日到 8 月 4 日,杜威访问了苏联。

57.3—4 translator] 要获得关于杜威与帆足理一郎关系的讨论,参见维克多·N·小林(Victor N. Kobayashi),《日本的帆足理一郎和约翰·杜威》,《教育理论》(*Educational Theory*),第 14 期(1964 年 1 月),第 50—53 页。

67.2 Mr. Fitzpatrick,] 爱德华·A·菲茨帕特里克(Edward A. Fitzpatrick, 1884—1960),大学和公共服务全国会议行政秘书及会议记录编辑。

67.12 Mr. McGarthy,] 查尔斯·麦卡锡(Charles McCarthy, 1873—1921),威斯康星大学,威斯康星立法图书馆,他在杜威之前作了题为“委员会关于公共服务实用培训的计划”的演说。

68.39 mayor,] 约翰·普瑞·米切尔(John Purroy Mitchel, 1879—1918)给大会打了电话,并作了四个简短开幕词中的一个。参见《大学与公共服务:国家级会议纪要》(*Universities and Public Service: Proceedings of the National Conference on Universities and Public Service*),麦迪逊,威斯康星州:美国政治科学协会,1914 年,第 19—21 页。

70.9 Dean Schneider] 赫曼·施耐德(Herman Schneider, 1872—1939),辛辛那提大学工程学院院长,作了题为“城市大学”的演说。

558 70.23 Mr. Cooke,] 莫里斯·L·库克(Morris L. Cooke, 1872—1960),费城公共工程部门主管,作了题为“宾夕法尼亚大学与费城公共工程部门的合作”的演说。

71.27 Professor Howe]弗雷德里克·C·豪尔(Frederick C. Howe, 1867—1940),纽约州移民理事,作了题为“民主国家的全国性大学”的演说。

72.2 Mr. Chairman,] 理查德·帕克(Richard Park, 1861—1942),1916年担任印第安纳州教师协会副主席,1895—1941年期间担任印第安纳州沙利文郡公立学校主管。

86.11 statement of Alvin Johnson] 根据一份报纸对当晚议程的报道,约翰逊谈到对杜威的看法时说:“您,约翰·杜威,和您的希腊哲学家同行,在消除恐惧方面是最重要的驱魔师。”参见约翰·波弗特(John Beaufort),《著名哲学家被给予广泛认可》,《基督教科学箴言报》(*Christian Science Monitor*),1949年10月22日,第3页。要获得约翰逊的完整陈述,参见《杜威,希腊人》,《新共和》,第121期(1949年10月31日),第9页。

87.10—11 an old friend in Texas] 1949年10月11日,时为德克萨斯大学奥斯丁分校经济系成员的克拉伦斯·埃德温·艾尔斯(Clarence Edwin Ayres)写信给杜威:“我不是因为您寿至90岁高龄而祝贺,因为要做到这一点,只要活得足够长就行了。我要祝贺您继续前进,无论年岁几何! 那才真是不同寻常!”在提到庆祝杜威的90岁生日时,艾尔斯写道:“我不是个很喜欢庆祝的人,您也不是。我想做的就是继续前进。所以,继续率领人们前进吧,约翰·杜威! 我们来了!”(卡本代尔:南伊利诺伊大学,莫里斯图书馆,特别收藏,杜威文集)

88.4 American Education Fellowship.] 在其36年历史(1919—1955)中的大部分时期,美国教育协会一直以进步教育协会的名字为人所知。1944年,进步教育协会更名为“美国教育协会”,试图通过此举促进扩大其活动范围。1953年,美国教育协会再次更名为“进步教育协会”。1949年,AEF(美国教育协会)总部设在伊利诺伊州乌尔班纳市。

88.5 Dr. Benne] 肯尼斯·D·本尼(Kenneth D. Benne, 1908—),AEF教育学教授和全国主席。

88.20—21 Herbart Society] 1895年,在查尔斯·德·伽默(Charles de Garmo, 559
1849—1934)的领导下,“全国科学教育学研究赫尔巴特协会”成立。1901年,由于美国缺少作为教育运动的赫尔巴特主义,“赫尔巴特”一词被从协会名称中剔除。1909 年，协会名称被进一步简化为“全国教育学研究协会”。

88.22—23　McMurrys ... Harris] 查尔斯 · A · 麦克莫力(Charles A. McMurry, 1857—1929)、弗兰克 · M · 麦克莫力(Frank M. McMurry, 1862—1936)、查尔斯 · 德 · 伽默(Charles de Garmo)和威廉 · 托瑞 · 哈里斯(William Torrey Harris, 1835—1909)。参见乔治 · 戴奎真(George Dykhuizen),《约翰 · 杜威的生平与思想》(*The Life and Mind of John Dewey*),卡本代尔和爱德华兹维尔:南伊利诺伊大学出版社,1973 年,第 91—92 页。

88.27　McClure] 小马修 · 汤普逊 · 麦克卢尔(Matthew Thompson McClure, Jr. , 1883—1964)。

89.14　“*The Great Community*,”] 参见约歇尔 · 罗伊斯(Josiah Royce),《期望伟大的社会》(*The Hope of the Great Community*)。

93.6—7　sequel ... Man.”] 在《现代知识影响下的上帝观念》(*The Idea of God as Affected by Mondern Knowledge*)的序言第 xxix 页中，费斯克说:“眼下这文字该被视为‘人的命运’的完结篇。”

94.31　“Deity” of Paley.] 见佩利,《自然神学》(*Natural Theology*),特别章，第 23—26 页。

94.32—36　Spencer ... started.] 见斯宾塞,《第一原理》(*First Principles*),特别部分一,《不可知者》,第 18 节和第 62 节。

101.20—22　Laband, ... prescription.”] 见保罗 · 拉邦德(Paul Laband),《德意志帝国国家法》(*Das Staatsrecht des Deutschen Reiches*),第 4 版(图宾根和莱比锡:J · C · B · 摩尔,1901 年),第 173 页。

103.36—104.6　As ... force.] 1923 年 2 月 14 日，参议员威廉 · E · 博拉(William E. Borah, 1865—1940)介绍了一种解决方案，其基础是芝加哥律师萨蒙 · O · 列文森(Salmon O. Levinson, 1865—1941)的建议:呼吁创立国际法典，让战争成为非法的;并建立国际法庭，它具有强制性的司法权，能够在国际争端中作出公正裁决。见《杜威中期著作》,第 15 卷，第 xvi 页。

2 月 24 日，总统沃伦 · G · 哈丁(Warren G. Harding, 1865—1923)把国务卿查尔斯 · E · 休斯(Charles E. Hughes, 1862—1948)的

信递交给参议院，信中对美国的以下特别草案作了有保留的支持：在联合国的支持下，于1920年在海牙建立永久性国际法庭。

121.1—2 Answer ... Schools?"]《哥伦比亚校友新闻》[(*Columbia Alumni News*)，第9期(1918年3月15日)，第674页]把杜威列为国家防御委员会成员。 560

125.4 Professor Seligman:] 埃德温·R·A·塞利格曼(Edwin R. A. Seligman, 1861—1939)，经济学家，从1930年至1935年担任《社会科学百科全书》编辑。

127.3 Mr. Ernst:] 莫里斯·L·恩斯特(Morris L. Ernst, 1888—1976)，是玛丽·韦尔·丹内特(1872—1947)的辩护人。

127.4 pamphlet] 见《生命中的性存在：给青年的解释》(*The Sex Side of Life: An Explanation for Young People*)，修订版(作者私人印制，1928年)。

127.5 objection] 1928年，丹内特被控通过信件散布淫秽材料。此后，这一指控被美国联邦巡回上诉法院推翻。

128.1 "Forms of Art Exhibition"] 1937年4月24日至6月6日，在费城的宾夕法尼亚艺术博物馆举办。

128.11 Mr. Benson] 从1936年到1953年，伊曼努尔·M·班森(1904—1971)是宾夕法尼亚艺术博物馆——1938年被改名为"费城艺术博物馆"——教育部的主任。霍华德·格林菲尔德(Howard Greenfeld)在《魔鬼和巴恩斯博士：一位美国艺术收藏家的画像》[(*The Devil and Dr. Barnes*)，纽约：维京企鹅，1987年]第188页报道说，博物馆馆长J·斯多格戴尔·斯多克斯(J. Stogdell Stokes)把班森看成是杜威曾经的学生。

133.1 Dean Alfange] 1942年，阿尔范吉作为美国工党的候选人竞选纽约执政者，其对手是民主党人小约翰·J·本内特(John J. Bennett, Jr., 1894—1967)，而选举的最终赢家是共和党人托马斯·E·杜威(Thomas E. Dewey, 1902—1971)。此后，阿尔范吉是自由党的副主席，杜威依然给予支持。

134.1 Liberal Party] 约翰·L·查尔兹(John L. Childs, 1889—1985)，自由党州主席。1944年10月31日，他是纽约市麦迪逊广场花园自由党集

会的几位致辞者之一，并主持了那次集会。他从杜威的电报上阅读了这份陈述。

135.2　Mr. Rafton] 哈罗德·罗伯特·拉夫顿(Harold Robert Rafton)，A. B.，化学，1910年，哈佛大学。

137.20—29　It ... inflamed.] 1949年6月8日，议员约翰·S·伍德(John S. Wood, 1885—1968)，众议院反对非美国行动委员会主席，宣布向71个管理层——包括教育、大学、高等院校——发出信件，要求开列最近使 561 用的课本和补充读物，包括书名和作者。这一要求是应美国革命之子(Sons of American Revolution)提交的请愿而作出的，请愿表达了对大学、学院课本中极权主义内容的关注。这些信件立刻激起学校领导和新闻工作者的抗议，他们迫切要求委员会收回这样的调查。

139.29　Society.] 杜威的话后面有个注释，说"杜威博士曾在这个联盟担任两期'主席'，从1903年至1905年"。

140.10　Korean affair] 1950年6月，国务卿迪恩·艾奇逊(Dean Acheson, 1893—1971)经总统授权，令美国在联合国的代表召集一次安全委员会的紧急会议以对付北朝鲜。会上，安全委员会呼吁中止敌意并要求北朝鲜的兵力撤回三八线以北。6月27日和7月7日，进一步的措施被采用了：促成国际协同行动，在美国的统一指挥下抵制北朝鲜。

140.12—13　Manchurian affair.] 1931年9月，日本军队入侵继而占领了中国的满洲，直接违背了国际联盟盟约，而日本是国际联盟最初的成员之一。在接下来的几个月中，国际联盟委员会考虑了这一争端，结果既没有能力给予日本和中国以直接的调节，也没有意愿援引盟约中的条款，对侵略国实施经济制裁。最终，于1932年初，争端被提交给国际联盟大会，经过又一年事实认证和辩论，于1933年2月24日采用了有利于中国的裁决。

140.18—19　the charge ... Communists."] 在1950年2月9日对弗吉尼亚州惠灵市俄亥俄县女性共和党人俱乐部的演讲中，据报道，参议员约瑟夫·麦 562 卡锡(Joseph McCarthy, 1908—1957)说，国务院中有205名共产主义者在工作。尽管在之后的论述中，麦卡锡对这一渗透的广度和性质有所修正，但他继续就这件事施加压力；而且为了回应总统哈利·S·杜鲁门(Harry S. Truman, 1884—1972)及国务卿艾奇逊的否认，他指控民主党政府遮掩事实。这件事被提交到参议院外交委员会的一个下属委员会之前，该委员会主席、马里兰州参议员米拉德·E·泰丁斯(Millard E. Tydings, 1890—1961)着手调查麦卡锡的指控。泰丁斯的调查未能平息公众对共产主义者对政府高层可能有的颠覆活动的恐惧，于是在秋季国会选举中，许多共和党的国会候选人对麦卡锡的指控多有共鸣。

141.1—2 The fact ... isolationists] 共和党员批评杜鲁门政府的外交政策，尤其是朝鲜政策；而在1950年的国会选举中，他们遭遇到针对多名共和党候选人的孤立主义指控。在那些共和党员中，曾在选举后公开回应指控的人包括以下参议员：威斯康星的亚历山大·威利(Alexander Wiley, 1884—1967)、新泽西的H·亚历山大·史密斯(H. Alexander Smith, 1880—1966)、俄亥俄的罗伯特·A·塔夫特(Robert A. Taft, 1889—1953)、共和党国家委员会主席盖伊·G·盖布里尔森(Guy G. Gabrielson, 1891—1976)(见《两名关键参议员否认G. O. P. 倒向孤立主义》，《纽约时报》，1950年11月11日，第1页；《新国会激起的思考》，《纽约时报》，1950年11月12日，第59页)。

145.5 Laura Bridgman,] 劳拉·布瑞吉曼(1829—1889)是首个盲聋哑人被成功教育的例子。在19世纪，她的案例在公众中声名远播。

146.1 Clifford Beers] 克利福德·惠廷汉姆·比尔斯(Clifford Whittingham Beers, 1876—1943)，心理卫生运动的创始人。他的自传研究《发现自己的心灵》[(*A Mind That Found Itself*)，纽约州，花园市：道尔布迪-多兰出版公司，1908年]在全国范围内激起了改善心理疾病治疗办法的兴趣。

146.3 Dr. Welch:] 威廉·亨利·威尔许(William Henry Welch, 1850—1934)，杰出的病理学家、细菌学家，任克利福德·比尔斯贡献委员会主席。

148.6—7 Roman ... you."] 这段引文来自18世纪建筑师克里斯托弗·列恩爵士(Sir Christopher Wren, 1632—1723)墓上的标石。他的墓位于伦敦的圣保罗大教堂。拉丁文献辞是列恩的儿子写的，如下："Lector, si monumentum requires, circumspice."

154.24—26 Compare ... coherent.] 见赫伯特·斯宾塞，《第一原理》，第360页。 *563*

198.31　Delsarte system?〕弗朗西斯·德尔萨特(François Dersarte，1811—1871)建立了审美的确定原则并将其运用于戏剧性表达的教学，例如让声音与整个身体的姿势协调一致。

213.5　President of your Institution〕小本杰明·克拉夫(Benjamin Cluff，Jr.，)在1892—1903年间任杨百翰学院院长，曾于1886—1890年就读于密歇根大学。杜威演讲期间，克拉夫正在南美访问。

243.13—27　Mr. Galton ... researches.〕弗兰西斯·盖尔顿爵士(Sir Francis Galton，1822—1911)，英国科学家，研究领域甚广。他在《论人类智能及其发展》(*Inquiries into Human Faculty and Its Development*)第83—89页中阐发了关于大脑想象的发现。

246.33—39　Mr. Frank Hall ... Arithmetic."〕弗兰克·哈文·豪尔(Frank Haven Hall，1841—1911)在1890—1893以及1898—1902期间曾是伊利诺伊州立盲人学校的负责人，参见《算术中的想象》(*Imagination in Arithmetic*)，第621—628页。

255.4—5　ages of man,〕莎士比亚，《皆大欢喜》(*As You Like It*)，第一幕，第7场。

256.8—9　Fiske ... infancy,"〕参见约翰·费斯克(John Fiske)，《宇宙哲学纲要》(*Outlines of Cosmic Philosophy*)，第2部，第159—160页、第160项注释、第342—343、360—363页；《一名进化论者的旅行》(*Excursions of an Evolutionist*)，波士顿：霍顿-米夫林出版公司，1899年，第106—110页。

274.31　orange object lessons.〕弗朗西斯·W·帕克(Francis W. Parker)对这些课程的描述，参见他的《关于教育学的谈话：集中理论纲要》(*Talks on Pedagogics*: *An Outline of the Theory of Concentration*)，纽约和芝加哥：E·L·凯洛格出版公司，1894年，第136—137页。

284.13—15　Dr. Harris, ... period.〕威廉·托雷·哈里斯(William Torrey Harris，1835—1909)解释了他在心智的象征阶段和习俗阶段之间的区分，见他的《教育的心理学基础》(*Psychological Foundations of Education*)，纽约：D·阿普尔顿出版公司，1898年，第308—315页。

291.7—8　wave ... teaching〕也许指的是葛禄博算术教学法，以其创始人奥古斯特·威廉·葛禄博(August Wilhelm Grube，1816—1884)的名字命名，19 世纪最后两个十年当中在美国被广泛采用。按照这种方法，入门的学生在学习 1 到 100 的数字时，要详尽地对每个数字做因数分解。 564

299.1—2 habits ... masters.］“习惯是好仆人、坏主人”这句引文，被归于新英格兰公理会牧师及神学家纳撒尼尔·艾门斯（Nathaniel Emmons，1745—1840）。见《思想新辞典》（*The New Dictionary of Thoughts*），标准图书有限公司，1957 年，第 254 页。

303.12—15 I ... habits.］引文出自让-雅克·卢梭的《爱弥儿：或论教育》（*Émile ou de l'education*）。原文为：“La seule habitude qu'on doit laisser prendre *à* l'enfant est de n'en contracter aucune ...”巴黎：菲尔曼·迪多兄弟图书有限公司，1860 年，第 41 页。

323.19—22 You ... subjects.］这一段出自狄更斯以下作品的第 51 章：《匹克威克外传，查尔斯·狄更斯作品集》（*The Posthumous Papers of the Pickwick Club*，*The Works of Charles Dickens*）。纽约：彼得·费内隆·科利尔出版公司，1900 年，第 21 卷，第 364 页。

324.24—25 Dr. Hardy ... day.］从 1896 年到 1905 年，弥尔顿·H·哈迪（Milton H. Hardy）是普罗沃市的犹他州精神病院的医药监督人。

325.6—8 You ... say;］杜威这里指的是朱丽叶的护士。具体例子可以看护士对于朱丽叶年龄的计算，见莎士比亚《罗密欧与朱丽叶》（*Romeo and Juliet*），第 1 幕，第 3 场。

328.7—10 This ... observation.］见威廉·詹姆斯作品集，《给教师谈心理学，给学生谈些生活中的理想》（*Talks to Teachers an Psychology*，*and to Students on Some of Life's Ideals*），纽约：亨利·霍尔特有限公司，1899 年，第 132—133 页［弗雷德里克·H·布克哈特（Frederick H. Burkhardt）、弗雷德森·鲍威尔斯（Fredson Bowers）和伊格纳斯·K·斯克鲁普斯克里斯（Ignas K. Skrupskelis）编，剑桥：哈佛大学出版社，1983 年，第 81—82 页］。

328.23—24 Mr. Speer's work on arithmetic;］从 1894 年到 1902 年，威廉·W·斯皮尔（William W. Speer，1848—1934）是芝加哥各所学校的地区监督。

331.22 “As ... he.”］《箴言》23:7。

332.6—7 “No ... thought,”］《路加福音》12:25。

338.14—15 Some ... education;］见赫伯特·斯宾塞，《社会静力学》（*Social*

Statics)纽约:D·阿普尔顿出版公司,1865 年,第 378—385 页。

565 340.30—32 Some one ... truth.] 这一段出自戈特霍尔德·埃弗赖姆·莱辛(Gotthold Ephraim Lessing)的《九个抗辩》(*Nine Duplik*)。原文如下:"Wenn Gott in seiner Rechten alle Wahrheit, und in seiner Linken den einzigen immer regen Trieb nach Wahrheit, obschon mit dem Zusatz, mich immer und ewig zu irren, verschlossen hielte, und spräche zu mir: wähle! Ich fiele ihm mit Demuth in seine Linke, und sagte: Vater gibe! Die reine Wahrheit ist ja doch nur für dich allein!"[《戈特霍尔德·埃弗赖姆·莱辛全集》(*Gotthold Ephraim Lessings Sämtliche Schriften*),莱比锡:G. J. Göechen'sche Verlagshandlung, 1897 年,第 13 卷,第 24 页]

346.13—16 an article, ... year.] 玛丽安·希尔(Marion Hill),"星条旗:它被称分量了?还是被跋涉而过了?许多学童在这个话题上的不确定性",《麦克卢尔月刊》,第 15 期(1900 年 7 月),第 262—267 页。

346.29—31 You ... necessities.] 奥利弗·温德尔·霍姆斯(Oliver Wendell Holmes, 1809—1894)记录了以下话语,是"我的朋友、历史学家"说的:"给我们生活的奢侈品,我们就能把必需品省掉。"[《早餐桌上的独裁者》(*The Autocrat of the Breakfast*),波士顿和纽约:霍顿-米夫林出版公司,1891 年,第 125 页]霍姆斯的朋友是约翰·洛斯洛普·莫特利(John Lothrop Motley, 1814—1877)。

352.37—38 Aristotle ... with.] 见《形而上学》(*Metaphysics*)4. 2. 1003^{b}19—22;《前分析篇》(*Prior Analytics*)1. 30. 46^{a}19—20。

366*n*. 11 'inner and outer meaning'] 见《观念的内部与外部意义》,乔赛亚·罗伊斯(Josiah Royce)的《世界与个人》(*The World and the Individual*)中的第 7 讲。

373.35 subsequent paper,] 在第 14 号文件夹,第 51 盒,杜威文集中一篇题为"知识与存在/I 一些观念论的概念"的不完整、全手写文档。

374.23—24 Hegel ... religion"] 见格奥尔格·威廉·弗里德里希·黑格尔的《宗教哲学讲演录》(*Vorlesungen Über die Philosophie der Religion*),莱顿:A·H·阿德里亚尼,1901 年,第三部分,《绝对宗教》。

385.23 Pharisees ... Scribes.] 见托尔斯泰的《生活》,第 2—5 章。

386.34—387.5 metaphor ... neglected.] 同上,《导论》,第 287—289 页。

395.39—40 Roman poet ... himself.] 特伦斯(Terence),《庸人自扰》(*Heauton Timoroumenos*),第 77 行,转引自西塞罗《论义务》(*De Officiis*),第 1 卷,第 30 页。

415*n*.2—416*n*.2 Leibniz ... universe.] 关于杜威所引用的莱布尼茨文本的讨论,见《杜威早期著作》,第 1 卷,第 lxi—lxv 页。

429.3—4 Mr. Bohn] 威廉·E·博恩(William E. Bohn),1929 至 1936 年间,任兰德社会科学学院的教育与行政主管。 566

429.5—6 I didn't ... now.] 两个当代事件可能引发了这一评论。第一,阿道尔夫·希特勒(1889—1945)于 1933 年 1 月 30 日上台,而 3 月 5 日,就在杜威演讲的前三天,国家社会主义党在(旧德意志共和国)国民议会勉强获得过半票数。不久以后,国民议会给了希特勒彻底独裁的权力。第二,杜威的演讲正值经济大萧条时期,"百日维新"(Hundred Days)——在此期间,富兰克林·D·罗斯福政府通过国会推行了很多反萧条政策——之前。

430.20—24 He ... standards;] 见《人类理解论》(*An Essay concerning Human Understanding*),第 1 卷,第 4 章,第 24 节。

431.27—30 Locke ... source.] 见上述注释。

434.9 James' *Psychology*,] 见詹姆斯,《心理学原理》(*The Principles of Psychology*),第 2 卷,第 342 页(《作品集》,第 2 卷,第 968 页)。

437.22—24 Francis Bacon ... ancients.] 见《学习的进步》(*Advancement of learning*),第 1 卷,《弗兰西斯·培根著作集》(*The Works of Francis Bacon*)伦敦:朗曼-格林出版公司,1876 年,第 3 卷,第 291 页。亦见《新工具》(*Novum Organum*),LXXXIV,同上,第 4 卷,第 81—82 页。

449.21 speaking ... man] 杜威于 1937 年 4 月 21 日在密苏里州圣路易斯的杰斐逊酒店,向美国学院的物理学家们发表了一个题为"人的统一性"的演说。见《人类的统一性》,《杜威晚期著作》,第 13 卷,第 323—337 页。

450.11 inquiry.] 1937 年 5 月 22 日,在对杜威和胡克的论文进行讨论之后,两个人作了简要的回应。稍作编辑的杜威的反驳文本(速记报告,保存于纽约州纽约市依浮犹太研究所(Yivo Institute for Jewish Research),第

95 号文件夹，霍拉斯·M·卡伦文件（Horace M. Kallen Papers）。具体内容如下：

我想，这用不了一分钟或一分半钟。当然，我做的第一个回应会证明这是正确的，也就是说，使用例子是非常危险的，因为它将把注意力从原则上移开。我怀疑你们是否使用深层的科学方法，但无论我是否使用过它，那里都存在着一个真实的点和一个观点：那对于经验方法的
567 寻求，其内在本身就是一个经验问题。你观察并看到人们做了什么，你观察的是那些在他们的研究中被认可为科学人员的人们；那些得到由一步一步而来的结论并使用那种我称之为自我修正和自我发展的方法的人们，如今成了经验论者。我并不知道用什么方法来发现科学方法是什么，我只知道看科学人员做了什么，而不要预先存有成见——那将冒着进入危险的例证之海的风险，我认为就像马克思主义者所做的那样；他们并非通过让自己关注科学人员做了什么而来发现科学方法是什么；他们采用最不发达的领域和先验形式。那就是仅凭例证的方法。

我作的另一个回应，我非常惊讶地听说它不为科学方法所认可，在自然领域不被真正使用；而且据报道，在社会科学中也受到限制。在大学里有各种说法。就个人而言，我非常乐意听到这个，这是一个有希望的消息。另一回应就是：尽管原先这是非常危险的，但如果我不得不作一个理论分析，那么我应该说，真理是无限多的，但有一条根本的道路到达它们。

在下午议程的总结当中，杜威再一次简短演地讲如下：

在我看来，如果可以这么说的话，我这里有一个非常[缺字]在术语“理性”的使用当中。我并不是说它的历史原因，那个打击了理性主义整个概念的东西。现在，诚如我在今天上午早些时所表明的，在所有的先进科学中存在着一种盲目的经验主义、一种纯粹的事实收集。现在，如果当你为了必要的概念结构谈到必要的理由而打算使用它们，我相信经验论者遗漏了这种情况，如果他们拒绝承认它的话；而当他们谈论理性主义的时候，他们是在谈论亚里士多德的精确理智之类的东西。但我跟我们所说的经验论者想的一样的，则是：一个概念结构应该被视作被发展了的假说，因它们所

导致的东西而被视作为假说，并且被它们的结果所验证；当我致电一位朋友，告诉他我认为他做得不尽合理时，我并不认为我已经委身于柏拉图或者黑格尔了，尽管我已委身于那个事实，即我认为他选择使用了不能给予他所追求的结果的方法，或者他正在使用将会带给他不同结果的方法。这是关于理性的普通常识，目的是为了得到你所追求的目标。它包含一种物质性的和操作性的内涵。 568
如果我们建立起的科学和经验是反对理性的，而理性意味着理智和包含理智的因素，那么，我认为我们并未走得很远。

466.2 Professor Edman］欧文·埃德曼(1896—1954)，杜威的学生，1918年成为哥伦比亚大学哲学系的成员，后成为该系的系主任。

476.7 most beloved American］在1862年12月1日给国会的年度报告中，亚伯拉罕·林肯在涉及美利坚合众国时说道："我们将崇高地挽救或卑贱地丧失地球上最后、最好的希望。"

476.32 another great American］来自弗兰克林·罗斯福1933年3月4日的第一次就职演说。

485.16 Jena］在19世纪后期，耶拿大学的教育学研讨班由一位有影响力的赫尔巴特哲学体系的理论家威廉·赖因(Wilhelm Rein)领导。一所实践学校的经营与这一研讨班有关。

488.24—25 renewed ... Chicago,］自1894至1904年，杜威在芝加哥大学。

488.26—27 William ... Lectureship,］威廉·沃恩·穆迪讲座系列开始于1917年，来自哈罗德·H·斯威夫特(芝加哥大学董事会理事，后成为主席)的捐赠。

488.29—30 former ... friend.］穆迪(1869—1910)于1895年秋季成为芝加哥大学的一名英语教师。在离开一年(1899—1900年)之后，他作为助理教授回来。他于1907年辞职，将其事业奉献于文学创作。

490.2—6 French Ambassador ... revolution.］莫里斯·帕莱奥洛格(Maurice Paléologue, 1859—1944)，法国派往俄罗斯宫廷的最后的大使，自1914年至1917年。

圣彼得堡的名字于1914年改为彼得格勒，1924年改为列宁格勒。

490.16—17 man ... Russia.] 阿列克塞·伊万诺维奇·普提洛夫(Aleksei Ivanovich Putilov, 1866—1926?)。

492.24—26 Reform ... population.] 1867 年的改革法案将英国选民扩展至 93.8 万个名额,是其之前规模的近 2 倍。在其通过的基础上,在一
569 次对下议院的演说中,自由党议员罗伯特·劳(Robert Lowe)说:"我相信,你应该劝告我们未来的主人学习他们的字母,这将绝对有必要。"他的话被通俗地解读为"我们必须教育我们的主人"。

492.38—39 "The laboring ... lives."] 见阿尔伯特·P·平科维奇(Albert P. Pinkewitch),《苏维埃共和国的新教育》(*The New Education in the Soviet Republic*),第 152 页。

493.9—12 "to lead ... reconstruction."] 翻译取自平科维奇,第 151—152 页。

493.13—14 "The ... illiteracy."] 扫盲运动开始于 1920 年"全俄扫盲特派委员会"的创办,它承担着组织全国范围内的教育工作,以清除 8 至 50 岁之间的所有文盲人员的任务。1928 年,随着"五年计划"——它包括针对这项任务的文化目标,诸如扫盲,以及随之产生的科莫索尔承诺、苏维埃青年运动——的采用,这些工作翻了两番。

493.40—494.5 "The laboring ... to all."] 翻译取自平科维奇,第 152 页。原文见列宁于 1918 年 8 月 28 日在第一次全俄教育代表大会上的演讲。

494.10—13 "An illiterate ... superstition."] 翻译取自平科维奇,第 376 页。原文见列宁于 1921 年 10 月 17 日给第二次全俄政治教育部门代表大会所作的报告——"新经济政策及政治教育部门的任务"。

494.23 Lenine's widow,] 娜杰日达·康斯坦丁诺夫娜·克鲁普斯卡娅(Nadezhda Konstantinovna Krupskaya, 1869—1939),1920 年代期间苏维埃教育的一个领导人。伊丽莎白·杜威在关于 1928 年苏联之行的笔记中,记录了 7 月 26 日与克鲁普斯卡娅的一次面谈(卡本代尔:南伊利诺伊大学,莫里斯图书馆,特别收藏,杜威 VFM3)。

495.5—6 twenty-five or thirty] 杜威队伍中的教育学家成员,见《在俄罗斯的美国教育学家》,《学校与社会》(*School and Society*),第 27 期(1928 年 6 月 30 日),第 779 页。

498.12—13 semi-Asiatic barbarism—] 列宁在他的"日记摘录"中提到"我们尚

未从中摆脱出来的、文化缺失的半亚细亚状态”，1923 年 1 月 2 日，《选集》(*Selected Works*)，纽约：国际出版公司，1943 年，第 9 卷，第 487 页。翻译取自平科维奇，第 152 页，也提到了“半亚细亚的未开化状况，无产阶级革命在其中发现了俄罗斯”。 570

498.22—23 colony ... Moscow.］伊丽莎白·杜威记录了 1928 年 7 月 25 日对劳动公社的访问(杜威 VFM3)。随杜威团队一起旅行的、纽约市詹姆斯·门罗高中的艾米莉·斯坦因(Emily Stein)也描述了此次访问(见《犯罪学中的一个俄罗斯实验》，《学校与社会》，第 28 期，1928 年，第 789—792 页)。这个公社可能位于莫斯科南部的莫斯科河畔，今天的捷尔任斯基镇。

498.29 Chamberlain.”］约瑟夫·奥斯丁·张伯伦(Joseph Austin Chamberlain，1863—1937)是 1927 年的英国外交大臣，时值鲍德温政府断绝了与苏联的外交关系。

499.39—500.2 It ... number.］艾米莉·斯坦因记录道：公社人口的数量是 170 个男孩和 15 个女孩(《俄罗斯实验》，第 790 页)。伊丽莎白·杜威将总人数定于 170 个，其中包括 16 个女孩，以及“设想中容纳 400 余人”(杜威 VFM3)。

501.4—5 founded ... Tcheka;］“契卡”(Tcheka 或 Cheka)，是“特别委员会”(“Chrezvychainaia Komissiia”，即“Extraordinary Commission”)的缩写。1917 至 1922 年间，各种地方“契卡”，即苏维埃秘密警察的分支，收归“全俄反反革命与破坏活动斗争特派委员会”管理。1922 年，秘密警察被重组成“国家政治安全保卫局”(GPU)。

1921 年，费利克斯·阿德蒙道维奇·捷尔任斯基(Feliks Admundovich Dzerzhinskiy)(1877—1926)——后为“契卡”(1922 年重新命名为 GPU)首领——被任命为全俄促进儿童福利中央执行委员会主席。他在这方面的成果包括发展了无人照管儿童和少年犯的定居点和矫正营。

501.39—40 Tolstoy’s ... Rousseau.］1859—1862 年三年间，列夫·托尔斯泰(1828—1910)为了周围村庄的农民子弟的教育，在他位于图拉州的居所开办过一所初级实验学校。

505.28—29 an experimental station,] 人民教育给养部的第一公共教育实验站
571 的农村部分，位于卡卢加州的奥布宁斯基村，现在的奥布宁斯克镇，莫斯科西南 106 公里处。该站由斯坦尼斯拉夫·提奥费罗维奇·沙特斯基（Stanislav Teofilovich Shatskii, 1878—1934）领导，他是 1919 至 1932 年苏联实验教育的一名领导人。根据伊丽莎白·杜威关于 1928 年之行的笔记，杜威在 7 月 21 至 23 日访问了沙特斯基的实验站（杜威 VFM3）。托马斯·伍迪（Thomas Woody，也是杜威团队的一员），在《新的意识：新的人？》[（*New Minds New Men?*），纽约：麦克米兰公司，1932 年]第 43 页记录了 1928 年夏天，在奥布宁斯基访问了沙特斯基。

505.36 wild boys,] "野孩子"，是对那些在第一次世界大战、大革命、国内战争以及伴随的饥荒中成了孤儿或与父母分离的俄罗斯儿童的一种提法。这些"野孩子"，或 *bezprizornye*，在 1920 年代的苏联数以百万计。

506.6—11 Another ... here."] 乔舒娅·库尼茨（Joshua Kunitz），随杜威访问苏联的教育学家团队一员，也记录了这一插曲。见库尼茨的《在俄罗斯的偷听》，《北美评论》（*North American Review*），第 230 期（1930 年 7 月），第 12 页。

507.23—24 pedology .... Hall.] 原来拼写为"paidology"，这个词于 1892 年由教育心理学家奥斯卡·克里斯曼（Oscar Chrisman）首创。该词最早出现在克里斯曼的《儿童所听到的》中，《师范学院》（*Pedagogical Seminary*），第 2 期（1892 年），第 439 页，编辑：G·斯坦利·霍尔。克里斯曼是克拉克大学的研究员，在霍尔的指导下做研究。关于克里斯曼自己对创造这个词的说明，见他的《儿童学习，教育的一个新部门》，《论坛》（*Forum*），第 16 期（1894 年 2 月），第 728—729 页。

507.41—508.1 Russian ... engineer,] 杜威很显然是指亚历山大·乌斯提诺维奇·泽伦科（Aleksandr Ustinovch Zelenko, 1871—1953）。1892 年，从彼得堡土木工程学院毕业后，泽伦科开始了他的教学生涯，最后就渐进教育中的早期实验与沙特斯基（见对 505.28—29 的注释）进行

合作。他在美国学习过两次：1904 至 1905 年以及 1909 至 1910 年。布尔什维克革命之后，泽伦科在莫斯科的课外活动方法研究所教学和做研究。伊丽莎白·杜威记录了 1928 年 7 月 16 日对泽伦科实验室的访问(杜威 VFM3)。

509.18—24 dramatic expression, ... world.] 伊丽莎白·杜威记录了在列宁格勒观看由莫斯科艺术剧团演出的四部戏剧：1928 年 7 月 4 日，契诃夫的《伊万诺夫》；7 月 5 日，高尔基的《在底层》；7 月 6 日与 8 日，契诃夫的《樱桃园》与《万尼亚舅舅》(杜威 VFM3)。 572

509.33—34 Mr. Bakmetive,] 两位贝克梅杰夫在克伦斯基政府——乔治(？—1928)和鲍里斯·亚历山大(1880—1951)——期间担任驻美大使。杜威指的可能是后一位，他从 1923 年直到去世都在纽约市居住和工作。

511.3 Mr. Chairman, and Mr. Chairman;] H. E. 巴纳德(H. E. Barnard, 1874—1946)，关于儿童健康和保护的白宫会议的负责人；威廉·J·博根(William J. Bogan, 1870—1936)，芝加哥教育局长、芝加哥地方白宫会议主席。

511.5 White House Conference] 关于儿童健康和保护的白宫会议，由赫伯特·胡佛总统(1874—1964)发起，1930 年 11 月 19—22 日在华盛顿哥伦比亚特区召开。

511.24 Children's Charter.] 由胡佛起草，白宫会议修订和正式采用，《儿童宪章》概述了会议所致力于的儿童福利的 19 个目标(见本卷附录 6)。

513.29 Dr. Judd] 查尔斯·H·贾德(Charles H. Judd, 1873—1946)是芝加哥大学教育系主任和教学主管，服务于白宫会议关于学校儿童的委员会。

515.32 Committee G,] 关于家校外青年委员会，由詹姆斯·E·韦斯特(James E. West, 1876—1948)主管。

517.6 James Harvey Robinson,] 罗宾逊(1863—1936)，1892 至 1919 年在哥伦比亚大学教授历史。

517.28—31 first ... Chicago.] 杜威的引证不清楚。第一次为芝加哥社会工人培训开设的课程，于1903年在芝加哥大学，由格雷厄姆·泰勒(Graham Taylor, 1851—1938)和查尔斯·里士满·亨德森(Charles Richmond Henderson, 1848—1915)教授。1904至1905年间，他们提出了一个社会工作的全日制项目。1908年，泰勒建立了芝加哥公民与慈善学校，直到1920年与芝加哥大学联合前，它一直保持独立。大学社会工作的第一个被捐赠的席位直到1929年才
573 设立，当时，公共福利管理的塞缪尔德语教职授予了索福尼斯巴·布雷肯里奇(Sophonisba Breckinridge, 1866—1948)。

517.32—34 Jane ... Abbott] 玛丽·E·麦克道尔(Mary E. McDowell, 1854—1936)、茱利·C·莱斯罗普(Julia C. Lathrop, 1858—1932)，以及格蕾丝·阿伯特(Grace Abbott, 1878—1939)，都在作为赫尔大厦——1899年，由简·亚当斯(1860—1935)在芝加哥建立的社会服务社，杜威担任建造受托人——的驻地工人时，在国内和国际上开始了社会工作和慈善方面的杰出事业。莱斯洛普服务于关于儿童健康和保护的白宫会议的职业指导和儿童劳动委员会。

517.35 Children's Bureau,] 1912年由国会创办，用来调查研究有关儿童福利的问题。茱利·C·莱斯罗普是第一任儿童局局长，掌管该局直到1921年。她的职位由格蕾丝·阿伯特继承，后者掌管该局直到1934年。

518.13 Dr. Fishbein] 莫里斯·菲什拜因(1889—1976)，物理学家和多产作家，1924至1949年主编《美国医学协会杂志》(*Journal of the American Medical Association*)。

519.17 read ... paper] 见"4个半小时内36起拦劫案，犯罪浪潮开启者"，《芝加哥论坛日报》(*Chicago Daily Tribune*)，1931年10月31日，第1页。

519.33 Dr. Barnard] 见对511.3的注释。

523.19 two of our wars,] 西班牙-美国战争和第一次世界大战。

524.1 Mr. Pringle] 新闻工作者、历史学家和政府官员，1942年，他是战争信息办公室出版物司的主管。

526.1 S. J. Woolf] 将访谈和名人画像相结合，将其作为报纸和杂志文章

发表的艺术家。见他同时为爱德华·O·锡森(Edward O. Sisson)所作的素描《约翰·杜威的重要性》,《夏威夷教育评论》(*Hawaii Education Review*),第 18 期(1929 年 10 月),第 29 页;他的访谈《约翰·杜威察看国家的病状》,《纽约时报》,1932 年 7 月 10 日,第 9 页(《杜威晚期著作》,第 6 卷,第 408—413 页);《一个哲学家的哲学》,《纽约时报杂志》(*New York Times Magazine*),1939 年 10 月 15 日,第 5、17 页。

531. 11—12 "He ... Father."]《约翰福音》14:9。

531. 13—15 "That ... you."]《约翰福音》1:1—13。

文本资料研究

文本注释

以下注释以本卷中的页码(即边码——译者)和行数为索引,列出文本中可能有问题的内容。 577

14.1 spectacular] 基于杜威在 13.10 的类似语境中用的"spectacular",在 14.28 中又用了这个词;因此,排字错误"spectular"被修正为"spectacular"。

369.26 knowledge] 当杜威在"而不是"之前加上括号时,没有删除"知识"后面的冒号。

385.5 business] 杜威原来的意思是"意识到这是一件关于建造生活本身这所房子的事"。他通过在"到"后面加入"有……要务",以及删除"关于"和"本身",扩展了句子。他没有删除"这是一件……的事"。

386.26 in] 最初的打字稿上写的是"事物的法则,根据(in terms of)"。杜威删除了"事物 in",代之以"事物的"。因此,在此版本中,我们重新放了"in",而删除了"的"。

388.32 these] 打印完手稿后,杜威在 388. 16 的"如此"前和 388. 32 的破折号后加上了括号,同时将"这些"改为"那"。类似的括号出现在手稿其他地方,可能表示这些材料是杜威在口头表达中想要省略的。结果,在现在的版本中,这些括号被忽略了,现在恢复了原来写的"这些"。

408.33 puts] 杜威原来将"放"改为"可能放",而后又删除了"可能"。因为主语"区别"是单数,他应该恢复了"放"。

420.21 perception] 杜威在 420. 19 将"感知"换成了"感知的",可是没有在

420. 21 这么做。

578 428. 30(2) *missing text*] 打字稿第 23 页底部的角破了，造成了一些文字的遗失。

436. 7 system] 速记员在这里插入了一个问号，表示有字没记下或转录。在此版本中，我们补充了“体系”，因为杜威在 436. 4 用过短语“理论或体系”。

440. 26 Really, it took] 速记员在这里不确定这个转录，在“事实上”后面的插入语中加了个问号。

442. 19 explicitly] 442. 18 刚记下“简单性”，速记员可能在这里听错了杜威的话。根据杜威在 442. 12—13 提到的“充分地和明确地”，“明确地”看起来是个更有可能的解释。

444. 25—26 economy of scarcity] 根据杜威在 444. 38 提到的“充足的经济”，插入了“的”。

451. 27 were] 在“是”后面用“都”替代“一样”的时候，杜威不必要地重复了“都”。

471. 1 What *Is* Democracy] 在此版本中，为这篇没标题、以前未曾发表过的演说添加了这个标题。

472. 19—20 are affected] 在删除“受到”(在本页底部)后面的短语“经济因素、工业影响”的时候，杜威没有在第二页的顶部插入“影响”。

476. 15 now. That] 杜威用“现在”替代了“目前”，删除了“和”，将“那”的首字母大写，但没有把逗号改成句号。

478. 33 For] 在把“恐惧”插入“所有”后面的时候，杜威没有相应地将同一行上的“恐惧”改为“因为”。杜威通过在手稿的开始处写“第 5 页不能和[插入]恐惧，从[页面底部]往上 3 行”来提醒注意这个不同和 478. 18(“不能”)的一个。

480. 29 criticized] 杜威将“批判”改为“批判的”，而没有将“s”改为“z”，后者是他通常的拼写法。

文本说明

《杜威晚期著作》(1925—1953)第十七卷包括了以下类型的杜威作品:它们被发现得太晚了,以至于无法收进《杜威全集》的适当卷册;此外还包括发表于 1949 至 1953 年间的、内容五花八门的杜威文章。本卷涵盖了杜威写作生涯的大部分,里面有些文章早在 1885 年就发表了,而最晚的则发表于 1953 年。 579

在本卷的 84 篇文章中,有 59 篇之前已经发表过;后者中包括 9 篇杂文,11 篇介绍、前言和序言,7 篇演讲,8 篇书评,16 篇观点,4 篇颂辞,3 篇教学大纲,还有一个教育学讲座。在大部分情况下,这些文章在其各自的分类中是以时间顺序排列的。

本卷还包括 25 篇之前未曾发表过的文章。这部分是按内容分类安排的:其中 14 篇关于哲学、5 篇关于教育,还有 6 篇涉及各类主题:2 篇评论、1 篇观点、3 篇致辞——在这些次级分类之内,尽可能按可确定的时间顺序进行排列。这些未发表作品的范本中有杜威的草稿(修正过的和未修正过的),也有速记报告;因此,相当数量的编辑校勘工作是必要的——包括修正段落划分,删除重复,补上丢失的文本,改正标点符号。所有这些都已记录在校勘表中。

本卷的大部分文章只有唯一的权威文本,因此文本问题很有限①;这里的说明必须聚焦于这些材料的缘起和出版历史。倘若对于一篇文章,我们找不到任何背景信息,那么就不会有相关的讨论;若有背景信息,则说明的顺序相应于本卷文章的顺序。 580

① 本卷的文本确认基于弗雷德森·鲍尔斯(Fredson Bowers)的《文本的校勘原则和程序》(Textual Principles and Procedures),《杜威晚期著作》,乔·安·博伊兹顿编(卡本代尔和爱德华兹维尔:南伊利诺伊大学出版社,1984 年),第 2 卷,第 407—418 页。

《马廷诺博士的道德理论》

《女性健康与高等教育》

《灵魂的复兴》

《什么是人类精神本性的证明?》

《教会与社会》

本卷的9篇杂文中,这5篇发表于《大学》。《大学》在创办时是《周刊》(*Weekly Magazine*),之后与《教育新闻》(*Educational News*)、《两周索引》(*Fortnightly Index*)合并而成为《大学》,这造成了期刊编号上的一些混淆。

从1884年至1888年,杜威是密歇根大学的哲学导师。1884年11月22日,他被列为《大学》的撰稿人;另外,1885年9月5日的期刊中说道:"杜威博士最近被任命为密歇根大学的哲学导师。在过去的一年中,《大学》的读者已经熟悉了他的作品,他今后将负责哲学及类似专题的评论。"有5篇发表于《大学》的作品署上了杜威的名字。或许还有别的作品也是杜威写的,但只有这5篇被收进了本卷,它们出现的时间是1885年9月5日至1886年1月23日。

《战争的社会后果》

1917年,查尔斯·W·伍德——作家、擅长访谈的新闻记者——对杜威进行了一次采访。在伍德的介绍性陈述之后,杜威可以不被打断地一直说下去。在当前的
581 版本中,只出现了伍德报道杜威的话;外部材料都被删去了,其中包括伍德的介绍、文中的引号和副标题。

采访杜威时,伍德说:"战争正在对世界做着什么。我想知道真正伟大的哲学家如何看待这件事;某些大的、冷静的、并未束缚于现成体系的思想家,他们的结论既非得自不可矫正的教条,亦非得自鲁莽的理想主义。所以,我选择了杜威教授。"伍德说,最初,杜威拒绝了访谈邀请,他认为"这个话题太大了,谁都驾驭不了"。"然后,"伍德说,"我开始提问,只要真诚、恳切地提问,杜威教授就会宽容地对待。"显然,在访谈之前,伍德就对杜威的印象很深;访谈之后,他的印象被证实了。"我常常听说,他被称为'美国的教育家领袖'。离开后,我感到这话没有丝毫夸张。"①

---

① 伍德:文章的标题是"随着和平的降临,群众将要求十亿人道贷款并且有力量获取它:哥伦比亚的杜威教授论战争的社会后果",《纽约世界报》,1917年7月29日,第1版。

对于采访者伍德,杜威显然是满意的。五年后的1922年8月27日,伍德再一次采访了杜威,标题是"约翰·杜威教授/谈谈让教育停滞不前的那种歇斯底里"。出现于《纽约世界报》的社论部分,第1版[《杜威中期著作》,乔·安·博伊兹顿编(卡本代尔和爱德华兹维尔:南伊利诺伊大学出版社,1983年),第13卷,第425—430页。

本篇访谈的范本发表于《纽约世界报》，1917 年 7 月 29 日，第 1 版，标题是"随着和平的降临，群众将要求十亿人道贷款并且有力量获取它：哥伦比亚的杜威教授论战争的社会后果"。在本版中，标题被缩减为"战争的社会后果"，而《纽约世界报》提供的副标题被删去了。

《广州印象》

1921 年 6 月，杜威提交了"广州印象"，它是"应《远东每周评论》的要求而写"[①]的，为的是在孙逸仙广州新政府这个问题上尽量保持一个公允立场。《远东每周评论》说，杜威是"一位公正而省慎的观察者……很难被超越"。这份刊物希望澄清关于 582
南方[广州]的误解，在它看来，误解在很大程度上源于"来自南方的信息发表得如此之少……南方政府看来需要宣传部门来处理合法的公共宣传事务"。杜威的文章被期望"为广州的形势打上一道新的亮光"。[②]

本篇的范本发表于《远东每周评论》第 17 期(1921 年 6 月 11 日)，第 64—66 页。至于杜威论中国的其他文章，见《杜威中期著作》第 11、12 卷和第 13 卷。

关于《展望》的导言

1930 年，《工业民主联盟月刊》(*League for Industrial Democracy Monthly*)发布报道："我们很高兴也很荣幸地宣布，约翰·杜威已经接受了董事会请他担任 L. I. D. 副主席的邀请。"[③] 1932 年初，工业民主联盟"在超过全国 24 个城市的范围内，以讲座课程的形式"，发起了"关于工业民主和国际重组问题的巡回演说"。[④]

1966 年，工业民主联盟长期执行理事哈里·W·莱德勒(Harry W. Laidler)在一次访谈中指出，杜威"对那个演说系列非常感兴趣……并为之作了很大贡献"。[⑤]工业民主联盟不但售卖演说季票，为了刺激演说期间的讨论，还向所有持票人发放《展望》小册子。杜威为其中七份小册子撰写了导言。杜威的所有导言都包括在引号内，

---

① 《远东每周评论》，第 17 期(1921 年 6 月 11 日)，第 63 页。

② 同上。

③ 《工业民主联盟月刊》，第 8 期(1930 年 1 月)，第 2 页。

④ 《美国工人年鉴，1932》(*American Labor Year Book*, 1932)，纽约：兰德学校出版社，1932 年，第 13 卷，第 178 页。

⑤ 莱德勒与肯尼斯·达克特(Kenneth Duckett)的访谈，1966 年 5 月 19 日，卡本代尔：南伊利诺伊大学，莫里斯图书馆档案室。

这个版本删除了这些引号。

在这些导言中，只有第三篇的打字稿尚有留存。用于“《展望，1934》介绍”的范本
583 就是这份打字稿，现存于安娜堡密歇根大学宾利历史图书馆，玛丽·希利尔·布兰夏德区，保罗·布兰夏德收藏，第30盒，6号文件夹。该打字稿初次发表于《展望：讨论大纲，1934》（纽约：工业民主联盟，1934年），第4页。

该打字稿带有杜威亲笔修改的痕迹，包括末尾处他的铅笔签名；其他并非由杜威所作的修改使用的是蓝色墨水。页面底部的一处注释，虽然也用铅笔书写，但并非由杜威所作，写道：“约翰·杜威为LIL[D]所书。”所有修改都被包括在已出版的版本中，列举在“《展望，1934》介绍”的“变更”部分。

该介绍作了一处变更（在46.18处，“第七年”改为“第三年”），以便能用于《展望：讨论大纲，1938》（纽约：工业民主联盟，1937年），第3页（《杜威晚期著作》，第11卷，第519页）。另一份介绍——用于《展望，1936》（纽约：工业民主联盟，1935年），第6页——也被使用了两次。在接下来的一年（1937年）的介绍中，又有两处变更：在49.3处“第五”改为“第六”，在49.4处（《杜威晚期著作》，第11卷，第517—518页）“多次讨论”改为“一次讨论”。

这两份导言尽管之前已经发表在《杜威晚期著作》第11卷，考虑到连续性，还是将其都包括在这里。

《〈威廉·赫德·基尔帕特里克：教育中的开拓者〉介绍》

1950年11月4日，威廉·赫德·基尔帕特里克写信给杜威：

> 有一件事情，我希望你能在不考虑我或者我们长期友谊的情况下作出决定。
>
> 萨缪尔·特南鲍姆博士是我以前的学生，正在撰写我的生平传记，由“哈帕兄弟”出版。应特南鲍姆博士的要求，我会时不时地建议他和我曾经的一些学生和同事交流，以便能深入地了解我的生平，获得有用的信息。我没有提起过你。不过，现在他主动提出希望和你交流，并且请求我得体地介绍一下彼此。
>
> 584 我告诉他你的健康状况欠佳，而且不得不自我保护。所以，如果你不想见他的话，他不应该感到惊讶。
>
> 我还告诉特南鲍姆博士：即使你同意和他见面交流，但可能不希望他引用你的言论。我已经规定——对此，他表示同意——如果你同意他引用你的言论，那么在作出任何引用之前，他必须明明白白地把想要说的话打印出来交给你，请你

更正或获得你的许可。我可以私下里告诉你一些关于特南鲍姆博士的情况。尽管我相信他是一个绝对正直的人，但他可能在下结论或者作陈述时还不够谨慎。在这方面，你也许能对他想要表达的一些早先形成的结论提供帮助。①

基尔帕特里克附上了一张明信片，用于杜威对特南鲍姆的答复，结果显然是肯定的。通过电话，或者更有可能通过一次访谈，杜威向特南鲍姆的妻子口述了他的意见。11 月 19 日，特南鲍姆写信给杜威："随函附上您的口述材料，我的妻子尽了最大的努力把它记录下来。我已经把打印行距扩充为原来的三倍，方便您更正、修订或者添加内容。"②

特南鲍姆担心杜威的叙述可能会"被传统和对主题感兴趣的教育家曲解为隐含了对他们的想法和立场的辩护"，③因此请求杜威在编辑自己的叙述时考虑这一点。杜威并不特别担心。

尽管我很感激你出于顾虑，想要用"简明无误"的方式组织文字的建议——不过我觉得，对那些想对我的叙述断章取义来证明与我所说的恰好相反的观点的人来说，他们从来不觉得这么做有什么困难。对于这种行为，没有什么有效的"补救措施"。所以，尽管我对你的顾虑表示感激，但自己对此并不十分担心。④

杜威确实修订了发给他的打字稿，其中包括一些特南鲍姆的亲笔修改。"非常感 585
谢你给我仔细检查手稿的机会。你会注意到，我稍稍改动了第一段，觉得它现在读起来更流畅，也许更不容易像你担心的那样被曲解。"⑤杜威重新打印了第一段，合并了他和特南鲍姆的亲笔修改以及进一步的修订。

范本是打字稿，存于南伊利诺伊大学，莫里斯图书馆，特别收藏，第 23 盒，3 号文件夹，杜威文集。由于杜威并未打印该文档而且可能并不在意临时记号，因此未使用打字稿的临时记号，而采用第一次出版时所带的临时记号。这些临时记号包括在

---

① 基尔帕特里克致杜威，1950 年 11 月 4 日，卡本代尔：南伊利诺伊大学，莫里斯图书馆，特别收藏，杜威文集。

② 特南鲍姆致杜威，1950 年 11 月 19 日，杜威文集。

③ 同上。

④ 杜威致特南鲍姆，1950 年 12 月 7 日，杜威文集。

⑤ 同上。

52.20，53.38 和 56.21 处添加序列逗号；在 52.25，55.2 和 55.5 处合并“schoolroom”，在 53.13 处合并“groundwork”，在 55.22 处合并“breakdown”；删除 52.2 处“been”后面和 53.34 处“form”后面的逗号；在 54.27 处“suppressed”后面添加逗号；删除 52.18 处“taking thought”中间、53.18—19 处“ready made”中间和 54.38—39 处“prerequisite”中间的连字符；在 54.27 处“U. S. S. R.”中添加英文句号；在 55.38 处将“U. S.”扩展为“United States”；在 54.27 处将“surpressed”改为“suppressed”；在 54.39—40 和 55.15 处删除“project method”外面的引号。来自重新打印的第一段和发表在萨缪尔·特南鲍姆的《威廉·赫德·基尔帕特里克：教育中的开拓者》(纽约：哈珀兄弟出版公司，1951 年)第 vii—x 页上的实质性修订也被接受保留。

《〈克劳德·麦凯诗选〉介绍》

杜威为克劳德的作品撰写简介，这并不令人感到惊讶。麦凯作为 20 年代哈莱姆文艺复兴运动中最伟大的诗人之一，杜威很钦慕他的作品。1940 年 11 月，杜威收到一本麦凯所著的《哈莱姆之影》(*Harlem Shadows*)，他在给麦凯的信中写道：“我很感
586 激您写下这本《哈莱姆之影》，也很感谢您送给我一册。这本书是它的领域里研究工作的典范——读来令人陶醉……体现出诗人的眼光和学者的素养。”[①]大约一年后，他向麦凯建议：“请务必提及我——我当然希望您能获得研究资助，并且乐意为您提供任何帮助。”[②]

1947 年 2 月 26 日，麦凯的“作家代表”或者经纪人卡尔·考尔(Carl Cowl)在其纽约的住所写信给杜威：

> 克劳德·麦凯先生正在撰写更详细的新版本《哈莱姆之影》，其中会包括近年创作的许多新的诗歌作品。
>
> 他正在圣地亚哥的医院就医。如果您能考虑向这里和国外的英语读者介绍这个新版本的话，他将感到非常荣幸。[③]

---

① 杜威致麦凯，1940 年 11 月 29 日，康涅狄格州纽黑文：耶鲁大学，善本珍本与手稿图书馆，麦凯文集。

② 杜威致麦凯，1942 年 1 月 9 日，麦凯文集。

③ 考尔致杜威，1947 年 2 月 26 日，麦凯文集。

几天后，杜威从佛罗里达州基韦斯特作出回复："由于运输上的延迟——也由于我自己四处走动，今天上午才收到您20来号的信件。克劳德·麦凯先生的邀请令我感到非常荣幸，希望我有能力完成他的委托。无论如何，我会尽我所能。"①

1947年8月21日，考尔确认收到麦凯已完成的手稿，向杜威建议："您可以阅读准备好的手稿了……您愿意为他的诗歌写序言，他感到非常高兴。"②四天后，杜威在给考尔的信中写道："我将在下周初回到纽约，也许等我回去后再寄送手稿会更安全。"③。9月3日，考尔邮寄给杜威"克劳德·麦凯已经完成的诗歌纸稿，诗歌安排在他自己选择的标题下"。④

几周之后，杜威完成了他写的介绍。"我花费了实在太长的时间，才把这个写好给你。但凡这些诗歌只有普通作品的水平，我就能更容易地写好这个介绍了。"在同一封信中，杜威表达了他的担忧："在为一本包含这些诗的书所写的介绍中，我表达的热情可能显得有些屈尊俯就和居高临下。"他继续写道："将他称作黑人的代言人，我感到毫无疑问是不恰当的。他确实是一位代言人，但又远远不止于此。也许 587
我应该提到这一点。您建议我需要帮助时给您打电话，在某种意义上，我寄给您的这封信就是一个求助电话。"⑤考尔把"热情……远远不止于此"放在括号里，也许还根据杜威的意见，把杜威称麦凯是"黑人的代言人"的说法包括在他的介绍中（参见60.1—3）。

范本是打字稿，存于康涅狄格州纽黑文耶鲁大学善本珍本与手稿图书馆，克劳德·麦凯文集。对比这份打印稿的手写字迹样本和信函，表明考尔可能用蓝黑色墨水作了几处修改。来自该打字稿的出版物——克劳德·麦凯，《克劳德·麦凯诗选》，马克斯·伊斯特曼编（纽约：书人联盟，1953年）——第7—9页的修订也被接受保留。

《在圣何塞州立师范大学毕业典礼上的致辞》

1901年夏天，应加州大学校长本杰明·艾德·惠勒（Benjamin Ide Wheeler）的邀请，杜威访问了加州大学伯克利分校。杜威写给惠勒的一封信表明，圣何塞州立师范

---

① 杜威致考尔，1947年3月4日，麦凯文集。
② 考尔致杜威，1947年8月21日，麦凯文集。
③ 杜威致考尔，1947年8月25日，麦凯文集。
④ 考尔致杜威，1947年9月3日，麦凯文集。
⑤ 杜威致考尔，1947年10月12日，麦凯文集。

学校的校长莫里斯·埃尔默·戴利(Morris Elmer Dailey)之前邀请杜威为该校作毕业典礼演说,但是杜威说:“6月27日这个时间对我来说可能不太合适,因为我那天不便放下手头的固定工作来见您。”杜威建议惠勒直接写信给戴利以了解“最终安排”①。惠勒的回复阐明了邀请细节。“圣何塞州立师范学校校长戴利今天写信给我,建议把圣何塞的毕业典礼活动从6月27日周四改为6月26日周三。”②

《圣何塞每日使者》发布报道:“来自芝加哥大学的约翰·杜威博士为毕业班作了
588 演说。他是美国最著名的教育家之一。他的演说雄辩有力,博学精深,在长达一个多小时的时间里,全体听众一直全神贯注地听他演讲。”③本杰明·富兰克林·吉尔伯特(Benjamin Franklin Gilbert)称,杜威是“造访过该校的最杰出的毕业典礼演说者之一”。④

杜威演讲的部分文本发表在《圣何塞每日使者》1901年6月27日第6页上,文章标题为“州立师范大学的伟大一天”。目前尚未发现整篇演讲的完整副本,因此这部分文本不得不充当该篇演讲的范本。报纸所使用的副标题已被删除。

《教育的原则》

1914年5月13日,在纽约市政厅举行的大学和公共服务全国会议的下午2:00的会议上,杜威发表了演说。应美国政治科学协会公共服务实用培训委员会的邀请,市长约翰·普瑞·米切尔(John Purroy Mitchel)给会议打来电话,就大学和公共服务的相互关系这一主题发表了演讲。

爱德华·A·菲茨帕特里克(Edward A. Fitzpatrick)陈述了会议宗旨:“促进在国民意识中树立新的总体观点,是第一届大学和公共服务全国会议的独有目的。”⑤

杜威,查尔斯·麦卡锡(Charles McCarthy)和A·N·荷尔克姆(A. N. Holcombe)参加了题为“大学是否应当认可政府机构所作的工作”的会议。会议由纽

---

① 杜威致惠勒,1901年3月21日,伯克利:加州大学档案馆,校长文档。

② 惠勒致杜威,1901年3月27日,总统文档。

③ 《圣何塞每日使者》,1901年6月27日,第6页。

④ 本杰明·富兰克林·吉尔伯特,《百年先锋:圣何塞州立大学,1857—1957》(*Pioneers for One Hundred Years: San Jose State College*, 1857 - 1957),圣何塞,加利福尼亚:圣何塞州立大学,1957年,第114页。

⑤ 菲茨帕特里克,“引言”,《大学与公共服务:国家级会议纪要》,麦迪逊,威斯康星:美国政治科学协会,1914年),第9页。

约州立大学校长和教育主管约翰·H·芬利(John H. Finley)主持。

杜威的演讲——“教育的原则”——发表在《大学与公共服务:国家级会议纪要》(麦迪逊,威斯康星:美国政治科学协会,1914年),第249—254页,并充当了范本。在《进程》(*Proceedings*)一文中,这部分文本之前有来自杜威的《学校与社会》的一段引文。① 589

《学校教育的社会意义》

《教育平衡、效率与思想》

1916年10月27日周五,在印第安纳波利斯市举行的印第安纳州教师协会第63届年会上,杜威发表了两次演讲。两次演讲都在凯莱布·米尔斯大厅进行,均由副主席理查德·帕克(Richard Park)主持,分别是:“学校教育的社会意义”,时间为上午9:00;②“教育平衡、效率与思想”,时间为下午2:00。③

两次演讲发表在《印第安纳州教师协会纪要》上,印第安纳波利斯市,1916年10月25—28日,第105—109、188—193页,充当范本。

《致美国教师联合会的信》

1949年8月24日,尽管无法出席在威斯康星州密尔沃基市施罗德酒店为向他表示敬意而举行的AFT(美国教师联合会)大会晚宴,杜威还是向晚宴发来了很可能由前AFT主席和晚宴主持人乔治·S·康茨(George S. Counts)宣读的信。

该信息的范本是发表在《美国教师》第34期(1949年10月)第16页上的文本。要获得对晚宴事件和“向约翰·杜威致敬”的完整讨论,请参见《美国教师》,第2、16—17页。

《约翰·杜威的回应》

在哥伦比亚大学教育学院教育哲学荣休教授威廉·H·基尔帕特里克的领导 590

---

① 《学校与社会》,芝加哥:芝加哥大学出版社,1900年,第100页(《杜威中期著作》,第1卷,第51页)。

② 《促进对更广泛的教育的需求》,《印第安纳波利斯之星》(*Indianapolis Star*),1916年10月27日,第1、3页,包括一份通知,内容为“来自哥伦比亚大学的约翰·杜威博士作题为‘学校教育的社会意义’的演讲”(第3页)。

③ 《南湾市的教师已被提名》,同上,1916年10月28日,第1、5页,报道:“教师被敦促在工作中尽量避免变得过于机械化或者过分依赖,昨天下午在凯莱布·米尔斯大厅,由来自哥伦比亚大学的约翰·杜威博士作题为‘教育平衡、效率与思想’的演讲。”(第5页)

下，约翰·杜威 90 岁生日委员会宣布：将在 1949 年 10 月 20 日通过“一系列晚宴、会议和发行数份周年纪念特刊”①来庆祝杜威的 90 岁生日。委员会在纽约州纽约市康默德酒店安排了为期三天的会议，讨论有关教育中的民主问题。

10 月 20 日，杜威作为贵宾，出席了在康默德酒店举行的宴会，而这只是纽约市为庆祝他的 90 岁生日所举行的诸多活动之一。② 在这“人数众多、情谊深重的集会上……有一块顶部有 90 支燃烧的蜡烛的巨大的蛋糕，数位杜威的家庭成员一起分切了这块蛋糕。大家还用参差不齐的声音演唱了‘生日快乐’歌。”③在来自世界各地的数百份贺信中，总统哈利·S·特鲁曼(Harry S. Truman)也发了一封。他在贺信中写道：“亲爱的杜威博士，上帝保佑您这位 90 岁高龄、富有经历带来的智慧和朋友赠予的爱的老人——上帝还赋予您未被战胜也无法战胜的年轻的活力。生日快乐，祝
591 福您快乐的昨日，祝您拥有自信的未来！”④

在致辞的人里⑤，有美国最高法院法官费利克斯·法兰克福(Felix Frankfurter)，他说：“这里体现了社会的每一次转向和每一声召唤……我们在此感谢他的赠予，并重申我们的信念。文明的人所能最终依靠的不在于昙花一现的时尚和各种小玩意儿，而在于精神的东西。从约翰·杜威那里，我们可以为实现我们的道德开拓目标汲

---

① “杜威博士 90 岁，10 月 20 日，受到广泛致敬”，《纽约时报》，1949 年 9 月 7 日，第 31 页。

② 10 月 19 日，在纽约州纽约市社会研究新学院举行的、由主席布林·J·赫夫德(Bryn J. Hovde)主持的庆祝活动上，名誉校长阿尔文·约翰逊将杜威描述为“最伟大的美国哲学家”；而新学院研究生部的哲学和心理学教授霍拉斯·M·卡伦(Horace M. Kallen)说：“杜威的实用主义推翻了存在主义者的绝望和超现实主义者的幻想。……(它)使杰斐逊(Jefferson)的哲学催生的理念变得成熟了。”(《约翰杜威 90 岁；新学院庆贺生日》，《纽约先驱论坛报》，1949 年 10 月 20 日，第 2 页)同为研究生院哲学教授的菲利克斯·考夫曼(Felix Kanfmann)说：“研究杜威在伦理学、政治学和教育学方面的工作时，他的强烈信念会给你留下深刻的印象，那就是：除非不断地讨论所有重要的问题，否则无法建立和维持令人开心地融合了自由和秩序的良好社会。”(同上)

10 月 22 日，在霍拉斯·曼礼堂举行了一场由哥伦比亚大学教育学院赞助的庆祝杜威生日的活动。哥伦比亚大学校长德怀特·D·艾森豪威尔(Dwight D. Eisenhower)将军称：杜威是“哥伦比亚大学的苍穹中最耀眼的明星”(《艾森豪威尔在莱利向约翰·杜威致意》，《纽约先驱论坛报》，1949 年 10 月 23 日，第 52 页)。

③ 《给予著名哲学家的广泛认可》，《基督教科学箴言报》，1949 年 10 月 22 号，第 3 页。

④ 《午宴庆贺约翰·杜威 90 岁生日》，《纽约先驱论坛报》，1949 年 10 月 21 日，第 19 页。其他发送祝贺信的人包括托马斯·E·杜威(Thomas E. Dewey)州长和哈佛大学校长詹姆士·B·康奈特(James B. Conant)。

⑤ 其他参与致辞的人包括前中国驻美大使胡适；哥伦比亚大学前代理校长弗兰克·D·法肯特尔(Frank D. Fackenthal)；哥伦比亚大学哲学教授埃尔文·爱德曼(Irwin Edman)；哈佛大学哲学荣休教授拉尔夫·巴顿·佩里(Ralph Barton Perry)；哥伦比亚大学教育学荣休教授威廉·H·基尔帕特里克和国际妇女服装工人联合会主席戴维·杜宾斯基(David Dubinsky)。

取新的力量。”[①]

在两个小时的时间里，杜威听取了演说并高兴地知道已经募集了9万美元用来支持他所倡导的事业。他作了十分钟的讲话来答谢对他的致敬，很可能是根据备注所作的即席讲话。报纸所记录的杜威讲话与正式发表的讲话内容非常接近，后者发表在《约翰·杜威在90岁》，哈里·惠灵顿·莱德勒编（纽约：工业民主联盟，1950年，第32—35页），在本卷中充当范本。

《致乌尔班纳研讨会的信》

1949年10月21日，在乌尔班纳市伊利诺伊大学校园的228自然历史楼内，举行了一场纪念杜威90岁生日的活动。[②] 活动包括两场会议，分别安排在下午和晚间，[③] 会议由美国教育协会[④]和教育学院社会、哲学和历史系基金会共同赞助。 592

美国教师联合会主席和教育学教授肯尼斯·迪恩·本尼作了简短发言，并在下午的会议上宣读了杜威的“致乌尔班纳研讨会的信”。在他之后，哲学教授马克斯·费希(Max Fisch)作了题为“约翰·杜威在美国古典哲学界的地位”的演说，来自印第安纳大学的教育学教授阿尔弗雷德·S·克雷顿(Alfred S. Clayton)作了题为“杜威的语言理论在教育理论领域的意蕴”的演说。在下午的会议上宣读了两篇论文：教育学助理教授弗斯特·麦克莫力(Foster McMurray)的“正规学校学习中的确证问题”和来自威斯康星大学的哲学教授霍勒斯·S·弗莱斯(Horace S. Fries)的“社会规划的教育基础”。这四篇论文，连同另外两篇论文[⑤]以及杜威的信，发表在《约翰·杜威90岁诞辰文集》，肯尼斯·迪恩·本尼、威廉·奥利弗·斯坦利编（乌尔班纳，伊利诺伊：研究与服务办公署，教育学院，伊利诺伊大学，1950年）。[⑥] 该段文字的范本来自

---

① 《午宴庆贺杜威生日》，《纽约先驱论坛报》。

② 《教育家集会纪念杜威90诞辰》，《伊利尼每日》(*Daily Illini*)，1949年10月19日，第2页。

③ 教育学教授和《进步教育》(*Progressive Education*)编辑B·奥森内尔·史密斯(B. Othanel Smith)主持了下午的会议；教育学助理教授A·W·安德森(A. W. Anderson)主持了晚间的会议。

④ 进步教育协会分别于1931年在华盛顿哥伦比亚特区和1947年在伊利诺伊州被合并。1944年，更名为“美国教育协会”，但1953年又改回“进步教育协会”。自1947至1952年期间，协会总部设在伊利诺伊州乌尔班纳市。杜威长期担任美国教育协会荣誉主席。

⑤ 肯尼斯·迪恩·本尼的《约翰·杜威和成人教育》和辛-纳恩·分(Sing-nan Fen)的《杜威哲学之为实践程序》。

⑥ 在为该文集所写的序言中，编辑们称杜威为“美国最伟大的民主理论家”，他“为在美国……发展和扩展……民主教育的理论基础这一事业中……定义基本道德和知识条件方面，作出了比其他任何人都要大的贡献”(第1页)。

出版物《范本》(*Essays*)，第 3—4 页。

《为玛丽·韦尔·丹内特的〈生命中的性存在〉辩护》

1918 年，玛丽·韦尔·丹内特对当时提供给青少年的性教育材料感到不满，因593 此自己给两个儿子写了一些旨在提供基本知识的文字。此后，丹内特把这些文字编成小册子出版，命名为《生命中的性存在：给青年的解释》，[1]并通过邮件广为传播。1928 年，一位来自弗吉尼亚州格罗托斯的邮政检查员以假名迈尔斯(Miles)夫人来信索要小册子。丹内特郑重地回应了这一要求，但之后她受到了传播淫秽材料的指控。

丹内特的法律顾问莫里斯·L·恩斯特(Morris L. Ernst)采取行动来平息这一指控。为支持这一行动，联邦法官格罗弗·M·莫斯科维奇(Grover M. Moscowitz)发动一批杰出的教育家和医生，在 1929 年 2 月 4 日向法庭提交十二条陈述，为丹内特的小册子作辩护。在 1929 年 4 月的审判中，辩护行动遭遇挫败，丹内特被宣判有罪。后来，判决被推翻了，这是在 1930 年 3 月美国联邦巡回上诉法院中作出的全体一致的决定[2]。

本文的范本在此之后发表于玛丽·韦尔·丹内特的《谁是淫秽的?》，纽约：先锋出版社，1930 年，第 97 页。

《在宾夕法尼亚艺术博物馆就“艺术表现之诸形式”作的报告》

1937 年 5 月 1 日，阿尔伯特·C·巴恩斯(Albert C. Barnes)向杜威发了一份紧急电报说：“发现有人正在明目张胆地以艺术和教育的名义欺骗公众，而且在试图滥用你的名字。现寄给你完整的材料。同时，你不要见名叫班森的人。”[3]收到“完整的
594 材料”后，杜威回复说：“我周四才回来——材料已收到——还没来得及看关于班森的

---

① 修订版，作者私人印制，1928 年。

② 法官奥古斯特斯·N·汉德(Augustus N. Hand)推翻原判决的意见，见《第一次自由》，芝加哥：美国自由协会，1960 年，第 76—81 页。玛丽·韦尔·丹内特关于此案的叙述，出现在她的《谁是淫秽的?》(纽约：先锋出版社，1930 年)的第一部分，杜威的信最初就发表在这里。丹内特辩护律师的陈述，出现在莫里斯·L·恩斯特和亚历山大·林代(Alexander Lindey)的《审查进行中》纽约：道布尔迪-多兰有限公司，1940 年，第 40—44 页。

③ 巴恩斯致杜威，1937 年 5 月 1 日，卡本代尔：南伊利诺伊大学，莫里斯图书馆，特别收藏，拉特纳/杜威文集。“杜威-巴恩斯通信集”在宾夕法尼亚州梅里恩的巴恩斯基金会。杜威和巴恩斯都对拉特纳这份材料的影印进行了授权，巴恩斯基金会未能提供这份材料。这里的引用涉及的都是拉特纳/杜威文集里的范本。

至于 E·M·班森准备的传单，即对博物馆教育及展品创造者的划分，见本卷附录 2。

材料，不过我会看的。班森还没来见过我呢!”[1]两天后，巴恩斯写信给杜威说:“如果你周四不能来梅里恩看展览的话，你就失去了人生中一个大机会；然后你得告诉我：我是否该把那个向公众摊牌的计划进行下去。我把这计划安排在周五下午，希望你那时能出现在博物馆……我能否指望你周四过来并过一夜?”[2]5 月 14 日，杜威到达宾夕法尼亚州并参观了展览，继而发表了一份公开陈述。[3] 霍华德·格林菲尔德(Howard Greenfeld)写道:“巴恩斯很满意。就他的目的而言，杜威是很有力的发言人；而且他感到，班森的展览彻底丧失了名誉。”[4]

杜威的陈述发表于哈利·费曼的《宾夕法尼亚艺术博物馆的逐步衰落》(费城:艺术与教育朋友会，1938 年，第 10 页)一书。它被用作范本。

《我们为建立怎样的世界而战?》

杜威对“我们为建立怎样的世界而战?”这个问题的回答，是一系列泛美航空“未来论坛”广告战役的头一篇；这一战役在各种报刊、国民杂志上进行着，其中包括《生命》(*Life*)、《时代》(*Time*)、《新闻周刊》(*Newsweek*)和《美国航空》(*American Aviation*)。这一战役的创意源自沃尔特·汤普森广告公司(J. Walter Thompson Company)；1942 年 5 月，它被指定为泛美的广告总代理。[5] 他们的计划是“为泛美提供出版空间，让顶尖思想家们畅谈世界的未来——谈谈他们眼中美国正在为之奋战的未来”。他们对作 595
者的要求是:“不要仅从少数特权者的角度看未来，而是要以随处可见的普通人的视角。”[6]在杜威的文章发表后，泛美继续发表了诸多领域杰出人物的文章。[7]

经确认，杜威这篇文章最早的发行版本在《美国航空》，第 6 期(1942 年 8 月 15

---

① 杜威致巴恩斯，1937 年 5 月 8 日，拉特纳/杜威文集。

② 巴恩斯致杜威，1937 年 5 月 10 日，拉特纳/杜威文集。

③ 至于围绕这个展览展开的论争，见威廉·夏克(William Schack)《艺术与银蛋白》(*Art and Argyrol*)，纽约:托马斯·尤斯洛夫，1960 年；霍华德·格林菲尔德，《魔鬼和巴恩斯博士:一位美国艺术收藏家的画像》，纽约:维京出版社，1987 年。

④ 格林菲尔德，《魔鬼和巴恩斯博士》，第 190 页。

⑤《泛美到汤普森》，《纽约时报》，1942 年 5 月 18 日，第 28 页。

⑥《新地平线》(*New Horizons*)，第 13 期(1942 年 12 月)，第 12 页。

⑦ 对这个系列作过贡献的人包括胡适，前中国驻美大使；威廉·C·汤普尔(William C. Temple)，坎特伯雷大主教；康特·卡洛·斯佛萨(Count Carlo Sforza)，自由意大利领导人；扬·马萨里克(Jan Masaryk)，捷克斯洛伐克副总理；卡尔·T·康普顿，麻省理工学院校长；威廉·克莱尔(William Crile)，克利夫兰克莱尔诊所临床教授；史蒂芬·李科克(Stephen Leacock)，加拿大作家、多伦多麦吉尔大学经济学教授；埃塞基耶尔·帕迪拉(Ezequiel Padilla)，墨西哥外交部长。

日)，第28—29页，它被用作范本。接下来有三次发表：在《时代》，第40期(1942年8月31日)，第3页；《新闻周刊》，第20期(1942年8月31日)，第35页；《生命》，第13期(1942年9月7日)，第19页，其中有五处小改动，被接受为本文的校勘版。

《作为教师的共产主义者》

1949年6月23日，杜威在给悉尼·胡克的信中解释了给《纽约时报》写信的原因：

> 整个冬天，我都在别处，也没有接触关于共产主义者—教师问题的讨论。我这篇文章的缘起或资料来源不外乎就是我回来后在报纸上读到的内容，即从五月到六月的过去几周中的内容。主要是在反思[?]大学管理层所作的陈述的时候，这信便呼之欲出了……我对于科南特(Conant)校长的考虑多于对其他任何人，这是因为我非常敬重他。[①]

在接下来一封给胡克的信中，他澄清了自己对大学管理层的指涉：

> 或许我该说得清楚一些，我信里所反对的立场来自NEA官方发布的一份
596 文件，其他人也在上面签字了，其中包括科南特。尽管如此，我的信所反对的是那个抽象原则，这原则看上去并非针对任何个体。[②]

杜威所说的"文件"是《美国教育与国际紧张局势》(*American Education and International Tensions*)，由美国教育协会的教育政策委员会发布。委员会成员包括哈佛大学校长詹姆士·B·科南特，他是被任命的会员。这个小册子中有一段话涉及教师中的共产党党员问题，被1949年6月9日的《纽约时报》直接引用了："这样的成员身份……包括效忠于那样一些教条和纪律，它们和美国教育所依赖的自由原则格格不入。这样的成员身份伴随的是放弃智识上的诚实，因此这样的个人不再适合担当这个国家的教师职责。"[③]杜威写这封信的动机有可能来自对《纽约时

① 杜威致胡克，1949年6月23日，卡本代尔：南伊利诺伊大学，莫里斯图书馆，特别收藏，胡克/杜威文集。在引用杜威的信件时，明显的机械打字错误(比如"newspaers")已经被修正了。

② 杜威致胡克，1949年6月30日，胡克/杜威文集。

③ 教育政策委员会，《美国教育与国际紧张局势》(华盛顿，哥伦比亚特区：美国教育协会，1949年)，第39页。被引用于"艾森豪威尔和科南特在抵制作为教师的共产党员的群体中"，《纽约时报》，1949年6月9日，第1、29页。

报》的阅读。这一假设得到了以下事实的支持：科南特是委员会成员，而杜威的信中还提到众议院非美国行动委员会的行动，这两者在《纽约时报》中都提到了。

杜威的信发表在1949年6月21日[1]的《纽约时报》第24页，这是我们的范本。这封信还有一个重新打字的版本，并非杜威所打，被收藏在杜威文集第56盒，11号 597
文件夹；它显然晚于《纽约时报》的版本，因为里面包含了《纽约时报》版本中的副标题和小标题。在眼前的版本中，这些小标题都被删去了。这封信曾在《哲学杂志》第8期（1956年6月7日）第375—376页上完整地再次发表，未作任何改动。

《艾奇逊先生的批评者们》

1950年11月20日，杜威把自己发表在《纽约时报》中的信剪下来寄给阿瑟·F·宾利（Arthur F. Bentley），并写道："它首次发表是在昨天——周日，《纽约时报》——我不在意他们放上去的标题，但我很乐意它被印上去；尽管眼下要抵挡大潮显然没有希望。"[2]杜威说的"标题"指的是"艾奇逊先生的批评者们"后面跟着的副标题——"他们的攻击有损害我们的国际声誉的危险"，并且把杜威描述为"杰出的教育家和哲学家"；在本版中，副标题和描述都被删去了。关于对艾奇逊攻击的讨论，见注释140.10，140.12—13，140.18—19以及141.1—2。

范本发表于《纽约时报》，1950年11月19日，第14版。

《阿尔文·约翰逊》

1949年12月18日，八百人聚集在纽约社会研究新学院，庆祝阿尔文·约翰逊

---

① 在《纽约时报》上，信件的日期是1949年6月18日。不过，杜威对胡克说："我在6月11日立马就写了这封信，并把它寄给了莫兹（Merz），我想他会立刻把它印出来。"（杜威致胡克，1949年6月23日，胡克/杜威文集）。在杜威于6月11日上午写的信中，他告诉阿德尔伯特·埃姆斯（Adelbert Ames, Jr.）（杜威致埃姆斯，1949年6月11日，达特茅斯眼科机构文集，达特茅斯学院图书馆，汉诺威，新罕布什尔州）和杰罗姆·内桑森（Jerome Nathanson）（杜威致内桑森，1949年6月11日，杰罗姆·内桑森文集，伦理文化社，纽约，纽约州）：按照他的医生的建议，他在当天上午出门航海了。6月18日，他写信给埃姆斯说：他在前一天回来了[杜威致埃姆斯，1949年6月18日，达特茅斯眼科机构文集；发表于《阿德尔伯特·埃姆斯，Jr.的早晨记录》，哈德利·坎特利尔（Hadley Cantril）编，新布伦瑞克，新泽西州：罗格斯大学出版社，1960年，第198—199页]。这里的证据和这一可能性一致：杜威在6月11日早上写了信的草稿，或许是为了回应《纽约时报》关于"美国教育与国际紧张局势"的报道；在回来后打出了最终稿。不过，也可能是杜威写给胡克的日子不对。

② 杜威致宾利，1950年11月20日，伯明顿：印第安纳大学，利利图书馆，手稿部，阿瑟·F·宾利收藏夹。

75 岁生日。杜威是许多致辞者之一。《新共和》的编辑、长期以来担任新学院导师的约翰逊在杜威 90 岁生日的时候刚刚作了类似的致辞(见注释,86.11)。

598 杜威及克拉拉·W·迈耶(Clara W. Mayer)致辞,连同约翰逊的致谢①以及来自几份报纸杂志的社论复制品,都发表于《新学院报告》,第 7 期(1949 年 12 月 26 日),第 2 页。这一版本中,杜威在第 2—3 页的评论就是本篇的范本。

《艾米丽·格林·巴尔齐》

1946 年秋季,国际妇女争取和平与自由联盟要求梅赛德斯·兰德尔[Mercedes Randall,约翰·赫曼·兰德尔(John Herman Randall, Jr.)的妻子]组织一次活动,帮艾米丽·格林·巴尔齐获得诺贝尔和平奖。"她得到了著名哲学家约翰·杜威的支持。杜威钦佩巴尔齐,他给美国及国外可能的提名者寄出了大约 92 封个人信件。"②信里包含两页"她的活动与作品简介",抬头是"支持艾米丽·格林·巴尔齐获得诺贝尔和平奖委员会",末尾有杜威自己的致辞:"巴尔齐女士在我们这个时代的和平事业中,出色地扮演了她的历史角色。你们的支持活动不仅是对她的致敬,也是对美国领导的和平事业的致敬。"③约翰·赫曼·兰德尔和梅赛德斯·兰德尔对这些信作了回应,其中包含向诺贝尔奖委员会提名的正式信件。此后,诺贝尔奖委员会认可了巴尔齐作为国际女性争取和平运动的领袖所作出的重要贡献,并把 1946 年的诺贝尔奖授予了她;同时获得该奖的,还有一般领袖约翰·莫特(John Mott)。领奖时,
599 巴尔齐病了;因此直到 1948 年 4 月 7 日,她才作了"致人类全体或超国家主义"的讲座。

这份致辞首次发表于 4 页长的传单《艾米丽·格林·巴尔齐,诺贝尔奖获得者,1946 年》(费城,宾夕法尼亚州:国际妇女争取和平与自由联盟,未注明日期),第 2 页。这就是范本。它被重印于庆祝巴尔齐 85 岁生日的小册子的末尾:《诺贝尔奖,1947:

---

① 约翰逊以这样的宣告结束他的致谢:"新学院正在设立探索基金……以推进新的方向……为它们提供资金。它将被称为阿尔文·约翰逊基金。"[《新学院报告》,第 7 期(1949 年 12 月 26 日),第 11 页]。杜威显然被征求过并作了贡献,约翰逊致杜威的信可以证明:"我的意图远远不是掠夺我亲爱的朋友约翰·杜威来为以我的名字命名的基金提供资金。不过,我很乐意地接受了。无论你做了什么有助于拓展圈子的事,总会感到很带劲。"(约翰逊致杜威,1949 年 12 月 2 日,康涅狄格州纽黑文:耶鲁大学,善本珍本与手稿图书馆,手稿与档案,约翰逊文集)。

② 欧文·艾布拉姆斯(Irwin Abrams),《诺贝尔和平奖及获得者》(*The Nobel Peace Prize and the Laureates*),波士顿:G·K·豪尔出版公司,1988 年,第 145 页。

③ 杜威致阿尔文·约翰逊,1945 年 12 月 17 日,约翰逊文集。

致人类全体或超国家主义》(未注明出版社:国际妇女争取和平与自由联盟,1952年),第 20 页。

《哲学导论》

1892 年,作为密歇根大学哲学系的带头人,杜威最重的教学任务是在高级班。不过,他继续教授名为"哲学导论"[1]的课程。尽管密尔顿·哈尔西·托马斯(Milton Halsey Thomas)在他的《约翰·杜威:百年书目》(芝加哥:芝加哥大学出版社,1962年)第 7 页中说,"哲学导论。1892 年 10 月。[安娜堡,1892]第 14 页封面书名……或许能在密歇根大学密歇根历史收藏中找到",但在那里的搜寻是徒劳的。

收到《杜威早期著作》第 3 卷并了解到 1892 年 10 月的教学大纲未能获取之后,杰拉德·德勒达勒(Gérard Deledalle)写信给莫里斯·伊姆斯(Morris Eames)说:"我把我的副本寄给你。其实只有最初 8 页。照托马斯说应该有 14 页,但你可以看到,我给你的文本是完整的。"[2]最近,德勒达勒这样写道:

> 关于文本的故事是这样的。约翰·杜威离开哥伦比亚的时候,他没有把办公室的东西都带走。赫伯特·施耐德(Herbert Schneider)占据了这个办公室并让东西保持原样,直到 1957 年他离开。当时,他把东西挑选出来,把很多论文和 600
> 书装进盒子,打算捐赠给温特图尔的美国图书馆。当时,我是哥伦比亚的研究学者,导师正是赫伯特·施耐德。他跟我说,凡是对我研究约翰·杜威有帮助的东西都可以拿去。我正是这样做的。此后,我认为有些未曾发表的约翰·杜威作品应该发表,所以我向罗伯塔·杜威(Roberta Dewey)请求授权。她答应了,而条件是我得把我拥有的原件寄回给她。我这样做了,因此据我所知,这文本应该已经到研究中心了。[3]

在交给杜威研究中心的杜威文集中,没有找到这份副本;因此,本篇的范本就是德勒达勒寄给伊姆斯的副本,这个副本后来也被交给研究中心了。

在本版中,日期"1892 年 10 月"被去掉了。日期下的罗马字"I"也被删去,因为后

---

① 这门课程在 1892 年 2 月学期的教学大纲发表于《杜威早期著作》,乔·安·博伊兹顿编(卡本代尔和爱德华兹维尔:南伊利诺伊大学出版社,1969 年),第 3 卷,第 211—235 页。

② 德勒达勒致伊姆斯,1971 年 3 月 3 日,卡本代尔:南伊利诺伊大学,杜威研究中心。

③ 德勒达勒致巴巴拉·莱维纳(Barbara Levine),1988 年 2 月 4 日,杜威研究中心。

面没有更多的数字。托马斯所说的“14 页”或许包括封面和标题页，或许曾有罗马数字Ⅱ来结束 14 页，但这些现在都不存在了。

《教育史》

《给教师的心理学》

《教育史》和《给教师的心理学》是杜威在哥伦比亚大学第一个十年中教授的很多门课程中的两门。这两门都是通信课程，由自由艺术与科学学院为走读生提供。

《教育史》的教学大纲有 24 节，第一节至第四节的副本被确认了。[①]《给教师的心理学》的教学大纲有 20 节，第一节以及第三至七节被我们获得了。[②] 尽管不完整，我们依然把这些教学大纲包括在内，为的是有助于人们洞见杜威的教学方法，尤其是这里指出了杜威认为对于他的专题有重要意义的资料来源。

两份教学大纲的范本都保存于纽约州纽约市哥伦比亚大学教师学院特别收藏类，第 24 盒，9 号文件夹，凯瑟琳·坎普·梅休(Katherine Camp Mayhew)文集。每
601
一节的封面页在本卷中都去除了。在需要明晰性的地方，都对参考资料作了修补。在《引文中实质用词的变化》中，并未记录对《教育史》中希腊文的删除。

《在杨百翰学院作的教育学讲座》

1901 年 3 月 25 日，杨百翰学院代理主席乔治·H·布林霍尔(George H. Brimhall)写信给杜威，邀请他到杨百翰暑期学校作一系列演讲——“6 月份某一星期中的十场演讲”——为的是“强调心理学和教育学”[③]。

杜威接受了邀请。“我很高兴 6 月份到你们的暑期学校，同你们在一起，如果日期安排得过来的话。我的主题会以教育心理学为总路线。”[④]由于杜威“预定在大约 6 月 23 日到加利福尼亚的伯克利”，他想要“定好确切的日期”[⑤]。在两天后的一封信中，他得以“比日前写信时对于日期更确定一些了。不如让我从 11 日星期二开始，用

---

① 余下的 20 节所针对的话题，见本卷第 164 页。

② 余下的 14 节所针对的话题，见本卷第 190 页。

③ 布林霍尔致杜威，1901 年 3 月 25 日，布林霍尔文集，杨百翰大学档案馆，犹他州普罗沃市。

④ 杜威致布林霍尔，1901 年 4 月 1 日，布林霍尔文集。

⑤ 同上。杜威在加利福尼亚大学 1901 年的暑期课程中上了两门课，从 6 月 27 日直到 8 月 7 日，它们是“十九世纪的伦理思想”和“教育心理学”。

掉这一周余下几天——包括星期六”。①

随着拜访的临近，杜威得以落实他的日程表。4 月晚些时候，他写信道：“目前看起来，我同你们最佳的日子是从 6 月 18 日星期二开始，一直到下一个星期六……不过，我很乐意过些时候再决定确切的日期。”②

5 月 10 日，布林霍尔给杜威写信说，请求“您在星期一（6 月 17 日）上午开始演讲，在星期五（6 月 21 日）晚上结束。我们期望一天能听到您的两场演讲。我们这里的人‘星期六放假’的习惯非常固定，无法在那一天看到令人满意的听众”③。 602

关于杨百翰讲座的酬金，杜威给布林霍尔写信说：“我的收费是 350.00 美元；我会承担我自己的花销。”④布林霍尔回信道：“我们怀着荣幸接受您的收费”，但“为了让这次的讲座同过去一样成功，我们有必要向全州请求支援，并要求在我们的合同中包含如下部分：您在这次假期中不应承担州内的任何演讲，除了在我们学校的主持下邀请您所做的之外。”⑤三天后，杜威致电说：“我接受你们 9 日的条款。”⑥

这次出行还有一个细节有待解决。杜威写信说：“我期望我的家人同我一起去加利福尼亚。我们有 5 个孩子——其中 3 个相当小，这样就出现一个问题：他们是跟我暂留一周，还是径直去加利福尼亚，怎样更可取？如果在普罗沃市逗留，有舒适的食宿吗？水、牛奶等东西是相当重要的。”⑦

布林霍尔在回信中作了肯定的回应：

> 我要说，务必请您的家人在普罗沃逗留。我们这里 6 月份的气候胜过加利福尼亚。就在一年中的那段时间，我们有更好的水、更浓的牛奶和更迷人的景色，比起在我们东边或西边所能找到的都要好。我们旅店的食宿不是都市级的，可以说是世界级的。我们小小的城市中有两家旅店，我想，您的家人将享受在这里的逗留。同样请放心的是：我们会尽力让您在我们这里的停留既令您感到愉快，又对我们自己有利。⑧

---

① 杜威致布林霍尔，1901 年 4 月 3 日，布林霍尔文集。
② 杜威致布林霍尔，1901 年 4 月 27 日，布林霍尔文集。
③ 布林霍尔致杜威，1901 年 5 月 10 日，布林霍尔文集。
④ 杜威致布林霍尔，1901 年 4 月 1 日，布林霍尔文集。
⑤ 布林霍尔致杜威，1901 年 4 月 9 日，布林霍尔文集。
⑥ 杜威致布林霍尔，1901 年 4 月 12 日，布林霍尔文集。
⑦ 杜威致布林霍尔，1901 年 4 月 27 日，布林霍尔文集。
⑧ 布林霍尔致杜威，1901 年 5 月 10 日，布林霍尔文集。

也许可以认定，杜威后来决定他的家人不去普罗沃了。6月29日，布林霍尔又
603 给杜威写信说："我相信您安全抵达了您的旅程在加利福尼亚的终点，并与健康的妻子和孩子见面了。"①布林霍尔写这封信的目的是想让杜威同意发表他的那些演讲。"我们没有与学校挂钩的出版社，但几乎可以肯定，我们能让这些演讲在我们本地的一家杂志上顺利地发表"，或者"假使您觉得授予我们在杂志上发表这些讲话的特权并不妥当，可以允许在我们这里的某一家报纸上发表它们吗？"②

这些演讲从1901年11月1日这一期开始在《白与蓝》上登载，这是由杨百翰学院的学生出版的半月报。这一期上题为"杜威博士，当今的心理学家"的声明写道：

> 对于现代教育者，杜威博士的思想中有一页比以往思想家们的典籍更有价值。这听上去像是夸张，但是真相就在其中：杜威博士不仅具有以往哲学的本质，而且拥有人们关于当今所作的最好思考。
>
> 仍然固守旧有培养原则的教师会把进步倒转，忘记他们生活在一个运动着的世界里。这些演讲从这一期开始出版。我们从中感到，我们正在订阅者面前摆出一些书本上找不到的东西——一些新鲜的东西，出自我们当中一位最伟大者的心灵。③

"杜威博士的演讲"定期在《白与蓝》上登载，从1901年11月1日开始到1902年5月1日。④ 这个系列的一条题注写道：

---

① 布林霍尔致杜威，1901年6月29日，布林霍尔文集。

② 布林霍尔致杜威，1901年6月29日，布林霍尔文集。

③《白与蓝》，第5卷，第2期(1901年11月1日)，第10页。

④ 第1讲"大脑是如何学习的?"，第5卷，第2期(1901年11月1日)，第5—9、12—14页。第2讲"教育的社会性"，同上卷，第3期(1901年11月28日)，第1—6页；第2讲(续)，同上卷，第4期(1901年12月18日)，第13—16页。第3讲"想象"，同上卷，第5期(1902年1月15日)，第11—16页；第3讲(续)，同上卷，第6期(1902年2月1日)，第11页。第4讲"成长的各阶段"，同上期，第12—16页；第4讲(续)，同上卷，第7期(1902年2月15日)，第1—4页。第5讲"注意力"，同上期，第4—8页；第5讲(续)，同上卷，第8期(1902年3月1日)，第1—5页。第6讲"技巧阶段"，同上期，第5—9页；第6讲(续)，同上卷，第9期(1902年3月15日)，第1—4页。第7讲"习惯"，同上期，第4—9页；第7讲(续)，同上卷，第10期(1902年3月28日)，第1—3页。第8讲"课程的社会价值"，同上期，第3—9页；第8讲(续)，同上卷，第11期(1902年4月15日)，第1页。第9讲"记忆与判断"，同上期，第2—9页。第10讲"构成性格的一些因素"，同上卷，第12期(1902年5月1日)，第1—8页。

这十场演讲是去年6月在杨百翰学院暑期学校发表的。我们州实在非常幸运，争取到这位伟大的现代教育家和哲学家的襄助。爱丽丝·扬(Alice Young)小姐做了记录，尼尔森(N. L. Nelson)教授认真地进行了编辑。① 604

《白与蓝》单独出版的各场演讲被结集为一本241页的小册子，题为《教育讲座》(*Educational Lectures*)。尽管这本簿册的复印本可以在犹他州历史学会(Utah State Historical Society)找到，出版信息却阙如；这大概是报纸上发表后不久，学院为了分发而制作的。《白与蓝》(1914年3月13日)第360页写道，这些演讲"在本机构和犹他大学被用作补充文本"。

《白与蓝》的出版，当然为该版本提供了范本。总标题"杜威博士的演讲"出于编辑要求，改成了"在杨百翰学院作的教育学讲座"。由于这些"记录"是由扬小姐和尼尔森教授做的，他们作主把多处拼写规范化为杜威的用法，并保持前后一致，这些都在校勘表的批注中注明了。各场演讲开头的批注被删去了，正文中未予说明。有几处校勘可以被归为速记员对杜威讲话的误解。

《伦理学中的历史方法》

1901年12月4日，杜威给芝加哥大学的哲学俱乐部作了一个演讲。按照惯例，杜威可能让人打印了演讲的记录，分发给那些参加哲学俱乐部聚会的人们。《应用于道德的进化论方法》很可能是这篇演讲经过修订和扩展过的版本，发表在《哲学评论》 605
(*Philosophical Review*)②上。

这篇演讲第1—5页(本卷的351.1—358.34)的范本是打字稿，不是杜威所打，在铜版纸上，收藏于卡本代尔：南伊利诺伊大学，莫里斯图书馆，特别收藏，7号文件夹，第44盒，"拉特纳/约翰·杜威文集"(R)。拉特纳在准备其计划中的杜威传记时无疑得到了一份复制文本，也许还有发表它的打算。第6页(在R中遗失)的范本是斯坦福大学图书馆"亨利·沃德格雷弗·斯图亚特文集"中的一份复制品(S)。

R的第2—5页和S是一样的。S的第1页被重新打过，包含一处在352.17中的

---

①《白与蓝》，第5卷，第2期(1901年11月1日)，第5页。奈尔斯·拉斯·尼尔森(Nels Lars Nelson，1862-1946)在杨百翰学院及后来同名的大学担任了多年的教员和管理职位。

②《哲学评论》，第2卷(1902年)，第107—124、353—371页(《杜威中期著作》，第2卷，第3—38页)。

分段上的改动[在 R 中可能被用了一个“(2)”来表示],改了一些笔误,并指出了附带的打印错误。一处改正拼写的企图(352.7 上的“unrelaible”到“unrelizable”)被校正为“无法实现的(unrealizable)”。另一处一致的改动(351.14 上的“deal”到“deals”)被推翻,并作了可能更正确的校勘:“science”校订为“sciences”。

R 对遗漏字母有亲笔改正。这些澄清和句末遗漏的句号以及单词中遗漏的字母一样,没有被记录。两处实质性的[354.22 上的“实验的(experimental)”对“人类(human)”,以及 355.19 上的“为什么(why)”对“whic”]亲笔变更,可能是拉特纳作的,被记录在校勘表中,标有 R 记号。

R 里没有标示正规的分段,尽管两处变更——351.18 上“(1)”的插入,以及 352.17 上“(2)”的插入——被作了如此理解。为了清晰性和可读性,附加的段落划分被作为 W 校勘插入。

《知识与存在》

这篇文章是对弗雷德里克·J·E·伍德布里奇的《意识与意义》[①]的一个回应,除了一张缺页(第 30 页)外,是一份 36 页长的文档,收藏于卡本代尔:南伊利诺伊大学,莫里斯图书馆,特别收藏,14 号文件夹,第 51 盒,“约翰·杜威文集”。最初的 29
606 页是打印的,还有 3 页加为脚注 6 的手稿。在第 29 页上,文本的 4 行打印的总结中出现了“约翰·杜威”,也是打印的,其后是 5 页附加的手稿,第 30 页遗失。

这篇文章的最后一句这样写着:“在接下来的文章当中,我希望能回到观念论关于知识与存在之关系的学说中的这个问题”(373.35—36)。这个“接下来的文章”可能是一个 11 页长的手写片断,题为“知识与存在/ I. 一些观念论的概念”,也收于“杜威文集”中。两篇文档都没有注明日期,然而提到了 1908 年 11 月伍德布里奇的文章,所以可以相当肯定地把第一篇确定在 1908 年末或 1909 年初,而第二篇则紧随其后。

在此版本中,句号和逗号被放在引号当中,“&”记号名称被扩展为“和”。用连字符连接的术语“意义关系”(meaning-relation)的大多数,被保证了其规范化;其他用连字符连接的词有变化。杜威手写与打印的变更,被列在“《知识与存在》的变更”中。

《关于宗教的一些想法》

1907 年 10 月 21 日,《哥伦比亚观点》(*Columbia Spectator*)宣布:哥伦比亚大学

① 《心理学评论》,第 15 卷(1908 年 11 月),第 397—398(本卷附录 5)。

"今晚成立哲学俱乐部"①。杜威在那些被指定参加第一场会议、讨论形而上学与伦理学之关系的人当中;之后几年里,杜威是一位活跃的成员和贡献者。

1910 年 3 月 17 日,他为俱乐部作了题为"关于宗教的一些想法"的演讲。按照惯例,杜威可能把他的记录给了打字员,以便在演讲之前发给成员们阅读。② 同样按照惯例,讨论是紧接着演讲的。③

这一文本的范本是一份 10 页长的打字稿,不是杜威所打,收录于纽约州纽约市哥伦比亚大学巴特勒图书馆善本和手稿室的"纽约哲学俱乐部文集"中。抬头显然是速记员所增补的:"J·杜威　哲学俱乐部　1910 年 3 月 17 日",在本卷中被删除了。 607

《托尔斯泰的艺术》

一份未署日期、未写标题、17 页长的打字稿,收藏于卡本代尔:南伊利诺伊大学的莫里斯图书馆,特别收藏,29 号文件夹,第 60 盒,"约翰·杜威文集",这是该文档的范本。文档看来是完整的,且可能是为向托尔斯泰致敬而写的,后者逝于 1910 年。

杜威所作的更改,表明他的确试图完善打字稿。在几个段落(如,383.29—384.86—386.7,385.3,388.16—32,389.13—22)周围添加的括号,可以表示杜威在试用这些段落。因为时间或空间有限的演讲或发表,他可能会删除它们。杜威手写与打印的变更,被列在"《托尔斯泰的艺术》的变更"中。

因为杜威有时候在引用时粗心大意,也因为出版商似乎每一次在托尔斯泰的版本被出版时都改变卷数,我们已经不可能把几处托尔斯泰的引文的准确来源一致起来,以至于在"引文(来自最为可能的出处)中实质用词的变化"中需要相当大量的词条。

除了将"tho"、"thot"和"thru"规范化为更正规的"然而"(though)、"思想"(thought)和"通过"(through)之外,382.38、383.14、385.21[1]、386.33、387.18[2]、392.2(2)、392.3 和 392.4 上的"&"记号名称都被扩展为"和"。

《道德的意义和发展》

早在 1911 年 10 月 7 日,为纽约市莫里斯山基督教浸信会教堂的"实用基督教"

---

①《哥伦比亚观点》,第 50 期(1907 年 10 月 21 日),第 3 页。
② 见提到的"我的读者们",379.3。
③ 见第五节,380.12—23。

班开设的一系列讲座，宣布“杜威定于12月17日作题为‘道德的意义与发展’的演讲”[①]。小约翰·赫曼·兰德尔(John Herman Randall, Jr.)介绍了杜威：

608 杜威教授属于那样一类人，他们的独立思考极大地丰富和深化了我们时代的思想，也影响了其他许多个人的思考。哪怕只为这个原因而无其他，我也特别高兴能有此殊荣向你们介绍约翰·杜威博士。[②]

一位“史密斯博士”在对杜威演讲的总结中作了评论：“我肯定，我们感到非常荣幸，能于今天上午听到杜威教授……下个星期天和再下个星期天没有讲座……你们会看到，1月7日，里希滕伯格(Lichtenberger)教授……从宾夕法尼亚大学来到我们这里”[③]，确定了杜威演讲的日期是12月17日。

关于杜威出现的公告，以及他的文本的改述或概述，很有可能寄给了《纽约时报》，后者在1911年12月18日报道了“哥伦比亚大学的约翰·杜威教授昨天在莫里斯山基督教浸礼会教堂作了关于‘道德的进化’的演讲”。[④] 尽管《纽约时报》上的标题和引用文本[⑤]与速记报告不尽相同，但其所提及的无疑就是这次演讲。

---

① 《哥伦比亚观点》，第55期(1911年10月7日)，第3页。

② 速记报告，收藏于卡本代尔：南伊利诺伊大学，莫里斯图书馆，特别收藏，杜威VFM 88，第1页，杜威演讲前的文本。

③ 速记报告，收藏于卡本代尔：南伊利诺伊大学，莫里斯图书馆，特殊收藏，杜威VFM 88，第1页，杜威演讲之后的文本。

④ 《纽约时报》，1911年12月18日，第6页。

⑤ 杜威被引用在《纽约时报》上的部分文本如下：“这个错误观念是对人类进步的巨大障碍之一。对我们从历史开端——那时，我们的先辈意识得到的唯一的道德就是家庭时间；而一个部落成员对那个部落所承担的唯一的职责，就是当它被异族所攻击的时候，为它战斗——以来在道德本性的发展中的非凡进展稍作思考，就将令我们确信：他的信念是一种更坏的谬误。在部落中，实际上没有财产权。一个部落成员对一个不是他部落的人所承担的唯一的道义，就是殷勤好客——而那也只是在某些特殊的情况下。

“今天，我们感到不仅被家庭纽带或宗族纽带、也不仅被国家纽带所维系；而且，我们感到被一切的人性所维系，以控制我们的作为，与被清晰意识到的道德原则相一致。我们的国际仲裁委员会的工作，就可以说明这种道德责任感走得有多远。

“当基督徒们说在上帝眼中所有一切都平等时，向前进的非凡一步就已经迈出了。很多其他人都跟随了这一步，直到今天，甚至我们的法律、我们的宪法在那么多地方承认‘所有人都生而自由和平等’。

“只有通过全民教育，迷信和恐惧才能被击溃，而这个全民教育的信念是在过去100年间才确立起来的。在那期间，我们获得了道德自由，取得了了不起的道德进步；我们获得了政治自由，解放了奴隶并废除了农奴制。现在，我们尊重个性和个人的才能。”(同上)

这一文本的范本是一份 17 页(第 1 页是兰德尔的介绍,第 17 页是史密斯的总结)的速记报告,收藏于卡本代尔:南伊利诺伊大学,莫里斯图书馆,特别收藏,杜威 VFM 88,由杰拉德·德勒达勒提供。 609

《科学与哲学的一些联系》

这篇文章发表于《遇见》(*Encounter*),第 49 期(1977 年 8 月),第 77—82 页,带有一条由悉尼·胡克所写的注释,说它的"主题具有永久的重要性,并且照亮了杜威关于知识论以及科学在文明中的角色的概念的一些方面"(第79 页)。

《遇见》上给作品所署的 1902 年的日期,不具有编辑权威,是不正确的。杜威提到了具体的几页,与弗兰兹·博厄斯(Franz Boas)发表于 1911 年的《原始人的意识》相符,而不是《遇见》脚注中所引用的博厄斯在 1901 年的同名论文[①]。因为杜威在介绍来自博厄斯的书的引文时,说它是一种"最近的说法"(404. 5),而且把"Descartes"拼写为"DesCartes"(405. 34 和 411. 18),这和他在 1912 年的一个打字稿"什么是心态"[②]中的拼法一样。所以,1911—1912 年的日期看起来更有可能。

范本是 17 页的打字稿,收藏于卡本代尔:南伊利诺伊大学,莫里斯图书馆,特别收藏,1 号文件夹,第 52 盒,"约翰·杜威文集"。所有变更都显示在"《科学与哲学的一些联系》的变更"中。

印刷错误的改正被记录为 W 校勘。以下变动未被记录:408. 1,408. 33,409. 9 和 412. 35 上的"&"记号名称被改为"和";405n. 1 上的尾注改为脚注;几个短破折号改为长破折号。 610

《对实在论的简短研究Ⅲ》

这篇文章似乎是第一次发表在《哲学杂志》[《朴素实在论与表象实在论》,《哲学杂志》,第 8 卷(1911 年 7 月),第 393—400 页中;《认识论的实在论:所谓无所不在的知识关系》,同上,第 8 卷(1911 年 9 月),第 546—554 页(《杜威中期著作》,第 6 卷,第 103—122 页)] 中的《对实在论的简短研究》的第三部分。因为它是 1912 年 11 月 21 日(见 418n. 1—2)之后写的,所以《哲学杂志》可能考虑:若要继续早期的系列,已经过了太长的时间。

---

① 《美国民间知识杂志》(*Tournal American Folk-Lore*),第 14 期(1901 年 1—3 月),第 1—11 页。

② 《杜威中期著作》,第 7 卷,第 31—43 页。

这一文本的范本是之前未曾发表过的打字稿，收藏于卡本代尔：南伊利诺伊大学，莫里斯图书馆，特别收藏，16号文件夹，第51盒，杜威文集。在此版本中，415.22和419.26两个地方的“&c”变成了“等”。杜威手写与打印的变更，被列在“《对实在论的简短研究Ⅲ》的变更”中。

《当代哲学的问题：关于经验的问题》

尽管杜威已经“在去年春天跟博恩(Bohn)先生商定开办这三次讲座”(429.3—4)，但是当时间到了的时候，他没有准备好。在他讲话的两天前，他写信给阿尔伯特·C·巴恩斯：“我有……两个讲座要准备，这个星期一个都没准备好。”[①]“关于经验的问题”，是计划的三个关于当代哲学问题讲座系列的第一讲，于1933年3月8日，星期三，晚上8:30，对纽约市兰德社会科学学院所作。作这个讲座的时候，杜威正担任负责为兰德学院筹款的委员会的名誉主席。

该讲座的速记报告有“阿尔伯特·赫布斯特(Albert Herbst)”的名字，附加在第一页和最后一页的底部，显然是速记员记下的。在三个地方，速记员插入了省略号，

611 以表示杜威讲座的部分内容没有记录或转录下来；这些省略号在此版本中被保留下来了。在另两处，一个问号被用作同样的用处。在436.7，增补了“系统”一词，以使意思完整；在440.26，“花费了”(it took)代替了“太/也”(too)。杜威重复的演讲模式被保留，以保持他的演讲风格。

关于计划的这三次讲座[②]，只有第一次速记报告的缩微胶卷还保存着。缩微胶卷必定是范本，保存于纽约州纽约市的纽约大学，塔米蒙特作品集，第13辑，第45卷，第121页。

《哲学和科学中的方法》

1937年5月22—23日，“哲学与科学中的方法研讨会”在纽约市社会研究新学院召开。在1937年5月27日给研讨会主席霍拉斯·M·卡伦的信中，执行委员会秘书盖尔·肯尼迪(Gail Kennedy)写道：“我一收到速记报告和被阅读的完整手稿论文集，就会开始议程概要的工作。”他还要“关于出席研讨会人员的数量以及他们的兴趣

① 杜威致巴恩斯，1933年3月6日，拉特纳/杜威文集。

② 杜威在此次讲座的最后提到了第二次(讲座)：“更进一步的故事将把我带入下周的主题——‘思想的问题’——中去。”(441.6—7)

等资料”。[1]

肯尼迪在3页的“概要”中写着：“研讨会是由一些个人发起的，包括约翰·杜威教授、悉尼·胡克、霍拉斯·M·卡伦、Y·H·克里科里安(Y. H. Krikorian)，以及恩斯特·内格尔(Ernest Nagel)。他们发现，他们怀有同样的见解：当前，在哲学和科学中存在着一种朝着教条独裁主义发展的强烈并增长着的趋势。”为了抵抗这一趋势，“他们决定号召一定数量的人们……那些人，他们所信仰的是：通过讨论发展出一种更适当的科学方法的概念，以此来促进批判性研究的自由的兴趣。”在大约125位被邀请的人当中，“约有一半的人接受了……而没来的人，则大部分表达了他们对研讨会的目的的赞同”。[2] 612

1937年5月22日，在主席卡伦关于会议目的和打算的发言之后，胡克读了一篇论文，“定义并批判了美国哲学中某种当前正走向独裁主义的趋势”；而杜威讨论了“一些基本情况，这些情况是那些希望发展一种有效项目对社会问题进行实验调查的人们一定会碰到的”。经过一场对论文“热烈的、批判性的讨论”之后，卡伦宣布：“现在是1:25，我想，我们应该结束讨论了。如果没有人想要继续，那么我认为，杜威教授和胡克教授应该结束讨论了。”[3]杜威用这句话开始了他的反驳：“我想，我用不了超过一分钟或一分半钟的时间。”[4]胡克的回应稍微长一点，于是卡伦再一次打断说：“现在是1:45，我们应该休会了。”[5]

第二和第三个议程在同一天稍后进行。考察了当前在各种不同科学中的情形[6]，杜威在第二个议程作了简要的评论[7]。

在第三议程之后的业务会议上，杜威被选为名誉主席，并成立了执行委员会，以制定将来会议的计划。第二次研讨会是研讨关于科学中的“规律”概念，之后是半年一次的会议，被定于1937年11月28日在社会研究新学院召开。杜威继续成为由“科学、艺

---

① 肯尼迪致卡伦，1937年5月27日，收藏于纽约州纽约市依沃犹太研究所，第95号文件夹，卡伦文集。

② 肯尼迪，“概要”，卡伦文集。

③ 肯尼迪，“概要”，卡伦文集。

④ 杜威发言的完整转录，见“注释”，450.11。

⑤ 速记报告，卡伦文集，第95号文件夹。

⑥ 这些演讲者包括如下：恩斯特·内格尔、W·M·马里索夫(W. M. Malisoff)、F·H·派克(F. H. Pike)、S·E·阿什(S. E. Asch)、R·M·奥格登(R. M. Ogden)、韦斯利·C·米切尔(Wesley C. Mitchell)、朱利叶斯·利普斯(Julius Lips)、R·M·麦克艾佛(R. M. MacIver)(因为麦克艾佛缺席，由卡伦代作)和迈耶·夏皮罗(Meyer Schapiro)。

⑦ 杜威的评论，见“注释”，450.11。

术、教育和哲学中的领头人"所作、覆盖"科学方法中的自由与权威的作用"并分析"科学间合作与斗争的模式"这些讨论中,"一个深具启发性和关键的贡献者"。①

613 杜威给研讨会提供的范本是速记报告,保存于纽约州纽约市依沃犹太研究所,第95号文件夹,卡伦文集。相当低质量的速记,要求在本卷的出版中作出大量的编辑修订。所有修订都列在"校勘表"中。

《在两个世界之间》

1944年3月,杜威在84岁高龄时,是迈阿密大学艺术与科学学会冬季短训班的五个讲座者之一。② 1932年建立的学会,带来了"纯文学领域伟大的男人和女人们……为大学的公开讲座和带学生的研讨会"。③ 第11届学会的范围扩展到强调文学艺术和科学的统一,而不是其分裂。讲座者们要"给出一些有意义的、关于知识的本质统一的纲要",并坚持以下主题:"在一个民主共和国中,公民教育的主要目标应该是形成'一种习性,它贯穿整个生命,它的属性是自由、公平、安宁、节制和智慧'。"④

杜威的讲座在1944年3月20日,星期一,随后就是星期二和星期三下午2:30在大学剧院召开的研讨会。该项目不仅针对大学的学生,其他感兴趣的人也可以购买票子,或者是套票,或者是单独的讲座和/或研讨会票子。

4月24日,H·戈登·赫尔菲什(H. Gordon Hullfish)就一卷计划给予博伊德·H·波特(Boyd H. Bode)的退休以荣誉证书,写信给杜威。"如果我们能够从您那里得到为本卷写的一份投稿,那将是我们的福气。"⑤赫尔菲什暗示道:"您最近在《新领袖》(*New leader*)上的"创造性的民主"中的讨论,刚好表现了我们这里正在探
614 索的焦点。"⑥五天以后,杜威回复道:"我没有任何在《新领袖》上那篇的复印件——

---

① 悉尼·拉特纳编辑:"向前",《普通人的哲学家:庆祝约翰·杜威80岁生日论文集》(*The Philosopher of the Common Man: Essays in Honor of John Dewey to Celebrate His Eightieth Birthday*),纽约:G·P·普特南出版公司,1940年,第10—11页。

② 其他的讲座者是:罗伯特·弗罗斯特(Robert Frost),诗人;爱德华·威克斯(Edward Weeks),《大西洋月报》编辑;诺曼·卡森斯(Norman Cousins),《星期六文学评论》执行编辑;以及拉尔夫·麦吉尔(Ralph McGill),《亚特兰大宪法》的编辑。

③ 冬季学会宣言由迈阿密大学准备。

④ 冬季学会宣言由迈阿密大学准备。

⑤ 赫尔菲什致杜威,1944年4月24日,哥伦布,俄亥俄州:州立大学图书馆,善本与特殊收藏类,赫尔菲什文集。

⑥ 同上。

事实上，它是几年前写的，被他们重新打印出来而已，好像是个新作品一样。”[1]不过，他继续写道：“今年冬天，我在迈阿密大学的一个冬季短训班上作了讲座。我会重写它——事实上，我已经开始挑选和安排材料；一旦完成后，我可以寄给你。”[2]然后，杜威提到了“5月27—28日在纽约市的一场关于科学精神和民主信念的研讨会议”，他说：“可以拿出一篇供28日宣读的论文。为了实现我的承诺以及发给你一篇论文，我将不得不使用同一篇文章。你觉得可以吗……我的题目是‘民主信念与教育’。”[3]赫尔菲什回复道：“我们都非常高兴地得知您愿意成为我们希望给波特的一点心意中的一部分。”[4]一周后，杜威寄出了他的文章。“它太长了，你可以标出读的时候要删掉的段落……不管什么地方，你觉得有理由这么做，你就按照你认为必要的那样进行文字上的修改，而不必跟我商量。”[5]赫尔菲什作了一些编辑工作：“在一两个地方，我改动了一个短语，或是插入了一两个字，以便把您被迫做得匆忙的编辑工作做完整。我相信，我的做法绝不会在任何方面改变您的意思。”[6]

杜威远不止从他在冬季短训班的讲座中“挑选和安排”了材料。将杜威在迈阿密大学所作题为“在两个世界之间”的演讲手稿和“民主信念与教育”[7]所作的对比显示：开始的几个句子非常相似，但其余的则完全重写了。

很显然，学会计划将讲座打印出来；但是，并没有发现完成了这件事的证据。杜 615
威写信给学会的本地董事玛乔里·斯通曼·道格拉斯(Marjory Stoneman Douglas)：“当格兰特夫人向我要手稿的时候，我不知道她要它来干什么。不然，我不会拿这么糟糕的一个形式交上去，最后几页甚至还没有改正过。事实上，它们是非正式的。如果你能还给我，我看看还能做些什么——虽然我很怀疑它是否值得发表。”[8]学会成

---

① “创造性的民主——我们面前的任务”，《约翰·杜威和美国诺言》(*John Dewey and the Promise of America*)，渐进教育手册，第14册，哥伦布，俄亥俄州：美国教育出版社，1939年，第12—17页；重印于《新领袖》，第27期(1944年3月18日)，第xii、5页(《杜威晚期著作》，第14卷，第224—230页)。

② 杜威致赫尔菲什，1944年4月29日，赫尔菲什文集。

③ 同上。

④ 赫尔菲什致杜威，1944年5月4日，赫尔菲什文集。

⑤ 杜威致赫尔菲什，1944年5月11日，赫尔菲什文集。

⑥ 赫尔菲什致杜威，1944年5月19日，赫尔菲什文集。

⑦ 首次发表于《安提俄克评论》(*Antioch Review*)，第4期(1944年6月)，第274-283页。来自一次演讲，由杰罗姆·内桑森(Jerome Nathanson)在科学精神和民主信念研讨会(1944年5月27日在纽约市伦理文化学院召开)上宣读(《杜威晚期著作》，第15卷，第251—260页)。

⑧ 杜威致道格拉斯，1944年3月29日，收藏于佛罗里达州，科勒尔盖布尔斯市：迈阿密大学，奥托·G·李希特图书馆，特别收藏。

员查尔斯·多伦·萨普(Charles Doren Tharp)为道格拉斯夫人回了信,因为后者已经病得

> 非常厉害,所以由我来回复您3月29日关于您的演讲手稿(格兰特夫人交给了道格拉斯夫人)的信。
>
> 我们想要处理一下这个演讲。直到阿什博士[1]有机会读到它之前,我并不确知那是什么。在转交给阿什博士之前,我正按照您的建议,给您寄回手稿,让您就您所关心的地方作出修改。如果您能在您方便之时寄还给我,那我将不胜感激。[2]

杜威的确寄回了手稿,因为收藏在迈阿密大学的打字稿的所有修改都是杜威的手迹(见"《在两个世界之间》的变更")。另一方面,没有发现学会对该讲稿"做了什么事"的证据。范本是一份21页的打字稿,收藏于佛罗里达州,科勒尔盖布尔斯市:迈阿密大学,奥托·G·李希特图书馆,特别收藏。

《教育学——备忘录》

> 如《杜威通讯》(*Dewey Newsletter*)中所报道的:
>
> 杜威的有些早期作品,包括重要的通信,直到最近之前,一直被错误地存档在仍然受到限制的芝加哥大学校长文集中。当理事会批准将材料转移到校长文集特别收藏类(1899—1925)后,它们才成为可供研究的。杜威给哈普(Harper)校长的备忘录(未注明日期,1894年12月?)似乎是他对芝加哥大学附小的第一个特别建议,所以是该小学历史上重要的一笔。更重要的是,这份备忘录是杜威第一次给芝加哥大学独立的教育学系的详细建议,以及他对这样一个系的解释。[3]

616

范本是给威廉·林内·哈普校长的备忘录的油印件,收藏于芝加哥大学约瑟夫·雷根斯坦(Joseph Regenstein)图书馆的特别收藏类之校长文件(1899—1925)。

---

① 鲍曼·福斯特·阿什(Bowman Foster Ashe),迈阿密大学校长。

② 萨普致杜威,1944年4月10日,迈阿密大学。

③《杜威通讯》,第7期(1973年10月),第5页。

如下缩写在此版本中被扩展，但未作记录：485.6、485.19、485.22—23、485.25、486.9、486.15、486.20、486.32、486.34 上的“Univ.”扩为“大学”；486.14 上的“Mich.”扩为“密歇根”；486.34—35 上的“dep't of phil”扩为“哲学系”。

《俄国的学校体系》

1928年夏天，杜威、他的女儿伊芙琳及其儿媳伊丽莎白和一个由25名教育学家组成的团队踏上了去苏联的实地考察之旅。在教育政委阿纳托利·卢那察尔斯基(Anatoli Lunacharsky)的邀请下，此次旅行由美国与俄罗斯文化关系协会(American Society for Cultural Relations with Russia)赞助安排，杜威担任该协会纽约分会的副主席。

在启程去欧洲之前，在一个为他举行的晚宴上，杜威概括了此行的目的。在表达了希望访问“促进两国间的理解和良善意愿，特别是希望完全免于政治或经济复杂性影响”之后，杜威继续说道：

> 当我们去学习而不是去教授时，我们期望访问会成为建立更紧密的智力纽带的手段，也希望它在俄罗斯那里能结出果实，特别是根据所有的报道，俄国的学校已经从美国公立学校中采纳了这么多因素，而且对学习我们的目标和方法如此感兴趣。改变了的代表团章程，保障了我们对俄罗斯教育和科学活动的不同层面进行广泛学习。同样，我们也希望，它将使一个同样广泛的、把美国的实践和目标向我们的俄罗斯同行的传达成为可能。[1] 617

因为杜威想参观欧洲的艺术博物馆，所以和伊丽莎白独自先行于大部队；他们在5月19日离开纽约市，7月2日抵达列宁格勒，前往伦敦、巴黎和柏林作了停留。他们于7月7日在列宁格勒碰到了伊芙琳·杜威所在的大部队，在市里市外观光五天之后，前往莫斯科作两个星期的停留。他们的俄国访问结束于7月28日，这一天，他们乘坐火车离开莫斯科，前往维也纳访问(和杜威的女儿伊芙琳一起)。[2]

杜威对苏俄的第一印象是暂时性的和谨慎的。7月25日，还在俄国时，杜威写

---

① “探索俄罗斯”，《新学生》(*New Student*)，第7期(1928年5月30日)，第6页。

② 见“注释”，490.2—509.33—34。此处的信息关系到杜威在他的演讲中提及的地方。最详细的旅行描述是伊丽莎白·杜威从5月19日到7月28日所记的日记(杜威 VFM3)。发表的描述，见乔治·戴奎真(George Dykhuizen)，《约翰·杜威的生活与精神》(*The Life and Mind of John Dewey*)，卡本代尔和爱德华兹维尔：南伊利诺伊大学出版社，1973年，第235—239页。

信给悉尼·胡克：

> 一些大事正在实实在在地发生——我很确信这一点，虽然我在根本上完全不理解这些事，而且我感到困惑。想要真正理解得住上一段时间，还要会说俄语。然而，这困惑是激励人的，而不是令人沮丧的那种。在一个生活有着明确哲学的国家中生活，在智力上是高度刺激的。我觉得，理论的重要更在于其为一种实践运动的一系列象征、功能，而不在于其为本质事物，而且实际结果可能是非常不同于符号化公式的那种东西。从我自己的立场出发，无论如何，我肯定自己
> 618 被太看重理论以及不懂得生活中发生着什么——一次真正的和意义重大的文化重生，也许是这个世界所见过的最伟大的——给误导了。①

当杜威六个星期后从维也纳写信给乔治·赫尔伯特·米德(George Herbert Mead)时，这次经历依然令他困惑："俄国比我预期的还要有趣，事实上是令人兴奋的。但是，最难的事就是把我所经历的理性地表述出来——我甚至无法用语言来表达。也许早期的基督教可与之对比——但在我的经验中，没有一个可与之比较。"②

回到美国之后，杜威就他的俄国之行为《新共和》写了六篇文章的一个系列，后来被集在一起，以《苏俄印象》的题目出版。③ 关于他的旅行，他还作了三次演讲：第一次，1928 年 11 月 10 日，在美国与俄罗斯文化关系协会的一次晚宴上；④第二次，下一

---

① 杜威致胡克，1928 年 7 月 25 日，胡克/杜威文集。

② 杜威致米德，1928 年 9 月 6 日，乔治·赫尔伯特·米德文集，芝加哥大学，约瑟夫·雷根斯坦图书馆特别收藏。

③《新共和》，第 56 期(1928 年 11 月 14 日)，第 343—344 页；第 57 期(1928 年 11 月 21 日)，第 11—14 页；第 57 期(1928 年 11 月 28 日)，第 38—42 页；第 57 期(1928 年 12 月 5 日)，第 64—67 页；第 57 期(1928 年 12 月 12 日)，第 91—94 页；第 57 期(1928 年 12 月 19 日)，第 134—137。《苏俄印象和革命世界》，纽约：新共和出版公司，1929 年，第 1—133 页(见《杜威晚期著作》，第 3 卷，第 203—250 页)。

④ 杜威告诉八百位观众："俄国追随我们到达了一个非凡的水平"，而且在文化追求上，他们"跟美国人比跟其他人更像。在两个民族之间，如果某种人为的、妨碍彼此间更充分、更自由交流的障碍可以被移除，那么，就会有或者可能有一种强大的纽带"(《纽约时报》，1928 年 11 月 11 日，第一部分，第 22 页)。

根据《调查》，这次在阿斯特(Astor)的晚宴原是为美国赴俄国教育代表团举办的，结果变成了"'杜威晚宴'，一次向一位伟大的美国教育学家的眼界、勇气、自由和正直的致敬。他的影响——以往还只是在他自己国家的公立学校中到处被感受到——已经到达海外，着力把学校变成丰富而欢乐的场所，为古老城市后街以及俄国曾是文盲之乡的偏远乡村的孩子们"[《调查》，第 61 期(1928 年 12 月 15 日)，第 349 页]。

个月，在哥伦比亚大学教师学院。[①]

杜威的第三次演讲——“俄国的学校体系”，于 1929 年 2 月 21 日晚，在芝加哥大学校利昂·曼德尔会堂举行，由威廉·沃恩·穆迪(William Vaughn Moody)基金会赞助主办。从讲座分发的门票来判断，大约有 1100 人参加，差不多三分之二是学生。[②] 619

这个演讲第一次发表在本卷中。范本是一份 50 页的演讲的速记报告，收录于威斯康星州历史协会(麦迪逊)，安妮塔·麦考密克·布莱恩文集。关于杜威旅行的说明以及他对俄国教育体系的解释，见“注释”490.2—509.33—34。如校勘表所记录，引号已被增补，段落划分和标点符号已被修订。

《儿童的健康与保护》

作为一项发展其目标的战略，关于儿童健康与保护的白宫会议[③]于 1930 年 11 月 19—22 日在华盛顿哥伦比亚特区召开，建议一系列地方跟进会议。[④] 芝加哥地方白宫会议差不多一年之后，于 1931 年 10 月 30—31 日在芝加哥帕尔默楼召开。根据《芝加哥每日论坛报》在会议开幕当天报道的估计：“2500 名教师、社会工作者、医学人士和社团女士将会参加。”一般的公众也被邀请了。[⑤] 杜威在会议上作了三次演讲：第一次是 10 月 30 日上午的开幕式上，第二次是当天晚上举办的晚宴上[⑥]，第三次是第二天举办的午宴上。

这些演讲的范本是速记报告，收录于威斯康星州历史协会(麦迪逊)，168 盒，安妮塔·麦考密克·布莱恩文集。原始文本除了抬头(表明杜威是演讲者)之外，已经被保留；这些已经用罗马字母重新安排。在有必要改正语法错误和加强可读性的地方，特殊的标点符号和分段已经被校对，所有这些都在“校勘表”中被记录。 620

---

① 再一次引用俄美之间的纽带，杜威用“苏俄的教育”结束他的演讲：“俄国一直在不断地看着其他国家的教育理念，并尝试着开创自己的新方法。我确信，教育和智力上的改善，将来自不仅是美国和俄国之间、而且有其他欧洲国家之间的教师和教育学家之间更亲密的联系。”(《纽约时报》，1928 年 12 月 6 日，第二部分，第 6 页)

② 约翰·多拉德(John Dollard)致哈罗德·H·斯威夫特(Harold H. Swift)的信，收藏于芝加哥大学，约瑟夫·雷根斯坦图书馆，特别收藏，哈罗德·斯威夫特文集。

③ 杜威在白宫会议上的评论，见《杜威晚期著作》，第 6 卷，第 131—136 页。

④ 罗伯特·H·布雷姆纳(Robert H. Bremner)，《美国的公共政策与儿童时代》，《付诸实践的理论》(*Theory Into Practive*)，第 15 期(1976 年 2 月)，第 72 页。

⑤ “在今天的会议上被宣读的胡佛的信”，《芝加哥每日论坛报》，1931 年 10 月 30 日，第 2 页。

⑥ 此次晚宴上的报告，见《对儿童的关怀呼吁美国福利的方法》，同上，1931 年 10 月 31 日，第 15 页。

《美国教师联合会声明》

1941年2月14日，约翰·L·查尔兹(John L. Childs)写信给杜威，事关美国教师联合会执行委员会取消纽约市地方章程第5条和第537条的决定。查尔兹表示，为准备迎接预期的对委员会的攻击，一组约15名“各机构的代表”已经“决定就此情况作出公开声明，因为我们已经直接经历了它”。[①] 杰西·纽伦(Jesse Newlon)、雷因霍尔德·尼布尔(Reinhold Niebuhr)、悉尼·胡克以及查尔兹为此目标准备了一份声明。查尔兹通过航空邮件把它送给杜威，他说：“以便如果您赞成它的话，我们也许可以将您的名字包括在署名者中”，并确保“如果此声明在发表之前要作改动的话，只会是很少的一点改动，是经我们全体一致判断为不违反您个人观点的地方。”[②]

关于那些准备了声明的人，胡克对纽伦的描述是：一位普通的教育者，“政治清白”。他指出，尼布尔和杜威通常观点不一致，而尼布尔、一名社会党成员觉得杜威“太文雅了，不明白这个世界的邪恶本性”。[③]

胡克解释道，那时候，许多当地的章程是“在共产党的控制、利用之下运行……因而美国教师联合会鼓足了勇气取消章程”。他认为，声明表达了“杜威自己所深切感
621 受到的情感和观点”；在胡克看来，在某些方面，“比我更坚决于他的反对，特别是从墨西哥回来之后。他被在那里看到的什么东西吓坏了，而且没有完全恢复过来”。他认为，这份声明是一个象征，象征了杜威对洞察由“想要接管”的共产党主导的真正的劳工运动的持续兴趣。[④]

查尔兹说过，“我们将只发表此声明，如果我们认为情况需要的话”。[⑤] 没有证据显示它被发表了。所以，范本是声明的打字稿，收藏于卡本代尔：南伊利诺伊大学，莫里斯图书馆，特别收藏，查尔兹文集。

《约翰·H·兰德尔的〈我们变化中的文明〉》

把《我们变化中的文明》献给杜威，小约翰·H·兰德尔显然是向杜威寄送了校

---

① 查尔兹致杜威，1941年2月14日，卡本代尔：南伊利诺伊大学，莫里斯图书馆，特殊收藏，查尔兹文集。

② 同上。

③ 摘自电话交谈的记录，胡克给巴巴拉·莱维纳的信，1987年11月19日，杜威研究中心。

④ 同上。作为莫斯科审判中指控反对托洛斯基调查委员会的主席，杜威负责审问托洛斯基，于1937年4月，在墨西哥的科瑶坎。听证会记录及其相关文档，见《托洛斯基案例》(纽约与伦敦：哈帕兄弟出版公司，1937年)以及《杜威晚期著作》，第11卷。

⑤ 查尔兹致杜威，1941年2月14日，查尔兹文集。

样以求评论。[①] 1929 年 3 月 11 日，杜威写信给兰德尔，

> 我把将要寄给斯托克斯(Stokes)的说明的复印件装入信封了。[②] 我去外地两个多星期，回来才没几天。我很抱歉，没有更多的时间校对了。我想，你已经 622
> 完成了一部很棒的作品，如果我有时间好好地消化它，而不是草草了事的话，我将会做得更好一些。当然，我很荣幸这本书能献给我。[③]

有可能，杜威寄给兰德尔的说明是为了宣传目的。“这本书应该是一个巨大的成功，我希望斯托克斯适当地宣传它。”[④]该说明没有发表的版本被确认。范本是一页纸的打字稿，收藏于纽约州纽约市：哥伦比亚大学，巴特勒图书馆，善本和手稿室，小约翰·H·兰德尔文集。杜威手写的变更列于“约翰·H·兰德尔的《我们变化中的文明》的变更”中。

《评理查德·韦林的〈嫩枝弯曲时〉》

1942 年，理查德·G·韦林的《嫩枝弯曲时》由 G·P·普特南出版公司出版。因已经了解杜威并与之通信多年，韦林显然叫杜威给此书写评论以用作“通告”，也许是为了市场目的。韦林的请求现已不存，但是 1942 年 10 月 6 日，杜威写信给韦林：“信封里是我的小文。我正在寄复印件给 G·P·普特南公司。也许没有什么你想要的、用作通告的东西——所以，这个信将授权于你以及波拉克(Pollack)小姐[⑤]，作任何适

---

① 《我们变化中的文明》的文本是以如下杜威语录为前言的：“如果哲学拒绝观察和解释新的和有特色的场景，那么，它可能获得奖学金；它可能建造一个设备齐全的体育馆，在里面从事辩证运动；它可能给自己穿上优秀的文学艺术之衣。但是，它不能给我们困惑的文明提供照明或方向。这些只可能发生于对现实感兴趣以及坦率、同情地面对它们的精神之中。”[《哲学》，《人类向何处去：现代文明全景》(*Whither Mankind: A Panorama of Modern Civilization*)，查尔斯·A·比尔德(Charles A. Beard)主编，纽约：朗曼斯-格林出版公司，1928 年，第 330—331 页；《杜威晚期著作》，第 3 卷，第 131—132 页]。

兰德尔给了杜威以非常高的评价。1929 年 10 月 18 日，他写信给杜威：“您的作品是我所知道的、对我来说彻底清晰与合理的、唯一的哲学著作。这是我清醒的和深思熟虑的判断：他们是自亚里士多德以来最重要的哲学作品。”(杜威文集)

② 弗雷德里克·A·斯托克斯公司是《我们变化中的文明》的出版商。

③ 杜威致兰德尔，1929 年 3 月 11 日，纽约州，纽约市：哥伦比亚大学，巴特勒图书馆，善本和手稿室，小约翰·H·兰德尔文集。

④ 同上。

⑤ 在他的书中，韦林将索菲娅·波拉克(Sophia Pollack)描述为“我忠实的朋友和秘书”(第 ix 页)。

合你需求的文字改动。写你自己的标签即可。这是一本了不起的书。”①

623 范本是一页纸的打字稿，有杜威的改动，收藏于纽约州纽约市：纽约公共图书馆，阿斯特、雷诺克斯与蒂尔登基金会，善本和手稿分部，理查德·G·韦林文集。杜威手写与打字的变更列于“评理查德·韦林的《嫩枝弯曲时》的变更”之中。

《普林格尔先生备忘录》

亨利·福尔斯·普林格尔(Henry Fowles Pringle)是新闻工作者、历史学家和政府官员。1942年，他是战争信息办公室出版物司的主管。在一封1942年8月24日写给杜威的信中，他写道：

> 在我们战争信息办公室里，所有人都有一种感觉，就是应该要做些什么，以在公众的意识中澄清为什么我们处于战争的原因。总统先生已经陈述过这些议题。国务卿已经这么做了，已经有无数其他的陈述和声明；但是，有理由想一想，公众记得的只有珍珠港和纳粹政府的迫害。
>
> 国务院此刻正在准备“白皮书”，它将宣布战争的基本原因。但是，这将是一份冗长的文档，所以我们怀疑它是否会有广泛的感染力。我们所追求的是一个强烈而有力的声明，不能没有感情上的感染力而又能将整件事情讲清楚。在我们看来，我们这里上上下下的人都太过于接近这整件事了，以至于无法将它想清楚，所以需要有一个像您这样的人的帮助。②

杜威回复了普林格尔的请求，“哪个下午跟我碰头，”还说，“下个星期一可以见你。我刚刚才从乡下回来。”③几天以后，杜威就此次会见，写信给罗伯塔·洛维茨·格兰特：

> 我今天上午要会见亨利·F·普林格尔了。他是战争信息董事会的，想谈一
> 624 下某种小册子，告诉人们这一切到底是怎么回事。我所能想到的一切就是：绝大

---

① 杜威致韦林，1942年10月6日，纽约州，纽约市，纽约公共图书馆，阿斯特、雷诺克斯和蒂尔登基金会，善本和手稿分部，韦林文集。

② 普林格尔致杜威，1942年8月24日，华盛顿美国国会图书馆，手稿部，1号盒，D文件夹，普通信件，普林格尔文集。

③ 杜威致普林格尔，1942年8月27日，普林格尔文集。

多数国家的绝大多数人民想要从事他们自己的工作和玩乐，而不受笼罩着他们的战争的威胁；但是，只要有几个国家老是瞄准战争，他们就无法做到这一切。我真的认为，绝大多数人民会喜欢做他们自己的工作并有他们自己的乐趣——然而他们却不能，只要德国和日本将他们所有的精力与时间用于军事战线。我想，关于"自由"的讨论归根结底就是这个基本事实……我猜，他会觉得我的讲话过于温和而很难在战争时期激励人们——而且，我猜，一种情感上的感染力是他所想要的。不过，如果情感上的感染力是他们现在借以刺激人民的东西的话，那么，战争过后的结果将是另一种情绪反应。①

会见后的一天，普林格尔写信给杜威："见到您非常愉快，我非常感激您给了我这次机会。"②普林格尔可能是看了杜威对泛美航空公司的一个广告活动——提问"我们为建立怎样的世界而战?"——的回答（本卷第 131 页；出现于几种出版物中，包括《时代》杂志的 8 月议题，见"文本说明"第 594—595 页）之后，接见了杜威。

此前未曾发表的文档的范本是一份两页长的打字稿，收藏于华盛顿：美国国会图书馆，手稿部，1 号盒，D 文件夹，普通信件，普林格尔文集。杜威手写与打字的变更列于"《普林格尔先生备忘录》的变更"之中。

《致 S·J·伍尔夫》

1935 年 3 月 18 日，杜威写了一个短笺给伍尔夫先生，说道："我把承诺过的'序'装入信封了。我希望它能符合你的目的。"③这位"伍尔夫先生"可能就是 S·J·伍尔夫，即将访谈和名人画像相结合、将其作为报纸和杂志文章发表的艺术家。1928 年 6 月 4 日，一幅由 S·J·伍尔夫所作的素描出现于《时代》杂志的封面；1929 年 10 月，由 S·J·伍尔夫所作的一幅杜威的木炭素描出现在《夏威夷教育评论》(*Hawaii Educational Rereiw*)的纪念刊上。④ 1932 年，而后 1939 年再一次，杜威接受了他的 625

① 杜威致格兰特，1942 年 9 月 1 日，杜威文集。

② 普林格尔致杜威，1942 年 9 月 2 日，普林格尔文集。

③ 杜威致 S·J·伍尔夫，1935 年 3 月 18 日，杜威 VFM80。

④ 素描边上是爱德华·O·锡森(Edward O. Sisson)，《约翰·杜威的重要性》，《夏威夷教育评论》，第 18 期(1929 年 10 月)，第 29 页。1929 年 10 月 19 日，伍尔夫写信给杜威："几个星期前，当我为您画那幅素描的时候，您说您喜欢那幅出现在'时代'封面上的画。""我问那本杂志的出版商要了那幅画，以便我可以在您的生日上将它连同我最诚挚的祝福送给您。"(杜威文集)

访谈。①

除了这些文章，S·J·伍尔夫还是三本书的作者，没有一本由杜威作序。有可能是为了当作书皮的副本，或者是出版商的宣传，这个文本并没有付印。范本是一份打字稿，收藏于卡本代尔：南伊利诺伊大学，莫里斯图书馆，特别收藏，杜威 VFM80。杜威手写与打字的变更列于“《致 S·J·伍尔夫》的变更”之中。

《弗兰克·贝克退休声明》

弗兰克·C·贝克是杜威以前的学生。他在哲学系 23 年（最近任系主任）之后，于 1950 年从利哈伊大学退休。“一个很高的荣誉被赠予弗兰克·贝克教授……昨晚，在索康谷乡村俱乐部，为贝克举办的晚宴上，当著名哲学家杜威所写的证明书被宣读的时候。”②贝克从 1906—1908 年，一直在哥伦比亚；1912—1913 年，作为一名讲师再一次回来。

1945 年，杜威与西奥多·T·拉弗蒂（Theodore T. Lafferty）就拉弗蒂正在撰写的一篇论文通过信，③当时，拉弗蒂提到，他“有些机会跟 F·贝克教授仔细地检查（这
626 篇论文的）那个部分，他在伯利恒的利哈伊大学，您毫无疑问能记起他来”。④ 拉弗蒂可能计划了贝克的退休晚宴，并且因为一直与杜威保持着联系，⑤所以让杜威为贝克的退休写一个东西。

本篇的范本是杜威打字稿的影印件，收藏于哥伦比亚：南卡罗莱纳大学，南卡罗莱纳图书馆，西奥多·T·拉弗蒂文集。杜威手写与打字的变更列于“《弗兰克·贝克退休声明》的变更”之中。

B. L.

---

① 《约翰·杜威调查了国家的疾病》，《纽约时报》，1932 年 7 月 10 日，第 9 页（《杜威晚期著作》，第 6 卷，第 408—413）；《一个哲学家的哲学》，《纽约时报杂志》，1939 年 10 月 15 日，第 5—17 页，两次都附有杜威的木炭素描画。

② 《伯利恒（宾夕法尼亚州）全球时代》[*Bethlehem* (*Pa.*) *Globe-Times*]，1950 年 6 月 7 日，第 17 页。

③ 《哲学的互通》，《哲学杂志》，第 43 卷（1946 年 8 月 15 日），第 449—466 页。

④ 拉弗蒂致杜威，1945 年 10 月 21 日，哥伦比亚：南卡罗莱纳大学，南卡罗莱纳图书馆，西奥多·T·拉弗蒂文集。

⑤ 见拉弗蒂的《价值理论中的经验主义和客观相对主义》，《哲学杂志》，第 46 卷（1949 年 3 月 17 日），第 141—155 页。在其中，他承认“这篇论文要如此多地归功于杜威先生，以至于我恐怕它没有被注明的许多陈述都应该被放进引号中。”（第 141 页注释）

校勘表

对引入范本的实质用词和偶发拼读的校勘被记录在以下列表中，只有后面描述 627 的正式内容方面的变化除外。没有校勘的条目不显示标题。每一篇文章的范本都在该篇文章的校勘表的开始处被加以标识。左边的页-行数来自当前版本；除了标题，所有的打印行都被计数。方括号左边的文本来自当前版本；方括号后面是该文本首次校勘的缩写。括号后缩写词的顺序表示该词条从第一次到最后一次出现的时间顺序。分号紧随于表示来源的缩写词的最后一个；分号之后的被拒文本按反时间顺序列出。最早的版本，通常是范本，出现于最后。

“W”表示“著作”——当前版本——且在此被用作校勘是第一次。符号“WS”（著作来源）被用来表示在杜威引用的材料中所作的校勘，包括恢复了拼写、大写以及一些必要的实质内容（见“引文中的实质用词变化”的前言）。

校勘用标点符号来表示，波浪线“～”表示与方括号前相同的词；向下的脱字符“‸”表示缺少标点符号。为了标示没有出现于确定来源的材料，在适当的情况下运用了[*not present*]。缩写[*rom.*]表示罗马字体，用来表示斜体的省略；[*ital.*]表示斜体字，用来表示罗马字体的省略。校勘页-行数字前的星号表示该文本在“文本注释”(Textual Notes)中有讨论。

被作出若干形式上的、机械的变化涉及：

1. 上标数字被连续地分配给杜威一篇文章的脚注。

2. 书名和期刊名用斜体字表示；出现在期刊名之前的“the”用小写的罗马字体；在必要的地方，进行了增补和扩充。文章和书名都以引号标记。 628

3. 句号和逗号被放在引号里面。

4. 之前发表过的条目如果不是在被引用的材料中，则单引号被改成了双引号；然而，前引号或后引号在必要的地方都以补充，以求完整。

5. 连字已被分开。

6. 为了编辑附加的副标题已被移除，未作记录。

7. 在之前未曾发表过的条目中，“&”的记号被扩展为“和”，“&c”被改为“等等”。

以下拼写已由编辑规范成大家所知道的杜威特有的用法，列在方括号的左边：

cannot] can not 342.17
centre(s)] center 65.38,74.22,74.28,74.38,113.2,139.22,221.10,229.13,277.19, 285.7,310.29,311.37,474.18,494.29,494.30,494.35,494.36,501.21,502.17, 502.29(2),502.30,503.32,503.37,516.12
coeducation (all forms)] co-education 7.17,8.4,499.40
coexistence] co-existence 13.16
cooperate (all forms)] coöperate 69.32, 70.10, 70.21
cooperate (all forms)] co-operate 72.22, 76.9, 76.23, 132.6－7, 153.19,154.11, 155.32, 232.22－23,233.29－30, 234.1, 234.33,495.17－18,495.18,504.40, 515.20
coordinate (all forms)]co-ordinate 43.34－35, 153.18, 153.24,153.28－154.1, 154.3, 154.14, 157.30, 257.15, 292.30, 307.21
coordination] coördination 69.16,69.26
fibres] fibers 261.9
judgment] judgement 239.40
reenforced] re-enforced 395.12
role] rôle 416n.23, 425.2
schoolroom(s)] school room 213.15,241.13,269.29,270.13,271.1,298.15, 299.31, 302.16, 306.14, 306.16,314.35, 318.1,322.30,347.26
schoolroom] school-room 214.4, 216.22, 317.35
Shakespearel Shakespere 255.3, 255.11
thoroughly] thoroly 257.4, 258.26
though] tho 243.26, 245.3,246.20,246.30, 249.6, 249.13,313.16,377.16 (tho'), 381.4,386.23
629 thought(s)]thot 218.18,230.2,230.13, 246.13, 247.34,253.22,260.33,261.16, 261.24,3 84.22,385.16,386.20,391.33,392.5
thoughtful] thotful 246.36
through] thru 214.17, 216.7, 218.7, 218.8, 219.3,219.4,219.22,219.24(2), 221.24, 221.38(2),222.3,224.35,227.13,227.19,227.36, 228.1,228.32, 229.5,232.38,238.16, 241.14,241.27,242.19,246.6,248.8,252.25,256.7, 256.37,262.21,262.35,264.39,296.36,297.13,300.6,300.19,300.21(2), 307.21,311.33,311.35,317.12,317.29,317.34,343.6,385.12, 390.26
through]thro 357.24

to-day] today 323.27

《马廷诺博士的道德理论》

范本首次发表于《大学》,第 206 期(1885 年 9 月 5 日),第 5 页。

3.4 New College] W; new college
5.12 intuitive] W; intuitve
6.8 threescore] W; three score

《女性健康与高等教育》

范本首次发表于《大学》,第 208 期(1885 年 9 月 19 日),第 5 页。

8.30 during college] WS; during

《灵魂的复兴》

范本首次发表于《大学》,第 219 期(1885 年 12 月 5 日),第 6—7 页。

11.1-2 *soupçon*] W; *soupcon*
11.25 Wundt] W; Wandt
11.31 inorganic] W; in-organic
12.16 old-time] W; ～∧～
12.26-27 Occurrences] W; occurences
13.4 have] W; has
13.7 widespread] W; wide spread
13.8 hopelessness] W; hopelesness *630*
13.24 science] W; sience
13.29 "other-worldiness."] WS; "～∧～".
*14.1 spectacular] W; spectular
14.9 not:] W; ～,

《什么是人类精神本性的证明?》

范本首次发表于《大学》第 226 期(1886 年 1 月 23 日),第 43—44 页。

16.24 What] W; what
17.28 wouldn't] W; would'nt
17.35 skepticism] W; scepticism

《教会与社会》

范本首次发表于《大学》,第 222 期(1885 年 12 月 26 日),第 7 页。

19.3 Apropos] W; A propos
19.13 Christianity] W; christianity

19.15 Protestant] W; protestant
20.4 appears] W; appers
20.8 between] W; belween

《战争的社会后果》

范本首次发表于《纽约世界报》,1917 年 7 月 29 日,第 1 版。

23.17 what] W; what what

《广州印象》

范本首次发表于《远东每周评论》,第 17 期(1921 年 6 月 11 日),第 64—66 页。

29.7 students'] W; ～∧
30.12 led] W; lead
31.1 Cassel] W; Cassell
631 31.14 there] W; there is
31.25 - 26 Ch'en Chiung-ming] W; Chen Chiung-ming
32.1 Ch'en's] W; Chen's
32.30 one] W; the one
33.3,5 Ch'en] W; Chen
34.1 well-wisher] W; ～∧～
34.6, 12 Kwangtung] W; Kwantung

《〈达尔文对哲学的影响〉前言》

范本首次发表于《达尔文对哲学的影响及其他关于当代思想的文章》,纽约:亨利·霍尔特出版公司,1910 年,第 iii—iv 页。

39n.2 erkenntnistheoretisch] WS; erkenntnisstheoretisch
39n.4 Agnostizismus] WS; Agnosticismus
41.15 Psychology] W; ～,

《〈心理学的核心、功能与结构〉简介》

范本发表于佩尔西·休斯的《心理学的核心、功能与结构》,利哈伊大学出版社,第 1 卷,第 6 号(伯利恒,宾夕法尼亚:利哈伊大学,1927 年 7 月),第 1—2 页。

42.26 propaedeutic] W; propaedutic
43.31 series of] W; series

《〈威廉·赫德·基尔帕特里克:教育中的开拓者〉介绍》

范本是打字稿,是萨缪尔·特南鲍姆所打,收藏于卡本代尔:南伊利诺伊大学,莫里斯图书馆，特别收藏，3号文件夹，第23盒，杜威文集(TST)。从52.3—20根据杜威重新打的第一段(TSD)作了校勘。校勘还参照了以下书中的文本：萨缪尔·特南鲍姆，《威廉·赫德·基尔帕特里克：教育中的开拓者》，纽约：哈珀兄弟出版公司，1951年，第vii—x页(T)。

52.4 Kilpatrick] TST, T; K. TSD
52.5-6 has been and is] T; has been, and is TSD; is TST
52.7 departs] TSD, T; departs widely TST
52.10 For progress] TSD, T; Progress TST 632
52.12 casual improvement] TSD, T; improvement TST
52.13 Still . . . with] TSD, T; It is anything but TST
52.13-14 or . . . improvisations.] TSD, T; or a series of improvisations. TST
52.14-15 "Progressive education"] TSD, T; Progress TST
52.15 sense] TSD, T; senses TST
52.15 which] TSD, T; which it falls short of the one in which TST
52.16 Kilpatrick] TSD, T; K TST
52.16[1] implies] TSD, T; a word that implies TST
52.16 and direction] TSD, T; while direction TST
52.17-20 And . . . planning.] TSD, T; [*not present*] TST
53.26, 31; 56.7 that] T; which TST
53.38 achievements] T; achievement TST
54.21 the] T; that the TST
55.9 largely] T; very largely TST
55.19 was] W; were
55.19 in the] T; of the TST
55.19 situation] T; situations TST
55.20 lived] T; now lives TST
55.22 which] T; that TST
55.26 the school] T; school TST

《〈克劳德·麦凯诗选〉简介》

范本是打字稿(TS)，并非杜威所打，收藏于康涅狄格州纽黑文：耶鲁大学，善本珍本与手稿图书馆，克劳德·麦凯文集。根据以下书中的文本作了校勘：《克劳德·麦凯诗选》，马克斯·伊斯特曼编，纽约：书人联盟，1953年，第7—9页(Mc)。

58.8-9 impertinence] Mc; an impertinence
58.11 refrain from] W; from Mc, TS
58.12 critic] Mc; a critic
58.17 from] Mc; one from
58.21 or] Mc; nor
58.29 "Songs for Jamaica"] W; *Poems for Jamaica* Mc, TS
59.11 reason is] W; reason Mc, TS

59.12	itself,] Mc; ~∧
59.26	they are by no] Mc; not by any
60.3	“Baptism”] Mc; *Baptism*
60.10	This] Mc; The

633 《在圣何塞州立师范大学毕业典礼上的致辞》

范本首次发表于《圣何塞每日使者》,1901 年 6 月 27 日,第 6 页。

63.4	degrees, a] W; degrees. A
63.9	servants;] W; ~,
63.15	sort] W; sore
64.1	best] W; bst
64.8	monetary, to] W; monetary. To
64.11	faraway] W; far-away
64.14	margins,] W; ~∧
64.22	is] W; in
64.37	stars are] W; stars
65.2	with] W; which
65.25	revelation] W; revalation
65.31	the ideal] W; ideal
65.33	miracle] W; miserable
65.34	millennium] W; millenium
65.36	sake, the] W; sake. The
65.39 - 40	reaction. This] W; reaction, this
66.5	force] W; forces
66.7	are."] W; ~.∧
66.16	far] W; for
66.20	life] W; life nor

《教育的原则》

范本首次发表于《大学与公共服务:国家级会议纪要》,麦迪逊,威斯康星:美国政治科学协会,1914 年,第 249—254 页。

68.22	house-cleaning] W; ~∧~
69.38	*cross-fertilization*] W; ~∧~

《教育平衡、效率与思想》

范本首次发表于《印第安纳州教师协会纪要》,印第安纳波利斯,1916 年 10 月 25—28 日,第 188—193 页。

79.18	him] W; them
81.18	things, when] W; things. When

81.30 - 31　that results] W; and results 634
81.33　but] W; and
82.5　unity] W; unit

《约翰·杜威的回应》

范本首次发表于《约翰·杜威在 90 岁》，哈里·惠灵顿·莱德勒编，纽约：工业民主联盟，1950 年，第 32—35 页。

84.7　fourscore] W; four score
87.18　fourscore] W; four-score

《致乌尔班纳研讨会的信》

范本首次发表于《约翰·杜威 90 诞辰文集》，肯尼斯·迪恩·本尼、威廉·奥利弗·斯坦利编，乌尔班纳，伊利诺伊：研究与服务办公署，教育学院，伊利诺伊大学，1950 年，第 3—4 页。

88.22　McMurrys] W; MacMurrays
88.22　De Garmo] W; DeGarmo

《科学与上帝观念》

范本首次发表于《大学》，第 223 期(1886 年 1 月 2 日)，第 5—6 页。

93.23　quasi-personal] W; ～‸～
93.23; 94.14　quasi-psychical] W; ～‸～
115.2　Smith] W; Smith.[1] . . . [1]Professor of Philosophy, University of Chicago; State Senator, Fifth District, Illinois.
117.9　Communism] W; communism

《对于"是否需要在公立学校中进行步枪训练"的回答》

范本首次发表于《是否需要在公立学校中进行步枪训练?》，费城：友谊和平协会(未注明出版日期)，第 5 页。

121.10　over-distracted] W; ～‸～

《为玛丽·韦尔·丹内特的〈生命中的性存在〉辩护》

范本首次发表于玛丽·韦尔·丹内特，《谁是淫秽的?》，纽约：先锋出版社，1930 635
年，第 97 页。

127.10　encouraged.] W; ～‸
127.12　pamphlet.] W; ～‸

127.14　indecency.) W; ～∧

《杜威向"统一命令"的社论致意》

范本首次发表于《新领袖》，第 25 期（1942 年 7 月 25 日），第 8 页。

130.1　Editorial] W; Edit

《我们为建立怎样的世界而战？》

范本首次发表于《美国航空》，第 6 期（1942 年 8 月 15 日），第 28—29 页（A）。根据此后发表的版本作了校勘：《每周新闻》，第 20 期（1942 年 8 月 31 日），第 35 页（N）；《时代》，第 40 期（1942 年 8 月 31 日），第 3 页（T），以及《生命》，第 13 期（1942 年 9 月 7 日），第 19 页（L）。

131.7　few] N, T; many L, A
131.7　attention] N, T; too little attention L, A
131.15　permanently.] N, T, L; permanently, anyhow. A
131.23 - 24　The widespread] N, T; The growing bounty, the widespread L, A
131.30　all nations] N, T; the nations of the earth L, A

《向联盟进一言》

范本发表于《全国高校教育教师联盟的历史（1902—1950）》，未注明出版社和出版日期，第 2—3 页。

139.10　consideration] W; consideration and
139.21　College] W; [*not present*]
139.22　the endeavor] W; endeavor

《克拉伦斯·J·赛尔比》

636 范本首次发表于《彩虹城的回声》，芝加哥：旅行者办公署，1902 年，第 13 页。

145.2　Mr.] W; ～∧
145.5　Keller] W; Kellar

《阿尔文·约翰逊》

范本首次发表于《新学院报告》，第 7 期（1949 年 12 月 26 日），第 2 页。

147.21　friend] W; ～,
148.1　offspring] W; off-spring

《哲学导论》

范本最初由密歇根大学哲学系（安娜堡）发表，1892 年 10 月，8 页。

156.13	as if] W; as
157.5	its] W; it
157.33	*it*,] W; ～∧
160.10	are brought] W; brought

《教育史》

范本最初是由自由艺术与科学学院为走读生提供的，纽约，1907—1908 年。

163.29	*Text-Book*] W; ～∧～	
163.32	*the Christian*] W; *Christian*	
163.34	*da Feltre*] W; *de Feltre*	
163.38 - 39	*Studies in ... Renaissance.*] W; *Education During the Renaissance.*	
164.3 - 5	*The History ... Modern Education.*] W; *History of Ancient, Mediaeval and Modern Education.*	
165.2 - 3	NATURE ... EDUCATION: SAVAGE EDUCATION] W; I. Nature ... Education. Savage Education.	
169.18	*Text-Book*] W; ～∧～	
172.18	98 and 99] W; 18 and 19	*637*
173.13	*Iliad*] W; [*rom.*]	
173.13	*Odyssey*] W; [*rom.*]	
173.33	*Source Book*] W; *Source-book*	
174.25	*Text-Book*] W; ～∧～	
175.19	position.] W; ～∧	
176.17	regarding(1)] W; (1)regarding	
177.22	them] W; it	
177.32	*Jevons's*] W; *Jevon's*	
177.35	"Until] W; ∧～	
178.5	favourite] WS; favorite	
178.8	moulded] WS; molded	
178.10	mould] WS; mold	
178.35	"In] W; ∧～	
179.2	consciously] WS; conscientiously	
179.4	ages."] W; ～.∧	
179.6	"It] W; ∧～	
179.14	"There] W; ∧～	
179.28	pupils."] W; ～.∧	
179.30	"It] W; ∧～	
179.36	good-will.'] WS; ～∧～.'	
180.1	'Who ever] WS; 'Whoever	
180.4	"The] W; ∧～	
180.10	Boarding-schools] WS; ～∧～	
180.12	light.] WS; life.	
180.15	hire."] W; ～.∧	

180.17　“Of] W; ∧~
180.22　syllables. ’”] W; ~. ’∧
180.29　“In] W; ∧~
180.34　rest. ”] W; ~. ∧
181.21　*Education;*] W; ~,
181.21　228 - 248,] W; ~;
181.21 - 22　“Spartan Education”;] W; *Spartan Education*,
181.22　248 - 282,] W; ~;
181.23　*Text-Book.*] W; *Text-book.*
181.28　The] W; the
183.4　civilised] WS; civilized
185.17　the search] W; because the search
186.14　changes] W; charges

《给教师的心理学》

范本最初是由自由艺术与科学学院为走读生提供的，纽约，1907—1908年。

638 188.35　REFERENCES] W; Reference
189.26　*Outlines*] W; *Elements*
193.6　sensory-motor] W; sensor-motor
206.12　story),] W; ~)∧

《在杨百翰学院作的教育学讲座》

这十次讲座的范本首次发表于《白与蓝》(普罗沃市，犹他州)：讲座1，第5卷，第2期(1901年11月1日)，第5—9、12—14页。讲座2，同上卷，第3期(1901年11月28日)，第1—6页；同上卷，第4期(1901年12月18日)，第13—16页。讲座3，同上卷，第5期(1902年1月15日)，第11—16页；同上卷，第6期(1902年2月1日)，第11页。讲座4，同上期，第12—16页；同上卷，第7期(1902年2月15日)，第1—4页。讲座5，同上期，第4—8页；同上卷，第8期(1902年3月1日)，第1—5页。讲座6，同上期，第5—9页；同上卷，第9期(1902年3月15日)，第1—4页。讲座7，同上期，第4—9页；同上卷，第10期(1902年3月28日)，第1—3页。讲座8，同上期，第3—9页；同上卷，第11期(1902年4月15日)，第1页。讲座9，同上期，第2—9页。讲座10，同上卷，第12期(1902年5月1日)，第1—8页。

213.16　field,] W; ~;
213.19　it] W; ~,
213.21　structure] W; ~,
213.21　scientific] W; scientifiic
214.6　so] W; ~;

215.12 that,] W; ～;
216.15 school age] W; schoolage
216.31 depravity,] W; ～;
217.12 psychology] W; psychyology
217.16 truth] W; ～,
217.19 one-half] W; ～∧～
218.11 part of] W; part
218.16 kinds] W; ～,
219.6 somehow] W; somewhow
219.35 learn] W; learns
220.9 intellectual] W; intelectual
220.12 make] W; makes
221.29 it;] W; ～,
221.35 again,] W; ～;
222.13 impression] W; impresion
224.8 shotgun] W; shot gun
224.9 long-range] W; ～∧～
224.10 curriculum] W; Curriculum
226.2 theory] W; ～,
226.10 individual,] W; ～;
226.11 definition] W; deffnition *639*
227.11 regions,] W; ～;
228.39 purposes] W; puurposes
229.10 and] W; aud
229.28 state] W; State
231.32 powers] W; ～,
232.7 viz.,] W; ～∧:
232.21 the] W; their
233.12 *Phases*] W; Aspects
233.18 connection—] W; ～;—
234.31 very] W; vesy
235.35 viz.,] W; ～∧:
237.40 architectural] W; architectual
238.8 botany] W; Botany
238.8 needs] W; ueeds
238.9 mineralogy] W; mineralagy
238.33 spelling,] W; ～∧
239.34－35 every-day] W; everyday
241.16 repeatedly] W; repeadly
243.13; 244.1 Galton] W; Galdon
245.21 such] W; snch
245.24 experiment] W; experimemt
246.8 and] W; and and
246.24 Because] W; ～,

246.33	superintendent] W; Superintendent
246.40	seem] W; seems
247.25	talking about.] W; talking.
248.18	soon;] W; ～,
248.19	so,] W; ～;
248.23	is] W; Is
248.25	tooth-picks] W; ～,
249.3	course] W; conrse
250.24	somehow] W; somewhow
250.28	acquaintance] W; acqaintance
252.28	literature] W; literatnre
252.39	"Snow-Bound"] W; "Snowbound"
253.1	Longfellow] W; Lonfellow
253.27	come to] W; cometo
253.37	hundred] W; hnndred
254.5	personify,] W; ～∧
256.1	years] W; ～,
257.34	being] W; ～,
258.3	with such] W; such
640 260.10	adaptations.] W; adaptation.
261.6	and] W; find
261.16	imaginations, we] W; imaginations. We
261.32	use,] W; ～∧
262.30	acorn] W; acron
264.11	which he] W; which
265.14	viz.,] W; ～∧:
265.23	lies should] W; ～, ～
266.11	what] W; that
267.6	about] W; ～,
267.16	master's] W; sister's
267.28	be careful] W; careful
268.1	activities] W; activies
268.24	hide-and-seek] W; ～∧～∧～
270.1	subject,] W; ～∧
271.22 - 23	procedure] W; proceedure
271.24	if] W; ff
272.13	"for-what"] W; "～,"
272.39	the "for-what"] W; "the-what"
274.17	seizes] W; siezes
274.27	print, that] W; print. That
274.37	object] W; ～,
274.38	the skin,] W; The skin,
275.13	unconscious] W; conscious
275.34	came] W; come

276.3	point out] W; point
276.19	ourselves,] W; ～!
276.25	akin] W; a kin
277.9 - 10	finding] W; flnding
278.16	to] W; to to
278.21	indispensable] W; indispensible
278.39	inevitable] W; iuevitable
279.10	attempt] W; atttempt
279.15	aim?] W; ～.
279.23	is *not*] W; *is* not
279.25	operation,] W; ～∧
279.32	textbook,] W; text-/book:
281.2	do,] W; ～∧
281.39	average] W; ～,
282.35	easy] W; ～,
284.7	viz.,] W; ～.:
284.13	Harris,] W; Paris,
284.13	writings,] W; ～∧
285.26	relations,] W; ～∧ *641*
285.34	month] W; ～,
286.3	moreover] W; more-/hver
286.10	child] W; ～,
286.20	itself;] W; its-/self;
286.21	been] W; heen
286.23	boys especially] W; —～—
286.24	skill] W; ～,
286.29 - 30	for us] W; us
286.35	itself] W; ～,
286.40	age,] W; ～∧
287.5	period; there] W; period, their
287.6	handwriting,] W; hand writing,
287.25	be] W; he
288.30	must,] W; ～∧
288.30	that well,] W; ～, ～∧
289.34	is to] W; to
290.6	interested] W; in-/interested
291.21	things] W; thlngs
292.26	say] W; ～,
292.29	power;] W; ～,
293.22	points] W; point
293.34	an end] W; and
293.39	effort, because] W; effort. Because
294.16 - 17	mean, of] W; ～∧～,
294.23	judgment] W; jndgment

297.27 values] W;～,
298.6 different] W; differen
298.8 lectures] W; lectnres
298.11 taken,] W; ～∧
298.11 forming] W; formirg
298.16 habits:] W;～;
299.1 instruction?] W;～.
299.24 our] W; out
300.9 accidentally] W; accidently
301.10 your] W; our
301.22 building] W; bulding
301.28 overrating] W; over rating
302.4 mustn't] W; musn't
303.19 habits.] W; habit.
304.12 struggling] W; stuggling
305.8 rote] W; role
305.9 fad:] W;～.
642 306.8 without] W; wlthout
306.22 thing,] W;～;
307.17 and] W; ond
307.32 plane] W; plans
308.7 textbook] W; text book
308.27 so called] W;～-～
308.34 "this" and] W; "this" and and
308.36 "*this*,"] W;"～∧"
308.37 "*that*"] W;"～,"
309.31 and limits]W; and and limits
310.24 way;] W;～,
311.36 this:] W;～;
311.38 the way] W; the the way
312.2,3 position]W; positition
312.37 correlation] W;～,
312.38 activities]W;～,
313.3 language,] W;～∧
314.7 teacher's] W; teachers
314.12 similar] W; similiar
314.14 not,] W; ～∧
315.34 appreciates,]W;～∧
316.38 country and] W; country and and
317.5 head.)] W;～.∧
317.19 are] W; ar
318.36 telescope] W; telascope
319.9 reference] W; referrence
319.22 ought] W; onght

319.28 If,] W; ～∧
320.2-3 been associated] W; associated
321.21 other's] W; others
322.20 ends:] W; ～;
325.10 unravels] W; unraveles
326.7 boundaries] W; bounderies
326.11 viz.,] W; ～∧,
326.15 varieties] W; varities
326.20 one sort] W; sort
326.29 formulas] W; formula
327.14 physical] W; physicial
327.37 any longer] W; longer
328.11 to] W; of
329.1 Middle Ages] W; middle ages
329.9 distinctive] W; dinstinctive
329.31 it."] W; ～.∧
330.3 analyzed] W; analized 643
330.22 his] W; this
330.35, 37, 38; 331.5 similarity] W; similiarity
330.39-40, 40 lightning] W; lightening
331.26 largely.] W; ～,
332.7 to] W; to to
332.20 finally] W; fiinally
333.16 half-way] W; ～∧～
333.17 knowledge";] W; ～;"
333.30 "forgettery"] W; "forgettory"
334.13 classified] W; classifies
334.20 assumes] W; assume
335.4 uncrystallized] W; uncrystalized
335.9 case] W; ～,
335.12 as] W; as as
339.17 somehow] W; somewhow
339.40 selfish] W; seflish
341.14 so many] W; some .
341.17 difficulty] W; difficulity
342.5 state] W; ～,
343.37 coarse,] W; course,
343.40 feelings,] W; ～;
344.14 This] W; His
345.23 adolescence.] W; ～:
347.34 period] W; ～,

《伦理学中的历史方法》

351.1—358.34(“历史的……问题。”)的范本是打字稿,并非杜威所打,收藏于卡本代尔：南伊利诺大学，莫里斯图书馆，特别收藏，7 号文件夹，第 44 盒，拉特纳/杜威文集”(R)，以及加州斯坦福的斯坦福大学图书馆，亨利·沃德格雷弗·斯图亚特文集的打字稿(S)。358.34—360.6(“价值……时间。”)的范本是 S。

	351.14	sciences] W; science
	351.18	One] W; [*no* ¶] One
	351.19	and] W; a
	351.19	science] W; ～,—
	352.7	unrealizable] W; unrelizable S; unrelaible R
	352.8	There] W; They
	352.29[2]	are] W; is
644	352.30	An] W; [*no* ¶] An
	353.1	This] W; [*no* ¶] This
	353.1	interpretation: the] W; interpretation. The
	353.12	judgments,] W; judgments that
	354.6	methods] W; method
	354.8	Now] W; [*no* ¶] Now
	354.14	outward] W; outcard
	354.19	The] W; [*no* ¶] The
	354.22	experimental] R; human S
	354.37	itself;] W; ～.,
	355.1	We] W; [*no* ¶] We
	355.3	history;] W; ～,
	355.15	chemistry] W; Chemistry
	355.19	If] W; [*no* ¶] If
	355.19	why] R; whic S
	355.21	sciences.] W; sceinces.
	355.22	history;] W; ～,
	355.24	sciences] W; science
	355.28	when] W; when its
	355.40	those] W; that
	356.7	Pierian] W; Piaerian
	356.11	Now,] W; [*no* ¶] Now,
	356.12	further,] W; ～∧
	356.22	sense,] W; ～∧
	356.34; 357.4	complications] W; complication
	356.37,40	phenomenon] W; phenomena
	357.9	The] W; [*no* ¶] The
	357.14-15	complexity] W; complexity which differs from the original complexity,
	357.23	synthesis] W; systhesis
	357.34	side;] W; ～,
	357.38	have] W; having
	358.1	long] W; lon

358.4 Through] W; [*no* ¶] Through

358.11 reaction, whether] W; reaction? Whether

358.11 or practice?] W; and practical?

358.17 Having] W; [*no* ¶] Having

358.23 place. Or,] W; place; or,

358.33 I] W; [*no* ¶] I

358.39 an] W; a S; [*not present*] R

359.5 has] W; as S; [*not present*] R

359.6 advantages.] W; advantage. S; [*not present*] R

359.7 they] W; theu S; [*not present*] R

359.13 consequences] W; antecedents S; [*not present*] R *645*

359.14 from] W; to S; [*not present*] R

359.14 conception,] W; ~∧ S; [*not present*] R

359.17 prophesied] W; prophecy S; [*not preseht*] R

359.17 has] W; had S; [*not present*] R

359.17 since,] W; ~∧ S; [*not present*] R

359.18 tautological] W; tautalogical S; [*not present*] R

359.25 has] W; had S; [*not present*] R

359.28 of superior] W; ofsuperiol S; [*not present*] R

359.30 It] W; [*no* ¶] It S; [*not present*] R

359.34 If] W; Of S; [*not present*] R

360.4 process,] W; ~∧ S; [*not present*] R

360.4 situation,] W; ~∧ S; [*not present*] R

《知识与存在》

范本是打字稿,收藏于卡本代尔:南伊利诺伊大学,莫里斯图书馆,特别收藏,14号文件夹,第51盒,杜威文集。

361.12 viz.,] W; ~∧,

361.19 color,] W; ~∧

361.19,20 etc.,] W; ~.∧

361.20 mind,] W; ~∧

362.5-6 proposition,] W; ~;

362.7, 9-10,10, 23; 363.10, 28; 366.2; 369.36-370.1, 6 meaningrelation] W; ~∧~

362.29 meaning-relation] W; ~,

362.29 "consciousness"),] W; "~")∧

362.31 antinomy] W; antimony

362.31 Thesis—] W; ~∧

362.32 itself] W; ~,

362.33 *qua* elements] W; *qua*

362.33 relation),] W; ~)∧

362.34 Antithesis—] W; ~∧

363.3	considerations] W;～,
363.27	And] W; and
364.25	viz.,] W;～∧,
364.30	which] W;～,
364.36	illusory,] W;～;
364n.1	1908,] W;～.
364n.1	398] W; 397
646 365.1	),"Take] W;)∧"～
365.13	that is] W; than is
365.13	not what] W;not to what
365.13	but] W; but to
365.19	them),]W;～)∧.
366.1	why,] W;～∧
366.20	it]W; ～,
366.21	region]W;～,
366.22	events),]W;～)∧
367.26	extent,]W;～∧
367.27	qualitative,]W;～;
368.1	idealism it]W; idealism
368.7	having—]W;～∧
368.9	an-] W;～∧
368.24[1]	of]W;[*not present*]
368.27	unchanged]W;～,
368.31	Does]W; does
368.32	an]W; as
368.38	the force]W;The force
369.2	in] W;In
369.5	tautology]W;tantology
369.6	concerned;]W;～:
*369.26	knowledeg]W;～:
369.28	object).] W;～)∧
370.19	type;]W;～:
370.21	antinomy]W;antimony
370.38	all,]W;～;
371n.5	(a)]W; (a).
371n.6	Dr.]W;～∧
371n.8	(b)]W; (b).
371n.12	way]W; [*not present*]
371n.19	science,]W;～∧
371n.21	"experience."]W;"～,"
371n.23	i. e.,]W;～∧
372.3	term),]W;～)∧
372.14	when]W; [*not present*]
373.20	existenxe]W;'～'—

《关于宗教的一些想法》

范本是打字稿，并非杜威所打，收藏于纽约州，纽约市：哥伦比亚大学巴特勒图书馆，善本和手稿室。

374.13	ourselves] W; oursevles	647
374.16	universality] W; universalaty	
375.17	is] W; in	
375.24	religion] W; relivion	
376.2	emphasizes] W; emphasized	
376.5	trait?] W; ～.	
376.14	emphasis,] W; ～∧	
376.24	religious] W; religions	
376.28	by] W; be	
376.30	propound] W; proupound	
376.31	religiotis.] W; religeons.	
378.2	organized] W; orgainzed	
379.10	religions,] W; ～∧	
379.27	Obviously] W; [*no* ¶] Obviously	
380.12	V] W; VI.	
380.20	shed] W; [*not present*]	

《托尔斯泰的艺术》

范本是打字稿，收藏于卡本代尔：南伊利诺伊大学，莫里斯图书馆，特别收藏，29号文件夹，第60盒，杜威文集。

381.1	Tolstoi's Art] W; [*not present*]
381.20-21	he has] W; he
382.1	government,] W; goernment,
382.2	starts,] W; ～∧
382.4	fiber] WS; fibre
382.7	abetter] WS; abettor
382.8	sin."] WS; scene∧"
382.8	of] W; os
382.16	men,] WS; ～.,
382.17-18	twenty-four] WS; ～∧～
382.22	light-hearted] WS; ～∧～
382.27	gratuitously] W; gratuitiously
382.28	nevertheless] W; never the less
382.39	thereby] W; ～,
382.40	inevitable] W; inevitble
383.3	man's] W; mans

383.3	in] W; in in
383.6-7	isolation.] W;～;
383.17	performance] W; perfromance
648 383.22	free will] W; freewill
383.24	received.] W; rec'd.
383.32	goesrnment] W; governement
383.32	said,] W;～∧
383.32	"True,] WS; "～∧
383.36	one's] WS; one
383.40	says,] W;～∧
384.2	thought] WS; thot
384.3	its] WS; it
384.7	deviate] WS; devite
384.16	adequate] W; adeqaute
384.23	predestined] W; predistined
384.26	in] W; is
384.29	necessary,] W; neceesary,
385.2	out] W; uot
385.5	business] W; business such is the case
385.15	(This,] W; (～∧
385.18	philosophies] W; philosophies and
386.6	leading] W; leqding
386.21	easy] W; easily
*386.26	in terms] W; of terms
386.32	trivialities] W; trivialites
387.8-9	innumerable] W; innumarable
387.10	selected] W; selcted
387.24	that it] W; that
387.25	towards] W; towrds
387.33	energy,] WS; ～∧
387.34	thereby] WS; therby
387.34	pains, pleasures, hopes, fears,] WS;～∧～∧～∧～∧
387.36	of] W; ot
387.38	attainment] W; attinment
388.2	beings.] W; ～∧
388.5	every] W; very
388.5	when] W; whne
388.6	bottom,"] W;～,∧
388.6	says,"you] W; ～∧∧～
388.9	your] WS; tyour
388.11	yourself] WS; your self
388.16	demonstration] W; demonstrations
388.17	call it] W; call them
388.27	exclusive] W; axclusive

388.29	possessions] W; posessions	
388.30	away] W; awy	
*388.32	these] W; The	
388.34	prophet.] W; ～‸	649
388.36	articulate] W; articualte	
388.37	said] W; aid	
388.39	dramatically] W; dramtically	
389.2	and an] W; and and	
389.7	exemplified] W; exemplieifed	
389.12	self-contradictory] W; ～‸～	
389.15[2]	that] W; that that	
389.17	says: "It] W; saysL ‸ It	
389.25	"We] W; "we	
389.25	accustomed,"] W; ～,‸	
389.25	says, "to] W; ～‸‸～	
389.30	other] WS; toher	
389.33	in] WS; In	
389.34	flagstones] WS; flag stones	
389.35 - 36	'What . . . pavement?'] WS;‸～?‸	
389.37	butcher's] WS; buthcher's	
390.3	commerce, treaties,] W;～‸～‸	
390.3	sciences,] WS; scineces ‸	
390.3	arts;] W;～,;	
390.11	sufferings] W; sufferrings	
390.18	differences] W; difference	
390.25	Tolstoi,] W;～‸	
390.28	lived,] W;～‸	
390.38	proffered] W, proferred	
390.38	too] W; to	
391.5	anticipated] W; antipitated	
391.9	ism,] W;～‸	
391.16	compatible] W; compatable	
391.20	appetites,] W;～‸	
391.22	interests"?] W;～"‸	
391.28	means] W; mean's	
391.31	noble,] W;～‸	

《道德的意义和发展》

范本是速记报告，收藏于卡本代尔：南伊利诺伊大学，莫里斯图书馆，特别收藏，杜威 VFM 88，是杜威于 1911 年 12 月 17 日在纽约州纽约市莫里斯山基督教浸信会教堂所作的演讲。

393.7 immutable";] W;～;"
393.17 mathematician] W; mathametician
650 393.20 time,] W;～∧
393.24;394.27 procedure] W; proceedure
394.25 relations,] W;～;
394.33 synonymous] W; synonamous
394.36 Mediaeval] W; Midaeval
395.21 primitive] W; primative
395.25 people. Now] W; people; now
395.31 an] W; a
395.34 stranger] W; starnger
396.13 existence,] W;～∧
396.15 recognize] W; regognize
396.30 respecter] W; respector
396.32 over] W; for
396.32 Gods.] W;～,
397.5 wrongdoing] W; wrong doing
397.9 offense;] W; offence;
398.8 free;] W;～,
398.26 curse] W; course
398.32 intelligence;] W;～,
399.17 conceive] W; conveive
400.23 coarser] W; courser
401.4 conceived] W; conveived
401.25 sympathetic] W; aympathetic

《科学与哲学的一些联系》

范本是打字稿,收藏于卡本代尔:南伊利诺伊大学,莫里斯图书馆,特别收藏,1号文件夹,第52盒,杜威文集。

402.10 jejune] W; jejeune
402.17 either as] W; either
402.22-23 a philosophy] W; a aphilosophy
403.1 of] W; of of
403.3 human] W; huma
403.11 Kantian] W; Kanitan
403.15 anoint] W; annoint
403.27 rectifying] W; rectifiying
403.28-29 give-and-take] W; ～∧～∧～
404.3 pedantic] W; pedadantic
404.5 anthropological] W; anthroplogical
404.6 first rank] W; rank
651 404.20 causes] WS; casues

404.22 in] WS; in in
404.37 amalgamate] WS; amalgate
405.6 – 7 endless] WS; endlesss
405.7 too] WS; to
405.21 not to] W; not
405.23 individuals] W; individiduals
405.34 Descartes] W; DesCartes
406.25 physiological-psychology, etc.] W; physiological ∧ psychology ∧ &c
406.27 science,] W; ~*
406.35 minimizing] W; minimzing
406.38 cross-fertilization] W; ~∧~
407.7,8 familiar] W; familar
407.12 received] W; recieved
407.14 ultra-scientific] W; ~∧~
407.19 shows] W; show
407.24 of] W; o
407.30 generally] W; gnerally
407.38 they] W; They
408.2 today] W; to day
408.5 probably] W; probebly
408.25 however,] W; howver,
408.33 puts] W; put
409.2 assumptions] W; assumtions
409.9 are] W; are and
409.14 superstructure] W; superstrcture
409.32 space,] W; ~∧
409.37 noted.] W; ~:
410.2 example,] W; ~∧
410.6 purposes] W; pusposes
410.8 standpoint] W; stanpoint
410.10 are] W; is
410.15 because] W; becuase
410.15 isn't] W; is isn't
410.21 the real] W; real
410.22 make-belief?] W; ~∧~?
410.28 disappeared] W; disaapeared
410.28 trees,] W; tress,
410.33 science] W; sciences
410.35 there] W; theere
411.18 Descartes] W; DesCartes
411.18 attempts] W; attenpts
411.21 affords] W; afords 652
412.3[1] and] W; nnd
412.12 what] W; hwat

412.13 it is] W; it
412.17 latest] W; lastest
412.19 him,] W; ～∧
412.21 belief] W; bepief
413.33 permeate] W; permeates
413.35 different] W; difference
414.2 color] W; hue color

《对实在论简短研究Ⅲ》

范本是打字稿，收藏于卡本代尔：南伊利诺伊大学，莫里斯图书馆，特别收藏，16号文件夹，第51盒，杜威文集。

415.10 status] W; staus
415.11 old-fashioned] W; ～∧～
415.15 a number] W; a a number
415.17 familiar] W; familair
415.19 from] W; from its
415.20 self-centred] W; sefl-centred
415.21,23 relations] W; realtions
415.22 light,] W; ～∧
415.22 definitive] W; definitve
415.24 maelstrom] W; mealstrom
415n.3 unaffected] W; unafffected
416.1 difficulty] W; diffculty
416.4 manufactured] W; manufacttured
416n.10 theory] W; threery
416n.15 whatsoever] W; whatsover
416n.19 theory] W; theeory
416n.21 interprets] W; interpret
416n.25 things.] W; ～∧
417.1 or] W; and or
417.4 purposes] W; puproses
417.30 largely] W; large
417n.1 Dr.] W; ～∧
417n.1 Exist?"] W; ～?",
418.5 a class] W; class
418.6 i.e.,] W; ～; ～.,
653 418.12 a qualitatively] W; a a qualitatively
418.21 acknowledging] W; ackonwdleging
418.21 individualization] W; individulaization
418.25 realism] W; realims
418.28 supplement] W; supplemt
418.31 seriousness] W; seriusness

418n.1-2　*Journal . . . Methods,*] W; this JOURNAL ∧
418n.2　Nov.] W; ～∧
419.1　related] W; realted
419.9　does] W; dos
419.14　maximum] W; maxium
419.16　combinations] W; combination
419.18　genuineness] W; genuiness
419.21　purposive] W; purposeive
419.26　system] W; sytem
419n.5　p.] W; ～∧
420.5　propositions,] W; propsoitions,
420.15　relations] W; realtions
420.16　respectively] W; resepctively
420.20　employ] W; emplo
420.20　science] W; scince
*420.21　perception] W; perceptual
420.22　Accordingly] W; According
420.22　another] W; an other
420.27　retarding] W; ～,
420.38　depends,] W; depend,
421.2　systems] W; sytems
421.11　systems,] W; ～∧
421.12　movement.] W; movment.

《社会心理学的工作方法》

范本是打字稿，收藏于纽约州纽约市：哥伦比亚大学，巴特勒图书馆，珍本和手稿室，杜威文集。

423.4-5　*de facto*] W; *defacto*
423.20　not),] W; ～);
423.32　consciousness,] W; ～∧
427.2　etc.;] W; ～∧;
427.15　borne] W; born
427.18　simply] W; simple

《当代哲学的问题：关于经验的问题》

范本是速记报告的缩微胶卷，保存于纽约州纽约市：纽约大学，塔米蒙特作品集， 654
第13辑，第45卷，第121页，这是杜威于1933年3月8日在纽约州纽约市兰德社会科学学院所作的演讲。

429.6　lectures] W; lecture
429.7　philosophy] W; the philosophy

429.7 - 8 the conception of] W; conception
429.8 philosophical,] W; ~∧
429.9 life, an] W; life. An
429.10 suppose,] W; ~∧
429.13 holds] W; hold
429.15 experience,] W; ~∧
429.16 experience?] W; ~.
429.17 itself?] W; ~.
429.18 make, any] W; ~∧~
429.20 philosophy?] W; ~.
429.20 discuss this] W; discuss
429.26 indicated,] W; ~∧
429.26 thinker] W; ~,
429.27 - 28 century. His] W; century, his
430.4 vogue. A] W; vogue, a
430.5 time had] W; time, have
430.7 it,] W; ~∧
430.13 theoretical. But] W; theoretical but
430.15 things,] W; ~∧
430.15 if the] W; the
430.20 criticism. He] W; criticism and
430.25 principles,] W; ~∧
430.26 source] W; ~,
430.30 thought,] W; ~∧
430.32 else,] W; ~∧
430.34 Rousseau,] W; Rosseau,
430.37 as] W; is
430.39 questions,] W; ~∧
430.40 experience,] W; ~∧
431.3 reasons] W; reasons for,
431.3 - 4 will state] W; state
431.4 I just] W; just
431.5 fact—that] W; fact. That
431.5 or] W; of
655 431.6 - 7 be tested] W; tested
431.7 experience,] W; ~∧
431.8 weapon,] W; ~∧
431.9 power, who] W; power who are,
431.10 hands;] W; ~,
431.10 effect, it] W; effect
431.12 - 13 government,] W; ~∧
431.13 nature; that] W; nature. That
431.14 in one] W; one
431.15 a] W; the

431.17 - 18	governed, that] W; governed. That
431.18	authority,] W; ∼∧
431.19	ideals;] W; ∼∧
431.21	experience,] W; ∼∧
431.21	is] W; it is
431.26	certainly,] W; ∼∧
431.32	authorities] W; authority
431.32	organizations,] W; ∼∧
431.34	supernatural, that] W; supernatural. That
431.34	superempirical,] W; super empirical∧
431.37	another, to] W; another
431.40	generally,] W; ∼∧
432.1	is,] W; ∼∧
432.3	There] W; [*no* ¶] There
432.4	important,] W; ∼∧
432.7	than ideas] W; that Ideas
432.8(2)	experience,] W; ∼∧
432.10	parts. One] W; parts: one
432.11	important,] W; ∼∧
432.12	history] W; ∼,
432.14	cling to,] W; ∼, ∼∧
432.14	have,] W; ∼∧
432.19	belong to,] W; ∼∧
432.21	power,] W; ∼∧
432.22	ideas,] W; ∼∧
432.23	by,] W; by it
432.28 - 29	experience;] W; ∼,
432.32	mess,] W; ∼∧
432.32	so] W; some
432.34	experience, that] W; experience. That
432.36	by, that] W; by. That
432.38	but I] W; I
432.40	the human] W; human
432.40	humanity,] W; ∼∧ *656*
432.40 - 433.1	experience . . . is] W; experience, that it has more and more
433.2	conduct. Of] W; conduct, of
433.3	a] W; in
433.4	and . . . as] W; regards
433.4 - 5	or uptodate,] W; of uptodate∧
433.5	whole,] W; ∼∧
433.6	that;] W; ∼∧
433.11	human significance,] W; significance, human
433.15	have] W; had
433.18	Greece] W; Greeks

433.18	Athens: great] W; Athens. Great
433.19	the fifth] W; fifth
433.19	the Christian] W; Christian
433.20	disciple,] W; ～∧
433.22	experience,] W; ～∧
433.22	formulated (I] W; ～, ～
433.23	formulated)] W; ～∧
433.27	and still] W; still
433.27	influences] W; influence
433.28	based,] W; ～∧
433.29	Aristotle. And] W; Aristotle, and
433.29	professors'] W; ～∧
433.29 - 30	writings,] W; ～∧
433.31	Middle Ages and] W; middle ages,
433.31	ideals] W; ideal
433.32	the European] W; European
433.34	America's] W; americus
433.36	Old Testament] W; old testament
433.37	theologians,] W; theoligians ∧
433.37	Christians] W; Christian
434.1	with things] W; of things
434.3	customary. Also,] W; customary, also ∧
434.6	Middle Ages] W; middle ages
434.10	train. When] W; train, when
434.11	car (anybody] W; ～, ～
434.12	myself] W; ～,
434.12	cars?),] W; ～∧∧,
434.15	said,] W; ～∧
434.15	"Well,] W; "well,
434.16	starts,"] W; ～∧∧
434.16	asked,] W; ～∧
657 434.16	"Why] WS; "why
434.16	"It] WS; "it
434.16	*always*] WS; [*rom.*]
434.21	has,] W; ～∧
434.21	always,] W; ～∧
434.24	strain,] W; ～∧
434.25	know] W; ～,
434.26	methods,] W; ～∧
434.27	failure,] W; ～∧
434.27	that they] W; that,
434.29	there,] W; ～∧
434.34	geometry,] W; ～∧
434.35	Euclidean] W; Euclid

434.40	truths—we still] W; truths. Still
434.40	axioms—that] W; axioms. That
434.40 - 435.1	self-evident] W; ~∧~
435.3	science,] W; ~∧
435.3	geometry,] W; ~∧
435.3	appealed] W; appeal
435.6	concerned,] W; ~∧
435.7[2]	experience,] W; ~∧
435.7	custom,] W; ~∧
435.8	habit;] W; ~,
435.8	on tradition that] W; to tradition
435.11	say] W; ~,
435.11	proper,] W; ~∧
435.14	levels: the] W; levels. The
435.17	institutions; and] W; institutions and that
435.21	beliefs,] W; ~∧
435.22	past. Now] W; past, now
435.23	science;] W; ~∧
435.23	couldn't they] W; they couldn't
435.23	imagine them] W; imagine
435.24	experience,] W; ~∧
435.27	to save] W; save
435.27	time,] W; ~∧
435.27 - 28	the modern] W; modern
435.28	is that] W; that
435.29	things,] W; ~∧
435.30	everyday] W; every day
435.30	that,] W; ~∧
435.33	effect,] W; ~∧
435.35	experience, that is,] W; experience. That is ∧
435.37	developed] W: develop *658*
435.39	conservation] W; transformation conservation
435.39 - 40	energy (one] W; ~, ~
435.40	another),] W; ~∧,
435.40	then] W; that
436.5	close] W; bring
*436.7	system] W; ?
436.8	techniques] W; technicques
436.8	invention,] W; ~∧
436.8	live] W; life
436.9	plane] W; plain
436.9	that] W; what
436.10	had been] W; been
436.10	past. That] W; past, that

436.11	today] W; ~,
436.11	different] W; differently
436.14	would like] W; like
436.14	out,] W; ~∧
436.17	relations into experience] W; relation in the experience,
436.17	(everyday] W; ∧ every day
436.19	engine] W; ~ ,
436.20	locomotive),] W; ~∧,
436.21	discovering,] W; ~∧
436.23,25	everyday] W; every day
436.24	sciences,] W; ~∧
436.27	Well,] W; [*no* ¶] Well,
436.27	which was] W; was
436.28	and covered a] W; covered
436.28	history. All] W; history, all
436.29	northern Europe] W; northern, all Europe
436.29	Basin,] W; Basis ∧
436.32	Empire. It] W; Empire, it
436.34	the church] W; church
436.35	throughout] W; through
436.35	Europe,] W; ~∧
436.35	so,] W; ~∧
436.38	civilization,] W; ~∧
436.40	superimposing] W; and superimposing that
437.1	state] W; ~,
437.4	beyond] W; beyond experience and
437.6	civilized—] W; ~,
437.7	civilization—] W; ~∧
437.7	things] W; things and
659 437.9	to,] W; ~∧
437.9	authority of] W; authority and
437.10	situation. Well] W; situation, well
437.22	out,] W; ~∧
437.23	age,] W; ~∧
437.26	civilization;] W; ~,
437.27	wisdom,] W; ~∧
437.31	And] W; [*no* ¶] And
437.31	come] W; came
437.31	Locke, to] W; Locke and
437.31	earlier,] W; ~∧
437.32	view,] W; ~∧
437.39	reason;] W; ~,
437.40	ideas—] W; ~∧
437.40	no] W; nor

437.40	that—] W; ∼,
438.1	and,] W; ∼∧
438.1 - 2	judgment,] W; ∼∧
438.2	experience,] W; ∼∧
438.6	He] W; [*no* ¶] He
438.8	wars—] W; ∼,
438.9	Protestants;] W; ∼∧
438.11	and Presbyterians,] W; Presbyterians,
438.12	religion;] W; ∼,
438.13	Puritans,] W; ∼∧
438.14	on,] W; ∼∧
438.14	another;] W; ∼,
438.15	themselves. And] W; themselves and
438.16	said,] W; ∼∧
438.16	because people are] W; because
438.17	experience. You] W; experience, you
438.18	things;] W; ∼,
438.20	are] W; is
438.23	come] W; comes from
438.26	periods and places;] W; periods, places,
438.32	experience,] W; ∼∧
438.33	did, the] W; did. The
438.35	conclusion. And] W; conclusion, and
438.37	outside,] W; ∼∧
438.37	environment;] W; ∼,
438.40	standards,] W; ∼∧
439.2	environment,] W; ∼∧
439.6 - 7	despotic institutions. That] W; despotics institutions, that
439.11	Locke;] W; ∼∧ *660*
439.11 - 12	troubles and] W; troubles, in
439.12	Revolution,] W; Revolution that
439.16	likely—] W; likely and
439.16	by] W; of
439.16	French of] W; French,
439.17	And] W; [¶] And
439.20	other one] W; one
439.20	thinker, this] W; thinker. This
439.23	It] W; [*no* ¶] It
439.23	me that,] W; ∼, ∼∧
439.24	on] W; of
439.24	issue, probably] W; issue and probably that
439.24	would be necessary to] W; would
439.25	details concerning the] W; details. The
439.25	notion about the] W; about

	439.26	third,] W;~∧
	439.27	is the] W; is
	439.28	of the] W; on the
	439.30	detail: this] W; detail. This
	439.30	emphasis,] W;~∧
	439.31	on the passivity] W; the passivity
	439.31	mind, that] W; mind. That
	439.32	without, that] W; without. That
	439.32 - 33	impressions] W;~,
	439.37	that fundamental] W; fundamental
	439.38	part,] W; ~∧
	439.38	indicated,] W; indicated in
	439.40	The general] W; General
	440.1	over-complicated] W; ~∧~
	440.2	those that have] W; those
	440.2	us,] W;~∧
	440.4	pieces;] W;~,
	440.5	from. And] W; from and
	440.5	who used] W; used
	440.6	of governing] W; and governing
	440.6	people,] W; ~∧
	440.7 - 8	one, that] W; one. That
	440.8	self-interest] W; ~∧~
	440.9	accepted them] W; accepted
	440.11	analyze] W; analyze to
	440.14	at least] W; into at least
	440.16	without,] W;~∧
	440.22	almost] W; to almost seem
661	440.24	was—] W;~,
	440.25	are] W;~,
	440.26	Really, it took] W; Really(?) too,
	440.26	development of] W; development
	440.28	not] W; Now
	440.29	ideas, but] W; ideas. But
	440.31	element—] W;~,
	440.32	is not] W; are not
	440.33[2]	organ;] W;~,
	440.34	is] W; which is
	440.35	bringing] W; in bringing
	440.39	Helvétius] W; Helvetius
	440.39	like] W; like these
	440.39	was much] W; much
	440.40	destruction,] W;~∧
	441.4	their] W; the

441.8 in? And] W; in, and
441.10 an accumulation] W; accumulation
441.12 followers. And] W; followers, and
441.14 hour,] W; ～∧
441.15 intelligence,] W; ～∧

《哲学和科学中的方法》

范本是速记报告，保存于纽约州纽约市依沃犹太研究所，第 95 号文件夹，霍拉斯·M·卡伦文集。这是杜威在“哲学和科学中的方法”研讨会上宣读的论文，该研讨会举办于纽约州纽约市社会研究新学院，1937 年 5 月 22—23 日。

442.2 the anti-authoritarian,] W; anti-authoritarian∧
442.4 - 5 perhaps this is] W; perhaps
442.5 I will] W; I
442.6 as] W; is
442.13 use] W; us
442.14 subiects,] W; subject,
442.15 groundwork] W; work ground
*442.19 explicitly] W; simplicity
442.22 If] W; [*no* ¶] If
443.1 - 2 confusion,] W; ～∧
443.2 what, as] W; what
443.3 authoritafians,] W; ～∧
443.4 absence] W; actions
443.5 beliefs] W; belief 662
443.11 forms] W; form
443.16 them. And] W; and
443.19 is it] W; it is
443.21 particularly,] W; ～∧
443.22 as a] W; a
443.23 possibilities.] W; ～,
443.28 impermissible.] W; permissible.
444.15 Well,] W; Now that is directly—well,
444.15 that fact,] W; the fact∧
444.16 That, it] W; That
444.16 me,] W; ～∧
*444.25 - 26 economy of scarcity] W; economy scarcity
444.34 that the] W; is that the
444.34 weakness] W; weaknesses
444.37 a sort] W; and sort
444.38 abundance,] W; ～∧
444.38 on the] W; other

	444.39	side,] W; sides,
	444.40	are objective but are] W; objective but
	444.40	this] W; these
	445.1	consider] W; consider that with
	445.2	developed,] W; ～∧
	445.2-3	they begin] W; they don't start, they begin
	445.6	activities] W;～,
	445.9[2]	sooner,] W; soon,
	445.12	me,] W; me there
	445.19	it seems] W; seems
	445.22	"Well,] W; ∧～,
	445.23	world] W;～.
	445.25	particular."] W; ～.∧
	445.25-26	does not] W; does
	445.26	any] W; a
	445.35	tendency is] W; tendency
	445.36	empiricism,—] W; ～,∧
	445.39	facts,—] W;～,∧
	446.12	their] W; its
	446.14	operationally, by] W; operationally. By
	446.20	that really] W; really
	446.34-35	A Ph.D. student] W; Ph.D. students
	446.40	words,] W;～∧
	447.1-2	missile] W; missiles
	447.4	action, and that fails,] W; action. And the failure.
663	447.6	action.] W; :～—
	447.7	What] W; [*no* ¶] what
	447.10	that.] W;～—
	447.10	(and] W; ∧～
	447.12	from reason] W; reason
	447.13	intelligence),] W; ～∧,
	447.18	leaves] W; leave
	447.22-23	influential (newspaper] W;～,～
	447.23	Congress] W; congress
	447.24	officers),] W;～∧,
	447.37	Well,] W; [*no* ¶] Well,
	447.37	There] W;[¶] There
	447.39	consequence] W; consequences
	448.2	relation] W; the relation
	448.7-8	monastic] W; monotheistic
	448.8-9	problem, in which it] W; problem∧which
	448.9	impartiality] W; partiality
	448.11	But] W; [*no* ¶] But
	448.12	ex post facto into] W; exhausted in

448.18	scientific, investigation] W; scientific ∧ invest in education and
448.19	needs] W; not
448.22	field] W; parts
448.23	dissociation] W; association
448.27	(or what)] W; ∧～∧
448.36	strongly,] W; ～∧
448.38	field, but] W; field. But
449.1	is] W; as
449.7	see,] W; ～∧
449.8	matter,] W; ～∧
449.9	eliminate] W; elimate
449.9	value] W; valued
449.10	this] W; it
449.14	cooperation] W; cooperative cooperation
449.15	the philosopher] W; philosopher
449.24	was,] W; ～∧
449.27	the legal] W; legal
449.28[2]	man;] W; ～,
449.33	have,] W; ～∧
449.34	army,] W; ～∧
449.34	weapon,] W; ～∧
449.35	they] W; it
449.36	cooperation;] W; ～,
449.39	specialization,] W; specialization which *664*
449.40 - 450.1	about a worker] W; of workers
450.8	translatability] W; translatibility
450.10	there,] W; ～—

《在两个世界之间》

范本是打字稿，收藏于佛罗里达州，科勒尔盖布尔斯：迈阿密大学，奥托·G·李希特图书馆，特别收藏。

451.7	happened] W; happenned
451.8	have] W; be have
451.9	make] W; made
*451.27	were] W; were both
452.12	them] W; tham
452.14	not have] W; not
453.13	unnecessary] W; unneccessary
453.19	world wars,] W; World-wars,
453.30	Willkie] W; Wilkie
453.36	neighbors] W; enighbors
453.38 - 39	forward] W; foward

454.4 interdependence] W; interdpendence
454.6 points of] W; points
454.14 Abraham] W; Abrham
454.15 Today] W; To day
455.13 they] W; they they
455.21 press] W; presss
455.32 countries,] W; ～∧
456.7 changelessness,] W; chnagelessness,
456.17 physical] W; physucal
457.2-3 physical] W; physicul
457.32 dispositions] W; dispostions
457.32 will] W; weill
457.34 acquiescence;] W; acquiesecence;
458.20 mainsprings] W; main springs
458.30 intelligence] W; intelligenxe
458.38 understanding] W; undertanding
459.3 discovery] W; disovery
459.9 exhortation] W; exhosrtation
459.17 Fascism] W; Fscism
459.22 upon] W; up
459.24 ridiculed] W; ridicualed
665 459.35 us] W; is
459.38 First] W; first
459.40 convincing] W; conconvincing
460.34 belief,] W; belielf,
460.34 ideas,] W; ～,
462.1 becomes] W; become
462.37 it is] W; it
463.5 present] W; preeent
463.8 and aware] W; aware
463.14 school] W; wchool
463.20 go] W; go go
463.21 reality.] W; ～∧
463.22 acquired] W; acquuired
463.29 of] W; of of
463.30 passive] W; passve
463.34 learning] W; leqrning
463.37 which] W; hich
464.12 in books] W; books
464.23 others] W; others who
464.38 new] W; new new
464.40 scholastic] W; schlastic
465.3 changing] W; change

《哲学的未来》

范本是速记报告，收藏于卡本代尔：南伊利诺伊大学，莫里斯图书馆，特别收藏，5号文件夹，第55盒，杜威文集。这是杜威于1947年11月13日给纽约州纽约市哥伦比亚大学哲学系毕业班所作的演讲。

467.13	sixteenth] W; sixteen
469.25	question,] W; ～$_\wedge$

《什么是民主?》

范本是碳写复印打字稿，收藏于卡本代尔：南伊利诺伊大学，莫里斯图书馆，特别收藏，3号文件夹，第55盒，杜威文集。

*471.1	What *Is* Democracy?] W; [*not present*]	
471.6	as] W; as as	
471.8	would] W; iwould	666
471.9	that time] W; thime	
471.14	upon] W; upon upon	
471.17	democratic] W; while democractic	
471.18	urgently] W; uregently	
471.21	argument] W; argumant	
471.23 - 24	understood] W; underatand	
471.26	Democracy?"] W; ～?$_\wedge$	
471.26	of the] W; of the of the	
472.4	direct] W; direct direct	
472.5	world-wide] W; world-wilde	
472.9	traditionally] W; traditionallr	
472.11	of] W; of of	
472.13; 474.30	West] W; west	
472.19	course,] W; the course$_\wedge$	
*472.19 - 20	are affected] W; are	
472.22	focus] W; gocus	
472.27	United States] W; Unites states	
472.30	so] W; for	
472.32	brought against] W; brought	
472.37	assaults now] W; assualts npw	
473.9	my] W; my my	
473.10	of our] W; our	
473.11	guarantee] W; guranteed	
473.16	guaranteed] W; guranteed	
473.17	operation.] W; operayion.	
473.19	idea] W; ide	

473.24	less of] W; less of of
473.24	made] W;～,
473.26	continually] W; contimually
473.29	made by] W; made
473.31	well as] W; well
473.36	various] W; verious
474.1	actively] W; actiively
474.2	debatable] W; debtable
474.6	concentration] W; concebtration
474.7	that it is] W; that it is that it is
474.8	large.] W;～∧
474.8	in fact.] W; in fact in fact.
474.9	than] W; that
474.12-13	interest.] W; intere.
474.24	pioneers] W; pionners
474.24	speech in] W; sppech In
667 474.25	eighteenth] W; Eighteenth
474.26	authority] W; authoriry
474.27	stability] W; stabiliry
474.27-28	Éclaircissement] W; Eclairissement
474.28	Enlightenment] W; Enlighenment
474.33	channels] W; chaneels
474.37	to] W; to to

《为了一个新的和更好的世界的教育》

范本是打字稿,收藏于卡本代尔:南伊利诺伊大学,莫里斯图书馆,特别收藏,8号文件夹,第54盒,杜威文集。

475.1	Education...World] W; [*not present*]
475.5	wasn't] W; wasnt
475.5	to be] W; to be be
475.6	both] W; bot
475.14	terrifying] W; terifying
475.17	live] W; life
475.18	our] W; out
475.20	world-wide] W;～∧～
475.24	world] W; the world
475.29-476.1	inalienable] W; inaliemable
476.2	a way] W; way
476.6	turning] W; turnings
476.12	disturbances] W; disturnaces
*476.15	now.] W;～,
476.24	affections] W; affactions

476.28	whether] W; whther
476.31	of] W; of themselves
476.31	which they] W; which
476.33	only] W; onlt
476.37	hasn't] W; hasnt
477.3	the dark] W; a dark
477.5	moves] W; move
477.5	official] W; offical
477.13	Motherland] W; Mother land
477.15	it has] W; it is has
477.24	thoroughness] W; throughness
477.26	profound] W; prfound
477.26	disbelief] W; disbleif
477.37;478.11	totalitarian] W; totalitaritarian *668*
477.40	success] W; sucess
478.5	misrepresentation] W; misrepresenation
478.13	be?] W; ～.
478.21	burning] W; buring
478.22	animated,] W; ～$_\wedge$
478.24	matching] W; match
478.25	pattern,] W; ～$_\wedge$
478.30	practices] W; pracices
478.30	can] W; is can
*478.33	For] W; Fear
478.37	we put] W; put
478.37	intelligence.] W; intelligenge.
478.38	in] W; in what
478.39	The] W; The in
478.40	matters'] W; ～$_\wedge$
479.6	give] W; give give
479.8	but] W; but but

《评最近对道德和逻辑理论中一些观点的批评》

范本是打字稿，收藏于卡本代尔：南伊利诺伊大学，莫里斯图书馆，特别收藏，5号文件夹，第59盒，杜威文集。

480.1	Criticisms] W; Criticims
480.5	In the] W; The
480.13	discussed] W; dicussed
480.21	distinct] W; ditinct
480.26	have been] W; been
480.27	an] W; a
*480.29	criticized] W; criticised

	480.29	interested] W; intersted
	481.5	directly] W; ditectly
	481.6	criticisms] W; criticims
	481.10	philosophical] W; philosphical
	481.12	prefers] W; prfers
	481.12[2]	"X] W; ∧~
	481.15	White's] W; Whites
	481.15	"knowledge] WS; ∧~
	481.15	causes] W; "~
669	481.16	is] WS; is is
	481.18	*desirable*] WS; *desireable*
	481.18	*itself*."] W; ~∧"
	481.21	Dr. White] W; Dr∧ Whiate
	481.22	Dr.] W; ~,
	481.25	investigation of] W; investiation of of
	481.26	consequences,"] W; ~,∧
	481.28	*A priori*] W; *Apriori*
	481.33	"desirable"] W; ∧~∧
	482.3-4	conditions] W; comditions
	482.4	ethical] W; ethocal
	482.6	philosophical] W; philosophy
	482.13	guarantee] W; gurantee
	482.14	validity] W; falidity
	482.15	behalf] W; behlf
	482.15	that the] W; the the
	482.17	simply] W; simply that
	482.18	"*objective*"] W; "~∧
	482.23	upon] W; upon that
	482.25	propositions."] W; ~",
	482.30	is] W; is not
	482.33	*de jure*,] W; de jure∧
	482.33	distinction] W; distinguished
	482.34	desired] W; desire
	482.34	*de facto*,] W; defacto∧
	482.36	casually] W; casully
	483.1	consequences,] W; consequences be
	483.9	consequences] W; conseawuences
	483.10	whales.] W; by whales.
	483.14	tries] W; tires
	483.15	*de facto*.] W; [*rom.*]
	483.21	end-in-view] W; end-inview
	483.22	recognized,] W; recognizes,
	483.24	red,"] W; ~∧"
	483.25	proposition,] W; ~∧

483.27 conditions,"] W; ~∧"
483.28 White's] W; Whote's
483.28 its] W; it its
483.29 scientifically] W; scientificially
483.29 propositions,] W; proposition,
483.31 for,] W; ~∧
483.32 example,] W; ~∧
483.33 question] W; ~,
483.34 constituted] W; constited
483.36 There] W; Thare 670
483.36 *de facto*] W; [*rom.*]
483.36 propositions] W; propostions
483.36 do with] W; do
483.37 what now] W; now
483.39 *de facto*] W; *defacto*
483.40 *de facto*] W; de-facto
484.2 which] W; which will
484.3 empirical] W; expirical
484.4 or] W; of
484.5 conditions] W; concidions
484.7 by] W; by by
484.8 activities] W; ~,
484.8 time] W; ~,
484.8-9 informs] W; inform
484.9 to find] W; t of find

《教育学——备忘录》

范本是给威廉·林内·哈普校长的备忘录的油印件，收藏于芝加哥大学约瑟夫·雷根斯坦图书馆，特别收藏，校长文件(1899—1925)。

485.5 not] W; not the most
485.5 judgment] W; judgemnt
486.4 architecture,] W; ~∧
486.4 schools,] W; ~.
486.5 three, ultimately] W; the ∧ ultimatuely
486.8 between] W; betw en
486.12 not] W; no
486.14 two] W; a two
486.22 and] W; and and
486.29 Columbia,] W; ~.
486.34 authorities] W; authorites
486.35 could] W; could be

《俄国的学校体系》

范本是速记报告，收藏于麦迪逊：威斯康星州历史协会，安妮塔·麦考密克·布莱恩文集。这是杜威于 1929 年 2 月 21 日在芝加哥大学利昂·曼德尔会堂所作的演讲。

671	488.30	I] W; [¶] I
	488.31	old-time] W; ～∧～
	488.37	country—] W; ～;
	488.38	you—] W; ～∧
	489.2	"I] W; ∧～
	489.6	States."] W; ～.∧
	489.6	Here] W; [¶] Here
	489.10	My] W; [¶] My
	489.11	there] W; ～,
	489.12	which,] W; ～∧
	489.17	—something of] W; ∧something from
	489.17	sure—] W; ～,
	489.27	Therefore,] W; [¶] Therefore,
	490.15	His] W; [¶] His
	490.20(2),21,33	Tsarism] WS; Czarism
	490.22	Revolution] WS; [¶]Revolution
	490.23	favourable] WS; favorable
	490.24	doesn't] WS; does not
	490.25	isn't] WS; is not
	490.32	To] WS; [¶] To
	490.34	centre] WS; center
	490.34 - 35	bureaucracy] WS; Bureaucracy
	490.36	State] WS; state
	490.38	they're] WS; they are
	491.5	observer,] W; ～∧
	491.12	anyone who] W; if one
	491.17	This] W; [¶] This
	491.24	was that] W; what that
	491.34	has been] W; been
	492.1	unique] W; ～,
	492.1 - 2	institutions] W; ～,
	492.16	And] W; [¶] And
	492.25	"We] W; ～∧
	492.25 - 26	masters,"] W; ～,∧
	492.34	supreme] W; superme
	492.39	lives."] W; ～.∧

493.2	question.] W; ~.”
493.3	such a] W; such
493.7	In] W; [¶] In
493.9	“to] W; ‸~
493.9	toward socialism;] WS; towards Socialism;
493.12	reconstruction.”] W; ~.‸
493.15	Union] W; ~,
493.20	things. First] W; things, first *672*
493.21	order] W; ~,
493.25	And] W; [¶] And
493.25	obvious] W; ~,
493.26	difficulties,] W; ~‸
493.30	not] W; ~,
493.34	In] W; [¶] In
493.35	year,] W; ~;
493.40	“The] W; [¶] “The
494.5	And] W; [¶] And
494.19	Civic] W; civic
494.20	because although] W; because
494.31	villages,] W; ~‸
494.32	People's] W; Peoples'
494.32	is,] W; ~‸
495.3	old-fashioned] W; ~‸~
495.5	When] W; [¶] When
495.17	hours,] W; ~;
495.18	There] W; [¶] There
495.28	The] W; [¶] The
495.33	course,] W; ~‸
495.34	quality,] W; ~;
495.40	is,] W; ~‸
496.3	In] W; [¶] In
496.12	Now] W; [¶] Now
496.16	That] W; [*no* ¶] That
496.17	As] W; [¶] As
496.25	One] W; [¶] One
496.34	time,] W; ~‸
497.12	I will] W; [¶] I will
497.17	anyway] W; any way
497.28	One] W; [¶] One
497.30	ideas,] W; ~‸
497.31	Well,] W; [¶] Well,
497.32	then] W; them
497.38	had.] W; have.
498.3	It] W; [¶] It

498.5 cultivation,] W; ～;
498.10 topsy-turvy,] W; ～∧～,
498.11 - 12 backward—] W; ～;
498.13 barbarism—] W; ～,
498.15 They] W; [¶] They
498.16 only with] W; with
498.18 In] W; [¶] In
673 498.29 They] W; [¶] They
498.35; 499.3 sledge-hammer] W; ～∧～
498.37 "You] W; ∧you
498.38 country."] W; ～.∧
498.38 And] W; [¶] And
499.1 Then] W; [*no* ¶] Then
499.5 The] W; [¶] The
499.7 grammar] W; grammer
499.11 Well,] W; ～∧
499.18[2] "Well,] W; ∧～,
499.22 have."] W; ～.∧
499.22 He] W; [¶] He
499.22 "Now] W; ∧～
499.24 But,"] W; ～,∧
499.24 "am] W; A ∧～
499.24 satisfied"—] W; ～∧—
499.25 —"until] W; —∧～
499.27 one."] W; —.～∧
500.4 (Laughter), —] W; (～),∧
500.13 "It] W; ∧it
500.14 all."] W; ～,∧
500.14 "We] W; ∧we
500.15 drunkenness."] W; ～.∧
500.15 They] W; [¶] They
500.16 eliminating,] W; ～∧
500.18[2] colony,] W; ～∧
500.23 "Well,] W; ∧～,
500.25 not."] W; ～.∧
500.25 Then] W; [¶] Then
500.27 "At] W; ∧at
500.29 community."] W; ～.∧
500.29 He] W; [¶] He
500.32 "Oh,] W; ∧～,
500.35 harm."] W; ～.∧
500.35 We] W; [¶] We
500.36 "Well,] W; ∧well∧
500.37 murderers."] W; ～.∧

500.38	“But,”] W; ∧～, ∧
500.38	“at] W; ∧～
500.39	here.”] W; ～. ∧
500.39	Now] W; [¶] Now
501.3	If] W; [*no* ¶] If
501.7	One] W; [¶] One
501.13	And] W; [¶] And
501.20	life] W; Life 674
501.23	To] W; [¶] To
501.25	however:] W; ～,
501.26	things—] W; ～;
501.29 - 30	literature,] W; ～;
501.30 - 31	Scandinavian] W; Scandivanian
501.35	pouring-in] W; ～∧～
501.40	The] W; [¶] The
502.11	So] W; [¶] So
502.15	later,] W; ～;
502.19	They] W; [¶] They
502.32	On] W; [¶] On
503.2	Russia, that] W; Russia. That
503.2	say,] W; ～∧
503.8[1]	scale] W; scale of
503.26	time;] W; ～,
504.6	Then] W; [¶] Then
504.9	And] W; [¶] And
504.16	So] W; [¶] So
504.23	conclusion that] W; conclusion
504.24	namely,] W; ～∧
504.30	Their] W; [¶] Their
505.1	read] W; lead
505.2	on: first,] W; on. First,
505.3	Of] W; [¶] Of
505.14	To] W; [*no* ¶] To
505.17	But] W; [¶] But
505.18	eye;] W; ～,
505.22	Certainly] W; [¶] Certainly
505.26	self-confidence] W; ～∧～
505.33	around,] W; ～;
505.36	One] W; [*no* ¶] One
505.37	famine,] W; ～;
505.40	He] W; [¶] He
505.41	“Well,] W; ∧～,
506.1	up.”] W; ～. ∧
506.2	“Oh,] W; ∧～,

506.3 already."] W; ~.∧
506.3[2] I] W; [¶] I
506.6 "I] W; ∧~
506.11 here."] W; ~.∧
506.16 elections,] W; ~;
506.17 One] W; [¶] One
675 506.19 public] W; Public
506.24 towns; propaganda] W; towns. Propaganda
506.27 "I] W; ∧~
506.28 is."] W; ~.∧
506.30 friendly,] W; ~;
506.30-31 old-time] W; ~∧~
506.31 "well,] W; ∧~,
506.32 here."] W; ~.∧
506.41 on,] W; ~;
507.4 stations,] W; station,
507.8 There] W; [¶] There
507.18 Beside] w; [¶] Beside
507.23 rightly,] W; ~∧
507.27 visa (he] W; ~,~
507.28 there), a] W; there. A
507.29 "Oh,] W; ∧~,
507.30 doctor."] W; ~.∧
507.36 They] W; [¶] They
507.38 teachers,] W; ~;
508.4 If] W; [¶] If
508.5 One] W; [¶] One
508.7 work,] W; ~;
508.13 children,] W; ~∧
508.15 qualitative,] W; ~∧
508.40 But] W; [¶] But
509.25 And] W; [¶] And
509.32 Now] W; [¶] Now
509.34 ambassador] W; Ambassador
510.13 old-fashioned,] W; ~∧~
510.14 American,] W; ~∧

《儿童的健康与保护》

范本是速记报告,保存于麦迪逊:威斯康星州历史协会,168 盒,安妮塔·麦考密克·布莱恩文集。这是杜威于 1931 年 10 月 30—31 日在芝加哥帕尔默楼召开的关于儿童健康与保护的白宫会议上所作的演讲。

511.3	Delegates,] W; ～;
511.6	way,] W; ～;
511.15	They] W; [¶] They
511.19	they] W; they they
511.25	This] W; [¶] This *676*
512.3	The] W; [¶] The
512.5	specific] W; spceific
512.6	There] W; [¶] There
512.15	The] W; [¶] The
512.18	Now] W; [¶] Now
512.32	schools?] W; ～.
512.32	A] W; [¶] A
512.34	It] W; [¶] It
512.37	device] W; advice
512.39	The] W; [¶] The
512.40	The] W; [¶] The
513.3	Now,] W; [¶] Now,
513.10	"For] W; [¶] "For
513.11	his] WS; its
513.14	Fine] W; [¶] Fine
513.18	article] W; Article
513.19	Charter:] W; ～.
513.19	"such] W; ∧～
513.21	citizenship."] W; ～.∧
513.21	This] W; [¶] This
513.22	fundamental,] W; ～∧
513.22	me,] W; ～∧
513.23	cannot] W; canot
513.31	Health] W; [¶] Health
513.35	And] W; [¶] And
514.2	with] W; ～,
514.4	There] W; [¶] There
514.8	Body] W; [¶] Body
514.11	And] W; [*no* ¶] And
514.12	Is] W; [¶] Is
514.16	If] W; [¶] If
514.22	disorders] W; disorder
514.27	And] W; [¶] And
514.31	The] W; [¶] The
514.35	If] w; [¶] If
514.37	Our] W; [¶] Out
514.38	intellectualizing and,] W; ～,～∧
514.38	word,] W; ～∧
515.6	The] W; [¶] The

515.9 girls—] W; ~,
515.12 The] W; [¶] The
*515.13 and] W; in
515.23 So] W; [¶] So
677 515.27 deficiencies] W; deficiences
515.35 Comparatively] WS; Apparently
515.36 esthetic] WS; aesthetic
515.36 could] WS; would
516.10 It] W; [¶] It
516.17 Every] W; [¶] Every
516.22 Conference ∧ W; conference
516.24 First,] W; [¶] First,
516.26-27 Secondly,] W; [¶] Secondly,
516.39 While] W; [¶] While
517.1 into] W; in to
517.1 school,] W; ~∧
517.4 I] W; [¶] I
517.9 What] W; [¶] What
517.17 For] W; [¶] For
517.25 I was] W; [¶] I was
517.28 If] W; [¶] If
517.31 I do] W; [¶] I do
517.34 I think] W; [¶] I think
517.35 Children's] W; Childrens'
517.36 Conference] W; conference
518.3 So] W; [¶] So
518.4 reinforce] W; reinforces
518.13 Children's] W; Childrens'
518.20 We] W; [¶] We
518.24 The] W; [¶] The
518.26 ago,] W; ~∧
518.35 We] W; [¶] We
519.6 I am] W; [¶] I am
519.8 I see] W; [¶]I see
519.14 I think] W; [¶] I think
519.24 attract,] W; ~;
519.26 I want] W; [¶] I want
519.30-31 the nation] W; of the nation
519.33 Dr.] W; [¶] Dr.

《美国教师联合会声明》

范本是打字稿,并非杜威所打,收藏于卡本代尔:南伊利诺伊大学,莫里斯图书馆，特别收藏，约翰·L·查尔兹论文集。

520.13	teachers'] W; teacher's

《约翰·H·兰德尔的〈我们变化中的文明〉》 678

范本是打字稿，收藏于纽约州纽约市：哥伦比亚大学，巴特勒图书馆，善本和手稿室，小约翰·H·兰德尔文集。

522.4	Dr.] W; ～∧
522.4	*Our*] W; OUr

《评理查德·韦林的〈嫩枝弯曲时〉》

范本是打字稿，收藏于纽约州纽约市：纽约公共图书馆，阿斯特、雷诺克斯与蒂尔登基金会，善本和手稿分部，理查德·G·韦林论文集。

523.4	in] W; in the
523.4	*Is*] W; *is*
523.5	story of] W; story of of
523.7	eighty-four] W; ～∧～
523.9	as] W; is
523.16–17	citizenship] W; citizen ship
523.20	vigorously] W; vigoroughly
523.20	conducting] W; conduction
523.24	administrators,] W; adminstrators,
523.29	buoyed] W; bouyed

《普林格尔先生备忘录》

范本是打字稿，收藏于华盛顿：美国国会图书馆，手稿部，1号盒，D文件夹，普通信件，亨利·福尔斯·普林格尔论文集，1942年。

524.1	Mr.] W; ～∧
524.2	1.] W; ～∧
524.6	daily] W; dail
524.9	etc.;] W; etc etc∧;
524.9	radio,] W; ～∧
524.11	priests] W; proests
524.11–12	administration] W; adminstration
524.13	interference] W; interferernce
524.16	would happen] W; happen
524.21	work,] W; ～∧
524.28–29	successes] W; sucesses 679
525.16	techniques.)] W; ～).

525.19,21,22	against] W; agt
525.26	haven't] W; havent

致 S·J·伍尔夫

范本是打字稿,收藏于卡本代尔:南伊利诺伊大学,莫里斯图书馆,特别收藏,杜威 VFM80。

526.12	Mr.] W; .～∧

弗兰克·贝克退休声明

范本是打字稿,收藏于哥伦比亚:南卡罗莱纳大学,南卡罗莱纳图书馆,西奥多·T·拉弗蒂文集。

527.3	occasion] W; occassion
527.4	satisfaction] W; satifaction
527.9	concern] W; concwrn
527.11	colleagues,] W; ～∧
527.17	a human] W; human
527.19	infused] W; invfused

《历史上的基督教的价值》

范本是《每月公告》,第 11 期(1889 年 11 月),第 31—36 页。

530.1	health-destroying] W; ～∧～
530.20	ceremonialism] W; cremonialism
530.34	which transcends] W; what transcends
532.19	Him] W; him
533.2	Himself] W; himself

打字稿中的变更

在以下列表中显示的是在本卷条目的打字稿中，杜威用打字或手写所作的变动。 680
杜威在写作和修改的过程中作的所有变更都显示在这里了，除了以下情况：为使一个字更清晰而加深字母、打入字中的不相干字母、字的错误开头、重复字，以及其他明显的打字机的机械错误。在错误可能是另一个词或另一个词的开头这类可能性存在的地方，情况都被列出来了。

方括号前的字指的是原始打字稿；如果打字稿已经被校勘过，或者拼写被规范化，则回车前面的一个井号#表示此版本中的该文本在“校勘表”中。在此版本中，如果同一行上相同的两个或多个字中的一个字被涉及了，则某个在前面或后面的字或标点符号会被加入以便识别。否则，那个特指的字会被标上1或2来显示它在该行中的出现。

对于显示在方括号右边的杜威的变更，缩写 *del*(被删除的)用来显示被用墨水或铅笔(这些介质在每一条的批注中都有详细说明)标记出的材料；所有被注有 *added*(被加上的)的变更，也都是用墨水或铅笔写的。打字的变更，用缩写 *t* 表示。所有的插入符号都是手写的；当一个插入符号伴有打字的行间书写的时候，插入符号用墨水或铅笔写。当插入符号和手写的变更一起用时，它们和变更用的是同样的介质。对于打字稿中被删除的材料，使用了 *x'd-out*。缩写 *alt. fr*(从……改变过来的)被用来标示以某种方式从词或标点符号的更早的形式改变过来的材料；如果是手写的改变，则注明介质。缩写 *undrl.* 应用于墨水或铅笔画的下划线，而 *quots.* 则表示引号。

至于位置，当插入的是一个简单的行间书写时，则公式就是 *intrl.* 或者 *intrl. w. caret.* 。当一个删除放在行间书写中时，*intrl.* 就不用了，而公式则写作 *ab. del.*

681 ‘*xyz*’; *w. caret ab. del.* ‘xyz’;或者 *ab. x'd-out* ‘xyz’。*Ab.*(上面)表示在上面插入行间书写而没有插入符号的,除非一个插入符号被特别说明;*bel.*(下面)表示在下面插入行间书写而没有插入符号的,除非对插入符号有所说明;*ov.*(在……上)表示直接修改在原来的字母上,没有行间插入。缩写 *bef.*(前面)和 *aft.*(后面)表示在同一行上所作的变动,不论是原始行还是插入行。缩写 *insrtd.*(插入)指的是加入的内容,不能被叫做行间插入,然而是同样的实质。

当一个变更包含一个先前的修订时,那个修订会被放在方括号中加以描述,方括号紧随在那个它所指的字后面,或者,一个星号*会被放在方括号中的描述所属内容的第一个字的前面。

《〈展望,1934〉导言》中的变更

该文档是一页长的打字稿,收藏于安娜堡的密歇根大学,宾利历史学图书馆,6号文件夹,第30盒,玛丽·席勒·布兰夏德部,保罗·布兰夏德集。所有杜威(D)的亲笔改动都是用铅笔;所有显然来自工业民主联盟编辑(L)的改动都是用蓝墨水。

46.2	"Every] *quots. added* L
46.3	wiser] *alt. fr.* ‘wisers’ D
46.3	ones] *alt. fr.* ‘one’ *bef. del.* ‘will’ D
46.3	us] *ab. del.* ‘you’ L
46.6	go,] *comma added* D
46.6-7	whether they] *intrl.* L
46.9-10	people. There] *period added bef del.* ‘while’; ‘T’ *ov.* ‘t’ L
46.11	is] *alt. fr.* ‘id’ D
46.13	of] *t. alt. fr.* ‘if’ D
46.13	if] *alt. fr.* ‘is’ D
46.13	it is] *intrl. w. caret* D
46.14	win] *aft. x'd-out* ‘succ’ D
46.18	This] *aft. added* ‘¶’ L
46.20	The] ‘T’ *ov.* ‘t’ *aft. del.* ‘But’ L
46.23	part] *aft. del.* ‘some’ L
46.24	citizenship."] *quots. added* L

《知识与存在》中的变更

该文档是一份36页长的打字稿,并非杜威所打。收藏于卡本代尔:南伊利诺伊大学,莫里斯图书馆,特别收藏,14号文件夹,第51盒,杜威文集。第1—26页是打印的;
682 第26a-c(脚注6)是亲笔写的;第27和28页是打印的;第29页同时有打印亲笔

写；第 30 页遗失；第 31—34 页亲笔写。文档打印在大学铜版纸上；所有亲笔写的页数和变更都是用黑色墨水写的。

361.1 *Knowledge . . . Relation*] *added*
361.6 which] *bef. del.* 'all the'
361.6 fruitfully] *intrl. w. caret*
361.8 existence] *w. caret ab. del.* 'objects'
361.10 existences,] *added*
361.10 facts;] *superscript* '1' *added*
#361.12 viz,] *intrl. w. caret*
361.12 *mean*] *undrl.*
361.16 —say] *intrl. w. caret*
361.18 (*means*)] *parens. ov. commas*
361.22 names] *aft. del.* 'other'
361.23 things.] *period added bef. del.* 'with respect to one another.'
361.24 - 362.1 numerous & profound] *w. caret ab. del.* 'tremendous'
361n. 1 - 2 1. Later . . . indifferently.] *added*
362.1 acceptance] *aft. del.* 'the'
362.4 My] *ov.* 'The'
362.5 however] *intrl. w. caret*
362.7 propositions] *bef. del.* 'I have in mind'
362.13 second:] *colon alt. fr. period*
362.13 - 15 which . . . way.] *intrl. w. caret*
362.19 and] *bef. del.* 'combine it with'
362.19 in combination,] *intrl. w. caret*
362.20 try to] *intrl. w. caret*
362.20 the second and] *w. caret ab. del.* 'it with'
362.21 it] *ab. del.* 'that it is'
362.21 restate] *ab. del.* 'change radically the character of'
362.22 holding] *w. caret ab. del.* 'worsting'
362.24 knowledge] *ab. del.* 'there is such a thing'
362.24 is] *ov.* 'as'
362.31 Thesis] *intrl. w. caret*
362.32 - 33 (involving . . . relation)] *intrl. w. caret; 'qua' ov.* 'in'
362.34 Antithesis] *intrl. w. caret*
362.37 that are] *added*
362.39 - 363.1 *connection . . . characteristics*] *undrl.; 'characteristics' alt. fr. 'characters'*
363.1[1] smoke] *aft. del.* 'the' 683
363.12 Generalizing] *w. caret ab. del.* 'On this basis'
363.14 the bare . . . association.] *added*
363.15 My] *ov.* 'my' *aft. del.* 'Now'
363.15 intention] *bef. del.* 'here'
363.17 matter of suggestion-relation] *added*

363.18	illustration] *single quots. del.*
363.19	it . . . that] *intrl. w. caret*
363.20	situation.] *period added bef. del.* 'to which S-meaning-P refers.'
363.22	that are] *ov.* 'and'
363.27	them?] *question mark ov. dash*
363.30	question] *bef. del. comma*
363.31-32	as defined] *w. caret ab. del.* 'or'
363.36	right.] *alt. fr.* 'sight' *bef. del. quot.*
364.3	a proposition] *intrl. w. caret*
364.3	that] *alt. fr.* 'what'
364.5	it reads] *ab. del.* 'then'
364.8	'consciousness'. To] *period added;* 'T' *t. ov.* 't'
364.8-9	consciousness;] *semicolon added*
364.9	(as we have seen)] *intrl. w. caret*
364.10	meaning-relation] *hyphen added*
364.11	as defined.] *intrl. w. caret*
364.12	quoted] *bef. del. comma*
364.12	have,] *comma added*
364.14	meaning-relation,] *comma added*
364.16	force,] *comma ov. semicolon*
364.16	i.e,] *ab. del.* 'or'
364.16	put] *aft. del.* 'to' [*intrl. w. caret*]
364.17	expression] *bef. del.* 'in the second sentence quoted'
364.19	(in] *paren. added*
364.19	sentence)] *intrl. w. caret*
364.20	Hence,] *w. caret ab. del.* 'Or,'
364.23	itself.] *period ov. comma bef. del.* 'for only if the relation has reference beyond can it be more than one which effects bare co-presence.'
364.26	'consciousness'] *quots. added*
364.28	us] *bel. t. intrl. w. caret then del.* 'now'
#364.30	which,] *comma added bef. del.* 'gaining and [*ov.* 'or'] losing nothing save this relation'
364.34	existence of a] *intrl. w. caret*
#364.36	illusory;] *semicolon alt. fr. comma*
364.36	if it] *ov.* 'in its'
684 364.36	identifies] *w. caret ab. del.* 'reality defines'
364.38	(1)] *added*
365.10	History] 'H' *ov.* 'h' *aft. del.* 'Since'
365.12	that] *ov.* 'since'
365.13	H_2O;] *semicolon alt. fr. comma*
#365.13	hence . . . but to] *ab. del.* 'it must be'
365.14	water",] *comma added*
365.15	properties,] *comma added*

365.15 - 16	must . . . proposition.] *ab. del.* 'to which the proposition refers.'
365.16	quoted] *t. intrl. w. caret*
365.20	Of] 'O' *ov.* 'o' *aft. del.* 'For'
365.22	situation;] *semicolon alt. fr. comma*
365.22[2]	of] *w. caret ab. del.* 'as to'
365.22	*seem*] *undrl.*
365.22	be,] *comma added*
365.23	Just] 'J' *ov.* 'j' *aft. del.* 'Ir is'
365.23	*their*] *undrl.*
365.23	"knowledge"] *bef. del.* 'which'
365.24	not] *bef. del.* 'the'
365.24	with] *bef. del.* 'their'
365.26	into] *t. w. caret ab. del.* 'to'
365.27	to those] *w. caret ab. del.* 'of'
365.28	Knowledge] 'K' *ov.* 'k' *aft. del.* 'And'
365.28	in this case] *intrl. w. caret*
365.30	then,] *bet. t. intrl. w. caret then del.* 'either'
365.30	either] *intrl. w. caret*
365.32	be;] *semicolon alt. fr. comma*
365.32	else] *intrl. w. caret*
365.34	and] *t. intrl. w. caret*
365.34 - 35	unchanged] *w. caret ab. del.* 'definite'
365.35	further] *intrl.*
365n.3	view] *intrl. w. caret*
365n.5	being] *intrl. w. caret*
365n.5	or] *insrtd.*
366.8	yet hold (and] *intrl. w. caret*
366.8	reason)] *paren. added*
366.8[2]	that] *intrl. w. caret*
366.8	denote] *aft. del.* 'are' [*w. caret ab. del.* 'being terms to']
366.9	fulfils the] *bef. del.* 'interest demands'
366.9	conditions] *intrl. w. caret*
366.10	situation.] *period ov. semicolon*
366.10 - 11	It . . . it] *ab. del.* 'express the fact that 'things' *hawe* been'
366.11	them] *intrl. w. caret* *685*
366.11 - 12	'objects and facts'] *quots. added*
366.13	situation,] *comma added*
366.13	so that,] *ov.* 'or,'
366.13	subsequent] *intrl. w. caret*
366.14[1]	that] *ov.* 'the' [*ov,* 'that']
366.14	alteration] *w. caret ab. del.* 'fact'
366.15	error.] *aft. del.* 'ignorance or'
366.15	does] *moved w. caret and guideline fr. aft.* 'Woodbridge'
366.17	through . . . relation.] *added*

366.23	with] *intrl. w. caret*
366.24	the] *intrl. w. caret*
366.25	(2)] *added*
366.30	is] *intrl.*
366n.1	all-inclusive] *hyphen added*
366n.1	'in] *quot. added*
366n.1	consciousness,'] *aft. del. single quot.; comma added*
366n.1[2]	in] *intrl. w. caret*
366n.4	*as*] *undrl.*
366n.5	(or] *paren. ov. comma*
366n.5	necessary,] *comma added*
366n.5[2]	or] *ov.* 'and'
366n.5	and] *ov.* 'or'
366n. 5	characters)] *paren. ov. comma bef. del.* 'the content of an exhaustive judgment,'
366n.8	'consciousness'] *ab. del.* 'the personal apprehension'
366n.9	or consciousness] *intrt. w. caret*
367.2	object,] *comma added*
367.2	and if it then] *intrl.*
367.3	significance-retation] *bypben added*
367.3	for it] *t. intrl. w. caret*
367.4	were] *w. caret ab. del.* 'then ought to be'
367.6	But] *w. caret ab. del.* 'Or'
367.6	a] *ov.* 'the' [*added*]
367.6	thing outside] *added bef. del.* 'it'
367.7	beside itself] *intrl. w. caret*
367.7	had to be] *w. caret ab. del.* 'then must become'
367.17	since] *intrl. w. caret*
367.18	by definition] *intrl. w. caret*
337.18	smoke-of-the-fire] *bef. del.* '*the object' [*w. caret ab. del.* '*is *not*'{*aft. del.* 'which'}]
367.19	real] *intrl. w. caret*
367.19	did not] *ab. del.* 'as it'
686 367.19	*enter*] *alt. fr.* '*entered*'
367.19	in its reality] *intrl. w. caret*
367.20	rather] *ab. del.* 'as it'
367.20	*issues*] *alt. fr.* '*issued*'
367.20	—in consciousness—] *intrl. w. caret*
367.20 - 21	In any case, if knowledge] *added aft. del.* 'In any case, it is at once'; 'if' *ab. del.* 'either' [*added*]; *bef. del.* '*denotes the' [*added*]
367.23 - 24	refers ... transformed.] *added*
367.28[1]	fact] *ital. del.*
367.30	to] *w. caret ab. del.* 'with-'

367.30[1] organism,] *aft. del. hyphen*
367.30 - 31 the organism being] *w. caret ab. del.* 'which is'
367.31 - 32 and hence] *intrl. w. caret*
367.32 one] *intrl. w. caret*
367.32 any other] *w. caret ab. del.* 'another'
367.33 Hence] *w. caret ab. del.* 'Then'
367.34 related set of] *w. caret ab. del.* 'are'; 'related' *ov.* 'set'
367.36 plausible;] *semicolon alt. fr. comma bef del.* 'and'
367n.2 appearance;] *semicolon ov. period*
367n.2 - 3 while ... knowledge.] *added*
368.2 upon] *w. caret ab. del.* 'against'
368.2 idealistic notion] *w. caret ab. del.* 'definition'
368.3 are not] *ital. del.*
368.3 at all the same as] *ab. del. 'to be identified with'*
368.4 significance] *alt. fr.* 'significant'
368.5 relation.] *ab. del.* 'situation.'
368.5 is required by] *intrl. w. caret*
368.6 change] *bef. del.* 'requires'
368.7 - 8 with-a-percipient-organism.] *hyphens added*
368.8 argument] *w. caret ab. del.* 'organism'
368.10 unchanged] *alt. fr.* 'when changed'
368.11 'consciousness.'] *ab. del.* 'knowledge'
368.11 lacking in] *w. caret ab. del.* 'innocent of having'
368.13 is lacking] *ab. del.* 'does not have it'
368.14 is lacking.] *ab. del.* 'does not have ir.'
368.16 difficulty] *intrl. w. caret*
368.16 has to account for] *ab. del.* 'it is up against the'
368.16 this fact not being] *ab. del.* 'that a fact of that nature'; *aft. del.* '*the fact' [*ab. del.* 'fact']
368.16 what] *aft. del.* '*that this [*intrl. w. caret*] is not'
368.17 so constituted] *ab. del.* 'of that nature'
368.17 - 19 appears ... meaning-relations.] *ab. del.* 'is what *issues* from one knowledge-relation as the object of other knowl-edge-relations. *asterisk*'; *bef. del.* '*asterisk* I cannot refrain here from entering into a side issue: the problem of the connection between entering into relation to the organism and entering into the meaning relation. Do we have here the *same* fact or *different* facts? The logic of Professor Wood-bridge would make them different — the 'fact' must have already undergone the change before entering 'consciousness'. Professor Montague's theory of *"Consciousness as Energy" [*added aft. del.* 'the'] (in his essay in the James Memorial Volume) would seem to imply this identification. If we accepted the latter alternative and raised the question as to the relation of the 'intensity' of the brain state to the condition of the 687

organism as a whole, and were to reach the conclusion that primarily *it is [*bef. del.* 'the organism, qua agent, {*comma added*} which is in'] the [*ov.* 'a'] condition of stress and strain,* in the organism qua reacting against which identifies 'consciousness' [*intrl. w. caret*] we should reach a very interesting result: All 'conscious experience' would be the expression of [*bef. del.* 'complete'] qualitative tension and consequent indeterminateness in a scheme of organic [*intrl. w. caret*] activities. I do not of course mean to hold Mr. Montague for this gloss.'

368.19 – 20 We have ... which the] *added bef. del.* '*knowledge relation' [*added*].

368.21 – 22 meaning-relation ... then] *added*

368.22[2] the] *ov.* 'it' [*added*]

368.22 – 23 real fact ... relation.] *added;* 'real fact' *intrl. w. caret*

368.24[1] of] *ab. del.* 'as to'

368.24 – 25 the transformation] *w. caret ab. del,* '*cbange*'

368.25 assumption] *w. caret ab. del.* 'existence'

368.25 meaning-relation.] *period added bef. del.* 'if the latter genu-inely denotes knowledge.'

368.31 significance?] *question mark ov. dasb*

368.31 already] *t. intrl. w. caret*

#368.32 itself as] *w. caret ab. del.* 'what the fact is'

368.32 apprehended] *bef. del.* 'as the'

368.32 – 33 Can ... fire?] *intrl. w. caret*

368.36 proposition] *aft. del.* 'universal'

#368.38[1] The] 'T' *ov.* 't'

368.38 proposition] *aft. del.* 'general'

368.38 – 39 about water in general] *intrl. w. caret*

368.39 that] *aft. del.* 'either'

688 368.39 *meaning*] *undrl.*

368.39 meaning;] *semicolon added*

368.39 else it is] *intrl. w. caret*

369.2 is a] *ab. del.* 'are'

369.2 fact] *alt. fr.* 'facts'

369.2 its] *w. caret ab. del.* 'their'

369.2[2] fact] *alt. fr.* 'facts'

369.2 Or] *intrl.*

369.3 first alternative,] *w. caret ab. del.* 'former case,'

369.4 contains] *aft. del.* 'also'

369.5 already] *bef. del.* 'known to be'

369.5 statement] *w. caret ab. del.* '*judging*'

369.7 identified] *w. caret ab. del.* 'known'

369.8 situation] *aft. del.* 'meaning-relation involves a'

369.8 must be described as] *intrl. w. caret*

369.8	*if*] *undrl.*
369.10	'this';] *semicolon alt. fr. comma*
369.16	thirst;] *semicolon alt. fr. comma*
369.16-17[1]	, since ... thirst,] *intrl. w. caret*
369.18-19	But ... alternatives] *w. caret ab. del.* 'All this requires of course that'
369.20	different] *bef. del.* 'so far as'
369.20	—*qua* in it—] *intrl. w. caret*
369.21	it:] *colon alt. fr. period*
369.21-22	—for ... determination.] *added*
369.26	(instead] *paren. added*
369.27	being] *bef. del.* 'defined as'
369.28	object)] *paren. added*
369.30	in knowledge] *intrl. w. caret*
369.31	For] *added aft.* '¶' [*added aft. del.* 'For']
369.32	'This'] 'T' *ov.* 't'
369.32	(independently] *paren. added*
369.33	situation)] *paren. added*
369.33	a] *ov.* 'the'
369.35	Hence ... alteration.] *intrl. w. caret*
369.36	'this' is] *ov.* 'it possesses'
369.36	characterized] *intrl. w. caret*
369.36	by] *intrl. w. caret*
370.1	the] *alt. fr.* 'this'
370.1	of 'this'] *intrl. w. caret*
370.2	precisely] *intrl. w. caret*
370.2	determination] *aft. del.* 'possible'
370.2	Knowledge] 'K' *ov.* 'k' *aft. del.* 'In this case,'; *bef. del.* 'and 'consciousness' 689
370.3	is] *ab. del.* 'are'
370.3	accordingly] *intrl. w. caret*
370.3	it] *w. caret ab. del.* 'they'
370.4	lights] *alt. fr.* 'light'
370.4	exists.] *period added bef. del.* 'outside of themselves.'
370.5	conclusion,] *comma added*
370.6	seems to be] *w. caret ab. del.* 'is'
370.11	meant] *bef. del.* 'in the meaning relation'
370.11[2]	the] *alt. fr.* 'that'
370.12	meaning—] *added*
370.13	terminates,] *comma added*
370.18	which] *bef. del.* 'fixes whether it'
370.19	either] *ov.* 'a'
370.19	of the] *w. caret ab. del.* 'a genuine'
370.19	type] *bef del.* 'of situation'

370.26 that have been urged.] *ab. del.* 'discussed.'

370.28 The rejoinder] *w. caret ab. del.* 'It either'

370.29 a] *ov.* 'the'

370.30 'consciousness'] *quots. added*

370.31 such a situation] *w. caret ab. del.* 'it'

370.31 existing;] *semicolon alt. fr. comma*

370.31 else] *intrl. w. caret*

370.31–32 mean this.] *intrl. w. caret*

370.32 this,] *comma added*

370.34 equivalents.] *period added bef. del.* 'but are simply the direct apprehension of what is.'

370.34 We] 'W' *ov.* 'w' *aft. del.* 'In other words,'

370.34 surrender] *bef. del.* 'now'

370.35 this,] *bef. del.* 'there seem to be just two alternatives.'

370.35 knowledge] *aft. del.* '"One is that while' [*ab. del.* 'One is that since']

370.36 then we do not *know*] *ab. del.* 'to say [*added*] know'

370.36–37 that ... indicated;] *ab. del.* 'that the situation is of this kind is'

370.37 it just is of that kind.] *aft. del.* '"not final but is applied [*w. caret ab. del.* 'itself an elementl'"] in some other [*ab. del.* 'a'] meaning-relationship; or, the proper and full statement is that a situation of the sort indicated *means* something or other.'

370.37–38 as a conscious situation.] *added*

690 370.38 The situation] 'T' *ov.* 't'; *aft. del.* 'In this case, we do *not* have that 'smoke means fire', but that the knowledge that smoke-means-fire means something else. And then clearly we have all our difficulties and dilemmas over again. Or, finally,'

370.39 —or 'consciousness'—] *added*

370.39–40 of course] *intrl. w. caret*

371.4 all.] *bef. del.* 'Not, let it be repeated for the last time, it may be rejoined, that this assertion itself implies that the situation *is known* to be such and therefore contradicts itself.'

371.4 Realistically speaking,] *intrl. w. caret*

371.4 there] 't' *ov.* 'T'

371.5 the] *alt. fr.* 'this'

371.5 conscious] *intrl. w. caret*

371.6 not be without being] *ab. del.* 'have to be'

371.6 known.] *period added bef. del.* 'in order to be.'

371.7 me] *bef. del.* 'to be'

371.8 (or] *paren. added*

371.8[2] of] *intrl. w. caret*

371.9[1] of] *intrl. w. caret*

371.9 'consciousness')] *paren. added*

371.10 existence] *ab. del.* 'situation'

371.13[2]	so,] *comma added*
371.13	so. ✓] *checkmark added;* 'footnote/see Sheet 26A' *insrtd. and circled*
371.17	it] *bef. del.* ', and this ready-made meaning then made a standard for interpreting what precedes'
371.18	a] *ov.* 'as'
371n.1-29	[6] There is . . . inevitably.] *added* [for internal alterations, see 371n. 1—28, listed below]
371n.1	[6] There] *aft. del.* '* The following line of thought may prove suggestive. In any logical discussion of the matter (such as Professor Woodbridge's, or Dr Bode's or this very paper) the situation in question is made' [*added*]
371n.1	is] *ov.* 'ar'
371n.1	to] *bef. del.* 'in'
371n.1	that] *w. caret ab. del.* 'is'
371n.2-3	properly applies.] *intrl. w. caret;* 'applies.' *aft. del.* 'describes.'
371n.3	The] 'T' *ov.* 't' *aft. del.* 'Under these conditions,'
371n.3	situation] *aft. del.* 'latter'
371n.3	of smoke-meaning-fire] *intrl. w. caret*
371n.3	known,] *bel. del.* 'a' [*ab. del.* 'knowledge']
371n.4	This] *aft. del.* 'This has' 691
371n.9	an] *intrl. w. caret*
371n.9	endeavor] *alt. fr.* 'endeavoring'
371n.11	when] *bef. del.* 'one'
371n.19	possibility] *aft. del.* 'determination'
371n.21	As] *alt. fr.* 'A'
371n.21	(d)] *added*
371n.21	This] *alt. fr.* 'Thus'
371n.22	of] *bef del.* 'the'
371n.23	science.] *period alt. fr. semicolon*
371n.23	It] 'I' *ov.* 'i' *aft. del. dasb*
371n.24	a] *w. caret ab. del.* 'as'
371n.24	something] *aft. del.* 'as'
371n.24-25	overlies] *alt. fr.* 'overlay'
371n.25	that] *aft. del.* 'and'
371n.26	this] *ov.* 'the'
371n.28[1]	it] *intrl. w. caret*
371n.28	yields] *aft. del.* 'yields — absurd, naturally—'
372.1	something] *intrl. w. caret*
372.2	involving] *w. caret ab. del.* 'as'
372.2	(judgment] *paren. ov. dasb*
372.2-3	the ordinary, non-technical,] *w. caret ab. del.* 'one'
372.3	term)] *paren. ov. dasb*
372.4	this] *aft. del.* 'as'

372.4 meaning—] *intrl. w. caret*

372.8 denotes] *ov.* 'is'

372.9 denotes] *ov.* 'is'

372.9 *data*] *undrl.*

372.9 - 10 material,] *comma added*

372.10 as] added *bef. del.* 'as gives,'

372.10 selective] *bel. intrl. then del.* 'or'

372.10 determinations] *alt. fr.* 'determination'

372.10 *existence*] *alt. fr.* 'existences'; *undrl.*

372.11 interpretation] *aft. del.* '* determination by' [*bel. t. intrl. w. caret then del.* 'mere']

372.11 or valuation] *intrl. w. caret*

372.11[1] in] *ov.* 'or'

372.12 denotes] *w. caret ab. del.* 'is'

372.12 *object,*] *undrl.*

372.12 secure,] *comma added*

372.13 knowledge. ✓] *checkmark added; bef. del.* '✓ Subject-matter might well be used * as a colorless term [*intrl. w. caret*] to denote the original indeterminate 'this'; its descriptive resolution into data, are all types of progressive determination as *object*-i. e. as the constant with respect to the function of reference.' [*added*]

692 372.17 are] *ov.* 'is'

372.19 These] *aft. del.* '* The logical theory [*w. caret ab. del.* 'It is logical, for it'] involves the problem of coming to know, the problem of method of inquiry, or the effective guidance of inference — the meaning-relation — to its completion or fulfilment; and the problem of the test and meaning of the validity of this outcome — of verification or science.'

372.22 materials.] *period ov. dash bef del.* 'marerials moreover which themselves assume that the logical problems are capable of solution, so that to state the problems of a theory of knowledge in their terms is self-contradictory.'

372.22 stand forth] *w. caret ab. del.* 'exist'

372.24[2] the] *alt. fr.* 'these' *bef. del.* 'aspects of the'

372.24 - 25 problems] *alt. fr.* 'problem'

372.25 - 26 by reason of] *w. caret ab. del.* 'of'

372.30 - 31 or 'consciousness'] *intrl. w. caret*

372.33 - 373.39 In short ... deal with.] *added aft. del.* 'John Dewey.' [for internal alterations, see 372.36—373.39, listed below]

372.36 itself] *bef. del.* 'with peculiar'

372.36 to] *aft. del.* 'readily'

372.36 of] *aft. del.* 'with'

372.36 ultimate] *aft. del.* 'more'

372.36 logical] *intrl. w. caret*

372.37 - 38 the relation of] *intrl. w. caret*
372.38 knowledge] *bef. del.* 'and its relation'
372.38 by] *ov.* 'in'
372.39 by the] *bef. del.* 'ease with,'
372.40 cosmological] *aft. del.* 'epistemological'
373.3 it] *w. caret ab. del.* 'has'
373.5 its] *aft. del.* 'yet'
373.6 ontological] *alt. fr.* 'ontology'
373.6 epistemological] *alt. fr.* 'epistemology'
373.7 mostly] *alt. fr.* 'most'
373.7 vanish] *w. caret ab. del.* 'vanish'
373.9 quietly] *w. caret ab. del.* 'clearly have to'
373.10 therefore] *alt. fr.* 'thereby'
373.12 can] *w. caret ab. del.* 'could'
373.14 claims,] *bef. del.* '& standing'
373.15 knowledge] *aft. del.* 'thought'
373.16 then] *intrl. w. caret* 693
373.16 select] *aft. del.* 'reduce itself to the method'
373.16 early] *intrl.*
373.22 that] *bef. del.* 'it is'
373.22 system] *bef. del.* 'which'
373.24 sketched] *w. caret ab. del.* 'developed'
373.24 was] *ov.* 'were'
373.25 through] *insrtd. bef. del.* 'by'
373.28 the] *ov.* 'this'
373.31 either] *intrl. w. caret*
373.31 or both] *intrl. w. caret*
373.32 better] *moved w. caret and guideline fr. aft.* 'may'
373.33 in its logical method] *intrl. w. caret*
373.34 denying] *aft. del.* 'merely'
373.34 certain] *bef. del.* 'problems'
373.34 logical] *insrtd.*
373.37 the] *aft. del.* 'also'
373.39 supposed] *bef. del.* 'meant'

《托尔斯泰的艺术》中的变更

该文档是一份 17 页长的打字稿,收藏于卡本代尔:南伊利诺伊大学,莫里斯图书馆,特别收藏,29 号文件夹,第 60 盒,杜威文集。手写的变更是用黑色墨水和铅笔写的。

381.3 have] *bef. x'd-out* 'at least'
381.5 begin] *bef. x'd-out* 'with'

381.7　of existence under which] in penc. w. caret ab. del. ‘for [in penc. ov. ‘of’] the achieving’ [alt. in penc. fr. ‘achievement’]

381.7　must be achieved.] intrl. in penc. w. caret

381.8　in] t. alt. fr. ‘if’

381.10　that is] moved w. caret and guideline in penc. fr. aft. ‘begins’

381.11　revealed,] comma in penc. ov. comma [x’d-out]

381.11　tries] in penc. w. caret ab. del. ‘to try’

381.12　theoretic] t. ab. x’d-out ‘general’

381.12　solution, —] comma in penc. ov. comma [x’d-out]; dash t. intrl.

381.12　universal] t. intrl. w. penc. caret

381.13　instead of] bef. penc. del. ‘solution’

381.13　particular] bef. x’d-out ‘solution’

694　381.13　situation] bef. x’d-out comma

381.16　perplexities] t. ab. x’d-out ‘problems’

381.17　conclusion] bef. x’d-out ‘are likely’

381.18　a force] ‘a’ t. ab. x’d-out ‘a’

381.18　do] in penc. w. caret ab. del. ‘will’

381.21　treatises.] comma aft. x’d-out dash

381.22　did] in ink ab. del. ‘has’

381.22　not] intrl. in penc. w. caret

381.22　start] alt. in ink fr. ‘started’

381.25　struck] aft. ink del. ‘has’

381.25　impressing] alt. in ink fr. ‘impressed’ aft. del. ‘and has’

381.26　stayed] aft. ink del. ‘has’

381.26　him,] bef. ink del. ‘has, indeed, him’

381.26　and] in ink w. caret ab. del. ‘stung and’

381.26　he] bef. ink del. ‘could’

381.27　discovered] alt. in ink fr. ‘discover’

381.27[1]　a] in ink ov. ‘the’

381.27[2]　a] in ink ov. ‘the’

381.28　perplexities.] period added in ink bef. del. ‘of [aft. x’d-out ‘involved’] which the special situation is an instance, and in finding this, find also an [bef. x’d-out ‘gene’] equally general principle of remedy.’

#382.8　scene] t. alt. fr. ‘secnce’

382.9　industrial] aft. x’d-out ‘human side’

382.10　being] bef. ink del. ‘somewhat’

382.11　idle] t. alt. fr. ‘idleness’

382.11　luxury] bef. ink del. comma

382.11　moved] aft. ink del. ‘hence’

382.12　slums,] comma added in ink

382.12　emotion] aft. ink del. ‘the’

382.13　was] bef. ink del. ‘one in the’

382.13　not] bef. ink del. ‘in the’

382.14 *saw*] *undrl. in ink*
382.15 beings:] *colon added in ink*
382.26 Certain] *in ink ab. del.* 'Such'
382.26 situations] *t. ab. x'd-out* 'cases' [*aft. ink del.* 'individual' {*aft. x'd-out* 'concrete'}]
382.28 as] *bef. ink del.* 'just'
#382.28 never the less] *alt. in ink fr.* 'not the less'
382.30 while certain sufferings are inevitable,] *intrl. in ink w. caret*
382.30-31 the really serious evils] *in ink ab. del.* 'these events'
382.32 life;] *semicolon alt. in ink fr. comma*
382.32 they] *in ink w. caret ab. del.* 'but'
382.32 false] *aft. x'd-out* 'a' 695
382.32-33 the meaning of] *intrl. in ink w. caret*
382.33 to] *in ink ab. del.* 'to what may genuinely be termed'
382.33 false] *bef. ink del.* 'theories, false'
382.33 in short.] *added in ink*
382.34 to] *in ink ab. del.* 'both'
382.35 that] *in ink w. caret ab. del.* 'and'
382.36 contradict] *alt. in ink fr.* 'contradictions' *bef. del. comma*
382.36 the meaning of life;] *added in ink*
382.36 also] *intrl. in ink w. caret*
382.36 describing] *aft. ink del.* 'enumerating and'
382.38 situation;] *t. alt. fr.* 'situations'; *semicolon alt. in ink fr. period*
#382.38-39 or which just formulate & justify, and thereby, continue it.] *intrl. in ink w. caret;* 'and' *ov.* 'it'; *bef. penc. del.* 'The two things the false philosophies that are responsible for the present failures of life to realize its nature, and the true [*aft. x'd-out* 'false'] philosophy, [*t. alt. fr.* 'philosophie'] which is but a realization of the true [*t. ab. x'd-out* 'real'] nature and purpose of life itself are never [*aft. x'd-out* 'not'] far apart in his thought or discussion. Perhaps, however it may aid a statement that has to be condensed into a few moments if'
382.39 I] *aft. x'd-out* 'we'
#382.40 inevitble,] *comma added in ink*
383.1 man,] *comma in ink ov. period*
383.1-3 the doctrine ... law.] *intrl. in ink*
383.3 freedom] *bef. ink del.* 'according to Tolstoi,' [*comma added in ink*]
383.3 found in] *bef. ink del.* 'his will'
383.3 the] *intrl. in ink w. caret*
383.3-4 of his will] *intrl. in ink w. caret*
383.4 the relation of] *intrl. in ink w. caret*
383.4 reason] *bef. ink del.* 'in relation'

383.6-7 not ... isolation] *intrl. in ink w. caret*
383.7 Man] 'M' *in ink ov.* 'm' *aft. del.* 'but'
383.8 the end] *aft. ink del.* 'that is'
383.9 making.] *aft. ink del.* 'even now'
383.12 itself] *bef. x'd-out* 'in inde'
383.14 freely,] *comma added in ink*
383.14-15 unwillingly & then] *insrtd. in ink*
383.15 end] *aft. ink del.* 'law and'
383.16 end] *intrl. in ink*
696 383.17 tasks,] *comma added in penc.*
383.17-18 consciousness, his] *intrl. in penc. w. caret*
383.18 purpose] *aft. x'd-out* 'conse'
383.18 state] *aft. ink del.* 'constant'
383.19 struggle] *bef. penc. del.* 'absolutely'
383.19 condemned] *bef. x'd-out* 'to'
383.19 failure,] *comma added in penc.*
383.19[2] to] *in penc. ov.* 'of'
383.23 attitude] *bef. penc. del.* 'toward it'
383.25 idea,] *comma added in penc.*
383.26 else,] *comma added in penc.*
383.27 philosophy] *aft. x'd-out* 'thot,'
383.29 in particular] *intrl. in ink w. caret*
383.34 if] *t. alt. fr.* 'of'
383.38 man] *aft. x'd-out* 'hum'
384.2[2] the] *t. intrl.*
384.3 expression] *t. alt. fr.* 'expressions'
384.6 resort] *aft. x'd-out* 'use'
384.16 badly] *aft. x'd-out* 'wron'
384.19[1] truth] *aft. x'd-out* 'acceptance of'
384.20 "All"] *quots. added in ink*
384.21 presented] *t. alt. fr.* 'represented'
384.22 "Nothing"] 'N' *in ink ov.* 'n'; *quots. added*
384.27 unhappiness] *bef. x'd-out* 'would'
384.27 in the] *t. ov.* 'result'
384.28 Except] *aft. x'd-out* 'Unless'
384.29[2] in which] *in ink w. caret ab. del.* 'that is'
384.30 willingly] *moved w. ink caret and guideline fr. aft.* 'observes'
384.31 the necessary] *aft. ink del.* 'and gladly'
384.33 that] *bef. x'd-out* 'that'
384.34[1] necessity] *aft. ink del.* 'absolute'
384.34[2] necessity of] *insrtd. in ink*
384.34 means] *aft. ink del.* 'sole'; *bef. del.* 'or conditions'
384.35 accomplishing] *intrl. in ink w. caret*
384.35 necessary] *t. alt. fr.* 'necessity'

384.36	laws,] *comma added in penc.*
384.36	laws] *intrl. in penc.*
384.36 - 37	any more than in] *in penc. w. caret ab. del.* 'as'
385.1	recognition] *t. alt. fr.* 'recognitions'
385.3 - 5	there ... business] *intrl. in ink w. caret*
385.5	in the case of] *insrtd. in ink aft. del.* 'with respect to the'
385.5	life] *bef. penc. del.* 'itself'
385.6	the meaning of life, that is,] *in ink w. caret ab. del.* 'to the latter,' 697
385.7	man] *alt. in penc. fr.* 'mans'
385.8	consciousness] *bef. ink del.* ', or theory' [*bef. comma circled to retain*]
385.11	aim:] *colon alt. in ink fr. comma bef. del.* 'supposing'
385.13 - 14	isolation ... and is] *intrl. in ink w. caret*
385.14	illusory] *t. alt. fr.* 'illusion'
385.17	Buddhistic] *t. alt. fr.* 'Buddhism'
385.17	(This] *paren. added in penc. bef. x'd-out* 'Now'
385.18	philosophies] *t. alt. fr.* 'philosophy'
385.20	original] *aft. x'd-out* 'elaborate'
385.20	philosophy.] *paren. added in penc.*
385.20	Elaborations] 'E' *in penc. ov.* 'e' *aft. del.* 'These'
385.20 - 21	constitute philosophies & theologies, and] *intrl. in ink*
385.23[2]	the] *t. alt. fr.* 'that'
385.24	universally] *t. intrl.*
385.25	life] *bef. x'd-out* 'no d'
385.26	has] *bef. x'd-out* 'nor'
385.28	a life] *aft. x'd-out* 'the next world.'
385.29	then] *bef. x'd-out* 'in'
385.29	that] *t. intrl.*
385.30	(which] *paren. in penc. ov. comma*
385.30	also] *aft. x'd-out* 'the'
385.31	principles)] *paren. in penc. ov. comma*
385.33[2]	the] *t. ab. x'd-out* 'a'
385.36[1]	of] *aft. x'd-out* 'and'
385.36[2]	law] *bef. x'd-out* 'and'
385.37 - 38	a matter] *aft. x'd-out* 'beyond the scope of'
385.38 - 39	and thus totally] *t. ab. x'd-out* 'not'; 'thus' *further t. intrl.*
386.4	also] *t. ab. x'd-out* 'hence'
386.6	positive] *t. intrl.*
386.7	a] *t. ab. x'd-out* 'the'
386.17	of] *bef. x'd-out* 'either'
386.18	else] *intrl. in penc. w. caret*
386.19	considered.] *period in penc. ov. colon*
386.19	We] 'W' *in penc. ov.* 'w'

386.26 terms] *aft. x'd-out* 'things in'

386.26 its] *aft. x'd-out* 'their'

386.27[1] the] *t. alt. fr.* 'their'

#386.30–34 As ... trivialites ... sciences.] *intrl. in penc.*

386.35 and] *bef. x'd-out* 'a miller'

698 386.37 flour] *aft. x'd-out* 'gro'

387.1 the product] *t. alt. fr.* 'product'

387.6 ideas.] *period in penc. ov. colon bef. del.* 'One that only holding fast to the end and object of life gives any clue to the significance and hence to the ordering of [*bef. x'd-out* 'the'] other facts.'

387.13 mill, the] *comma in penc. ov. period;* 't' *ou.* 'T'

387.13 says] *t. alt. fr.* 'say'

387.15 succumbs] *aft. x'd-out* 'will'

387.17 takes] *bef. penc. del.* 'the evidence of'

387.18 it] *intrl. in penc. w. caret*

387.18 for] *bef. penc. del.* 'it'

387.18–19 what ... things.] *in penc. ab. del.* 'the evidence of the remote — the less known.'

387.29 also] *aft. x'd-out* 'almost'

387.40 existence:] *bef. penc. del.* 'and'

388.1 identification] *aft. x'd-out* 'the'

388.6 "At] 'A' *t. ov.* 'a'

388.20 to be] *t. intrl.*

388.24 life] *bef. x'd-out* 'in w'

388.30 control] *aft. x'd-out* 'posessessio'

#388.32 The] *alt. in penc.* fr. 'these'

388.34 no] *aft. penc. del.* 'thus'

388.36 the] *aft. x'd-out* the'

389.8 relations ... people] *t. ab. x'd-out* 'acts'

389.12 the] *in penc. ov.* 'a'

389.12 ways] *alt. in penc. fr.* 'way'

389.16 life] *bef. x'd-out* 'he say'

389.22 say] *bef. x'd-out* 'as'

389.22 real] *t. intrl.*

389.34 choosing] *aft. x'd-out* 'he sat'

389.35 he] *t. alt. fr.* 'the'

390.6 this] *t. ab. x'd-out* 'evil'

390.17 by] *t. intrl.*

390.17 the] *t. alt. fr.* 'this'

390.18 Capacity for] *intrl. in penc. w. caret*

390.19 sympathy] *alt. in penc. from* 'Sympathy' *aft. x'd-out* 'Sensiti'

390.20 capacity] *in penc. w. caret ab. del.* 'ability'

390.23 perhaps] *in penc. ab. del.* 'part'

390.24 of] *in penc. ov.* 'for'

390.25	any] *intrl. in penc. w. caret*
390.28	abstractions or] *t. intrl.*
390.33	no] *t. alt. fr.* 'noth' 699
390.35[1]	is] *in penc. w. caret ab. del.* 'seems to be'
390.36	contemporary] *t. ab. penc. del.* 'the'
390.38	apprehension] *aft. x'd-out* 'sensitiveness to'
391.4	so many] *intrl. in penc. w. caret*
391.16	world,] *bef. x'd-out* 'to'
391.17	proclaim] *in penc. ab. del.* 'involve'
391.22	Even] *aft. x'd-out semicoton*
391.24 - 25	nature-in his] *t. ab. x'd-out* 'knowledge'; 'in' *further intrl.*
391.28	Man's] *aft. x'd-out* 'it'
391.31	noble] *bef. x'd-out* 'and d'
391.35	not] *t. intrl.*
391.37	with whose right solution] *in penc. ab. del.* 'in which'
391.38 - 392.6	I do . . . with.] *added in penc.*; 'reality' *in penc. w. caret ab. del.* 'significance'

《科学与哲学的一些联系》中的变更

该文档是一份 17 页长的打字稿，收藏于卡本代尔：南伊利诺伊大学，莫里斯图书馆，特别收藏，1 号文件夹，第 52 盒，杜威文集。第 1—2 页是信纸大小的纸；第 3—6 页是法律文件大小的纸裁开的；第 7—17 页是法律文件大小的纸。手写的变更是用黑色墨水和铅笔写的。

402.1 - 2	Some . . . Philosophy] *added in ink*
402.5[2]	is] *intrl. in ink w. caret*
402.6	was] *bef. x'd-out* 'old'
402.6	wisdom] *bef. x'd-out comma*
402.7	possible] *bef. x'd-out* 'that'
402.11[1]	whatever] *bef. x'd-out* 'else'
402.13	hence] *t. intrl. w. ink caret*
402.14	what] *bef. x'd-out* 'the'
402.14	is] *bef. x'd-out* 'to be'
402.15	say,] *comma added in ink*
402.15	even if] *t. w. ink caret ab. x'd-out* 'because'
402.16	since] *aft. x'd-out* 'when'
402.21	them] *bef. x'd-out* ', to'
402.24[1]	to] *t. intrl.*
402.27[2]	thc] *aft. x'd-out* 'to'
402.28	to] *t. ab. x'd-out* 'and'
403.9	lives] *t. alt. fr.* 'life' 700
403.17	more] *bef. x'd-out* 'it'

403.17 implied] *bef. x'd-out* 'that'
403.17 experience] *bef. x'd-out* 'of'
403.21 connect] *t. ab. x'd-out* 'bind'
403.22 with] *t. ab. x'd-out* 'to'
403.23 upon] *t. intrl.*
403.32 when] *t. ov.* 'if'
403.38 consciously] *t. intrl. w. ink caret*
404.12 a] *t. ab. x'd-out* 'the'
404.37 only] *t. intrl.*
405.19 underlying] *t. ab. x'd-out* 'ancertai'
405.21 differences of] *t. w. ink caret ab. del.* 'to' [*bef. x'd-out* 'the']
405.27 upon] *bef. x'd-out* 'it, it transforms it,'
405.27 gradually] *aft. penc. del.* 'is'
405.28 transforms] *alt. in penc. fr.* 'transformed'
405.28 the latter] *moved w. penc. circle and guideline fr. aft.* 'reaction'
405.29 remain,] *comma added in penc.*
405.29[2] a] *in penc. ov.* 'his'
405.32[2] philosophies] *t. alt. fr.* 'philosophy'
405.34 Aristotle,] *bef. x'd-out* 'ann'
405.36 The] 'T' *in penc. ov.* 't'
405.37 Rather] *bef. x'd-out* 'a'
405.38 symptomatic] *alt. in penc. fr.* 'symptoms'
405.38 imaginative temper] *in penc. ab. del.* 'general enlightenment'
406.1 whose] *in penc. w. caret ab. del.* 'which was [*aft. x'd-out* 'is'] to'
406.2 remarks] *bef. penc. del.* 'which'
406.3 when they] *in penc. w. caret ab. del.* 'that'
406.3 their] *bef. x'd-out* 'own'
406.3 attitude] *bef. x'd-out* 'and'
406.4 life] *bef. penc. del. comma*
406.9 however] *in penc. ab. del.* 'made by the most'
406.9 acute] *bef. penc. del.* 'minds'
406.10[2] to be] *t. intrl.*
406.12 to be] *intrl. in penc. w. caret*
406.13 supposition,] *comma added in penc.*
406.23 outcome] *in penc. w. caret ab. del.* 'result'
406.24 a] *in penc. w. caret ab. del.* 'one of the'
406.25 science] *alt. in penc. fr.* 'sciences'
406.26 springs] *alt. in penc. fr.* 'spring'
406.26 a] *in penc. ov.* 'the'
701 406.27 else, again,] *commas added in penc.*
406.29 paid] *t. alt. fr.* 'pay'
406.31 here, again,] *commas added in penc.*
406.33 not] *bef. penc. del.* 'as yet'

406.35 science] *aft. x'd-out* 'phil'

406.36 to] *bef. x'd-out* 'be'

407.2 in] *intrl. in penc. w. caret*

407.4 philosophy] *bef. penc. del.* 'itself'

407.6 with] *in penc. ab. del.* 'and'

407.9 explained] *aft. x'd-out* 'and'

407.10 Moreover,] 'M' *ov.* 'm'; *moved w. penc. circle and guide-line fr. aft.* 'criticized,'

407.10 it] 'i' *ov.* 'I'

407.11 in] *bef. x'd-out* 'the'

407.12 it] *bef. x'd-out* 'was'

407.13 contemporary] *t. intrl.*

407.14 many] *intrl. in penc. w. caret*

407.14 survivals] *bef. penc. del.* 'almost numberless'

407.15 consciousness,] *comma added in penc.*

407.15[2] of] *in penc. w. caret ab. del.* 'and a'

407.15 state,] *comma added in penc.*

407.18 than] *t. alt. fr.* 'that'

407.18 the] *aft. x'd-out* 'is'

407.18 average] *intrl. in penc.*

407.19 psychologist] *bef. penc. del.* 'appear to'

407.19 much] *in penc. w. caret ab. del.* 'any'

407.19 to be.] *aft. x'd-out* 'of being.'

407.25[2] ideas] *in penc. w. caret ab. del.* 'and'

407.29 function,] *comma added in penc.*

407.32 over] *in penc. w. caret ab. del.* 'by'

407.35 has] *bef. penc. del.* 'indeed'

407.35 suggested,] *comtma added int penc. bef. x'd-out* 'there are also carried'

407.36 them] *bef. x'd-out* 'ideas'

407.36 not] *bel. penc. del.* 'so' [*t. intrl*].

408.1 & where] *intrl. in penc. w. caret*

408.6 infested] *alt. in penc. fr.* 'infected'

408.7 still] *aft. x'd-out* 'new'

408.13 industry] *bef. x'd-out period*

408.17 examination] *in penc. ab. del.* 'consideration'

408.17 the] *alt. in penc. fr.* 'them'

408.18 ideas] *intrl. in penc. w. caret*

408.18 discourse,] *comma added in penc.*

408.19 incubus.] *bef. x'd-out* 'A' *702*

408.24 neccssary] *aft. penc. del.* 'positive'

408.24 policing] *aft. penc. del.* 'sort of'

408.25 one] *intrl. in penc.*

408.25 determines] *t. ab. x'd-out* 'one compares and'

408.25	meanings] *alt. in penc. fr.* 'meaning'
408.30[1]	fact] *in penc. ab. del.* 'conception'
408.30[2]	fact] *in penc. ab. del.* 'conception'
408.32	may be] *t. w. penc. caret ab. x'd-out* 'is'
408.32	value,] *comma added in penc.*
408.32	for] *in penc. w. caret ab. del.* 'in so far as'
#408.33	put] *alt. in penc. fr.* 'puts'; *bel. del.* 'may' [*intrl.*]
408.33	condensed &] *intrl. in penc. w. caret*
408.34	of] *t. ab. x'd-out* 'as to'
408.34	relation] *alt. in penc. fr.* 'relations'
408.35	bears to] *in penc. w. caret ab. del.* 'and'
408.35	occupations] *bef. penc. del.* 'bear to each other'
408.39	or] *aft. x'd-out* 'an'
408.40	thereon] *aft. x'd-out* 'upon it'
409.4	as] *aft. penc. del.* 'indeed'
409.5	get on] *intrl. in penc. w. caret*
409.5	by] *alt. in penc. fr.* 'be'
409.6	obnoxiously open] *t. ab. x'd-out* 'open'
409.6	sceptical] *aft. x'd-out* 'any'
409.7	miracle *in penc. ab. del.* 'marvel'
409.8	if] *aft. penc. del.* 'practically' [*aft. x'd-out* 'dog']
409.8	are] *alt. in penc. fr.* 'were'
409.8	not] *t. w. penc. caret ab. x'd-out* 'neither'
409.9	&] *intrl. in penc.*
409.9	which] *t. intrl.*
409.9	are] *alt. in penc. fr.* 'were' [*t. intrl. w. caret*]
409.9	without] *bef. penc. del.* 'any'
409.9	justification.] *periodt. ov. comma bef. x'd-out* 'in order to'
409.10[2]	dogmatic] *t. intrl.*
409.13	Geometry] *aft.* '¶' *insrtd. in penc.*
409.16	of space] *t. intrl. w. penc. caret*
409.19	*is*] *undrl. in penc.*
409.20	geometry] *in penc. ab. del.* 'it'
409.21	at the end] *intrl. in penc. w. caret*
409.22	validity.] *period added in penc. bef. del.* 'when the science itself is complete.'
409.25	for] *t. ab. x'd-out* 'to'
409.30	very] *intrl. in penc. w. caret*
703 409.31	When] *bef. penc. del.* 'then'
409.34	and] *bef. penc. del.* 'to'
409.34	arrange,] *comma added in penc.*
409.34	*n*] *undrl. in penc.*
409.34	one] *in penc. ov.* '1'
409.36[1]	in] *bef. x'd-out* 'such views'

409.36[1] the] *alt. in penc. fr.* 'this'
409.36 orthodox] *intrl. in penc. w. caret*
409.36 view] *bef. penc. del.* 'is'
409.36 lies in] *intrl. in penc.*
409.38 traditions,] *comma added in penc.*
409.38 prior] *aft. penc. del.* 'and'
409.40 do.] *period in penc. ov. semicolon*
409.40 The] 'T' *in penc. ov.* 't' *aft. del.* 'and'
409.40 that] *in penc. ov.* 'which'
410.1 other] *t. alt. fr.* 'another'
410.1 than that] *in penc. w. caret ab. del.* 'besides that'
410.4 terms] *aft. x'd-out* 'of'
410.5 same] *intrl. in penc. w. caret*
410.6 philosophic] *intrl. in penc. w. caret*
410.7 undertaking] *bef. penc. del.* 'of philosophy'
410.8 an] *in penc. w. caret ab. del.* 'an' [*bef. x'd-out* 'corr']
410.8 extension,] *comma added in penc.*
410.8 from] *alt. in penc. fr.* 'form'
410.9 knowledge,] *comma added in penc.*
410.9 and] *t. ov.* 'is'
410.13 reality] *aft. x'd-out* 'existen'
410.14[1] scientific] *aft. x'd-out* 'philosophic'
410.17 mathematical physics] *in penc. w. caret ab. del.* 'a scientific context'
410.19 Finding] 'F' *in penc. ov.* 'f' *aft. del.* 'Or,'
410.20 presents] *alt. in penc. fr.* 'present' *aft. del.* 'does'
410.20 why] *bef. penc. del.* 'should be'
410.21 is] *bef. del.* 'the'
410.21 alone] *in penc. ov.* 'sole'
410.22 belief?] *bef. x'd-out* 'for certain purposes Yet this is what ineviatibly happens if we regard both of them as intell'
410.23 knowledge,] *comma added in penc. bef. del.* 'and'
410.23 science,] *in penc. ab. del.* 'intelligence,' [*comma added*]
410.24 *only*] *undrl. in penc.*
410.24 conception;] *semicolon alt. in penc. fr. comma*
410.24 sphere] *bef. x'd-out* 'wheere'
410.25 essentials,] *in penc. w. caret ab. del.* 'need,'
410.25 quality] *aft. penc. del.* 'the' *704*
410.25 *only*] *undrl. in penc.*
410.27 must] *bef. penc. del.* 'either'
410.27 a] *in penc. ov.* 'the'
410.27 idea.] *bef. penc. del.* 'But philosophy may find occupation in comparing the various contexts in which time or space or motion appears and functions and forming a theory of their mutual bearings.'

410.29 what I am trying to say] *in penc. w. caret and guideline ab. del.* 'the drift [*ab. del.* 'tenor'] of the discussion is that philosophy'

410.30 as] *undrl. in penc.*

410.30[2] science,] *comma added in penc.*

410.30 ventures] *bef. x'd-out* 'upon that filed'

410.31 - 32 providence,] *comma added in penc.*

410.34 life,] *aft. x'd-out* 'other'

410.35 operates.] *period added bef. penc. del.* 'beyond science.'

410.36 practice] *in penc. w. caret ab. del.* 'pursuit'

410.36 knowing] *in penc. w. caret ab. del.* 'science'

410.37 concerns] *aft. x'd-out* 'purs'

410.37 These] 'T' *in penc. ov.* 't' *aft. del.* ', and'

410.39 first] *in penc. ab. del.* 'that were'

410.40 that found] *in penc. w. caret ab. del.* 'finding'

411.1 Take,] *aft. x'd-out* 'Two examples will'

411.5 dignity] *in penc. w. caret aft. del.* 'light' [*t. ab. x'd-out* 'savor']

411.6 almost always] *in penc. w. caret ab. del.* 'also'

411.6 close,] *comma added in penc. bef. del.* 'and'

411.7 a] *intrl. in penc. w. caret*

411.7 logical,] *comma added in penc.*

411.7 literary-dialectical] *hyphen in penc. ov. comma*

411.16 - 17 broughr about by] *in penc. w. caret ab. del.* 'effected in the'

411.21 biological] *bef. x'd-out* 'interpretation of a'

411.25 man,] *comma added in penc.*

411.25 social] *aft. penc. del.* 'the'

411.26 trying] *in penc. ab. del.* 'who tried'

411.26 resist] *alt. in penc. fr.* 'resists'

411.27 history] *aft. penc. del.* 'of'

411.29 that] *aft. penc. del.* 'yet'

411.34 a] *in penc. ov.* 'the'

411.34 providential] *intrl. in penc. w. caret*

411.38 survival,] *comma added in penc.*

705 411.38 keys] *aft. penc. del.* 'the'

411.40 Science] *aft. x'd-out* 'But science gives as well as takes.'

412.2 bringing together] *in ink w. caret ab. del.* 'unifying'

412.2[2] the] *alt. in ink fr.* 'their'

412.2 distributed] *intrl. in ink w. caret*

412.9 forces] *in ink ab. del.* 'institutions, as well as of social forces.'

412.9 In] 'I' *in penc. ov.* 'i' *aft. del.* 'Even literature is shaped, for,'

412.10 abstract] *aft. penc. del.* 'other'

412.10 faculties,] *comma added in penc.*

412.12 coop] *aft. penc. del.* 'a'

412.12 an] *aft. x'd-out* 'may'

412.13 not the productive] *t. intrl.*

412.13 artist] *intrl. in penc. w. caret*

412.14 work] *in penc. w. caret ab. del.* 'output'

412.22 these illustrations] *in penc. w. caret ab. del.* 'I'

412.25 as] *in penc. ov.* 'in one'

412.25 a matter] *intrl. in penc. w. caret*

412.28 itself] *intrl. in penc. w. caret*

412.29 little] *aft. penc. del.* 'but'

412.30 the procedure of] *t. intrl.*

412.34 point] *aft. x'd-out* 'contact of'

412.35 into ... & collective,] *intrl. in penc. w. caret*

412.36 the way] *aft. x'd-out* 'the attitude,'

412.37 into natural events.] *intrl. in penc. w. caret*

412.38 thought] *in penc. ab. del.* 'conceived'

412.39 inductive] *aft. x'd-out* 'ciet'

413.1 any] *in penc. ab. del.* 'a'

413.2 dogmatically] *in penc. w. caret ab. del.* 'so'

413.2 recourse] *t. ab. x'd-out* 'reaction'

413.3 that] *in penc. ab. x'd-out* 'as'

413.3 ignores] *alt. in penc. fr.* 'ignoring'

413.4 watchful,] *aft. x'd-out* 'intelligent,'

413.5 obeying] *aft. x'd-out* 'yet free,'

413.5 but] *bef. x'd-out* 'its own'

413.7-8 Whatever ... scope] *t. w. penc. caret ab. x'd-out* 'What'

413.9 edges] *bef. x'd-out comma*

413.10 made up] *aft. x'd-out* 'gained'

413.10 its] *aft. x'd-out* 'the'

413.12 advances] *aft. x'd-out* 'new'

413.15 Persons] *t. intrl. w. penc. caret*

413.15 experienced] 'e' *t. ov.* 'E'

413.16 become] *in penc. w. caret ab. del.* 'are made'

413.19 shore.] *in penc. ab. del.* 'change.' *706*

413.20[1] the] *t. alt. fr.* 'they'

413.22 Significant] *aft.* '¶' *insrtd. in penc.*

413.25 the] *insrtd. in penc.*

413.25 mind] *in penc. ab. del.* 'spirit'

413.25 intercourse,] *comma added in penc.*

413.26 our] *bef. x'd-out* 'externa'

413.31 fraught] *aft. x'd-out* 'so'

413.32[1] hue] *aft. x'd-out* 'shade'

413.34 the] *t. ov.* 'it'

414.1[1] is] *t. ab. x'd-out* 'has been the'

414.1 But] *bef. penc. del.* 'as'

414.3 light.] *period in penc. ov. comma.*

414.3 So] 'S' *in penc. ov.* 's'
414.3 science] *bef. penc. del.* 'for philosophy'
414.5 educational] *aft. penc. del.* 'intercourse, the'
414.5 intercourse] *in penc. ab. del.* 'exchange,'
414.5 so as to help] *in penc. w. caret ab. del.* 'that will'
414.6 practice] *aft. x'd-out* 'conduct'
414.6 living] *aft. x'd-out* 'phil'

《对实在论的简短研究III》中的变更

该文档是一份11页长、打印于轻磅打印纸上的打字稿(第1—2、2a、3、4、4、5—9页标数字),收藏于卡本代尔:南伊利诺伊大学,莫里斯图书馆,特别收藏,16号文件夹,第51盒,杜威文集。所有变更都是打字的,或者用黑色墨水。

415.7 various] *aft. x'd-out* 'other bracnches'
415.8 difficulties] *t. intrl.*
415.11 What] *aft. x'd-out* 'A thing is the warrant'
415.11 for] *bef. x'd-out* 'any'
415.12 existence] *aft. x'd-out* 'is'
415.12 any] *bef. x'd-out* 'suc'
415.13 What ... individuality?] *t. intrl.*
415.19 spatial and temporal isolation] *t. ab. x'd-out* 'isolatio'
415.20 tree] *aft. x'd-out* 'stone'
415.21 includes] *aft. x'd-out* 'and becomes'
415n.2 , on one hand,] *t. intrl.*
415n.3 anything else] *t. ab. x'd-out* 'them ans'
416.1 *ad hominem,*] *undrl.*
416.2 matter] *t. ab. x'd-out* 'credibility'
707 416.6-7 so involved] *intrl. w. caret*
416.7 are] *alt fr.* 'were'
416.7 in seeing them] *t. intrl.*
416.7 consciously share a] *t. ab. x'd-out* 'have a'
416.9 then] *intrl. w. caret*
416.9 in] *t. ab. x'd-out* 'to'
416.11 *conscious*] *t. intrl.*
416.11 purpose] *bef. x'd-out* 'or will or'
416.11 or] *intrl. w. caret*
416.13 with] *intrl.*
416.13 it,] *comma added*
416.13 calculated] *aft. del.* 'well'
416n.4 and qualification] *t. intrl.*
416n.4 indifferent] *t. alt. fr.* 'indifferently'
416n.4[2] and] *t. intrl.*

416n.7	paid] *aft. x'd-out* 'played'
416n.8	rival] *t. intrl.*
416n.9	belief] *aft. x'd-out* 'theory'
416n.10–11	conception] *aft. x'd-out* 'theory in'
416n.13	The] *aft. x'd-out* 'It is qu'
#416n.15	whatsover] *t. ab. x'd-out* 'of perception of'
416n.17	in "consciousness"] *t. intrl.*
416n.18	Bergson] *t. alt. fr.* 'Bergson's'
416n.19	carving] *t. intrl.*
416n.22	a mode of explanation as] *t. ab. x'd-out* 'as'
416n.23	reference] *aft. x'd-out* 'the'
416n.23–24	and rejection] *t. intrl.*
416n.24	it] *t. ab. x'd-out* 'the'
416n.24	him] *bef. x'd-out* 'the'
416n.28	awareness] *bef. x'd-out* 'and'
416n.29	difference] *aft. x'd-out* 'fact'
417.1	character] *t. ab. x'd-out* 'unity'
417.2	air] *bef. x'd-out* 'and throw that'
417.4	fitting] *alt. fr.* 'fits' *aft. det.* 'which'
417.4	service] *ab. del.* 'purpose'
417.5	as] *bef. x'd-out* 'pa'
417.6	only] *intrl. w. caret*
417.10	that] *bef. x'd-out* 'there'
417.11	behavior,] *comma added*
417.11	intention] *bef. x'd-out* 'of'
417.12	fitted] *bef. x'd-out* 'to be means'
417.13	account] *bef. x'd-out period*
417.18	But] *aft. x'd out* 'It'
417.21	*is*] *bef. x'd-out* 'a ma' 708
417.24[2]	existence] *aft. x'd-out* 'rela'
417.27	due] *bef. x'd-out* 'either'
417.28	whether] *aft. x'd-out* 'eit'
417.32	this] *t. alt. fr.* 'the' *bef. x'd-out* 'latter'.
417.33	is] *t. ab. x'd-out* 'may always be treated as a class'
418.1	call] *t. ab. x'd-out* 'treat'
418.1	events] *bef. x'd-out* 'as'
418.10–11	quantitatively small] *t. intrl.*
418.12	thing,] *aft. x'd-out* 'qualit'
418.13	is] *t. alt. fr.* 'as'
418.14	illusion] *bef. x'd-out comma*
418.15	is] *bef. x'd-out* 'aal'
418.21	in] *bef. x'd-out* 'both'
#418.30–32	a matter ... pointed out.] *t. ab. x'd-out* 'quite independent'
418.32–419.1	incompatibility] *t. alt. fr.* 'incompatibly'

419.3 of a choice] *t. intrl.*
419.4 attributes] *t. alt. fr.* 'attributed'
419.7 explicit] *t. alt. fr.* 'implicit'
419.8 may] *bef. x'd-out* 'also'
419.8 integrated] *aft. x'd-out* 'treated'
419.11 These] *bef. x'd-out* 'in'
419.12-13 individuality] *bef. x'd-out* 'at the point'
419.16 strict] *t. alt. fr.* 'strictne'
419.18 affairs] *t. ab. x'd-out* 'things'
419.18 on] *t. alt. fr.* 'in'
419.19 incompatibility] *bef. x'd-out period*
419.26 &] *t. intrl.*
419.26 this] *t. alt. fr.* 'the'
419.28 is] *bef. x'd-out* 'in some sense'
419n.1 the term] *t. intrl.*
419n.1 simply] *aft. x'd-out* 'be'
419n.2 existent] *t. intrl.*
419n.3 purely] *bef. x'd-out* 'to'
420.3 with] *bef. x'd-out* 'the matematic'
420.6 Apart from the] *t. ab. x'd-out* 'Aside from the'; *aft. x'd-out* 'One' [*t. intrl*]
420.7 that] *bel. t. intrl. then x'd-out* 'is'
420.13 particular,] *bef. x'd-out* 'or'
420.14 of essence and existence,] *t. intrl.*
420.15 How] *t. ab.* 'can' ['c' *t. ov.* 'C' *aft. x'd-out* 'ow']
420.17 things] *aft. x'd-out* 'facts and'
709 420.18 over] *bef. x'd-out* 'with'
420.19 perception] *t. alt. fr.* 'perceptual'
420.19 things] *bef. x'd-out* 'as'
420.24 one] *aft. x'd-out* 'each other.'
420.27 Being] *t. ab. x'd-out* 'It is'
420.33 existence.] *aft. x'd-out* 'being'
420.35 since] *bef. x'd-out* 'as'
420.36 individual and social,] *t. intrl.*
421.3 with] *bef. x'd-out* 'th'
421.3 ultimately] *t. intrl.*
421.4 the] *t. intrl.*
421.6 me,] *t. alt. fr.* 'be,'
421.11 very] *t. intrl. aft. x'd-out* 'the'

《社会心理学的工作方法》中的变更

该文档是一份 24 页长的打字稿，打印于奶油色纸上，没有水印，收藏于纽约州纽约市:哥伦比亚大学,巴特勒图书馆,珍本和手稿室,杜威文集。422.3—424.25 上的变更是用铅笔写和打字的,423.22(上标 1)和 423.22(上标 2)是例外,都是用黑色墨水写的;424.28—428.27 上的变更是用墨水写和打字的。

422.3 literature] *bef. del.* 'will'
422.3 shows] *alt. fr.* 'show'
422.4 supposedly] *intrl. w. caret*
422.4 connection with] *w. caret ab. del.* 'supposed reference to'
422.6 writers] *comma added*
422.6 with] *w. caret ab. del.* 'having'
422.7 aims] *bef. del.* 'jn view'
422.8 even] *intrl. w. caret*
422.8 writer;] *semicolon alt. fr. comma*
422.12 precisely] *w. caret ab. del.* 'clearly'
422.12 these] *alt. fr.* 'the'
422.13 discussion.] *period added bef. del.* 'referred to.'
422.15 whenever] *bef. del.* 'it finds that'
422.15 found] *intrl. w. caret*
422.21 is] *insrtd. aft. del.* 'may' *bef. del.* 'be'
422.24 him.] *period added bef. del.* 'to account for such phenomena. It might be questioned whether in the extremest sense there is any distinctively social psychology here:'
422.25 Here] *alt. fr.* 'there'
422.25 general or analytic psychology,] *intrl. w. caret* 710
422.26 &] *intrl. w. caret*
422.28 place,] *comma added*
422.28 have] *bef. del.* 'the'
423.3 is] *undrl.*
423.4 public] *aft. del.* 'the matter of'
#423.4-5 *defacto*] *undrl.*
423.5 as] *aft. del.* 'that is'
423.6 view] *bef. del.* 'on some matter of general interest in such a way'
423.6 so] *intrl. w. caret*
423.7 psychology (] *paren. added*
423.7 generally] *aft. del.* 'of'
423.7 that of sympathy,] *intrl. w. caret.*
423.8 communication)] *paren. added*
423.9 and] *ov.* 'or'
423.9[1] in] *bef. del.* 'the minds of'
423.10 The] *bef. del.* 'problem of the'
423.10 existence,] *comma added bef. del.* 'and'
423.11 and mechanism] *intrl. w. caret*
423.11 an] *aft. del.* 'such'

	423.13	place,] *comma added*
	423.13	there is] *w. caret ab. del.* 'we have'; *bef. del.* 'the topic of'
	423.14	purposes:] *colon alt. fr. comma*
	423.16	group,] *comma added*
	#423.20	not);] *semicolon alt. fr. comma*
	423.20	employing] *ab. del.* 'taking'
	423.22[1]	one] *in ink ov.* 'he'
	423.22[2]	one] *in ink ov.* 'he'
	423.26	But] *w. caret ab. del.* 'Or again'
	423.28	his belief] *w. caret ab. del.* 'it'
	423.29	sense,] *comma added bef. del.* 'the idea of'
	423.29 - 30	'socialconsciousness'] *quots. added*
	423.31	over] *moved w. caret and guideline fr. aft.* 'stands'
	423.32	the latter having a] *w. caret ab. del.* 'as that which has a'
	423.33	proceeded] *w. caret ab. del.* 'certainly written'
	423.34 - 35	that of] *ab. del.* 'the problem of'
	423.35	thoughts and feelings having] *bel. del.* 'inducing a habit'
	423.35 - 36	as their object or focus of attachment] *ab. del.* 'of constant reference and allegience to'
	423.36	general] *ab. del.* 'matters of the'
	423.39	a] *ov.* 'the'
	423.39	given] *intrl. w. caret*
711	424.1	it forms] *ab. del.* 'he is born and educated'
	424.2	individual's] *apostrophe added*
	424.2 - 3	feelings, ... elaborated.] *ab. del.* 'ways of feeling, jusging and intending have been built up.'
	424.4	problems] *bef. del.* 'discussed'
	424.5	these] *added*
	424.5	structures] *w. caret ab. del.* 'this process of developing a certain type of character'; *aft. del.* 'habits'
	424.5	involve] *alt. fr.* 'involves'
	424.5	a] *intrl. w. caret*
	424.7	other—] *dash added*
	424.7	For] *ov.* 'But'
	424.7 - 8	in the two cases] *w. caret ab. del.* 'after all'
	424.8	one] *bef. del.* 'case'
	424.9	content] *w. caret ab. del.* 'idea'
	424.9	*as common*] *undrl.*
	424.9	other,] *comma added bef. del.* 'case'
	424.11	come] *alt. fr.* 'came'
	424.12	& habits—which] *ab. del.* 'in short to'
	424.12	in their totality] *intrl. w. caret*
	424.13	character] *bef. del.* 'or personality'
	424.21	and] *ov.* 'or'

424.21 as] *bef. x'd-out* 'an'
424.22 consideration—] *bef. del.* 'that is to say'
424.22 psychical] *aft. x'd-out* 'psycholog'
424.25 solving this type of problem] *ab. del.* 'reaching the results desired'
424.25 but] *bef. del.* 'unfortunately'
424.28 character.] *bef. del.* '(As I have pointed out in a review of Professor Baldwin's book on Social and Ethical Interpretations of Mental Development, his work appears to me especially to suffer from this defect).'
424.29 delicate] *aft. del.* 'more'
424.29[2] the] *ab. del.* 'any and every'
424.30 as such] *intrl. w. caret*
424.30 that] *aft. del.* 'some'
424.31 it.] *bef. del.* 'This is practically the question of psychology as itself a social science.'
424.31 - 32 For example, ... quality,] *w. caret ab. del.* 'The having of sensations'
424.33 in] *w. caret ab. del.* 'under'
424.34 belongs] *alt. fr.* 'belong' *aft. del.* 'does'
424.35 caption,] *comma added*
424.35 in so far as] *w. caret ab. del.* 'provided' 712
424.36 - 40 evokes ... but the] *ab. del.* 'influences the nature and quality of the sensations which the individual actually has. It is certainly a matter of social psychology that the savage has a'
425.1 - 4 in the savage ... form] *ab. del.* 'with which even the most trained dwellers of the civilized world cannot begin to compete. It is a matter of social psychology that the Chinaman has a certain type of memory and the Yankee a certain type of inventiveness, in so far as a connection can be traced between the existence of these qualities and the social environment which generates them.'
425.5 Hence] *w. caret ab. del.* 'Here again'
425.10 typical] *intrl. w. caret*
425.10 - 11 & operations involved in them.] *ab. del.* 'and functionings.'
425.11 It] 'I' *ov.* 'i' *aft. del.* 'Moreover'
425.13 by] *w. caret ab. del.* 'through'
425.13 structure] *aft. del.* 'whole'
425.13 movement] *bef. del.* 'activity'
425.15[1] a] *ov.* 'the'
425.15 given] *intrl. w. caret*
425.16 another] *bef. del.* 'thing'
425.16 the Chinaman's] *w. caret ab. del.* 'his'
425.17 in] *ov.* 'or'
425.17 forms,] *intrl. w. caret*
425.18 In] *w. caret ab. del.* 'With'
425.19 sort,] *ab. del.* 'head'

425.19	statement] *aft. del.* 'description and'
425.20	behavior] *aft. del.* 'typical'
425.20–21	individuals,] *bef. del.* 'and as already pointed out, this is'
425.21	head,] *comma added*
425.23	schema] *alt. fr.* 'scheme'
425.24	matter.*] *asterisk added*
425.27	first,] *comma added bef. del.* 'group of discussions referred to'
425.27	certain] *aft. del.* 'if possible'
425.28–29	such as the] *w. caret ab. del.* 'principles of'
425.29	ideas,] *bef. del.* 'or of'
425.29	images,] *bef. del.* 'or of'
425.31	head,] *comma added*
425.34	direct] *intrl. w. caret*
425.34	sociological;] *aft. x'd-out* 'psy'
713 425.34	case,] *comma added*
425.35	immediately] *intrl. w. caret*
425n.1	* My] *asterisk added;* 'M' *ov.* 'm' *aft. del.* '(See'
425n.1	'Interpretation ... Mind'] *quots. added*
425n.2	may be referred to] *intrl. w. caret*
425n.3	in more detail] *intrl. w. caret*
425n.3	pattern.] *bef. del.* ')'
426.28	legends] *alt. fr.* 'legions'
427.12	less] *bef. x'd-out* 'wholesale'
428.27	sociologist] *aft. x'd-out* 'psychol'

《在两个世界之间》中的变更

该文档是一份21页长的打字稿,收藏于佛罗里达州,科勒尔盖布尔斯市:迈阿密大学,奥托·G.李希特图书馆,特别收藏。所有变更都是用黑色墨水写或打字的。

451.5	when] *intrl.*
451.6	presenting] *bef. del.* 'movements'
451.7	the] *intrl. w. caret*
451.7	blank] *alt. fr.* 'blankly'
451.7	of] *ov.* 'to'
451.9	do] *w. caret ab. del.* 'have'
451.10	supposed] *bef. x'd-out* 'their'
451.14	of] *ov.* 'for'
451.14	think] *aft. del.* 'am led to'
451.18	forests,] *ab. del.* 'lands,'
451.19	waters ... price] *w. caret ab. del.* '* are the price we' [*ov.* 'out waters')
451.23[1]	was] *aft. x'd-out* 'is'; *bef. del. illeg. word*
451.23	things,] *comma alt. fr. period*

451.23 for] *intrl.*
451.23 there] 't' *ov.* 'T'
451.25 also] *intrl. w. caret*
451.25 tragic] *t. intrl.*
451.26 neglect] *bet. intrl. then del.* 'also'
#451.27 both] *w. caret ab. del.* 'alike'
451.28 resources] *bef. del. comma*
451.28 were] *bef. del.* 'put'
452.6 were] *w. caret ab. del.* 'was'
452.6-7 realization.] *period added*
452.9 had] *bef. del.* 'already'
452.12 easily found] *w. caret ab. del.* 'could produce valid' 714
452.14 to base] *intrl. w. caret*
452.15 consequences.] *period added bef. del.* 'could be based.'
452.15 of the present day] *t. intrl. w. caret*
452.15 their] *ov.* 'that'
452.16 one] *ov.* 'that'
452.17 moving] *bef. x'd-out* 'changing'
452.17 one] *bef. del.* 'which is'
452.20 law] *bef. x'd-out* 'that'
452.21 necessary] *w. caret ab. del.* 'potent'
452.23 a] *intrl. w. caret*
452.29 were] *bef. del.* 'first'
452.30 setting] *aft. del.* 'using their intelligence and'
452.31 see] *w. caret ab. del.* 'note'
452.32 along with] *w. caret ab. del.* 'and'
452.32 social] *t. intrl. w. caret*
452.32 consequences] *bel. t. intrl. then del.* 'and [*illeg. wordsl*]
452.32 they] *bef. del.* 'them'
452.33 produce,] *comma added*
452.33 equally] *bef. x'd-out* 'the'
452.34 Discussions] 'D' *ov.* 'd'; *aft. del.* 'We find serious'; *bel. intrl. then del.* 'Ser'
452.35 planning] *bef. del. comma*
452.35 are too often] *intrl. w. caret*
452.37 that] *ov.* 'which'
452.37 have] *insrtd.*
452.37 imposed] *alt. fr.* 'impose'
452.38 an] *t. w. caret ab. x'd-out* 'the'
453.1 it] *bef. x'd-out* 'a'
453.2 assured;] *semicolon aft. del. comma*
453.2 that] *aft. x'd-out* 'and in'
453.3 certain] *aft. del.* 'so'
453.3 that] *bef. del.* 'in'

453.3 events in] *intrl. w. caret*
453.3 time] *bef. del.* 'all peoples'
453.3 would] *bef. x'd-out* 'hav'
453.4 in all countries.] *intrl. w. caret*
453.4-5 expectation] *aft. del.* 'hopeful'
453.5 reasonably] *t. alt. fr.* 'reasonable'
453.6 disappear] *comma added*
453.7 barbarism,] *comma added*
453.7 because of] *w. caret ab. del.* 'with the'
453.7 in] *ov.* 'of'
715 453.8 complete] *intrl. w. caret*
453.9 was] *bef. del.* 'a'
453.10 an] *t. intrl. w. caret*
453.11 extent of] *w. caret ab. del.* 'bounds of'
453.11 class,] *comma added*
453.11 so as] *w. caret ab. del.* 'and'
453.11 to] *intrl. w. caret*
453.14 three] *intrl. w. caret*
453.15 democracy,] *comma added*
453.16 have] *intrl. w. caret*
453.17 popular] *aft. x'd-out* 'a'
453.17 could] *alt. fr.* 'would'
453.18 accomplish] *aft. x'd-out* 'do'
453.18 or could] *t. intrl. w. caret*
#453.19 World-wars,] 'W' *ov.* 'w'; *comma added*
453.20 show,] *comma added*
453.21 have] *bef. del.* 'tended to'
453.21 reduced] *alt. fr.* 'reduce'
453.21 almost] *intrl. w. caret*
453.26 Men] *aft. x'd-out* 'Growi'
453.28 direction] *alt. fr.* 'directions.'
453.28 growth] *aft. del.* 'the'
453.30 did] *ov.* 'have'
453.30 produce] *alt. fr.* 'produced'
453.31 us,] *comma added*
453.35 bad,] *comma added*
453.37 their] *alt. fr.* 'the'
453.37[2] in] *ov.* 'of'
453.38 The] *intrl. w. caret aft. del.* 'There was no'
453.38 was not.] *w. caret ab. del.* 'made'
453.39 It lay] *ov.* 'The' *bef. del.* 'mistake [*illeg. word*] was'
453.40 mere *intrl. w. caret*
453.40[2] of] *intrl. w. caret*
454.1 *moral*] *undrl.*

454.3 The] 'T' *ov.* 't' *aft. del.* 'So far,' [*comma added*]

454.3 of interdependence] *t. intrl. w. caret*

454.3 now] *intrl. w. caret*

454.4 any] *ov.* 'the'

454.4 An] 'A' *ov.* 'a'

454.4 product] *bef. del.* 'of application of physical science'

454.5 simply of] *w. caret ab. del.* 'in'

454.6 be mainly a creation] *w. caret ab. del.* '* amount to production' [*aft. x'd-out* 'be equivalent to']

454.7 comperition] *aft. x'd-out* 'cooperation' 716

454.8 extended to become] *w. caret ab. del.* 'been carried into'

454.10 which] *aft. x'd-out illeg. word*

454.11 physically,] *comma added*

454.13 thrusts] *alt. fr.* 'thrust' *aft. del.* 'has'

454.16 endure] *bef. x'd-out* 'which is'

454.17 reaction,] *alt. fr.* 'reactions,'

454.17 physical] *aft. del.* 'and'

454.18 atmosphere itself,] *w. caret ab. del.* 'very air,'

454.18 under] *aft. del.* 'into'

454.18 physical] *aft. del.* 'state of'

454.19 globe,] *comma added*

454.20 still] *w. caret ab. del.* 'as'

454.20 pre-scientific,] *bef. x'd-out* 'and'

454.20 – 21 pre-industrial,] *comma added bef. del.* 'and'

454.22 sympathize,] *comma added*

454.24[1] is] *aft. del.* '* with them' [*aft. x'd-out* 'is']

454.24 – 25 impossible,] *comma added*

454.25 even] *bef. x'd-out* 'if'

454.27 education] *aft. x'd-out* 'and'

454.27 religion,] *comma added*

454.29 upon] *bef. del.* 'the'

454.30 ages] *aft. x'd-out* 'an age'

454.30 that] *ov.* 'which'

454.30 today] *moved w. caret and guideline fr. aft.* 'realism'

454.30 one] *ov.* 'an'

454.31 Realism is to face] *t. ab. x'd-out and del.* 'They consist of facing'

454.32 world;] *semicolon alt. fr. comma bef. del.* 'and' [*aft. x'd-out* 'and in the']

454.33 new] *t. intrl. w. caret*

454.33 policies] *bef. x'd-out* 'which'

454.35 changes] *bef. del.* 'which are'

454.38 It] *aft. x'd-out* 'The war'

454.39 along] *intrl. w. caret*

454.40 it] *t. intrl. w. caret*

455.1 absence] *aft. del.* 'the'
455.1[1] the] *t. ab. x'd-out* 'and'
455.3 us.] *period added*
455.4 practical] *t. intrl. w. caret*
455.4 not] *bef. del.* 'also'
455.4 reach.] *aft. del.* 'quality and'
455.4 As yet these] *w. caret ab. del.* 'These last named'
717 455.5 Politically,] *comma added bef. del.* 'Speaking,'
455.5 our] *aft. x'd-out* 'we'
455.5 standards] *bef. del.* 'of judgment'
455.6 are] *bef. x'd-out* 'sti'
455.8 and] *alt. fr.* 'an'
455.8 significance.] *aft. del.* 'actual'
455.11 do] *bef. del.* 'howver'
455.12 psychological] *aft. x'd-out* 'conditions'
455.12 have] *intrl. w. caret*
455.13 war,] *comma added*
455.13 if] *t. alt. fr.* 'is'
455.14 still] *intrl. w. caret*
455.15 ideas] *aft. del.* 'the'
455.15 that] *w. caret ab. del.* 'which'
455.16 period] *w. caret ab. del.* 'time'
455.16 formation] *bel. t. intrl. then del.* 'the'
455.16 independent] *bef. x'd-out* 'na'
455.18 Patriotism] 'P' *ov.* 'p' *aft. del.* 'During the time of the [*t. intrl.*] formation of national political entities'
455.18 then] *intrl. w. caret*
455.18 shape] *aft. del.* 'certain'
455.19 formation] *aft. x'd-out and del.* 'building'
455.19 of] *aft. del.* 'the construction'
455.19 who] *w. caret ab. del.* 'that'
455.20 edges.] *aft. x'd-out* 'ages'
455.20 persist] *aft. x'd-out* 'continue'
455.21 forces,] *bef. del.* 'potentially' [*t. ab. del.* 'both positive']
455.21[1] the] *intrl. w. caret*
455.21 equally] *w. caret ab. del.* 'negative'
455.22 death] *ab. del. illeg. word*
455.22-23 rubble where there once were cities,] 'rubble' *t. alt. fr.* 'rubbles'; *t. ab. x'd-out and del.* 'destruction in its wake,'; *comma added*
455.23-24 the road to national disaster,] *ab. del.* 'to identify patriotism with death and destruction and'
455.24 by the time of] *w. caret ab. del.* 'in'
455.25 our] *aft. x'd-out* 'we'

455.27	The] 'T' *ov.* 't' *aft. del.* 'The fact of the case is that'
455.27 - 28	century] *bef. x'd-out comma*
455.28	because of the] *w. caret ab. del.* 'with'
455.29	had] *ab. del.* 'did'
455.29	previously] *intrl. w. caret*
455.29 - 30	extended] *alt. fr.* 'extend'
455.30	physically;] *semicolon added bef. del.* 'while' 718
455.31 - 32	culturally and morally] *intrl. w. caret*
455.32	product] *t. alt. fr.* 'products'
455.32	countries] *bef. del. comma*
455.33	Rome,] *comma added*
455.34	to] *bef. x'd-out* 'the cultures'
455.34	these] *alt. fr.* 'the' *bef. del.* 'various cultures of these'
455.35	that] *t. alt. fr.* 'what' *bef. x'd-out* 'makr marked'
455.36	physical] *intrl.*
455.37	world.] *period added bef. del.* 'bringing all the peoples of the globe within its range.'
455.37	While] *intrl. w. caret*
455.37	that] 't' *ov.* 'T'
455.38	movement,] *comma ov. period bef. del.* 'But'
455.40	by] *aft. x'd-out* 'under the'
456.1	revolution,] *comma added*
456.1	indirect] *bef. del. illeg. word*
456.1	consequences.] *period ov. comma*
456.1 - 2	In ... result.] *added*
456.3	finite] *t. w. caret ab. x'd-out* 'fixed' *del.* 'and'
456.3	cosmos,] *comma added*
456.3	having] *ab. del.* 'with'
456.4	as] *alt. fr.* 'at'
456.4	fixed] *intrl. w. caret*
456.4	centre,] *comma added*
456.4	corresponds] *alt. fr.* 'corresponded'
456.5	area] *ab. del.* 'stat of'
456.5	The] *w. caret ab. del.* 'In [*aft. x'd-out* 'The'] what passed for' [*t. ab. x'd-out* 'as']
456.6	regarded] *insrtd.*
456.7	as] *w. caret ab. del.* 'was'
456.8	taken to be] *intrl. w. caret*
456.10	opened] *aft. del.* 'which'
456.10	which] *intrl. w. caret*
456.11	of the] *bef. x'd-out* 'cha'
456.12	was going on.] *w. caret ab. del.* 'continually increased its impetus.'
456.12	Revolution] 'R' *ov.* 'r'; *aft. x'd-out* 'physical' [*aft. del.* 'The']

456.14	fixity.] *period added*
456.14	Time] 'T' *ov.* 't' *aft. del. illeg. word*
456.17[2]	of] *ov.* 'if'
456.19	that] *bef. del. illeg. word*
456.22	those] *w. caret ab. del.* 'that'
719 456.24	intellectual] *t. ab. x'd-out* 'social'
456.25	Literally,] *comma added*
456.30	place;] *semicolon alt. fr. comma*
456.32	change] *alt. fr.* 'changes'
456.33	knowledge] *aft. del.* 'a'
456.35	features,] *alt. fr.* 'feature,'
456.35	namely, the] *t. w. caret ab. del.* 'namely'
456.36	change] *bef. x'd-out comma*
456.36	it:—] *colon and dash added*
456.36	the new] *t. intrl. w. caret*
456.38	crisis,] *comma added*
456.38	physical] *t. intrl.*
456.39	combined] *ab. x'd-out and del.* 'in one respect and the'
456.39	with] *ov.* 'of' [*t. intrl. w. caret*]
456.40	change,] *comma added*
457.3	barriers,] *comma added*
457.3	which] *w. caret ab. del.* 'that'
457.4	history,] *comma added*
457.5	open] *aft. del.* 'even'
457.6	But] *insrtd. aft. two del. illeg. sentences*
457.6	the] 't' *ov.* 'T'
457.7	remain.] *period added bef. del.* 'with us'
457.7	Rivalry,] *t. intrl. w. caret*
457.7	suspicion,] 's' *ov.* 'S'
457.7	mutual] *t. ab. x'd-out* 'even'
457.8	the] *w. caret ab. del. illeg. word*
457.8	externally] *t. intrl.*
457.9	antagonisms] *alt. fr.* 'antagonism'
457.9	internally] *aft. x'd-out* 'within'
457.10	disturbance.] *aft. del. illeg. word*
457.15	was] *w. caret ab. del.* 'were'
457.16	disposition] *alt. fr.* 'dispositions'
457.16	were] *w. caret ab. x'd-out and del.* 'had bee'
457.16[1]	thousands] *aft. x'd-out* 'mi'
457.17	radical] *aft. x'd-out* 'a'
457.18	physical and external] *t. ab. x'd-out* 'changes'
457.20[1]	of] *t. w. caret ab. x'd-out* 'for'
457.21	that] *bef. del.* 'a'
457.22	has] *alt. fr.* 'had'

457.23	leaves] *alt. fr.* 'leave' *aft. del.* 'will'	
457.23	The] 'T' *ov.* 't' *aft. del.* 'As I have indicated'	
457.24	earlier] *intrl. w. caret*	
457.24	social] *bel. t. intrl. then del.* 'the'	
457.24	philosophizing] *bef. x'd-out* 'on'	*720*
457.24	looked] *aft. del. illeg. phrase*	
457.25	as] *intrl. w. caret*	
457.26	cooperation,] *bef. x'd-out* 'and'	
457.26	peace,] *comma added*	
457.26	increase] *alt. fr.* 'increased'	
457.27	The] 'T' *ov.* 't' *aft. del.* 'What'	
457.27	crisis] *bef. x'd-out* 'can not only'	
457.27	teaches] *t. alt. fr.* 'teach'	
457.29	laissez-faire] *hyphen added*	
457.33	past] *bef. del. comma*	
457.33	and] *intrl. w. caret*	
#457.34	acquiesecence;] *semicolon alt. fr. comma*	
457.34	the planning] *intrl. w. caret*	
457.34	combines] *alt. fr.* 'combined'	
457.34	cooperative] *aft. del. illeg. word*	
457.34	effort] *bef. x'd-out* 'for'	
457.35	economic,] *comma added*	
457.36	the] *ov.* 'an'	
457.36	is] *bef. del.* 'simply'	
457.36	destructive,] *comma added*	
457.37	impossible,] *comma added*	
458.1	move] *bef. x'd-out* 'in the'	
458.1	by noting] *w. caret ab. del.* 'through consideration of'	
458.6	advance] *aft. del.* 'an'	
458.6	that in turn] *w. caret ab. del.* 'which'	
458.9	now] *bef. del.* 'there is a tendency for'	
458.9	pessimism] *t. ab. x'd-out* 'optimism'	
458.9	tends] *intrl. w. caret*	
458.14[1]	that] *w. caret ab. del.* 'which'	
458.14	has] *bef. del.* 'is the'	
458.15	strengthened] *bef. x'd-out* 'the'	
458.15	interests] *bef. x'd-out* 'that'	
458.15	and] *w. caret ab. del. illeg. words*	
458.15	subordinated] *alt. fr.* 'subordinate'	
458.17	it] *t. alt. fr.* 'is'	
458.17	we are told] *intrl. w. caret*	
458.18	what] *aft. x'd-out* 'th'	
458.18	thus] *intrl. w. caret*	
458.18	only] *t. intrl. w. caret*	

458.19 upon] *bef. del.* 'the place of'
458.19 which] *bef. del.* 'puts [*illeg. word*]'
458.21 puts] *alt. fr.* 'put'
458.21 and human intelligence] *t. intrl. w. caret*
721 458.22 to] *aft. x'd-out* 'of'
458.24 attacks] *t. w. caret ab. x'd-out* 'taack upon'
458.25 institutions] *bef. del.* 'after it was learned that their triumph was [*illeg. word*]'
458.25 But] *bef. x'd-out* 'her'
458.28 forward.] *w. caret ab. del.* 'about.'
458.28 striking] *bef. del.* 'and significant'
458.29 things] *aft. del.* 'the'
458.29 that] *w. caret ab. del.* 'which'
458.29 man,] *bef. del.* 'mainly'
458.31 test] *bef. del.* 'beliefs'
458.31 the things] *aft. del.* 'the'; *bef. del.* 'subjects called'
458.31 of] *intrl.*
458.32 chemistry,] *comma added*
458.32 then,] *intrl. w. caret*
458.32 extent,] *bef. del.* 'largely [*bef. x'd-out* 'thought'] through the practical intervention of medicine,'
458.33 aroused by] *w. caret ab. del.* 'which was met by'
458.34 is] *w. caret ab. del.* 'was'
458.34 comes] *alt. fr.* 'came'
458.36 those] *alt. fr.* 'the'
458.39 There] *aft. added* '¶'
458.40 balance] *ab. del.* 'equilibrium as'
458.40 between] *bef. del.* 'the values called'
458.40 and] *bef. del.* 'those which are'
458.40 values.] *insrtd.*
458.40 – 459.1 to be learned] *w. caret ab. del.* 'taught'
459.3 directed] *aft. x'd-out and del.* 'the'
459.5 in] *intrl. w. caret*
459.5 inquiry] *insrtd.*
459.6 but] *intrl. w. caret*
459.6 is] *t. aft. del.* 'that' [*t. intrl.*]; *ab. x'd-out* '" in salvery' [*aft. del.* 'and']
459.6 understanding] *aft. x'd-out* 'knowledge of'
459.8 The] 'T' *ov.* 't' *aft. del.* 'For'
459.8 actual] *intrl. w. caret*
459.8 use] *aft. del.* 'extended'
459.8 intelligence,] *aft. x'd-out* 'science'
459.9 which is] *intrl. w. caret*
459.9 use of] *w. caret aft. del.* 'the' [*ab. del.* 'dependence upon']

459.10	institutions] *comma added*
459.11	bygone] *alt. fr.* 'by gone'
459.12	confusion] *aft. x'd-out* 'conflict'
459.12	since] *w. caret ab. del.* 'for'
459.12	outward] *ab. x'd-out* 'act' 722
459.13	inner] *w. caret ab. del.* 'deepseated'
459.13	conflict.] *period ov. comma bef. del.* 'in our very civilization.'
459.14	promotes] *aft. x'd-out and del.* 'prom then'
459.14	use] *bef. del.* 'of use'
459.14	force] *aft. x'd-out* 'external'
459.15	try to establish] *t. w. caret ab. x'd-out* 'secure'
459.18	not] *w. caret ab. x'd-out* 'not reached'
459.19	like] *aft. x'd-out* 'as'
459.24	planning] *aft. del.* 'such'
459.24[1]	as] *alt. fr.* 'an'
459.27	social] *t. intrl. w. caret*
459.27	Yet] *w. caret ab. del.* 'But'
459.28	planning] *aft. del.* 'such'
459.29	life] *aft. x'd-out illeg. word*
459.29	is] *intrl. w. caret*
459.32	a necessary] *w. caret ab. del.* 'the'
459.34	be] *bef. x'd-out illeg. word*
459.35	an] *ov.* 'some'
459.37	to learn] *t. intrl. w. caret*
460.2	which] *aft. del.* 'It [*x'd-out*] For it was a demonstration [*bef. x'd-out* 'in {*illeg. word*}'] of the kind of unity and of disunion'
460.3	from] *bef. del. illeg. word*
460.3	affairs and] *intrl. w. caret*
460.4	While] 'W' *ov.* 'w' *aft. del.* 'For'
460.5	body] *bef. x'd-out* 'about which'
460.6	human] *bef. del.* 'or better an inhuman'
460.9	methods of] *t. intrl. w. caret*
460.10	The] *w. caret aft. del.* '* More than that' [*t. ab. x'd-out* 'Not only has the']
460.10 - 11	animated] *ab. del.* 'ruled'
460.11	has] *t. intrl.*
460.15	by] *bef. del.* 'the authority of'
460.16	some] *bef. x'd-out* 'count'
460.16	countries] *bef. del.* 'which had the outer forms of political democracy'
460.17	belonged] *aft. x'd-out* 'was'
460.19 - 20	"liberal"] *intrl. w. caret*
460.20	societies] *bef. del.* 'called "liberal"'
460.21	total] *aft. x'd-out* 'complete'
460.22[2]	union] 'u' *ov.* 'U'

460.22	in] *ov.* 'of'
723 460.24	enforced] *bef. del.* ', moreover, '
460.25	assemblage] *alt. fr.* 'assembliies'
460.26	for] *bef. del.* 'the purpose of'
460.28	party] *bef. x'd-out comma*
460.29	surgery.] *bef. x'd-out* '[¶] No challenge to'
460.30	to] *ab. del.* 'to construct in the wildest'
460.30	imagine] *alt. fr.* 'imagining'
460.31	Pluribus] 'P' *ov.* 'p'
460.31	Unum,] *comma added*
460.31[2]	of] *intrl. w. caret*
460.32	than is presented by totalitarianism.] *ab. del.* 'and [*illeg. word*] kind of unity that is a moral and [*illeg. words*] that [*illeg. words*] resulting from previous [*illeg. word*] of discussion.'
460.33	with] *t. intrl. w. caret*
#460.34	belief,] *comma added bef. del.* 'and'
460.34	while] *intrl.*
460.34	permitting] *alt. fr.* 'permission' *bef. del.* 'of [*illeg. words*]'
460.36	free] *ab. del.* 'this'
460.36	cooperative discussion is] *ab. del.* 'means is' [*alt. fr.* 'if']
460.37	can be] *w. caret ab. del.* 'is'
460.39	The] *t. alt. fr.* 'This'
461.1	been] *t. intrl. w. caret*
461.2	methods] *t. alt. fr.* 'method'
461.2	of] *aft. x'd-out* 'and'
461.3	democracy] *bef. x'd-out* 'as'
461.3	it] *bel. del.* 'both' [*t. intrl.*]
461.4	saps] *intrl. w. caret*
461.5	unity,] *comma added*
461.5	putting] *w. caret ab. del.* 'and put'
461.6	talent.] *alt. fr.* 'talents.'
461.6	But] 'B' *ov.* 'b' *aft. del. illeg. words*
461.7	techniques] *bef. x'd-out* 'by'
461.8	It] 'I' *ov.* 'i' *aft. del.* 'To speak more concretely,'
461.9	and] *bef. x'd-out* 'of'
461.14	enterprise,] *comma added*
461.14	era] *bef. x'd-out* 'of'
461.15	monopolized,] *comma added*
461.17	with] *aft. x'd-out* 'in'
461.17	inequality] *aft. del.* 'the actual'
461.17	bred] *w. caret ab. del. illeg. word*
461.18	wealth.] *period added bef. del.* 'and in ability to control the instruments of [*illeg. words*]'
461.18	same] *bef. x'd-out* 'in'

461.19 they] *alt. fr.* 'there' 724
461.20 , however,] *intrl. w. caret*
461.21 in] *bef. x'd-out* 'the'
461.21 is] *bef. del.* 'just'
461.22[2] to] *t. intrl. w. caret*
461.22 blind] *bel. del.* 'or' [*t. intrl.*]
461.24 that] *ab. del.* 'which'
461.25 speak] *bef. del.* 'again'
461.27 those of] *intrl. w. caret*
461.28 Republic.] *period added bef. del.* 'if democratic ends are to [*illeg. words*].'
461.31 - 32 country] *bef. x'd-out* 'wa'
461.32 with] *bef. del.* 'the'
461.32 power.] *period added bef. del.* 'thus [*illeg. word*]'
461.33 positive] *aft. x'd-out* 'a'
461.35 experience] *bef. x'd-out* 'to'
461.36 governors] *aft. x'd-out* 'the'
461.37 having] *bef. del.* 'therefore'
461.38 to] *bef. del.* 'the'
461.39 proves,] *comma added*
461.40 people.] *period ov. comma*
461.40 The] *w. caret ab. del.* 'and'
461.40[3] of] *intrl. w. caret*
462.1 then] *intrl. w. caret*
#462.1 become] *t. alt. fr.* 'becomes' *bef. x'd-out* 'a means of'
462.2 such] *intrl. w. caret*
462.3 as] *w. caret ab. del.* 'which'
462.5 realistically,] *comma added*
462.6 new] *w. caret ab. del. illeg. word*
462.6 positive] *t. intrl. w. caret*
462.7 relations] *bef. del. illeg. words*
462.7 among] *intrl. w. caret*
462.8 study,] *aft. x'd-out* 'pl'
462.8 planning,] *comma added*
462.8 so] *bef. x'd-out* 'with [*bef. del.* 'it is'] domestic'
462.9 procedures] *bef. x'd-out comma*
462.10 - 11 sustain] *bef. del.* 'som thing approaching'
462.12 many,] *comma added*
462.13 social] *aft. del.* 'domestic' [*aft. x'd-out* 'social']
462.13 requires] *bef. x'd-out* 'constant'
462.14 positively] *moved w. caret and guideline fr. aft.* 'expressed'
462.14 - 15 experimentation,] *comma added*
462.15 to] *aft. x'd-out* 'of'
462.15 establish] *bef. del. illeg. words* 725

462.15 equality] *aft. x'd-out* 'freedom and'
462.17 interest.] *aft. del.* 'class'
462.19 has] *aft. x'd-out* 'i Have said'
462.20 of] *bef. del. illeg. word*
462.21[1] new] *bef. del. illeg. word*
462.22-23 In the past] *w. caret ab. del. illeg. words*
462.24 past;] *semicolon added bef. del.* 'and'
462.28 experimentation,] *comma added*
462.29 inchoate.] *w. caret ab. del.* 'relatively [*aft. x'd-out* 'is'] unformed.'
462.30 youth] *bef. del.* '. It is [*illeg. words*] all effective thinking and action [*illeg. words*]'
462.30[2] and] *intrl. w. caret*
462.30 education:—] *colon and dash added*
462.31 Not] 'N' *ov.* 'n'
462.31 the education] *ab. del.* 'that'
462.34 newspapers,] *comma ov. period*
462.34-35 and above . . . others.] *added*
462.38 is] *bef. del.* 'indeed'
462.39 thing] *bef. del.* 'it would seem'
462.39 uncertainty,] *comma added*
#463.5 preeent.] *period added bef. del.* 'and'
463.6 When] 'W' *ov.* 'w'
463.6 change] *aft. x'd-out* 'the'
463.6 as rapid] *t. w. caret ab. x'd-out* 'a raipd'
463.6 is,] *comma added bef. del. illeg. phrase*
463.6 this] *bef. x'd-out illeg. word*
463.6 applies] *aft. del. illeg. word*
463.7-8 in the . . . future] *t. intrl. w. caret*
463.8[1] that] *intrl. w. caret*
463.8 young] *bef. x'd-out* 'should'
463.8 be] *bef. x'd-out* 'so'
463.8 so educated] *t. intrl. w. caret bef. x'd-out* 'so'
463.8 aware] *bef. x'd-out* 'of the'
463.8 that they] *t. ab. del.* 'that they'; *bef. t. intrl. then del. illeg. word*
463.9 change] *bel. t. intrl. then x'd-out* 'first that'
463.9 and] *ab. del.* 'in'
463.10 that] *intrl. w. caret*
463.12 Possession] *aft. del.* 'An ['A' *ov.* 'a' *w. caret ab. del.* 'One'] indispensable factor in forming [*t. intrl.*] an [*t. ab. x'd-out* 'this
726 attitude, if it is to be'] negrained or [*aft. x'd-out* 'and'] habitual, * attitude of this sort is possession of an open mind. But an open mind means [*t. ab. x'd-out* 'is for {*illeg. words*} an open, that is']

an inquiring or observing [*bef. x'd-out* 'mind. For an'] * disposition. It isn't the same as the attiude which says in effect [*t. ab. x'd-out* '{*illeg. word*} * An open mind {*undel.*} does not {*illeg. word*} is not equivalent to the state {*illeg. words*}'] * "Come right in, there is [*t. ab. x'd-out* 'it can be said there is'] no one one at home. [*period ov. semicolon bef. x'd-out* 'come' {*t. ab. x'd-out* [*illeg. word*] 'right in".'}] The open mind is the mind is the mind that has learned the habit of learning; that is on the look [*bef. x'd-out* 'on'] out to keep on observing things which havent been noted before. The most precious thing that can be acquired by one at school is just this active desire, this positive interest, to find out, to investigate. Pupils are sure to forget many of the special facts they learn But if they have [*t. intrl.*] acquired the eagerness to learn and the ability to to observe, to [*bef. x'd-out* 'ju'] note and judge inteeligently, they gained the one important things which school has to give them.

Unfortunately, the besetting tendency of school education is to identify'

463.13 can] *insrtd.*

463.13 deal] *aft. del. illeg. words*

463.13 change;] *semicolon alt. fr. comma*

463.13 but] *ab. del.* 'and'

463.16 shut] *aft. del. illeg. word*

463.16 and] *w. caret ab. del. illeg. word*

463.19 those] *alt. fr.* 'these'

463.20 (in] *paren. added*

463.20 special] *w. caret ab. del. illeg. word*

463.20 learning)] *paren. added*

463.20 the] *intrl. w. caret*

463.23 constant] *t. ab. x'd-out* 'continued'

463.25 making] *bef. del. illeg. word*

463.25 learning] *aft. x'd-out* 'the active'

463.25 to be] *w. caret ab. del. illeg. word*

463.26 it] *insrtd.*

463.26[1] with] *aft. del.* 'learning'

463.29 of] *aft. del. illeg. words*

463.31 effect] *bef. del. illeg. words*

463.31 shapes] *alt. fr.* 'shape'

463.32 backward;] *semicolon added bef. del.* 'and then'

463.32 rob] *bef. x'd-out* 'of' 727

463.33 on] *alt. fr.* 'one'

463.33 us] *insrtd. bef. del.* 'one.'

463.33 There] *w. caret ab. del.* 'It'

463.35 development] *w. caret ab. del.* 'of [*illeg. word*]'

463.35 capital] *aft. del.* 'a'
463.36 eager] *aft. del.* 'constant and'
463.36 observing] *bef. x'd-out comma*; *aft. x'd-out* 'understanding'
463.36 judging] *w. caret ab. del.* 'understanding'
463.37 lives.] *period added bef. del.* 'and the [*illeg. word*] of events.'
463.39 as] *w. caret ab. x'd-out* 'to'
463.39[1] learn,] *comma added bef. del.* 'and'
463.39[2] learn,] *comma added*
463.40 learning] *bef. del.* 'how to'
463.40[1] of] *intrl. w. caret*
463.40 But] *bef. del.* 'the'
463.40 who] *bef. del.* 'really'
463.40 learn] *bef. del.* 'to'
463.40[2] of] *insrtd.*
463.40 – 464.1 telescopes] *alt. fr.* 'telescope'
464.1 and] *ab. del.* 'or'
464.1 microscopes] *alt. fr.* 'microscope'
464.2 *through*] *undrl.*
464.2 better] *t. intrl. w. caret*
464.2 things,] *bef. x'd-out* 'the things existing and operating'
464.6 things,] *comma added bef. del.* 'about us bu'
464.6 without] *w. caret ab. x'd-out* 'this'
464.6 devices] *bef. del.* 'would'
464.7[1] in] *bef. del.* 'a'
464.7 books.] *period ov. comma*
464.7 They] 'T' *ov.* 't'
464.7 bodies,] *comma added*
464.8 and] *intrl.*
464.8 organs] *aft. x'd-out* 'processes'
464.9 Without] 'W' *ov.* 'w' *aft. del.* 'but'
464.10 knowing] *aft. del.* 'books or without'
464.10 books] *w. caret ab. del.* 'them'
464.10 understand] *bef. del.* 'these'
464.11 But] *w. caret ab. del. illeg. word*
464.11 – 12 usual course is to treat] *w. caret ab. del.* '[*illeg. words*] is that'
464.12 books] *bel. del.* '* acquired from' [*t. ab. x'd-out* 'found in']
728 464.12 as] *aft. del.* '[*illeg. words*] treated'
464.12 themselves] *w. caret ab. del.* 'itself'
464.13 creating] *bef. del.* 'the'
464.13 judge] *bef. del.* 'the'
464.13 are] *w. caret ab. del.* 'can be'
464.14 outside of] *w. caret ab. del. illeg. word*
464.17 was] *intrl. w. caret*
464.18[1] that] *bef. del. illeg. word*

464.19 not,] *comma added*

464.19 demands] *bef. del.* 'definite'

464.20 books] *bef. del. illeg. words*

464.20 Continued] 'C' *ov.* 'c'

464.21[1] that] *w. caret ab. del.* 'which'

464.21 suited] *bef. x'd-out illeg. word*

464.22 fixations and] *w. caret ab. del. illeg. words*

464.22[2] to] *w. caret ab. del.* 'to encourge'

464.22 whole;] *semicolon alt. fr. comma*

464.25 that] *w. caret ab. del.* 'which'

464.25 mind,] *comma added*

464.26 that] *w. caret ab. del.* 'the things'

464.26 which] *bef. del.* 'above else'

464.27 us.] *period added bef. del. illeg. words*

464.29 far] *intrl. w. caret*

464.29 Even at] *t. w. caret ab. x'd-out* 'At'

464.30 present] *bef. x'd-out* 'time'

464.30 shut out] *aft. del. illeg. words*

464.31 that] *bef. del.* 'offered to stimulate discovery and [*illeg. words*]'

464.31 has been made by] *ab. del.* 'made in the [*illeg. words*]'

464.31 enstating] *alt. fr.* 'enstate'

464.32 or] *ov.* 'and'

464.33 so] *aft. x'd-out* 'as'

464.33 this] *alt. fr.* 'these'

464.34 between] *bef. del.* 'the'

464.35 world] *bef. del. illeg. words*

464.36 the] *alt. fr.* 'these'

464.36 products of education] *t. ab. x'd-out* 'dispositions and habits'

464.36 Whether] *aft. x'd-out* 'The'

464.37 forces] *bef. x'd-out comma*

464.37 which] *bef. x'd-out* 'we have'

464.38 we] *intrl. w. caret*

464.38 as yet the ability to] *t. w. caret ab. x'd-out and del. illeg. phrase*

464.38 course.] *bef. del. illeg. sentence* *729*

464.40 paths] *aft. del. illeg. word*

464.40 that have been] *intrl. w. caret*

465.1 institutionalized] *alt. fr.* 'institutionalize'

465.1 habit] *alt. fr.* 'habits'

465.3 movement] *aft. del.* 'the'

465.4 are] *bef. del. illeg. words*

465.5 shapers] *t. w. caret ab. x'd-out* 'formers'

465.7 course,] *w. caret ab. del.* 'latter [*illeg. words*]'

465.7 able] *w. caret ab. del.* 'hope'

465.8 traits] *aft. del.* 'the'

465.8[2]　　the] *intrl. w. caret*

《什么是民主?》中的变更

该文档是一份 7 页长的碳写复印打字稿，打在印有“伊顿优质铜版”(Eaton's Eminence Bond)字样水印的纸上，收藏于卡本代尔：南伊利诺伊大学，莫里斯图书馆，特别收藏，3 号文件夹，第 55 盒，杜威文集。所有的变更都是打字的，除了在第 2 页底部的一处[472.19]是用铅笔写的。

471.3　　time] *period ov. colon bef. x'd-out* '6'
471.5　　made,] *bef. x'd-out* 'here'; *bel. intrl. then x'd-out* 'here'
471.6　　an] *alt. fr.* 'in'
471.11　　fairly] *ab. x'd-out* 'reasonable'
471.12　　very] *intrl.*
471.15　　Germany] *aft. x'd-out* 'Japan'
#471.17　　democractic] *alt. fr.* 'democractica'
471.18　　order] *bef. x'd-out comma*
471.22　　principles] *bef. x'd-out comma*
471.26　　not] *bef. x'd-out* 'now'
471.29　　openly, avowedly,] *ab. x'd-out* 'openly and without concealment'
472.1　　radically] *bef. x'd-out* 'and'
472.1　　completely] *intrl.*
472.2　　systems] *aft. x'd-out* 'sets of'
472.2　　faithful] *aft. x'd-out* 'democratic'
472.4　　A] *aft. x'd-out* 'The'
472.6　　settled] *aft. x'd-out* 's argued'
472.7　　states] *aft. x'd-out* 'nation'
472.8　　that] *aft. x'd-out* 'who'
472.10　　ideological] *aft. x'd-out* 'ideal'
472.11　　strife of] *ab. x'd-out* 'one'
730　472.12　　For] *aft. x'd-out* 'For one'
472.14　　representing] *aft. x'd-out* 'as'
472.16　　peoples who profess democracy but] *ab. x'd-out* 'the pr other professedly democratic states'
#472.19　　are] *bef. penc. del.* 'affected by the economic factor, by industry'
472.23　　policies.] *aft. x'd-out* 'politi'
472.23　　It] *aft. x'd-out* 'N'
472.27　　the country] *intrl.*
472.29　　*in*] *ab. x'd-out* 'on'
472.29　　traditional] *aft. x'd-out* 'historic'
472.30　　is] *bef. x'd-out* 'not'
472.30　　rigidly] *intrl.*
472.34　　of] *bef. x'd-out* 'the'

473.1 For this] *ab. x'd-out* 'This' [*aft. x'd-out* '"What this' {*aft. x'd-out* 'For'}]

473.2 the] *aft. x'd-out* 'the'

473.2 is] *bef. x'd-out* 'no'

473.2 for] *aft. x'd-out* 'of'

473.2 freedom] *aft. x'd-out* 'the'

473.4 stands,] *aft. x'd-out* 'oppo'

473.4 passively,] *comma ab. x'd-out* 'nithe way'

473.7 freedom] *aft. x'd-out* 'the'

473.7-8 as carried out in freedom] *ab. x'd-out* 'manifested in freeom of of'

473.9 its] *aft. x'd-out* 'the writeen cons'

473.10 the efforts] *intrl.*

473.10 great and] *ab. x'd-out* 'and'

473.11 Democrat,] *alt. fr.* 'Democratci,'

473.12 discussion,] *bef. x'd-out* 'of public'

473.18 up] *bef. x'd-out* 'to'

473.21 the] *ab. x'd-out* 'a'

473.22 restoration.] *bef. x'd-out* 'This remark'

#473.24 made,] *bef. x'd-out* 'first,'

473.24 this] *alt. fr.* 'the'

473.24-25 of respect for free intelligence in] *ab. x'd-out* 'goes so deep and extends'

473.26 re-asserted] *ab. x'd-out* 'renewed'

473.26 re-invigorated] *hyphen intrl.*

473.29 far] *bef. x'd-out comma*

473.29 a] *intrl.*

473.30 state] *intrl. aft. x'd-out* 'coun' *bef. x'd-out* 'carring'

473.30 in] *aft. x'd-out* 'by and'

473.30 policies] *bef. x'd-out* 'to' 731

473.31 violent] *ab. x'd-out* 'forceul'

473.31 opposition)] *intrl.*

473.32 any] *intrl.*

473.32 departure] *aft. x'd-out* 'alike' [*ab. x'd-out* 'all dissent']

473.32 even] *aft. x'd-out* 'and' [*bel. x'd-out* 'in']

473.33 even] *ab. x'd-out* 'in'

473.33 biological] *bef. x'd-out* 'science'

473.34 points] *alt. fr.* 'point'

473.38 statement] *aft. x'd-out* 'saything that that'

473.40 government] *aft. x'd-out* 'it c'

473.40 possibly] *intrl.*

473.40 be] *bef. x'd-out* 'by'

473.40 save] *bet. x'd-out* 'where'

474.3 for] *aft. x'd-out* 'for'

474.3 bureaucracy] *aft. x'd-out* 'bureuacracy' [*bel. intrl. then x'd-out* 'a']

474.5	which] *bef. x'd-out* 'the present is one'
474.7	The] *aft. x'd-out* 'It comes'
474.8	large] *bef. x'd-out comma*
474.8	At] 'A' *ov.* 'a'
474.10	attentive] *aft. x'd-out* 'attention'
474.11	rapidly] *intrl.*
474.12	force,] *ab. x'd-out* 'suppression'
474.14	be] *ab. x'd-out* 'be'
474.18-19	democracy] *aft. x'd-out* 'the'; *period ov. comma*
474.19	end] *bef. x'd-out period*
474.21	which] *bef. x'd-out* 'the life blood'
474.27	social] *aft. x'd-out* 'poli'
474.27	The] *ab. x'd-out* 'the'
474.28	The] *ov.* 'the'
474.28	has issued] *intrl.*
474.29	civilization] *aft. x'd-out* 'wr'
474.35	purification] *aft. x'd-out* 'the'

《为了一个新的和更好的世界的教育》中的变更

该文档是一份 6 页长的打字稿，收藏于卡本代尔：南伊利诺伊大学，莫里斯图书馆，特别收藏，8 号文件夹，第 54 盒，杜威文集。第 1、2、5 和 6 页是碳写复印；第 3、4 页是打字带直接打印件，所有都打印在印有"Permanized/Plover Bond/Rag Content"
732 字样水印的纸上。第 1—4 页的每一页纸的顶部和中心都有订书孔，表明这些曾是订在一起的；第 5 和 6 页没有被订过的迹象。所有手写变更都是用铅笔写的。

475.2	all] *aft. x'd-out* 'his'
475.3	was] *t. ab. x'd-out* 'is'
475.5	pulled] *aft. x'd-out* 'agigated and'
475.7	There] *aft. x'd-out* 'When'
475.10	we] *t. ab. x'd-out* 'men'
475.10	and] *t. intrl.*
475.11	bound] *bef. x'd-out* 'up'
475.12	not] *bel. t. intrl. then x'd-out* 'now'
475.13	any ... literal] *t. ab. x'd-out* ', but a'
475.14	or] *t. intrl.*
475.14	be] *t. alt. fr.* 'become'
475.15	is] *bef. x'd-out* 'one'
475.16	most] *t. intrl.*
475.20	a] *t. intrl.*
475.25	if] *t. intrl.*
475.26[2]	all] *t. intrl.*
475.27	have] *t. ab. x'd-out* 'had'

475.28[2]	who] *t. intrl.*
476.1	youth,] *bef. x'd-out* 'of the'
476.1[2]	the] *t. intrl.*
476.2	In] *bef. x'd-out* 'a'
476.3	about them] *t. intrl.*
476.5[1]	to] *bef. x'd-out* 'to'
476.5	patience] *alt. fr.* 'patient'
476.9	choice] *bef. x'd-out* 'and to take part in struggle to crea'
476.10	live] *aft. x'd-out* 'crea see'
476.10	in] *bef. x'd-out* 'the future'
476.11	a] *ov.* 'the'
476.11	bring] *aft. del.* 'help'
476.12	Amid] *aft. x'd-out* 'There is one'
476.12	one] *aft. x'd-out* 'one at least'
476.13	There] *aft. x'd-out* 'That is'
476.14	in history] *t. intrl.*
476.14	education] *bef. x'd-out* 'meant'
476.15	shaping] *bef. x'd-out* 'life'
476.15	now] *ab. del.* 'at present'
476.15	That] 'T' *ov.* 't' *aft. del.* 'and'
476.17	young,] *comma added*
476.20	shapes] *alt. fr.* 'shape'
476.23	work] *bef. del.* 'now can' 733
476.23	goes]*alt. fr.* 'go'
476.24	strive] *bef. x'd-out* 'the'
476.25	steadfast] *bef. x'd-out* 'aims of'
476.27	less] *bel. t. intrl. then x'd-out* 'When we look at the'
476.30	pressures] *bef. x'd-out comma*
476.30	share] *bef. x'd-out* 'in'
476.31	of the] *aft. x'd-out* 'and the' *and* 'by' *ov.* 'the making themselves'
476.32	another] *bef. x'd-out* 'world'
476.33	"the] *aft. x'd-out* 'the'
476.38	gives] *intrl. w. caret*
476.39	youth] *aft. x'd-out* 'young'
476.40	characters,] *comma added*
476.40	putty] *aft. x'd-out* 'ile'
477.3[1]	is] *bef. x'd-out* 'something'
477.3	a] *bef. x'd-out* 'th'
477.5	reading] *t. intrl.*
477.9	"A] *quots. t. intrl.*
#477.13	Mother land."] *quots. added*
477.13	One] *aft. del. quots.*
477.19	world",] *comma added*

477.20 every] *intrl.*
477.20 sport,] *comma added*
477.21 action,] *comma added*
477.22 a] *t. intrl.*
477.23 else] *intrl. w. caret*
477.23 combine] *t. alt. fr.* 'combines' *bef. x'd-out* 'the'
477.26 society,] *comma added*
#477.26 doubt and disbleif] *t. ab. x'd-out* 'sceptcism'
477.27 society that can be formed] *t. ab. x'd-out* 'a social order that can be'
477.27 suppression] *alt. fr.* 'depression'
477.28 outside] *intrl. bel. w. caret*
477.30 - 31 complete] *t. intrl.*
477.31[1] of] *bef. del.* 'view' [*ab. del.* 'this of']
477.32 - 33 parting] *aft. del.* 'that'
477.33 human] *aft. x'd-out* 'life'
477.34 them decides] *t. ab. x'd-out* 'will determine'
477.35 now] *ab. x'd-out* 'determine'
477.35 what] *aft. del.* 'thereby'
477.35[2] will] *aft. x'd-out* 'we shall have'
477.36 in the future] *added*
734 477.37 The] 'T' *ov.* 't' *aft. del.* 'For'
477.37 nations] *alt. fr.* 'notions'
477.38 give] *aft. x'd-out* '* mould the mind and character of' [*aft. x'd-out* 'mind']
477.38 confused] *t. ab. x'd-out* 'troubled'
477.40 men] *aft. x'd-out* 'huma'
478.3 cultivation] *t. alt. fr.* 'cultivate'
478.3 that] *aft. x'd-out* 'wh'
478.5 extreme] *t. intrl.*
478.6 that are justified] *t. intrl.*
478.6 they are used] *t. ab. x'd-out* 'used'
478.8 policy] *bef. x'd-out* 'course'
478.8 education] *bef. del.* 'to follow'
478.9 - 10 to using education to extend] *t. ab. x'd-out* 'in be half of extending'
478.10 deepen] *t. alt. fr.* 'deepening'
478.11 fixed] *bef. x'd-out* 'and'
478.12 try] *aft. x'd-out* 'attm'
478.14 to be] *aft. x'd-out* 'for any'
478.15 answer] *bef. x'd-out* 'wit'
478.15 except] *bef. x'd-out* 'thro'
478.15 long] *t. intrl.*
478.15 continued] *t. alt. fr.* 'continuous'
478.18 a] *t. intrl.*

478.18 cannot] *alt. fr.* 'can'
478.19 merely] *t. intrl.*
478.19 even] *aft. x'd-out* 'the'
478.22 directed] *aft. x'd-out* 'the'
478.23 by] *t. ab. x'd-out* 'in'
478.23 to attain] *t. intrl.*
478.25 pattern] *bef. x'd-out* 'can be achieved'
478.26 know] *t. ab. x'd-out* 'see that'
478.26 off] *bef. x'd-out* 'and'
478.26 or] *t. intrl.*
478.26-27 no ... victories.] *t. ab. x'd-out* 'but must re-engage in a creative effort'; 'no' *t. alt. fr.* 'now'
478.27 Freedom] *bef. x'd-out* 'is'
478.27 life] *t. alt. fr.* 'live'
478.28-29 more ... conditions, the] *t. ab. x'd-out* 'greater the conditions'
478.29 more] *aft. x'd-out* 'greater'
478.30 can] *aft. x'd-out* 'attain
478.32 previous] *t. intrl.*
478.33 fear] *intrl.* *735*
478.34 not] *bef. x'd-out* 'only'
478.34 stand] *aft. x'd-out* 'will' [*aft. x'd-out* 'are']
478.35[1] faith,] *comma added*
478.35 the] *t. ab. x'd-out* 'our'
478.37 put] *bef. del.* 'our'
478.39 The] *bef. x'd-out* 'new'
479.1 most] *t. intrl.*
479.3 to use] *t. ab. x'd-out* 'the use of'
479.4 for] *t. ov.* 'to'
479.4 discovery ... new in] *t. ab. x'd-out* 'explore and bring into existence the new in'
479.5 the things] *aft. x'd-out* 'our human'
479.9 as] *bef. x'd-out* 'long'

《评最近对道德和逻辑理论中一些观点的批评》中的变更

该文档是一份5页长的打字稿,收藏于卡本代尔:南伊利诺伊大学,莫里斯图书馆,特别收藏,5号文件夹,第59盒,杜威文集。打字稿打在印有"Whiting's Mutual Bond, Rag Content"字样水印的纸上。所有的变更都是打字的,除了在第2页最后一行(481.30)上的一处手写变更是用黑色墨水写的,以及在第4页(483.6—23)上的六处手写变更是用铅笔写的。

480.8 *method*] *bef. x'd-out* 'that'
480.8 underlying] *t. alt. fr.* 'underlies'

480.8 philosophical] *t. alt. fr.* 'philosophy'
480.8-9 topics] *bef. x'd-out* 'and'
480.9 thereby] *t. intrl.*
480.10 discussion] *bef. x'd-out comma*
480.10-11 an important] *t. intrl.*
480.13 that is focal] *t. intrl.*
480.14 morals] *aft. x'd-out* 'ethics'
480.14 subject] *aft. x'd-out* 'matter'
480.16-17 G. White.] *t. ab. x'd-out period*
480.17 respect] *aft. x'd-out* 'the'
480.18 means] *aft. x'd-out* 'which'
480.19 commonly accepted] *t. ab. x'd-out* 'usual'
480.24 my treatment,] *bel. t. intrl. then x'd-out* 'the *de jure*'
480.25 *de jure*] *t. intrl.*
736 480.25 *should*] *bef. x'd-out* 'be'
480.25 specific] *t. ab. x'd-out* 'particular'
480.26 White] *bef. x'd-out* 'has'
480.27 Sidney] *t. intrl.*
480.28 critically] *t. alt. fr.* 'critical'
480.28 accurate] *t. intrl.*
480.29 only] *t. bef. x'd-out comma; ab. x'd-out* 'with respect to them'
480.29 concerns the] *t. ab. x'd-out* 'they'
#480.29 criticised] *t. alt. fr.* 'criticism'
480.29 refer] *bef. x'd-out* 'an'
481.1 discussion] *t. ab. x'd-out* 'statement'
481.1 deep and] *t. intrl.*
481.5 discussion] *bef. x'd-out* 'and'
#481.5 ditectly] *t. intrl.*
481.6 White's] *bef. x'd-out* 'art'
481.8 will] *aft. x'd-out* 'may'
481.8 to agree with] *t. ab. x'd-out* 'in accord with' [*t. ov.* 'to agree']
481.9 subject] *aft. x'd-out* 'topic taken up,'
481.9 The] *aft. x'd-out* 'Dr.'
481.10 involved] *aft. x'd-out* 'raised in the'
481.10 criticism] *t. ab. x'd-out* 'consideration'
481.11[1] of] *t. ab. x'd-out* 'in'
481.11 *kinds*] *t. alt. fr.* '*kind*' *bef. x'd-out* 'of judgment'
481.11 type] *t. alt. fr.* 'types'
481.11 judgment] *t. alt. fr.* 'judgments'
481.11 statement] *t. alt. fr.* 'statements' *aft. x'd-out* 'judgements'
481.13 (p. 206 of his essay)] *t. intrl.*
481.14 Hook] *t. alt. fr.* 'Hooks'
481.16[2] of] *t. intrl.*
481.16 is desired] *aft. x'd-out* 'desirable'

481.21 attach] *t. alt. fr.* 'attack'

481.23 wish to] *t. intrl.*

481.23 is] *t. ab. x'd-out* 'seem'

481.24 that is] *t. ab. x'd-out* 'that is from consideration'

481.25 isolation from] *t. ab. x'd-out* 'consideration'

481.25 the] *t. intrl.*

481.26 the] *t. ab. x'd-out* 'po an'

481.29 warrant] *aft. x'd-out* 'justify'

481.30 and do] *intrl. in ink w. caret*

481.34 ground] *aft. x'd-out* 'reason'

481n.3 (pp. 194–216)] *t. intrl.*

481n.4 part] *bef. x'd-out* 'co' 737

481n.4 essay] *aft. x'd-out* 'article'

482.1 as the] *bef. x'd-out* 'method'

482.1 only] *t. intrl.*

482.2 That] *aft. x'd-out* 'In refe'

482.2 say] *bef. x'd-out* 'its'

482.3 reference] *aft. x'd-out* 'the'

482.4 what] *aft. x'd-out* 'ethical'

482.5 domain] *bef. x'd-out* 'and'

482.6 concerns] *t. intrl.*

482.8 now] *t. intrl.*

482.11 when] *bef. x'd-out* 'the'

482.12 did] *t. ab. x'd-out* 'was'

482.14 I] *bef. x'd-out* 'als'

482.17 the method] *t. intrl.*

482.17 sciences] *aft. x'd-out* 'the'

482.17 which] *t. ab. x'd-out* 'that'

#482.18 "*objective*] 'o' *ov.* 'O'

482.19–20 in distinction from what is take. to] *t. ab. x'd-out* 'what presents itself more or less casually.'

482.22 expression] *aft. x'd-out* 'consider'

482.22–23 Dr. White's ... upon] *t. ab. x'd-out* 'consideration of *aspecific* [*bef. x'd-out* 'conclusion'] position [*t. ov.* 'specifi'] taken by Dr. White. He says [*aft. x'd-out* 'mak'; *bef. undel.* 'that']; *bef. x'd-out* 'a kind of transubstanttion of the de facto into the dejure, thereby'

482.23–24 my having "generated a normative] *t. ab. x'd-out* 'the statement "X is desirable" in its relation to statements that "X is desired" is comparable to the statement "X is * objective hot, fluid or heavy" [*t. ab. x'd-out* 'objectively red"'] in distinction from'

482.25 on] *aft. x'd-out* 'upon'

482.25 Am] *t. ab. x'd-out* 'Were'

482.25–26 reaching] *aft. x'd-out* 'hol'

	482.28	however] *t. intrl.*
	482.28	conditions] *aft. x'd-out* 'essential'
	482.29	provide an] *t. ab. x'd-out* 'make an'; 'an' *t. alt. fr.* 'and'
	482.30	the operation] *t. ab. x'd-out* 'it'
	482.32[1]	the] *t. alt. fr.* 'these'
	482.33	determined] *t. ab. x'd-out* 'constituted and'; *bef. x'd-out* 'in distinction from'
	482.34	regarding] *bef. x'd-out* 'de facto d'
	482.34	are] *aft. x'd-out* 'is the'
738	482.36[2]	the] *t. alt. fr.* 'these'
	482.37	"conditions] *bef. x'd-out* 'are'
	482.38	The] *t. alt. fr.* 'They'
	482.40	*not*] *aft. x'd-out* 'nothin'
	483.2	idly] *t. intrl.*
	483.2-3	and allow ... death.] *t. ab. x'd-out* 'in the sense of letting a wounded man bleed'
	483.6	warmblooded] *alt. in penc. fr.* 'warmblood' *aft. x'd-out* 'a'
	483.6	(and] *paren. in penc. ov. dash*
	483.7	fish)] *paren. added in penc.*
	483.7	did] *aft. x'd-out* 'were'
	483.7	propositions] *alt. in penc. fr.* 'proposition'
	483.9-10	a whole set of] *t. ab. x'd-out* 'the'
	483.10	characteristic of the behavior of] *in penc. w. caret ab. del.* 'performed'
	483.11	Dr. White's reduction] 'reduction' *t. alt. fr.* 'reducing'; *ab. x'd-out* '[¶] I come now to Dr White's statement that "X is desirable" is *de facto* in the same sense that X the proposition'
	483.11-12	that which ... conditions"] *t. ab. x'd-out* 'what is desired under norl conditions'
	483.13	literally] *t. intrl.*
	483.16	The] *t. ab. x'd-out* 'A'
	483.17	import,] *aft. x'd-out* 'meaning'
	483.17	"Normal"] *aft. x'd-out* 'It is a'
	483.18[1]	the] *aft. x'd-out* 'its'
	483.22	welcome] *aft. x'd-out* 'r e'; *bef. x'd-out* 'the as'
	483.22-23	the formal or methodological] *t. ab. x'd-out* 'an'
	483.23	the] *aft. x'd-out* 'the'
	483.23[1]	"X] *quots. added in penc.*
	483.24	if] *aft. x'd-out* 'ob'
	483.24	distinctive *relevant*] *t. intrl.*; '*relevant*' *aft. x'd-out* 'and'
	#483.25	proposition] *bef. x'd-out* 'it'
	483.26	having ... issue] *t. ab. x'd-out* 'specifically relevant in the case of "Normal conditions"'
	483.28	its direction is] *t. ab. x'd-out* 'is'

483.29 grounded] *t. intrl.*
483.30 what] *aft. x'd-out* 'the'
483.32 as] *t. intrl.*
483.32 a] *t. intrl.*
483.32 is] *t. ab. x'd-out* 'is'
483.32 *objectively*] *t. alt. fr.* '*objective*'
483.33 fulfills,] *t. intrl.*
483.34 certain]*aft. x'd-out* '* number of' [*t. ab. x'd-out* 'certain number of'] 739
483.35 a specified]*aft. x'd-out* 'aspecific'
483.35 unit] *aft. x'd-out* 'temporal'
483.36 are] *t. intrl.*
483.36 and empirical] *t. intrl.*
483.37-38 Statements] 'S' *t. ov.* 's' *aft. x'd-out* 'The'
#483.39 this *defacto* kind or variety.] *t. ab. x'd-out* 'this de facto. kind or variety'
#483.39-40 The statement ... de-facto] *t. ab. x'd-out* 'The statement that something is desirable, [*aft. x'd-out* 'desired'] that it should or oight to desired'
484.1 in reference to] *t. ab. x'd-out* 'toactivity'; *aft. x'd-out* 'the'
#484.4-5 of perhaps ... concidions] *t. ab. x'd-out* 'the "noral conditions"'
484.6-7 yields ... themselves] *t. ab. x'd-out* 'results in a warranted or valid proposition' [*undel.*]; 'nor' *ab. x'd-out* 'or'
484.7 by] *t. intrl.*
484.7 undertaking] *aft. x'd-out* 'engaging' [*t. alt. fr.* 'engaged']
484.7 the] *aft. x'd-out* 'a'
#484.8 time,] *aft. x'd-out* 'tells'

《教育学——备忘录》中的变更

该文档是一份3页长的、给威廉·林内·哈普校长的备忘录的油印件,收藏于芝加哥大学,约瑟夫·雷根斯坦图书馆,特别收藏,校长文件(1899—1925)。

485.17 It] *aft. x'd-out* 'Even at'
486.19 teaching] *t. alt. fr.* 'teachings'

《约翰·H·兰德尔的〈我们变化中的文明〉》中的变更

该文档是一份1页长的打字稿,收藏于纽约州纽约市:哥伦比亚大学,巴特勒图书馆,善本和手稿室,小约翰·H·兰德尔文集。手写变更是用黑色墨水写的。

522.3 so] *ov.* 'as'
522.5 situation] *t. ab. x'd-out* 'conditions'
522.10 centering] *bef. x'd-out* 'upon'

740 522.10 to] *alt. fr.* 'into'
522.10 diverse] *alt. fr. illeg. letters and* 'verse'
522.12 error] *aft. x'd-out* 'fa'
522.12 existing] *aft. x'd-out* 'and over idealizing'
522.13 he] *intrl. w. caret*
522.13 indicates] *alt. fr.* 'indicating'
522.14 taken] *intrl. w. caret bef. del.* 'been given'
522.15 which] *intrl. w. caret*
522.16 a positive] *aft. x'd-out* 'an end'
522.17 how] *aft. x'd-out* 'why'

《评理查德·韦林的〈嫩枝弯曲时〉》中的变更

该文档是一份1页长的打字稿，收藏于纽约州纽约市：纽约公共图书馆，阿斯特、雷诺克斯与蒂尔登基金会，善本和手稿分部，理查德·G·韦林文集。所有变更都用墨水写或打字。

523.4 schools] *t. alt. fr.* 'school'
#523.4-5 *As the Twig is Bent*] *undrl.*
523.5 years] *bef. x'd-out* ', beginning when he left college,'
523.6 Richard] *aft. x'd-out* 'He has bee'
523.8 left] *insrtd. bef. del.* 'graduated from'
523.8 This] 'T' *ov.* 't' *aft. del.* 'In'
523.8 is] *ab. del.* 'in which'
#523.9 is blended] *alt. fr.* 'blends'
523.9 country] *period added*
523.10 It] *ov.* 'he'
523.11[1] the] *aft. x'd-out* 'the'
523.11 source] *alt. fr.* 'sources' *aft. x'd-out* 'agencies of'
523.12 guarantee] *alt. fr.* 'guarantors'
523.12 the] *t. intrl.*
523.12 government] *intrl. w. caret*
523.14 tells,] *aft. x'd-out* ', also'
523.15 democratic] *alt. fr.* 'democracy'
523.15 practices] *intrl. w. caret*
523.15 organization] *aft. x'd-out* 'conduct'
523.16 retarded] *alt. fr.* 'retard'
523.16 creation] *aft. x'd-out* 'the formation'
523.16 that] *t. alt. fr.* 'the' *bef. del.* 'kind of'
523.17-18 and ... of] *t. w. caret ab. x'd-out* 'the business of'
741 523.18 government.] *ab. del.* 'citizenship' [*t. ab. x'd-out* 'government and knows how t']
523.19 A soldier] *aft.* x'd-out 'A fighter in two of our'

523.20	National] *bef. x'd-out* 'City'
523.21	Self-Government] 'S' *ov.* 's'
523.21[2]	the] *t. ab. x'd-out* 'his'
523.22	always good-humored] *t. intrl. w. caret*
523.22	gay] *bef. x'd-out comma*
523.22	steadily] *intrl. w. caret*
523.23-24	in turn] *t. intrl. w. caret*
523.24	legislators] *bef. x'd-out* ', thtat'
523.26	learn . . . book] *w. caret ab. del.* 'find'
523.27	schools] *aft. x'd-out* 'the connecti'
523.27	basis] *alt. fr.* 'base'
523.28	brass-tack] *intrl. w. caret*
523.28	Americans] *alt. fr.* 'American'; *aft. del.* '* There is no' [*aft. x'd-out* 'Every']
523.28	every] *w. caret ab. del.* 'any'
523.29	will] *aft. del.* 'who'
523.29	be] *bef. del.* 'not by'
523.29	this] *t. alt. fr.* 'the'

《普林格尔先生备忘录》中的变更

该文档是一份2页长的打字稿，收藏于华盛顿：美国国会图书馆，手稿部，1号盒，D文件夹，普通信件，亨利·福尔斯·普林格尔文集。打印纸上没有可见水印。所有手写变更都是用蓝色墨水写的。

524.4	control,] *comma added*
524.8	country] *alt. fr.* 'control'
#524.9	etc] *t. intrl. bef.* 'etc'
524.9	theater,] *t. intrl. w. caret*; *comma added*
524.9	amusements,] *t. intrl. w. caret*; *comma added*
524.10	sports;] *intrl.*
524.14	People] *aft. x'd-out* 'Expert'
524.17	it] *t. ab. x'd-out* 'they'
524.17	be] *insrtd.*
524.22	constant] *aft. del.* 'the'
524.22	from] *ov.* 'of'
524.27	should] *bef. del.* 'be'
524.27	be] *intrl. w. caret*
525.1	peoples] *aft. x'd-out* 'nations who' 742
525.3	modern] *bef. x'd-out* 'means of'
525.4	imposing] *aft. del.* 'the'
525.8	strength] *aft. x'd-out* 'military'
525.8	in war] *t. intrl. w. caret*

525.12 militarism] *alt. fr.* 'militarized' *bef. del.* 'Germany'
525.13 of] *t. intrl.*
525.13 for regulating] *t. ab. x'd-out* 'of organizing'
525.15 Nazi] *aft. x'd-out* 'the'
525.15 it is] *insrtd.*
525.15 possible] *w. caret ab. del.* 'ability'
#525.19-20 agt European nations] *intrl. w. caret*
525.26 war] *aft. del.* 'a'
525.27 way] *alt. fr.* 'away'

《致S·J·伍尔夫》中的变更

该文档是一份1页长的打字稿，收藏于卡本代尔：南伊利诺伊大学，莫里斯图书馆，特别收藏，杜威VFM80。所有变更都是用黑色墨水写和打字的。

516.3 writers,] *comma added*
526.5 Readers] *w. caret ab. del.* 'They'
526.7 details] *bef. del.* 'of the immediate environment'
526.12 whatever,] *comma added*
526.14 sure] *bef. x'd-out* 'others who'
526.14 have] *intrl. w. caret*
526.18 into] *t. alt. w. caret fr.* 'in'
526.19 and elimination] *t. intrl. w. caret*
526.20 valuable] *t. intrl. w. caret*

《弗兰克·贝克退休声明》中的变更

该文档是一份2页长的打字稿，收藏于哥伦比亚：南卡罗莱纳大学，南卡罗莱纳图书馆，西奥多·T·拉弗蒂文集。所有变更都是打字的，除了在第2页(528.5)上的两处例外是用墨水写的。

527.2 have]*aft x'd-out* 'share in'
527.3 for] *aft. x'd-out* 'although'
527.3-4 am permitted] *aft. x'd-out* 'am with you in spirit'
743 527.5 for] *ab. x'd-out* 'of'
527.6 much too infrequent] *ab. x'd-out* 'too rare'
527.7 years] *alt. fr.* 'year'
527.8 but] *bef. x'd-out* 'the'
527.8 as] *bef x'd-out* 'one'
527.14 minds] *aft. x'd-out* 'in the'
527.19 has] *bef. x'd-out* 'continued'
527.22 straightforward] *alt. fr.* 'straightforwardne' *aft. x'd-out illeg. word*
527.22 united with a] *ab. x'd-out* 'and of'

527.22-23	of disposition] *intrl.*
527.23	rare] *bef. x'd-out illeg. words and* 'which'
527.23	desert] *ab. x'd-out* 'leave'
527.23	him] *bef. x'd-out comma*
527.24	came] *aft. x'd-out* 'c ased'
527.24	will] *intrl.*
527.26	out] *aft. x'd-out* 'into'
527.26	into] *aft. x'd-out* 'by'
527.28	contacts] *alt. fr.* 'contact' [*bef. x'd-out* 'contacts']
527.28	and in] *aft. x'd-out* 'and in witha?'
528.1	whose] *alt. fr.* 'whole'
528.1	and] *alt. fr.* 'an'
528.3	Hail] *bef. x'd-out* 'but'
528.3	and] *ab. x'd-out* 'and,'
528.4	Well,] *ab. x'd-out* 'will'
528.4	not] *aft. x'd-out* 'not in the sense of'
528.5	which,] *in ink ab. del.* 'that'
528.5	past,] *comma added in ink*

行末连字符的使用

744 ## I. 范本表

以下是编辑给出的一些在范本的行末使用的可能的复合词

14.2	drawing-room	198.7	threefold
23.32	To-day	216.4	playthings
35.20	historico-cultural	257.13	under-reach
58.22	commonplaces	262.20	teaparty
67.22	subject-matter	262.30	reaparty
68.18 - 19	over-practical	265.23	so-called
79.39	today	270.4	schoolroom
86.18	fellowmen	279.32	textbook
95.32 - 33	extra-mundane	296.5	to-day
103.3	law-making	314.21	ironwork
131.6	fourscore	331.9	to-day
139.27	half-century	341.17	schoolroom
149.10	self-seeking	343.24	self-control
162.7	subject-matter	427.12	interrelations
171.14	subject-matter	427.17	well-being
172.14	Self-control	520.14	twofold
186.14	subject-matter	526.13	well-informed
186.24	to-day	532.14	right-minded
193.2	subject-matter		

II. 校勘文本表

在当前版本的副本中，被模棱两可地断开的可能的复合词中的行末连字符号均未保留，除了以下这些：

3.30	self-estimation
47.8	law-making
81.16	absent-minded
95.32	extra-mundane
103.4	law-making
104.13	law-making
172.10	self-control
194.3	sand-working
202.32	re-adapt
220.36	text-book
239.34	every-day
282.22	over-exercise
305.38	well-spring
372.2	non-technical
376.10	non-ethical
377.21	non-religious
68.18	over-practical
79.38	pre-ordained
403.32	self-enclosed *745*
451.11	pre-occupation
451.17	self-renewing
454.20	pre-industrial
460.18	self-seeking
487.19	*world-wide*
493.4	re-appear
495.39	self-education
500.27	anti-social
501.1	re-educated
506.30	old-time
518.25	to-day
527.5	one-time

引文中实质用词的变化

746 杜威在引文中对实质用词的改变被认为是非常重要的，足以保证这一特殊列表的可靠性。杜威以各种方式表现原材料，从记忆式的意译到逐字复制，有些地方完整地引用他的来源，有些地方仅仅提到作者名字而已，还有些地方则完全省略文档。引号中的所有材料，除了那些明显是强调或重述的，都已经被找出来了；杜威的引文已经核实，并且在必要的地方已被修正。除了在以下段落中注明的以及被记录在“校勘表”中的那一类校勘，所有引文都保持它们在复制文本中所显示的原样。所以，有必要结合此列表来查询“校勘表”。

虽然杜威和那个时期的其他学者一样，不关心形式方面的精确性，但还是可能有很多引文上的改动发生在打印过程中。比如，比较杜威的引文和原文可以发现，一些编辑和排字工人对被引材料和杜威自己的话都有所变动。所以，在此版本中，来源中的拼写和大写都被恢复了；这些改动都被记录在“校勘表”中，用标志 WS（著作[works]——此版本——源自杜威出处的修正）表示。类似地，在可能是排字或打字错误的情况中，对恢复原始文本的实质或非实质的改动被标注为 WS 校勘。杜威经常改变或省略引用材料中的标点符号；如果有必要保留出处中的标点符号，则这些改动也被记录在“校勘表”中，用 WS 标志。

杜威常常不标明他从其出处中省略了的材料。被省略的短语显示在这一列表中；超过一行的省略被注以一个加了方括号的省略号[…]。原材料中的斜体被视为具有实质意义的。被杜威省略和增加的斜体在此都有标注。

杜威引文和出处间的差别，若可归因于引文所出现的上下文，诸如数字或时态的改动，则不被记录。

在这一部分，记法遵从如下公式：本版本的页-行数字，接着是词条，然后是一个方括号；在方括号之后是原始形式，接着是都放在圆括号中的作者姓氏、出自“杜威的参考书目”中的出处标题简写以及引文出处的页-行。

《马廷诺博士的道德理论》 747

4.9 which] that (Martineau, *Types*, 2:27.8)
4.10 the moral] our moral (Martineau, *Types*, 2:27.10)
4.21 is] is, in fact, (Martineau, *Types*, 2:30.19)
4.21 later product;] [*ital.*] (Martineau, *Types*, 2:30.19)
4.22 ripe] ripest (Martineau, *Types*, 2:30.21)
4.23 *then, Personality,*] then *personality,* (Martineau, *Types*, 2:30.22)
4.24 Spiritually] *spiritually,* (Martineau, *Types*, 2:373.15)
4.24 man] he (Martineau, *Types*, 2:373.15)
4.25 others,] them, (Martineau, *Types*, 2:373.15)
4.25 them.] them, ... own. (Martineau, *Types*, 2:375.16 - 25)
4.26 union is] union is ... but (Martineau, *Types*, 2:375.25 - 30)
5.19 immediately perceive] are sensible of (Martineau, *Types*, 2:45.24)
5.19 graduated scale of] [*ital.*] (Martineau, *Types*, 2:45.24)
5.19 - 20 worth or excellence] *excellence* (Martineau, *Types*, 2:45.25)
5.20 distinct] quite distinct (Martineau, *Types*, 2:45.25)
6.6 shall] should (Martineau, *Types*, 1:xvii.16)
6.6 longer,] longer with me, (Martineau, *Types*, 1:xvii.16)
6.6 the] my (Martineau, *Types*, 1:xvii.17)

《女性健康与高等教育》

8.19 not] not in itself (*Sixteenth Annual Report*, 531.13)
8.22 show] show, as the result of their college studies and duties, (*Sixteenth Annual Report*, 532.9 - 10)
8.27 But, on] On (*Sixteenth Annual Report*, 531.26)
8.33 themselves,] themselves, born in them, as it were (*Sixteenth Annual Report*, 531.33)

《〈达尔文对哲学的影响〉前言》 748

39n.3 naturphilosophisch] logisch (Stein, “Der Pragmatismus,” 176.35)

《〈克劳德·麦凯诗选〉介绍》

60.7 the story can] their story should (McKay, *Poems*, 50.12)

《科学与上帝观念》

95.8 *one aspect*] [*rom.*] (Fiske, *Idea*, xxv.18)

95.9-10 it . . . infinite,] infinite and absolute, —(Fiske, *Idea*, xxviii.19)

96.22 impossible] impossible to ascribe to Him any of the limited psychical attributes which we know, or (Fiske, *Idea*, xxiv.17-19)

《评〈近代国家观念〉》

101.21 state] state can require no performance and impose no restraint, (Krabbe, *Idea*, xxxvi.3)

101.21 subjects] subjects in (Krabbe, *Idea*, xxxvi.4)

101.21 them] them in(Krabbe, *Idea*, xxxvi.4)

101.22 legal] A legal (Krabbe, *Idea*, xxxvi.5)

《评〈法律与道德:麦克奈尔讲座〉》

105.24 analytic] analytical (Pound, *Law*, 117.21)

105.24 is] was (Pound, *Law*, 117.21)

《评〈美国政治的承诺〉》

116.24 fixed] fastened (Smith, *Promise*, 79.22-23)

116.24 than] than upon (Smith, *Promise*, 79.23)

117.8 rank] order (Smith, *Promise*, 120.23)

749 117.35 intelligence] intelligence as a governmental guide (Smith, *Promise*, 162.3-4)

《教育史》

177.36 nursery,] gynaeconitis, (Gardner and Jevons, *Manual*, 300.2)

178.4 top.] top. And parents of all ages have played with them. It is said of Agesilaus that he used to ride on a reed to please his boys. (Gardner and Jevons, *Manual*, 300.9-11)

178.14 the lads] and the lads (Gardner and Jevons, *Manual*, 300.21)

178.15-6 exercise. A number game] exercise; [...]. The game (Gardner and Jevons, *Manual*, 300.23-28)

178.16 a] an (Gardner and Jevons, *Manual*, 300.28)

178.17 took] took up (Gardner and Jevons, *Manual*, 300.30)

178.19 odd or even.] even or odd. (Gardner and Jevons, *Manual*, 300.31-32)

178.20 space. There] space. [...] There (Gardner and Jevons, *Manual*, 300.33-37)

178.23 or] and (Gardner and Jevons, *Manual,* 300.41)

178.24 the tombs] tombs (Gardner and Jevons, *Manual,* 300.42)

178.25 them. Greek] them. [...] Greek (Gardner and Jevons, *Manual,* 301.1 - 11)

178.29 material.] material. Even in modern Greece a good many classical legends still survive in a modified shape among nurses-that of Eros and Psyche, for instance. (Gardner and Jevons, *Manual,* 301.15 - 17)

178.35 first be] be first (Gardner and Jevons, *Manual,* 301.26)

178.37 civilized peoples] peoples (Gardner and Jevons, *Manual,* 301.28)

178.40 *bringing up;*] [*rom.*] (Gardner and Jevons, *Manual,* 301.31)

179.10 with] in (Gardner and Jevons, *Manual,* 302.20)

179.12 have] had (Gardner and Jevons, *Manual,* 302.22)

179.14 in] at (Gardner and Jevons, *Manual,* 302.23)

179.27 concern] concern only (Gardner and Jevons, *Manual,* 302.38)

179.31 love and confidence] confidence and love (Gardner and Jevons, *Manual,* 306.30)

179.31 scholar] taught (Gardner and Jevons, *Manual,* 306.30)

179.36 At] And at (Gardner and Jevons, *Manual,* 306.35)

180.8 teachers. The] teachers, [...] The (Gardner and Jevons, *Manual,* 307.6 - 14)

180.10 amount. Boarding-schools] amount. [...] boarding-schools (Gardner and Jevons, *Manual,* 307.16 - 25)

180.12 light. Of] light, except such part as was occupied by the mid-day meal *750*
and the attendance at the palaestra. Of (Gardner and Jevons, *Manual,* 307.27 - 29)

180.30 tablet] tablet published by M. Du Mont, (Gardner and Jevons, *Manual,* 308.8)

180.30 children] the children (Gardner and Jevons, *Manual,* 308.8)

《给教师的心理学》

194.14 regarding] of (Thorndike, *Principles,* 35.6)

194.15 schools] curriculum (Thorndike, *Principles,* 35.7)

194.27 to utilize instinctive] is the utilization of natural (Thorndike, *Principles,* 34.11 - 12)

202.31 results] *results or effects* (Thorndike, *Elements,* 283.26)

《知识与存在》

363.37 appears] appears, therefore, (Woodbridge, "Consciousness," 398.14)

365.5 properties] these properties (Woodbridge, "Consciousness," 397.33)

《托尔斯泰的艺术》

382.7 by] both by (Tolstoi, "What?" 13.23)

382.7 an abetter] abbetter (Tolstoi, "What?" 13.34)
382.15 women] woman (Tolstoi, "What?" 23.20)
382.16 men] man (Tolstoi, "What?" 23.20)
382.16 - 17 time in my life] time, (Tolstoi, "What?" 23.23)
382.18 - 19 even dreamed] thought (Tolstoi, "What?" 23.29)
382.19 these] all these (Tolstoi, "What?" 23.30)
382.19 beside] besides (Tolstoi, "What?" 23.30)
382.20 need of] effort to find (Tolstoi, "What?" 23.31)
382.20 shelter] shelter from the cold, (Tolstoi, "What?" 23.31)
382.21 lives just] life (Tolstoi, "What?" 23.32)
382.22 angry] angry at times, (Tolstoi, "What?" 23.33)
382.22 while appearing to be] and try to appear (Tolstoi, "What?" 23.33 - 34)
382.22 or be] and be (Tolstoi, "What?" 23.34)
751 382.23 time] time (however strange the confession may sound), (Tolstoi, "What?" 23.35 - 36)
382.23 aware] fully aware (Tolstoi, "What?" 23.36)
382.23 - 24 that ... of] that the task which I was undertaking could not simply consist in (Tolstoi, "What?" 23.36 - 37)
382.24 feeding] feeding and clothing (Tolstoi, "What?" 23.37 - 38)
382.24 beings like] people (just as one might feed (Tolstoi, "What?" 23.38)
382.24 thousand sheep,] thousand head of sheep, and drive them into shelter), (Tolstoi, "What?" 23.39)
382. 24 but] but must develop some more essential help. And when I considered that (Tolstoi, "What?" 23.40 - 24.1)
382.25 each] each one (Tolstoi, "What?" 24.1)
382.25 the thousand] these individuals (Tolstoi, "What?" 24.1)
382.25 such another] another (Tolstoi, "What?" 24.2)
383.32 - 33 rights, the powers] rights (Tolstoi, "Letter," 63.33)
383. 33 Parliament] Parliament, or even of a member of a local board, (Tolstoi, "Letter," 63.34 - 35)
383.33 those] the rights (Tolstoi, "Letter," 63.35)
383.34 seems accordingly] seems (Tolstoi, "Letter," 63.36)
383.34 - 35 much could be accomplished] we could do much (Tolstoi, "Letter," 63.36)
383.35 these] those (Tolstoi, "Letter," 63.37)
383.36 these greater] the (Tolstoi, "Letter," 63.37)
383.36 rights] rights of a member of Parliament, or of a committeeman, (Tolstoi, "Letter," 63.38)
383. 40 ocean?] ocean of evil and deceit which overwhelms us? (Tolstoi, "Patriotism," 57.34 - 35)
384.1 should I even have] indeed possess (Tolstoi, "Patriotism," 57.36)
384.1 - 2 one? So leaving] one? [...] And leaving (Tolstoi, "Patriotism," 57.36 - 58.1)

384.2 all the weapons] weapons (Tolstoi, "Patriotism," 58.1)

384.3 that] which (Tolstoi, "Patriotism," 58.5)

384.3 - 4 almost everybody resorts to] each man employs (Tolstoi, "Patriotism," 58.5 - 6)

384.4 observing] noticing (Tolstoi, "Patriotism," 58.6)

384.5 which one must] he is bound to (Tolstoi, "Patriotism," 58.8)

384.6 so that in] and that upon (Tolstoi, "Patriotism," 58.8)

384.6 upon . . . social] the social (Tolstoi, "Patriotism," 58.9)

384.7 reform, . . . all] activity which exists in our world every man is obliged, if only in part, (Tolstoi, "Patriotism," 58.9 - 10)

384.7 - 8 to make . . . truth.] to deviate from the truth and to make concessions 752 which destroy the force of the powerful weapon which should assist him in the struggle. (Tolstoi, "Patriotism," 58.10 - 12)

384.8 - 10 There . . . use.] yet we refuse to use the unique and powerful weapon within our hands — the consciousness of truth and its expression. (Tolstoi, "Patriotism," 58.17 - 19)

387.33 will] corporality or will, (Tolstoi, "Religion," 83.35)

387.33 or physical energy, etc.,] that heat, light, movement, electricity are different manifestations of one and the same energy, (Tolstoi, "Religion," 83.36 - 37)

387.34 hopes, fears,] fears, and hopes, (Tolstoi, "Religion," 83.38)

387.35 world.] universe. (Tolstoi, "Religion," 83.39)

389.25 are] are all (Tolstoi, "What?" 56.26)

389.26 as an] to be a very (Tolstoi, "What?" 56.26 - 27)

389.27 can . . . new.] cannot be anything new or interesting; (Tolstoi, "What?" 56.27 - 28)

389.27 In] whereas, in (Tolstoi, "What?" 56.28)

389.28 even those that] which (Tolstoi, "What?" 56.30)

389.29 nothing to do] no connection (Tolstoi, "What?" 56.30)

389.29 endeavor] activity (Tolstoi, "What?" 56.31)

389.30 the arts,] in the arts, and in (Tolstoi, "What?" 56.31)

389.32 more accessible] accessible (Tolstoi, "What?" 56.34)

389.33 a street] in a street (Tolstoi, "What?" 56.35)

389.36 Coming close] and, having come up close to him, (Tolstoi, "What?" 56.40)

389.36 - 37 that he] he (Tolstoi, "What?" 57.1)

389.37 butcher's boy] young man from a butcher's shop, (Tolstoi, "What?" 57.1)

389.38 stones.] flagstone. (Tolstoi, "What?" 57.2)

389.38 concerning] about (Tolstoi, "What?" 57.3)

389.38 even when] when (Tolstoi, "What?" 57.3)

389.39 them;] them, and still less while doing his work: (Tolstoi, "What?" 57.3 - 4)

389.39 knife in] knife. It was necessary for him to do so in (Tolstoi, "What?"

57.5)

390.1 that he might cut] to cut the (Tolstoi, "What?" 57.6)

390.1 to] but (Tolstoi, "What?" 57.6)

390.1 had seemed] seemed (Tolstoi, "What?" 57.6)

390.4 only one ... them] for them one thing only is important, (Tolstoi, "What?" 57.9 - 10)

390.5 the] those (Tolstoi, "What?" 57.11)

753 《当代哲学的问题:关于经验的问题》

434.15 Well, it] it (James, *Principles*, 2:342.32)

434.15 just] entirely (James, *Principles*, 2:342.32)

434.15 - 16 train starts] car begins (James, *Principles*, 2:342.32)

434.16 will it?] so? (James, *Principles*, 2:342.33)

《俄国的学校体系》

490.20 numbered. The Tsarism] numbered; it (Paléologue, *Memoirs*, 349.15)

490.22 point] bond (Paléologue, *Memoirs*, 349.17)

490.24 An] Such an (Paléologue, *Memoirs*, 349.19)

490.24 come. It] come with some military defeat, a famine in the provinces, a strike in Petrograd, a riot in Moscow, some scandal or tragedy at the palace. It (Paléologue, *Memoirs*, 349.19 - 22)

490.24 - 25 make ... it.] matter how! (Paléologue, *Memoirs*, 349.22)

490.25 But a] In any case, the (Paléologue, *Memoirs*, 349.22)

490.26 Russia, for] Russia. What is (Paléologue, *Memoirs*, 349.23 - 24)

490.26 speaking is only] speaking? It is (Paléologue, *Memoirs*, 349.24)

490.28 can be of] may be a (Paléologue, *Memoirs*, 349.26)

490.28 country,] nation (Paléologue, *Memoirs*, 349.26)

490.29 destroyed.] destroyed. From that point of view the English and French Revolutions strike me as having been rather salutary. (Paléologue, *Memoirs*, 349.27 - 29)

490.33 that] [*ital.*] (Paléologue, *Memoirs*, 349.32)

490.35 When ... revolution,] Its success in that way has been so great that the day the *tchinoviks* disappear (Paléologue, *Memoirs*, 349.34 - 36)

490.36 Undoubtedly] No doubt (Paléologue, *Memoirs*, 349.36 - 37)

490.36 - 37 intellectuals ... will] bourgeois, intellectuals, "Cadets" who (Paléologue, *Memoirs*, 349.37 - 38)

491.1 soon] and soon (Paléologue, *Memoirs*, 350.1 - 2)

491.3 years at least] years (Paléologue, *Memoirs*, 350.5)

491.3 complete chaos.] anarchy! (Paléologue, *Memoirs*, 350.5)

492.38 people] classes (Pinkevitch quoting Lenin, *New Education*, 152.16)

754 492.39 own lives.] life. (Pinkevitch quoting Lenin, *New Education*, 152.16)

493.9 population] people (Pinkevitch quoting Lenin, *New Education*, 151.38)
493.10 the schools must] to (Pinkevitch quoting Lenin, *New Education*, 152.1)
493.10 - 11 teachers and guides and leaders] teacher, guide, and leader (Pinkevitch quoting Lenin, *New Education*, 152.1)
494.1 trained] drawn (Pinkevitch quoting Lenin, *New Education*, 152.7)
494.2 recognize] realize fully (Pinkevitch quoting Lenin, *New Education*, 152.9)
494.3 the necessary] a necessary (Pinkevitch quoting Lenin, *New Education*, 152.9 - 10)
494.3 the struggle] their struggle (Pinkevitch quoting Lenin, *New Education*, 152.10)
494.3 our] their (Pinkevitch quoting Lenin, *New Education*, 152.10)
494.4 mostly due to] explained by their (Pinkevitch quoting Lenin, *New Education*, 152.10 - 11)
494.4 - 5 education ... make] education, and that they must now make (Pinkevitch quoting Lenin, *New Education*, 152.11)
494.5 accessible] actually accessible (Pinkevitch quoting Lenin, *New Education*, 152.12)
494.10 wholly outside] outside (Pinkevitch quoting Lenin, *New Education*, 376.3)
494.11 politics. Before] politics, and before (Pinkevitch quoting Lenin, *New Education*, 376.3)
494.11 in at all,] brought in (Pinkevitch quoting Lenin, *New Education*, 376.3)
494.11 must] must first (Pinkevitch quoting Lenin, *New Education*, 376.4)
494.12 - 13 at least ... read,] this (Pinkevitch quoting Lenin, *New Education*, 376.4)
494.13 is] can be (Pinkevitch quoting Lenin, *New Education*, 376.4)
494.13 gossip and superstition.] gossip, tales, superstitions. (Pinkevitch quoting Lenin, *New Education*, 376.5)

杜威的参考书目

755 这部分列出了杜威所引用的每一部著作完整的出版信息。在杜威个人图书馆（卡本代尔：南伊利诺伊大学，莫里斯图书馆，特别收藏，杜威文集）里的图书，只要有可能，已全部列出。在杜威给出一个参考书目的页码的地方，该版本都已通过核实引文的方法得到确认；至于其他参考书目，列在此处的版本是最有可能的来源——根据出版地点或出版日期，在此期间一般可能得到的，或者根据通信及其他材料中得到的证据。

Adamson, John William. *Pioneers of Modern Education, 1600–1700*. Cambridge: At the University Press, 1905.

Angell, James Rowland. *Psychology*. New York: Henry Holt and Co., 1904.

Barnes, Albert C. *The Art in Painting*. 2d ed., rev. and enl. New York: Harcourt, Brace and Co., 1928.

Boas, Franz. *The Mind of Primitive Man*. New York: Macmillan Co., 1913.

Bode, Boyd H. "Some Recent Definitions of Consciousness." *Psychological Review* 15 (July 1908): 255–264.

Boodin, John E. "Do Things Exist?" *Journal of Philosophy, Psychology and Scientific Methods* 9 (4 January 1912): 5–14.

Clarke, Edward H. *Sex in Education; or, A Fair Chance for the Girls*. Boston: James R. Osgood and Co., 1873.

Clifford, William Kingdon. "On the Nature of Things-in-Themselves." In his *Lectures and Essays*, edited by Leslie Stephen and Sir Frederick Pollock, 2: 52–73. London: Macmillan and Co., 1879.

Dakyns, Henry Graham, trans. *The History of Xenophon*. Vol. 1. New York: Tandy-Thomas Co., 1909.

Darwin, Charles. *The Expression of the Emotions in Man and Animals*. New York: D. Appleton and Co., 1898.

Davidson, Thomas. *Aristotle and Ancient Educational Ideals*. New York: Charles Scribner's Sons, 1892.
——. *A History of Education*. New York: Charles Scribner's Sons, 1900.
De Garmo, Charles. *Herbart and the Herbartians*. New York: Charles Scribner's Sons, 1895. 756
Dewey, John. "Interpretation of Savage Mind." *Psychological Review* 9(1902): 217 - 230. [*The Middle Works of john Dewey. 1899 - 1924*, edited by Jo Ann Boydston, 2:39 - 52. Carbondale and Edwards-ville: Southern Illinois University Press, 1976.]
——. "Perception and Organic Action." *Journal of Philosophy, Psychology and Scientific Methods* 9 (21 November 1912):645 - 668. [*Middle Works* 7:3 - 29.]
Dewey, John, et al. *Studies in Logical Theory*. University of Chicago, The Decennial Publications, 2d ser., vol. 11. Chicago: University of Chicago Press, 1903. [*Middle Works* 2:293 - 375.]
Dickens, Charles. *The Works of Charles Dickens*. Vols. 11 and 12, *Life and Adventures of Nicholas Nickleby*. New York: Peter Fenelon Collier and Son, 1900.
Dutton, Samuel T. *Social Phases of Education in the School and the Home*. New York: Macmillan Co., 1899.
Eliot, George. "Worldliness and Other-Worldliness: The Poet Young." *Westminster Review* 67 (January 1857):1 - 23.
Fiske, John. *The Destiny of Man Viewed in the Light of His Origin*. Boston and New York: Houghton, Mifflin and Co., 1884.
——. *The Idea of God as Affected by Modern Knowledge*. Boston and New York: Houghton, Mifflin and Co., 1885.
——. *Outlines of Cosmic Philosophy*. 2 vols. Boston: Houghton, Mifflin Co., 1874.
Galton, Francis. *Inquiries into Human Faculty and Its Development*. London: Macmillan and Co., 1883.
Gardner, Percy, and Frank Byron Jevons. *A Manual of Greek Antiquities*. London: Charles Griffin and Co., 1898.
Green, Thomas Hill. *Prolegomena to Ethics*. Edited by A. C. Bradley. Oxford: At the Clarendon Press, 1883.
Grote, George. *History of Greece*. Vol. 8. New York: Harper and Brothers, 1872.
Hall, Frank H. "Imagination in Arithmetic." In *National Educational Association Journal of Proceedings and Addresses*, pp. 621 - 628. Chicago: University of Chicago Press, 1897.
Hegel, Georg Wilhelm Friedrich. *Lectures on the Philosophy of Religion*. Translated by E. B. Spiers and J. Burdon Sanderson. Vols. 2 and 3. London: Kegan Paul, Trench Trubner and Co., 1895.
Hinsdale, B. A. *Horace Mann and the Common School Revival in the United States*. New York: Charles Scribner's Sons, 1898.
Höffding, Harald. *Outlines of Psychology*. London: Macmillan and Co., 1896.
Hogben, Lancelot. *The Retreat from Reason*. London: Watts and Co., 1936. 757

Hook, Sidney. "The Desirable and Emotive in Dewey's Ethics." In *John Dewey: Philosopher of Science and Freedom*, a symposium edited by Sidney Hook, pp. 194–216. New York: Dial Press, 1950.

Hughes, Thomas. *Loyola and the Educational System of the Jesuits*. New York: Charles Scribner's Sons, 1892.

Jaeger, Gustav. *Die Entdeckung der Seele*. Leipzig: Ernst Günther's Verlag, 1880.

James, William. *The Principles of Psychology*. 2 vols. New York: Henry Holt and Co., 1893.

——. *Psychology*. New York: Henry Holt and Co., 1893.

Jevons, Frank Byron, and Percy Gardner. *A Manual of Greek Antiquities*. London: Charles Griffin and Co., 1898.

Krabbe, Hugo. *The Modern Idea of the State*. Translated by George H. Sabine and Walter J. Shepard. New York: D. Appleton and Co., 1922.

Laurie, S. S. *Historical Survey of Pre-Christian Education*. New York: Longmans, Green, and Co., 1900.

——. *The Rise and Early Constitution of Universities*. New York: D. Appleton and Co., 1886.

Lenin, V. I. *Collected Works*. Vol. 23, 1918–1919. New York: International Publishers, 1926.

Locke, John. *An Essay concerning Human Understanding*. In *The Works of John Locke*, 10th ed., vols. 1–3. London: J. Johnson, 1801.

McKay, Claude. *Selected Poems of Claude McKay*. Edited by Max Eastman. New York: Bookman Associates, 1953.

MacMichael, J. F. *The Anabasis of Xenophon*. 4th ed., rev. London: George Bell; Whittaker and Co., 1851.

Mahaffy, J. P. *Old Greek Education*. New York: Harper and Brothers, 1905.

Martineau, James. *Types of Ethical Theory*. 2 vols. Oxford: At the Clarendon Press, 1885.

Monroe, Paul. *A Brief Course in the History of Education*. New York: Macmillan Co., 1907.

——. *Source Book of the History of Education for the Greek and Roman Period*. New York: Macmillan Co., 1902.

——. *A Text-Book in the History of Education*. New York: Macmillan Co., 1905.

Morgan, C. Lloyd. *Psychology for Teachers*. New York: Charles Scribner's Sons, 1906.

Morley, John. *Diderot and the Encyclopaedists*. New York: Scribner and Welford, 1878.

758 ——. *Rousseau*. 2 vols. London: Macmillan and Co., 1886, 1891.

——. *Voltaire*. London: Macmillan and Co., 1891.

Paléologue, Maurice. *An Ambassador's Memoirs*. Translated by F. A. Holt. Vol. 1. New York: George H. Doran Co., 1925.

Paley, William. *Natural Theology; or, Evidences of the Existence and Attributes of the Deity, Collected from the Appearances of Nature*. Boston: Gould and Lincoln, 1858.

Phelps, Elizabeth Stuart. "The Struggle for Immortality." *North American Review*, no. 331 (June 1884):554 - 573.

Pinkevitch, Albert P. *The New Education in the Soviet Republic*. Translated by Nucia Perlmutter. Edited by George S. Counts. New York: John Day Co., 1929.

Pound, Roscoe. *Law and Morals: The McNair Lectures*. Chapel Hill, N. C.: University of North Carolina Press, 1924.

Quick, Robert Hebert. *Essays on Educational Reformers*. New York: D. Appleton and Co., 1890.

Randall, John Herman, Jr. *Our Changing Civilization: How Science and the Machine Are Reconstructing Modern Life*. New York: Frederick A. Stokes Co., 1929.

Roberts, W. Rhys. *Dionysius of Helicarnassus*. London: Macmillan and Co., 1910.

Roosevelt, Theodore. *Theodore Roosevelt: An Autobiography*. New York: Macmillan Co., 1913.

Rousseau, Jean Jacques. *Émile: or, Concerning Education*. Translated by Eleanor Worthington. Boston: D. C. Heath and Co., 1883.

Royce, Josiah. *The Hope of the Great Community*. New York: Macmillan Co., 1916.

——. *The World and the Individual*. First Series: The Four Historical Conceptions of Being. New York: Macmillan Co., 1900.

Sixteenth Annual Report of the Bureau of Statistics of Labor [Massachusetts], August, 1885. Boston: Wright and Potter Printing Co., State Printers, 1885.

Smith, Thomas Vernor. *The Promise of American Politics*. Chicago: University of Chicago Press, 1936.

Spencer, Herbert. *First Principles*. Philadelphia: David McKay, 1867.

Stein, Ludwig. *Philosophische Strömungen der Gegenwart*. Stuttgart: Verlag von Ferdinand Enke, 1908.

——. "Der Pragmatismus." *Archiv für Systematische Philosophie*, n. s. 14 (1908): 1 - 9,143 - 188.

Stout, G. F. *The Groundwork of Psychology*. New York: Hinds and Noble, 1903.

Thorndike, Edward L. *The Elements of Psychology*. New York: A. G. Seiler, 1905.

——. *The Human Nature Club*. New York: Longmans, Green, and Co., 1901. 759

——. *The Principles of Teaching*. New York: A. G. Seiler, 1906.

Titchener, Edward Bradford. *An Outline of Psychology*. New York: Macmillan Co., 1897.

Tolstoï, N. Lyof. *Power and Liberty*. New York: Thomas Y. Crowell Co., 1888.

——. "Letter to the Liberals." In *Shakespeare, Christian. Teaching, Letters*, vol. 12 *of The Complete Works of Lyof N. Tolstoï*, pp. 57 - 72. New York: Thomas Y. Crowell and Co., 1899.

——. "Life." In *What Is To Be Done? Life*, vol. 10 of *The Complete Works of Lyof N. Tolstoï*, pp. 285 - 441. New York, Thomas Y. Crowell and Co., 1899.

——. "Patriotism and Christianity." In *Essays, Letters, Miscellanies*, vol. 20 of

The Novels and Other Works of Lyof N. Tolstoï, pp. 1 - 62. New York: Thomas Y. Crowell and Co., 1899.

——. "Religion and Morality." In *Shakespeare, Christian Teaching, Letters*, vol. 12 of *The Complete Works of Lyof N. Tolstoï*, pp. 73 - 98. New York: Thomas Y. Crowell and Co., 1899.

——. "What Is To Be Done?" In *What Is To Be Done? Life*, vol. 10 of *The Complete Works of Lyof N. Tolstoï*, pp. 1 - 283. New York: Thomas Y. Crowell and Co., 1899.

Welling, Richard. *As the Twig Is Bent*. New York: G. P. Putnam's Sons, 1942.

Wells, H. G. *The Outline of History*. 2 vols. New York: Macmillan Co., 1920.

West, Andrew Fleming. *Alcuin and the Rise of the Christian Schools*. New York: Charles Scribner's Sons, 1892.

White, Morton G. "Value and Obligation in Dewey and Lewis." *Philosophical Review* 58 (July 1949): 321 - 329.

White House Conference on Child Health and Protection, 1930. New York: Century Co., 1931.

Wilkins, Augustus S. *National Education in Greece*. London: Strahan and Co., 1873.

Williams, Samuel G. *The History of Ancient Education*. Syracuse, N. Y.: C. W. Bardeen, 1903.

——. *The History of Mediaeval Education*. Syracuse, N. Y.: C. W. Bardeen, 1903.

——. *The History of Modern. Education*. Syracuse, N. Y.: C. W. Bardeen, 1903.

Willkie, Wendell L. *One World*. New York: Simon and Schuster, 1943.

Woodbridge, Frederick J. E. "Consciousness and Meaning." *Psychological Review* 15 (November 1908): 397 - 398.

760 Woodward, William Harrison. *Studies in Education during the Age of the Renaissance, 1400 - 1600*. Cambridge: At the University Press, 1906.

——. *Vittorino da Feltre and Other Humanist Educators*. Cambridge: At the University Press, 1897.

索 引[①]

Abbott, Grace, 517,573,格蕾丝·阿伯特
Ability:能力
development of individual, 513,发展个人能力
Absolute:绝对
unknowableness of, 94,482,绝对的不可知性
Absolutism, xxxii,绝对论;and fanaticism, xxiv,绝对论与狂热
Accumulation:积聚
in science, 357-358,科学中的积聚
Accuracy:精确性
requires attention, 304,精确性需要注意力;of visualists, 329,视觉派的精确性
Acheson, Dean, 561,562,迪恩·艾奇逊;attacks on, 140-141,对艾奇逊的攻击
Achievement:成就
education related to, 72-73,与成就相关的教育;importance of, 205,成就的重要性
Action:行为、动作
and choice, 339,行为与选择;freedom of, 384,行为自由;ideal of, 396,行为的理想;ideomotor, 201,263,332,念动行为;inner life vs. outward, 81,内部生命与外部行为相对;knowledge and, 48,158,知识与行为;physical basis of mental, 190-192,心智行为的物理基础;quality of, 410,行为的性质;reflex, 192-196,反射动作;tradition guides, 86,传统指导行为;unity as, 157,作为行为的统一体
Activity:活动
coordination of, 153-154,活动的协作;division of, 155,活动的分工;end of, 383,484,活动的目的;harmonious vs. wasteful, 153,和谐的活动与浪费的活动相对;ideal and actual, 156-157,159,理想的活动与实在的活动;learning by physical, 217,通过身体活动来学习;as test, 470,作为测试的活动;unconscious, 154-155,无意识活动;unity of, 157,活动的统一
Actual:实在
vs. ideal, 155,实在与理想相对
Adams, John, 148,约翰·亚当斯
Adaptation:适应
rudiments of social, 260,社会适应的基本原理
Addams, Jane, 517,573,简·亚当斯;as worker for peace, 149,为和平而工作的简·亚当斯
Administration:政府部门
of education, 71,179,教育部门;qualities

① 本索引的每个条目所附的页码均为英文原版书的页码,即本书边码。——译者

of good, 69 - 70,良好政府部门的性质; research needed for, 70,政府部门所需的研究
Administrators:管理者
qualities for school, 71,学校管理者的性质
Adolescence:青春期
emotions during, 345,青春期时的情绪
Affection:爱好
development of, 344 - 345,爱好的培养
Agassiz, Louis, 204,路易斯·阿加西
Agitation:煽动
Russian definition of, 495,俄国人对煽动的定义
Agriculture:农业
Russian study of, 502 - 503,俄国人对农业的研究
Aim:目标
importance of, 279,283,目标的重要性
Alcohol:酒
Russian problem with, 506,俄国的酒问题
Alertness:敏锐
importance of, 280 - 282,敏锐的重要性
Alfange, Dean, 133,560,丁·阿尔范吉
American Association for the Advancement of Science:美国科学进步协会
Dewey addresses, xvii - xviii,杜威在美国科学进步协会演讲
American Association of University Women, 553,全美高校女性联盟
American Education Fellowship, 88,558,美国教育协会
American Federation of Labor, 83,美国劳工联盟
American Federation of Teachers:美国教师联合会
communism within, 520 - 521,美国教师联合会里面的极权主义;goal of, 83,美国教师联合会的目的;revokes local charters, 520,美国教师联合会撤销地方许可证
Americanism:美国主义
judicial supremacy of, 118,美国主义中的司法至上
American Labor party, 133,560,美国工党
Analysis:分析
of activity, 156 - 157,对活动的分析; excess of, 292,过多的分析; facts as, 157,158,作为分析的事实;place of, 290 - 291,分析的地位
Anaxagoras:阿那克萨哥拉
atheism of, 182,阿那克萨哥拉的无神论
Angelus (Millet), 245,《晚祷》(米勒)
Anthropomorphism, 93,神人同形同性论; Fiske on, 94,96 - 97,费斯克论神人同形同性论
Apologists:护教士
on Christianity, 374,基督教护教士; purpose of, 96,护教士的目的
Appearance:表象
and reality, 367*n*,表象与现实
Apprehension:领会
and behavior, 416*n*,领会与行为;perceptual and conceptual, 416*n*,知觉的和概念的领会
Approbation:赞美
motive of, 3,赞美的动机
A priori:先天
necessity of, 481,先天东西的必然性
Aptitude:天资
disclosure of, 512 - 513,天资的显露
Aristophanes:阿里斯托芬
comedy in, 182,阿里斯托芬的喜剧
Aristotle, 5,405,亚里士多德;influence of, 433,亚里士多德的影响;on science, 352, 565,亚里士多德论科学
Arithmetic:算术
attention in, 276 - 277,算术中的注意力; errors in, 303,算术中的错误;in Germany, 311,德国的算术;Grube on, 291,563 - 564,葛禄博论算术; Herbartians on, 310,赫尔巴特派论算术;imagination in,

xxxiii - xxiv，博伊兹顿论胡克的导言
Bridgman, Laura, 145,562,劳拉·布瑞吉曼
Brotherhood, 396,兄弟会
Bureau of Labor Statistics, 554,劳工统计局
Business:商业
changing concept of, 21,改变商业的概念; war's impact on, 22,战争对商业的冲击

Canton, 555,广东; discrediting government of, 30 - 31,使广东政府丧失信誉; labor unrest in, 31 - 32,广东的劳工动荡; reforms in, 32 - 33,广东的改革; support for, 33 - 34,对广东的支持
Capitalism, 472,资本主义; changing concept of, 21 - 22,资本主义概念的变化; effects of, 23,资本主义的后果; and feudalism, 23 - 24,资本主义与封建主义
Cassel, Louis, 556,路易斯·卡塞尔
Cassel Collieries Contract, 31,556,卡塞尔煤矿合同
Categories:范畴
physical and mental, xxx,物理范畴与心智范畴
Causation, 408,因果性
Cause:原因
child's interest in, 286,孩子对原因的兴趣; and effect, 435,原因和后果
Censorship:审查
by House Un-American Activities Committee, 137,560 - 561,众议院反对非美国行动委员会所做的审查
Center, Function and Structure of Psychology, The (Hughes):《心理学的核心、功能与结构》(休斯)
introduction to, 42 - 43,《心理学的核心、功能与结构》的简介
Center for Dewey Studies (Southern Illinois University):杜威研究中心(南伊利诺伊大学)
history of, xi - xiv,杜威研究中心的历史
Chamberlain, Joseph Austin, 498,570,约瑟夫·奥斯汀·张伯伦
Change:变化
early views on, 456,早期对变化的看法; importance of, 463,478,变化的重要性; physical related to moral, 456 - 457,与道德变化相关的物理变化; thinking related to, 78 - 80,与变化相关的思考
Character:性格
determinate, 369 and *n*,坚定的性格; factors in, 336 - 337,347,性格中的因素; feelings related to, 343,346,与性格相关的感情; habits comprise, 298,习惯形成性格; intellectual side of, 336 - 338,性格的理智方面; leisure influences, 515,闲暇影响性格; vs. morality, 336 - 337,性格与道德相对; volitional side of, 338 - 342,性格的意志方面
Ch'en chiung-ming, 556,陈炯明; on gambling, 31,陈炯明论赌博; on labor, 31 - 32,陈炯明论劳动; reaction to, 33,对陈炯明的反应
Chicago, Ill.:伊利诺伊州芝加哥
Dewey's view of, 517 - 519,杜威对芝加哥的看法
Chicago, University of, 88,485,芝加哥大学; lecture at, 488,568,在芝加哥大学的演讲; Philosophical Club, 351*n*,芝加哥大学哲学俱乐部; training social workers at, 517,572 - 573,在芝加哥大学训练社会工作者
Chicago Regional White House Conference on Child Health and Protection, 511,517,关于儿童健康与保护的芝加哥地区白宫会议; praised, 519,得到赞扬
Child:孩子
attention of, 270 - 283,孩子的注意力; dependency of, 235,孩子的依赖性; evolution of, 238,255 - 268,284 - 286,孩子的演变; faults of, 237,340,孩子的过错; imagination of, 261 - 265,孩子的

Dewey's third, xviii - xix, 杜威的第三种文化; differences in, 405,文化的差别; philosophy deals with, 467,哲学讨论文化; in Russia, 497 - 498,俄国的文化; Spartan idea of, 176,斯巴达人对文化的观念; value of, 184,文化的价值
Curriculum: 课程
changes needed in, 232 - 233,512,514,课程所需的变化; in Russia, 502,俄国的课程; studies in, 312 - 321,课程中的学习; use of, 76,课程的使用
Custom: 风俗
Greeks on, 172,435,希腊人论风俗; guides activity, 86,风俗指导活动; knowledge and, 433 - 434,知识与风俗; and natural law, 99,风俗与自然法

Darwin, Charles, 13,40,198,204,查尔斯·达尔文; political economy of, 411,达尔文的政治经济学
Data: 材料
object as, 372,作为材料的对象
Day of National Shame: 国耻日
observance of, 29,555 - 556,纪念国耻日
Deaf-blind: 聋盲
instances of, 145,聋盲的实例
Decisions: 决定
consequences of, xxxii, 决定的后果; intelligent, xxvi, 聪明的决定
Declaration of Independence, 437,《独立宣言》
Definitions: 定义
Socrates on, 185,苏格拉底论定义
de Garmo, Charles, 88, 559, 查尔斯·德·伽默
Deity: 神性
Fiske on, 95,96,费斯克论神性; of Paley, 94,559,佩利的神性; *See also* God 也见: 上帝
Delsarte, François, 198,563,弗朗西斯·德尔萨特
Democracy: 民主
dangers to, 47,86,对民主的威胁; development of, 400,民主的发展; as educational criterion, 138 - 139,作为教育标准的民主; faith in, 87,453,对民主的信念; fight for, 21,为民主奋斗; foundation of, 472 - 474,民主的基础; ideals of, 461,473,民主的理想; progressive education in, 56,民主制中的进步教育; reaction against, 460 - 461,471,对民主的反动; in universities, 71,大学里的民主; voting in, 86,民主制中的投票; Welling on, 523,韦林论民主
Democracy and Education:《民主与教育》
Japanese translation of, 57,《民主与教育》的日文译本
Dennett, Mary Ware, 127,560,玛丽·韦尔·丹尼特
Descartes, René, 405,411,勒内·笛卡尔
"Desirable and Emotive in Dewey's Ethics, The" (Hook), 481 and *n*,"杜威伦理学中的可欲之物和情绪"(胡克)
Desired: 被欲求
related to desirable, 480 - 484,与可欲相关的被欲求
Despotism: 专制
movement away from, 231,脱离专制的运动
Destiny of Man, *The* (Fiske), 93,559,"人的命运"(费斯克)
Development: 培养、成长
Russian study of child, 507,俄国人对儿童培养的研究
Dewey, John: 约翰·杜威
Collected Works of, xi - xv, 约翰·杜威的全集
Dialogue: 对话
vs. lecture, 185,对话与演讲相对; Socrates on, 185,苏格拉底论对话
Dickens, Charles, 323,325,564,查尔斯·狄

Facts:事实
change within, 367 - 368,410,事实当中的变化;classification of, 422,事实的分类;as data, 372,作为材料的事实;identifying, 446 - 447,482,识别事实;individual, 352,个别事实;institutional and personal, 426,制度的和个人的事实;ought and is, 351 - 352,应当与是;related to behavior, 419,与行为相关的事实;related to science, 354,与科学相关的事实;Woodbridge on, 548 - 549,伍德布里奇论事实
Failure:失败
lack of imagination causes, 247,想象力的缺乏导致失败
Faith:信念
in democracy, 87,439,478,对民主的信念;in fellowmen, 86,对同胞的信念;reliance upon good, 401,对良好信念的依赖
Familiar:熟悉
lack of attention to, 275 - 276,对熟悉事物之注意力的缺乏;need to discover, 277,发现熟悉事物的需要
Family:家庭
educational influence of, 233,家庭的教育影响;under feudalism, 23,封建主义之下的家庭;role of father in, 23 - 24,家庭中父亲的角色;weakening of, 24,家庭的弱化
Fanaticism:狂热
absolutism and, xxiv,绝对主义与狂热;threats of, xxii,狂热的威胁
Fancy:奇想
development of, 261,奇想的培养
Farmers:农民
in Russia, 503 - 504,俄国的农民
Fascism, 469,法西斯主义;virtue of, 117,法西斯主义的德性
Fear:恐惧
as motivation, 86,作为推动力的恐惧
Federal Bureau of Investigation, 140,联邦调查局
Feelings:感情
related to character, 343,347,与性格相关的感情;related to experience, 346,与经验相关的感情
Ferris, Theodore R.:西奥多·R·费里斯
on impact of religion on science, 545,费里斯论宗教对科学的冲击
Feudalism:封建主义
and capitalism, 23 - 24,封建主义和资本主义
Finite:有限
separated from infinite, 95,与无限分离的有限
First Public Education Experiment Station (Obninsk, USSR), 505,公共教育一号实验站(苏联奥布宁斯克)
Fishbein, Morris, 573,莫里斯·菲什拜因;on value of child, 518,菲什拜因论孩子的价值
Fiske, John, 559,约翰·费斯克;on cosmic theism, 94,费斯克论宇宙有神论;on infancy, 256, 563,费斯克论婴儿期;on organic evolution, 96 - 97,费斯克论有机演化;on phenomena, 93,费斯克论现象;as popularizer of Spencer, 93,为斯宾塞做普及的费斯克;teleology of, 95,96,费斯克的目的论
Fitzpatrick, Edward A., 67,557,爱德华·A·菲茨帕特里克
Flexner, Abraham:亚伯拉罕·弗莱克斯纳
criticized, 111,受到批评;criticizes universities, 110 - 111,弗莱克斯纳批评大学
Force:暴力、武力
communism emphasizes, 117,共产主义强调暴力;use of, 459,武力的使用
Forces:力量

abstract into actual, 248,从抽象到实在的想象;power of, 249 - 252,想象的力量
Imitation:模仿
educational importance of, 203,模仿对教育的重要性;limitations of, 308 - 309,模仿的局限;value of, 308,模仿的价值
Immigration:移民
Balch on, 150,巴尔奇论移民
Immortality, 126,不朽
Impression:印象
related to expression, 218,220 - 221,与表达相关的印象
Impulse:冲动
as human instinct, 24 - 25,215,305 - 306,作为人类本能的冲动;negative suggestion of, 339,冲动的消极暗示;related to language, 307,与语言相关的冲动
Incomplete:不完全
sense of, 65,不完全感
India:印度
affected by British law, 99,受英国法律影响的印度
Indiana State Teachers' Association, 72*n*, 77*n*,印第安纳州教师协会
Individual:个人
under capitalism, 23 - 24,资本主义之下的个人;development of, 19,72 - 73,226, 230 - 231,399 - 401,个人的发展;in England, 232,英格兰的个人;experience of, 437 - 438,个人的经验;opportunities for, 400,个人的机遇;as social, 424,作为社会物的个人
Individualism:个人主义
ambiguity of, 115,个人主义的含混;kinds of, 461, 462,个人主义的种类;and Protestantism, 19,380,个人主义与新教;related to Christianity, 530,532 - 533,与基督教相关的个人主义;rise of, 40,个人主义的兴起;Smith on, 115 - 116,史密斯论个人主义
Individuality:个性
of artists, 128,艺术家的个性;balanced with social change, 54,与社会变化相平衡的个性;in communism, 117,共产主义中的个性;development of, 232 - 233, 322, 379, 400 - 401,个性的发展;intelligent behavior in, 419 and *n*,个性中的聪明举动;nature of, 461,个性的本性;of things, 416 - 417,事物的个性
Individualization:个体化
consciousness of, 416*n*,个体化的意识;of subject-matter, 416*n*,主题的个体化
Industry:工业
affects family, 24,工业影响家庭;revolution of, 22 - 23,412,455 - 456,工业革命
Infancy:婴儿期
to childhood, 268,从婴儿期到孩提时代;mental side of, 256,261,婴儿期的心智方面;physical control during, 255 - 260,婴儿期中的身体控制;prolongation of, 256 - 257,婴儿期的延长;social relations during, 260 - 261,婴儿期中的社会关系
Infinite:无限
separated from finite, 95,与有限分离的无限
Influence of Darwin on Philosophy, The:《达尔文对哲学的影响》
preface to, 39 - 41,《达尔文对哲学的影响》前言
Initiative:主动性
development of, 343,516,主动性的发展
Inner:内部
vs. outer, 81,内部与外部相对
Inquiry:探究
Boas on scientific, 405,博厄斯论科学探究;freedom of, 459,探究的自由;intent of, 482 - 483,探究的意图;positive attitude of, 274,探究的积极态度;related to social policy, 448 - 449,与社会政策相关的探究;restriction of, 407 -

408，对探究的限制
Instinct：本能
animal vs. human，256－258，动物本能与人类本能相对；applied to education，193－195，应用到教育之上的本能；collecting，223，搜集本能；language as，313，作为本能的语言；Love on，108，洛夫论本能；as motive of conduct，108－109，192－193，215，作为品行之动机的本能；motor character of，217，本能的运动性质；related to emotion，196－197，与情绪相关的本能；ripening of，222－223，本能的成熟；as source of habit，305－306，作为习惯来源的本能；spontaneity of，215，本能的自发性；supplementing of，215－216，对本能的补足；of teacher，273，教师的本能
Institute of Methods of Extracurricular Work (Moscow)，508，课外功课方法研究院(莫斯科)
Institution：制度
related to people，426，428，438，与人相关的制度
Instruction：指示
related to construction，219－220，与建构相关的指示
Integration：集成
need for，125，对集成的需要
Intelligence：智力
alternative to use of，459，可替代智力之使用的东西；freedom of，473－474，智力的自由；related to morals，397－398，与道德相关的智力；reliance upon，401，478，对智力的依赖；Socrates on，185－186，苏格拉底论智力；symbol of，413－414，智力的象征；ways of employing，458，运用智力的方式
Intention：意图
goodness vs. good，337，好心与好的意图相对
Interaction：互动
of behavior，419，行为的互动
Intercommunication：相互交流
effect of，113，相互交流的后果
Interdependence：相互依靠
debit side of，454，相互依赖中的借方；reliance upon，453，对相互依靠的依赖
Interest：兴趣
child's natural，287，292－293，320，孩子的自然兴趣；development of，238，兴趣的发展；meaning of，280，293，兴趣的意义
Interpretation：解释
control of，353，对解释的控制
"Interpretation of Savage Mind"，425*n*，《原始心灵释》
Intuition：直觉
method of，481，直觉的方法；related to knowledge，371，与知识相关的直觉；related to memory，334，与记忆相关的直觉
Invention：发明
conflict promotes，153，158，冲突促进发明；techniques of，436，发明的技巧；value of，478，发明的价值
Investigation：探究
value of，481－482，探究的价值
Irrationalism，xxxii，非理性主义；of existentialists，xx，存在主义者的非理性主义
Isocrates：伊索克拉底
significance of，182－183，184，伊索克拉底的意义
Isolation：孤立
consequences of，457，孤立的后果；in science，356－357，科学中的孤立
Isolationists：孤立主义者
dangers of，454，孤立主义者的威胁；denial by，141，562，孤立主义者所做的否认

Jackson，Andrew，347，安德鲁·杰克逊
Jaeger，Gustav，554，古斯塔夫·杰格；on

sense of smell, 10,杰格论嗅觉
James, Henry, 40,亨利·詹姆斯
James, William, xxxiii,威廉·詹姆斯;on cultural blocks, 36,556,詹姆斯论文化闭塞;on experience, 434,566,詹姆斯论经验;on memory, 328,564,詹姆斯论记忆
Japan, 140,524,555,日本
Jefferson, Thomas, 138,147,473,托马斯·杰斐逊;on democracy, xxiv,杰斐逊论民主;faith of, xxvi,杰斐逊的信念;Locke influences, 437,洛克影响杰斐逊
Jehovah, 396,耶和华
Jena, University of, 485,486,568,耶拿大学
Jesus, 531,532,耶稣;philosophy of, 15-16,538-539,耶稣的哲学;Tolstoi on, 389,托尔斯泰论耶稣
Jevons, Frank Byron:弗兰克·拜伦·杰文斯
on Greek education, 177-180,杰文斯论希腊教育
John, Saint, 531,533,573,圣约翰
Johnson, Alvin, 558,阿尔文·约翰逊;as encyclopedist, 147,作为百科全书派的约翰逊;on fear, 86,约翰逊论恐惧;as poet, 147,148,作为诗人的约翰逊
Judd, Charles H., 513,572,查尔斯·哈·贾德;on emotions, 514,贾德论情绪
Judging:判断
value of, 337-338,判断的价值
Judgment:判断
and choice, 339-340,判断与选择;as constituent of character, 337,347,构成性格的判断;defined, 333,得到定义;memorizing antagonistic to, 326,333,牢记与判断相反对;moral, xx,道德判断;objects and mode of, 3,5,判断的对象和模式;related to experience, 335,353-354,与经验相关的判断;relation in, 4,判断中的关系;standard of, 397,判断的标准;White on, 481,怀特论判断
Jurisprudence:法理学
Pound on, 106,庞德论法理学
Justice:公正
advance of, 397,公正的进展;consequences of, xxiii,公正的后果

Kallen, Horace M., 444,霍拉斯·梅·卡伦
Kant, Immanuel:伊曼努尔·康德
dualism of, xxx,康德的二元论;moral will of, 403,康德的道德意志
Keller, Helen, 145,海伦·凯勒
Kilpatrick, William Heard:威廉·赫德·基尔帕特里克
and progressive education, 52-56,基尔帕特里克与进步教育;project method of, 54-55,基尔帕特里克的设计教学法
Knowing:认知
method of, 410,481,认知的方法
Knowledge:知识
activities as, 157-159,作为知识的活动;attaining, 358,391,获得知识;authority of, xviii, xxvi, xxxi,知识的权威;and custom, 433-434,知识与风俗;effect of, xxxii,知识的后果;empirical, 434,经验性知识;and logic, 371*n*,知识与逻辑;meaning of, 371*n*,知识的意义;as meaning-relation, 362-367,369-371,371*n*, 372,作为意义关系的知识;natural, 239,自然知识;need for adequate, 48,70,456,对充足知识的需要;scientific, xxx, 372,410,科学知识;synthetic and analytic, 158,综合的和分析的知识;two senses of, 366*n*,知识的两种含义
Korea:朝鲜
North invades South, 140,561,北朝鲜入侵南朝鲜
Krabbe, Hugo:胡戈·克拉勃
on law-making, 102,克拉勃论立法;on sovereignty, 103,克拉勃论主权

弗赖姆·莱辛
on truth, 340,565,莱辛论真理
"Letter to the Liberals" (Tolstoi), 383,"致自由派的信"(托尔斯泰)
Levinson, Salmon O., 559,萨蒙·O·列文森
Liberalism:自由主义
conservatism and, 430 – 431,保守主义与自由主义;emphasis of, 116,自由主义的重点;of Locke, 437,洛克的自由主义;socialism and, 116,社会主义与自由主义;weakness of, 444,自由主义的弱点
Liberal party, 134,560,自由党
Libraries:图书馆
cooperation between school and, 234,学校与图书馆的合作
Lies:谎言
as images, 265,作为想象的谎言
Life:生命、生活
meaning of, 385,387,生命的意义;means of, 391,生活的手段;Tolstoi on, 384,托尔斯泰论生命
Lincoln, Abraham:亚伯拉罕·林肯
on democracy, 473,476,568,林肯论民主;on slavery, 454,林肯论奴隶制
Literacy:识字
need for, 45,识字的需要
Literature:文学
imaging power in, 252 – 253,文学中的想象力;importance of, 170,176,文学的重要性;Russian, 493,俄国文学;study of, 311 – 312,345,文学研究
Locke, John, 566,约翰·洛克;on experience, 430 – 431,438 – 440,洛克论经验;on final authority, 431,洛克论最终权威;on innate ideas, 430,洛克论天赋观念;liberalism of, 437 – 438,洛克的自由主义;on toleration, 438,洛克论包容
Logic:逻辑
related to knowledge, 371*n*,与知识相关的逻辑
Logic: The Theory of Inquiry:《逻辑:探索的理论》
scientific investigation in, xxxi,《逻辑》中的科学研究
Logical empiricism:逻辑经验主义
Dewey opposes, xxx,杜威反对逻辑经验主义
Logical positivism:逻辑实证主义
Dewey opposes, xxx,杜威反对逻辑实证主义
Longfellow, Henry Wadsworth, 253,亨利·沃兹沃思·朗费罗
Looking Forward: Discussion Outlines (L. I. D.):《展望:讨论纲要》(工业民主联盟)
introductions to, 44 – 49,《展望》的介绍
Love, Mary C.:玛丽·C·洛夫
on instincts, 108 – 109,洛夫论本能
Love:爱
constancy of, 24 – 25,爱的忠贞
Lowe, Robert:罗伯特·劳
on education, 492,568 – 569,劳论教育
Lycurgus:莱克格斯
on Spartan life, 176,莱克格斯论斯巴达生活
Lydgate, John, 557,约翰·利德盖特

McCarth, Charles, 67,557,查尔斯·麦卡锡;on cooperation, 69,麦卡锡论合作;on recognition, 68,麦卡锡论认识
McCarthy, Joseph:约瑟夫·麦卡锡
on Communists in government, 561 – 562,麦卡锡论政府中的共产主义者
McClure, Matthew Thompson, Jr., 88 – 89,559,小马修·汤普森·麦克卢尔
McClure's Monthly, 346,《麦克卢尔月刊》
McDowell, Mary E., 517,573,玛丽·E·麦克道尔
McKay, Claude:克劳德·麦凯
poems of, 58 – 60,麦凯的诗

McMurry, Charles A., 88, 559, 查尔斯·A·麦克莫力
McMurry, Frank M., 88, 559, 弗兰克·M·麦克莫力
Maeterlinck, Maurice, 40, 莫里斯·梅特林克
Majority rule: 少数服从多数原则
defined, 86, 得到定义
Make-believe: 假装
during childhood, 262 - 263, 童年的假装; end of, 268, 假装的目的; intellectual principle in, 262, 假装的理智原理
Making of Citizens, The (Merriam), 112 - 114,《造就公民》(梅里亚姆)
Malthus, Thomas Robert: 托马斯·罗伯特·马尔萨斯
theory of population of, 411, 马尔萨斯的人口理论
Man: 人
as center of universe, 96, 作为世界中心的人; command by, 391, 人的掌控; concepts of educated, 75 - 76, 受教育者的概念; growth of, 255 - 268, 人的成长; moral relations of, 395, 人的道德关系; primary interest of, 314 - 315, 人的主要兴趣; related to world, 467, 与世界相关的人; spiritual nature of, 102, 人的精神本性; understanding, 459, 理解人; unity of God and, 529 - 530, 上帝与人的统一
Manchester New College (London), 3, 553, 曼彻斯特新学院(伦敦)
Manchuria: 满洲
Japanese invasion of, 140, 561, 日本对满洲的侵略
Manifestation: 展现
progressive, 154, 逐步展现
Mann, Horace, 138, 贺拉斯·曼
Manual of Greek Antiquities, A (Gardner and Jevons), 177 - 180,《希腊古物手册》(加德纳与杰文斯)
Manual training: 手工训练
impression and expression in, 218, 手工训练中的印象和表达; social significance of, 316 - 317, 手工训练的社会意义; value of, 278 - 279, 313 - 314, 手工训练的价值
Margins: 边际
principle of, 63 - 66, 边际原理
Marriage: 婚姻
free selection in, 24, 婚姻中的自由选择
Martineau, James: 詹姆斯·马廷诺
retirement of, 3, 553, 马廷诺的退休
Marx, Karl, 502, 卡尔·马克思; on contradictions, 444, 马克思论矛盾; faith in working class, xxvii - xxviii, 马克思对工人阶级的信念
Marxism, xxxii, 马克思主义
Massachusetts labor bureau: 马萨诸塞劳动局
report on female health in colleges, 7 - 8, 马萨诸塞劳动局关于高校女性健康的报告
Materials: 材料、物质
for solving problems, 279 - 280, 解决问题的材料; vs. spiritual, 314 - 315, 物质与精神相对
Mathematics: 数学
as social, 237 - 238, 作为社会事物的数学
May 4th movement: 五四运动
anniversary of, 29, 555, 五四运动纪念日
Meaning: 意义
Woodbridge on, 548 - 549, 伍德布里奇论意义
Meaning-relation: 意义关系
fulfillment of, 369, 意义关系的完成; knowledge as, 362, 364, 368 - 370, 371*n*, 作为意义关系的知识
Means: 手段
and action, 157, 手段与行为; determined by analysis, xxxiii, 292, 由分析决定的手段; rationality as, xx, 作为手段的理性

Means-end:手段和目的
in communism, 117,共产主义的手段和目的;habit related to, 206,与手段和目的相关的习惯;manipulation of, 292,294,对手段和目的的操纵;in moral choice, xxi,道德选择中的手段和目的
Memorizing:牢记
opposed to understanding, 161,188,326,与理解相反的牢记
Memory:记忆
educative value of, 335,记忆的教育价值;vs. judgment, 333-334,337,记忆与判断相对;motor, 327,运动的记忆;organic, 324,329,有机记忆;phases of, 324-326,记忆的阶段;related to psychology, 187,与心理学相关的记忆;training of, 325-326,333-335,记忆训练;varieties of, 326-328,记忆的不同种类
Mental hygiene movement, 146,心智保健运动
Mental life:心智生活
balance affects, 81,平衡影响心智生活;determining unit of, 292,心智生活的决定性单元;habit and attention in, 207,心智生活中的习惯和注意力;physical activity in, 217,心智生活中的身体活动
Merriam, Charles Edward:查尔斯·爱德华·梅里亚姆
on political organization, 112-113,梅里亚姆论政治组织
Metaphysics:形而上学
of substances vs. elements, 419,实体与要素相对的形而上学
Method:方法
meaning of scientific, 448,科学方法的意义;need to develop, 442-443,482,发展方法的需要;problem of, 442,方法的问题;related to technic, 294-297,与技巧相关的方法;theory of, 480,方法论
Miami, University of, 451*n*,迈阿密大学
Michigan, University of, 8,213,密歇根大学
Middle Ages:中世纪
civilization in, 228,中世纪文明
Military training:军事训练
opposition to, 122,124,反对军事训练
Millet, Jean François, 245,让·弗朗索瓦·米勒
Mind:心智
activity of, 214, 281, 305,心智活动;Clifford on, 11,554,克利福德论心智;closed vs. open, 463-464,封闭的心智与开放的心智相对;naturalistic theory of, xxix,自然主义的心智理论;passivity of, 439,心智的被动性;related to brain, xxx,与大脑相关的心智;related to object, 278,与对象相关的心智;sensation in, 217,心智的感觉;types of, 330,心智的类型
Mind of Primitive Man, The (Boas), 404-405,《原始人的精神》(博厄斯)
Minorities:少数派
Balch on, 150,巴尔奇论少数派
Misrepresentation:误传
in China, 30-32,在中国的误传
Mitchel, John Purroy, 557,约翰·普瑞·米切尔;on government officials, 68-69,米切尔论政府官员
Modern idea of the State, The (Krabbe), 101-104,《近代国家观念》(克拉勃)
Moody, William Vaughn, Lectureship, 488, 568,威廉·沃恩·穆迪讲师
Morality:道德
vs. character, 336-337,道德与性格相对;consequences of, xxiii,道德的后果;evolution of, 393,396-401,道德的演化;related to democracy, 400,与民主相关的道德;related to economy, 394,与经济相关的道德;related to legality, 393-394,与合法性相关的道德;related to

religion, 394, 与宗教相关的道德; science of, 351,道德的科学
Moralization:道德化
significance of, 359 - 360,道德化的意义
Morals:伦理
authority in, xxxii,伦理权威; influences on, 393 - 394,对伦理的影响; meaning of, 115, 伦理的意义; related to intelligence, 397 - 399,与智力相关的伦理; true and false theories of, 3 - 4,真实的和虚假的伦理理论
Morley, John:约翰·莫利
on empirical thinkers, 430 - 431,莫利论经验论思想家
Motive:动机
for attention, 273 - 275,278,283,注意力的动机; taboos as, 398,作为动机的禁忌; well being as, 427,作为动机的幸福
Mount Morris Baptist Church (New York City), 393*n*,芒特莫里斯山基督教浸信会教堂(纽约市)
Movement:运动
related to sensation, 217,与感觉相关的运动
Museum:博物馆
cooperation between schools and, 234,学校与博物馆的合作
Music:音乐
teaching of, 288,音乐教学

Nagel, Ernest, xxxi,欧内斯特·内格尔
Nash, Walter:沃尔特·纳什
on military operations, 543 - 544,纳什论军事行动
National Conference on Universities and Public Service, 67*n*,关于大学与公共服务的全国大会
Nationalism:民族主义
value and status of, 113,民族主义的价值和状况
National Self-Government Committee:全国自治委员会
Welling as founder of, 138 - 139,561,作为全国自治委员会创立者的韦林
Naturalism:自然主义
conflicts with supernaturalism, xxx, 自然主义与超自然主义的冲突
Natural law:自然法
benefits of, 99,自然法的好处; Pollock on, 98 - 99,波洛克论自然法; Pound on, 106,庞德论自然法
Nature:自然
man against, 73,与自然相对的人; Russian study of, 502 - 503,俄国人对自然的研究
Nazis:纳粹
Balch reacts to, 150,巴尔奇对纳粹的反抗; domination by, 524,纳粹的统治; oppose Russians, 543,纳粹反对俄国人; tactics of, 525,纳粹的策略
Negro:黑人
McKay on, 59 - 60,麦凯论黑人
New:新事物
connected with old, 280,与旧事物相连的新事物
New Leader, 543,《新领袖》
New Left:新左派
slogan of, xxiv,新左派的口号
New School for Social Research (New York City), 147*n*,442*n*,社会研究新学院(纽约市)
Newton, Isaac, 406,443,艾萨克·牛顿
New York, N. Y. :纽约州,纽约市
teachers' unions in, 520,纽约,教师联联合会
Nobel Committee:诺贝尔委员会
awards Balch, 149 - 150,诺贝尔委员会奖励巴尔奇
Normal:正常
ambivalence of, 483,484,正常中的矛盾

Normative analysis：规范分析
philosophy as，xix－xx，xxxi，作为规范分析的哲学
"North and South"（McKay），58，"北方和南方"（麦凯）
Not-self：非我
and self，155，非我与自我
Number：数字
Galton on，244，高尔顿论数字；learning of，302，数字的学习；time to teach，285－286，教数字的时机
Nurses：护士
training of，68，护士的训练

Object：对象
meaning of，372，对象的意义；as propositions，420，作为命题的对象；related to mind，278，与心智相关的对象
Observation：观察
related to memory，328，329，与记忆相关的观察；Russian views on，504，俄国人对观察的看法
Occupation：职业
influences education，167，职业影响教育；related to memory，326，与记忆相关的职业
Odyssey（Homer），173，226，《奥德赛》（荷马）
Old：旧事物
connected with new，280，与新事物相连的旧事物
"On the Nature of Things-in-Themselves"（Clifford），554，"论事物自身的本性"（克利福德）
Opinion：意见
motive for，427，意见的动机；need for enlightened public，46，47，对于开明公共意见的需要
Opportunism：机会主义
consequences of，xxiv，机会主义的后果
Opportunity：机遇
need for，400，461，对机遇的需要；offered by peace，131，和平带来的机遇；for specialization，75，专业化的机遇
Organism：有机体
related to fact，367，与事实相关的有机体
Organization：组织
in Christianity，531，基督教中的组织；influences mankind，393，组织影响人类；Kilpatrick on，53，基尔帕特里克论组织；need for school，513，对学校组织的需要；need for welfare，552，对福利组织的需要；of Russian schools，496－497，501－502，俄国学校的组织
Othello（Shakespeare），12，554，《奥赛罗》（莎士比亚）
Other-worldliness，13，554，彼世
Otto，Max C.，89，马克斯·C·奥托
Our Changing Civilization（Randall）：《我们变化中的文明》（兰德尔）
praised，522，得到赞扬

Pacific War Council，544，太平洋战争理事会
Paléologue，Maurice：莫里斯·帕莱奥洛格
memoirs of，490，568，帕莱奥洛格回忆录；on Tsarism，490，帕莱奥洛格论沙皇制
Paley，William，94，威廉·佩利
Parents：父母
successful，513，成功的父母；and teachers，233，234，父母与教师
Park，Richard，72，558，理查德·帕克
Parker，Francis Wayland：弗朗西斯·韦兰德·帕克
on attention，278，563，帕克论注意力
Parliamentarianism：议会制
decline of，117，议会制的衰落
Partisanship：党派性
evils of，443，党派性的坏处；pressure for，448，党派性的压力
Passivity：被动性

of Russians, 491 - 492,俄国人的被动性
Past:过去
Chinese idea of, 172,中国人对过去的观念;ignorance of, 456,对过去的无知
Pasteur, Louis, 40,路易・巴斯德
Pater, Walter Horatio, 11,沃尔特・霍雷肖・帕特
Patriotism, 455,爱国主义
Paul, Saint, 532,533,圣保罗
Peace:和平
assurance of, 453, 462, 和平的保证; opportunity offered by, 131,和平带来的机遇; sense of, 529, 和平感; struggle for, 396,为和平斗争
Pedagogy:教育学
developing department of, 486,对教育学系的发展; related to psychology and ethics, 485,与心理学和伦理学相关的教育学
Pedology, 571, 儿童学; Russian study of, 507,俄国人对儿童学的研究
Peirce, Charles Sanders, 51,查尔斯・桑德斯・皮尔士
Peking:北京
May 4th movement in, 29,555,北京的五四运动; militaristic, 33, 军阀的北京; teachers' strike in, 30, 556, 北京教师罢工
Penmanship:书法
teaching, 286,教书法
Pennsylvania Museum of Art (Philadelphia): 宾夕法尼亚艺术博物馆(费城)
art exhibition at, 128 - 129,560,宾夕法尼亚艺术博物馆的艺术展;criticized, 129, 受到批评
People's Houses:人民之家
as Russian centres, 494,作为俄国中心的人民之家
Perception:知觉
discrediting of, 420, 知觉不被信任; of dramatist, 381, 剧作家的知觉; quality of, 425,知觉的质
Pericles:伯利克里
on Athenian life, 177,伯利克里论雅典生活
Personality:人格
development of, 77,人格的发展; Martineau on, 4,马廷诺论人格
Personification:拟人
overuse of, 254,320,拟人的过度使用
Persons:人
judgment of, 3,对人的判断
Persuasion:信念
reasonableness of, xx - xxi,信念的合理性
Pestalozzi, Johann Heinrich:约翰・亨里希・裴斯泰洛齐
on sense perception, 217,裴斯泰洛齐论感官知觉
Pharisees:法利赛人
Tolstoi on, 385 - 386,565,托尔斯泰论法利赛人
Phelps, Elizabeth Stuart, 554,伊丽莎白・斯图亚特・菲尔普斯;on spiritual existence, 12 - 13,菲尔普斯论精神存在
Phenomenon:现象
common mental, 422 - 423,普通的心智现象;separated from substance, 95,与实体分离的现象
Philosopher:哲学家
Dewey's conception of, xx, 85,杜威关于哲学家的概念;related to scientist, 406, 与科学家相关的哲学家
Philosophy:哲学
conception of, xix, 387,466,哲学的概念; Dewey's interest in, 85,杜威对哲学的兴趣;of experience, 429 - 441,经验的哲学;hope for, 467,469,对哲学的希望; Kilpatrick on, 53,基尔帕特里克论哲学;and literary art, 381,哲学与文学艺术;psychology divorced from, 43,脱离

哲学的心理学；related to science, 402 - 414,468,与科学相关的哲学；revision of, 40,467 - 468,哲学的修正；task of, 409,466 - 467,哲学的任务；of Tolstoi, 384 - 385,托尔斯泰的哲学；Tolstoi on false, 382 - 383,托尔斯泰论伪哲学
"Philosophy and Democracy", xix and *n*,"哲学与民主"
"Philosophy and Public Policy" (Hook), xx*n*,"哲学与公共政策"(胡克)
Physics:物理学
imaging power in, 251 - 252,物理学中的想象力；as subject matter, 467,作为主题的物理学
Picasso, Pablo, 129,巴勃罗·毕加索
Pinkevitch, Albert P., 570,阿尔伯特·P·平科维奇；on Russian education, 492,569, P·平科维奇论俄国教育
Pioneer:先锋
value of, 317,先锋的价值
Planning:计划
attitude toward, 457,459,对计划的态度；responsibility for, 452,做出计划的责任
Plato, 173,402,403 - 404,406,柏拉图；on childhood play, 263,柏拉图论童年玩耍；compared with Tolstoi, 386,与托尔斯泰相比较的柏拉图；defines slave, 315,柏拉图定义奴隶；on growth and reform, 183,柏拉图论成长和改革；on knowledge, xxv - xxvi,柏拉图论知识；moral aim of, 177,柏拉图的道德目标；particular and universal of, 420,柏拉图的殊相和共相
Play:玩耍
educational value of, 263,284 - 285,玩耍的教育价值；games related to, 268,285,与玩耍相关的游戏；related to imagination, 263 - 264,与想象力相关的玩耍
Pluralism:多元主义
of values, xxii,价值多元主义
Political institutions:政治制度
influence education, 167,政治制度影响教育
Politics, 35 - 36,政治；as branch of morals, 101,作为伦理分支的政治；cohesion in, 112,政治中的团结；complexity of, 44,47, 112 - 113,政治的复杂性；constituent groups in, 112,有选举权的政治团体；parliamentarianism in, 117 - 118,政治的议会制；Smith on, 115 - 118,史密斯论政治
Pollock, Frederick:弗里德里克·波洛克
on law of nature, 98 - 99,波洛克论自然法；on utilitarianism, 99 - 100,波洛克论功利主义
Polygamy, 25,多配偶制
Population:人口
growth of, 73,人口增长；Malthus on, 411,马尔萨斯论人口
Positive:肯定
stress on, 267,对肯定的强调
Possession:占有
importance of, 63 - 64,占有的重要性
Pound, Roscoe, 100,罗斯科·庞德；on analytic and historical jurisprudence, 106,庞德论分析的和历史的法理学；mechanical jurisprudence of, 102,庞德的机械式法学
Poverty:贫困
abolition of, 453,贫困的消除
Power:力量、权力
of ideas, 332,338,观念的力量；increase of, 292 - 293,力量的增加；unequal distribution of, 115 - 116,权力的不平等分配
Practice, 408,实践；deviation of moral, 398 - 399,对道德实践的违背；related to repetition, 304 - 305,与重复相关的实践；separated from theory, 67 - 69,85,与理论分离的实践
Pragmatism:实用主义
defined, 39 - 40,得到定义；initial period of, 51,实用主义的最初时期；Stein on, 39,施泰因论实用主义；Wiener on, 50 -

Purpose:目的
teacher and learner share common, 54,教师与学生分享共同的目的; theory of, 96,目的理论
Putilov, Aleksei Ivanovich:阿列克塞·伊万诺维奇·普提洛夫
on revolution, 490 - 491,568,普提洛夫论革命

Radcliffe College, 7,553,拉德克利夫学院
Rafton, Harold Robert, 560,哈罗德·罗伯特·拉夫顿;on religion at Harvard, 135, 545 - 547,拉夫顿论哈佛的宗教
Randall, John H., Jr., 522,小约翰·H·兰德尔
Rand School of Social Science (New York City), 429*n*,兰德社会科学学校(纽约市)
Rationalism, 446,理性主义; formalistic, 445,形式主义的理性主义;study of, 546,理性主义研究
Rationality, xviii, xx, xxii,合理性; of Dewey's philosophy, xxxii,杜威哲学的合理性;need for, 15,17,538,对合理性的需要
Reading:阅读
auditory method of, 330,阅读的听觉方法; in Greece, 180,希腊的阅读; imitation in, 308 - 309,阅读中的模仿;mechanical vs. spiritual, 304,306,机械阅读与精神阅读相对; oral, 219,口头阅读; in Russia, 494,495,俄国的阅读; skills, 188,阅读技能;social value of, 321,阅读的社会价值; word method of, 329 - 330,阅读的单词方法
Realism:实在论
genuine, 454,真正的实在论;and idealism, 418,实在论与观念论
Realist:实在论者
failure of, 451 - 452,实在论者的失败
Reality:现实
and appearance, 367*n*,现实与表象; and self, 155 - 156,现实与自我; ultimate, 17,终极现实
Reason:理性
related to action, 383,与行为相关的理性; related to sense, 157,与感受相关的理性;value of, 334 - 335,理性的价值
"Reason and Violence—Some Truths and Myths about John Dewey" (Hook), xxviii*n*,《理性与暴力——关于约翰·杜威的一些真相和神话》(胡克)
Reasoning:推理
defined, 253,得到定义;image needed for, 246,253 - 254,推理所需的形象
Recht:权利
Krabbe on, 102,克拉勃论权利
Recitation:背诵
negative aspects of, 282,背诵的消极方面; power of, 313,342,背诵的力量
Recognition:认可
value of, 68,认可的价值
References:参考
on history of education, 162 - 164,169,174 - 175,181,186,对教育史的参考; on psychology for teachers, 188 - 190,192, 196,200,204,207,对教师用心理学的参考
Reform:改革
as stimulus, 66,作为激励的改革
Reform Bill (Great Britain), 492,568 - 569,改革法案(英国)
Reforms:改革
in Canton, 32 - 33,广东的改革
Refugees:难民
Balch aids, 150,巴尔奇援助难民
Rein, Wilhelm, 568,威廉·赖因
Relations:关系
need for philosophical, 36,对哲学关系的需要; prerequisite for intercultural, 35,跨文化关系的先决条件

伊斯
Rule：统治
authority to，xxvi，统治的权威
Russell，Bertrand：伯特兰·罗素
on American commercialism，50，557，罗素论美国商业精神
Russian revolution：俄国革命
effects of，22，俄国革命的后果；understanding of，491，对俄国革命的理解

Salvation：拯救
vs. condemnation，16－17，救赎与罪责相对
San Jose State Normal School，63，圣何塞州立师范学校
Santayana，George：乔治·桑塔亚那
on knowledge，xxvi，桑塔亚那论知识
Schneider，Herman，557，赫尔曼·施奈德；on cooperation，70，施奈德论合作
School：学校
artificiality of，239，学校的人为性；changing concept of，73－74，113，变化着的学校概念；as community centre，74－75，作为社区中心的学校；cooperation between home and，233－234，314－315，341，家庭与学校的合作；defect of，463，学校的缺陷；domestic arts in，234，学校里的家务；Dutton on，233，达顿论学校；equipment of，75，学校的装备；function of，138－139，240，476，学校的功能；imagination in，242，学校里的想象力；military training in，121，122，124 学校里的军事训练；natural vs. repressive，216－217，237，239，自然的学校与压抑的学校相对；related to outside agencies，234，515－516，与外部机构相关的学校；reorganization of，514，515，学校的重新组织；social spirit in，237，239，315，学校里的社会精神；utilization of，71，对学校的利用
Science：科学
affects social life，xix，xxv－xxvi，xxxi，238，411－412，科学影响社会生活；changes in，468，科学中的变化；concerned with behavior，420－421，涉及行为的科学；contrasted with supernatural，546－547，与超自然相反的科学；cross-fertilization of philosophy and，406－407，哲学与科学的相互丰富化；and experience，434－435，科学与经验；experimental，355，实验科学；Fiske on，94，费斯克论科学；foreign ideas in，407－408，科学中的外来观念；importance of，xvii－xviii，414，458，科学的重要性；knowledge as，372，作为科学的知识；origins of mechanical，411，机械科学的起源；related to culture，405，与文化相关的科学；related to facts，13，294，352，354，与事实相关的科学；related to industrial revolution，412，与工业革命相关的科学；related to morality，351，458，与道德相关的科学；related to practical occupations，408，与实际职业相关的科学；vs. religion，13－14，412，科学与宗教相对；in Russian schools，502，俄国学校里的科学；teaching of，311－312，科学的教学；and theology，17，科学与神学；Tolstoi on，386－387，托尔斯泰论科学；universality of，546，科学的普遍性
"Science as Subject-Matter and as Method"，xvii－xviii，xxi and *n*，《作为主题与方法的科学》
Scientism，xvii，科学主义
Scientist：科学家
related to philosopher，406，与哲学家相关的科学家；work of，356－357，科学家的工作
Scribes：文士
Tolstoi on，386－387，565，托尔斯泰论

消极的包容观念
Tolstoi, N. Lyof, 565,列夫·尼·托尔斯泰;as dramatic artist, 381,388,作为戏剧艺术家的托尔斯泰;educational experiment of, 501,570,托尔斯泰的教育实验;on government, 382,383,托尔斯泰论政府;on happiness, 388,托尔斯泰论幸福;on knowledge and conduct, 391,托尔斯泰论知识和品行;on meaning of life, 382,385,托尔斯泰论生命的意义;as mystic and ascetic, 389,作为神秘主义者和禁欲主义者的托尔斯泰;related to modern thought, 391-392,与现代思想相关的托尔斯泰;on science, 386-387,托尔斯泰论科学;on truth, 384,托尔斯泰论真理
Totalitarianism:极权主义
danger of, 469,极权主义的危险;vs. democracy, 472-473,极权主义与民主相对;on education, 477-478,极权主义之于教育;rise of, 460,极权主义的兴起
Totality:总体
freedom created by, 154,总体所创造的自由
To-what:"对着什么"
of attention, 272,注意力的"对着什么";related to for-what, 272-273,与"为了什么"相关的"对着什么"
Traditions:传统
influence education, 167,传统影响教育;reliance upon, 459,对传统的依赖
Transfer:转移
of experience, 264-265,经验的转移
Transition:过渡
of infant to child, 268,婴儿到儿童的过渡;phases of, 40,过渡阶段
Truman, Harry S.:哈利·S·杜鲁门
J. McCarthy opposes, 562,约·麦卡锡反对杜鲁门
Truth:真理
as for-what, 272-273,作为"为了什么"的真理;as fundamental, 65,作为根本的真理;scientific vs. social, 436,科学真理与社会真理相对;Swift on, 538,斯威夫特论真理
Tsarism:沙皇制
Paléologue on, 490,帕雷奥洛格论沙皇制
Twenty-One Demands:《二十一条》
signing of, 29,555-556,《二十一条》的签署
Two Cultures, The (Snow), xviii,《两种文化》(斯诺)
Tidings, Millard E.:米拉德·E·泰丁斯
investigates J. McCarthy's charges, 562,泰丁斯调查约·麦卡锡的指控
Types of Ethical Theory (Martineau), 3,《伦理学派》(马廷诺)

Understanding:理解
opposed to memorizing, 161,188,与牢记相反的理解
Unification:一体化
moral, 453-455,道德一体化
Union of Soviet Socialist Republics (USSR), 130,140,557,苏维埃社会主义共和国联盟(苏联);agriculture in, 502-503,505,苏联的农业;artistic talents in, 509,苏联的艺术天才;city vs. rural in, 496,苏联的城乡对立;criminal colony in, 499-501,苏联的罪恶殖民地;education in, 489,493,496-510,苏联的教育;effect of war on, 492,对苏作战的后果;experimental schools in, 502,苏联的实验学校;power of, 542,543,苏联的力量;project method in, 54,504,苏联的计划方法;related to U.N., 543,与联合国相关的苏联;scientific Marxism in, xxxii,苏联的科学马克思主义;self-education in, 495-496,苏联的自我教育;state supported research in, 507,苏联的由国家支持的研究;teachers in, 495,苏联教师;Tolstoi on, 383,托尔斯泰论苏联;

unions in, 495, 苏联的工会; U. S. compared with, 509,与苏联相比较的美国
Unions:工会
in Russia, 495,俄国的工会
United Nations (U. N.):联合国
Balch supports, 149,巴尔奇支持联合国; considers Korean affair, 140,561,联合国考虑朝鲜事务; Russia related to, 542,543,与联合国相关的俄国
United Nations War Council:联合国战争理事会
responsibility of, 543,联合国战争理事会的责任
United States:美国
contrasts in, 44,美国的反差;opportunities for, 131,美国的机遇;respect for, 140,对美国的尊重
United States Department of State:美国国务院
charge of Communists in, 140,561-562,美国国务院对共产主义者的指控
United States Senate:美国参议院
Foreign Relations Committee, 562,美国参议院外交关系委员会;on international law, 103,美国参议院论国际法
Unity:统一
of activity, 157,450,活动的统一;identified with self, 155-157,与自我同一的统一;of man, 449,566,人的统一;of man and God, 529-530,532-533,人与上帝的统一;need for political, 130,542-543,对政治统一的需要;of personality, 516,人格的统一;of universe, 93-94,世界的统一
Universality:普遍性
of religion, 374-377,379,宗教的普遍性;of science, 546,科学的普遍性
Universities:大学
criticized, 110-111,受到批评
Universities: American, English, German (Flexner), 110-111,《大学:美国、英国、德国》(弗莱克斯纳)
University, 537,《大学》
Unknowable:不可知的事物
deity as, 95,作为不可知事物的神;Fiske on, 95,费斯克论不可知的事物
Utah State Insane Asylum (Provo), 324, 325,564,犹他州州立精神病院(普罗沃)
Utilitarianism:功利主义
Pollock on, 99-100,波洛克论功利主义

Value:价值
of history of education study, 165-166,教育史研究的价值;indices of social, 428,社会价值指标;intellectual vs. emotional, 158,理智价值与情绪价值相对
Value judgment:价值判断
analysis of, xxxi, 对价值判断的分析
Values:价值观
confusing, 359,令人迷惑的价值观; instrumental vs. intrinsic, xxiii,工具价值观与内在价值观相对; waste of human, 451,人类价值观的荒废
Variation:变化
in repetition, 304,重复中的变化
Vassar College, 8,瓦萨尔学院
Versailles, Treaty of:凡尔赛条约
China refuses, 555,中国拒绝凡尔赛条约
Victorian Age:维多利亚时代
hope during, 457,维多利亚时代的希望
Vigilance:警觉
need for, 461,462,对警觉的需要
Village cottage reading room:乡村小屋阅览室
Russian, 494,495,俄国乡村小屋阅览室
Violence:暴力
Bolshevist justification for, 117,布尔什维主义对暴力的辩护
Virtue:德性
as intelligence, xxi, 作为智力的德性;

Socrates on, 185,苏格拉底论德性
Vocabulary:词汇
development of, 259,词汇的培养
Vocational guidance:就业指导
need to offer, 512 - 513,对于提供就业指导的需要
Voltaire, François Marie Arouet de, 430,弗朗索瓦·马利·阿鲁埃·德·伏尔泰
Volitions:意志
judgment of, 4,意志的判断
Voluntary:自愿的、自愿行动
defined, 200 - 201,得到定义; mental precursors of, 202 - 203,自愿行动的心智前兆;vs. spontaneous, 4,自愿的与自发的相对

War:战争
affects education, 26 - 28,战争影响教育; affects men, 25,453,454 - 455,457,战争影响男性;affects women, 24,战争影响女性;America's meaning of, 123,战争对美国的意义;danger of, 48,451,战争的危险;Locke on, 438,洛克论战争; need for unity during, 542 - 544,战争期间对统一的需要;outlawry of, 559,战争的非法性;positive aspect of, 457,战争的积极方面
Waste:荒废
of human values, 451,人类价值观的荒废
Wealth:财富
spiritual and material, 313,精神财富与物质财富
Weaving:编织
social significance of, 316 - 317,编织的社会意义
Weekly Review of the Far East, 29,《远东每周评论》
Welch, William Henry, 146,562,威廉·亨利·威尔许
Welfare:福利
child, 512,518,儿童福利
Well being:幸福
emotions related to, 514 - 515,与幸福相关的情绪
Wellesley College, 7,8,卫斯理学院
Welling, Richard:理查德·韦林
as reformer, 523,作为改革者的韦林
Wells, H. G., 45,48,557,H. G. 威尔斯
West:西方
synthesis of East and, 35 - 36,东方与西方的综合
White, Morton G.:莫顿·G·怀特
vs. Hook on logic, 480 - 484,怀特关于逻辑与胡克相对
White House Conference on Child Health and Protection:关于儿童健康与保护的白宫会议
challenges teachers, 512,关于儿童健康与保护的白宫会议挑战教师; on child health, 511,550,572,关于儿童健康与保护的白宫会议论儿童健康;Children's Charter of, 550 - 552,关于儿童健康与保护的白宫会议发布的《儿童宪章》
Whittier, John Greenleaf, 252,约翰·格林利弗·惠蒂尔
Whole:整体
related to elements, 153 - 156,与要素相关的整体
Wiener, Philip Paul:菲利普·保罗·维纳
on pragmatism, 50 - 51,维纳论实用主义
Wild boys:野孩子
defined, 505,571,得到定义
Will:意志
beginnings of, 200 - 204,意志的开端; in character, 338,性格中的意志; and religious life, 16,意志与宗教生活;spirit in, 14,意志中的精神;training of, 340 - 342,意志训练
William Heard Kilpatrick: Trail Blazer in Education (Tenenbaum), 52 - 56,《威廉·

译后记

本卷为《杜威晚期著作》(1925—1953)第十七卷，亦为《杜威全集》的最后一卷，因此收录了未曾被此前各卷收录的杜威所有的作品。本卷来源多样，时间跨度涵盖了杜威学术生涯的大部分；其中最早的文章发表于 1885 年，最晚的文章发表于杜威逝世之后的 1953 年。

杜威以教育家名世。我们可以把《在杨百翰学院作的教育学讲座》与《教育史》及《给教师的心理学》这几篇讲课大纲对照起来，从中可以看出杜威如何将历史学和心理学方面的素养融入他对于教育实践方法的倡导。《俄国的学校体系》一文则提供了教育学的社会政治维度。

人文研究及伦理实践不仅可以运用自然科学的成果，甚至可以借鉴自然科学的方法。在《伦理学中的历史方法》等多篇文章中，杜威对这方面作了探讨。在杜威看来，历史方法和实验方法有许多共同的要素，前者之于伦理学正如后者之于自然科学。“道德的科学”是可能的。

不过，杜威并不认同用追求确定性的科学来为宗教问题寻找答案，为精神生活寻找证据。正如他在《灵魂的复兴》一文中所说，精神生活关乎意志，关乎人对待世界整体的态度，这是人和历史本身的生命所在；它无需自然科学来提供证明，因为实际上，一切经验都是证明。他在《什么是人类精神本性的证明？》一文中则强调了另一面：精神生活无需科学来证明，并不能推出它不合乎理性——恰恰相反，它合乎理性，所以我们可以用理性来解读印证它。而把证明诉诸科学提供的感官证据，才是理性力量不够的表现，这便是杜威所说的怀疑主义倾向。

较之如何运用知识，更为根本的问题是：何谓知识？《知识与存在》这篇颇为技术流的文章对付的是这样几个貌似极抽象、极“理论”的问题：知识是不是对象间的意义联系？当事物成为知识中的对象时，较之它尚未成为知识对象的时候，它是否经历了变化？意识是否等同于意义联系？对上述问题之间的逻辑关系进行辨析之后，杜威总结说：难点在于，我们通常在三个不同的层面上理解所谓“知识”，而这三重含义往往彼此纠缠：其一，对呈现给我们的事物的直接把握；其二，意义关联，包括日常的推论、思考、判断；其三，被超越并完成了的意义关联，它有理性保障并能应对各种驳难——这就是作为科学体系的知识。对这三个层面的理解，我想以当今流行的“大数据”为例进行说明：它是呈现在我们面前的各种关键词的数量分布，这是海量事件的发生所导致的表面结果；从这表面结果中看出特征、总结出规律，未尝不能用来指导实践并取得卓有成效的结果，这便是意义关联及其实践应用。然而，只有当我们有能力运用事件的结果来重构事件发生时的情境、追溯事件发生的内在原初机制的时候，才能说对于事件有了科学的把握。“大数据”的基础是现实，科学的基础也在于现实。

杜威作品对于当代的意义，绝非以上寥寥数语所能概括。非常感谢吴晓明先生和王德峰先生对我的信任，令我有机会在统校整卷书稿、构思“译后记”的过程中获益匪浅。

本卷的翻译是集体劳动的结晶，具体分工如下：李宏昀翻译序言、导言、杂文、书评、观点、颂辞和教学大纲部分；高健翻译介绍、前言和序言部分，以及演讲部分；陈佳、张寅、祁涛翻译在杨百翰学院作的教育学讲座、附录和索引部分；徐志宏翻译未发表作品部分。文本研究资料由上述译者译出各自相关的部分。最后，李宏昀负责统校全稿，王德峰先生复校及审定。

本卷在翻译过程中，陈佳老师为联络译者、与编辑沟通等事务付出了辛勤的劳动。如今，在华东师范大学出版社编辑同志的耐心鞭策和热情帮助下，译稿终于全部完成。在此，一并向诸位表示由衷的感谢。由于水平有限，译文中恐有不当乃至错误之处，祈望读者和方家指正。

李宏昀谨识

2014 年 7 月 29 日

图书在版编目(CIP)数据

杜威全集.晚期著作:1925～1953.第17卷:1885～1953/(美)杜威著;李宏昀等译.—上海:华东师范大学出版社,2014.9
ISBN 978-7-5675-2604-4

Ⅰ.①杜… Ⅱ.①杜…②李… Ⅲ.①杜威,J.(1859～1952)—全集 Ⅳ.①B712.51-53

中国版本图书馆CIP数据核字(2014)第231313号

国家社科基金重大项目资助(项目批准号:12&ZD123)

杜威全集·晚期著作(1925—1953)
第十七卷(1885—1953)

著　者　[美]约翰·杜威
译　者　李宏昀　徐志宏　陈　佳　高　健　等
策划编辑　朱杰人
项目编辑　王　焰　朱华华
审读编辑　曹利群
责任校对　高士吟
装帧设计　高　山

出版发行　华东师范大学出版社
社　址　上海市中山北路3663号　邮编200062
网　址　www.ecnupress.com.cn
电　话　021-60821666　行政传真021-62572105
客服电话　021-62865537　门市(邮购)电话021-62869887
地　址　上海市中山北路3663号华东师范大学校内先锋路口
网　店　http://hdsdcbs.tmall.com

印刷者　上海中华商务联合印刷有限公司
开　本　787×1092　16开
印　张　45.5
字　数　760千字
版　次　2015年1月第1版
印　次　2015年1月第1次
印　数　1—2100
书　号　ISBN 978-7-5675-2604-4/B·883
定　价　138.00元

出版人　王　焰